COLLECTION

DE

DOCUMENTS INÉDITS

SUR L'HISTOIRE DE FRANCE

PUBLIÉS

PAR ORDRE DU ROI

ET PAR LES SOINS

DU MINISTRE DE L'INSTRUCTION PUBLIQUE

PREMIÈRE SÉRIE

HISTOIRE POLITIQUE

NÉGOCIATIONS

DIPLOMATIQUES

ENTRE LA FRANCE ET L'AUTRICHE

DURANT LES TRENTE PREMIÈRES ANNÉES DU XVIᵉ SIÈCLE

PUBLIÉES

PAR M. LE GLAY

CORRESPONDANT DE L'INSTITUT

CONSERVATEUR DES ARCHIVES DU DÉPARTEMENT DU NORD

TOME I

PARIS

IMPRIMERIE ROYALE

M DCCC XLV

PRÉFACE.

Les documents que nous publions ici sont extraits, pour la plupart, du riche dépôt des archives de Flandre à Lille; le reste provient de la Bibliothèque du Roi à Paris et des archives royales de Bruxelles.

Il existe ailleurs, sans aucun doute, beaucoup d'autres pièces relatives aux négociations diplomatiques entre la France et l'Autriche durant les trente premières années du xvie siècle; mais nous croyons qu'elles ajouteraient peu à l'intérêt de cette publication, dans laquelle nous n'avons eu garde de vouloir comprendre l'universalité des lettres et actes qui s'y rattachent. Heureux si, trop préoccupés de nos petites découvertes, nous ne nous en sommes pas quelquefois exagéré l'importance, et si, comme bien d'autres, nous n'avons pas poussé trop loin l'amour de l'inédit!

Il est difficile en effet, dans ces sortes de labeurs, de savoir précisément où l'on doit s'arrêter. Les agents diplomatiques de Louis XII, de François Ier et de Charles-Quint ne prévoyaient pas que leurs lettres les plus intimes et les plus confidentielles seraient un jour livrées au public : s'ils l'eussent prévu, leur correspondance aurait un caractère moins spontané, moins familier; leurs lettres seraient des épîtres, et leurs entretiens des conférences : ce serait de l'histoire toute faite, et pour ainsi dire toute rédigée; mais serait-ce bien de la vérité historique? Les faits généraux sont assez connus : on sait les noms et les actes des personnages célèbres, rois, ministres, grands capitaines; ce qui reste à apprendre, ce sont les faits particuliers, les incidents et accidents qui se groupent autour de ces faits essentiels et de ces hommes illustres pour en augmenter ou en diminuer la valeur, pour déterminer les causes qui ont produit les uns et fait agir les autres. De ce que l'abbé Dubos a exposé savamment les causes et les résultats de la fameuse ligue de Cambrai, de ce que Gaillard a publié une bonne histoire de François Ier, et que Robertson a parlé de Charles-Quint mieux qu'on ne l'avait fait avant lui, faut-il conclure que tout a été dit sur cette époque mémorable? Dubos et Robertson, écrivains d'ailleurs pleins de sagacité, n'ont fait leurs livres qu'avec d'autres livres; ils ont dédaigné de recourir aux mémoires manuscrits, aux correspondances diplomatiques. Quant à l'historien de François Ier, il a connu les matériaux inédits que renferme la Bibliothèque royale à Paris, et en a tiré un parti avantageux; mais les documents que cet académicien a compulsés émanent presque toujours ou de la cour de France, ou des ambassadeurs qui la représentent. On a donc pu, sans trop d'injustice, supposer que le grand débat entre les deux monarques y est envisagé surtout au point de vue français; et l'on comprend que Gaillard, malgré l'équité ordinaire de ses appréciations, ait été quelquefois accusé de partialité, sinon en faveur de son héros, du moins contre l'heureux et habile Charles-Quint. Au dire de la critique allemande, le procès n'était instruit qu'à moitié, puisqu'on ne produisait pas les actes de la diplomatie impériale. Notre recueil a pour objet de contribuer à remplir cette lacune.

En mettant sous les yeux du lecteur la correspondance même des agents de la maison d'Autriche, nous complétons en quelque sorte l'instruction du procès, au risque de fournir des arguments nouveaux contre la mémoire de deux de nos plus grands rois. Ce n'est point dans des vues étroites d'amour-propre national qu'a été conçu et que doit être exécuté le grand monument historique, auquel nous apportons l'humble tribut de notre coopération. En présence de la postérité, il y a quelque chose de plus respectable encore que le patriotisme ; c'est l'intérêt général de la vérité et de l'humanité.

Au reste, autant et plus qu'à bien d'autres époques, dans ces documents mêmes qui furent écrits presque toujours sous l'influence d'une rivalité envieuse, on trouvera de fréquents hommages rendus à la France, à ses rois, à ses hommes d'état.

Il est deux manières d'employer les documents historiques inédits : l'une consiste à les présenter textuellement, dans leur ordre chronologique, sans prendre le soin de les adapter soi-même au récit des événements ; l'autre les encadre dans une histoire proprement dite, les y fond habilement, et d'une collection diplomatique fait naître un ouvrage original. C'est ce dernier mode qu'a suivi avec tant de succès M. Mignet dans les *Négociations relatives à la succession d'Espagne, sous Louis XIV.* Un tel exemple était bon à imiter, et ce fut d'abord notre pensée ; mais, faut-il l'avouer, l'excellence du modèle a découragé l'imitateur ; puis il y avait peut-être un autre obstacle dans

l'abondance même et la diversité des matériaux que nous avons
eus à mettre en œuvre. Nous avons donc fini par adopter le
mode pur et simple d'une collection méthodique, nous réser-
vant d'appliquer à chaque pièce un sommaire un peu détaillé
et des notes explicatives.

A l'époque de Louis XII et de François Iᵉʳ, les agents diplomatiques n'étaient pas constitués comme ils le sont aujour-
d'hui; on ne connaissait point encore les distinctions toutes
modernes d'ambassadeurs, de plénipotentiaires, de résidents
et de chargés d'affaires. Néanmoins la diplomatie qui, suivant
la remarque d'un publiciste célèbre [1], ne date que du xvᵉ siècle, préparait dès lors le système d'équilibre européen; et les
grandes puissances commençaient à entretenir chez leurs
principaux alliés des députations quasi permanentes. Presque
toujours l'ambassade, soit permanente, soit temporaire, était
collective, c'est-à-dire composée de deux ou plusieurs agents
auxquels on adjoignait un secrétaire; c'était, à proprement
parler, un conseil diplomatique où figuraient d'ordinaire un
grand seigneur, un évêque et un jurisconsulte. Il résulte de
là que, dans les documents qui composent la présente collection, les personnes qualifiées du titre d'ambassadeur sont
fort nombreuses. Pour aider le lecteur à les bien discerner, et
à se faire une idée nette des agents diplomatiques mentionnés
dans ce recueil, nous allons consacrer aux principaux d'entre
eux une notice succincte.

---

[1] M. Guizot, *Cours d'Histoire moderne*, onzième leçon.

AGENTS DIPLOMATIQUES FRANÇAIS.

LOUIS DE HALLEWIN.

Louis de Hallewin, seigneur de Piennes, appartenait à la branche puînée de la maison de Hallewin, dans la châtellenie de Lille. Cette branche s'étant établie en France au xve siècle, Louis XI appela le seigneur de Piennes à sa cour, le créa chambellan et lui donna place dans son conseil. Charles VIII le chargea de quelques missions diplomatiques, et Louis XII l'honora de la même confiance en lui donnant la lieutenance générale de Picardie, et en le mettant à la tête de l'ambassade qui alla, en 1501, recevoir du roi des Romains l'investiture du duché de Milan. Il eut pour femme Jeanne de Ghistelles, et mourut en 1518.

CHARLES DU HAUTBOIS.

Charles du Hautbois, né à Châtellerault dans le Poitou, vers le milieu du xve siècle, fut un légiste habile. Après avoir été conseiller au parlement de Paris, maître des requêtes de l'hôtel du roi et président de la chambre des enquêtes, il devint en 1505 évêque de Tournay et administrateur de l'abbaye de Saint-Amand. Il mourut en 1513, et son corps fut inhumé chez les Minimes de Châtellerault. En février 1501-1502, Charles de Hautbois faisait partie de l'ambassade française envoyée vers le roi des Romains pour en recevoir l'investiture du duché de Milan, conformément au traité conclu à Lyon au mois d'août précédent. Voy. ci-après I, 37 et suiv. C'est la seule fois qu'il figure dans ces négociations.

GEOFFROY CHARLES.

GEOFFROY CHARLES ou CARLES, président du parlement de Dauphiné, vice-chancelier du duché de Milan, fit partie de l'ambassade qui, en 1501, se rendit auprès de Maximilien pour obtenir de ce prince l'investiture de Milan en faveur de Louis XII. Quatre ans plus tard il accompagna le cardinal d'Amboise, qui, par suite des traités de Blois (22 septembre 1504), allait de nouveau réclamer cette investiture, qui fut enfin accordée. Geoffroy Charles fit remarquer qu'une expression de l'acte pourrait donner plus tard matière à de fâcheuses contestations (*juribus alterius cujuscunque semper salvis*). Le cardinal, craignant que cette difficulté n'empêchât encore l'octroi de l'investiture, passa outre. Du reste, on ne voit plus ensuite reparaître Geoffroy Charles dans le cours de ces négociations. Baptiste Mantouan lui adressa plusieurs pièces de poésie : dans l'une, il invoque la faveur du vice-chancelier pour rentrer dans sa patrie[1], d'où il avait sans doute été banni à cause de son poëme *Trophæum Francisci Gonzagæ*, très-injurieux à la France.

---

[1] Cette pièce finit ainsi :

Me tua jam nostris igitur clementia terris
    Reddat, et in patrias me sinat ire domos.
Corpore descendens tibi corque animumque relinquo ;
    Quod veniam, pignus do tibi grande fidem.

JEAN DE SELVE.

JEAN DE SELVE, originaire du bas Limousin, était fils de Fabien de Selve, capitaine des gendarmes du comte de La Marck, gouverneur d'Auvergne. Il siégeait en qualité de conseiller au parlement de Paris lors du jugement de Pierre de Rohan, maréchal de Gié. En 1507, il fut nommé premier président du parlement de Rouen; plus tard il passa à Bordeaux, et ensuite à Paris, en la même qualité. François Ier ayant reconquis le duché de Milan et établi un parlement dans la capitale, Jean de Selve fut mis à la tête de cette compagnie, où il se concilia tous les suffrages. Il fit partie de l'ambassade envoyée en 1525 à Madrid pour traiter de la délivrance du roi. Ce fut lui qui porta toujours la parole : on a même conservé la harangue qu'il prononça devant Charles-Quint pour l'exhorter à se montrer magnanime envers son rival captif. Jean de Selve mourut en 1529, avec la réputation d'un magistrat incorruptible autant qu'éclairé et d'un négociateur fort habile.

Jean Pyrrhus, écrivant de Milan au secrétaire du chancelier du Prat, s'exprimait ainsi au sujet de Jean de Selve : « Johannis a Selva, præsidis integerrimi, sapientia, temperantia pietasque tanto est in cultu, ut pacate totam hanc rempublicam, veluti numen aliquod, feliciterque moderetur, et manifestum faciat quam innocentiæ patrocinio magis quam artificio ullo benevolentia hominum colligatur, quanta justitiæ in malos potentia, in bonos gratia. Hic inter epulas quoque de philosophia, de bonis literis, cum Petro Buxio Tholosano amico pernecessario, cum reliquis collegis nostris, viris

undecunque absolutis, cum plerisque aliis omnis doctrinæ
genere eruditis assidue sermonem facit[1]. » Cet homme émi-
nent a laissé six fils, qui, à la réserve d'un seul, abbé de Saint-
Vigor, furent tous chargés de missions diplomatiques. Jean
de Selve se qualifiait chevalier, seigneur de Cromières, de
Villiers-le-Châtel et de Duyson. Il mourut à Paris en 1529,
au mois de décembre, et fut enterré à Saint-Nicolas du Char-
donnet. On lui doit la première édition des *Mémoires de
Comines,* in-fol. Paris, 1523.

OLIVIER DE LA VERNADE.

OLIVIER DE LA VERNADE, seigneur de la Bastie et de l'Argen-
tière, chevalier de l'ordre de Saint-Michel, fut d'abord maître
des requêtes, puis conseiller et chambellan du roi. Il figure, au
mois de mai 1519, parmi les membres de l'ambassade qui alla
solliciter les suffrages des électeurs en faveur de François Ier;
ce fut lui qui, à cet effet, harangua successivement les archevêques de Trèves et de Cologne[2]. L'année suivante, la Vernade fut envoyé comme ambassadeur à la cour d'Angleterre,
et en 1521 il assista aux conférences de Calais. On trouvera
ci-après plusieurs lettres écrites par lui durant le cours de ces
négociations. Il avait épousé en 1499 Marguerite du Bois de
Fiennes, veuve de Jean de Roye, chevalier de la Toison d'or,
et sœur d'Antoine du Bois, évêque de Béziers[3]. Il mourut sans

---

[1] *Philologicarum epistolarum centuria
una,* in-8°; Francoforti, 1610, p. 130.

[2] *Mémoires de Fleuranges,* édit. Lambert,
298 et suiv.

[3] On voit par une lettre d'Olivier de la
Vernade, datée de Calais, le 10 août 1521,
que l'évêque de Béziers céda à la Vernade son beau-frère plusieurs terres for-

postérité, et légua tous ses biens à Antoine de la Vernade son neveu, qui prit alliance avec la famille d'Estourmel en Cambrésis. Olivier de la Vernade fonda, moyennant une rente de cinq cents livres, une messe quotidienne et perpétuelle en l'abbaye d'Ourscamp près de Noyon.

CLAUDE DE SEYSSEL.

CLAUDE DE SEYSSEL paraît être né vers 1450, dans la petite ville d'Aix en Savoie. On le dit fils naturel d'un gentilhomme de la noble maison de Seyssel. Appelé en France par le roi Charles VIII, il s'attacha au service de ce prince, puis à celui de son successeur Louis XII, qui le nomma conseiller d'état, et lui confia plusieurs ambassades en Angleterre, en Allemagne et à Rome. Seyssel, après avoir administré le diocèse de Lodi[1], fut, sur les instances de Louis XII, créé en 1509 évêque de Marseille. En 1512, au retour de sa mission à la diète de Trèves, il essaya de réconcilier le roi de France avec l'empereur Maximilien, et à cet effet il écrivit à Marguerite d'Autriche une lettre que nous insérons ci-après, dans le Précis historique. Claude de Seyssel assista en 1514 au concile de Latran, et s'y concilia la bienveillance du pape Léon X, qui lui en donna un gracieux témoignage auprès de Louis XII[2].

---

tifiées qu'il possédait en Artois, aux environs de Saint-Omer, de Béthune et de Térouane. (Bibl. roy. Mss. français, n° 8491, fol. 70.)

[1] Et non de Laon, comme on le dit dans a Biographie universelle.

[2] On avait voulu insinuer au roi que l'évêque de Marseille avait déplu au souve-

rain pontife. Celui-ci détrompa Louis XII par une lettre dans laquelle on lit : « Allatum ad nos est tibi a certis hominibus insusurratum fuisse Claudii, episcopi Massiliensium, designati legati tui, curam atque operam nobis gratam non nimium esse. Quæ sane res eo mihi gravior atque molestior accidit, quod cum illum ob ejus

Après la mort de ce prince, il quitta la cour et se retira dans son diocèse. En 1517, il fut promu à l'archevêché de Turin sur la demande du duc de Savoie. Il mourut le 31 mai 1520. Claude de Seyssel est auteur d'un grand nombre d'ouvrages, dont le P. Niceron a donné la nomenclature, t. XXIV. M. Paulin Paris, dans son excellent Catalogue des manuscrits français de la Bibliothèque du Roi, V, 382 et suiv., fait connaître plusieurs circonstances de la vie de Seyssel, lesquelles serviront à rectifier certaines assertions des biographes.

ANTOINE DU PRAT.

Ce personnage, considéré comme diplomate, a rempli un rôle important dans les conférences tenues à Calais en 1521. C'est à ce titre que nous devons en dire ici deux mots.

ANTOINE DU PRAT, chevalier, seigneur de Nantouillet, baron de Thoury et de Thiers, chef du conseil privé, chancelier de France, archevêque de Sens, cardinal et légat, naquit à Issoire, le 17 janvier 1463. Dès le commencement du règne de Louis XII, il fut l'un des commissaires chargés de présider les états du Languedoc à Montpellier. Lors du procès du maréchal de Gié, du Prat concourut à l'instruction de cette affaire comme membre du parlement de Toulouse. Le 2 novembre 1506, il devint quatrième président du parlement de Paris; les lettres patentes portent que cet office lui est conféré

doctrinam, ingenium, probitatem, multum semper amaverim, posteaquam is ad me, ut legatum tuum ageret, Romam venit, nihil ipso tui amantius, nihil ardentius vidi, nihil plane tuis in rebus omnibus tractandis atque administrandis diligentius, accuratius, laboriosius, illo fuit: quod quidem certe me illi etiam devinxit arctius. » (*Epistolarum P. Bembi libri XVI,* in-8°; Argentorati, 1611, p. 169.)

en considération des notables et recommandables services rendus par lui, tant au dehors du royaume que dans l'intérieur. Il fut premier président de ce même corps en 1507. Lorsque François Ier monta sur le trône, il nomma du Prat chancelier de France, puis chancelier de Milan et du duché de Bretagne. Ce fut par son aide qu'il négocia et conclut le fameux concordat qui fut substitué à la pragmatique. Quand ce prince alla porter de nouveau la guerre en Italie, après les conférences de Calais, du Prat, chef du conseil de Louise de Savoie, régente, eut la direction principale des affaires du royaume. Quelque opinion qu'on se fasse de cet homme politique, il est certain que pendant la captivité du roi, il pourvut avec beaucoup d'habileté aux besoins de la patrie; ce qui n'empêcha point le parlement d'engager contre lui des procédures pour exactions et dilapidations. Le roi fit annuler ces poursuites. Du Prat, devenu veuf, embrassa l'état ecclésiastique, et fut successivement évêque de Meaux et d'Alby, abbé de Saint-Benoît sur Loire, archevêque de Sens, et enfin cardinal du titre de Sainte-Anastasie. Le 4 juin 1530, le pape Clément VII le fit son légat en France. Le 5 mars 1531, il couronna, en cette qualité, la reine Éléonore d'Autriche, seconde femme de François Ier. Antoine du Prat mourut en son château de Nantouillet, le 9 juillet 1535.

Si l'on jugeait de sa capacité diplomatique par la relation que Mercurin de Gattinare a rédigée des conférences de Calais, on n'en aurait qu'une idée médiocre; mais il est bon de se souvenir que Gattinare avait intérêt de déprécier son adversaire.

ÉTIENNE PONCHER.

Né à Tours, en 1446, Étienne Poncher fut d'abord professeur de droit canonique et civil en l'université de cette ville,
puis conseiller au parlement de Paris, puis chanoine de cinq
ou six chapitres différents, chancelier de l'université de Paris
et du duché de Milan, et enfin évêque de Paris, le 3 février
1502-1503. Dans un acte du 17 avril 1505, après Pâques, il
est fait mention de lui comme ambassadeur de Louis XII auprès de l'empereur Maximilien. Le 23 août suivant, il protestait, avec ses collègues d'ambassade, contre les entreprises faites
en Flandre et en Artois par les agents de Philippe le Beau, au
préjudice de la souveraineté du roi[1]. En 1506, il figure parmi
les prélats qui signèrent le contrat de mariage de François
d'Angoulême avec Claude de France. Il prit part aux conférences qui eurent lieu en novembre 1508, à Cambrai, entre
Marguerite d'Autriche et le cardinal d'Amboise; mais il s'op-
posa de toutes ses forces à la ligue contre les Vénitiens. Lors
de l'expédition de Louis XII en Italie, Étienne Poncher accompagna le roi, et ce fut lui qui répondit aux harangues congra-
tulatoires de Pavie et de Milan. A cette occasion, le chroniqueur
Jean d'Auton le qualifie orateur très-éloquent. On le retrouve
en 1509, à Lyon et à Blois, négociant avec les députés de la
maison d'Autriche. Après la mort du cardinal d'Amboise, le
roi le nomma le premier parmi les quatre personnages auxquels il confia le soin des affaires publiques[2]. En 1511, il se

[1] *Négoc. diplomat.* I, 87, 92.
[2] *Lettres de Louis XII,* I, 242.

démit des fonctions de chancelier du Milanais. Il travailla,
mais sans succès, avec Mathieu Lang, évêque de Gurck, à
rétablir la bonne harmonie entre Jules II et Louis XII[1]. Le
6 janvier 1512-13, il fut nommé garde des sceaux de France
à la place de Jean de Ganay, décédé. L'avénement de François Ier ne diminua en rien la faveur dont jouissait Étienne
Poncher, si ce n'est que les sceaux lui furent redemandés pour
être donnés à Antoine du Prat. Il accompagna le grand-maître
Arthur Gouffier au congrès de Noyon (1516), où le roi de
France et le jeune Charles d'Autriche conclurent une nouvelle alliance. Il se rendit ensuite en Espagne, et sous-
crivit le traité du 11 mars 1516-17 entre l'empereur, le roi
François Ier et Charles d'Autriche. Il assista en 1519 aux conférences de Montpellier, qu'interrompit la mort du grand-
maître de France. Peu de temps avant l'élection de Charles-
Quint à l'empire, il fut député en Angleterre, et il eut une
grande part aux traités d'alliance conclus à Londres les 2 et
4 octobre 1518. Il était déjà fort âgé, lorsqu'en 1519 il fut
élevé au siége archiépiscopal de Sens, vacant par la mort de
Tristan Salazar. Étienne Poncher mourut le 24 février 1524-
25. Voici comment Guillaume Budée parle de lui dans une
lettre à Érasme : « Antistes parisiensis Stephanus, vir summa
doctrina ac moribus compositis et emendatis, ut si quis alius
antistitum, ingenio atque industria singulari, cis Alpes, ultra
Alpes, nusquam non obeundis legationibus per omnes vitæ
gradus auctus, per omnia reipublicæ munia exercitatus, lit-
teratorum hominum evocator et amplexator, eoque nomine

[1] *Lettres de Louis XII*, II, *passim*; III, 50.

et alias in Italia nobilis et celebratus : quîcum mihi cogna-
tionem intercedere predicandam esse duco, legatus nunc
agere Bruxellæ, imperatoremque aperiri dictitatur[1]. » Germain
Brixius fait de notre diplomate un éloge plus pompeux encore :
« Antistitem hunc nostrum difficile adeo dictu est quantopere
Gallia hæc demiretur, quantopere observet, quantopere etiam
revereatur. Neque id sane temere; nempe is unus est qui reliquos omnes Galliæ nostræ pontifices tum morum honestate,
comitate, gravitate, tum vitæ simplicitate, continentia, inte-
gritate, simul ingenii facilitate, candore, bonitate, simul juris
utriusque, theologiæ, philosophiæ, disciplinarumque pene
omnium cognitione quadam incomparabili sine controversia
antecellit. Eundem enim jam Galliæ reges tres, quadam veluti
successione, alius subinde post alium, perinde ac consultissi-
mum quemdam Nestora, in consiliis suis delectum, magna
ubique penes se auctoritate honestarunt, magno in pretio atque æstimatione nunquam non habuerunt[2]. »

[1] *Epist. Erasmi*, p. 170.
[2] *Ibid.* p. 191.

AGENTS DIPLOMATIQUES AUTRICHIENS

OU BOURGUIGNONS.

PHILIPPE HANETON.

PHILIPPE HANETON, chevalier, seigneur de Linth, premier secrétaire et audiencier de l'archiduc Philippe le Beau, et ensuite de son fils Charles d'Autriche, fut employé dans les négociations de l'année 1501, lorsque l'archiduc demanda pour son fils la main de Claude, fille de Louis XII. Il paraît même que Haneton était dès lors fort avant dans la confiance de son maître, puisqu'il fut chargé d'une instruction particulière pour faire au roi des communications qui devaient être ignorées d'Amé de Viry, son collègue. Après la mort de Philippe, roi de Castille, il fut chargé du payement des dettes de ce prince[1]. Du reste, nous ne le voyons plus figurer ensuite comme agent diplomatique, jusqu'en 1518, époque où il vint à Paris avec le prévôt d'Utrecht, chargé des intérêts de Marguerite d'Autriche à la cour de France. Le 22 février 1518-19, il partit de Malines pour accompagner M. de Chièvres à la conférence de Montpellier. Il obtint en 1520 la charge de trésorier de l'ordre de la Toison d'or. On lui doit un ouvrage intitulé : *Recueil en forme d'histoire, contenant les tiltres, actes et traictez faicts entre le roy Louis XII*

---

[1] *Correspondance de l'empereur Maximilien et de Marguerite d'Autriche,* I, 146.

et le roy de Castille, depuis l'an 1498 jusques en l'année 1507, Ms. in-fol. à la Bibliothèque du Roi, coté 1513. Il a rempli, en outre, les fonctions de garde des chartes de Flandre depuis l'an 1502 jusqu'en 1515.

Philippe Haneton est mort au mois de mars ou avril 1521, et non en 1528, comme le dit son épitaphe, faite sans doute longtemps après sa mort. Voy. Paquot, *Mémoires pour l'histoire littéraire des Pays-Bas,* XVII, 308. Nous avons aussi parlé de lui dans un opuscule intitulé : *Histoire et description des Archives du département du Nord,* Paris, 1843, in-4°, p. 12 et suiv.

ANDRÉ DE BURGO.

ANDRÉ DE BURGO, d'origine italienne, fut envoyé, au mois de février 1507, par l'empereur, auprès de Marguerite d'Autriche, lorsqu'elle prit le gouvernement des Pays-Bas [1]. Dès lors Maximilien le nomme son amé et féal conseiller. En juin et juillet 1507, il se trouvait en Espagne comme ambassadeur de Maximilien. En mai 1508, il était en Italie à la suite du roi Louis XII, et assistait à la bataille d'Agnadel [2]. Il accompagna ce prince à Milan, et revint avec lui en France [3], où il résida pendant une grande partie des années 1509, 1510 et 1511, après avoir pris possession de Vérone au nom de l'empereur. En novembre 1511, il fut rappelé auprès de l'empereur, et laissa à Blois, pour le suppléer, Jean le Veau et Paul de Laude, ses deux secrétaires, dont il n'eut pas trop à se louer.

---

[1] *Correspondance de l'empereur Maximilien et de Marguerite d'Autriche,* I, 40, 44.
[2] *Ibid.* I, 140.

[3] *Négoc.* I, 254, 450. — *Correspondance de Maximilien, etc.* I, 152, 226, 272, 275.

Le 3 décembre, en passant le mont Cenis, il faillit périr sous les neiges. Le 5, il était à Milan, où les Français, et entre autres Jacques Trivulce, lui firent un brillant accueil. Le 8, il reçut à Trente le cardinal Corneto, légat du pape auprès de l'empereur. Au mois de mars suivant, il revint en France et passa de nouveau par Milan, où il négocia auprès de Gaston de Foix, duc de Nemours, pour que ce prince aidât l'empereur à s'emparer de Padoue et de Trévise : ce que le duc de Nemours refusa. Le 28 mars il était rentré à Blois, d'où il date ses dépêches jusqu'en mai 1512. Ce fut le 15 de ce mois qu'il reçut ordre d'aller encore une fois joindre l'empereur dans le Tyrol et se diriger ensuite sur Rome pour traiter de la paix universelle. Les Milanais s'étant soulevés après la défaite des Français à Novare, les gouverneurs de Milan appelèrent en cette ville André de Burgo, avec l'espoir que son influence apaiserait la sédition : il s'y rendit.

Dès lors, André de Burgo ne reparaît plus parmi les ambassadeurs d'Autriche à la cour de France. Il était auprès de Marguerite en mars 1516. Le 11 novembre 1518, il annonce à cette princesse son mariage avec la nièce de Michel Wolkstain, parente de l'évêque de Brixen. Au mois de février 1518-1519, il fut dépêché vers le roi de Hongrie dans l'intérêt de l'élection de Charles d'Autriche. En 1521, il se trouvait attaché au service du jeune roi Louis II; et ce fut lui, dit Cuspinien, qui, à l'époque de la prise de Belgrade et de l'horrible invasion des Turcs dans ce royaume, prévint par sa sagesse les collisions sanglantes et désastreuses qui allaient éclater entre les Allemands et les Hongrois. Ce fut aussi grâce à son

habile intervention que le couronnement de Marie d'Autriche,
reine de Hongrie, put s'effectuer sans tumulte et sans émeute[1].

CLAUDE DE CILLY.

CLAUDE DE CILLY figure assez rarement dans les négociations entre la France et l'Autriche. On le connaît surtout
en qualité d'ambassadeur de Maximilien et de sa fille à la
cour du roi d'Aragon; mais nous l'offrons ici comme un
exemple de l'extrême misère à laquelle étaient souvent réduits
les agents diplomatiques de la maison d'Autriche. Claude
de Cilly partit de Bruxelles pour l'Espagne le 25 août 1507.
L'objet de sa mission était d'avertir le roi d'Aragon du traité
de mariage conclu entre le jeune Charles d'Autriche et Marie
d'Angleterre, fille de Henri VII. Le 8 mai 1509, il écrivait à
la gouvernante des Pays-Bas; après avoir rapporté comment
le roi d'Aragon avait juré sur la vraie croix l'observation du
traité de Cambrai, il ajoutait : « . . . . . Par aultre lettre j'ad-
vertissois vostre haltesse de mon extreme et grande poureté,
et qu'il y a ung an que je ne vys que d'emprunt, dont je suis
ıort pressé de mes creanchiers, et ay perdu mon honneur et
mon credit par dechà, et souffre de jour en jour de grands
pouretés et miseres en vostre service; et me semble, Madame,
à vostre correction, que vous me faites grand tort de moy tenir
ichy, où je ne fay que m'envieillyr et apourir en diminuant ma
foy et mon honneur. » Dans une autre lettre de la même année, mais sans date de mois ni de jour, on lit des doléances

---

[1] Nous ne connaissons ni l'époque de la naissance d'André de Burgo, ni celle de sa
mort.

semblables; Claude de Cilly fait remarquer à la princesse que
les ambassadeurs de France, de Navarre, et même un simple
facteur du roi d'Angleterre, vivent honorablement à la cour,
tandis que celui de l'auguste maison d'Autriche y est honteux
et misérable. A la vérité, les gens des finances lui ont ouvert
sur un banquier espagnol un crédit de 1,500 florins; mais ils
l'ont fait de si mauvaise sorte et en termes si vagues, que le
banquier n'a voulu donner un maravédi, à moins que l'ambassadeur ne s'obligeât personnellement, corps et biens, à rembourser toutes les avances. Il n'ose recevoir la visite d'aucun
ancien serviteur du feu roi don Philippe, parce qu'il n'a pas
de quoi s'habiller honnêtement, et qu'il ne sait comment payer
ses gens et serviteurs. « Vostre haltesse, dit-il, a toujours eu la
renommée d'estre liberalle et magnanime; je me reputerois
bien malheureux si vostre dite liberalité et magnanimité dimi-
nuoit à l'encontre de moy, et que vous me laississiez ichy
langhir comme chestif et miserable. » Nous pourrions men-
tionner encore cinq ou six lettres remplies de plaintes qui vont
toujours en croissant. Marguerite, à la fin de juin 1710, avait
fait ordonnancer une somme de 7,000 écus d'or pour solder
le traitement de Claude de Cilly et celui de Gattinare, alors
son collègue d'ambassade. L'empereur donna contre-ordre, et
se fit délivrer cette somme pour le payement de ses troupes[1].
Qu'on nous permette une dernière citation : « Madame, le 1ᵉʳ jour
de ce present mois d'aoust (1511), a fait quatre ans accomplis
que je me partis de ma maison par vostre commandement pour
venir par dechà pour le service de monsieur le prince et aussi

---

[1] *Correspondance de Maximilien et de Marguerite*, I, 298, 334, 384.

de vostre haultesse; et pour la plus grand part du tamps, j'ay
toujours vescu de l'emprunt, comme vous ay par plusieurs fois
averti; et ne trouve plus nulluy qui me veulle prester. La magesté de l'empereur me ha escript que il ha du tout ordonné
à vous, et à messieurs des finances qui estoient alors devers
sa magesté, que je fusse du tout payé che qui m'est deu de ce
dit tamps, à cette fin que je puisse payer ce que je dois, qui
sera son honneur et le vostre, et ferez œuvre merytoire; car
aultrement je ne puis partir; et me fault complyr et faire la
reson ou mouryr en prison miserable. Je ne me puis assez
esbahyr dont vient que je suys de ceste sorte trayté, veu que
je ne fis onques faulte, ni vouldroys faire pour mouryr; mais
ay tousjours de ma poure et petite puissance, aveuc paine et
travel, bien et lealment servy et servyré tant que je viveré, et
de ce prins Dieu en tesmoyng. Madame, je suplie très-humblement à vostre haultesse que vous me veullez aydier que je
puisse avoir mon payement, afin que je me puisse acquitter
envers les gens de bien qui, pour l'honneur de vous et de
Monsieur, me ont presté et advancé le leur, et que je puisse
m'en retourner par delà en ma maison, et user le residu de ma
vie au service de Dieu, de Monsieur et de vous. »

Il paraît qu'en effet Cilly revint alors aux Pays-Bas, et qu'il
y mourut bientôt; car dès cette époque on ne le voit plus
figurer dans aucun emploi. Sa femme, après avoir payé toutes
ses dettes, se trouva fort peu à l'aise; et ne pouvant, malgré
son titre de veuve d'un officier du prince, obtenir l'exemp-
tion d'impôts, elle sollicita la faveur d'être admise dans la
maison de Marguerite. On retrouve en 1528 un Claude de Cilly

maréchal des logis de l'empereur[1] : c'était sans doute un fils naturel de l'ancien ambassadeur, légitimé en mai 1548[2].

MATHIEU LANG.

MATHIEU LANG, fils de Jean et de Marguerite-Sulzerine de Weltenbourg, fut d'abord secrétaire de Maximilien, roi des Romains. C'est en cette qualité que, dès l'an 1501, on le voit assister au débat qui eut lieu à Inspruck entre les députés français et autrichiens au sujet de l'investiture de Milan[3]. Peu de temps après il obtint la prévôté de la cathédrale d'Augsbourg. La mort du cardinal Raymond Peraud, survenue à Viterbe en 1505, ayant laissé vacant le siége épiscopal de Gurck en Carinthie, Mathieu Lang y fut promu. Lorsqu'il fut question de négocier la fameuse ligue de Cambrai en 1508, l'empereur y envoya l'évêque de Gurck et Mercurin de Gattinare pour traiter en son nom, ou plutôt pour aider de leurs conseils l'archiduchesse Marguerite, chargée de pleins pouvoirs. Pendant une partie de la campagne de Lombardie, en 1509, il résida auprès de Louis XII, qui reconquit la plupart des places détenues par les Vénitiens. En septembre 1510, il revint en France afin de faire renouveler la ligue de Cambrai et obtenir de Louis XII quelque assistance pour l'empereur, dont les affaires en Italie n'allaient pas aussi bien que celles de la France. Mathieu Lang tenait comme ambassadeur un train magnifique; il arriva à Blois avec une suite de 86 che-

[1] *Papiers d'État de Granvelle*, I, 372.
[2] Registre des chartes, XXIV, 193. L'acte de légitimation dit qu'à l'époque de la naissance de l'enfant, son père n'était pas marié.
[3] *Négoc. dipl.* I, 46, 53, 57.

vaux. En 1511, le pape Jules II, qui s'était détaché de la
ligue, ayant exprimé le désir d'un rapprochement avec l'empereur, celui-ci chargea Mathieu Lang d'aller à Rome et d'entendre les propositions du saint-père, qui sembla vouloir le
séduire par l'appât d'un chapeau de cardinal. L'évêque de
Gurck déclare à plusieurs reprises qu'il n'acceptera cette dignité qu'après la conclusion définitive de la paix : exemple de
délicatesse et de désintéressement imité peu de temps après
par Balthazar Castiglioni dans une occasion toute semblable.
Plus tard, rien ne s'opposant plus à ce qu'il acceptât, il fut
créé cardinal du titre de Saint-Ange *in foro piscium*. En 1518,
il avait été d'abord désigné par Charles d'Autriche pour diriger les négociations relatives à l'élection de ce prince à l'Empire; mais il paraît que son intervention dans cette affaire
délicate n'était pas agréable aux électeurs, de sorte qu'on fut
obligé de le tenir à l'écart. Mathieu Lang venait d'être nommé archevêque de Saltzbourg, lorsqu'il mourut en cette ville
le 30 mars 1540, âgé de 72 ans. Ciaconius le qualifie *Vir
singularis prudentiæ et doctrinæ, magnificus, beneficus et maxime
hospitalis*. Il cite, en outre, plusieurs pièces de vers composés
à sa louange par les poëtes de l'époque. Richard Bartholin
lui dédia son poëme intitulé *Austrias*.

PHILIBERT NATURELLI.

PHILIBERT NATURELLI ou NATUREL, de la famille des seigneurs
de la Plaine en Bourgogne, docteur en droit, prévôt de l'église
d'Utrecht, fut en 1484 nommé membre du conseil privé des
Pays-Bas. En février 1501, il se trouvait à Inspruck auprès du

roi des Romains, en qualité d'ambassadeur de l'archiduc son fils [1]. Au mois de juillet 1504, il fut chargé avec Cyprien de Serntein, chancelier du Tyrol, d'aller négocier auprès de Louis XII l'aplanissement des difficultés qui s'étaient élevées au sujet du royaume de Naples et du duché de Milan [2]. Ce fut aussi vers cette époque que l'ordre de la Toison d'or le choisit pour son chancelier, en remplacement de Henri de Berghes, évêque de Cambrai, mort en 1502. L'abbaye d'Ainay, près de Lyon, étant devenue vacante en 1505, par le décès de Théodore du Terrail, oncle du chevalier Bayard, Naturelli fut nommé abbé commendataire de cette maison. Au mois d'avril 1506, il était à Rome, avec le titre d'ambassadeur du roi de Castille. De là il écrivit à ce prince une longue et curieuse lettre, dans laquelle il l'entretient des faits politiques les plus importants et lui donne des conseils judicieux [3]. Il paraît qu'au mois de mai 1510, étant à Lyon avec André de Burgo, il fit quelques démarches pour retenir à lui seul la direction des affaires de l'ambassade [4]. En 1518, nous le retrouvons en France, chargé d'y suivre les affaires de Charles d'Autriche, roi de Castille, et de l'archiduchesse Marguerite; il avait pour collègue d'ambassade Charles de Poupet, seigneur de la Chaulx. Les lettres qu'il écrivit tant au roi de Castille qu'à Marguerite d'Autriche sont pleines d'intérêt et révèlent un observateur attentif [5]. Sa position à la cour de France était alors d'autant plus délicate que c'était le moment du grand

[1] *Négoc.* I, 36.
[2] *Ibid.* I, 69.
[3] *Ibid.* I, 111.

[4] *Lettres de Louis XII*, I, 231.
[5] *Négoc.* 135, 153, 166, 179, 268, 348, 396.

débat entre François Ier et Charles d'Autriche, à l'approche de l'élection impériale. Naturelli avait pour mission secrète de mander au roi de Castille tout ce qu'il pourrait apprendre touchant cette grande affaire.

Dès lors, Philibert Naturelli ne reparaît plus dans nos documents diplomatiques ; mais nous savons qu'en 1524 il permuta le prieuré d'Arbois, au diocèse de Besançon, pour l'abbaye de Villers[1] près de Namur, qu'il résigna peu de temps après, moyennant pension. En 1526, son état de caducité avait fait songer à le décharger des fonctions de chancelier de l'ordre de la Toison d'or ; mais Charles-Quint, par une lettre en date du 24 mai de la même année, mande aux chevaliers de l'ordre de maintenir Naturelli dans son poste, si sa débilité corporelle est le seul motif qu'on allègue pour le destituer. Il mourut le 22 juillet 1529 à Malines, d'où il fut rapporté à Villers, lieu de sa sépulture. On lisait sur son tombeau l'épitaphe suivante :

Dormit sub hoc lapide dominus PHILIBERTUS NATURELLI, burgundus, genere nobilis, utriusque juris doctor, qui varias pulchre obivit legationes, ecclesiæ Ultrajectinæ præpositus, et curiæ Romanæ protonotarius. Obiit Mechliniæ anno 1529, 22 julii. Hic sepelitur.

JEAN DE COURTEVILLE.

JEAN DE COURTEVILLE, écuyer, seigneur de Coremont ou Cormond, de la Bussière et de Preurelles, était dès l'année 1496 bailli de Lille, écuyer tranchant et maréchal des logis de

---

[1] Cette permutation se fit avec Rigault ou Regnault de Mallet, à qui Philibert procura, par son crédit, le titre d'évêque de Mégare *in partibus infidelium.*

l'archiduc Philippe. A la même époque, ce prince le députait avec Jean Pieters vers le roi d'Angleterre pour négocier le traité de commerce qui fut conclu à Londres le 7 juillet 1497[1]. En 1500, il avait été chargé de présenter des remontrances au roi Louis XII sur les entreprises de Robert de la Marck[2]. L'année suivante, il fit partie de l'ambassade qui traita du mariage de Charles de Luxembourg avec Claude de France. Le 2 janvier 1502-3, il fut envoyé en mission vers le roi d'Angleterre; le 2 décembre suivant, il partit pour l'Espagne. En 1506, nous le retrouvons à la cour de France, protestant contre les secours que Louis XII était censé donner au duc de Gueldre et à Robert de la Marck, ennemis de l'archiduc[3]; et durant cette mission il fut témoin de la tenue des États de Tours, où se décida l'union de Claude de France avec François d'Angoulême. Si les lettres dans lesquelles il rend compte de ce qu'il a fait et de ce qu'il a vu ne décèlent pas une grande habileté diplomatique, elles ont du moins l'avantage d'être remplies de détails curieux concernant les faits et les personnes : au style et aux expressions il est facile de reconnaître que Courteville appartient à la Flandre française. Il était encore à Blois, d'où il continuait d'adresser des dépêches à l'archiduc, lorsque ce jeune prince expirait à Tolède (septembre 1506). Au mois d'octobre 1513, il reçut ordre de s'adjoindre à l'ambassade que l'empereur envoyait en Espagne[4]. Lorsque Charles d'Autriche, devenu roi de Castille, songea à obtenir le titre de roi des Romains, du

[1] Rymer, *Fœdera*, XII, 654 ; Dumont, *Corps diplomatique*, III, 2ᵉ partie, 379.
[2] *Négoc.* I, 22, 25.
[3] *Négoc.* I, 126 et suiv.
[4] *Correspondance de Maximilien et de Marguerite*, II, 210.

vivant de l'empereur son aïeul, ce fut Courteville qu'il chargea d'en faire la proposition à Maximilien, qui déjà avait agi dans ce sens auprès des électeurs[1]. En octobre 1518, il retourna auprès du roi de Castille, avec une ample instruction de l'empereur[2]. En acceptant cette mission, il exprime la crainte que sa vieillesse n'en souffre beaucoup, et supplie Marguerite d'Autriche d'avoir égard à ses enfants, s'il vient à succomber durant le voyage. Courteville ne remplit qu'un rôle secondaire dans la grande affaire de l'élection à l'empire : on lui confia seulement à plusieurs reprises le soin de porter l'argent et les obligations à l'aide desquels furent achetés les suffrages des électeurs. Nous ne connaissons pas l'époque précise de sa mort[3]. Il ne faut pas confondre la famille de notre diplomate avec les Cortewille d'Oudenhove. Jean de Courteville portait d'or à la croix de gueules.

HENRI DE NASSAU.

HENRI, comte de Nassau, Vianden, Dillenbourg, vicomte d'Anvers, baron de Breda, Diest, etc., naquit le 12 janvier 1483, de Jean, comte de Nassau, et d'Élisabeth de Hesse. A la mort de son père, qui possédait de vastes et nombreuses seigneuries en Allemagne et dans les Pays-Bas, ces biens furent partagés entre Henri et Guillaume, son frère puîné ; celui-ci obtint les terres situées au delà du Rhin, et Henri resta posses-

[1] *Négoc.* II, 125 et suiv.
[2] *Ibid.* 170.
[3] Les savants éditeurs des Papiers d'état de Granvelle, t. V, p. 415, à la note, ont commis une erreur en ne faisant qu'un seul personnage de Jean de Courteville et de Josse de Courteville qui, en 1558, était secrétaire d'État et conseiller de Charles-Quint.

seur de tous les domaines en deçà du fleuve. Déjà, en 1509, il tenait un rang distingué à la cour du jeune archiduc; mais il paraît aussi qu'à cette époque, il lui arriva de parler du roi de France avec légèreté, ce qui l'obligea de se disculper auprès de ce prince par l'entremise de l'ambassadeur André de Burgo[1]. En 1510, il fut mis à la tête des grands seigneurs que Marguerite d'Autriche envoyait à l'empereur son père, pour l'accompagner lors de l'entrevue qu'il projetait d'avoir avec Louis XII. L'année suivante, nous le trouvons investi des fonctions de capitaine-général, mais malade et hors d'état de commander les opérations du siége de Venloo. Le comte de Nassau fut tout à la fois un homme de guerre expérimenté et un habile diplomate. Sous ce dernier rapport, il fit ses preuves dans les négociations qui eurent pour résultat l'élection de Charles d'Autriche à l'empire. Comme général d'armée, ses expéditions en France et ailleurs l'ont assez fait connaître. Il aimait les lettres et honorait les savants de ses éloges; mais là se bornaient ses encouragements. C'est du moins ce qu'Érasme insinue dans une lettre à Eobanus Hessus qui avait dédié un poëme au comte de Nassau : « Favet ille bonis litteris et, harum gratia, « mihi quoque; sed nostri principes laudare norunt, numerare « non norunt. » (Lettre du 30 mai 1519.)

Le comte de Nassau mourut à Breda, le 14 septembre 1538. Il avait épousé trois femmes : 1° Françoise de Savoie-Romont, dont il n'eut pas d'enfants; 2° Claude de Chalon, fille de Jean de Chalon, prince d'Orange, mère de René, qui fut la souche des princes d'Orange-Nassau; 3° Claude étant morte en 1521,

---

[1] *Négoc. diplomat.* I, 329, 330.

d.

Henri de Nassau se remaria à Mencia Mendoza, fille du marquis de Geneta, depuis duc de Calabre.

BARTOLOMEO TIZZONE.

BARTOLOMEO TIZZONE, noble piémontais, né à Verceil, était fils de Lodovico Tizzone, comte palatin de Dezzana et de Crescentino, qui jouissait d'une grande faveur à la cour de l'empereur Maximilien. Bartolomeo hérita de ce crédit, et fut, comme son père, homme d'État et homme fort lettré. Au mois de décembre 1505, l'empereur le chargea d'aller en Angleterre solliciter le concours de Henri VII contre la France et Venise; mais il l'adressa préalablement à Marguerite d'Autriche, en la priant de diriger elle-même cette négociation, et de donner, si elle le jugeait convenable, un collègue à Tizzone. Nous avons reproduit quelques-unes des lettres par lesquelles cet envoyé rend compte de sa mission à la princesse[1]. En février 1518-19, il fut question de l'employer dans les ambassades qui devaient assurer l'élection de Charles d'Autriche à l'empire; mais il paraît que ses services ne furent pas agréés, ou plutôt que l'état de détresse où l'avait réduit sa fidélité à la maison d'Autriche, ne lui permit pas de faire l'avance des frais de voyage[2]. M. le président de Gregory a consacré à ce personnage un court article dans son ouvrage intitulé : *Istoria della Vercellese Letteratura ed Arti*, II, 209.

[1] *Négoc. diplomat.* II, 101, 109, 200, 237, 358, 426.

[2] *Négoc. diplomat.* II, 200, 237, 358, 426.

LAURENT DE GORREVOD.

LAURENT DE GORREVOD, baron de Marnai et de Montanai, comte de Pont-de-Vaux, gouverneur de Bresse, était, en 1508, ambassadeur du prince de Castille en Angleterre[1]. Plus tard il devint chef des finances et du conseil de Marguerite d'Autriche, qui l'honorait de son estime particulière. Au mois d'août 1513, il faisait partie de l'expédition anglo-flamande qui prit Térouane. Il rendit compte de la situation et des progrès de l'armée dans plusieurs lettres que nous avons publiées ci-après[2]. En 1516, il fut nommé chevalier de la Toison d'or. Comme gouverneur de Bresse, il entretenait avec Marguerite d'Autriche une correspondance active, non-seulement sur l'administration de ce pays, mais aussi touchant les affaires politiques. C'est ainsi qu'en 1527 il informait la princesse des mouvements qui s'opéraient en Suisse, et des dispositions que montraient les cantons au sujet de la guerre contre la France. Gorrevod était, dans ces conjonctures, devenu très-suspect aux Français, qui tentèrent plusieurs fois de s'emparer de sa personne[3]. Le 26 mai 1527, il fit son testament, et institua pour

[1] *Lettres de Louis XII*, I, 132.

[2] *Négoc. dipl.* II, 534 et suiv.

[3] Voici comment il s'exprime à cet égard, dans une lettre datée de Marnai, le 27 octobre 1527 : « J'ay esté adverty de divers coustez que je ne feroye pas saigement d'aller en Bresse ny en Savoye, car les François tenoient sur moi pour me prendre. Et m'a l'on adverty que si je fusse allez à Bourg à l'arbitraige, comme mondit seigneur le duc de Savoye m'avoit nommé pour son arbitre pour appoinctier le differend de Genesve, les François avoient dressiez une entreprise pour me prendre dedens Bourg. Et pour ce que la derniere fois que je y fus par vostre commandement pour l'affaire du lieutenant de Costicz, je y fis faire guest et garde pour ma seurtez, lesdits François avoient entrepris que si je fusse allez audit arbitraige, ilz fussent venuz si puissant qu'ilz avoient deliberé d'afforcer la ville de Bourg pour me prendre. Et à ceste cause, madame, je ne me seroye tenir en Bresse, jusques à ce qu'il y ait une paix entre l'empereur et le roy de France. »

son héritier universel Jean de Gorrevod, son cousin, seigneur de Salins, dont le dernier rejeton mourut en 1581, laissant ses titres et ses biens au marquis de Beaufremont. Laurent de Gorrevod était frère de Louis de Gorrevod, évêque de Maurienne et cardinal.

MERCURIN DE GATTINARE.

Mercurino di Gattinara naquit, en 1465, au château d'Arborio, dont les ruines se voient encore aujourd'hui non loin de Verceil, dans le Piémont. Sa famille, quoi qu'aient pu dire Guicciardini, Moréri et Draudius, était une des plus illustres de la Lombardie. Mercurin était fils de Paolino Arborio di Gattinara et de Felicita Ranzo, sœur du comte Mercurino Ranzo, grand chancelier de Savoie. Paolino étant mort, Mercurin trouva dans sa mère une directrice si sage et si éclairée qu'à 13 ans il avait terminé ses humanités. Plus tard, son habileté comme jurisconsulte lui valut une chaire à l'université de Dole et le titre de conseiller du duc de Savoie, Philibert le Beau. Marguerite d'Autriche, devenue veuve de ce prince en 1506, confia à Gattinare la défense de ses droits comme douairière, auprès du duc régnant son beau-frère. Il se conduisit, dans la poursuite de cette affaire, avec tant de zèle et de succès que, par lettres patentes du 12 février 1508, l'empereur Maximilien le nomma premier président du parlement de Bourgogne, séant à Dole; mais Gattinare ne prit possession de ce poste que le 19 avril 1509, retenu qu'il était par les négociations de la ligue de Cambrai, auxquelles il prit une grande part en qualité de conseiller de Marguerite. Lorsqu'au mois de mai 1509, Charles, duc de Savoie, demanda d'être compris dans le traité de Cambrai, il nomma Gattinare l'un de ses trois fondés de pouvoir, à l'effet de solliciter, auprès de l'empereur, son inclusion audit traité, et de prêter les serments requis.

Peu de temps après la conclusion de la ligue de Cambrai, c'est-à-dire en mars 1508-9, Mercurin de Gattinare fut député, avec Hugues de Melun, Amé de Viry et Jean Caulier, en qualité d'ambassadeur de l'empereur et de Marguerite d'Autriche auprès de Louis XII. Il était chargé tout à la fois de rendre hommage du comté de Bourgogne, au nom de l'archiduchesse, et d'insister pour la stricte et prompte exécution du double traité de Cambrai. Ce fut lui qui harangua le roi. Dès le 16 mars, ces députés avaient achevé heureusement leur mission. Après avoir pris congé du roi, qui le combla, ainsi que ses collègues, de grands et honorables présents, tels que vaisselle d'argent, chaîne d'or, Gattinare se rendit en Bourgogne pour y occuper enfin son siége de premier président. Depuis la mort de Philippe le Beau, survenue le 25 septembre 1506, Maximilien et Ferdinand le Catholique se disputaient l'administration de la Castille. Louis XII ayant été choisi pour arbitre de ce différend, l'empereur députa vers lui Gattinare et André de Burgo, avec charge de soutenir ses droits à la tutelle du prince mineur et à la régence du royaume de Castille. Marguerite d'Autriche, à qui on avait laissé ignorer cet arbitrage, s'en montra vivement contrariée, et adressa des reproches sévères à Mercurin. Celui-ci, homme d'un grand caractère et d'une franchise inflexible, écrivit à la princesse une lettre pleine de dignité, que nous regrettons de ne pouvoir citer ici. Du reste, le soin de sa propre réputation ne l'empêchait pas de veiller à l'honneur et aux intérêts de ses maîtres. Au mois de septembre 1509, l'empereur, contraint de lever le siége de Padoue, s'était retiré au loin, et reprenait honteusement le chemin du Tyrol. Mercurin, indigné, se hâta d'écrire à Marguerite pour la supplier de faire rentrer quelque courage dans l'âme de son père abattu; cette lettre est encore un modèle d'énergie et de zèle patriotique. En avril 1510, Gattinare fut envoyé vers Ferdinand le Catholique, à l'effet d'obtenir de ce prince un subside pour recommencer avec plus d'activité la guerre contre les Vénitiens. Il était chargé aussi de solliciter, pour le jeune archiduc Charles, la grande maîtrise d'Alcantara. Il demeura en Espagne pendant toute l'année 1510. Revenu auprès de la gouvernante des Pays-Bas, Gattinare exprima, dans deux mémoires successifs, son opinion sur la conduite à tenir envers ce roi d'Aragon, si cauteleux et si difficile à manier. C'est toujours la même perspicacité, le même dévouement, la même liberté de langage. En 1513, l'empereur, de concert avec sa fille, conféra à Mercurin l'office de chef du conseil privé des Pays-Bas, que Jean le Sauvaige avait cumulé jusqu'alors avec celui de chancelier de Brabant[1]. L'année suivante, il eut à se défendre d'une accusation fort grave. Une femme, détenue à Salins par ordre du maréchal de Bourgogne, Guillaume de Vergy, avait dénoncé le président et quelques conseillers du parlement de Dole comme recevant pension du roi de France pour trahir les intérêts de l'archiduchesse, leur souveraine.

[1] *Correspondance de Maximilien et de Marguerite d'Autriche,* II, 243.

Gattinare se justifia par un mémoire intitulé *Remontrances à l'empereur;* et de plus, la prisonnière déclara enfin que sa dénonciation lui avait été suggérée par M. de Vergy, ennemi personnel du président. Celui-ci, fatigué enfin de lutter contre de trop puissants adversaires, voyant d'ailleurs que Marguerite d'Autriche ne le soutenait pas, quitta la Bourgogne; et entraîné par un sentiment de religieuse tristesse, il promit d'aller visiter les lieux saints. Le pape l'ayant relevé de ce vœu téméraire, il se retira à la Chartreuse de Bruxelles, où il se livra aux exercices d'une piété fervente. Ce fut durant son séjour chez les Chartreux que Marguerite le déchargea de son office de premier président. Il quitta cette retraite dans les premiers jours de mai 1517, pour obéir à l'empereur Maximilien, qui l'envoya en ambassade auprès du duc de Savoie. Lorsque le comte palatin Frédéric vint annoncer au roi Charles son élection à l'empire, Gattinare, qui remplissait dès lors les fonctions de chancelier, répondit à la harangue de ce député[1]. Au mois de janvier 1520-21, nous le retrouvons à Worms, conférant, lui et M. de Chièvres, avec l'ambassadeur Barroys, sur les difficultés qui divisaient encore Charles-Quint et François. En 1521, il assista à la fameuse assemblée de Calais, et y soutint presque seul tout le poids de la discussion contre les députés français. Gattinare avait épousé Andrietta degli Avogadri, qui lui donna une fille unique, mariée au comte Alessandro Legnana di Settimo. Devenu veuf, il embrassa l'état ecclésiastique, et fut décoré de la pourpre en 1529. Mercurin de Gattinare mourut à Inspruck, le 5 juin 1530. Érasme et d'autres

---

[1] Goldasti *Politica imperialia,* 123. — *Cérémonial diplomatique de Rousset,* I, 153.

écrivains contemporains ont fait de lui le plus grand éloge. On trouvera la nomenclature de ses ouvrages dans *Storia della Vercellese Letteratura,* par M. de Gregory, parte seconda, p. 61 et suiv. Du reste, les renseignements fournis par cet écrivain manquent quelquefois d'exactitude. Nous nous proposons de publier sur Gattinare une notice plus étendue, à laquelle nous joindrons un choix de ses lettres et discours.

Avant de clore cette préface déjà un peu longue, indiquons les principales collections de documents qui ont été publiées concernant l'époque qui nous occupe :

1° *Lettres de Louis XII et du cardinal d'Amboise,* 4 vol. in-12, Bruxelles, Foppens, 1712. L'éditeur de ce recueil est Jean Godefroy, garde des archives de la chambre des comptes de Lille. Voyez ce qui en est dit dans l'avertissement placé au devant de la *Correspondance de l'empereur Maximilien et de Marguerite d'Autriche.* La première pièce du recueil de Jean Godefroy porte la date du 1er septembre 1504; la dernière est du mois de décembre 1514.

2° *Corps universel diplomatique du droit des gens, etc.* par J. Dumont, baron de Carelscroon, 8 vol. in-folio, Amsterdam et la Haye, 1726-1731. Le tome IV de ce grand recueil contient 82 traités ou autres actes relatifs aux négociations de l'Autriche avec la France, durant les trente premières années du xvi⁰ siècle.

3° *Supplément au Corps universel diplomatique du droit des gens,* par Rousset, 6 vol. in-folio, Amsterdam et la Haye, 1739. On trouve dans le tome III six pièces concernant les mêmes négociations. Le tome V (premier du *Cérémonial diplomatique*) présente, p. 148 et suivantes, le narré de la réception faite, en novembre 1501, à l'archiduc et à l'archiduchesse d'Autriche, lors de leur passage par la France.

4° *Original letters illustrative of english history; including numerous royal letters; from autographs in the British Museum, and one or two other collections.*

with notes and illustrations by Henry Ellis, 3 vol. in-8°, London, 1825. M. Ellis a inséré dans le premier vol. dix-huit lettres qui se rapportent à notre sujet.

5° — *Second series*, 4 vol. in-8°, London, 1827. Le 1er volume contient aussi dix-huit lettres concernant les mêmes négociations.

6° *Anzeiger für Kunde der teutchen Vorzeit, herausgegeben von Franz Joseph Mone*, in-4°, Karlsruhe, 1835-1838. M. Mone, philologue justement célèbre, a publié dans ce journal historique une série de cinquante-sept lettres ou autres titres relatifs à l'élection impériale de 1519. Ces pièces, comme celles qui font l'objet de l'ouvrage suivant, sont toutes extraites du dépôt de Lille.

7° *Correspondance de l'empereur Maximilien et de Marguerite d'Autriche, sa fille, de 1507 à 1519*, 2 vol. grand in-8°, Paris, Crapelet, 1839. Cette collection, éditée par nous pour la Société de l'histoire de France, contient six cent soixante-sept lettres; plus, deux notices biographiques et un long appendice sur les livres et les objets d'art que possédait Marguerite d'Autriche.

8° *Papiers d'État du cardinal de Granvelle*, publiés par M. Weiss, in-4°, Paris, Imprimerie royale, 1er vol. 1841. Les pièces diplomatiques relatives à notre époque y sont au nombre d'environ quatre-vingts.

9° *Rapport à M. le ministre de l'Intérieur* (de la Belgique) sur les archives de l'ancienne chambre des comptes de Lille, par M. Gachard, archiviste général du royaume, in-8°, Bruxelles, 1841. On trouve dans ce rapport, p. 146-189, l'analyse fidèle de cent quatorze pièces relatives à l'élection impériale, et non publiées par M. Mone.

10° *Correspondenz des Kaisers Karl V. Aus dem königlichen Archiv und der Bibliothèque de Bourgogne zu Brüssel mitgetheilt von Dr Karl Lanz*, in-8°, Leipzig, Brockhaus, 1844. Les documents compris dans ce curieux volume sont au nombre de deux cent quatre-vingt-un, parmi lesquels il en est beaucoup qui ont déjà été publiés ailleurs. Ils commencent par une lettre de Louis XII à l'archiduc Charles, en date du 26 mai 1513, et finissent par une missive du chancelier Granvelle à l'empereur (juillet 1532). Cette publication sera continuée. On doit regretter que l'éditeur n'ait pas enrichi son travail de notes explicatives.

11° *Coleccion de documentos ineditos para la historia de España, por los señores Navarete, Salva y Baranda*. Les éditeurs de ce recueil, qui se compose déjà de quatre volumes, ont publié, entre autres documents sur cette époque du xvie siècle, seize pièces relatives à la captivité des enfants de François Ier. M. Gachard vient d'explorer après eux, et avec la sagacité qui lui est propre, les archives célèbres de Simancas et d'autres dépôts espagnols; il ne tardera pas à publier le résultat de ses recherches.

On remarquera que je ne mentionne pas dans cette nomenclature les documents, peu nombreux d'ailleurs, que renferment les chroniques contemporaines de Saint-Gelais, de Seyssel et de Jean d'Auton[1], les lettres de Guillaume Van Male[2].

Pour mener à bonne fin ce recueil diplomatique, et justifier ainsi la haute confiance qui m'est accordée, je n'ai épargné ni temps, ni soins, ni labeurs : toutefois j'aurais eu peine, sans doute, à compléter mon travail, si je n'avais trouvé, à la Bibliothèque du Roi à Paris, et aux archives royales de Bruxelles, une assistance bienveillante, un concours efficace. Je prie donc MM. les conservateurs de ces grands dépôts d'agréer ici mes remercîments les plus empressés.

M. Deligne, employé de la section historique de nos archives, m'a été d'un grand secours pour la transcription et la révision des titres, la correction des épreuves et la disposition méthodique du travail. Mon amitié lui en sait fort bon gré.

Lille, 29 juin 1845.

LE GLAY.

[1] On sait que M. Paul Lacroix a publié récemment la partie inédite des chroniques de Jean d'Auton.

[2] M. le baron de Reiffenberg vient de donner à Bruxelles une bonne édition des lettres de Van Male sur la vie privée de Charles-Quint.

PRÉCIS HISTORIQUE

POUR SERVIR A L'INTELLIGENCE DES DOCUMENTS

CONTENUS DANS CE RECUEIL.

———◦———

CHAPITRE PREMIER.

Origine des divisions qui existaient entre la France et l'Autriche, au commencement du xvie siècle. Situation respective des deux puissances à cette époque.

Jamais peut-être la France et l'Autriche ne furent plus divisées d'intérêt que durant la période qui va nous occuper; et néanmoins jamais ces deux puissances n'entretinrent des relations diplomatiques plus fréquentes, et ne se lièrent par un plus grand nombre de traités.

Du reste, l'origine de leurs démêlés n'était pas récente.

Issus de la maison royale de France, et possesseurs du premier grand fief de la couronne, les ducs de Bourgogne avaient acquis par mariage le riche comté de Flandre, puis s'étaient approprié successivement toutes les provinces des Pays-Bas, hors le seul duché de Gueldre, qui leur fut toujours disputé. Dès le milieu du quinzième siècle, Philippe le Bon traitait d'égal à égal avec les rois de l'Europe; il en effaçait plusieurs par l'opulence et l'éclat fastueux de sa cour.

Ainsi, du fait seul de cette élévation, le roi de France devait se résigner à ne plus voir dans les princes bourguignons des vassaux soumis aux devoirs que leur imposaient les liens de famille et les lois de la féodalité ; depuis longtemps il les regardait comme des rivaux puissants, des voisins redoutables.

A ce motif principal d'antagonisme, les événements ajoutèrent coup sur coup des causes particulières d'irritation et de haine mutuelle. Ce furent surtout le meurtre de Louis d'Orléans dans la rue Barbette, à Paris, l'assassinat de Jean-sans-Peur sur le pont de Montereau, l'alliance de Philippe le Bon avec les Anglais, l'asile donné en Brabant au fils rebelle de Charles VII, et enfin, pour combler la mesure, le retrait du duché de Bourgogne par Louis XI, qui, sous prétexte que c'était un fief purement masculin, en dépouilla la fille unique de Charles le Hardi [1].

Vainement on espéra que le traité d'Arras, qui stipulait l'alliance du dauphin avec Marguerite d'Autriche, mettrait fin à ces divisions funestes : un mauvais génie parut dès lors prendre plaisir à rompre tous les accommodements. Le dauphin, devenu Charles VIII, n'exécuta point le traité d'Arras : il jugea que les comtés d'Artois et de Bourgogne, apportés en dot par Marguerite, ne valaient pas ensemble le pays de Bretagne, dont les ducs prétendaient ne relever de personne, *fors de Dieu tout-puissant,* et il obtint de gré ou de force la main de la duchesse Anne, héritière de cette grande et redoutable province.

Il résulte de ce rapide exposé que les griefs étaient à peu près réciproques, et que si, dans l'origine, la maison de Bour-

[1] On raconte que Louis XV, visitant à Bruges, en 1745, le beau mausolée de Marie de Bourgogne, dit aux personnes qui l'entouraient : Voilà le berceau de toutes nos guerres depuis près de trois cents ans.

gogne eut à s'imputer les torts les plus graves, la France ensuite usa largement du droit de représailles.

On trouvera ci-après [1] un manifeste très-virulent où la conduite de Charles VIII à l'égard de.Maximilien d'Autriche est
censurée avec amertume. Ce pamphlet officiel donne la mesure
des sentiments de rancune qui animaient l'archiduc contre la
France. Quel qu'en soit l'auteur, cet écrit n'a pu être rédigé
que par ordre et sous l'inspiration du prince dont il plaide la
cause avec tant d'énergie. A la même époque (1491), Maximilien, en personne, articulait ses plaintes dans l'assemblée de
Nuremberg :

« Seigneurs de mon sang, disait-il, je vous donne toujours
beaucoup de peyne. Je vous ay icy assemblés pour vous dire
de mes affaires. Il est vray que, par le consentement de M. mon
pere et de vous tous, je suis marié à la duchesse de Bourgoigne, que Dieu absoille, dont j'ay eu enfants, lesquels sont
vivants, et l'on a baillé ma fille au roy de France, croyant que
jamais n'aurions guerre ensemble; mais il ne s'est gueres tenu
sans la faire, comme vous savez tous. Item, après vous m'avez
couronné roy des Romains, par le consentement de vous tous.
Et si je savois qu'il y eust aucuns à qui il desplut, je le voul-
drois amender. Item après, derrenierement à la journée de
Francfort, vous me priastes tous de faire traictié de paix avec
les Franchois. Ce que à vostre requeste je feiz. Et me promistes
tous que si les Franchois ne la tenoient, que vous vous decla-
reriés leurs ennemis, et que vous me serviriés de toutes vos
puissances. Item, depuis j'ay pris la duchesse de Bretaigne en
mariage, et quant les Franchois l'ont sceu, ils sont alé prendre
par faulceté ma ville de Nantes, qui me vient à si grand regret,
que j'aimaisse autant avoir perdu tout mon patrimoine que de

[1] *Négoc.* I, 1-19.

souffrir l'oultrage que les Franchois m'ont fait: parquoy vous povez congnoistre leur foy et loyaulté. Et pour ce, je vous prie que regardiés quel ayde et secours me vouldrez donner [1]. »

La course triomphante de Charles VIII à travers l'Italie, le surnom de *Victorieux* qu'il en rapporta, n'étaient pas faits pour éteindre les jalousies de son rival; et quand Louis XII monta sur le trône en 1498, sa première pensée se tourna sans doute vers les Pays-Bas, qui, après avoir été longtemps pour la France un sujet de convoitise, étaient devenus pour elle un sujet de défiance et de crainte. Il ne s'agissait plus de réunir à la couronne ces belles provinces; il fallait songer à se garantir de

---

[1] A la suite de cette harangue, qui existe en copie du temps aux archives de l'ancienne chambre des comptes de Lille, on lit les détails suivants :

« Adoncques tous les princes se leverent, et firent dire au roy, comment ils avoient tous bien entendu, ce que sa reale majesté leur avoit pleu declairé touchant ses affaires. Et que demain, tout le jour, ilz feroient assembler pour après-demain, avant son disner, lui faire responce touchant l'ayde et secours qu'ilz lui feroient.

« Le marquis de Brandeburch s'approcha du roy et lui dist : Sire, moy, mes freres, tous noz biens, villes et chasteaulx, tous nos subgectz, sommes vostres pour en faire vostre voulenté jusques au derrenier homme, car nous y sommes bien tenus, la plupart des biens que nous avons viennent de la maison d'Autriche pour les services que avons fait et sommes prestz de faire sans y faillir.

« Le comte de Werdemberg s'approcha pareillement du roy et dist : Sire, vous ne vous devez point esbahir se les Franchois ne tiennent point ce qu'ilz promet-

tent, car ilz ne le firent jamais, et ainsy s'il eust esté tenu, ilz eussent fait contre nature. Par quoy, Sire, vous ne vous devez esbahir s'ilz vous ont prins une ville, mais devez prendre courraige de en regaingner des autres sur eulx. Sire, moy, tous mes biens sont vostres à vous servir tant que le corps aura vie. Et aussi je suis icy pour l'aliance du bont (ligue), lesquelz ne vous fauldront point de vous vengier et de vous servir jusques au derrenier homme de L mille combatans.

« Et en effect, le roy se tient tout asseuré d'avoir bonne et grande ayde de gens et d'argent, et doit demain besoingnier sur ceulx qu'il ordonne d'aller en Bourgoingne qui seront bien en nombre de X mille combattans, et l'aurez plus brief par delà que vous ne pensez et bien accompaigné.

« Depuis ces nouvelles venus, est venu une poste comme le bourgmestre de Bruges a escript à ceulx de Bruges que les princes de l'Empire ont accordé au roy nostre sire XXX mille combatans pour trois ans. »

l'ascendant qu'avait pris la maison puissante à qui elles appartenaient. Le Hainaut, la Flandre, le Brabant, les comtés de Namur, de Hollande, de Zélande, de Frise, formaient un territoire aussi vaste et non moins peuplé que ne le sont aujourd'hui ensemble les deux royaumes de Hollande et de Belgique. Seulement, sur un point de ces riches contrées se trouvait le duché de Gueldre, qu'un prince brave, turbulent, téméraire, défendait avec une opiniâtreté infatigable contre les prétentions bien ou mal fondées de la maison d'Autriche.

Le fils de Maximilien, Philippe le Beau, avait épousé Jeanne, infante de Castille et d'Aragon, qui plus tard devait le faire régner lui ou ses enfants sur l'Espagne tout entière. La jeune Marguerite renvoyée de France, avait été accueillie à la cour d'Aragon, et avait donné sa main à l'héritier de plusieurs royaumes.

Les descendants de Charles le Téméraire ne dérogeaient donc pas : ils se trouvaient en mesure de tenir tête aux successeurs de Louis XI; au lieu d'un duché qu'on leur avait enlevé, ils acquéraient des royaumes; et en échange de l'alliance française, ils s'assuraient celle de Ferdinand et d'Isabelle, à qui Christophe Colomb venait de donner un nouveau continent. Tandis que la postérité de Louis XI s'éteignait avec son fils, celle de Marie de Bourgogne se perpétuait dans les nombreux enfants de Philippe le Beau.

De son côté, cependant, la France vivait enfin paisible à l'ombre du pouvoir royal, que le génie de ce même Louis XI avait affermi et pour ainsi dire reconstitué. Des trois grands fiefs, Bourgogne, Provence, Bretagne, qui étaient comme autant de royaumes dans le royaume, le premier avait fait retour à la couronne par défaut d'héritiers mâles, le second par un testament, le troisième par un mariage. Les rivalités féodales qui avaient jadis tant désolé le pays, existaient bien encore dans les familles, mais elles n'osaient plus se manifester par des luttes à main armée. Les guerres partielles avaient disparu, au grand contentement du peuple, qui en était l'ordinaire victime. La royauté, ne pouvant étouffer complétement l'ardeur belliqueuse de la noblesse, commençait à lui donner pour appât et pour aliment les expéditions extérieures que l'on ne connaissait plus guères en France depuis l'époque héroïque des croisades[1]. Le règne de l'aristocratie, fondé vers la fin du IXe siècle, touchait à son terme pour faire place au règne tardif de la royauté; mais cette grande unité qu'avait tenté de rétablir Charlemagne ne devait plus se reconstituer dans l'ordre politique.

Malgré les folles prodigalités de Charles VIII, la France regrettait ce prince, qui, au dire de Comines, « estoit peu entendu, mais si bon, qu'il n'estoit possible voir meilleure créature. » Aussi le nouveau roi Louis XII eut-il à surmonter plus d'un genre de prévention. On voyait en lui un sujet rebelle qui n'avait pu se contenter du titre de premier prince du sang avec le gouvernement de quatre provinces, un coupable allié du duc de Bretagne dans le dessein de soulever la noblesse française contre son roi, un mari infidèle de cette malheureuse Jeanne de France, qu'il répudia ensuite contre toute bienséance et contre toute équité. Il n'est pas prouvé que l'on agita, comme le dit Machiavel[2], la question de savoir si la défection de Louis envers la couronne ne l'avait pas frappé de déchéance; mais du moins il est certain que cette pensée occupa un instant les esprits et éveilla les ambitions. On doit même croire que les

[1] Il y eut bien durant le XIVe et le XVe siècle diverses manifestations belliqueuses contre les pays voisins ; mais ce n'étaient pas des guerres proprement dites de peuple à peuple : c'étaient plutôt des incursions aventureuses auxquelles le monarque et la nation ne donnaient le plus souvent qu'une approbation tacite et occulte.

[2] *Ritratto di Francia.*

choses se seraient passées moins paisiblement, si la mort de
Charles VIII n'avait été inopinée, et si le jeune François d'Angoulême s'était alors trouvé en âge de disputer la couronne à
son cousin.

Louis XII avait donc besoin d'une grande sagesse de conduite pour faire oublier des torts aussi graves. Cette sagesse ne
lui manqua point. Le roi de France obtint grâce pour le duc
d'Orléans. Loin d'augmenter les impôts, comme on pouvait le
craindre, il en abolit plusieurs. Les troupes soldées vivaient
dans une complète indiscipline ; il fit revivre, à cet égard, les
règlements tombés en désuétude. L'Université, fille aînée, mais
fille turbulente de nos rois, abusait singulièrement de ses priviléges ; Louis fut assez habile pour les restreindre [1]. La justice
se rendait mal, ou même ne se rendait pas : une ordonnance,
disons plutôt un code véritable, abrogea ou diminua beaucoup
la vénalité des charges, régularisa la marche des procédures,
et protégea les plaideurs contre les exactions sans nombre des
agents d'affaires et des magistrats eux-mêmes [2]. L'échiquier
ambulatoire de Normandie fut érigé en parlement sédentaire
et permanent, comme celui de Paris [3]. La Provence obtint
aussi en 1501, sous le même titre, une cour judiciaire souveraine, en remplacement de sa grande sénéchaussée.

Telle était la situation de ces deux puissances rivales qui
tenaient alors le premier rang dans la politique européenne :
car l'Espagne et l'Angleterre ne faisaient que préluder à leurs
glorieuses destinées.

---

[1] L'ordonnance de réforme de l'Université fut, nonobstant les réclamations de
ce corps puissant, lue, publiée et enregis-
trée au parlement, le 17 mai 1499.

[2] Cette ordonnance, qui se compose de

cent soixante-deux articles, fut présentée
au parlement, le 16 avril 1499, par Louis
d'Amboise, évêque d'Alby.

[3] L'installation du parlement de Normandie eut lieu le 1er octobre 1499.

CHAPITRE II.

Traités de Lyon, août 1501, et de Trente, 13 octobre 1501.

Malgré le titre que porte ce recueil, ce n'est pas l'Autriche
proprement dite qui est en cause dans le grand procès dont
nous essayons d'esquisser l'histoire. L'Autriche, comme nation,
n'avait rien à démêler avec la France. Séparées l'une de l'autre
par de vastes états, ces deux contrées n'avaient entre elles ni
affinité ni rivalité d'intérêts et de commerce. Elles se con-
naissaient à peine au xvᵉ siècle ; car on ne se souvenait guères
alors de l'alliance d'Enguerrand IV de Coucy avec Catherine
d'Autriche, et de la guerre énergique que soutint contre le
duc Léopold le fils d'un gentilhomme français, réclamant la
dot de sa mère. Le débat n'était donc pas sur ce terrain ;
mais comme la puissance bourguignonne, véritable objet du
litige, s'était fondue, pour ainsi dire, dans l'archiduché d'Autriche, ce dernier nom a prévalu ; et en l'employant, nous y
attacherons toujours l'idée complexe que nous venons d'exprimer.

Du reste, lors de l'avénement de Louis XII, cette maison
d'Autriche-Bourgogne se trouvait comme doublement personni-
fiée, et exerçait une double action, soit dans la guerre, soit dans
les luttes diplomatiques. D'une part, c'était Maximilien avec
ses propres rancunes et celles qu'il avait adoptées en épousant la duchesse Marie : prince aventureux, prodigue, digne
par son humeur guerrière et chevaleresque d'être allié à la
race vaillante des ducs de Bourgogne, initié néanmoins, autant
que le permettaient la légèreté de son esprit et l'irrésolution

de son caractère, aux secrets de la science politique, science nouvelle que venait de créer Louis XI, que perfectionnaient déjà les Borgia et Ferdinand d'Aragon, et qu'allait bientôt professer Machiavel. D'autre part, c'était Philippe le Beau, fils de Maximilien, jeune prince brillant, ami des plaisirs, généreux, vrai portrait de son bisaïeul Philippe le Bon, et qui sans doute aurait fait comme lui beaucoup de prouesses et beaucoup de folies, si la mort ne l'eût arrêté au début.

Philippe le Beau, durant sa courte carrière, manifesta toujours des dispositions pacifiques envers la France, il aimait personnellement Louis XII [1]; et la plupart de ses actes donnent lieu de croire que, s'il avait vécu, il aurait tenté de prévenir des guerres désastreuses, des ruptures à jamais funestes.

La première fois que ce prince figure dans les documents que nous publions, c'est comme médiateur entre son père et le roi de France [2]. Bientôt après, ses députés viennent proposer à Louis XII et à la reine Anne de Bretagne un mariage entre Charles d'Autriche et Claude de France, âgés l'un et l'autre d'un an environ. Les harangues prononcées à cette occasion sont des monuments curieux de l'éloquence du temps. Du reste, l'expérience a démontré que ces alliances bizarres, projetées de si loin, ne se réalisent jamais [3]. De compte fait, Charles d'Autriche a été ainsi marié dix fois pour la forme avant de

[1] Négoc. dipl. I, 24.

[2] Instructions; ci-après, I, 19 et 21.

[3] La diplomatie moderne paraît avoir renoncé à ces alliances entre princes et princesses encore enfants. Néanmoins, le règne de Louis XIV et celui de Louis XV en offrent encore des exemples. En décembre 1638, on négocia le mariage du fils de Louis XIII (depuis Louis XIV), né le 5 septembre précédent, avec Adélaïde de Savoie, âgée alors de deux à trois ans. En 1721, on fiança l'infante d'Espagne, Marie-Anne-Victoire, âgée à peine de cinq ans, avec le roi Louis XV, qui en avait onze. L'infante, amenée à Paris en 1723, fut renvoyée à Madrid en 1725.

l'être enfin sérieusement. Quoi qu'il en soit, le traité fut conclu à Lyon, au mois d'août 1501 [1]. La dot de la jeune princesse est ainsi stipulée : « A défaut d'enfants mâles du roi et de la reine, elle aura tout ce qui doit lui échoir selon droit et coutumes ; s'il survient enfants mâles, 300,000 écus d'or, savoir : 200,000 de la part du roi et 100,000 de la part de la reine. Son douaire sera de 20,000 écus d'or avec places et forteresses convenables pour sa demeure et sûreté de sa personne. Ces places seront choisies, autant que faire se pourra, sur les terres de la souveraineté du roi, et le surplus au pays de Hainaut. Si l'un des deux conjoints vient à mourir avant la célébration du mariage, on fera en sorte de le renouer avec un autre enfant du roi ou de l'archiduc. S'il vient enfants mâles de cette union, l'aîné prendra le nom et les armes de Bretagne. »

La reine, comme on le voit, était inflexible en ce qui touchait ses domaines héréditaires. Bretonne par-dessus tout, elle voulut toujours que son duché formât un état distinct dont elle se réservait le gouvernement, et où elle faisait lever elle-même des troupes et des impôts. Elle protestait ainsi jusque sur le trône contre les prétentions encore récentes de Louis XI à la possession de cette grande province [2].

Louis XII, après la conclusion du traité dont nous venons de parler, voulut donner à l'archiduc Philippe un nouveau témoignage de sa bienveillance amicale, et lui concéda, pour

---

[1] I, 28-34. La version que nous donnons ne porte pas la date précise du jour ou ce traité fut conclu ; mais Jean d'Auton la fixe au 10 août. (*Histoire de Louis XII*, 218.)

[2] En 1479, le comte et la comtesse de Penthièvre, cédant aux sollicitations du roi Louis XI, lui abandonnèrent, moyennant une somme de cinquante mille livres, leurs droits sur le duché de Bretagne, droits qui remontaient à Charles de Blois et avaient été consacrés par un arrêt de la Cour des pairs, rendu à Conflans, le 7 septembre 1341.

l'année qui allait expirer, la jouissance de la gabelle sur les salines de Château-Chinon et de Noyers [1]; mais Philippe, qui avait des droits sur ces mêmes seigneuries, pouvait bien ne regarder cela que comme une imparfaite velléité de restitution.

S'il faut en croire Jean d'Auton, cette alliance combla les vœux du roi et de la reine « pensans par ce moyen avoir paix durable avec le roy des Romains, pere de l'archiduc, et du roy d'Espagne, pere de l'archiduchesse. » On fêta beaucoup les ambassadeurs; et pour signifier que la concorde allait régner de toutes parts, on imagina des danses assorties au goût de chacune des nations contractantes [2].

Ce traité de Lyon, qui jusqu'à présent n'avait pas été rendu public, n'est, à proprement parler, que le préambule ou le sommaire de celui qui devait se conclure entre Louis XII et le roi des Romains. En effet, toutes ces conventions matrimoniales et autres seraient restées à peu près illusoires, si Maximilien, père de l'un des contractants, et, de plus, chef de l'Empire, ne les eût ratifiées. Il y avait une concession préalable à obtenir de ce prince difficultueux : c'était l'investiture du duché de Milan.

[1] *Négoc. diplomat. entre la France et l'Autriche*, I, 34.

[2] Le comte de Nevers et mademoisell de Châteaubriant dansèrent à la mode d'Allemagne. Le seigneur d'Avesnes et Anne de Candale, depuis reine de Hongrie, exécutèrent une danse espagnole, tandis que le prince de Talmont et mademoiselle de Lagrange, une des filles d'honneur de la reine, dansèrent à la française. La lombarde fut figurée par le bâtard de Vendôme et une demoiselle nommée Belle-Joie. Enfin, on admira dans la danse poitevine le sire de Boissy, Artus Gouffier, et une demoiselle de la Tour; et comme toute alliance entre princes chrétiens doit tourner à la confusion des infidèles, un seigneur de la cour, François de Néri, habillé en Turc, s'étant présenté pour danser avec chacune des dames ci-dessus nommées, il en fut honteusement rebuté. Dans son dépit, il brisa contre terre l'arc turquois qu'il tenait à la main, et se retira « esbahy et mal content desdites alliances qu'il voyoit estre toutes bandées contre lui. » (Jean d'Auton, *Hist. de Louis XII*, 219.)

Louis XII se prétendait légitime héritier du Milanais, comme petit-fils de Valentine Visconti qui, en épousant Louis d'Orléans, avait assuré à sa postérité la possession de ce duché, dans le cas où les héritiers mâles du nom de Visconti viendraient à manquer. Or, les deux frères de Valentine, Jean-Marie et Philippe-Marie, successivement possesseurs de la couronne ducale, décédèrent l'un et l'autre sans laisser d'enfants légitimes. En 1447, époque de la mort du dernier, Charles, duc d'Orléans, fils de Valentine, passa en Italie et tenta vainement de faire reconnaître ses droits. La couronne ducale venait d'être usurpée par un soldat heureux, Francesco Sforza, qui avait épousé une fille naturelle du duc Philippe-Marie; il fut soutenu contre les d'Orléans par Louis XI lui-même, à qui il paraît avoir rendu des services. Louis XII, monté sur le trône de France, se crut en position de ressaisir un domaine qui avait échappé à son père[1]. Dès l'année 1499, Trivulce fut envoyé au delà des monts pour conquérir le duché; et Louis entra dans Milan le 6 octobre. Ludovic Sforza, qui s'était enfui à l'aspect du vainqueur, trouva moyen de revenir et de chasser les Français; mais ce fut pour peu de temps : bientôt dépossédé de nouveau et conduit en France avec son frère le cardinal Ascagne, il mourut au château de Loches vers 1510. Le Milanais était fief de l'Empire[2] : chaque nouveau duc se trouvait donc obligé de recevoir l'investiture impériale.

---

[1] Néanmoins, le duc Charles d'Orléans s'était emparé du comté d'Asti qu'il transmit à son fils.

[2] Quelques historiens prétendent que Wenceslas, en conférant ce duché aux Visconti, en avait exclu les femmes à perpétuité, et que par conséquent les droits de Louis XII étaient mal fondés. Nous avons lu attentivement le diplôme d'érection donné à Prague le 11 mai 1395; nous n'y avons trouvé aucune clause où cette exclusion soit mentionnée. Voir Leibnitz, *Codex diplom.* 257; Dumont, *Corps diplom.* II, part. 1, 236.

Louis XII n'avait pas encore obtenu, n'avait pas même réclamé cette sanction féodale de ses droits. Il y a mieux : Ludovic Sforza, deux fois vaincu par les armes de la France, avait été solennellement reconnu pour duc de Milan par le roi des Romains en 1495[1]. Georges d'Amboise fut chargé d'aller offrir l'hommage et requérir l'investiture du duché de Milan : mission difficile et délicate ! Il fallait déterminer Maximilien à proclamer la déchéance d'un prince qui tenait de lui le titre ducal, et qui, de plus, était l'oncle de la reine Blanche-Marie, sa seconde femme.

Maximilien était alors à Trente, au milieu de ses chères montagnes du Tyrol, où il aimait tant à chasser le chamois. C'est là que le cardinal d'Amboise, menant avec lui un train royal, vint le trouver : il arriva en cette ville le 3 octobre 1501. De grands honneurs lui furent décernés; et les conférences s'ouvrirent sans délai : elles durèrent dix jours. Le 13 octobre, on signa un traité d'alliance avec confirmation du mariage projeté à Lyon, et de plus avec la clause inévitable d'une ligue contre le Turc perfide, clause toujours dérisoire et sans résultat. Quant à l'investiture, elle fut promise, mais différée jusqu'à la prochaine diète de Francfort; et, en attendant, il fut stipulé, entre autres conditions, que le cardinal Ascagne Sforza serait mis en liberté, et que l'ex-duc, son frère, serait placé en un lieu honnête, avec un espace de cinq lieues à la ronde pour aller et venir comme bon lui semblerait.

Tel fut, en somme, ce traité de Trente, qui ne réalisa point les espérances de Louis XII, et n'eut d'autre effet que la pro-

[1] Ce diplôme, conçu en termes très-pompeux et très-louangeurs pour les Sforza, auxquels Maximilien s'était récemment allié par mariage, porte la date d'Anvers, 25 mai 1495. Ici l'hérédité masculine est positivement exprimée; mais on comprend que cette clause regarde les Sforza, et non les Visconti. Dumont, *Corps diplom.* III, part. II, 333.

longation de la trêve conclue précédemment. Nonobstant ces difficultés et les cauteleux délais de Maximilien, la meilleure intelligence régnait toujours entre le roi et l'archiduc Philippe.

Louis XII, informé que l'archiduc se préparait à aller visiter ses seigneuries d'Espagne, lui fit proposer de traverser la France du nord au midi, et lui offrit de le recevoir, ainsi que l'archiduchesse, dans la résidence royale de Blois. Philippe était fort disposé à se rendre à cette invitation toute gracieuse; mais il trouva quelque opposition dans son conseil[1]. Enfin il fut

---

[1] Au dire d'un annaliste assez estimé (Pontus Heuterus, *Rer. Belg.* lib. XV, 254), une vive contestation eut lieu en cette occasion. En général, nous attachons peu de prix aux discours et harangues rapportés par les chroniqueurs; mais les paroles que Pontus Heuterus prête au prince de Chimay et à l'archevêque de Besançon nous paraissent caractériser parfaitement les opinions diverses qui régnaient alors touchant le roi Louis XII; et, à ce titre, nous demandons la permission d'en consigner ici la substance. Charles de Croy, prince de Chimay, parla le premier : « Il ne faut pas, disait-il, se confier ainsi à ces rois de France qui, depuis quatre cents ans, nous font, à nous autres Flamands et Artésiens, une guerre ouverte ou cachée. Souvenons-nous de la lutte qui dure depuis l'avénement de la maison de Bourgogne. Croyez-vous que le roi Louis ne se souvient ni du meurtre de son aïeul le duc d'Orléans, ni des misères que son père Charles eut à souffrir de la part de Jean-sans-Peur? Entre eux et nous, ce ne fut pendant longtemps que perfidies et massacres. Le sang des Orléanais versé par la main des Bourguignons fume encore dans les rues

de Paris : un grand cœur comme celui du roi de France n'oublie pas si vite de tels affronts; et quand il voudrait ou pourrait les oublier, il a près de lui de vieux courtisans qui sauront bien lui remettre en mémoire et cette guerre acharnée de Philippe le Bon, qui dura seize ans et mit la France aux abois, et les griefs de Louis XI et de Charles VIII, et les honteuses conditions du traité d'Arras, et les perpétuels secours donnés aux Anglais pour la ruine de la France. Les haines sont héréditaires, soyez-en convaincus; et le roi Louis, sur ce point, ressemble à ses prédécesseurs. A ces motifs de défiance ajoutez ceux que doit vous inspirer le caractère français : un désir effréné de la gloire, l'indomptable amour des conquêtes, la cupidité, l'envie qui ne veut reconnaître ni supérieurs ni égaux, la foi toujours violée, les traités toujours foulés aux pieds. Je ne finirais pas s'il fallait raconter les tyranniques oppressions de la France contre les peuples des Pays-Bas. Dites-moi, les injustices de Louis XI et de Charles VIII ont-elles été réparées par Louis XII? Vous arracheriez à Hercule sa massue avant d'arracher à Louis XII ce qu'il

décidé que Philippe d'Autriche et Jeanne de Castille, son
épouse, passeraient par la France et accepteraient l'escorte de
quatre cents lances que le roi leur offrait. On partit de Bruxelles
le 4 novembre. Dès leur entrée en France par Saint-Quentin,
les archiducs furent comblés d'honneurs; leur voyage ne fut,
pour ainsi dire, qu'une marche triomphale, dont on peut voir

retient contre droit et justice. Par ces raisons, je n'approuve pas que Monseigneur
traverse la France : j'aime mieux qu'il
s'embarque à Calais pour l'Angleterre, et
que sa flotte, combinée avec celle du roi
Henri, notre allié, le porte heureusement
et sûrement dans les royaumes d'Espagne. »

Cet avis allait prévaloir, quand François
de Busleyden, archevêque de Besançon,
ancien précepteur de l'archiduc, prit la
parole à son tour :

« Que depuis quatre siècles, dit-il, les
rois de France n'aient cessé d'en vouloir
à notre puissance et à nos libertés, je ne
m'en ébahis point ; qu'aujourd'hui leurs
desseins soient encore les mêmes, je le
veux bien. Nous en ferions tout autant à
leur égard si nous le pouvions. Où sont
les rois, les princes, les républiques, qui
ne cherchent pas à agrandir leur empire
et à étendre leur renommée ? La cupidité et l'ambition sont répandues partout :
c'est la passion des petits comme des
grands; mais est-ce à dire qu'à côté de
ces vices il ne puisse y avoir de nobles
penchants et des sentiments généreux ?
La bonne foi et la grandeur d'âme ne sont
pas tout à fait exilées d'ici-bas. C'est calom-
nier le genre humain que de considérer
les haines comme un héritage qui se
perpétue de race en race. J'aime mieux,
pour mon compte, cette parole du Sage :

« Que vos haines soient mortelles, et vos
amitiés immortelles ! » Louis XII, dites-
vous, a le cœur trop haut pour ne pas
vouloir venger l'injure faite à ses ancêtres; et moi je dis que s'il a le cœur
grand, il ne se vengera point. La vengeance
est le propre des faibles. Charles d'Orléans,
le père du roi actuel, qui avait une cause
si légitime, et pour ainsi dire si sainte, de
haïr les princes de Bourgogne, se récon-
cilia pourtant avec Philippe le Bon et demeura son ami fidèle, malgré les murmures des grands seigneurs. Tous les rois de
France ne sont pas des Louis XI, soyez-en
sûrs. Qu'avons-nous à nous plaindre de
Louis XII ? Nous n'avons, nous autres
Flamands, qu'à nous en louer. On s'étonne
que ce prince veuille conserver son empire
dans la situation où il l'a trouvé; mais
c'est le devoir imposé à tout monarque
qui veut maintenir la tranquillité publique,
et préserver les fortunes particulières de
ces atteintes perturbatrices si funestes aux
états. Peut-on croire que le roi Louis, en
détenant notre prince contre la foi jurée,
voulût souiller sa mémoire d'un opprobre
éternel et attirer sur la France l'indignation de tous les princes chrétiens ? Non,
ce n'est pas dans ces intentions basses et
perfides qu'un si grand roi a offert son alliance à Monseigneur, et l'a invité à passer
par son royaume. Je ne vois dans cette
offre que l'expression d'une amitié sincère

les moindres détails dans le Cérémonial français[1]. Le 7 décembre, Louis XII reçut ses hôtes au château de Blois, et les traita avec une courtoisie très-affectueuse que les chroniqueurs flamands se plaisent eux-mêmes à exalter. Cinq jours se passèrent en promenades et tournois. Mais au milieu de ces fêtes, le roi ne perdait pas de vue le traité du 13 octobre dont il était si peu satisfait; et Philippe le Beau, usant des pouvoirs que son père lui avait délégués, chargea les conseillers qui l'accompagnaient de régler avec ceux de Louis XII les interprétations et modifications requises.

Ces articles supplémentaires portent en substance ce qui suit :

1° Dans le terme de six ans, le roi choisira parmi les filles de l'archiduc une épouse pour le futur dauphin. Néanmoins, l'archiduc pourra, dans le même terme, marier successivement chacune de ses filles, pourvu qu'au préalable il en avertisse le roi, qui aura toujours droit de réclamer la préférence.

2° Pendant les trois années de l'expédition contre le Turc,

---

et pure. Nous connaissons tous le roi de France : nous savons comment il s'est comporté à l'égard du prince notre maître. Après les témoignages réciproques d'une amitié bienveillante, la paix est venue, bienfait immense : déjà les plaies que nous a faites la guerre se cicatrisent, les haines s'apaisent. Ce que vous paraissez craindre est indigne du caractère magnanime de Louis, le meilleur prince peut-être de l'époque actuelle. Personne plus que lui ne hait la fourberie, l'astuce et tous les hypocrites détours. On sait avec quel soin il attire à lui les gens de bien, les hommes doctes et vertueux. S'il était vindicatif,

aurait-il fait au duc René de Lorraine cette noble repartie : « Ce n'est pas au roi de France à venger les querelles du duc d'Orléans ? » Vous demandez pourquoi il insiste si fortement afin que Monsieur l'archiduc prenne sa route par la France ? La réponse est facile : c'est dans l'espoir de cimenter de plus en plus l'affection qui unit ces deux princes ; c'est aussi, je le crois, pour intéresser l'archiduc aux démarches que fait maintenant le roi à l'effet d'obtenir de l'empereur l'investiture du duché de Milan. »

[1] Édit. de Denis Godefroy, II, 713 et suiv.

S. M. accordera au roi des Romains une aide de 400,000 ou 500,000 francs, au moins, sans préjudice de la dépense qu'il a déjà faite pour son armée de mer, laquelle dépense est de 300,000 francs. Du reste, cette condition est subordonnée à la coopération des autres princes chrétiens.

3° Le roi consent à donner une somme de 200,000 francs en échange de la Valteline, qui lui serait laissée.

4° Le roi ne consent pas à la liberté de Ludovic Sforza; mais, pour l'honneur du roi des Romains, il le fera traiter convenablement et courtoisement.

5° Madame Bonne Sforza aura une pension de 6,000 francs. Quant à Hermès, son frère, s'il se rend auprès du roi, il sera, par égard pour la reine des Romains, traité gracieusement.

6° Le premier payement des sommes convenues aura lieu à Metz par un à-compte de 50,000 francs, moyennant quoi les députés du roi recevront en bonne forme les lettres d'investiture du duché de Milan et de ses dépendances.

7° Enfin, le roi ne s'engage à rien envers les bannis de Milan qui, après lui avoir prêté serment de fidélité, se sont révoltés et ont provoqué la rébellion du peuple. Quant à ceux qui, n'ayant pas prêté serment, ont eu leurs biens confisqués, le roi fera voir que la recommandation du roi des Romains leur a profité, pourvu qu'ils se présentent et viennent demander grâce.

Ces interprétations, proposées par le roi et adoptées par l'archiduc, semblaient avoir éclairci tous les doutes et levé toutes les difficultés[1]. Aux termes de l'un des derniers articles du traité de Trente, l'investiture du duché de Milan devait avoir lieu, après hommage préalablement rendu, vers la fin de

---

[1] Dumont, *Corps diplom.* IV, 1re part. 17.

décembre, en pleine diète de Francfort[1]. Louis XII se hâta donc d'envoyer avec des pouvoirs suffisants, auprès du roi des Romains, une ambassade composée de Louis de Hallewin, seigneur de Piennes, gouverneur de Picardie, Geoffroy Charles, président du parlement de Dauphiné, Charles du Hautbois, maître des requêtes, et depuis évêque de Tournay, Étienne Petit, maître de la chambre des comptes de Paris, et Jean Guérin, maître d'hôtel du roi.

Ces députés avaient ordre d'attendre à Mayence des instructions ultérieures pour se rendre à Francfort, au jour fixé pour la diète. Un mois s'écoula sans qu'on leur donnât le moindre signe de vie. A la fin, persuadés que l'empereur et la diète les avaient oubliés, ils se dirigèrent vers Francfort, où ils arrivèrent le 25 janvier. Là, ils requirent le bourgmestre et les conseillers de la ville de les accompagner au palais où la diète avait coutume de tenir ses séances; et après avoir constaté, en présence de ces magistrats, que ni le roi des Romains ni les électeurs ne s'y trouvaient, ils firent dresser acte de leur comparution, et protestèrent contre l'absence des membres de la diète.

Tel était Maximilien. Jamais prince ne fut moins soucieux de sa propre dignité. Quand il ne la compromettait point par ses perpétuelles et honteuses demandes d'argent, il s'avilissait par des ruses vulgaires et des faux-fuyants dont tout le monde avait pitié, y compris ceux qui en étaient les dupes. Du reste, il n'avait même pas assez de fermeté pour être franchement inique comme son allié le roi Ferdinand d'Aragon. La pro-

---

[1] « Item, quod serenissimus Romanorum « rex, in proxima dieta Francfordiensi, « una cum electoribus et cæteris principi- « bus romani imperii, solemniter et ut mo- « ris est, christianissimum regem aut ejus « legitimos procuratores, de ducatu Medio- « lani investiat, accepto prius homagio et « juramento consuetis, secundum consue- « tudinem romani imperii. »

testation des députés lui causa quelque embarras ; il promit de leur donner audience à Inspruck.

L'ambassade, qui, en vertu de ses instructions nouvelles, devait insister plus que jamais pour être admise à la prestation d'hommage et recevoir l'investiture, eut enfin audience le 16 février dans un château aux environs d'Inspruck. L'empereur se garda bien de faire une réponse nette aux demandes qui lui étaient adressées ; il recommanda aux députés de tenir ces matières secrètes, et chargea don Jean Manuel, ambassadeur d'Espagne, d'en conférer avec eux, en attendant qu'il eût le loisir de s'expliquer lui-même.

Don Manuel, qui sans doute était le principal conseiller de cette tortueuse affaire, leur laissa pressentir les objections que Maximilien allait faire. En effet, après plusieurs jours de délai et des fêtes qu'on traînait en longueur, les députés français lui furent présentés à Inspruck au moment où il assistait aux joutes. Geoffroy Charles exposa de nouveau l'objet de sa mission. L'empereur répondit qu'il était fort perplexe de son peuple d'Israël, c'est-à-dire des bannis lombards, qui se récriaient beaucoup contre cette investiture, laquelle, disait Maximilien, devait avoir lieu en secret, dans sa chambre. Et quant à l'hommage, il enverrait des personnages convenables pour le recevoir des propres mains du roi.

Cette façon de procéder était bien peu conforme au traité, qui portait que l'hommage se pourrait rendre par procureurs, et que l'investiture serait donnée solennellement, selon les usages de l'Empire, dans l'assemblée des électeurs.

La lettre écrite d'Inspruck le 28 février au cardinal d'Amboise par M. de Piennes et ses collègues est un monument des plus curieux : les tergiversations maladroites de Maximilien s'y montrent dans toute leur petitesse. D'abord on le voit se

prévaloir de la réclamation des Milanais bannis [1] et de la délivrance du duc Ludovic; puis, abandonnant ces mêmes objections, il se rejette sur ce que l'archiduc, son fils, dans son
entrevue de Blois avec Louis XII, n'avait pas assez ménagé
l'honneur de l'Empire. Il se plaint, en outre, de l'insuffisance
du subside de 400,000 ou 500,000 livres, offert par le roi et
accepté par lui pour l'expédition contre le Turc; enfin, poussé
dans ses derniers retranchements, il offre d'accorder l'investiture, mais seulement pour les héritiers mâles, et non pour
ceux des deux sexes, comme la chose avait été convenue, eu
égard au mariage de la princesse Claude avec le jeune duc de
Luxembourg [2].

Une telle restriction n'était point acceptable : les députés
demandèrent leur congé, et se retirèrent dans le Milanais.
De là, Geoffroy Charles rendit compte au cardinal de ses derniers entretiens avec l'empereur, et finit par dire que, vu l'ins-
tabilité de l'homme à qui l'on avait affaire, il serait bon de
gagner du temps, et de l'entretenir par lettres avec douceur et
prudence.

La conduite de l'archiduc Philippe, durant ces négociations
si équivoques, paraît avoir été toujours loyale. Ses ambassadeurs auprès du roi des Romains ne cessèrent d'exprimer aux
députés français l'intérêt que leur maître prenait au succès
de cette affaire d'investiture. Du reste, les conseils de Ferdinand, et peut-être ceux de Maximilien, lui avaient inspiré pour

---

[1] Parmi ces Milanais bannis pour avoir
aidé Ludovic Sforza dans sa dernière tentative sur Milan, il en est un qui non-seulement recouvra ses biens, mais encore
fut comblé de faveurs par Louis XII : c'est
Galéas de Saint-Severin, devenu grand-
écuyer de France en 1508, en remplacement de Pierre d'Urfé, décédé. Galéas de
Saint-Severin, qui avait épousé une fille
naturelle de Ludovic Sforza, fut tué à la
bataille de Pavie.

[2] On sait que ce titre fut donné à Charles d'Autriche immédiatement après sa
naissance.

son retour d'Espagne aux Pays-Bas une défiance qui n'était pas dans le caractère de ce prince, et qui faisait injure à Louis XII. L'archiduc aurait bien pu revenir par mer dans ses états de Flandre; mais Ferdinand, son beau-père, l'avait chargé d'une négociation auprès du roi de France; et pour garantie de sa personne, il demanda des otages que Louis accorda sans difficulté : ce furent Gaston de Foix, Charles de Bourbon-Vendôme et Charles de Bourbon-Montpensier, les deux premiers âgés de 14 ans, l'autre de 13. Ces jeunes seigneurs furent conduits à Valenciennes vers la fin de février 1502 et y demeurèrent quatre mois, durant lesquels Charles de Croy fut chargé de les traiter et festoyer[1].

De son côté, Philippe, laissant en Espagne sa femme près d'accoucher, arriva le 22 mars à Lyon, où le roi et la reine se rendirent aussi huit jours plus tard. Les honneurs décernés à ce prince sur toute la route ne furent ni moins brillants, ni moins animés que lors de son premier passage. L'entrevue fut également pleine d'affection et de cordialité.

Philippe avait pouvoir de régler amiablement les affaires de Naples, dans l'intérêt du mariage de son fils avec Claude de France. On en revint aux conditions du traité de partage qui avait été conclu après la conquête commune de ce royaume. Chacun des deux rois restituait à l'autre ce qui avait pu être pris sur le territoire à lui primitivement assigné. Quant à la Capitanate, restée en litige, on convint de la remettre entre les

---

[1] Guicciardini, *Istoria d'Italia,* lib. V, cap. v, prétend que Philippe, touché du brillant et cordial accueil qui lui était fait par le roi et la reine, et voulant à son tour leur donner une preuve de parfaite confiance, ordonna, dès son entrée en France, de renvoyer les otages. Cela n'est point exact, car l'archiduc était arrivé à Perpignan dès le 8 février, et le 22 mars il se trouvait à Lyon. Or, les otages ne furent délivrés que le 24 juin, c'est-à-dire huit jours après que Philippe eut pris congé du roi et se fut retiré sur les terres de Savoie.

mains de l'archiduc et d'un autre grand personnage qui la gouverneraient, chacun au nom de l'un des deux jeunes époux. On stipula d'autres clauses moins importantes que nous omettons [1].

Pendant ce temps-là, les affaires de Ferdinand le Catholique à Naples avaient changé de face; et lorsqu'on notifia à son lieutenant Gonsalve le traité qui mettait fin à toute hostilité, celui-ci, qui avait, paraît-il, des instructions secrètes, ne voulut tenir compte des dépêches de l'archiduc. Il poursuivit le cours de ses succès: les généraux français, d'Aubigny, la Palisse et le duc de Nemours, indignés de cette trahison, luttèrent héroïquement; mais, accablés par des renforts venus d'Espagne à l'improviste, ils succombèrent enfin; et Naples échappa encore une fois à la valeur française.

[1] Ce traité a été publié par Fréd. Léonard, II, 9, et par Dumont, IV, 1re part. 27.

CHAPITRE III.

Traités de Blois. Hommage pour le duché de Milan. Investiture. 1504.

La France était alors en veine d'adversité. Le trône ponti-
fical, deux fois vacant durant l'espace de deux mois, avait
paru offrir des chances favorables à l'ambition personnelle du
cardinal d'Amboise et à la politique française, si intéressée
à reprendre quelque ascendant en Italie. Le roi et son ministre furent dupes encore dans la poursuite de ce double
but. Le cardinal Julien de la Rovère fut élu pape sous le nom
de Jules II [1].

D'une autre part, le royaume était en proie à la contagion
et à la disette. Louis XII, abattu par des revers et des malheurs
multipliés, tomba grièvement malade. On sait comment Anne
de Bretagne, dans la perspective de la mort prochaine du roi,
avait déjà fait expédier pour Nantes ses pierreries et ses effets
les plus précieux, et comment le maréchal de Gié encourut la
disgrâce de la reine pour s'être opposé à cet enlèvement préma-
turé. Le bon roi se rétablit, et, comprenant l'inutilité de ses
tentatives nouvelles sur l'Italie, conclut une trêve de trois ans [2]
avec ce même roi d'Aragon qui se vantait dès lors de l'avoir
trompé plus de dix fois. Cette trêve faisait espérer que Ferdinand adhérerait au traité de Lyon et ratifierait le mariage projeté de son petit-fils Charles d'Autriche avec Claude de France.
Il n'en fut pas ainsi : le 24 août 1504, le roi catholique et Isa-

[1] Pie III (Piccolomini), élu le 22 septembre 1503, mourut le 18 octobre suiv.
[2] Ce traité, signé à l'abbaye de la Me-
jorada, le 31 mars 1503-1504, est inséré
dans le *Corps diplomatique* de Dumont,
IV, 1re part. 51.

belle, sa femme, firent déclarer au roi de France que leur conscience n'était pas en paix, et qu'au lieu de laisser le royaume
de Naples à leur petit-fils, ils étaient disposés à le remettre
au roi Frédéric, sous la condition que le duc de Calabre,
son fils, épouserait Jeanne d'Aragon, nièce de Ferdinand[1].

Ces beaux scrupules, réels ou simulés, n'ébranlèrent pas le
roi Louis XII; ils indignèrent Philippe d'Autriche et l'empereur Maximilien, et aboutirent à un rapprochement entre ces
trois souverains. Les ambassadeurs impériaux, munis d'un
plein pouvoir daté d'Augsbourg le 10 juillet 1504, se rendirent à Blois : c'étaient Philibert Naturelli, prévôt d'Utrecht,
Cyprien de Serntein, chancelier du Tyrol, et le secrétaire
Jean Collauer. L'archiduc y députa Jean de Luxembourg,
seigneur de Ville, Charles de Ranchicourt, prévôt d'Arras,
avec Laurent du Blioul pour secrétaire. Les négociations mar-
chèrent avec promptitude, et le 22 septembre, trois traités
furent conclus et signés. Les clauses du premier se réduisent
à ceci : alliance sincère et indissoluble moyennant laquelle
les trois princes ne seront qu'*une âme dans trois corps*. Le roi
des Romains promet de ne faire aucune tentative sur le duché
de Milan, non plus que sur les états des ducs de Savoie et de
Ferrare, des marquis de Mantoue et de Montferrat, de la seigneurie de Florence, des communautés de Sienne et de Lucques, des seigneurs de Carpi et de Gonzague, si ce n'est dans
le cas où ces puissances refuseraient l'honneur et l'obéissance
qu'ils doivent à Sa Majesté et au Saint-Empire. —Liberté au roi
des Romains de traverser le duché de Milan et les autres états
transalpins du roi de France, qui, en ce cas, devra le faire recevoir et accompagner honorablement. — Rémission et pardon à tous les feudataires nommés ci-dessus pour leurs offenses

---

[1] *Lettres de Louis XII*, I, 4, 6.

de fait ou d'omission envers le Saint-Empire, et à raison desquelles ils avaient encouru la dévolution et la confiscation.—
Le roi très-chrétien ne s'immiscera en rien dans les affaires
de l'Empire, soit en Italie, soit au dehors.—Sous trois mois,
le roi des Romains donnera au roi de France, moyennant
une somme de 200,000 francs, l'investiture du duché de Milan pour lui et ses descendants mâles, et à défaut de ceux-ci,
pour Charles de Luxembourg, époux de Claude de France;
dans le cas où ceux-ci mourraient sans enfants, pour les héritiers mâles du roi. — Les parties contractantes promettent de
ne négocier aucun appointement touchant le royaume de
Naples, soit avec le roi d'Espagne, soit avec Frédéric, sans le
consentement l'une de l'autre. — Après l'octroi de l'investiture, les fils de Ludovic Sforza pourront venir résider en
France, où il leur sera accordé des terres et un état honorable.
— Les bannis milanais rentreront dans le pays et seront ab-
sous du crime de lèse-majesté, à l'exception de trente-quatre à
qui leurs biens seront restitués, mais qui ne pourront revenir
à Milan. —Les électeurs de l'Empire sont nommés conservateurs du traité, auquel les contractants pourront faire participer leurs alliés dans le délai de quatre mois. — Le roi d'A-
ragon lui-même sera admis à y souscrire, pourvu que sous
quatre mois il remette à l'archiduc la garde du royaume de
Naples, au profit de Charles, duc de Luxembourg, fiancé à
madame Claude de France, qui le recevront définitivement
lors de la consommation du mariage. Guicciardini dit que le
roi de France promit en outre de donner tous les ans, à Maximilien, une paire d'éperons d'or en signe de vassalité [1]; mais
le traité ne mentionne nullement cette promesse.

---

[1] « E ciascuno anno nella festa della Natività del Signore, un paio di sproni d'oro. »
Storia d'Italia, libr. VI, cap. 4.

Le deuxième traité stipule les garanties pour l'accomplissement du mariage entre Charles d'Autriche et Claude de France. — Si le roi meurt sans hoirs mâles, le comte de Nevers, gouverneur de Bourgogne, devra remettre ce duché entre les mains du jeune prince. — Le duc de Clèves, les comtes de Dunois et de Vendôme, qui possèdent des biens dans les pays de l'archiduc, donneront leurs scellés pour l'exécution de cette clause. — Les gouverneurs des duchés de Milan, de Gênes et de Bretagne, des comtés d'Asti et de Blois, jureront d'en faire la remise, si le roi vient à mourir sans laisser d'enfants mâles; et dans ce cas, madame Claude dotera suffisamment et honorablement ses sœurs puînées, si elle en a. — Si, par la volonté du roi ou de la reine de France, le mariage vient à manquer, ils céderont immédiatement les duchés et comtés de Bourgogne, de Milan et d'Asti. — Pour plus grande sûreté, et comme témoignage d'affection envers l'archiduc et son fils, Louis XII leur donne dès à présent, par pure libéralité, la jouissance viagère des subsides et compositions d'Artois, sauf les droits royaux, qu'il se réserve.

Quant au troisième traité de Blois, le pape y intervint par ses plénipotentiaires, Charles de Caretto, marquis de Finar, et Pierre Filhol[1], évêque de Sisteron. Ici il s'agit de former une ligue pour reprendre aux Vénitiens ce qu'ils ont usurpé tant sur le saint-siége que sur les parties contractantes et divers souverains d'Italie[2]. Ce n'était qu'un prélude à la fameuse ligue de Cambrai, dont nous aurons à parler plus tard.

Les principales stipulations des deux premiers traités sont

---

[1] Il devint ensuite archevêque d'Aix et président de la cour des comptes de Paris. Il mourut en 1540, âgé de cent deux ans.

[2] Les trois traités du 22 septembre se trouvent dans le *Corps diplomatique* de Dumont, IV. 1re partie, 55 et suiv.

tellement contraires aux vrais intérêts de la France et si favorables à ceux de l'Autriche, qu'elles semblent avoir été acceptées sans contrôle et sans discussion, telles qu'elles avaient
été rédigées à la cour de Bruxelles ou à celle de Haguenau :
tout, en effet, y est sacrifié à l'alliance du duc de Luxembourg
avec la fille de Louis XII. Certes, on conçoit l'abandon des
prétentions sur Naples, terre funeste, toujours ouverte quand
nous voulons la conquérir, toujours dévorante quand nous
voulons la conserver ; mais Milan et Gênes, que l'on possédait
paisiblement, mais la Bretagne, la Bourgogne, le Blésois, ces
belles provinces qui adhéraient, si on ose le dire, aux entrailles
de la France, comment le roi et son sage ministre ont-ils pu
en consacrer ainsi la séparation éventuelle ?

Au dire de quelques historiens, ces conditions désastreuses
n'auraient été agréées que pour complaire à la reine, qui,
trop préoccupée de son cher duché de Bretagne, ne pouvait
supporter la pensée de le voir réuni à la France. Cette princesse, très-austère dans sa conduite, éprouvait un éloigne-
ment invincible pour la comtesse d'Angoulême, dont les
mœurs n'étaient pas irréprochables, et elle voulait à tout prix
empêcher le mariage de sa fille Claude avec François d'Angoulême, héritier présomptif de la couronne.

On ajoute que le cardinal d'Amboise, en signant les traités,
s'était bien promis de faire ensuite protester les États contre
toute clause attentatoire à l'intégrité du royaume : triste sub-
terfuge qui nous réduirait, comme dit Voltaire, à imputer au
bon roi Louis XII ou l'imbécillité ou la fraude[1].

Le roi des Romains aurait dû, paraît-il, ratifier sans hési-
tation et sans délai les traités de Blois, si avantageux à sa mai-

[1] *Essai sur les mœurs des nations.*

son. Toutefois, il ne se décida pas si vite; sa ratification ne fut donnée que le 4 avril suivant.

Il est vrai que durant cet intervalle deux événements graves avaient un peu changé la face des choses. L'ex-roi de Naples, Frédéric III, était mort le 9 novembre 1504, à Tours, entre les bras de saint François de Paule et du poëte Sannazar, qui avait voulu suivre dans l'exil ce prince malheureux. Le 25 du même mois, Isabelle, femme de Ferdinand le Catholique, terminait sa glorieuse carrière, et laissait à son mari l'administration de la Castille, au détriment de sa fille Jeanne et de l'archiduc son gendre [1].

« Si tost que le roy don Philippe eut nouvelles certaines dudit trespas, il envoya un de ses privés serviteurs vers le roi de France pour l'en advertir, lui refreschir et reduire à memoire ces belles et grandes offres dont cy-devant est touché, et entendre de luy s'il continueroit, quant à ce, son bon propos.

« Ledit roy de France, oyant lesdites nouvelles, monstra quelque deuil et regret au trespas de ladite feue royne, et faisant neanmoins grand signe de joie de la bonne fortune et belle succession advenue audit roy de Castille, persista continuellement à son bon propos, et promit derechef audit serviteur que si iceluy sieur roy trouvoit aucun obstacle ou difficulté en sondit affaire et succession d'Espagne, et qu'on luy en vousist faire tort, il aideroit, secourroit et assisteroit, nonseulement de gens et d'argent, mais aussy de sa personne, si besoin estoit et le cas requerroit, reiterant par tant de fois les-

---

[1] Quelques mois plus tard on vit mourir encore une autre personne royale. Jeanne de Valois, fille de Louis XI, sœur de Charles VIII et première femme de Louis XII, expira, le 4 février 1505, au couvent des Annonciades de Bourges; mais ce trépas d'une sainte femme importait peu à la politique. C'est à peine si les cours étrangères en furent informées.

dites offres que le seigneur roy de Castille s'en tenoit pour bien asseuré [1]. »

Cependant le terme dans lequel Maximilien devait ratifier les traités de Blois et octroyer l'investiture de Milan était expiré; et ce prince irrésolu semblait vouloir différer encore. Louis XII, informé que Philippe d'Autriche se rendait en Allemagne auprès de son père, jugea que la présence de l'archiduc à la cour du roi des Romains pourrait hâter la conclusion des affaires; le cardinal d'Amboise, toujours suivi d'un train considérable, se mit donc en route pour Haguenau, où Maximilien résidait alors. Il arriva à Trèves le 22 mars, veille de Pâques, et y trouva le roi Philippe, qui parut· disposé à le seconder. Le mardi 30 mars, le cardinal était à Haguenau, où le roi de Castille l'avait précédé d'un jour.

Le roi des Romains donna audience au légat en lieu public et salle ouverte, où étaient présents le roi de Castille, divers princes de l'Empire et autres grands seigneurs. L'évêque de Paris, Étienne Poncher, prononça une harangue « dans laquelle, dit Philippe Haneton, furent proposées plusieurs belles choses de la part du roy de France, le tout à la louange et exaltation desdits seigneurs roys et des alliances, amitiés et confederations faites et conclutes entr'eux, invoquant les autres princes chrestiens de eux venir joindre à icelles alliances, tendant toujours par paroles et beau semblant à l'entretenement et accomplissement des traités et alliances dessus dits [2]. »

---

[1] Recueil en forme d'histoire contenant les tiltres, actes et traictés faicts entre le roy Louis XII et le roy de Castille, depuis 1498 jusques en l'année 1507. Bibl. du Roi, mss. de Coislin, 1213, folio 56. Cette copie de l'ouvrage de Philippe Haneton est fort défectueuse; ainsi, à l'endroit même que nous citons, on lit l'arrogance au lieu de l'éloquence de l'évêque de Paris ; l'hommage d'infidélité, au lieu de l'hommage de fidélité rendu par le cardinal pour le duché de Milan.

[2] Recueil en forme d'histoire, etc. fol. 57.

Le surlendemain, les deux rois et le légat se rendirent à l'église des Frères Mineurs d'Haguenau; et là, après la grand'-messe, Maximilien et son fils ratifièrent solennellement les traités du 22 septembre.

Le 6 avril, le cardinal rendit hommage pour le duché de Milan [1].

L'investiture fut donnée le 7 : elle eut lieu, dit Philippe Haneton, selon les droits et statuts impériaux, les solennités en tel cas accoutumées, gardées et observées. Cet acte porte que le roi des Romains, en faveur du futur mariage de son petit-fils le duc de Luxembourg et de dame Claude de France, investit le roi de France, pour lui et ses descendants mâles, et, à leur défaut, pour sa fille Claude, conjointement avec Charles d'Autriche, son fiancé, du duché de Milan et des comtés de Pavie et d'Angleria, promettant de restituer les deux cent mille francs reçus pour cette investiture, si, en cas de décès

[1] Le texte latin de la prestation d'hommage, certifié par Cyprien Serntein, chancelier du Tyrol et vice-chancelier de l'Empire, est inséré dans le recueil de Léonard, II, 40, et dans celui de Dumont, IV, 1ʳᵉ part. 60. Nous en donnons ici la traduction :

« Je, Georges d'Amboise, cardinal-prêtre du titre de Saint-Sixte, légat du saint-siége en France, mandataire du sérénissime et très-chrétien seigneur Louis, roi des Français, jure sur l'âme de celui qui m'envoie et sur les saints évangiles de Dieu touchés de ma main, et promets à vous, très-sacré et très-invincible prince et seigneur, Maximilien, roi des Romains, toujours Auguste, mon seigneur très-clément, aux successeurs de Votre Majesté impériale et au Saint-Empire, que le très-chrétien roi des Français, en sa qualité de duc de Milan, veut et doit désormais à vous, roi des Romains, son vrai seigneur, être fidèle, obéissant et serviteur, procurer selon ses forces le bien, avantage et honneur de Votre Majesté, et éloigner d'elle tout tort ou dommage; et s'il lui arrive d'assister à quelque assemblée où se trameraient des complots contre Votre Majesté et le Saint-Empire, il doit et veut vous en donner avis; en un mot, il jure de faire et accomplir, sans dol ni fraude, tout ce à quoi est tenu un fidèle prince, vassal de vous et de l'Empire. Ainsi me soient en aide Dieu et son saint évangile! »

Les formalités de cette prestation d'hommage ne sont pas décrites dans les documents que nous avons sous les yeux.

de Madame et de Charles de Luxembourg sans enfants, il ne transmettait pas la même investiture aux autres héritiers du roi.

L'investiture, comme on le voit, est donnée à Louis XII purement et simplement : elle lui est dévolue et acquise, abstraction faite du mariage projeté; et elle ne doit profiter aux jeunes époux que dans le cas où le roi de France décéderait sans laisser d'enfants mâles; il n'y est fait aucune mention de la clause résolutoire stipulée dans le deuxième traité de Blois. C'est un amendement notable obtenu par le cardinal, qui se sera efforcé sans doute d'atténuer un peu dans cette circonstance les imprudentes concessions du 22 septembre [1].

Mais l'acte que nous publions [2] sous la même date du 7 avril 1505, et qui relate une autre investiture donnée au roi de Castille comme tuteur de son fils, semble rétablir les choses dans l'état où le traité de Blois les avait placées. Il y est dit en substance : « Après avoir reçu du roi de Castille, notre fils,

---

[1] Paul Jove fait observer néanmoins que le cardinal a laissé encore subsister dans cet acte trois mots qui ont été, dit-il, une cause de troubles, non-seulement pour l'Italie, mais pour l'Europe entière : « Verum Germani Cæsaris consiliarii in ipso concepti diplomatis contextu particulam trium verborum inserebant, quæ concessionem *sine prejudicio alieni juris*[*] factam ostenderet, quod Cæsar prioris diplomatis septennio ante Ludovico Sfortiæ ejusque liberis concessi penitus oblivisci non posset. Aderat tunc Georgio cardinali Giofredus Carlius senatus mediolanensis præses, juris intelligentia clarus. Is, ad avertendas serendæ litis occasiones egregie cautus, eam trium verborum sententiam nequaquam ex usu regiæ petitionis esse disserebat, quod non extincta omnino, sed rediviva Sfortianorum jura non obscure denunciaret. Sed Georgius, ut quoquo modo transigeretur, constantibus in id Cæsaris consiliariis, ea verba generose contempsit.... Neque Giofredus in præsentienda lite falsus omnino vates fuit, quando ea demum ambigui ac ideo funesti juris particula, non Italiam modo, sed Europam omnem invecto exitiali bello conturbarit. » (*Vitæ duodecim vice-comitum Mediolanensium*, in-4°. Paris. Robert. Stephan. 1549, p. 196.)

[*] Ces paroles expresses ne se trouvent pas dans l'acte d'investiture; mais on y lit vers la fin : « Nostris tamen et sacri imperii juribus in præmissis, et alterius cujuscumque in cæteris, semper salvis. »

[2] *Négoc.* I, 78.

l'hommage en la forme accoutumée, nous lui avons, de notre science certaine et plein pouvoir, accordé ladite investiture. Et si, par la volonté du roi ou de la reine de France, notre petit-fils Charles de Luxembourg n'épousait pas leur fille, nous révoquons l'investiture octroyée audit roi de France, et nous la transférons à Charles de Luxembourg et à sa postérité. »

D'où vient que cette clause résolutoire, omise dans l'acte touchant Louis XII, se trouve exprimée dans celui qui concerne le roi de Castille et son fils? Certes, c'est surtout là qu'elle devait être insérée, si en effet elle eût été acceptée par le légat. Mais nous sommes portés à croire que ce dernier diplôme, publié ici pour la première fois, est un titre illégitime, fabriqué après coup dans l'intérêt de la maison d'Autriche. Entre autres motifs de suspicion, nous signalerons la nomenclature des membres de l'ambassade française qu'on fait intervenir à la seconde investiture, tandis qu'il n'en est pas question dans la première : excès de précaution qui suffirait seul pour faire naître des doutes. Ce qu'il y a de bien remarquable, c'est que plusieurs de ces noms sont fautifs et erronés : ainsi on donne à Étienne Poncher, évêque de Paris, le prénom d'*Antoine,* et celui de *Jacques* à François d'Estaing, évêque de Rodez ; on nomme un Louis Robertet qui n'est connu de personne. Le diplôme présente une autre singularité : les témoins signataires énumérés dans le paragraphe final sont tous des seigneurs attachés à la cause et au service de Maximilien. Ici les noms sont corrects, et on le conçoit ; on n'a eu garde de faire figurer dans cette dernière nomenclature les députés français, dont la souscription ne pouvait s'obtenir et n'était pas facile à supposer.

Si les soupçons que nous venons d'exprimer étaient fondés,

il en résulterait que Philippe d'Autriche, dont le caractère a semblé jusqu'ici irréprochable, ne serait pas étranger à cette manœuvre déloyale; et une accusation de faux pèserait dès aujourd'hui sur sa mémoire aussi bien que sur celle de son père.

Au surplus, il est certain que dès lors les relations de Louis XII avec l'archiduc roi de Castille, cessèrent d'être amicales et bienveillantes: Philippe affecta de harceler plus que jamais ce hardi duc de Gueldre, que la France soutenait toujours avec plus ou moins de mystère; ses officiers de justice en Artois et en Flandre attentèrent de diverses façons à la suzeraineté du roi, interdirent violemment tout appel au parlement de Paris, tuèrent un sergent royal, s'attribuèrent la collation de bénéfices et autres droits inhérents à la souveraineté. Ces excès devinrent tels qu'enfin Louis envoya à Bruxelles une ambassade composée d'Engelbert de Clèves, comte de Nevers, Étienne Poncher, évêque de Paris, Raoul de Lannoy, bailli d'Amiens, Pierre de Saint-André, juge-mage de Carcassonne, Jacques Olivier, avocat au parlement, et Étienne Petit, secrétaire du roi.

Les députés étaient chargés de faire à l'archiduc des admonitions énergiques, d'exiger la réparation immédiate des torts et abus; et à défaut de satisfaction, de lui déclarer que l'on procéderait envers lui comme doit le faire tout prince souverain envers le sujet ou vassal qui empêche et usurpe sa souveraineté.

Philippe donna une réponse écrite dans laquelle tous les griefs sont excusés, palliés ou atténués avec art: il y proteste, dans les termes les plus humbles, de sa déférence pour le roi son seigneur; mais en réalité, cette réponse ne satisfit point les députés. Vainement l'archiduc promit d'envoyer au roi une ambassade pour traiter ces matières plus à fond;

le comte de Nevers et ses collègues firent dresser un acte
constatant que le roi de Castille, comme comte de Flandre
et d'Artois, avait encouru les peines portées contre tout vassal
désobéissant et rebelle; après quoi ils prirent congé, au grand
déplaisir du prince, qui déclara faire de son côté toutes protestations contraires, avec espoir de contenter le roi et lui
faire entendre la raison.

Ces pourparlers avaient lieu le 23 août. Le comte de Nevers
partit le 24; et le 6 septembre, un arrêt du parlement ajour-
nait le roi de Castille à comparoir en personne, aussi bien
que son chancelier Thomas de Pleine et le président de son
conseil, pour entendre prononcer la saisie des comtés de
Flandre, d'Artois et de Charolais, et leur mise aux mains
du roi jusqu'à ce que satisfaction eût été donnée sur tous les
griefs.

Ce fut pour parer à ces dispositions menaçantes que
Jacques de Luxembourg, seigneur de Ville, premier chambellan de Philippe, fut député vers le roi Louis XII. Ce grand
seigneur était accompagné de conseillers habiles et versés dans
les matières de droit public : le célèbre prévôt d'Utrecht,
Philibert Naturelli, le maître d'hôtel Philippe Dales, qui avait
fait ses preuves dans des négociations antérieures, Philippe
Wielandt, feudiste renommé, et Jean Caulier, avocat, qui
plus tard contribua activement au traité de Cambrai contre
les Vénitiens.

Le roi les reçut au village de Madon, près de Blois, où
ils entrèrent en conférence avec le chancelier Guy de Rochefort et Guillaume Briçonnet, évêque de Lodève. Conformément aux instructions dont ils étaient porteurs, les députés
flamands se soumirent aux arrêts du parlement de Paris,
s'engagèrent à réparer ce qui avait été fait contre la souve-

raineté du roi, et abandonnèrent les prétentions de la régale au sujet de l'évêché de Tournai; mais ils obtinrent une surséance de six mois pour faire juger par le parlement la question de l'hommage que le roi prétendait pour le pays de Waes[1] et le comté d'Ostrevant[2]. L'archiduc s'estima heureux d'avoir mené cette affaire à si bonne fin, au moment où des débats beaucoup plus graves venaient de s'élever entre lui et son beau-père Ferdinand le Catholique.

[1] Canton situé dans la partie la plus orientale de la Flandre, sur la rive gauche de l'Escaut, depuis Gand jusqu'à Ysendick. Le roi de France soutenait que l'hommage et les droits régaliens lui étaient dus pour ce pays, qui relevait de la couronne de France, aussi bien que le comté de Flandre, dont il dépendait. L'archiduc prétendait au contraire que le pays de Waes était fief d'empire. (*Lettres de Louis XII*, I, 20-23.)

[2] L'Ostrevant, portion du Hainaut comprise entre les rivières de l'Escaut, de la Scarpe et de la Sensée, avait pour capitale Bouchain, avec titre de comté. Dès le XIII siècle, les rois de France regardaient l'Ostrevant comme relevant du royaume. Voy. *Thesaurus anecdot.* de Martène et Durand, I, 1243. Ce pays paraît avoir fait d'abord partie de l'Artois, et jusqu'en 1790 il fut du diocèse d'Arras. Voir une charte de Charles le Chauve en faveur de l'abbaye de Marchiennes, *Mir. diplom.* I, 138.

CHAPITRE IV.

Mariage du roi catholique avec Germaine de Foix. Philippe le Beau en Angleterre. États généraux de Tours. Rupture du mariage de Charles d'Autriche avec Claude de France. Consultation des docteurs de Louvain à ce sujet.

Ferdinand d'Aragon, qu'inquiétait l'alliance de son gendre, le roi de Castille, avec Louis XII, trouva moyen d'en conjurer le danger. Ses ambassadeurs, Jean de Sylva, comte de Cifuentes, Thomas Malferiti et Jean Enguera, inquisiteur de Catalogne, conclurent le 12 octobre 1505, à Blois, un traité[1] par lequel le roi de France donnait en mariage sa nièce, Germaine de Foix[2], à Ferdinand, et lui assignait pour dot cette portion du royaume de Naples, qui, aux termes des traités du 22 septembre 1504, devait être assurée aux jeunes fiancés, Claude de France et Charles d'Autriche. ·

Mais ce traité avec le roi d'Aragon faisait pressentir la rupture de l'alliance autrichienne. Louis XII, averti par la clameur publique, et sans doute par sa propre conscience, reconnaissait déjà la faute qu'il avait commise en consacrant la disjonction possible de la Bretagne et de la Bourgogne d'avec le reste du royaume. Sa santé, de plus en plus altérée, lui faisait craindre de mourir sans avoir réparé ce tort politique. Il se hâta de faire son testament, et d'y exprimer la volonté que sa fille épousât François, comte d'Angoulême, héritier

---

[1] *Traités de Léonard*, II, 35. *Corps dipl.* de Dumont, IV, 1ʳᵉ part. 72.

[2] Fille de Jean de Foix, vicomte de Narbonne, et de Marie d'Orléans, sœur de Louis XII. Devenue veuve du roi Ferdinand en 1516, elle se remaria à Ferdinand d'Aragon, duc de Calabre.

présomptif de la couronne. Il manda en outre près de lui, à l'insu de la reine, les principaux capitaines de ses gardes, et leur fit jurer de veiller à l'exécution de cette clause, et de s'opposer jusqu'à la mort à ce que madame Claude fût transportée hors de France. Ces promesses furent souscrites le 30 septembre et le 19 octobre.

Tandis que les envoyés d'Espagne négociaient le mariage de Germaine, ceux de Flandre discutaient à Blois la question du droit de régale dans le ressort de ce comté, et s'efforçaient de faire déclarer qu'il n'y avait pas lieu d'exiger de Philippe la prestation d'hommage pour le comté d'Ostrevant, le pays de Waes et la seigneurie de Rupelmonde[1]. La longue lettre dans laquelle ils rendent compte de cette négociation ne dit pas un mot du traité avec l'Espagne, qui apparemment fut tenu d'abord fort secret.

Cependant il fallait bien que Louis XII en informât le roi de Castille. Il lui dépêcha à cet effet son conseiller et maître d'hôtel, le seigneur de Gamache, et lui fit offrir d'intervenir comme médiateur au sujet des différends survenus entre Philippe et son beau-père.

Le roi de Castille paraît n'avoir pas fait une prompte réponse à cette communication étrange : aussi Louis XII crut-il devoir bientôt la lui confirmer par un nouveau message. Il conseillait en outre à son allié de ne pas se rendre immédiatement en Espagne, comme il en avait le projet. Philippe le Beau répondit en termes fort courtois, mais fort évasifs; il remerciait le roi de son bon vouloir, se réjouissait de voir les princes chrétiens s'unir entre eux, déclarait que pour son compte il était en bonne intelligence avec le roi d'Aragon,

---

[1] *Lettres de Louis XII*, I, 15.

mais que, dans le cas où il aurait avec lui quelque différend,
il accepterait volontiers la médiation de Louis. Quant au
voyage d'Espagne, il ne lui était plus possible de l'ajourner[1].

Et en effet, ce prince, accompagné de la reine Jeanne, son
épouse, et menant avec lui une suite nombreuse, s'embarqua
à Middelbourg dès les premiers jours de janvier 1505-1506.
La flotte qui le convoyait se trouvait en face des côtes d'Angleterre, lorsque, par cas fortuit, le feu prit au vaisseau royal;
mais les secours des autres bâtiments parvinrent à éteindre
l'incendie. On était à peine remis de cette frayeur, quand la
flotte fut assaillie par une tempête : trois navires échouèrent
sans ressource; les autres abordèrent, après des efforts incroyables, en divers ports de Bretagne et d'Angleterre; le
vaisseau royal atteignit, non sans peine, le port de Southampton[2]. Le roi Henri VII s'empressa d'accueillir l'hôte que le
naufrage lui avait envoyé. Philippe se rendit donc à Windsor,
où, après quelques journées passées en fêtes, les deux princes
conclurent un traité d'alliance[3], où il était stipulé, entre autres conditions, que chacun des deux contractants livrerait à
l'autre tout rebelle, traître ou proscrit qui se serait réfugié
dans ses États. Le roi de Castille, en acceptant cette convention, n'avait pas songé au duc de Suffolk[4]; il le livra à
regret, et Henri, qui avait juré de lui laisser la vie, tint parole;
mais son successeur Henri VIII signala son avénement par la
mort de l'auguste prisonnier. Digne début d'un règne tant de
fois ensanglanté.

---

[1] *Lettres de Louis XII*, I, 37.

[2] Heuterus dit *Hamptonnæ*; mais Guicciardini et autres nomment positivement
Southampton.

[3] Cet acte, qui porte la date du 9 février,
est inséré dans les *Fœdera* de Rymer, XIII,
123, et dans Dumont, IV, 1re part. 76.

[4] Edmond de la Pole, surnommé *la
Rose blanche*, détenu alors dans la citadelle de Namur.

Certains chroniqueurs flamands, dans leur passion haineuse contre la France, ont, à l'occasion de ce séjour du roi Philippe le Beau en Angleterre, avancé un fait qu'il faut relever ici, quelle qu'en soit l'absurdité. Ils ont dit que, sachant Philippe d'Autriche entre les mains du roi d'Angleterre, Louis XII avait invité ce dernier à lui envoyer son prisonnier, ou bien à le garder dans la Tour de Londres à perpétuité. Robert Macqueriau va même jusqu'à donner le texte de la lettre par laquelle Louis XII faisait cette singulière proposition ; elle est curieuse et mérite d'être citée : « A vous roy « d'Angleterre, salut. Au plus hault et grant amy que j'ay en « tout le monde. Après toutes recommandations, et pour le « plaisir que je vous fys ung jour qui passa, comme bien sçavés « estre, bien adverty que la fortune a tourné telle au roy de « Castille qu'il est arrivé en vos mains, la merchy Dieu, du- « quel je vous prie qu'il vous plaise me l'envoyer, ou que « vous le deteniés en vos prisons sa vie durant, en quoy fai- « sant me ferés un singulier plaisir. Me sentant, se ainsy vous « le faicte, grandement tenu envers vous. Et sy jamais avés « affé de moy, en quoy que ce soit, je me presente le vous « faire pareillement ; vœillant payer tous les coustz, frais et « despens que annuellement polra faire, ottant que vous le « detiendrés prisonnier. Rien autre chose pour ceste foys, « sinon que Dieu soit garde de vous. Escript en nostre cité de « Paris. L'an de Jesu-Crist mil chinc cens et six, le 17me jour « du mois d'apvril, l'an de nostre regne le 8me. Ainsy signé « par nostre cónseil, et du secretaire Mr Robert le Gros, di « de la Haye, etc. » Il ne faut pas un grand effort de perspica- cité pour reconnaître que cette misérable lettre est fausse de tous points ; la bizarrerie grossière du style, la date de Paris, où Louis XII ne résidait point, l'année du règne, qui ne se mettait jamais dans les lettres missives, le secrétaire *Robert le Gros*, au lieu de *Robertet*, en voilà bien assez pour faire regarder ce prétendu document comme une supposition plus maladroite encore que calomnieuse. S'il était alors quelqu'un sur qui une telle imputation pût tomber avec moins d'invraisemblance, c'était sans contredit Ferdinand, beau-père de l'archiduc[1].

Du reste, les méfiances réciproques ne faisaient que s'accroître entre ces deux maisons de France et d'Autriche. D'une part, Louis XII voyait avec inquiétude Maximilien se disposant à pénétrer en Italie pour aller prendre la couronne impériale, et réclamant de la France le payement anticipé des 120,000 ducats promis par le traité de Blois; il savait, en outre, que le séjour de Philippe à Windsor avait eu pour résultat une alliance plus intime entre lui et le roi d'Angleterre; enfin, il ne pouvait se dissimuler que l'abandon du royaume de Naples au roi d'Aragon par le traité du 12 octobre devait rendre l'empereur et l'archiduc moins désireux de rester unis à la France.

De leur côté, Maximilien et Philippe prévoyaient bien que le mariage tant de fois stipulé entre le jeune duc de Luxembourg et Claude de France devenait de plus en plus incertain. On les avait informés de Rome que le cardinal d'Amboise, jadis si favorable à leurs intérêts, commençait à se montrer fort malveillant, et que Louis XII avait fait une ligue secrète avec les Vénitiens pour empêcher le roi des Romains d'effectuer son voyage d'Italie[2]. Enfin, il leur était démontré que la France fournissait des secours clandestins à Charles de Gueldre, cet infatigable ennemi de la puissance autrichienne dans les Pays-Bas.

Cependant, soit à l'instigation du roi lui-même, soit par

---

[1] Ferrera. *Hist. gén. d'Espagne*, VIII, 285.

[2] *Négoc.* I, 112, 113. Lettre de Philibert Naturelli.

l'effet tout naturel du bon sens populaire, on s'émouvait partout en France de ces promesses de mariage faites à un prince étranger qui allait se saisir de deux ou trois de nos plus belles provinces; on se demandait: Pourquoi ne pas unir plutôt la fille du roi à son parent le comte d'Angoulême, héritier de la couronne, jeune prince déjà idolâtré du peuple pour la grâce de sa personne et l'affabilité de son caractère? Ces propos se propagèrent tellement que le roi, cédant au vœu universel, convoqua les États généraux pour le mois de mai 1506, en la ville de Tours.

Jean de Courteville se trouvait alors à la cour de France en qualité d'ambassadeur de l'archiduc; Nicaise Hacquenay, dit *Casins,* venait d'y être envoyé par le roi des Romains pour solliciter le payement des 100,000 francs dont Louis XII restait redevable à cause de l'investiture de Milan. Ces deux députés, témoins de ce qui se passait, en rendirent compte à Bruxelles, à Valladolid et en Allemagne. La relation de Courteville est très-complète et pleine d'intérêt[1]. L'assemblée des États se tint le jeudi 14 mai dans la grande salle du Plessis-lez-Tours. Le roi y siégeait ayant à sa droite les cardinaux d'Amboise et de Narbonne, le chancelier, puis bon nombre d'archevêques et évêques; à sa gauche se trouvait le duc de Valois, avec les plus grands seigneurs et barons du royaume. Ce fut un docteur de Sorbonne, maître Thomas Bricot, qui porta la parole: après avoir reconnu au nom du clergé, des grands et du peuple, que jamais prince n'avait si bien travaillé au bonheur de ses sujets, il finit par déclarer que le roi Louis XIIe avait mérité d'être proclamé *le Père du peuple.* Et alors toute l'assemblée se mit à genoux, et Thomas Bricot ajouta: « Sire, nous sommes ici venuz, sous vostre bon plaisir, pour vous faire une requeste pour

---

[1] *Lettres de Louis XII,* I, 43. — *Négoc.* I, 136.

le bien general de vostre royaume, qui est telle que vos très-humbles subjects vous supplient qu'il vous plaise donner madame vostre fille unique à M. d'Angoulesme icy present, quy est tout françois. » Il ajouta, dit la relation, plusieurs belles paroles « qui esmeurent le roy et les assistants à pleurer. »

Le lundi suivant, 18 mai, le roi tint conseil touchant la requête qui lui était présentée; et le lendemain mardi il se rendit de nouveau à l'assemblée des États, où le chancelier, après avoir dit que le roi avait communiqué la supplique aux princes et seigneurs de son conseil, continua en ces termes :

« Et pour ce que le roy nostre souverain seigneur a tousjours desiré et desire sur toutes choses le bien et utilité de sesdits royaume et subjects, et de faire chose qui soit agreable à Dieu et à la chretienneté, après meure deliberation, s'est liberallement condescendu et condescend à vostre dite demande et requeste, et veut que le mariage se face de madame Claude, sa fille, et de monsieur de Vallois icy present; et affin que cognoissiez que le roy nostre souverain seigneur ne veut longuement differer la chose, il veut et ordonne que les fiançaiges de maditte dame sa fille et de mondit sieur de Vallois se facent jeudy prochain venant, pour après qu'ils seront en leur âge consommer ledit mariage. Et combien que par cy-devant a esté pourparlé du mariage de maditte dame Claude avec autre, toutesfois il n'y a eu chose traittiée qui puisse nuire ou empescher ledit mariage : car il n'y a eu que parolles.

« Et pour ce que nous sommes tous mortels, et qu'il n'y a chose plus certaine que la mort, ny plus incertaine que l'heure d'icelle, le roy nostre souverain seigneur veut que, si le cas advenoit qu'il allast de vie à trespas sans avoir lignée masculine, que vous promettiez et juriez, et faictes promettre et jurer par les habitants des citez et villes dont vous estes envoyez, selon la forme qui vous sera baillée par escript, de faire accomplir et consommer ledit mariage, et obeyrez et tiendrez, ledit cas advenant, mondit sieur de Vallois vostre vray roy, prince et souverain seigneur, et que de tout ce envoyerez vos lettres et scellés de chacune cité et ville, en dedans la feste de la Magdelaine prochain venant, combien que le roy, avec l'ayde de Dieu, a bon espoir de tant vivre qu'il fera consommer ledit mariage et verra les enfants de ses enfants. »   .

Lorsque le chancelier eut cessé de parler, Thomas Bricot prononça avec enthousiasme quelques paroles de l'Écriture sainte qui exprimaient l'allégresse publique [1]; et tandis que tous les membres des États se tenaient prosternés, l'orateur adressa au roi les remercîments de ses sujets pour cette nouvelle marque d'affection paternelle : « Et quant à vous envoyer les lettres et scellez, ajouta-t-il, qu'il vous a pleu nous ordonner, toutes les citez et villes par lesquelles nous sommes envoyez sont et seront prestes à vous obeir, car il n'y a villes ny citez qui n'aient un fouet à trois cordons : le premier cordon est le cœur de vos subjects, qui vous aiment parfaitement; le second cordon est force, car tous en general et particulier sont deliberez de mettre corps et biens en danger pour vous; le troisieme cordon est muniments de prieres et oraisons que vos subjects font tous les jours pour vostre bonne santé et prosperité, disans : Vive, vive le roy! et après son regne lui doint Dieu le royaume de paradis. »

Ainsi s'évanouirent les espérances que la maison d'Autriche fondait sur cette alliance tant de fois négociée. Louis XII envoya deux ambassades différentes au roi des Romains et à l'archiduc, pour leur notifier la grande résolution qui venait d'être

---

[1] « Domine, magnificasti gentem et « multiplicasti lætitiam.... Hæc est dies « quam fecit Dominus et quam expectavi- « mus et venimus in ea. »

prise. Il crut même convenable d'en informer aussi le roi d'Angleterre, allié nouveau du jeune roi de Castille : ce fut le docteur Claude de Seyssel qu'il chargea de cette mission spéciale.

François de Rochechouart, sénéchal de Toulouse, fut désigné pour se rendre auprès de Maximilien, qui faisait la guerre en Hongrie; on lui donna pour collègue d'ambassade le maître des requêtes Antoine Duprat, qui depuis fut chancelier de France, et pour secrétaire Antoine Jourdan, secrétaire du roi. Partis de Tours le 25 mai, ils dépêchèrent en avant un héraut d'armes pour savoir où ils pourraient voir ce prince, qui n'eut jamais de résidence fixe. Le héraut, ayant trouvé le roi des Romains, revint avec deux gentilshommes allemands qui avaient ordre de conduire l'ambassade en Carinthie, où elle attendrait de ses nouvelles. M. de Rochechouart, alors à Ratisbonne, déclara que l'objet de sa mission était pressant, et qu'il ne pouvait aller en Carinthie; il priait donc le roi de lui assigner un rendez-vous plus rapproché. Maximilien indiqua la ville de Lintz en Autriche. L'ambassade s'y transporta et attendit pendant huit jours. Le roi des Romains ne parut point; et, pressé par de nouvelles instances, il fit dire qu'il se trouverait en un lieu nommé Isenays[1], dans les montagnes d'Autriche. Les députés français y arrivèrent le 1er août; mais un gentilhomme vint leur signifier que Maximilien ne pouvait les recevoir qu'à Grätz, en Styrie. Là, quatorze jours se passèrent encore sans que ce prince bizarre daignât paraître. Rochechouart, impatient de tant de délais, détacha Germain de Mauléon, l'un de ses gentilshommes, pour aller dire au roi des Romains que s'il ne lui plaisait pas de recevoir enfin l'ambassade, elle allait rentrer en France et retourner vers le roi. Ce n'était pas tout

---

[1] C'est Jean d'Auton qui nomme ainsi cette localité. Peut-être s'agit-il d'Eisenhartz, dans la haute Styrie.

à fait sans motifs que Maximilien faisait courir ainsi les ambassadeurs de ville en ville avant de se laisser atteindre. Son armée était si pauvre et si délabrée qu'il aurait eu honte de la montrer aux représentants d'une puissance étrangère et rivale : « car, dit Jean d'Auton, ses gens estoient à peu de nombre et nuds comme Arabes. » Pour apaiser l'ambassadeur français, il lui envoya la représentation sur toile d'un cerf de six pieds de haut qu'il avait tué de sa main, et joignit à ce tableau les cornes du gigantesque animal, avec prière de les offrir de sa part au cardinal d'Amboise.

Mais il fallait une fin à ce manége dilatoire. L'audience eut lieu dans une abbaye auprès de Léoben [1] en Styrie, en présence du duc de Juliers, du marquis de Brandebourg et de l'évêque de Gurck. Et, bien que Maximilien comprît le français, il désira que l'orateur de l'ambassade s'expliquât en latin, afin que les seigneurs allemands pussent l'entendre. Du Prat commença donc à dire, « en hault et rhetoric latin, comment le roy, pour le bien et utilité du royaume, à la requeste et par l'advis et deliberation des Estats de France, avoit donné en mariage madame Claude, sa fille, à François d'Orleans, comte d'Angoulesme; de quoi il vouloit bien avertir le roy des Romains, avec qui il desiroit toujours avoir bonne paix et amour. » Enfin il demanda si le roi des Romains voulait maintenir l'investiture de Milan en faveur de madame Claude et de sa postérité, moyennant les 100,000 francs qu'on était disposé à lui compter. Maximilien répondit par de vagues protestations d'amitié, sans prendre d'engagement; et, après quelques pourparlers de pure forme, les ambassadeurs furent congédiés, et recon-

---

[1] Jean d'Auton dit *Louen*, nom tout à fait inconnu. La parfaite convenance des lieux nous fait croire que le chroniqueur a voulu dire *Léoben*, ville de la haute Styrie, sur la rivière de Muhr.

duits jusqu'à Trente par Simon de Ferrette, officier de la chambre de Maximilien.

Philippe le Beau, arrivé enfin dans son royaume de Castille, reçut à Valladolid l'ambassadeur français, Pierre-Louis de Voltan, évêque de Rieux[1]; et, le 20 juillet, il le renvoya avec une réponse insignifiante[2].

Dans l'intervalle, son lieutenant général dans les Pays-Bas, M. de Chièvres, chargea cinq docteurs de Louvain d'examiner juridiquement les questions soulevées par la rupture du mariage de Claude de France avec Charles d'Autriche. Le résultat de cette consultation ne répondit pas tout à fait aux espérances du lieutenant général : aussi paraît-il qu'on ne s'en est pas beaucoup prévalu dans les discussions ultérieures. On avait demandé à ces jurisconsultes : 1° Le roi et la reine de France sont-ils coupables de parjure pour n'avoir pas tenu le serment fait par eux de marier leur fille avec le prince Charles? 2° Doit-on considérer comme bonne et valable en soi la promesse qu'ils ont faite d'abandonner audit Charles les duchés de Bourgogne et de Milan, le comté d'Ast, etc., si, par un effet de leur volonté, le mariage n'avait pas lieu? 3° Dans l'hypothèse où la seconde question serait résolue affirmativement, le prince Charles a-t-il action pour revendiquer dès à présent les terres dont il s'agit[3]?

A la première question, les docteurs répondirent : Non; quant à présent, le roi et la reine de France n'ont pas encouru la peine du parjure; attendu qu'il peut survenir, avant l'âge légitime des jeunes fiancés, un cas de force majeure, tel que

---

[1] *Négoc.* I, 143. Courteville, annonçant à son maître le départ de l'évêque de Rieux, l'avertissait que cet envoyé était secrètement chargé de voir d'abord le roi d'Aragon, afin de le prévenir contre son gendre. *Ibid.* 146.

[2] *Lettres de Louis XII,* I, 54.

[3] *Négoc.* I, 195.

la mort, qui mettrait obstacle au mariage stipulé. Sur la deuxième question, ils dirent que la clause par laquelle le roi et la reine de France ont promis de faire accomplir le mariage est immorale d'après la loi civile, mais que, suivant d'habiles légistes, cette immoralité cesse lorsque les parties contractantes sont des princes souverains qui ne reconnaissent pas de supérieurs. Quant à la troisième question, Charles d'Autriche, n'ayant pas atteint sa majorité, n'est pas habile à demander l'exécution pénale de la clause qui lui adjuge, à titre de dédit, les terres mentionnées dans le traité.

CHAPITRE V.

Mort du roi de Castille Philippe d'Autriche. Conduite de Louis XII envers l'héritier de ce prince. Échec des Français à Saint-Hubert. Maximilien s'efforce vainement de rétablir la suprématie impériale en Italie; il conclut une trêve avec les Vénitiens, et la viole bientôt pour se liguer avec la France contre cette république. Ligue de Cambrai. Double objet de cette confédération.

Des deux princes en qui se personnifiait alors la maison d'Autriche, le plus jeune, celui qui, malgré tant de causes de division, semblait le moins hostile à la France, Philippe le Beau mourut presque subitement, le 25 septembre 1506, à Burgos, où il venait de faire son entrée solennelle. Cet événement mettait le royaume de Castille entre les mains d'une femme dont la raison, déjà ébranlée, succomba sous un coup si imprévu et si déplorable. Quant aux domaines héréditaires de Philippe dans les Pays-Bas, ils se trouvaient dévolus au jeune duc de Luxembourg, âgé de six ans.

Les historiens, sur la foi de du Bellay et de Brantôme, ont prétendu que le roi de Castille, avant de mourir, avait conféré par testament la tutelle de son fils aîné à Louis XII. Cette assertion n'est pas soutenable. Le testament sur lequel elle serait fondée n'a jamais été montré; et aucun document authentique ne supplée au défaut de ce titre primordial. Quelle que fût l'affection particulière de Philippe pour le roi de France, quelle que fût sa confiance dans la droiture et la loyauté de ce prince, il ne pouvait, sans blesser tout à la fois la raison de famille et la raison d'État, confier à un monarque étranger l'administration de la personne et des domaines de son héritier. Ce prince mourant n'avait aucun motif pour en-

lever à son propre père une tutelle que lui assignaient tout
d'abord les lois de la nature; et en supposant que des considérations quelconques pussent faire regarder Maximilien comme
impropre à ce ministère, Philippe aurait trouvé en sa sœur
Marguerite d'Autriche, l'une des femmes les plus remarquables
de l'époque, une tutrice habile et dévouée.

On a voulu voir dans cette prétendue délégation à Louis XII
une combinaison de politique adroite et raffinée. Le roi de
France, disait-on, en devenant le tuteur du jeune Charles, se
trouvait moralement hors d'état de lui ravir quelques-uns de
ses droits sur ces mêmes Pays-Bas toujours convoités par la
France. Une telle allégation, fondée sur un principe de pure
délicatesse, nous paraît d'un bien faible poids à une époque où
l'on ne voyait guère la loyauté et le désintéressement présider
aux relations diplomatiques.

Il est vrai néanmoins que Louis XII, informé de la mort
du roi de Castille, se hâta d'écrire à M. de Chièvres pour
lui exprimer combien il en était affligé, et pour offrir ses
bons offices en faveur des enfants de Philippe. Les termes
de la lettre ne permettent pas d'y voir un simple compliment
de condoléance; ils prouvent que Louis, touché de compas-
sion pour ces jeunes orphelins, était sincèrement disposé,
comme suzerain du comté de Flandre, à les protéger efficacement. Et, en effet, il manda sans délai au duc de Gueldre
et à Robert de la Marck, qui harcelaient la maison d'Autriche
de leurs attaques incessantes, de suspendre toute hostilité, au
moins momentanément, par égard pour la position critique
des jeunes archiducs.

Les Pays-Bas, à l'époque de la mort de Philippe, avaient
grand besoin d'une administration ferme et vigilante; ces
contrées, presque abandonnées à elles-mêmes depuis la mort

de Marie de Bourgogne, auraient fini par tomber dans l'anarchie, si l'autorité ferme et bienveillante de l'archiduchesse Marguerite n'était venue à leur secours.

Du reste, Charles de Gueldre, malgré les instances de Louis XII, n'avait pu s'empêcher de reprendre bientôt l'offensive, et de susciter de nouveaux embarras à cette maison d'Autriche, qui, selon lui, détenait injustement une partie de son duché. Louis XII, durant l'année 1507, laissa le duc de Gueldre poursuivre le cours de ses hostilités, et finit même, sinon par lui donner une assistance réelle, du moins par fermer les yeux sur la conduite de beaucoup de gentilshommes français qui voulurent prêter main-forte à ce prince aventureux.

Un échec éprouvé par cette troupe auxiliaire, au mois d'octobre, près de Saint-Hubert en Ardennes, ralentit beaucoup la ferveur sympathique des Français pour Charles de Gueldre[1]. D'ailleurs, la France avait en Italie un nouveau motif de préoccupation. Les Génois, que Louis XII avait soumis à sa domi-

---

[1] La déroute de Saint-Hubert inspira à Jean le Maire des Belges une diatribe en vers contre les Français. Cette pièce, que nous croyons inédite, comprend onze strophes de onze vers chacune. La première est ainsi conçue :

> Franchois mués en Gueldrois par trafficque,
> Plorez, musez, considerez comment
> Vos fais vilains et œuvre tirannique,
> Dieu les perchut, s'en a pris vengement.
> Oncques ne fut chose plus merveilleuse.
> A Saint-Hubert, d'œuvre miraculeuse,
> De nobles gens ainsy estre exilliés
> Par paysans ! mais de vray le sachiés,
> Que Dieu l'a fait, montrant qu'à telles fins
> Doivent venir ceulx, sans estre espargniés,
> Qui desrobent vefves et orphenins.

Le secrétaire Ph. Haneton, en ren-voyant ces vers à Jean de Marnix, qui les lui avait communiqués, remarque que le poëte « y a grandement et elegamment besogné ; mais il a oublié, dit-il, l'acte du bregier qui emprunta d'un curé de village une viele brigandine et quelque mauvais baston pour aller à la méslée, à laquelle il conquesta une bourse pleine d'escus et jura grand serment que jà plus ne garderoit les moutons. Il ne met aussi riens de cely qui demanda au gentilhomme qui offroit x^m escuz pour sa rançon, s'il avoit tant d'argent et venoit piller les vaches et poulles des bonnes gens, et que, par la sangbieu, son argent ne lui aideroit point et en passeroit par là ou par la fenestre. »

nation, s'étaient révoltés tout à coup. Le roi alla en personne châtier ces rebelles, et les faire rentrer dans le devoir; il soupçonnait que le pape Jules II et l'empereur Maximilien n'étaient pas étrangers à ce soulèvement. Maximilien, en effet, avait notifié à la cour de France qu'il était résolu de secourir les Génois dans le cas où ils seraient attaqués. Cette menace n'arrêta pas le roi, qui se mit en marche avec une armée de 50,000 hommes et l'élite de sa noblesse. Passer les Alpes, appeler à lui les contingents des ducs de Savoie, de Mantoue et de Ferrare, attaquer et réduire la ville de Gênes à discrétion, tout cela se fit dans l'espace de peu de mois.

Le pape, qu'effrayaient des progrès aussi rapides, se hâta de solliciter l'alliance française. Ferdinand le Catholique se rendit à Savone pour féliciter le roi. Maximilien seul crut pouvoir garder son attitude hostile envers la France. Tandis que l'empereur présidait la diète de Constance, il reçut de Louis XII un message par lequel ce prince lui annonçait, d'un ton presque menaçant, son entrée glorieuse à Gênes; Maximilien fit détenir l'envoyé français, et demanda des explications sur ce message, « qui, dit-il, est au grand esclandre, deshonneur et mesprisement de nous et du Saint-Empire. »

Maximilien, toujours besogneux, mais toujours avide de renommée, avait obtenu de la diète de Constance un subside de 30,000 hommes pour pénétrer en Italie et y rétablir la domination impériale, comme dans les beaux jours du moyen âge. Les Vénitiens, sur le territoire desquels il devait passer, objectèrent qu'ils avaient fait alliance avec Louis XII, et que ce serait forfaire à leur parole que de favoriser l'invasion du Milanais, qui appartenait à la France. Louis XII, de son côté, mit ses possessions d'Italie en bon état de défense, et fit une diversion offensive vers les Pays-Bas. Si Maximilien avait été moins irrésolu, et surtout mieux fourni de munitions de guerre, il eût pénétré facilement au cœur de l'Italie, malgré l'union de la France et de Venise. Ce prince bizarre perdit beaucoup de temps dans des courses sans but et sans résultat; et bientôt il laissa son armée en proie à la famine et à la désertion. Par un de ces revirements si multipliés dans la politique de l'époque, les Vénitiens, sans s'inquiéter du traité qui les unissait à la France, conclurent tout à coup une trêve de trois ans avec l'empereur.

Cette insulte fut vivement ressentie par Louis XII; ses anciennes rancunes contre la république se réveillèrent; il pensa que le pape, le roi d'Aragon et l'empereur devaient avoir aussi des revendications à exercer sur elle; et bientôt s'établit entre eux un concert secret et unanime pour abattre ou du moins pour humilier cette orgueilleuse puissance.

La France, qui paraît avoir provoqué la ligue dont il va être question, avait-elle des motifs suffisants pour rompre avec Venise? Non, sans doute; et l'on s'étonne que le sage Louis XII et son habile ministre, le cardinal d'Amboise, se soient engagés si légèrement dans une entreprise qui devait profiter à tout le monde, excepté peut-être à la France.

Nous verrons tout à l'heure quelles étaient les prétentions respectives des autres parties contractantes.

Quant à Louis XII, il s'agissait de le mettre en possession de Bergame, Brescia, Crémone, successivement détachées du Milanais pour être incorporées à l'état de Venise. Certes, ce n'était guère la peine d'entrer dans cette ligue périlleuse pour un résultat aussi médiocre; mais Louis semblait attacher autant de prix au duché de Milan qu'au royaume de France.

Les événements prouveront combien la politique française fut encore imprévoyante dans cette circonstance.

Il fallait conduire les négociations avec le plus grand secret et sans donner l'éveil aux ambassadeurs vénitiens : c'est ce que l'on fit. Une trêve de six semaines, prolongée ensuite de huit jours, fut conclue, afin, disaient les lettres patentes, de parvenir à quelque bonne paix ou longue abstinence de guerre entre les princes d'Autriche, d'une part, le roi de France et le duc de Gueldre, de l'autre. C'était là, en effet, un des motifs du rapprochement qui s'opérait; mais ce n'était que le motif secondaire, le seul que l'on pût avouer alors.

Cambrai, situé sur la frontière de Flandre et des Pays-Bas, capitale d'un petit comté relevant de l'empire, et formant un état particulier soumis à la puissance épiscopale, fut choisi pour être le siége des conférences. Le cardinal d'Amboise y vint au nom du roi de France, Marguerite d'Autriche comme déléguée de l'empereur et de l'archiduc Charles[1]. La princesse était accompagnée de ses conseillers Mathieu Lang, évêque de Gurck, Mercurin Gattinare, président du parlement de Bourgogne, Jean Gosselet, abbé de Maroilles, et Jean Caulier, président du conseil privé. Quant au cardinal d'Amboise, il avait amené Étienne Poncher, évêque de Paris, et le comte de Carpi, Alberto Pio. Il y avait de part et d'autre une suite de quarante hommes avec autant de chevaux. Le nonce du pape, les ambassadeurs d'Aragon et ceux d'Angleterre, s'étaient rendus à Cambrai, mais sans mission spéciale. La politique anglaise, qui n'avait pas d'intérêt direct à faire valoir dans ce congrès, aurait voulu, du moins, empêcher le roi d'Aragon d'y intervenir, et ainsi brouiller ce prince avec les autres parties contractantes.

---

[1] Le pouvoir donné à Marguerite est daté du château de Turnhout, le 14 septembre 1508; celui du cardinal est délivré à Rouen, le 20 octobre. Dans ces pouvoirs comme dans la trêve, il n'est nullement question de la ligue contre les Vénitiens.

L'archiduchesse et le cardinal traitèrent seul à seul. Les conventions relatives au duc de Gueldre donnèrent lieu à quelques débats assez vifs, où Marguerite, suivant son expression, eut bien souvent mal à la tête et pensa se prendre aux cheveux avec le légat[1]. On avait peine aussi à s'entendre au sujet du roi de Navarre, Jean d'Albret : l'empereur voulait le faire comprendre dans le traité; Louis XII s'y refusait à cause des prétentions de son neveu, Gaston de Foix. Enfin l'accord fut conclu.

Rappelons sommairement le dispositif de cette première convention : le litige concernant la couronne de Navarre sera réglé plus tard par le roi et l'empereur. En attendant, Louis XII et Gaston de Foix, son neveu, s'abstiendront d'attaquer par les armes le possesseur actuel; ils pourront seulement procéder contre lui par voie de justice. Le duc de Gueldre gardera provisoirement toute la contrée dont il jouit, sauf le Weesp et le château de Muden qu'il devra restituer à l'archiduc; des arbitres statueront sur le différend principal. L'archiduc sera paisible possesseur des terres qui relèvent de France, comme Flandre, Artois, Charolais, et ne devra en prêter hommage qu'après avoir atteint sa vingtième année. On réglera à l'amiable la réparation des abus commis par les officiers royaux en Artois et en Flandre. L'empereur renonce au mariage de son petit-fils avec madame Claude, de France et ne se prévaudra pas des clauses pénales stipulées dans le traité de Blois; en outre, il donnera au roi très-chrétien une nouvelle investiture du duché de Milan pour lui et ses descendants mâles, et à défaut de ceux-ci pour madame Claude ou autre fille du roi, qui payera à cet effet un droit de cent mille écus d'or. Les rois d'Angleterre et d'Aragon, et

---

[1] *Lettres de Louis XII*, 1, 124.

les électeurs de l'empire, sont priés d'être les conservateurs du traité.

Il y aura, disait l'autre convention, ligue et confédération entre le pape, pour lequel le cardinal d'Amboise se fait fort, l'empereur, les rois de France et d'Aragon, contre le doge et la seigneurie de Venise, pour le recouvrement de ce qui a été enlevé à chacun des contractants. Jules II, Louis XII et Ferdinand devront entrer en campagne le 1er avril suivant; et aucun d'eux ne pourra se retirer de la ligue tant que le pape n'ait été remis en possession de Ravenne, Cervia, Faenza, Rimini, Imola, Césène et leurs dépendances; tant que l'empereur ne soit maître de Roveredo, Vérone, Padoue, Vicence, Trévise et Frioul, le patriarcat d'Aquilée; tant que le roi de France ne soit rentré à Brescia, Crême, Bergame, Crémone, la Ghiera d'Adda, usurpées sur le duché de Milan; et enfin tant que le roi d'Aragon n'ait recouvré ses places du royaume de Naples cédées jadis aux Vénitiens, telles que Trani, Brindes, Otrante, Gallipoli, etc. Maximilien, qui avait conclu tout récemment une trêve de trois ans avec les Vénitiens, ne pouvait la rompre sans quelque honnête prétexte : on le trouva. Il fut convenu que le pape lui notifierait de venir, en qualité d'avoué et défenseur de l'Église, aider Sa Sainteté à reconquérir les biens ravis au patrimoine de Saint-Pierre[1].

Le traité relatif au duc de Gueldre fut solennellement publié dans la cathédrale de Cambrai[2]; quant à l'autre, on se garda

---

[1] Un écrivain a qualifié ainsi la ligue de Cambrai : « le traité le plus impolitique qui eût jamais été fait, et auquel on n'en peut comparer qu'un plus impolitique et plus funeste encore, deux cent cinquante ans après. » Ferrand, *Esprit de l'histoire*, III, 221. Ce traité plus funeste est sans doute l'alliance offensive conclue à Versailles, le 30 décembre 1758, entre la France et l'Autriche.

[2] La date de cet événement est consignée ainsi dans une chronique inédite de Cambrai :

L'an mille cinq cent huit pour vray,
Comme assez bien je le remembre,
Fu faicte la paix en Cambray,
Le dixieme jour en decembre.

bien d'en laisser soupçonner l'existence. Toutefois ce congrès, où s'étaient abouchés la fille même de l'empereur et le premier ministre du roi de France, avait jeté quelque inquiétude dans le sénat de Venise. On ne pouvait croire que de si grands personnages se fussent donné rendez-vous pour régler les affaires du duc de Gueldre. Antoine Condelmerio, ambassadeur de Venise en France, reçut ordre de demander des explications au cardinal d'Amboise, qui les éluda, ou même, s'il faut en croire les historiens italiens, protesta avec serment qu'il n'était pas question d'armer contre la république.

CHAPITRE VI.

Suites de la ligue de Cambrai. Les confédérés sont peu unis entre eux. Courte et brillante campagne de Louis XII. Victoire d'Agnadel. Découragement des Vénitiens ; ils s'efforcent de détacher l'empereur de la ligue. Mort du cardinal d'Amboise.

La ligue était à peine ratifiée que Jules II et Maximilien se montraient déjà pleins de défiance à l'égard de Louis XII, leur principal allié. Le 22 mars, l'empereur écrivait à sa fille : « Nous receumes hier lettres de Rome, par lesquelles fumes avertys que le pape a merveilleusement grant peur des François, et qu'il est apparent l'armée qu'il (le roi) a fait aller est plustost pour faire la guerre au pape et à nous qu'aux Veneciens. Par quoy S. S. n'est deliberée de commencer aulcune guerre ausdits Veneciens que icelluy roy de France ne l'ait premier encommencée, que sont choses dont avons une grande soupçon . . . . et avons en oultre entendu que tout ce que messire Charles de Gueldre a faict à l'encontre du traité de paix, a esté à l'instigation du roy de France, à celle fin que ne puissions passer nostre armée contre les Veneciens et nous y trouver au temps convenu, et à ceste cause qu'il puist plus facilement, joincts avec luy les Veneciens, courir sus à nostredit saint-pere ou à nous[1]. »

La guerre ne s'ouvrit pas le 1er avril, comme le traité l'avait stipulé ; mais dès le 15 du même mois, le roi d'armes de France, au titre de Montjoie, dénonçait en plein sénat la guerre à la

---

[1] *Correspondance de Maximilien et de Marguerite d'Autriche*, t. I.

république; et le même jour les troupes françaises du Milanais faisaient invasion, de cinq côtés, sur le territoire vénitien. Louis XII, en personne, était le 9 mai sur les rives de
l'Adda; le 14 il gagnait la célèbre bataille d'Agnadel ou de la
Ghiera d'Adda. Quinze jours suffirent à la valeur française
pour ressaisir toutes les places que Louis XII avait réclamées
par le traité de Cambrai.

Cette courte et brillante campagne rendait facile la tâche
des autres confédérés. Maximilien lui-même, malgré ses lenteurs, sa disette d'argent et de soldats, se trouva bientôt
maître du Frioul, de Vicence, de Vérone et de Padoue. Le
cardinal d'Amboise vint le trouver à Trente, et, vers la mi-juin,
reçut de lui pour le roi une nouvelle investiture du duché de
Milan, y compris les villes et terres reconquises. Le duc de
Ferrare et le marquis de Mantoue, qui avaient adhéré à la
ligue, reprirent sans peine ce que les Vénitiens leur avaient
jadis enlevé. Venise, par terreur ou peut-être par calcul, abandonna la presque totalité de ses possessions de terre ferme, se
resserra dans ses lagunes, et songea, pour dernier moyen de
salut, à jeter la division parmi les agresseurs.

Le sénat s'efforça de détacher de Louis tous ces alliés for-
tuits, qui ne l'aimaient guères avant ses victoires, et qui lui
portèrent une haine jalouse après l'exemple glorieux et profitable qu'il venait de leur donner. Des ambassadeurs vénitiens
allèrent demander la paix au pape, au roi d'Aragon et à l'empereur. Jules II repoussa d'abord toutes leurs propositions;
mais bientôt après, une ambassade nouvelle, apportant une
adhésion pleine et entière aux conditions du pontife, fut admise à lui baiser les pieds. Jules prononça, le 24 février
1509-10, l'absolution des censures fulminées par lui contre
Venise; et n'ayant plus rien à revendiquer, il se montra plus

ardent que jamais à chasser de l'Italie ceux qu'il appelait les barbares transalpins. D'une autre part, Ferdinand, qui s'était borné à quelques démonstrations, se laissa désarmer par la remise des places napolitaines qu'il réclamait.

Avant même de rechercher l'amitié du pape et du roi d'Aragon, le sénat de Venise avait fait une tentative auprès de l'empereur. Guicciardini rapporte[1] la harangue que l'envoyé Antoine Giustiniano est censé avoir prononcée pour fléchir le courroux de Maximilien : c'est un chef-d'œuvre de bassesse. Il n'est pas probable que le sénat, malgré l'abaissement où il était réduit, ait autorisé son mandataire à tenir un tel langage[2].

Cette première démarche auprès de l'empereur fut sans résultat; mais les Vénitiens, heureux d'avoir enlevé à la ligue ses deux membres les plus habiles, reprirent courage, et ne tardèrent pas à reconquérir une partie des places qu'ils avaient perdues. Louis XII, abandonné par deux de ses alliés et mal secondé par le troisième, était rentré en France, après avoir fait replier ses troupes dans le Milanais, sauf un corps de six cents lances qu'il laissa vers les bords de l'Adige, sous le commandement de la Palisse et de Bayard.

Maximilien, selon sa coutume, opéra dans cette expédition avec mollesse, lenteur et incertitude. Padoue lui ayant été reprise par les Vénitiens, il essaya de s'en ressaisir, et fut obligé de se retirer honteusement, malgré les secours considérables que la France lui avait prêtés pour soutenir ce siége.

Dès le début de la campagne, il avait été convenu que Louis XII et l'empereur se rendraient sur les bords du lac de

[1] *Istoria d'Italia*, libr. VIII, cap. II.

[2] Dubos, *Hist. de la ligue de Cambray,* liv. I, discute longuement l'authenticité de cette harangue, et finit par rester dans l'indécision.

Garda et auraient là une *entrevue fraternelle;* Maximilien s'en excusa toujours sous divers prétextes. On apprit enfin que ce prince, honteux de traîner après lui une garde chétive et mal organisée, ne voulait pas se présenter ainsi devant le roi de France, qui était toujours grandement accompagné [1]. En un mot, on peut dire qu'à Louis XII revinrent tous les honneurs de cette campagne, et que Maximilien, roi des Romains, empereur toujours Auguste, y parut comme un petit prince de troisième ordre.

Et pourtant Jules II, d'accord avec les Vénitiens, aurait bien voulu le détacher de la coalition ; mais l'empereur n'était pas en mesure de rompre encore avec Louis XII. Aussi le pape, n'espérant pas arriver à son but par la voie directe, s'y prit obliquement. Maximilien avait convoqué la diète d'Augsbourg afin d'en obtenir un subside, à l'aide duquel il pût continuer la guerre. Jules II imagina de députer vers cette assemblée l'évêque de Pesaro [2], avec mission d'empêcher l'octroi du subside ; de leur côté, les Vénitiens firent partir des agents secrets pour intriguer dans le même sens.

Louis XII, instruit de ces menées, envoya à Augsbourg son conseiller Luigi Eliano, Piémontais, bon poëte, habile orateur, et meilleur politique. En ce temps-là, dit naïvement Dubos, l'éloquence produisait encore de grands effets. L'orateur prononça devant les membres de la diète une harangue véhémente contre les Vénitiens, qu'il accusa, l'histoire à la main, d'avoir été de tout temps les fauteurs et complices des Sarrazins et du Turc infidèle contre les rois chrétiens ; il parla ensuite du luxe arrogant de la république et du mépris qu'elle faisait des autres puissances ; enfin, l'orateur conjura la diète de ne rien épar-

---

[1] *Négoc. diplomat. entre la France et l'Autriche,* I, 361.

[2] Albertino Roboreo, transféré d'Asti à Pesaro en 1508, mort en 1515.

gner pour humilier et réduire à néant ces pirates audacieux qui aspiraient à maîtriser le monde [1].

Ce discours, renforcé de quelques pamphlets poétiques distribués par Eliano, fit impression sur les électeurs et les autres princes de la diète. Les Vénitiens furent mis au ban de l'Empire, et l'on accorda à Maximilien un subside de trois cent mille écus d'or.

Cependant la guerre se poursuivait avec des chances très-variées. Le duc de Ferrare, Alphonse d'Este, vassal du pape et gonfalonier de l'Église, avait voulu, malgré l'exemple et les instances de son suzerain, rester fidèle à la ligue de Cambrai.

Cette persévérance lui valut l'amitié constante de Louis XII; mais elle attira sur lui le courroux et les attaques de Jules II, qui l'excommunia et lui enleva plusieurs places. Chaumont d'Amboise, gouverneur du Milanais et commandant l'armée française, aida puissamment Alphonse d'Este à recouvrer la Polésine et les villes ferraraises conquises par le pape [2].

A cette époque, André de Burgo résidait auprès de Louis XII

---

[1] Denina, *Rivoluzioni d'Italia*, lib. XX, c. II, s'exprime ainsi au sujet de cette mission d'Eliano :

« Il re di Francia presentendo i maneggi di Giulio e della signoria di Venezia, che tendevano ad un medesimo fine, mandò in Augusta a disturbare questi disegni un ambasciatore attissimo, secondo i costumi de' tempi, a quella impresa, che fu Luigi Eliano, nativo di Vercelli, ed allora consigliere di stato del re, personaggio di grande riputazione, non meno per la sua eloquenza e dottrina che per l'esperienza delle cose di stato. »

[2] Les habitants de Vicence, qui avaient rappelé les Vénitiens, supplièrent le prince d'Anhalt, lieutenant de l'empereur, de les recevoir en grâce, et s'en remirent à lui du soin de leurs vies et de leurs biens. Le prince promit seulement la vie sauve. Quand il fit son entrée dans la ville, elle était ruinée et presque déserte. Il se passa alors une scène vraiment atroce. Les Allemands, furieux de ne trouver rien à piller, apprirent que les malheureux Vicentins s'étaient réfugiés, avec leurs trésors, dans les grottes de Masano : ils y coururent comme des tigres affamés. Arrivés à l'entrée de la grande caverne, ils en furent repoussés par ces fugitifs au désespoir. L'ouverture de l'antre était si étroite que deux hommes ne pouvaient y passer de front.

en qualité d'ambassadeur de la maison d'Autriche. Ce fut lui qui manda à l'archiduchesse la maladie et le décès du cardinal d'Amboise. « Madame, dit-il, je vous promets que vostre maison y fait grande perte; et il me semble que ferez bien de m'envoyer lettres adressant au roy pour condoler ledit trepas... et seroit bon que envoyassiez quelque present à M. le tresorier Robertet... et qu'il seroit à cette heure meilleur que jamais: car sera celuy qui aura le plus de credit[1]. »

Georges d'Amboise expira le 26 mai 1510 à Lyon, dans le couvent des Célestins. Le roi le visita à son lit de mort et assista à ses funérailles: il perdait en lui plus qu'un ministre et un conseiller, il perdait un ami véritable, le confident de toutes ses pensées, le guide de sa politique. Machiavel, qui se trouvait à Blois quelques semaines après ce triste événement, n'hésite pas à dire que si le cardinal avait vécu au moment où le pape dévastait le duché de Ferrare, les choses ne se seraient pas passées ainsi : « S'il vivait, écrit-il, Ferrare n'aurait pas tant souffert; car le roi, peu accoutumé à entrer dans le détail des affaires, en oublie toujours une partie, et ceux qui le gouvernent n'osent ni agir par eux-mêmes, ni lui rappeler ce qu'il doit faire. » Machiavel ajoute qu'un matin, tandis qu'il conversait avec le trésorier Robertet, un peintre apporta le portrait du défunt cardinal. Robertet regarda le portrait en soupirant et s'écria : « O mon maître, si tu avais vécu, nous serions maintenant à Rome avec notre armée[2]. »

Le cardinal d'Amboise fut sage et heureux dans l'adminis-

Ceux qui tentèrent d'y pénétrer furent jetés bas à coups d'arquebuse. Les pillards imaginèrent alors de fermer l'entrée de la grotte avec de la paille et du foin, et d'y mettre le feu. Plus de mille personnes périrent là dedans, étouffées par la fumée.

Le prince d'Anhalt fit pendre deux de ses soldats, et laissa les autres s'arracher les dépouilles des cadavres.

[1] *Lettres de Louis XII*, I, 233, 234.
[2] *Œuvres de Machiavel*, troisième légation en France.

tration intérieure du royaume, mais il manqua d'habileté dans ses rapports avec les puissances étrangères; la plupart des traités auxquels il a mis son nom ont été onéreux à la France; et néanmoins cet homme d'état, qui était durant sa vie l'idole de la France, a laissé après sa mort une mémoire vénérée [1]. Comme Louis XII, on l'appela le père du peuple, parce qu'uni d'intentions, de pensée et de caractère avec le bon roi, il sut, malgré les malheurs de la guerre, préserver la nation de grandes tailles et d'impôts ruineux. On lui savait gré de ne posséder qu'un seul bénéfice, l'archevêché de Rouen, tandis que la plupart des prélats français cumulaient sans scrupule deux ou trois évêchés, autant d'abbayes et des prieurés sans nombre.

[1] Varillas, après avoir disserté longuement sur le mérite du cardinal, conclut par cette phrase ingénue : « Il aurait été le plus grand politique de son temps, *s'il n'eût point eu d'égal.* » Puis il ajoute : « Et il n'en aurait point eu, si le cardinal Ximénès n'eût été son concurrent aussi bien que son égal. » *Politique de Ferdinand,* liv. III, discours IV.

CHAPITRE VII.

Campagne de 1510. Louis XII essaye de négocier avec le pape. Conciliabule de Pise. Ligue du pape, du roi d'Aragon et du roi d'Angleterre contre la France. Maximilien se détache de la France. Mort du pape Jules II. La réconciliation de Louis XII avec les Vénitiens met fin à la ligue de Cambrai. Défaite de Novare. Tentative des Suisses sur la Bourgogne. Descente des Anglais en Picardie et en Artois. Prise de Térouane. Intrigue de quelques Espagnols à la cour de France. Mort de la reine Anne de Bretagne. Mariage et mort de Louis XII.

Robertet[1], qui succéda au cardinal d'Amboise dans la direction des affaires, ne le remplaça point dans la confiance et la faveur du peuple ; Louis XII, au surplus, essaya dès lors de gouverner par lui-même. Il avait, pour ainsi dire, associé d'Amboise à la royauté ; Robertet ne fut que simple ministre.

[1] Florimond Robertet, né à Montbrison dans le Forez, fut d'abord membre du conseil de cette province, que possédait, à titre de comté, Pierre de Bourbon, beau-frère du roi Charles VIII. Devenu secrétaire des finances, grâce à la protection du comte de Forez, Robertet suivit Charles VIII dans son expédition d'Italie, et fut chargé de plusieurs négociations délicates dont il s'acquitta avec habileté. Louis XII, en lui laissant l'administration des finances, le fit entrer au conseil privé, et, à la mort du cardinal d'Amboise, lui confia le soin de continuer l'œuvre de ce ministre. « Le tresorier Robertet pour lors gouvernoit le royaume, dit le maréchal de Fleuranges ; car, depuis que M. le cardinal d'Amboise mourut, c'estoit l'homme le plus approché de son maistre, qui sçavoit et avoit beaucoup veu, tant du roy Charles que du roy Loys ; et sans point de faute, c'estoit le mieulx entendu que je pense avoir veu et du meilleur esprit qui s'est meslé des affaires de France. » Fleuranges aurait pu ajouter : et aussi l'homme le plus vénal. Machiavel écrivait de Tours au sénat de Florence (24 novembre 1500) : « Je puis assurer à vos seigneuries que si votre ambassadeur n'est point en état de donner à Robertet quelques marques de reconnaissance, il restera tout à fait à sec, et ne pourra même pas vous expédier une simple lettre ordinaire. » Le 23 octobre 1510, Jean Caulier, l'un des députés des Pays-Bas à la cour de France, mandait à Marguerite d'Autriche l'accouchement de la femme de Robertet, et lui conseillait de saisir cette occasion pour lui envoyer « ce

Le roi ne passa plus les Alpes, mais il ne cessa de s'occuper activement de cette guerre d'Italie dont on ne prévoyait plus le terme. De Lyon, de Blois et du Plessis-lez-Tours, où il séjourna successivement pendant le reste de l'année 1510, il suivait toutes les opérations de son armée, et donnait ses ordres aux chefs de l'expédition [1].

Quant à l'empereur, au lieu d'être pour la France un auxiliaire utile, il lui devenait un embarras. Il restait immobile et demandait sans cesse des secours en hommes ou en argent; et cependant il annonçait avec emphase sa prochaine entrée en campagne : « Esperons brief, disait-il, nous mettre et aller aux champs, et faire quelque bon exploit et execution contre nos dits ennemis : car il ne souffist point de les mettre à mort par cent, mais y faut besoigner par mille. » Le 12 juin, ce prince vaniteux et léger écrivait encore à sa fille : « Vous entendrez bientost de nous estranges nouvelles et de nostre guerre de Venise. J'ai espoer en Dieu que il les adressera pour nous en toute reson et comme il est apparant. » Puis, revenant à ses exploits de chasse, il raconte qu'il a pris dans la matinée quatre grands cerfs, cinq hérons et des milans et canards sauvages sans nombre [2].

---

qui a esté conclud tant pour lever les lettres de la composition d'Artois comme pour les aultres matieres. » (*Nég. dipl.* I, 366.) Le même agent annonçait le 13 novembre suivant à la princesse qu'au moyen de 1,000 écus d'or, Robertet avait fait obtenir la surséance du procès de Nevers. (*Ibid.* 369.) La république de Florence lui faisait une pension, comme, du reste, elle paraît en avoir fait une au cardinal d'Amboise. Robertet mourut au commencement du règne de François Ier,

qui le visita à son lit de mort, ainsi que le témoigne Clément Marot dans la complainte consacrée à la mémoire de ce ministre :

François, franc roi de France et des François,
Tu le fus voir quand l'ame il vouloit rendre.

Robertet se qualifiait baron d'Alluye et de Brou.

[1] *Corresp. de Maximilien et de Marguerite*, I, 254, 284.

[2] *Ibid.*

Louis XII montra beaucoup de longanimité, pour ne pas dire beaucoup de faiblesse, avant de se déclarer en guerre ouverte avec le souverain pontife; il tâcha à plusieurs reprises de l'amener à un accommodement. Des députés français et impériaux furent chargés par leurs souverains respectifs de négocier dans ce sens auprès du pape, qui les amusa de belles paroles et finit par repousser toutes les propositions de paix. Sans cesse harcelé par Bayard, par Chaumont, et même par les troupes de l'empereur, le belliqueux pontife se défendit avec vigueur, et ne se retira du Ferrarais et du pays de Modène qu'après une résistance désespérée.

Le 11 mars suivant, l'armée française perdit son chef: Charles de Chaumont d'Amboise, maréchal, amiral et grand-maître de France, mourut à Correggio, en Lombardie, après une maladie de quinze jours. Le commandement fut déféré à Jean-Jacques Trivulzio. Chaumont était neveu du cardinal d'Amboise: c'était, si l'on en croit Guicciardini, son principal mérite.

Cependant Louis XII, que troublaient ses scrupules religieux et surtout ceux de la reine sa femme, ne poursuivait qu'en hésitant cette guerre contre le chef de l'Église; le clergé de France, assemblé à Tours, le rassura pleinement et lui fournit des subsides. En mai 1511, le clergé du comté de Flandre, invité à se rendre à Lyon pour délibérer sur la conduite à tenir envers le pape, dont la maison d'Autriche n'avait pas moins à se plaindre que la France elle-même, s'excusa de n'y point paraître, en alléguant les priviléges de l'Église belgique [1]. Cette résistance indirecte, suggérée sans doute par la gouvernante des Pays-Bas, blessa Louis, mais ne l'empêcha

---

[1] *Négoc. diplom.* I, 397.

point de provoquer la notification d'un concile général pour remédier aux maux de l'Église et travailler à l'union des princes chrétiens. L'empereur et le roi étaient d'accord sur la nécessité de ce concile; mais Maximilien voulait qu'il se tînt à Vérone, ville de l'Empire, et Louis XII prétendait que ce fût à Pise, dans l'état de Florence. Pise fut préférée.

Le concile s'ouvrit le 5 novembre 1511, sous la présidence du cardinal de Sainte-Croix, assisté de quatre autres cardinaux qui s'étaient séparés du pape. Après les cérémonies d'usage, cinq décrets furent promulgués pour déclarer le concile bien et duement réuni, la nécessité d'une réforme de l'Église universelle, l'annulation et absolution de toutes censures, interdits et excommunications fulminés par le saint-père à l'occasion dudit concile; on fit, en outre, défense au pape de créer ou proclamer aucun nouveau cardinal durant la tenue de l'assemblée. Un corps de troupes françaises commandées par Jean de Foix, seigneur de Lautrec, était établi à Pise pour servir de garde d'honneur au concile et en protéger les délibérations; mais les Pisans, plus effrayés de l'interdit jeté sur eux qu'honorés par la présence de ces prélats illustres, se soulevèrent; et, après la quatrième session, les pères furent obligés de se transporter à Milan, où ils continuèrent d'agir au nom de toute l'Église [1]. Un pape moins énergique et moins habile que Jules II aurait peut-être faibli contre une démonstration aussi for-

[1] On n'a jamais imprimé la collection complète des actes du concile ou conciliabule de Pise : car on ne peut pas regarder comme authentique et complet le recueil publié par un calviniste pseudonyme (Melchior Mordier), sous le titre *Acta primi concilii Pisani ad tollendum schisma,* etc. in-4°, Paris, 1612. Godefroy a inséré dans les *Lettres de Louis XII,* II, 235, 238, 305, trois lettres relatives à cette assemblée. Le P. Harduin en a mentionné d'autres dans sa grande collection, IX, 1559. Enfin Foppens a fait connaître quatre autres documents pleins d'intérêt. *Diplom. Belg.* IV, 88, 90, 93.

melle, et un grand schisme pouvait éclater. Jules conjura le
danger en convoquant lui-même un concile à Rome, dans
l'église Saint-Jean de Latran.

Un des chapitres les plus remarquables du *Prince* de Machiavel, c'est celui qui a pour titre : *Exhortation à délivrer l'Italie
des barbares;* un des plus beaux poëmes latins de l'époque, c'est
le *Trophæum Gonzagæ* de Baptiste Mantouan, dans lequel l'auteur retrace avec tant de chaleur les efforts de son héros pour
repousser les Français au delà des Alpes. Or, ce que Laurent
le Magnifique n'osa point entreprendre, ce que le marquis
de Mantoue essaya noblement, mais sans succès, Jules II l'osa
et le poursuivit avec une force de volonté et de moyens qu'on
n'avait pas employée jusqu'alors et qu'on n'a pas imitée depuis.
Pour lui, les véritables barbares, c'étaient les Français, dont
la présence en Italie lui était surtout odieuse et insupportable;
son aversion ne mettait qu'en seconde ligne les Allemands et
les Espagnols, et jugeant que tôt ou tard il lui serait facile de
se débarrasser d'eux, il conçut dès lors le projet de s'en faire
des auxiliaires contre la France. Avant même que le concile de
Pise, toujours ajourné, s'assemblât définitivement, le pape
avait conclu (5 octobre 1511) avec les Vénitiens et le roi d'Aragon un traité qui, sous le nom de sainte ligue, était destiné
à neutraliser les effets de la coalition de Cambrai. Henri VIII,
alors grand ami du saint-siége et zélé partisan de l'unité catholique, y adhéra deux mois après. Nous ne connaissons pas le
texte du traité de la sainte ligue; mais Guicciardini en donne
la substance : « Les contractants garantiront l'Église du schisme
dont elle est menacée par le conciliabule de Pise; ils feront
rendre au pape la ville de Bologne et les autres places qui appartiennent médiatement ou immédiatement au saint-siége ;
ils feront la guerre à ceux qui s'opposeront à l'exécution de ces

divers articles; et à cet effet une forte armée sera mise sur pied pour les chasser de l'Italie. Le commandement en sera donné à don Raymond de Cardona, vice-roi de Naples.

Les Suisses s'étaient mis au service de la ligue et se disposaient à envahir le Milanais; Louis XII ne se laissa pas déconcerter par ces dispositions menaçantes. Son neveu, le jeune et brillant Gaston de Foix, duc de Nemours, était gouverneur général du duché de Milan et lieutenant du roi au delà des monts. Les Suisses, au nombre de 16,000 combattants, venaient de pénétrer dans le Milanais; Gaston n'avait à leur opposer que 500 hommes d'armes et environ 3,000 fantassins. Par une marche habile et active, il parvint à couvrir la ville de Milan, qui était sans moyen de défense, et força enfin les Suisses de se retirer.

Délivré de ce péril, le duc de Nemours songea à combattre l'armée de la ligue, qui cernait Bologne. Après avoir simulé une contre-marche, il parvint, non sans danger, à se jeter dans la place et à en faire lever le siége (7 février 1511-1512).

L'armée vénitienne, plus heureuse devant Brescia, s'en était emparée, à l'exception du château, qui résistait encore. Gaston de Foix, ayant pourvu à la sûreté de Bologne, courut au secours de cette forteresse : en neuf jours, il fit cinquante lieues par le temps le plus défavorable et à travers des chemins bourbeux. Il s'introduisit d'abord dans le château, et de là il fit, par la porte Faustine, une irruption inattendue. Après plusieurs combats acharnés dans les rues, Brescia fut livrée au pillage pendant sept jours. C'était la ville la plus riche de la Lombardie. Le duc de Nemours marcha ensuite sur Ravenne, qu'occupait une garnison pontificale et espagnole.

On ne lui laissa pas le temps de faire le siége de cette

place : à peine un premier assaut était livré que les troupes
de la ligue arrivaient à portée du camp français. Le jour de
Pâques, 11 avril 1512, les deux armées engagèrent une lutte
acharnée, durant laquelle le duc de Nemours se battit comme
un lion. Les bandes ennemies, qui avaient à leur tête, outre le
vice-roi, le marquis de Pescaire, Fabrice Colonne et le fameux
Pierre Navarre, furent foudroyées par l'artillerie de Gaston et
écrasées par son infanterie. La victoire était complète : le neveu
du roi revenait couvert de sang et de poussière. M. de la Palisse, le voyant dans cet état, le conjura de rester en repos;
mais le duc, averti qu'un reste d'infanterie espagnole fuyait en
bon ordre, se mit à le poursuivre avec ses gens d'armes. A la
première charge, il fut tout à coup cerné, renversé de son
cheval, et périt, dit-on, de vingt-deux coups de pique. A côté
de lui succombèrent plusieurs chefs vaillants et renommés :
Lautrec, Yves d'Allègre, Molard, colonel des Gascons, Empser,
qui commandait les bandes allemandes. L'ennemi perdit ses
bagages et son artillerie; ses chefs les plus considérables, Mé-
dicis, Navarre, Pescaire et Colonne, furent faits prisonniers.

Mais, après la victoire de Ravenne, nos armes ne furent plus
heureuses en Italie : il sembla que Gaston avait entraîné dans
sa tombe la fortune de la France. Le pape et ses alliés, d'abord
consternés, se remirent bientôt de leur frayeur.

Le roi ne pouvait plus compter sur l'assistance de Maximilien, qui, dès le 6 avril 1511-12, avait conclu une trêve avec
les Vénitiens [1]. L'évêque de Marseille [2], envoyé en ambassade
auprès de ce prince, le trouva fort mal disposé, rempli de

---

[1] *Lettres de Louis XII*, II, 217. Cet acte
est daté de Rome, et souscrit, au nom de
l'empereur, par Jérôme Wisch, ambassadeur du roi d'Aragon.

[2] C'était Claude de Seyssel. Voyez dans la
préface la notice consacrée à ce personnage.

dissimulation et de mauvais vouloir. Au retour de sa mission, il passa par Malines, espérant d'y voir Marguerite d'Autriche, et d'intéresser cette princesse au maintien de la bonne harmonie entre les deux souverains; mais, soit que Marguerite fût absente alors, soit plutôt qu'elle ne voulût se prêter à aucune négociation, l'évêque de Marseille ne put être admis en sa présence. Après avoir informé le roi du mauvais succès de ses démarches, il se rendit auprès du duc de Savoie, qui s'employa, mais vainement, à cette œuvre de réconciliation [1].

[1] On lira peut-être avec intérêt la lettre inédite par laquelle Claude de Seyssel s'efforce de démontrer à Marguerite combien il serait avantageux à l'empereur de rester uni avec Louis XII.

« Madame, j'euz ung merveilleux regret dernierement que je fuz en votre quartier de Brabant, qu'il ne me fut loisible de vous aller faire reverence à quelque debvoir que je m'en misse, ainsy que je priay lors Monsr le maistre Philippe de Halle et aucuns autres vous dire; car il me sembloit bien que je vous eusse dit et remonstré des choses que par vos sens et prudence eussiez congneu estre veritables, et, pour la foy et reverence que je vous dois, estre dittes à bonne intention. Mais je conneuz bien que ceulx qui abusent tout le monde par paroles et par abilitez, craignans que leurs biffes ne fussent congneues, si on les mettoit à paragon, avoient mené cela ainsy qu'ils ont faits en plusieurs autres lieux pour empescher la paix en la crestienté, pour tant que sans troubler tout le monde ne pouvoient parvenir à leurs fins, que tendent à l'oppression des plus puissans princes d'icelle crestienté, et mesme-

ment de l'empereur vostre pere et du roy, et neantmoins j'en dis lors une partie audit sieur empereur, qui furent une vraie prophetie de plusieurs choses que depuis sont en partie advenues, non guieres à son honneur ne à son profit, comme suis certain qu'il connoist bien maintenant et vous aussy, et Dieu veuille qu'il y porvoye de si bonne heure que le surplus de la prophetie ne soit accomply.

« Et combien, Madame, que mon depeché fut bien cru, lors et tel que à moy ne fut possible d'en faire bon rapport au roy, car aussy l'effet que s'en ensuivit bientost après beaucoup pire que les paroles m'en eust dementi, toutes fois, considerant les grands inconveniens que je veoye clairement advenir ausdits seigneurs empereur et roy et à tous leurs parens, amis, sujets et serviteurs, de leur discorde, telz que je predis lors audit sieur empereur et tenant quasi pour tout certain, que bientost après il congnoitroit clairement et par experience trop evidente que luy auroit dit verité et conseillé bien et loyalment, et qu'il ne trouveroit en ceulx qui luy persuadoient le contraire, sinon tromperie, abuz et simu-

Durant ce temps-là, les troupes françaises avaient été obligées d'évacuer le Milanais; les habitants des villes naguères conquises et pillées, et entre autres, ceux de Ravenne, exer-

lation, par quoy aisement se reduiroit à l'amitié dudit sire roy, la congnoissant à comparaison et paragon des aultres, estre non pas la meilleure, la plus honneste, la plus profitable et la plus seure de toutes autres, mais estre celle seule en laquelle il pouvoit prendre foy et seureté; persuaday audit sire roy, à mon retour devers luy, de ne soy desesperer, pour chose qu'il vist lors ne tantost après, de l'amitié dudit seigneur empereur, ains la pourchassat tousjours de son pouvoir et s'en mit en son devoir, luy remonstrant, par telles raisons que je sceuz lors mettre en avant, que c'estoit encore la meilleure et la plus sortable pour luy que toutes les autres, et qu'il ne tarderoit guieres que ledit seigneur empereur ne desirast d'y revenir; et pour ce que pour lors ne me sembloit qu'il y eust personne en ce monde qui plus la deust desirer, ny qui eust plus de moyen de s'en entremettre, que M. votre beau-frere, tant pour le devoir qu'il a à tous deux, et mesme pour l'amitié et alliance qu'il a avecp vous, que y pouvez quasy le tout, comme aussy pour son interrest particulier, le proposay au roy, lequel trouva lesdites choses bonnes, et luy pleust tout de celle heure me donner la charge de venir devers mon dit seig^r, principalement pour cette matiere, tant pour ce que je suis son très-humble sujet et serviteur, comme aussy pour ce que j'avois plus grande congnoissance desdites matieres que beaucoup d'autres. Laquelle charge j'acceptay volontiers, encores que à peine j'eusse reprins mon haleine depuis mon retour de votre quartier, esperant

que, par le moyen de mondit sieur, se pourroit reprendre la matiere que j'avoye laissé quasi du tout entrerompue, si non si soudainement, à tout le moings avecques quelque espace de temps que je ne jugeois pas devoir estre long. En ensuivant laquelle m'en vins devers mondit sieur le plus diligemment que je peuz, lequel ayant entendu le bon vouloir du roy, je trouvay très-deliberé d'y entendre et de s'y employer de son pouvoir, ainsy que la raison le vouloit bien, et dès lors ainsy qu'il me dist envoya devers ledit seigneur empereur pour cette matiere et encores devers vous. Sur quoy il a eu quelque response assés bonne, mais encore les choses n'estoient pas par aventure si decouvertes comme elles sont de present. Par quoy semble que ladite matiere a esté demenée ung petit froidement, car mondit sieur attendoit la venue d'ung bon personaige que ledit seigneur empereur luy debvoit envoyer pour cette matiere, lequel n'est point venu encores, et si n'a mondit sieur aucunes nouvelles de son partement. A cette cause, Madame, voyant que le temps se passe, et qu'il y a tant d'autres pratiques par le monde que le delay en cette matiere pourroit estre prejudiciable à tous deux, et que voiant le roy la dissimulation du cousté dudit sieur empereur, pourroit estre constraint de porvoir en son cas par autres moyens que, par aventure, ne seroient pas si avantageux pour ledit sieur empereur comme je desireroie bien, et comme iceluy seigneur roy vouldroit quant il congnoistroit que l'on auroit vou-

cèrent d'horribles représailles sur les Français[1]. Maximilien Sforce avait repris possession de son duché, à l'aide des Suisses, du pape et de l'empereur lui-même, qui pourtant ne voulait

lunté d'aller aussy franchement en besoigne avec luy, comme il a d'aller avec les autres, ay conseillé et prié mon dit s[r] d'envoyer derechief devers ledit seigneur empereur et vous pour vous remontrer à tous deux les inconveniens qui sont apparens pour advenir que n'y obviera promptement, ce qu'il a trouvé très-bon, et tout incontinent a despeché M. de Salenove pour aller devers ledit seigneur empereur et ce porteur Cadot pour aller devers vous, tous deux bien instruits tant par mondit s[r] que par moy de toutes choses servans à cette matiere, ainsy que pourrez entendre par cedit Cadot estant par devers vous.

« Si vous supplie, Madame, le plus humblement que je puis, qu'il vous plaise embrasser cette matiere, et considerer bien l'interrest que vous y avez, non pas tant à cause dudit seigneur empereur votre pere, de Messieurs vos nepveux et aussy de mondit s[r] votre beau-frere, comme pour votre cas propre, et encores le bien que s'ensuivra en toute la crestienté de l'amitié de ces deux grands princes, et les maux qui sont advenus et adviendront encores de leur discord, s'il dure plus longuement (que Dieu ne veuille), et je vous certifie, sur mon honneur et sur ma conscience, que vous trouverez le roy entierement plein de bon et franc vouloir envers ledit seigneur empereur, vous et toute sa très-noble maison, sans aucune fraude ne simulation, toutes et quantes fois il congnoistra que l'on ira du même train envers luy, et que l'on n'ajoute plus

foy à toutes ces pratiques, babilleries et abusions, esquelles on n'a jamais trouvé à l'effet, sinon vent, malice et tromperrie. En quoy faisant, Madame, ferez chose agreable à Dieu et prouffitable à toute la crestienté, mais principalement auxdits sieurs empereur et roy, à leurs pays et sujets et à tous ceux qui ont dependance d'eulx, ainsy que plus amplement vous dira ledit Cadot, et que de vous-mesme entendez mieux que on ne vous sçaroit dire.

« Madame, je vous supplie que ne reputez point à arrogance, si je vous escripts si avant de cette matiere; car ce que j'en ay eu la charge par cy-devant et ay encores de present, ensemble le grant desir que j'ay qu'elle viegne à bon effet pour le bien que je voy qui s'en ensuivra, me donne l'audace de ce faire, et pleust à Dieu que j'eusse loisir de vous en parler aussy bien que d'escripre, car je vous remonstreroye beaucoup d'autres choses que vous connoistriez estre veritables et bonnes, lesquelles ne se peuvent escripre; mais vos sens, prudence et discretion suppleeront au remenant, et Dieu, dont tout bien procede, si aydera s'il luy plaist, auquel je prie ainsy soit et qu'il vous doint, etc. »

[1] La garnison de la citadelle de Ravenne avait capitulé, moyennant *vie et bagues sauves*. Malgré cette condition, les soldats furent égorgés; et les officiers, enterrés jusqu'au cou, restèrent dans cet affreux état jusqu'à ce qu'ils demandassent la mort comme une faveur.

pas encore se déclarer hautement contre la France. Cette restauration de Maximilien Sforce avait été résolue au congrès de
Mantoue, convoqué pour régler les affaires des alliés, qui commençaient à ne plus s'entendre. L'empereur envoya l'évêque
de Gürck à cette assemblée, où on l'engagea ensuite à se rendre
à Rome; il y alla; et le pape, voulant le gagner, lui fit une réception magnifique. Il s'agissait de négocier la paix entre l'empereur et les Vénitiens. Les conditions posées par le plénipotentiaire impérial furent telles que la république ne put les
accepter. Jules II obtint, du moins, que Maximilien reconnaî-
trait le concile de Latran et se déclarerait contre la France :
c'était là surtout ce qu'il voulait.

Dépouillé de ses domaines d'Italie, Louis XII commençait à
craindre que les alliés ne pénétrassent en France : au nord, on
avait à se prémunir contre une descente des Anglais, que Maximilien favorisait secrètement en livrant passage aux troupes
auxiliaires recrutées pour Henri VIII; au midi, on redoutait
tout à la fois l'invasion de la Guyenne par les Anglais et celle du
Languedoc par les Espagnols. Un traité d'alliance conclu par
Louis XII avec le roi et la reine de Navarre[1] ne fit que fournir
un prétexte de plus au roi d'Aragon pour envahir ce royaume,
s'y établir et en rester maître. Quelques historiens affirment
que l'invasion de la Navarre était autorisée par une bulle du
pape, qui, voulant punir Jean d'Albret de s'être allié avec la
France, avait livré ses États au premier occupant. Cette bulle,
dont on a beaucoup parlé, n'a jamais été vue de personne :
elle repose sans doute quelque part, à côté du prétendu bref
d'interdit fulminé, en 1511, contre la France entière.

Jules II, dont la mort avait été tant de fois annoncée et dé-

---

[1] Ce traité porte la date du 17 juillet 1712; voyez *Corps diplom.* IV, 1ᵉ part.
p. 147.

mentie, succomba réellement le 20 février 1512-13. Avec lui
finit la papauté du moyen âge, comme l'empire du moyen âge
finira en 1519 avec Maximilien Ier. Ces deux hommes furent,
à notre avis, les derniers et imparfaits représentants de la grande
époque durant laquelle il n'y avait, à proprement parler, en
Europe que deux chefs: le pape et l'empereur. Encore ce dernier n'était-il, pour ainsi dire, que le principal feudataire de
l'Église, non quant au domaine, mais quant au titre[1].

Que Jules II ait été plus guerrier que pontife; que, par ses
actes violents, il ait porté une nouvelle atteinte à la vénération
des peuples pour le siége apostolique, c'est ce qu'il faut reconnaître et déplorer; néanmoins, quand on veut bien se rappeler
que les guerres soutenues par lui ont toujours eu pour objet,
soit la défense du territoire italien contre l'invasion étrangère,
soit le recouvrement des terres usurpées sur le saint-siége, on
se sent porté à le juger moins sévèrement.

Si le pape Jules II avait vécu un mois de plus, il aurait
appris, et non sans déplaisir, la réconciliation des Vénitiens
avec Louis XII. Dès le mois de novembre 1512, l'empereur
savait qu'André Gritti, retenu prisonnier en France, avait de
fréquentes entrevues avec le roi et négociait un accommodement[2]. Un traité qui mettait fin à la ligue de Cambrai, du
moins en ce qui touchait la France, fut signé à Blois le 28 mars,
et ratifié solennellement à Venise le 11 avril, jour anniver-
saire de la bataille de Ravenne. Les parties contractantes pro-
mirent de s'aider mutuellement à recouvrer ce qui leur avait
été pris en Italie, savoir pour la France le duché de Milan, et

---

[1] L'origine des domaines propres du
saint-siége est discutée dans un ouvrage
du cardinal Orsi, ayant pour titre : *Della
origine del dominio e della sovranità de' Rom.*
*pontef. sovra gli stati loro temporalmente sog-
getti,* in-12, Rome, 1754.

[2] *Corresp. de Maximilien et de Marguerite
d'Autriche,* II, 62.

pour Venise ses places de terre ferme que l'empereur occupait[1]. Ainsi Louis XII, après une guerre désastreuse entreprise pour la destruction des Vénitiens, était heureux de s'unir à ce même peuple contre ceux qui en avaient conjuré la perte avec lui.

Cette alliance, du reste, ne profita guères ni à la France ni aux Vénitiens. A la vérité, les premières tentatives sur le duché de Milan ne furent pas sans succès : à mesure que la Trémoille et Trivulce se présentaient, les villes faisaient leur soumission; mais à Novare, où Maximilien Sforce s'était enfermé avec une forte garnison suisse, la fortune nous abandonna encore une fois. Les assiégés firent une résistance vigoureuse sur laquelle la Trémoille n'avait pas compté. Ce général opérait sa retraite vers la Riotta, quand il fut attaqué et complétement défait par une armée de 20,000 Suisses[2].

La situation de la France devenait périlleuse. Les Suisses pénétraient dans le duché de Bourgogne, les Espagnols se montraient sur les Pyrénées; et le roi d'Angleterre, encouragé par la gouvernante des Pays-Bas, faisait débarquer à Calais une armée nombreuse sous le commandement de l'intrépide Talbot. Cette dernière expédition donnait surtout de grandes inquiétudes à Louis XII : il croyait voir déjà les Anglais se répandre de la Picardie dans l'Ile-de-France et menacer Paris[3].

Rien n'est plus bizarre que la conduite tenue par Maximilien aux approches de cette invasion du roi d'Angleterre. Le

---

[1] Le texte latin de ce traité se trouve dans Dumont, IV, 1re part. 182; on y a mis mal à propos la date de 1514.

[2] Paul Jove raconte sérieusement que la veille de cette déroute, tous les chiens qui se trouvaient dans l'armée, prévoyant le désastre du lendemain, se rendirent au camp des Suisses, et obtinrent par leurs caresses d'y être bien accueillis.

[3] Il fonda à Saint-Denis une messe quotidienne pour implorer les secours du ciel contre les malheurs de l'invasion anglaise. Doublet, *Histoire de l'abbaye de Saint-Denis*, 1147.

29 avril 1513, il mande à sa fille de fournir à Henri VIII des troupes et des bateaux pour faciliter son entrée en Artois et en Picardie; mais il ajoute qu'il faut éviter de faire tort à son très-amé frère le roi de France[1]. Le 17 mai, il reconnaît qu'il est difficile de concilier le traité offensif qui vient d'être conclu, avec les trêves qui le lient à Louis XII. Pour mettre sa conscience en repos, il s'alliera comme empereur avec le roi d'Angleterre; mais, comme tuteur de Charles d'Autriche, il restera uni avec le roi de France. Dans une lettre du 25 mai, il donne son avis (en qualité d'empereur) sur le point du littoral français où Henri VIII doit débarquer, et sur les moyens de pénétrer plus efficacement au centre de la France[2]. Le 22 juin, il trouve que le monarque anglais tarde bien à effectuer sa descente; et il veut que M. de Berghes se rende à Londres pour le faire hâter et se mettre à sa disposition[3].

Louis XII, informé de ces manœuvres, adressa à Marguerite d'Autriche une lettre pour la prier de déclarer si elle voulait ou non prêter secours aux Anglais, anciens ennemis de la couronne de France. « Si mon cousin le prince de Castille, vostre nepveu, dit-il, estoit en eage, je le sommeroie à me venir servir contre lesdits Anglois, tant pour ce qu'il est yssu de la dicte couronne que pour ce qu'il est per de France et mon vassal, comme savez; mais, à cause de son jeune eage, je ne l'ay voulu ny ne veul faire[4]. »

Le 1er juillet, Henri VIII était débarqué à Calais, et ses troupes commençaient à insulter la ville de Térouane. Quant à l'empereur, il vint d'Allemagne pour prendre part à l'expédition, non comme chef, sa conscience le lui défendait, mais comme volontaire. Il arriva assez à temps pour assister aux

[1] *Lettres de Louis XII*, IV, 111.
[2] *Corresp. de Maximilien*, II, 136.
[3] *Corresp. de Maximilien*, II, 166.
[4] *Négoc. diplom.* I, 520.

dernières opérations du siége de Térouane; et pour entrer, le 24 août, dans cette ville à côté de Henri VIII, à qui il cédait toujours le pas.

On sait que la prise de Térouane avait été précédée de la déroute de Guinegate, où furent dispersées les troupes françaises qui cherchaient à ravitailler la place.

Après avoir démantelé Térouane et brûlé les principales maisons, les deux souverains se portèrent sur Tournai, qui était alors à la France, et qui leur ouvrit ses portes. Henri VIII s'y fit reconnaître roi de France le 21 septembre. Là se bornèrent les exploits de cette campagne dont on se promettait des résultats merveilleux[1]. La guerre cessa alors de fait dans le nord de la France; et Anne de Bretagne essaya encore une fois de réaliser ses projets d'alliance matrimoniale avec la maison d'Autriche.

Des pourparlers avaient eu lieu à cet effet entre les délégués de la reine et ceux de Ferdinand le Catholique; Jacques de Conchillos; évêque de Catane, le même sans doute qui est mentionné dans l'interrogatoire de Diégo de Castro, relaté ci-dessous, s'était abouché à Bayonne avec Odet de Foix, seigneur de Lautrec. Plus tard M. de Brèves, panetier de la reine, avait été envoyé en Espagne dans les mêmes intentions; et enfin, le 1er décembre 1513, des propositions formelles furent rédigées avec l'agrément du roi et adressées au roi d'Aragon. Il y est dit que Renée de France épousera soit Charles d'Autriche, soit Ferdinand, son frère, et recevra pour dot le duché de Bourgogne, ainsi que la seigneurie de Gênes, avec leurs dépendances[2]. Ces

---

[1] Un poëte italien, Pietro Aretino, en célébrant la prise de Térouane, avait prédit la conquête de la France entière :

> Prima voglion' prender Teroana
> E Francia tutta ; poi con forte armata
> Gir contra il Turco e for la cruciata.

[2] L'acte du 1er décembre 1513 n'est donc pas un véritable traité, comme on l'a dit souvent : ce n'est qu'un projet. Voy. Dumont, IV, 1re part. p. 278.

A ces négociations de mariage se rat-

stipulations furent encore vaines:Anne de Bretagne, qui, seule peut-être, les avait conçues et voulait y donner suite, mourut de la gravelle le 9 janvier suivant; elle n'avait que trente-sept ans. Il y eut en Europe, au commencement du XVIᵉ siècle, trois

tache un fait singulier, qui paraît n'avoir pas été connu des historiens.

En juin 1513, un nommé Diégo de Castro, qui jadis avait quitté le service du roi catholique pour s'attacher à la fortune de Philippe le Beau, fut arrêté par ordre de Marguerite, et conduit au château de Vilvorde : on l'accusait de s'être présenté à la cour de France en qualité d'agent diplomatique, et d'y avoir entamé et suivi de son chef des négociations fort graves. On lui fit subir plusieurs interrogatoires, et on le mit à la question pour savoir les détails et les motifs de cette mission clandestine.

Interrogé pour quelle raison il était parti de Bruxelles et s'était rendu en France à la suite de M. de Genlis, il répondit que c'était dans l'intention d'aller réclamer une somme de deniers que lui devait la reine de France, par suite d'un transfert de créance que lui avaient fait des marchands bretons.

On l'accusait surtout d'avoir intrigué à la cour de France pour rompre un mariage qui se négociait, de la part du roi d'Aragon, entre l'archiduc Ferdinand et la princesse Renée, seconde fille de Louis XII. Voici comment Diégo de Castro s'en expliqua :

« Arrivé à Orléans avec M. de Genlis, j'y trouvai un ambassadeur d'Aragon qui venait, disait-il, d'Espagne en poste, et se faisait nommer Granyel Ortis. Il ajoutait que sa mission avait pour objet

le payement final de la dot assignée à la reine d'Aragon, Germaine de Foix. Or, je ne tardai point à savoir que cet envoyé s'appelait non pas Granyel Ortis, mais Granyel de Conchillos. Ce faux nom m'inspira de la défiance; je soupçonnai qu'il y avait là-dessous quelque intrigue préjudiciable à mon maître, le prince Charles de Castille : je devinai même des projets de mariage. Cependant, M. de Genlis me prévint que ma présence à la cour paraissait suspecte, et qu'on était disposé à me considérer comme un espion ; sur ce, je déclarai au seigneur de Genlis que je connaissais les projets d'alliance qui se négociaient. Conseillez au roi votre maître, lui dis-je, de ne plus agir comme il fit, il y a huit ans, lorsqu'il donna sa nièce au roi d'Aragon, son mortel ennemi, et se brouilla de la sorte avec le bon roi Philippe, qui avait toujours été son ami le plus sincère. Qu'arriva-t-il ? Le contraire de ce que la France et l'Aragon avaient espéré: don Philippe alla en Castille, où il régna sans obstacle, tandis que son rival fut obligé de se retirer honteusement. Le roi Louis s'en est repenti à loisir ; et il lui arrivera pis encore s'il conclut ce nouveau mariage.

« D'Orléans je me rendis à Paris avec le même M. de Genlis, qui me répéta que le moment n'était pas favorable pour parler de ma créance. On venait d'apprendre, en effet, que les gens du prince de Castille portaient la guerre en Artois, de concert

femmes vraiment éminentes : ce furent Isabelle de Castille,
Marguerite d'Autriche et Anne de Bretagne. Austère dans ses
mœurs, ferme dans sa volonté, constante dans ses antipathies
comme dans ses affections, pieuse, éclairée, charitable, aimant
la Bretagne plus que la France, et la maison d'Autriche plus
que la maison de Valois, telle fut Anne de Bretagne. Jamais
reine de France ne se montra plus capable de régner par
elle-même [1]. Louis XII la pleura amèrement : il perdait en elle
non-seulement une épouse chérie, mais encore le seul con-

avec les Anglais. J'eus beau représenter que,
Monseigneur étant mineur, on ne pouvait lui reprocher ces voies de fait; M. de
Genlis répliqua que pour le roi le dommage n'en était pas moins grand, et qu'il
était forcé à son tour d'envahir les terres
du prince et de porter secours au duc de
Gueldre. »

La réponse de Diégo sur ce chef d'accusation est d'une grande étendue; mais
au fond elle ne contient guères que les
raisons qu'on vient d'alléguer.

Introduit auprès de la reine, il lui parla
à peu près en ces termes : « Madame, je
suis venu ici pour mes propres affaires;
mais je désire par-dessus tout faire service à monseigneur le prince. Or, j'ai vu
en cette cour un ambassadeur qui, dit-on,
machine un mariage où quelque traité
contre les intérêts de Monseigneur; et
comme je sais que vous aimez notre maison d'Autriche, je vous supplie de tenir
la main à ce qu'on ne fasse rien à son
préjudice; car en croyant bien agir on
s'abuserait fort, comme il arriva jadis.
La reine répondit qu'elle ne savait rien et
ne pouvait avoir d'autre volonté que celle
du roi. Madame, répliqua Diégo, il vau-
drait mieux conclure une bonne alliance

avec l'empereur. Dieu sait, reprit la reine,
ce que j'ai enduré pour qu'il en fût ainsi;
je l'ai dit à Philippe Dalès, j'ai envoyé
mon cousin M. de l'Esparre; j'ai écrit une
lettre de ma main à l'empereur, qui ne
m'a pas répondu. Madame, dit Diégo, il
ferait sans doute maintenant ce qu'il n'a
pas fait alors. Don Manuel m'a chargé de
dire au roi que s'il voulait ménager quelque bon traité avec l'empereur, il irait
volontiers en Allemagne négocier la chose
à ses dépens. La reine répondit qu'elle
n'avait rien à dire de plus et le congédia. »

Le reste de l'interrogatoire qui est fort
long, roule tout entier sur une foule de
circonstances accessoires d'un moindre
intérêt. Il paraît que l'affaire n'eut pas de
suite, et qu'on s'efforça de la tenir cachée.
Nous ignorons ce que devint ensuite Diégo
de Castro.

[1] Léon X adressa en cette occasion à
Louis XII une lettre de condoléance, où il
célèbre les vertus de cette grande reine, et
spécialement sa libéralité : « Regnum tuum
cæteræque gentes opis alienæ indigæ, in
quas illa munificentiam exercebat suam,
multum mihi amisisse in ea muliere
bonæ spei atque præsidii videbantur. »

seiller sur lequel il pût compter depuis la mort du cardinal
d'Amboise. Chez ce bon roi, les infirmités avaient devancé
l'âge. On songea néanmoins bien vite à lui donner une nouvelle épouse. Marguerite d'Autriche était assurément la femme
qui convenait le plus à lui et à la France. Une telle union eût
épargné peut-être bien des maux: il en fut question dans le
conseil; mais soit que la princesse, prévenue contre toute
pensée de mariage, n'ait pas voulu s'y prêter, soit que des intrigues contraires aient prévalu, cette idée fut abandonnée. Le
duc de Longueville, prisonnier en Angleterre depuis l'affaire
de Guinegate, s'occupa de réconcilier Louis XII et Henri VIII,
et alla même jusqu'à demander pour son maître la main de
Marie, sœur du monarque anglais. Ses propositions ayant été
accueillies, Louis envoya à Londres Jean de Selve, président
du parlement de Paris, et Thomas Boyer, général des finances
de Normandie. Or, Marie d'Angleterre était fiancée depuis plus
de cinq ans à Charles d'Autriche[1]. Quand l'archiduchesse Marguerite eut connaissance des négociations de Londres, elle s'en
alarma et dépêcha Jacques de Thiennes vers Henri VIII pour

[1] L'acte de mariage porte la date du
17 décembre 1508, à Richemond. Voy.
Rymer, XII, 236. Dumont, IV, 1re part.
119. Ce mariage paraissait tellement assuré que, de 1508 à 1514, Marie d'Angleterre fut toujours qualifiée princesse de
Castille. Dès le mois de juillet 1509, elle
avait adressé un anneau à son fiancé.
Voyez *Corresp. de Maximilien*, I, 169.
Voici ce que Gérard de Pleine écrivait
de Londres, le 14 juin 1514, à Marguerite d'Autriche : «Madame, je vous certiffie que c'est l'une des plus belles filles
que l'on sçauroit veoir, et ne me semble
point en avoir oncques veu une si belle.

Elle a très-bonne grace et le plus beau
maintien, soit en devises, en danses ou autrement, qu'est possible d'avoir ; elle n'est
riens melancolique, ains toute recreative.
Je tiens que si vous l'eussiez veue, vous
ne cesseriez jamais qu'elle ne fust auprès
de vous. Je vous assure qu'elle est bien
norrye ; et fault que l'on luy ait toujours
parlé de Monsieur en bonne sorte ; car....
il me semble qu'elle ayme Monsieur merveilleusement ; elle a ung tableau où il
est très-mal contrefait ; il n'est jour du
monde qu'elle ne le veulle veoir plus de
dix fois...... »

lui rappeler ses engagements; il était trop tard : le traité venait d'être conclu[1]; et Henri VIII chargea Richard Wingfield de le justifier auprès de la gouvernante des Pays-Bas. Du reste, l'empereur, par sa déclaration en date du 1er octobre, donna son adhésion à ce qui s'était fait, et consentit que l'archiduc Charles fût compris dans le traité d'alliance annexé au traité de mariage. Marie d'Angleterre, âgée alors de seize ans, était d'une grande beauté[2]. Le roi son frère l'accompagna jusqu'à Douvres; le 2 octobre, elle débarqua à Boulogne; le 8 elle arriva à Abbeville, et le mariage y fut célébré le lendemain. La nouvelle reine fut couronnée à Saint-Denis le 5 novembre : après quoi les époux vinrent à Paris, où des fêtes somptueuses se succédèrent pendant une partie du mois. Mais la débile santé du roi ne put résister au nouveau genre de vie que lui imposait cette union si peu assortie à son âge de cinquante-trois ans, à sa faible complexion, et sans doute si peu compatible avec le souvenir récent d'Anne de Bretagne : le père du peuple mourut le 1er janvier, laissant le royaume aux mains de ce *gros garçon* qui, dans son opinion, devait *tout gâter*.

[1] Le contrat fut signé le 7 août 1514, et. publié solennellement à Paris le 14 septembre suivant.

[2] Voyez ci-dessus ce qu'en dit Gérard de Pleine.

CHAPITRE VIII.

Ambassade de Charles d'Autriche auprès de François Ier. Traité du 24 mars. Campagne de François Ier en Italie. Victoire de Marignan. Entrevue du roi et du pape Léon X à Bologne. Maximilien, frappé de terreur, quitte tout à coup son armée. Conférences et traité de Noyon.

François, duc d'Angoulême, de Valois et de Bretagne, né à Cognac le 12 septembre 1494, succéda à Louis XII comme son plus proche héritier, et descendant, aussi bien qué lui, du roi Charles V, dit *le Sage*.

Le jour même de son avénement, François Ier donna audience à un envoyé de Charles d'Autriche et lui parla avec aigreur[1] : c'était préluder bien vite aux longs et funestes débats qui allaient attrister son règne.

Quoi qu'il en soit, le jeune archiduc émancipé tout récemment[2], avait à remplir auprès du nouveau roi un devoir de vassalité: il devait l'hommage féodal pour les comtés de Flandre et d'Artois, qu'il tenait de la couronne; et sa qualité de pair de France l'obligeait d'assister au sacre, sinon en per-

---

[1] Voir la lettre de Philippe Dales, *Négoc.* I, 593-595.

[2] Cette émancipation se fit le 5 janvier 1514-1515. Le 30 mai suivant, Léon X salua l'avénement du jeune prince, en lui envoyant la rose d'or. Voici la lettre adressée à cet effet par le pape à Marguerite d'Autriche : « Dilecta in Christo filia, salu- « tem et benedict. apostolic. Rosam auream « hoc anno a nobis solemniter benedictam « atque dilecto filio nobili viro Carolo, ar- « chiduci Burgundiæ et principi Castellæ, « nato tuo, dono destinatam, per Franc. de « Castellione Januensem, antiquum fami- « liarem nostrum, mittimus. Quem homi- « nem ad munus hoc obeundum eo liben- « tius delegimus quod optime sciebamus « compertumque habebamus eum et Cæs. « majestatis observantissimum et tuæ nati- « que tui prædicti nobilitatis maxime stu- « diosum esse..... Datum Romæ, apud « S. Petrum, sub annulo piscatoris. Die xxx « maii MDXV, pontificatus nostri anno tertio. «J. A. SADOLETUS. »

sonne, du moins par procureur. Mais ce n'était là qu'une formalité dont on se serait sans doute affranchi, si elle n'avait fourni un excellent prétexte pour essayer encore une fois de fortifier la maison d'Autriche par une alliance salutaire. L'archiduc et la princesse sa tante composèrent donc une ambassade qui eut charge d'aller à Paris remplir cette double mission. Les députés, savoir, le comte Henri de Nassau, Michel de Croy, seigneur de Sempy, Michel Pavie, doyen de Cambrai, le maître d'hôtel Philippe Dales, Gattinare, président du parlement de Dôle, le maître des requêtes Jean Caulier et Gilles Van den Damme, secrétaire, reçurent d'amples instructions, tant pour la prestation d'hommage que pour la négociation de l'alliance désirée. Le comte de Nassau avait ordre d'offrir aussi l'hommage du prince pour le duché de Bourgogne; et comme on prévoyait bien qu'il ne serait pas admis à rendre ce devoir, on lui prescrivait de faire une protestation secrète, sans donner aucun signe d'aigreur ou de mécontentement.

Le sacre de François Ier eut lieu à Reims le 25 janvier. L'ambassade de l'archiduc ne s'y trouva pas : elle n'arriva que le 3 février à Compiègne, où était le roi, qui la reçut le lendemain en audience publique. M. de Nassau, chef de la députation, présenta les lettres de créance, et Michel Pavie prononça la harangue. Le roi y répondit lui-même en bons termes et sans l'aide de son chancelier : il agréa les excuses de son vassal, qui n'avait pas comparu au sacre, et déclara que, de son côté, il serait heureux de vivre avec lui en bonne intelligence; puis, pour entendre la communication secrète dont Philippe Dales lui avait parlé, il fit entrer les ambassadeurs dans son cabinet, et conféra un moment avec eux au sujet du mariage de madame Renée et du prince Charles.

De Compiègne, la députation se rendit à Saint-Denis, où le roi fut couronné, et de là à Paris, où elle fut reçue par la reine Claude, que Gattinare trouva bien petite et d'étrange corpulence, mais suppléant à la beauté par la grâce de sa parole. Les lettres de Gattinare concernant cette légation sont remplies, disons-le en passant, de détails curieux et piquants sur la nouvelle cour, et sur les solennités qui eurent lieu à Paris pour l'avénement du roi. Après les réceptions officielles, les députés entrèrent en conférence avec les commissaires royaux[1]. On discuta assez longuement et assez vivement les conditions du traité de mariage. Le comte de Nassau et ses collègues demandèrent, conformément à leurs instructions : 1° la restitution du duché de Bourgogne ; 2° le duché de Milan et le comté d'Ast ; 3° une somme de 200,000 écus, payable au jour de la consommation du mariage ; 4° la composition et taille ordinaire du roi en Artois, au moins durant la vie des époux ; 5° l'abolition du procès de Nevers[2]; 6° la délivrance immédiate de madame Renée entre leurs mains.

[1] Ces commissaires étaient le chancelier du Prat, Lautrec, d'Orval, le bâtard de Savoie, Imbert de Bastarnay, seigneur du Bouchage, le président Baillet, et de Brans, avocat du roi.

[2] Comme il est souvent question du procès de Nevers dans le cours des négociations, disons brièvement en quoi il consistait. En 1505, Englebert, comte de Nevers, intenta à l'archiduc Philippe le Beau, devant le parlement de Paris, un procès reposant sur quatre chefs : 1° il concluait à ce que l'archiduc lui abandonnât le comté d'Étampes, ainsi que les seigneuries de Gien et de Dourdan, et restituât les fruits perçus depuis 1401, époque du partage opéré par Philippe le Hardi entre ses trois fils, Jean, Antoine et Philippe, partage qui attribuait Étampes, Gien et Dourdan audit Philippe, ancêtre d'Englebert, lequel en avait été évincé mal à propos. 2° Il réclamait le comté d'Auxerre ou récompense équivalente, se fondant sur ce que Jean de Bourgogne, aïeul d'Englebert, avait été frustré de ce comté en 1465 par le duc Charles. 3° Il demandait qu'il lui fût assigné sur le plus clair du domaine d'Artois une rente de deux mille saluts d'or au cours de 1435, laquelle rente avait été constituée par Philippe le Bon, à rachat sur Péronne, Montdidier et Roye, et de plus un subside sur l'Artois, en avancement du mariage dudit Jean de Bourgo-

Les débats duraient depuis plus d'un mois, et l'on craignait une rupture, lorsqu'enfin, le 24 mars, on convint de donner pour dot à la jeune princesse la somme demandée (200,000 écus d'or), plus le duché de Berry, évalué 400,000 écus. Quant aux autres points énoncés dans les instructions, ils furent écartés. Seulement on stipula que madame Renée serait remise à l'archiduc deux mois après sa douzième année accomplie.

Par le même acte, les parties contractaient une alliance offensive et défensive[1]. Maximilien ne prit aucune part à cet accommodement ; le roi d'Aragon n'y intervint pas non plus, et refusa même de proroger la trêve d'un an conclue avec Louis XII. François Ier, après avoir renouvelé avec Henri VIII le traité du 7 août 1514, et avec Venise celui du 23 mars précédent, se disposa à reconquérir le Milanais. La régence fut laissée à Louise de Savoie, créée dès lors duchesse d'Angoulême. Un corps d'armée composé de quarante mille hommes, sous le commandement du roi lui-même, passa les Alpes. Les Suisses, auxquels le roi avait fait, pour la forme, des propositions d'alliance, les avaient repoussées dédaigneusement, et s'étaient associés à la sainte-ligue contre l'agression nouvelle dont l'Italie était menacée.

L'expédition de François Ier, en 1515, fut aussi rapide et aussi glorieuse que l'avait été celle de Louis XII en 1509. Marignan effaça, s'il se peut, Agnadel et Ravenne : ce fut, comme l'a dit Trivulce, un combat de géants[2]. Cette victoire

gne. 4° Enfin, le comte de Nevers revendiquait les *levées* de Péronne, Montdidier et Roye, pour quinze années, à cause de 20,000 francs venus ès-mains du duc Philippe le Bon des meubles de feu Bonne d'Artois, mère dudit Jean de Bourgogne, comte de Nevers.

[1] *Corps diplom.* de Dumont, IV, 1re. part. 199.

[2] Dès le lendemain de la bataille, François Ier en écrivit le récit et l'adressa à sa mère. Cette lettre, bien que rédigée à la hâte et un peu négligemment, n'en est pas moins le document le plus sûr qu'on

nous assura derechef la conquête du duché de Milan. Le pape Léon X s'estima heureux d'en être quitte pour la cession de Parme et de Plaisance; Gênes s'était soumise au premier bruit de guerre; et les Suisses, convaincus enfin qu'ils n'étaient plus des dompteurs de rois, conclurent à Genève, le 7 novembre 1515, un traité qui fut le prélude d'une convention plus importante réglée à Fribourg, le 20 novembre 1516, et connue sous le nom de *paix perpétuelle*.

Cependant François, armé chevalier à Marignan de la main de Bayard, marche sur Milan, où s'était réfugié le cardinal de Sion, principal promoteur de l'animosité des Suisses contre la France[1], force cette ville à capituler, assure le sort de Maximilien Sforce, et fait une entrée triomphante dans la capitale de ses états transalpins.

Le traité du roi avec le pape avait été ratifié à Viterbe le 13 octobre, un mois après la bataille de Marignan, mais il laissait indécis quelques points particuliers. On convint de les régler dans une entrevue qui eut lieu à Bologne le 12 décembre. Il eût été peut-être de la dignité du pape de recevoir le roi à Rome; mais Rome est bien voisine de Naples; et Léon X trouvait qu'il ne fallait pas en frayer le chemin au monarque victorieux.

La relation de l'entrevue, insérée dans ce recueil (II, 85),

---

puisse consulter sur ce grand fait d'armes. Gaillard l'a insérée textuellement à la fin du premier vol. de son *Histoire de François Ier*. L'empereur Maximilien a aussi rendu compte de la bataille de Marignan : à l'entendre, les Suisses auraient perdu trois mille hommes, et les Français autant. *Correspondance*, II, 297.

[1] Mathieu Schinner, cardinal évêque de Sion, ennemi acharné de la France,

avait empêché les Suisses de négocier avec le roi ; il les haranguait souvent en pleine campagne. « Ledit cardinal, rapporte Fleuranges, fist sonner le tambourin et fist assembler tous les Suisses en la place du chasteau de Milan, et là fist faire un rang ; et luy au milieu en une chaise, comme un regnard qui presche des poules, leur fist entendre... » *Mém. de Fleuranges,* édit. de Lambert, VII, 217.

nous a paru intéressante, sinon sous le rapport politique, au moins comme document du cérémonial observé en cette occasion [1]. Le narrateur y fait connaître les sentiments qui animaient les divers ambassadeurs venus avec le pape ou avec François Ier. Celui du roi d'Aragon n'alla pas, comme les autres, au-devant du roi, mais il fut présent à toutes les réceptions. Les quatre députés vénitiens suivaient le roi partout, et se montraient fort vains, *inflati tanquam bubones*. Quant à l'ambassadeur impérial, il se tint constamment à l'écart, ou plutôt il se plaça aux fenêtres et derrière des rideaux pour tout voir sans être vu. Les députés d'Angleterre et d'Aragon étant venus saluer le roi, François Ier leur témoigna son déplaisir d'être en guerre avec les rois leurs maîtres, son amour pour la paix, disant qu'entre princes chrétiens, les inimitiés ne devaient pas être éternelles. L'ambassadeur de Portugal lui représenta qu'en favorisant les Vénitiens, Sa Majesté faisait grand tort au roi Emmanuel, et que les secours prêtés à cette république tournaient au détriment de la chrétienté, attendu que Venise ne cessait d'assister les Sarrasins, les Maures et les Égyptiens. François répondit qu'il serait peu digne d'un roi de manquer à sa parole et de fausser ses promesses, et qu'en aidant les Vénitiens il ne faisait que remplir un engagement contracté envers eux.

Trois questions devaient se discuter pendant la conférence de Bologne, savoir : l'ajournement de l'expédition de François Ier contre le royaume de Naples, la réconciliation des ducs de Ferrare et d'Urbin avec le pape, leur suzerain, et enfin l'abo-

---

[1] Le Cérémonial diplomatique de Rousset, 2 vol. in-fol. Amsterdam et la Haye, 1739, n'a point d'article consacré à cette entrevue de Bologne : mais il en existe une relation fort détaillée, par Pâris de Grassis, maître de cérémonies du pape Léon X et ensuite évêque de Pesaro. Celle que nous donnons dans ce recueil a été écrite dans un sens hostile plutôt que favorable à François Ier.

lition de la pragmatique. Les deux premiers points furent réglés après quelques contestations; quant au troisième, il présentait trop de difficultés pour être immédiatement éclairci. Le chancelier du Prat, qui accompagnait le roi, reçut ordre de demeurer pour en conférer avec les cardinaux d'Ancône et de Santiquatro. Les négociations traînèrent en longueur, et le traité ne fut conclu que le 18 août 1516. Le roi accorda au pape la perception des annates [1], et reçut de lui le droit de nommer aux évêchés et autres bénéfices de son royaume.

Bien que l'ambassadeur de Maximilien eût affecté de ne point paraître devant le roi pendant l'entrevue de Bologne, il y fut néanmoins question des affaires de ce prince. Léon X et François Ier, voulant le réconcilier avec les Vénitiens, lui députèrent le général des Augustins [2] avec la mission de l'exhorter à rendre aux Vénitiens les villes de Vérone et de Bresse, moyennant quoi la paix serait rétablie entre eux. Loin d'accueillir cette proposition, Maximilien la regarda comme une nouvelle injure de la part du roi de France [3]; il en prit même prétexte pour sortir de l'inaction qui pesait à son esprit inquiet et bizarre, et voulut encore une fois se mettre en campagne. Dès le mois de mars, il marcha au secours de Vérone; jamais on ne l'avait vu si actif. Trivulce, qui commandait les forces franco-vénitiennes, ne s'attendait pas à tant de

---

[1] On appelle annate, en matière de droit canon, une redevance perçue lors de la collation d'un bénéfice. L'Assemblée constituante, par son décret du 4 août 1790, a aboli toutes les annates; et le concordat de l'an X a maintenu cette abrogation, de sorte qu'aujourd'hui le clergé français en est tout à fait affranchi. Le Parlement avait, dès l'an 1517, refusé d'enregistrer le concordat, en ce qui concernait les annates.

[2] Des lettres de créance sur cet envoyé furent adressées tout à la fois à Maximilien et à l'évêque de Gurck. Voy. *Epistol. P. Bembi,* in-8°; Strasbourg, 1611, p. 246.

[3] C'est du moins ainsi qu'il s'en explique dans une lettre latine adressée à Marguerite d'Autriche, sa fille. Voy. *Correspondance, etc.* II, 316.

célérité de la part d'un prince renommé pour ses lenteurs et ses tergiversations.

Maximilien était campé sur les rives de l'Adda lorsqu'il eut, disent ses historiens, une vision nocturne. Les ombres de Rodolphe de Hapsbourg et de Charles le Téméraire lui apparurent, et lui recommandèrent de se défier toujours des Suisses. Frappé de cet avis surnaturel, il prit l'épouvante, repassa bien vite l'Adda avec ses troupes allemandes, et ne se crut en sûreté que lorsqu'il arriva dans les murs de Trente. En peu de temps, Vérone, Brescia, Bergame et le pays furent enlevés à l'empereur, et restitués, soit aux Vénitiens, soit au duché de Milan.

Cependant l'archiduc Charles était resté étranger aux expéditions guerrières de son aïeul. Devenu possesseur des royaumes d'Espagne par la mort de Ferdinand le Catholique [1], il devait ménager le roi de France, voisin redoutable pour ses nouveaux domaines du midi, comme pour ses possessions héréditaires des Pays-Bas. Les deux jeunes monarques avaient, d'ailleurs, des intérêts à régler entre eux : François Ier voulait reconquérir le royaume de Naples, et Charles d'Autriche prétendait le conserver. En outre, le feu roi d'Aragon s'était emparé frauduleusement de la Navarre en 1514, sur Jean d'Albret et Catherine de Foix, alliés de la France. Le traité conclu à Paris le 24 mars (1514-1515) portait que les parties feraient ensemble des démarches pour la réparation de cette injustice; mais Ferdinand était resté maître de ce royaume, sous prétexte d'une prétendue bulle de Jules II qui le lui adjugeait. François et Charles convinrent d'ouvrir des

[1] Ferdinand mourut le 23 janvier 1516, au village de Madrigalejo, près de Consuegra, dans l'Estramadure. Il était âgé de soixante-quatre ans, avait régné quarante-deux ans en Castille et trente-sept en Aragon.

conférences à Noyon pour essayer de donner à ces deux graves affaires une solution au moins provisoire.

Le plénipotentiaire français fut Arthus Gouffier de Boissy, grand-maître de France; celui du roi de Castille fut Guillaume de Croy, seigneur de Chièvres. Le premier avait pour collègues Étienne Poncher, évêque de Paris, et Jacques Olivier, président du parlement. M. de Chièvres était assisté de Jean le Sauvaige [1], seigneur d'Escaubèque, chancelier de l'empereur pour les Pays-Bas. MM. de Boissy et de Chièvres, liés par une ancienne amitié, animés tous deux d'intentions droites et pacifiques, étaient les négociateurs les plus convenables qu'on pût choisir dans la circonstance; toutefois, la France n'obtint pas tout à fait ce qu'elle avait droit d'attendre. La Navarre ne fut pas restituée; Charles s'engagea seulement à satisfaire Henri d'Albret, aussitôt que lui-même aurait pris possession de son royaume d'Espagne.

Les droits de la France sur le royaume de Naples étaient incontestables : en effet, par le traité de 1505, Louis XII avait bien cédé ce royaume pour dot à Germaine de Foix, seconde femme de Ferdinand; mais le même traité portait que, si Germaine survivait à son époux sans lui donner d'enfants, Naples ferait retour à la France. Le cas était arrivé. Pour éluder l'obligation qu'il comportait, Charles proposa d'épouser la fille de François Ier, madame Louise, alors âgée d'un an. Le roi, ébloui par cette substitution de sa fille à madame Renée, sa belle-sœur, fiancée l'année précédente à Charles d'Autriche,

[1] Paquot, dans ses *Mémoires pour servir à l'hist. littér. des Pays-Bas*, a consacré un article à Jean le Sauvaige, XIII, 200. Le Sauvaige, né en Bourgogne vers 1455, mourut à Bruxelles le 7 juin 1518. Érasme parle de lui en ces termes : « Unus prope- « clarissimus vir, Johannes Sylvagius, Bur- « gundiæ cancellarius, ut patriæ sic optimis « studiis consulere studet, sed cujus bonam « partem nobis adimunt publica regni ne- « gotia. » *Erasmi opera*, III, 179-180.

renonça en faveur de ce nouveau mariage à ses prétentions sur le royaume de Naples. Telle est la substance du traité conclu à Noyon le 13 août 1516 [1].

Une place y avait été réservée à l'empereur, sous la condition qu'il rendrait Vérone aux Vénitiens, moyennant une somme de 100,000 écus d'or : François Ier s'engageait en outre, par amour pour les Vénitiens, ses fidèles alliés, à tenir l'empereur quitte des sommes considérables que Louis XII lui avait prêtées jadis ; enfin, on stipulait une trêve de dix-huit mois. Maximilien feignit d'abord de refuser son accession au traité : il tergiversa comme de coutume, et contracta même dans l'intervalle une alliance nouvelle et menaçante avec le roi d'Angleterre [2]; mais le besoin d'argent le fit condescendre à tout avant l'expiration du terme fatal fixé par le traité de Noyon. Les traités de Bruxelles (décembre 1516) et de Cambrai (11 mars 1517) réglèrent tous les différends [3].

C'est ainsi que prit fin la guerre de huit ans occasionnée par la ligue de Cambrai, guerre funeste aux intérêts matériels de la France, mais presque toujours brillante et glorieuse pour ses armes.

---

[1] *Corps diplom.* de Dumont, IV, 1re part. p. 224.

[2] Ce traité fut signé à Londres le 29 octobre 1516. Dumont, *ibid.* p. 240

[3] Nous ne connaissons pas le texte du traité de Bruxelles ; mais celui de Cambrai est inséré dans le *Corps dipl.* de Dumont, *ibid.* p. 256.

CHAPITRE IX.

Charles d'Autriche refuse d'exécuter le traité de Noyon. Le titre de roi des Romains est offert par Maximilien à Henri VIII, qui le refuse. Charles d'Autriche s'entend avec son aïeul pour se faire conférer cette dignité. Mort de l'empereur Maximilien. Négociations et intrigues pour l'élection de son successeur. Candidature de Charles, de François Ier et de Henri VIII. Honteuse vénalité des électeurs. Charles d'Autriche est élu.

Malgré tous ces traités, la réconciliation entre la France, l'Autriche et le saint-siége n'était pas complète : en Italie, le duc d'Urbin luttait encore contre le pape, qui l'avait dépossédé ; et au nord des Pays-Bas, Charles de Gueldre défendait son patrimoine contre la maison de Bourgogne, qui le lui disputait depuis plus de quarante ans. Or, le roi de France était accusé par le pape de prêter assistance au duc d'Urbin, et par Charles d'Autriche de favoriser clandestinement le duc de Gueldre, ancien allié de Louis XII. L'événement prouva bientôt combien ces accusations étaient peu fondées : les deux ducs, qui en réalité étaient réduits à leurs propres forces, cessèrent les hostilités après quelques tentatives infructueuses.

A cette époque, Charles allait prendre possession de ses royaumes d'Espagne, où l'illustre Ximénès lui avait aplani les voies. Les obstacles que le jeune roi éprouva durant son voyage, les difficultés que lui suscitèrent les cortès de Castille, d'Aragon et de Catalogne, fournirent un premier exercice à ce génie d'habileté politique qui le caractérisa dans la suite, et qui suffit pour expliquer sa fortune : dès lors il connut l'art d'éluder ses promesses ou d'en ajourner l'exécution. Tandis qu'il poursuivait son voyage à travers l'Espagne, les ambassadeurs de François Ier et de Henri d'Albret vinrent réclamer de lui la restitution de la Navarre, ou une satisfaction équivalente, conformément au traité de Noyon; Charles répondit que le temps lui manquait pour traiter une affaire d'une telle importance, et demanda qu'elle fût renvoyée à une autre époque. On convint que MM. de Chièvres et de Boissy, qui avaient conclu le traité de Noyon, se réuniraient de nouveau à Montpellier afin d'y donner suite.

Ces débats, tout graves qu'ils étaient, devaient bientôt s'effacer et disparaître devant une autre contestation. Maximilien, après avoir ambitionné la gloire de réunir en lui la papauté et l'empire, avait paru, sur la fin de sa vie, prendre l'empire même en dégoût. Dès l'année 1517, il avait offert à Henri VIII de résigner en sa faveur la dignité impériale. Cette démarche, à peine croyable de la part d'un prince qui comptait cinq empereurs parmi ses ancêtres, et qui avant tout devait songer à transmettre ce grand titre à ses propres héritiers, est pourtant constatée par des documents authentiques. Cuthbert Tunstall [1], dans une lettre à Henri VIII, sous la date de Malines, 12 février 1517, discute la question de savoir si le roi d'Angleterre doit agréer une pareille offre et se prêter aux négociations qu'elle exigerait; il termine en conseillant au roi de remercier très-poliment l'empereur, qui peut-être a vu dans cette proposition un moyen nouveau d'obtenir quelque somme considérable à titre d'indemnité [2].

[1] Cuthbert Tunstall, d'abord ambassadeur de Henri VIII auprès de Marguerite d'Autriche et de l'empereur Maximilien, nommé évêque de Londres en 1522, transféré à Durham en 1530, mort en 1559.

[2] Cette lettre, très-peu connue, se trouve dans le recueil de Henri Ellis, intitulé *Original letters illustrative of english history*, in-8°, Lond. 1825, I, 134. Elle se termine ainsi : « And I am afferd lest the said offer « beinge so speciouse at the first heringe « was oonly made to get therby sum money « of your Grace... Surly yff it lyke, your «.Grace my simple advise is that your Grace « interpretinge al to the beste, and the said

Lorsque l'empereur eut reconnu l'inutilité de ses offres, il songea sérieusement à faire placer sur la tête du roi d'Espagne, son petit-fils, la couronne impériale, qu'il ne devait plus porter longtemps, ou plutôt il céda aux instances de Charles lui-même, qui briguait d'avance le titre de roi des Romains, comme préalable essentiel de sa future élection à l'Empire. La lettre écrite le 18 mai 1518 par Maximilien à son petit-fils ne présente pas seulement un exposé curieux des premières démarches faites à cet égard auprès des électeurs; elle contient encore des conseils tout machiavéliques sur les moyens de mener à bon terme cette affaire délicate [1] : on va en juger.

Charles, qui se défiait des prodigalités de son aïeul, lui avait recommandé beaucoup de réserve et d'économie; mais ce dernier savait par expérience combien l'or était puissant dans les transactions politiques. Aussi insiste-t-il pour qu'on n'épargne ni pensions ni argent comptant ; les 100,000 florins d'or dont Courteville est porteur ne suffiront pas. Il en faut 80,000 pour indemniser l'électeur palatin de la langt-vodie de Haguenau qu'on lui a jadis enlevée : les Français répandent l'argent à pleines mains et se font ainsi des partisans nombreux; « ils moyennent d'horribles pratiques tant devers le pape que dedans l'empire et dehors. » On a promis au marquis de Brandebourg la main de Catherine d'Autriche pour son fils: il faut lui tenir parole; il est temps de s'assurer

« offer to be made rather off th'emperors « good mynd and grete benivolence then « for odyr purpose, yff the maters hal her-« after be set forward or movyd to gyff « most exquisite thanks to th'emperor for « his good mynd therin : which peraven-« ture may procede off good benivolence, « and so to withdraw your fote bake out off « that mater, and to make good interpre-« tation upon so grete an offer, which shal « be most honorable... »

[1] *Négoc.* II, 125.

des Suisses et de faire une pension au fameux aventurier
Sickingen pour se le rendre favorable.

Aux 75,000 écus d'or déjà distribués, Charles, suivant le
conseil de l'empereur, ajouta 450,000 florins, avec promesse
de faire bien plus encore quand l'élection serait consommée.
A ce prix enfin les suffrages lui furent acquis, excepté ceux
des électeurs de Trèves et de Saxe. Le nouveau roi des Romains allait être proclamé à Francfort, lorsque Maximilien
mourut à Wels, dans la haute Autriche, le 12 janvier 1518-
1519.

Qu'il nous soit permis de répéter ici ce que nous avons dit
ailleurs au sujet de ce prince. «Dans ses luttes politiques, il
ne s'est pas montré trop inférieur aux souverains habiles à qui
il avait à faire. L'astuce de Louis XI [1], l'impétuosité de
Charles VIII, la sagesse de Louis XII, l'humeur chevaleresque
de François Ier, les hardiesses d'Alexandre VI et de Jules II,
les tortuosités de Ferdinand d'Aragon, le prirent rarement au
dépourvu. Héritier de la puissante maison de Bourgogne, il sut
fondre dans celle d'Autriche les éléments de cette monarchie
colossale sur laquelle, vingt ans après, le soleil ne se couchait
plus. Machiavel, ce grand appréciateur des hommes et des choses
politiques, a tracé le caractère de Maximilien en plusieurs
endroits de ses œuvres. Ambassadeur de Florence auprès
de lui, il le connaissait assez pour en parler : il le trouve dis-
sipateur et besogneux, inconstant, irrésolu, défiant et crédule;
«mais d'un autre côté, dit-il, il a l'humeur très-guerrière, il

---

[1] S'il fallait en croire un acte de la
chambre des comptes de Paris, du
13 avril 1480 avant Pâques, Maximilien
ne se serait pas fait scrupule de contrefaire
souvent la signature de Louis XI; mais
on n'a apporté aucune preuve à l'appui de
cette accusation de faux. Mabillon, *de Re
diplom.* 621; *Nouv. traité de diplom.* VI,
196.

« sait conduire et maintenir une armée en ordre, et y faire ré-
« gner justice et discipline [1]. Il supporte aussi bien que personne
« les fatigues les plus pénibles : plein de courage dans le péril,
« il n'est inférieur comme capitaine à qui que ce soit de ce
« temps. Il est très-affable dans ses audiences, mais il ne les
« donne que lorsque cela lui convient. Il n'aime pas que les am-
« bassadeurs viennent lui faire la cour, à moins qu'il ne les
« appelle ; il est extrêmement secret. Il vit dans une agitation
« continuelle de corps et d'esprit. »

« Le trait qui suit achèvera de peindre ce monarque. Vivement blessé des affronts qu'il avait reçus de la cour de
France par le mariage d'Anne de Bretagne, par le renvoi de
Marguerite, par la rupture des divers traités pour l'union de
Charles d'Autriche avec Claude et Renée de France, il avait
écrit tous ces outrages sur son *livre rouge*, mémorial justificatif
d'une vengeance future; mais plus tard, dans un moment où
il était réconcilié avec Louis XII, il brûla ce livre de son
propre mouvement [2]. — Louis XII, de son côté, savait l'apprécier. Un jour un courtisan, qui voulait rabaisser Maximilien, disait qu'à tout prendre, cet empereur n'était qu'un
échevin de la ville d'Augsbourg. « Oui, dit le roi, mais
« toutes les fois que cet échevin sonne la cloche de son beffroi,
« il fait trembler la France [3]. »

La mort de Maximilien rouvrait donc un champ libre à
tous les concurrents. La survivance si chèrement achetée par

[1] *OEuvres de Machiavel*, trad. par J. V.
Périès, VI, 473. Quand Machiavel vantait le courage et l'habileté guerrière de
Maximilien, ce prince n'avait pas encore
eu la faiblesse de fuir devant ses troupes
mutinées.

[2] *Guicciardini*, liv. XIII.

[3] Cette anecdote fait le sujet d'une épi-
gramme latine de Pontus Heuterus, qui
finit ainsi :

. . . . Rex Ludowicus ait :
Certe ego consulem eum nolim contemnere, namque is
Tympana si pulsat, Gallia tota tremit.

le roi d'Espagne fut dès lors considérée comme non avenue. Charles eut tout d'abord pour compétiteurs sérieux le roi de France, qui ne s'en cachait point, et le roi d'Angleterre, qui, ayant refusé naguères les offres de Maximilien, brûlait d'envie de se mettre sur les rangs, mais n'osait l'avouer. Son adroit ministre, Thomas Wolsey, dépêcha en Allemagne Richard Pace avec la charge de pressentir les intentions des électeurs, et, au besoin, de négocier au nom de Henri VIII. Wolsey, présumant en outre que le pape exercerait une grande influence sur l'élection, adressa à l'ambassadeur anglais à Rome [1] des instructions qui témoignent d'une grande habileté ou plutôt d'une duplicité merveilleuse. « Le roi français, dit-il, n'épargne ni ruses ni artifices pour assurer son élection ; tous les moyens lui sont bons, pourvu qu'il satisfasse son ambition effrénée. Il importe donc au repos de la chrétienté, et surtout au saint-père, de mettre obstacle à de tels projets. Si François parvient à l'empire, on doit s'attendre que, peu satisfait des limites actuelles de son royaume, il aspirera bientôt à étendre son sceptre tyrannique sur le monde entier. Alors les peuples, maintenant si heureux et si paisibles, seront en proie aux horreurs de la guerre et des révolutions. Notre saint-père et le siége apostolique deviendront vassaux et tributaires de ce prince, qui se hâtera de faire revivre les prétendus priviléges de ses devanciers. Il faut donc écarter un tel prétendant. Mais est-ce à dire que Sa Sainteté doive employer ses soins et son crédit pour assurer l'élection du roi catholique? non certes, car ce dernier prince est déjà si puissant et possède des domaines si étendus, qu'il serait imprudent de lui conférer un pouvoir nouveau. Toutefois, s'il faut abso-

---

[1] Sylvestre Giglio ou de Liliis, prélat italien, évêque de Worcester, élu en 1499, mort à Rome en 1521.

lument que l'un des deux soit élu, mieux vaut encore le roi catholique que son rival. Ce qu'il y a de mieux à faire pour le bien de la chrétienté, c'est de ne protéger aucun des deux concurrents. Si l'on ne peut se dispenser d'accorder des lettres de recommandation à l'un ou à l'autre, il faudra user de beaucoup de dissimulation pour en neutraliser l'effet. On aura soin de dépêcher incontinent des courriers sûrs et discrets pour avertir les électeurs de n'avoir aucun égard à ces lettres. C'est une précaution que le roi d'Angleterre ne négligera pas. Il arrivera peut-être que le roi des Français [1], se voyant évincé, favorisera un autre prince. En ce cas, il serait bien utile que le saint-père et le roi Henri fussent unis d'intentions et d'efforts; il faut par tous moyens connaître la pensée intime du pape. Si Charles et François Ier échouent, les regards se tourneront sans doute vers Sa Majesté d'Angleterre. Dans cette prévision, il faut démontrer au pape tous les avantages qu'un tel choix assurerait au saint-siége et à la chrétienté [2]. »

[1] Il est à remarquer que les rois d'Angleterre depuis Édouard III jusqu'à Georges IV, ont toujours évité de donner à nos rois le titre de rois de France, qu'ils revendiquaient pour eux-mêmes. Dans les relations politiques, ils se tiraient d'embarras en employant l'expression : le roi français, le roi des Français, *rex Gallus, rex Gallorum* ou *rex Francorum, the french king.*

[2] « Cum igitur Gallorum rex vires omnes « suas eo præcipue intenderit ut quoquo « modo possit, arte vel astu, imperii elec-« tionem assequatur, nullumque modum « relinquat intentatum quo istius sui effre-« natissimi voti compos fiat, totius christia-« nitatis quieti ac tranquillitati, atque im-« primis Sanctissimo Domino nostro rex iste « expedire pensat, ut ejus desideriis in tem-« pore occurratur. Maxime etenim veren-« dum, immo pro certissimo credendum « esse quod si tantum imperii culmen in « ipsum caderet, non solum finibus suis « neutiquam contentus, sed ad majorem « orbis terrarum tyrannidem aspiraret, om-« niaque nunc grato otio ac jucunda tran-« quillitate oppleta, tumultu seu bellis tanta « occasione oblata turbaret; sed etiam, quod « deterrimum esset, Sanctitatem Suam ac « apostolicam istam sedem tributis ac feudis « sibi subjugam et obnoxiam perpetuo red-« deret, ineptos priscorum fortasse tempo-« rum titulos, ac inveterata simul et nova « imperatorum jura, prout animo suo polli-

Fidèle à son système de profonde duplicité, Henri VIII promit à chacun des deux compétiteurs le secours de son influence, tout en se promettant bien de les desservir l'un et l'autre

« citum foret, confrigens, sibi vindicaret...
« Non tamen idcirco hujus regis (Henrici)
« meñtis judicium est, ut consilia et cogita-
« tiones suas eo dirigat, quod regi catho-
« lico imperii celsitudo demandetur, ex cu-
« jus vasta potentia, amplissimisque viribus
« postmodum possent quamplurimæ inter
« christianos seditiones emanare; ut si ho-
« rum duorum principum alterum impera-
« torem omnino eligi necesse esset, minus
« malum futurum judicat, si ad catholicam
« majestatem devolveretur. Utcumque ar-
« bitratur christianitati utile et commodum
« futurum, si neutri favore aut consilio aut
« auxilio adfuerit, idemque Sanctissimus
« Dominus noster effecerit, communemque
« se parentem declaraverit; nec tamen ita
« regis Gallorum, seu regis catholici studiis
« faveat aut obsistat, ut alter ex ejus obsta-
« culis rebus suis incrementum capere pos-
« sit. Sed quoniam si rex Gallorum vel ca-
« tholicus litteras commendatitias peteret,
« non possent absque suspicione negari. In
« tanta re simulandum, ac, ubi opus fuerit,
« dissimulandum. Inter cetera per secretis-
« simos eosdemque fidelissimos nuncios
« faciendum ne hujusmodi litteris fides
« ulla habeatur : quod sane serenissimus
« rex noster diligentissime facturus; verum
« si rex Gallorum, se omisso, alteri faveret,
« eumque ut imperio potiretur, adjuvare
« conaretur; tunc fieri posset ut hæc regia
« majestas una cum Sanctissimo Domino
« nostro, cui cunjunctissima esse cupit, in
« eamdem quoque sententiam descenderet,
« atque ita hæc omnia vestræ paternitatis
« fidei ac diligentiæ Sanctissimo Domino

« nostro exponenda, solitaque sua pruden-
« tia moderanda committit; et ego eam
« enixissime oro, ut omnem suam operam
« ac dexteritatem secreto adhibeat, quo
« Sanctissimi Domini nostri sinceram men-
« tem cognoscere queat, poteritque, vel ex
« vultu aut verbis, in quam partem ejus
« Sanctitatis animus inclinet, nonnum-
« quam percipere.... Retulit mihi deinde
« reverendissimus dominus Campegius,
« quemadmodum Serenissimus Dominus
« noster rex velit sui ipsius honoris ratio-
« nem haberi. Modum adinveniri posse pu-
« tat, quo neque Gallorum, neque catholica
« majestas imperii electionem obtinebit;
« quibus verbis unum tantum conjicis, fore
« scilicet, ut ejusmodi electio in regem nos-
« trum devenire possit. Quam ob rem si
« Serenissime Suæ Majestati et mihi rem
« gratam facere optatis, de hac re, perinde
« ac nostræ voluntatis prorsus ignarus, ser-
« monem cum Sanctissimo Domino nostro
« inibitis, ac ubi quid ejus Sanctitas innuat
« apertius inspexeritis, si in re hac quic-
« quam fuerit fundamenti, haud alienum
« tunc erit asserere, casu quo regia majestas
« tantam provinciam ingredi valeret, quam
« optime toti christianitati, ac istæ sanctæ
« sedi consultum iri, cum ea solum esset
« actura, quæ in communem tranquillita-
« tem ac universale commodum redundare
« posse existimaret. Ceterum maxime ve-
« reri prædictam regiam majestatem nullo
« pacto in hac re se velle immiscere, cum
« eo præsertim suasu imperium olim a Cæ-
« sare oblatum pertinaciter recusaverit;
« fieri nunc tamen potest, quod si Sua

autant qu'il le pourrait [1]. La fourberie ne tarda point à être découverte. Le roi d'Angleterre, écrivant à Charles d'Autriche, s'était vanté d'avoir refusé à François Iᵉʳ son assistance auprès des électeurs; il exprimait, en outre, le vif désir que le roi catholique l'emportât sur son rival. M. de la Roche-Beaucourt, ambassadeur de France en Espagne, ayant eu connaissance de cette lettre, en rendit compte au roi, lequel ne manqua pas de faire savoir à Henri VIII que sa conduite déloyale était dévoilée [2].

Tandis que Wolsey et son maître perdaient du temps dans ces négociations indirectes et dépourvues de franchise, les deux autres compétiteurs poursuivaient leurs démarches avec activité et au grand jour. Quand le docteur Richard Pace se présenta enfin aux électeurs avec ses lettres de créance datées du 19 mai 1519, on lui répondit qu'il arrivait trop tard, et que les engagements étaient pris avec un autre prince [3].

Les personnages auxquels François Iᵉʳ confia ses intérêts dans l'affaire de l'élection furent Guillaume Gouffier, seigneur

« Sanctitas ad me de hac re sedulo scriberet, serenissimum hunc regem, ut isti incœpto pro communi bono animum applicaret, non multo cum labore adhortarer et animarem; sed in hac re pertractanda mira est opus et dexteritate et arte. Vestram idcirco reverendissimam dominationem obsecro, ut ingenium nunc suum velit his quæ dixi adhibere, sigillatimque ad omnia respondere.... » Londini, xxv Martii MDXIX. *Ampliss. Collectio*, III, col. 1286-7-8.

[1] La promesse faite à François Iᵉʳ est consignée très-formellement dans une lettre datée de Paris le 14 mars, et adressée à Henri VIII par l'ambassadeur anglais Thomas Boleyn. Ellis, I, 146.

[2] Voyez une autre lettre de Th. Boleyn à Wolsey, datée de Poissy, le 26 mars 1518-19. Ellis, I, 150. *The life and times of Francis the First*, I, 241.

[3] On possède peu de documents sur les démarches faites auprès des électeurs en faveur de Henri VIII; la correspondance qui s'y rattache a été presque entièrement consumée lors de l'incendie de Westminster en 1731. Le peu qui en est resté a été recueilli par Ellis. Le professeur Bohm a publié sur les prétentions de Henri VIII à l'Empire une dissertation que nous n'avons pu consulter; elle est intitulée : *De Henrico octavo, Angliæ rege, post obitum Maximiliani I imperium adfectante.*

de Bonnivet, amiral de France; Jean d'Albret, sire d'Orval ; Robert de la Marck, seigneur de Fleuranges; René de Villars, bâtard de Savoie, et Guillard, président au parlement de Paris [1].

Le roi catholique choisit pour ses députés le comte Henri de Nassau, Mathieu Lang, cardinal de Gurck, et Maximilien de Berghes, seigneur de Zevenberghe, auxquels s'adjoignirent comme auxiliaires, Érard de la Marck, évêque de Liége, Bernard von Glofs, évêque de Trente, le marquis Casimir de Brandebourg, Frédéric de Bavière, comte palatin du Rhin, Gérard de Pleine, seigneur de la Roche, le sommelier Armerstorff, et enfin Mathieu Schinner, cardinal de Sion, cet éternel ennemi de la France.

Le caractère de chacun des deux souverains semble se révéler dans le choix des négociateurs qu'il met en œuvre : d'un côté, Bonnivet et ses collègues, hommes brillants, fastueux, pleins de confiance en eux-mêmes, légers, superbes et dédaigneux à l'égard de leurs adversaires; d'autre part, chez les agents du roi catholique, peu d'appareil et beaucoup d'activité ; finesse et prudence sous les dehors d'une simplicité toute germanique.

Remarquons, en outre, avant de poursuivre le récit de cette grande négociation, combien les deux souverains différaient d'habileté dans l'art de conserver leurs amis ou de s'en créer de nouveaux. François Ier, malgré tous les avantages que lui donnaient la splendeur des quatre premières années de son règne, l'or qu'il prodiguait, sa renommée chevaleresque, son amour éclairé pour les sciences et les arts, éprouva, à cette époque,

---

[1] La correspondance des ambassadeurs français, restée jusqu'ici presque entièrement ignorée, sera publiée par M. Mignet, qui est parvenu à en découvrir et rassembler tous les éléments.

les défections les plus funestes. La reine douairière d'Aragon, Germaine de Foix, qui se voyait déjà négligée à la cour du nouveau roi d'Espagne, avait tout naturellement porté ses regards vers la France, sa patrie, pour y réclamer support et protection; mal accueillie, elle s'irrita, parla du roi de France en termes peu mesurés. Charles, qui entendit ses plaintes, y eut égard, et promit de la marier au marquis Casimir de Brandebourg, personnage puissant auprès des électeurs de Mayence et de Brandebourg.

François Ier, ou plutôt sa mère, commit une faute plus grave encore en s'aliénant Robert de la Marck, seigneur de Sedan, et l'évêque de Liége, son frère. Robert, l'un des plus braves gentilshommes de l'époque, avait encouru la disgrâce de la nouvelle cour pour s'être montré, sous le règne précédent, le partisan déclaré d'Anne de Bretagne contre les prétentions de madame d'Angoulême. L'évêque de Liége, qui sollicitait à Rome le chapeau de cardinal, était fortement appuyé par François Ier; mais la duchesse d'Angoulême, voulant favoriser Antoine Bohier, archevêque de Bourges, frère du trésorier de Normandie, osa mander secrètement au pape que les recommandations du roi pour l'évêque de Liége étaient de complaisance et de pure forme, et elle obtint que le choix du saint-père tombât sur Bohier. Érard de la Marck, désappointé se tourna, ainsi que Robert, du côté de Charles d'Autriche, qui lui fit avoir le chapeau et reçut des deux frères les plus importants services dans l'affaire de l'élection.

Le marquis de Fleuranges, fils de Robert de la Marck, resté fidèle au roi de France, avait mis dans ses intérêts Franz de Sickingen, célèbre aventurier, espèce de héros romanesque qui agitait les populations d'Allemagne, se faisait suivre par des troupes redoutables, se mettait au service de qui bon lui semblait, et pouvait, à l'imitation de Henri VIII, prendre pour devise : *qui je défends est maître.* François Ier avait accueilli Sickingen, et lui avait assuré une pension de 1,000 écus; mais, au lieu de l'initier à ses desseins, il s'était borné à le charger vaguement de servir ses intérêts en Allemagne. Cette réserve blessa un peu le fier aventurier, qui ne s'en rendit pas moins à son poste. A quelque temps de là, des Milanais qui trafiquaient en Allemagne eurent un différend avec des marchands du pays; Sickingen intervint, donna tort aux Milanais, et saisit sur eux pour 25,000 francs de marchandises. L'affaire fut portée devant le roi de France, seigneur de Milan, qui voulut obliger Sickingen à restituer la somme saisie; celui-ci refusa avec hauteur ; le roi indigné supprima la pension de 1,000 écus. Sickingen se joignit alors à Robert de la Marck et à l'évêque de Liége pour servir Charles d'Autriche [1].

La ligue de Souabe, enfin victorieuse du duc de Wurtemberg, ne savait que faire de ses troupes inoccupées. Fleuranges conseilla à François Ier de les prendre à sa solde et de les placer aux environs de Francfort, de manière à influer par un tel déploiement de forces sur l'esprit des électeurs. Le roi répugna à employer ce moyen d'intimidation. Charles, moins scrupuleux, traita avec la ligue, dont les troupes se préparèrent à venir camper non loin de Francfort, sous le commandement de Sickingen et de Casimir de Brandebourg.

---

[1] On comprit mieux, à la cour de Charles, la nécessité de le ménager. Voici ce qu'écrivait de Mayence, le 8 mars, le sommelier Armerstorff : « J'ay trouvé icy Franz von Sickingen, lequel je treuve ferme et de bonne volenté de servir le roy ; mais j'entends que l'on besoingne aveucques lui assez legierement. Or, il ne fault pas que le roy le traicte comme ung pauvre gentilhomme ; car je vous asseure qu'il n'y a prince dont il se puisse en d'aulcuns affaires mieulx servir. . . . Madame, tenez main que l'on ne le perde ; car les Fransois lui font des terribles offres ; mais si l'on le traicte bien, pour tout leur argent ne le sauroient gaigner. » Mone, *Anzeiger*, 1836, 123.

Au surplus, ce n'étaient là que des influences secondaires. Dans le système d'équilibre politique qui commençait à s'organiser en Europe, les souverains, même ceux qui n'avaient pas de prétentions personnelles à faire valoir, ne pouvaient rester indifférents à la question qui s'agitait; et l'on devait croire que, presque tous, ils feraient des démarches auprès des électeurs dans un sens ou dans un autre.

Les deux candidats s'empressèrent donc d'envoyer des ambassadeurs spéciaux dans les principales cours. On a vu plus haut ce que l'un et l'autre pouvaient attendre du roi d'Angleterre.

Le pape Léon X ne guerroyait pas, à l'exemple de son prédécesseur, contre les *barbares* qui voulaient occuper l'Italie; mais leur présence sur ce sol antique et sacré l'importunait et le blessait également : aussi ne voulait-il pour empereur ni François Ier, qui était duc de Milan, ni Charles d'Autriche, qui était roi de Naples. Néanmoins il parut favoriser le premier, qui à ses yeux, avait moins de chances que l'autre, auquel d'ailleurs il avait à opposer une cause d'incapacité[1].

Venise était dévouée à François Ier. Le roi de Pologne promit de suivre en tout point les avis et l'exemple du roi de Bohême et de Hongrie, chef de la branche aînée des Jagellons et l'un des électeurs laïques. Les Suisses voulurent rester neutres.

Que l'appareil menaçant d'un corps d'armée et le crédit des puissances aient influé quelque peu sur le résultat de l'élection, on ne saurait le nier; mais la raison déterminante, l'argument suprême, ce fut la corruption. Voyons comment elle s'est exercée, et à quel point elle a réussi auprès de chaque électeur.

---

[1] « Ut regem neapolitanum, cujus regni proprietas ad Ecclesiam romanam spectat, nullo pacto in Romanorum regem « eligant, obstante sibi defectu inhabilitatis « et ineligibilitatis, ex Const. Clem. IV. » —Goldasti *Const. imp.* 1, 429.

ALBERT DE BRANDEBOURG, cardinal, électeur de Mayence, archichancelier de l'Empire, auṛait fait preuve, s'il fallait en croire Boecler[1], d'un grand et noble caractère en remplissant ses devoirs d'électeur, malgré les sollicitations du souverain pontife, qui l'avait tout récemment décoré de la pourpre romaine. Les auteurs de l'*Art de vérifier les dates* ont répété cet éloge, duquel il y a un peu à rabattre.

Lors des premières négociations, du vivant de l'empereur Maximilien, il lui avait été payé, *sur son entretenement* à la diète d'Augsbourg, où devait se faire l'élection, une somme de 4,200 florins d'or[2]; de plus, on s'obligeait à lui compter 30,000 florins, aussitôt que les autres électeurs auraient contracté l'engagement de donner leurs suffrages au roi d'Espagne. A ce premier don devait être annexée une crédence d'or digne de celui qui offrait et de celui qui recevait. M. de Mayence toucherait en outre une pension viagère de 10,000 florins du Rhin, payable annuellement à Leipsick au comptoir des banquiers Fugger, le tout sous la garantie des villes d'Anvers et de Malines. Suivaient d'autres stipulations par lesquelles le roi catholique promettait de protéger l'électeur contre le ressentiment du roi de France et contre tout agresseur quelconque, d'insister à Rome pour lui faire obtenir le titre et les prérogatives de légat *à latere* en Allemagne, avec la nomination des bénéfices, etc.[3] Voilà pour les négociations antérieures à la mort de Maximilien.

Dès la fin de février, moyennant un supplément de vingt mille

---

[1] *De Rebus sæc. XVI,* part. II, p. 303.

[2] *Anzeiger für Kunde der teutschen Vorzeit herausgegeben,* von Franz Joseph Mone, 1836, 407.

[3] Toutes ces conditions sont consignées dans un acte latin passé au nom de Charles d'Autriche par Jacques Willinger, vers le 27 octobre 1518. Cet acte, dont nous ne possédons qu'une copie assez informe, nous a paru trop prolixe pour être inséré textuellement.

florins, le cardinal était de nouveau tellement acquis à la maison d'Autriche, qu'il écrivait à son frère l'électeur de Brandebourg une lettre très-pressante afin de le gagner à la même cause. En transmettant copie de cette lettre à l'archiduchesse Marguerite, on y joignit la note suivante : « Madame; afin que vous voyés que miracle les xx^m florins d'or ont faict, vous verrés par cette copie ce que M. de Mayence escript à son frere l'electeur. Je l'ey translaté de l'alemen en fransois et mis en chifre pour le roy. Je vous supplie très-humblement après que l'aurés leu, le bruller. » Une lettre d'Armerstorff, datée du 4 mars, insérée ci-après, II, 286, présente des particularités curieuses, qui prouvent combien cet électeur était adroit et délié.

Le 12 mars, c'est-à-dire dix jours après avoir traité avec Jacques Willinger, il concluait avec un agent du roi de France un tout autre arrangement. Ici, outre la pension viagère de 10,000 florins, on lui assure une somme de 120,000 florins, pour œuvres pies, payable avant l'élection[1]. Nonobstant cette dernière convention, le cardinal de Mayence finit par être le soutien le plus zélé de Charles d'Autriche.

RICHARD DE GREIFFENKLAU DE VOLRATZ, archevêque-électeur de Trèves, n'avait pris aucun engagement envers la maison d'Autriche avant la mort de Maximilien[2]. Les nouveaux ambassadeurs de Charles eurent audience de lui le 20 février suivant, et ne purent le déterminer à faire aucune promesse; il déclara que les statuts défendaient aux électeurs d'agir « par affection, don, paction, promesse ny obligation, ains s'entendre au bien de la Germanie et de la Chretienté: ce qu'il desiroit observer et garder.....; que, le jour precedent, l'ambas-

---

[1] *Négoc.* II, 329, 379 et suiv.   [2] *Ibid.* 213, 261, 262, 402.

sadeur du roy de France l'avoit fort pressé avoir promesse sur
le faict de l'election, qu'il ne luy avoit voulu accorder ny ne
feroit pour chose du monde. » Les députés (Marmier et Spey-
bach) se retirèrent persuadés que l'électeur de Trèves n'avait
pas fait plus de promesses au roi de France qu'à leur maître;
mais ils étaient en défiance à l'égard du chancelier de l'archevêque, lequel avait épousé une Parisienne et paraissait affectionné aux Français[1]. On dépêcha ensuite à Trèves, sans plus de
succès, Robert de la Marck, qui avait, disait-on, beaucoup de
crédit sur ce prélat[2]; le chancelier lui dit que si on voulait
lui donner 2,000 florins et une pension de 300 florins, il se
faisait fort de gagner son maître. Vers la fin de mars, M. de
Nassau et ses collègues se rendirent auprès de l'électeur, qui se
trouvait alors en son château près de Coblentz. Après les avoir
entendus, il déclara qu'en temps et lieu il aurait souvenance
des bonnes raisons qu'ils venaient de déduire, espérant « se acquitter envers Dieu, et faire ce qui luy semble estre pour le bien
de chrestienneté, de la nation de Germanie, et en sorte que le
roy aura raison d'estre content; et plus avant est desfendu de
soy obligier[3]. » Richard de Greiffenklau avait fait, huit jours
auparavant, une semblable réponse au sommelier Armerstorff[4].
Le 10 avril, Jean de Marnix écrivait à l'archiduchesse : « De
Treves, quelque mine qu'il face, je croy qu'il ne fera ung
Dieu à part, et qu'il ensuivra ce que les princes du Rhin ses
voisins feront, ou il s'en pourra mal trouver; car tous ses pays
sont en frontiere de Luxembourg, et s'il fait du maulvais, il
pourroit bien payer l'escot. »

HERMANN DE WIED, archevêque-électeur de Cologne. Le

---

[1] *Monc,* 1836, 23, 24. 291.   [2] *Négoc.* II, 213, 261, 262, 402.
[3] *Négoc.* II, 213, 261, 262, 402.   [4] *Ibid.* 357 et 358.

tableau suivant fait connaître ce qui lui avait été alloué avant le décès de Maximilien :

« Argent comptant et pensions pour l'archevesque de Coulongne et ses conseillers, dont à la journée imperiale l'on a appoinctié avec luy, en cas que le roy soit esleu roy des Romains.

« I. ARGENT COMPTANT.

« Pour sa personne, en don gratuit......   20,000 fl. d'or.

« A son frere le conte Guillaume de Wyde et de Meurs.........................   4,000

« Au conte Guillaume de Newenar......   2,000

« A son chancellier.................   2,000

« A ung gentilhomme nommé Fredrick von Prombach   1,000

───────────

« Somme...............   29,000 fl. d'or.

« Ledit conte de Newenar dit que l'on luy doit ès pays d'embaz environ 4,000 florins d'or, sur quoy l'on a accordé avec luy que le roy ordonnera à Madame et ceulx de son privé conseil, de le paier d'icelle debte comme par compte se trouvera luy estre deu.

« II. PENSIONS.

« Pour sa personne, sa vie durant.......   6,000 fl. d'or.

« A son frere le conte Guillaume de Wyde et de Meurs, aussi sa vie durant..........   600

« Et à son frere le conte Jehan, à tousjours et heritablement.....................   300

« Ce que neantmoins se pourra racheter
pour 4,ooo florins d'or une foys; et moyennant ce il se deportera de certaine querelle
qu'il pretend devers l'empereur et le roy. . . .

« Au conte de Mandershit, son conseillier,
sa vie durant. 3oo

« Et sera par ce oblegé de servir l'empereur
et le roy.

« *Item* à ung sien aultre conseillier, nommé
Ambrosy Virmond, sa vie durant. 2oo

« A ung aultre son conseillier, nommé Fre-
drick von Prombach, sa vie durant. 1oo

« Et à ung nommé Cotken, aussi son con-
seillier, sa vie durant. 1oo
                                                                         —————
                 « Somme. . . . . 7,6oo fl. d'or. »

Lorsque l'Empire fut vacant, on fit pressentir cet électeur
par un envoyé du marquis de Brandebourg; il déclara qu'il
ne se croyait pas lié par les conventions antérieures au trépas
de l'empereur. L'envoyé alors lui demanda s'il ne serait pas
plus disposé à voter pour le roi de France; l'électeur fit une
réponse évasive[1]. Il fallut donc traiter avec lui sur nouveaux
frais. De même que l'électeur de Mayence, il demanda qu'on
lui remît les lettres compromettantes par lesquelles il avait
engagé son vote l'an dernier à Augsbourg. Bref, les conditions
qu'il fit furent acceptées.

Louis II, roi de Hongrie et de Bohême, premier électeur
laïque, n'avait que treize ans lorsqu'il fut appelé à exercer

[1] *Mone*, 1836, 122, 123. *Négoc.* II, 344, 345.

son droit de suffrage. Fiancé depuis l'an 1512 à Marie d'Autriche, sœur de Charles, il n'était guères en position de voter pour un autre prétendant. Aussi ne paraît-il pas qu'on ait fait auprès de lui des démarches bien significatives.

Louis V, dit *le Pacifique,* comte palatin du Rhin. Lors de la journée d'Augsbourg tenue avant la mort de l'empereur Maximilien, il avait engagé son vote à Charles d'Autriche moyennant 100,000 florins d'or, tant pour pension viagère que pour gratification, et à titre d'indemnité pour l'avouerie ou langtvodie de Haguenau qu'il prétendait lui appartenir. Il avait stipulé, en outre, la restitution d'une somme de 6,665 florins due à son frère le duc Frédéric [1], sans préjudice d'une pension de 5,000 florins; enfin 5,000 florins devaient être répartis entre les conseillers de l'électeur palatin. Armerstorff eut audience de lui à Heidelberg le 25 février, et reçut l'assurance formelle d'un dévouement à toute épreuve. Dans un entretien qu'il eut ensuite avec le chancelier électoral, celui-ci lui fit, d'un air très-mystérieux et sous la foi du serment, une confidence importante d'où dépendait tout le succès de l'élection. Armerstorff déclare qu'il ne peut confier au papier ce secret majeur, mais qu'il agira de manière qu'on en puisse tirer parti [2]. MM. de Nassau et Gérard de Pleine, arrivés à Wesel dans les premiers jours d'avril, y trouvèrent l'électeur palatin très-refroidi à l'égard de Charles d'Autriche. Après avoir remontré que d'autre part on lui avait fait des offres plus belles, il prétendit avoir 140,000 florins au lieu de 100,000, réclama pour lui le titre de vicaire et lieutenant de l'Empire, et pour son frère

[1] L'empereur avait aussi fait espérer au duc Frédéric une confiscation de 20,000 ducats pour les services rendus au roi Charles, et surtout pour lui avoir procuré le vote de son frère.

[2] *Négoc.* II, 278 et suiv.

s.

celui d'avoué de Haguenau, demanda que sa pension fût augmentée de 4,000 florins, et qu'une gratification de 2,000 fût accordée à ses serviteurs. Enfin il requit, ainsi que MM. de Mayence et de Cologne, la remise des lettres délivrées jadis par lui à Augsbourg, et qui, aux termes de la bulle d'or, pouvaient, si elles étaient connues, lui faire perdre son titre d'électeur. Il fallut céder en partie à ces nouvelles exigences. Aux 100,000 florins déjà promis, on en ajouta 10,000 autres ; la pension de l'électeur fut augmentée de 2,000 florins, avec promesse du vicariat de l'Empire. Les lettres d'Augsbourg furent restituées[1].

FRÉDÉRIC III, dit *le Sage,* duc de Saxe. De tous les électeurs celui-ci passe généralement pour avoir été le plus loyal et le plus désintéressé. Toutefois, nous allons voir qu'il n'eût pas été fâché d'obtenir, à propos de l'élection, la main de madame Catherine d'Autriche pour son neveu et héritier présomptif, Jean-Frédéric de Saxe, âgé alors de seize ans. Voici les propres termes d'une lettre écrite par le comte de Nassau et Gérard de Pleine sous la date de Rudolstadt, le 16 mai 1519 :

« Sire, par noz lettres escriptes à Loch vous povez cognoistre en quel estat et dangier est l'affaire que poursuyons de par vous, et aussi le seul remede qu'il y a ; c'est d'alyer par mariaige madame Katherine, vostre seur, au neveu de mons. de Saxen, son heritier, si vous ne voulez habandonner ce qu'avez commenchié. Il est necessaire que à extresme diligence nous envoyez les povoirs dont vous avons escript, tellement que les ayons en noz mains auparavant le temps de l'election, et affin de non faillir que les envoyez par deux ou trois chemins.

« Mons. le marquis Casimirus et moy de Nassau avons eu

---

[1] *Négoc.* II, 278 et suiv.

plusseurs devises avec mons. de Saxen et son frere le duc Hans. Quant à mons. de Saxen, il demonstre qu'il desireroit l'aliance et s'en tiendroit pour honeuré; mais à cause du serment qu'il luy convient faire, a respondu que, pour ce qu'il est question de l'election, il ne veult estre en practique; mais le duc Hans son frere, si faire le veult, peut entrer en communication sur la matiere dudit mariaige. Icellui duc Hans nous a faict très-grosse chierre; il m'a monstré madame Renée en pourtraicte, laquelle luy a esté presentée pour son filz; et le marquis et moy le avons trouvé enclin à vous faire service et desirant ledit mariage. Plus avant n'est en nous d'y besoignier sans les povoirs à ce necessaires; car ce seroit paine perdue et n'y aurez honneur; et de les entretenir jusques aprés l'election, il n'est chose faisable, pour ce qu'ilz sont saiges assez pour se doubter que alors ilz seroient en la poursuyte sans seureté. »

Le duc de Saxe était très-opposé à l'élection du roi de France, parce que ce prince avait promis, disait-on, la lieutenance de l'Empire au marquis de Brandebourg, *homme véhément avecques lequel nul ne veut avoir affaire.*

Il a été constaté en outre qu'il avait conçu le projet de faire élire le roi de Hongrie, pourvu que ce jeune prince voulût donner sa sœur Anne au même Jean-Frédéric, son neveu et héritier. Ces combinaisons matrimoniales ne furent goûtées de personne[1]. Le duc de Saxe continua de se conduire avec la même réserve jusqu'au jour de l'élection.

Joachim, marquis et électeur de Brandebourg. Avant la mort de Maximilien, les pensions et l'argent comptant promis à cet électeur étaient stipulés comme il suit :

---

[1] *Négoc.* II, 235, 236.

« I. PENSIONS.

« Au marquis Joachim, sa vie durant...	8,000 fl. d'or.
« A trois de ses conseilliers, aussi leur vie durant, à sçavoir :	
« A M. Thomas Crul, doyen..........	100
« A Melsior Pful...................	300
« Au doctor Bernard von Zebitz.......	200
« Somme.............	8,600 fl. d'or.

« II. ARGENT COMPTANT

QU'IL FAUT AVOIR ET PAYER LE JOUR DE L'ÉLECTION.

« Au marquis Joachim, en déduction de la dot de madame Catherine.......................	70,000 fl. d'or.
« A lui à cause de l'élection..........	30,000
« A l'évêque de Brandebourg, son chancelier.........................	5,000
« A Thomas Krul, doyen, son conseiller.	500
« Somme.............	105,500 fl. d'or. »

Dès le 3 février, c'est-à-dire trois semaines environ après la mort de l'empereur, des ordres étaient donnés pour renouveler au marquis Joachim toutes les offres, en insistant sur l'alliance si glorieuse de madame Catherine d'Autriche, princesse *accomplie, douhée de toute beaulté, bonté et vertu*, et en lui faisant entrevoir la lieutenance de l'Empire, *par manière de devises, sans se obliger* [1].

Mais il était connu pour être *le père de toute avarice ;* et

[1] *Négoc.* II, 196.

déjà le roi de France lui avait fait faire des propositions bien
séduisantes [1]. Le 4 mars, Armerstorff annonçait que la partie
adverse avait tellement besogné auprès de cet électeur et de
son frère l'archevêque de Mayence, que tous les deux se regardaient comme dégagés de leurs promesses passées et atten-
daient de nouvelles offres [2]. Au 12 mars, Joachim traitait,
comme son frère, avec François Ier, qui, entre autres avantages,
lui assurait pour son fils la main de madame Renée de France,
dont la dot était augmentée de 100,000 écus d'or, et une pension viagère de 12,000 florins, réversible sur le fils du marquis. Ce dernier se montrait alors si dévoué au roi de France,
qu'il lui conseillait, pour appuyer son élection, d'avoir, dès les
premiers jours de juin, une puissante armée dans les environs
de Francfort [3]: aussi le comte de Nassau et les autres députés
d'Autriche durent-ils user de beaucoup d'activité et d'adresse
pour faire pencher enfin la balance de leur côté.

Ecoutons-les raconter eux-mêmes au roi catholique ce qui
se passa dans leur audience du 6 avril :

« Jeudy devant disné, il nous a donné audience, et par messire Nicolas Ziegler a esté dit ce qui se devoit dire pour l'induire à entretenir sa promesse de vous elire, en luy donnant
à cognoistre que tout ce qu'avoit esté accordé à luy et ses gens,
estoit prest, et que lui tiendrez entierement promesse.

« Sur quoy, après retraite pour se conseiller à ceulx de
son conseil, luy-mesme a fait une longue reponse et recité
comme, à la requeste de feu l'empereur, il s'estoit departy du
mariage de madame Renée pour son fils, et avoit depuis esté
tenu longuement en espoir du mariage de madame Katherine, et qu'il estoit le premier et principal qui avoit tenu la

[1] Négoc. 203.
[2] Ibid. II, 286, 287.
[3] Négoc. II, 329 et suiv. 387.

main pour conduire votre election, et que à Ausbourg, pre-
voyant que l'empereur n'estoit apparent de longuement vivre,
le donna à cognoistre à plusieurs, et poursuit de tout son pouvoir ledit feu sieur empereur et ses conseillers que audit departir d'Ausbourg l'empereur ramenast avec luy les electeurs
et ambassadeurs de Coulone au lieu de Francfort et fissent
l'election en votre faveur ; que audit lieu d'Ausbourg luy ont
esté promises plusieurs choses, lesquelles ne luy ont esté observées en tems, si comme de delivrer les obligations de ceulx
d'Anvers et de Malines avec vos lettres de gratifications et de
madite dame Katherine, et que par ces raisons il se tenoit pour
franc, libre et en rien obligé en vertu du scellé par luy baillé
audit Ausbourg avec les aultres quatre electeurs ; et quant
oires l'on les luy eut delivré en temps, se en estoit-il dechargé
par la mort de l'empereur, lequel estoit l'ung des obligez et
le principal tuteur du roy de Bohesme, et neantmoins que
quant il verroit que quatre aultres electeurs vous donneroient
leurs voyes, il n'empescheroit point votre promotion ; à quoi
l'on luy a bien donné à cognoistre que le trespas advenu de
l'empereur et les dangiers et grande distance des chemins ne
vous doivent estre imputez à negligence, et qu'il n'y a apparence de sur ce prendre par luy aulcune excuse, et de tant
moings que par le delay il n'a pu avoir aucun dommage.

« Sa replique a esté plus longue que sa reponse et assez
d'une substance ; et à la fin, il a dit qu'il vouloit bien penser
sur l'affaire, et après disner il feroit communiquer avec nous ;
ce qu'il a fait, et envoya devers nous l'evesque de Brandebourg et trois ou quatre aultres de son conseil, lesquelz ont
fait de par luy les demandes qui s'ensuivent :

« Premier, que le dot et deniers de mariage de madame Katherine soient augmentez de C M florins d'or ;

« *Item,* que la pension à luy accordée soit creue de iiii^m florins d'or, et que icelle pension commence avoir cours à la Pentecoste prochain venant, et que les Fouckers ou Welsers s'obligent de luy payer chacun an sadite pension ;

« *Item,* que la gratuite de xxx^m florins à cause de l'election soit accreue et augmentée de la somme de xxx^m florins d'or, et que auparavant l'election l'on luy delivre en ses mains l'obligation du Foucker pour luy delivrer, incontinent l'election faite, la somme de cxxx^m florins d'or, assavoir les lx^m en don, et le reste sur et en tant moings des deniers de mariage de madite dame Katherine ;

« *Item,* que la somme de xve florins d'or par mois accordée à Ausbourg pour venir à l'election soit augmentée jusques à iii^m florins par mois ;

« *Item,* que l'on luy accorde d'estre vicaire de l'empire par la province de Zasse et autres adjacentes deçà le Rhin ;

« *Item,* que auparavant de l'election voz lettres de ratification et de madite dame Katherine, touchant le mariage, et toutes autres lettres et seuretez par luy demandées et à luy promises, luy soient delivrées ;

« Que moyennant ces choses il sera contant de promettre et vous asseurer que si vous avez les voix de quatre electeurs pour vous, il vous donnera la sienne.

« Sur lesquels points et articles nous luy avons fait response que de augmenter le dot de mariage, il ne nous estoit possible, pour ce que n'en avons aucune charge, et qu'il devoit penser au bien que peult advenir à luy et à sa maison à cause dudit mariage, et que les roynes de Portugal et de Dannemarck n'ont point eu si grand dot de mariage que les deniers promis en mariage à madite dame Catherine, dont devoit bien estre contant.

« Quant à la crue de sa pension, il n'y avoit apparence; car elle estoit grande, et pour l'asseurer, nous avons en nos mains les obligations de ceulx d'Anvers et de Malines, lesquelles sont aussi bonnes et seures que pourroient estre les obligations des Fouckers et des Welsers, lesquelles n'est possible de recouvrer, pour ce que marchands ne s'obligent jamais qu'ilz n'ayent deniers en mains ou marchands respondans.

« Touchant la creue de la gratuité, et qu'il soit asseuré de, l'election faite, recouvrer cxxx^m florins d'or, nous luy avons presenté luy faire asseurer la somme de cxxx^m florins d'or, de laquelle somme il recevroit, incontinent l'election faite, la somme de lxx^m florins d'or en gratuité, et quant aux autres xxx^m florins d'or, icelle somme luy seroit payée et delivrée à la prochaine foire de Francfort, au mois de septembre, sur les deniers dudit mariage, en defalcation de la somme que luy doit estre payée au prochain terme. Il nous a semblé que c'estoit plus vostre profit de luy faire payer laditte somme de xxx^m florins sur les deniers dudit mariage et à terme que de luy accroistre sa gratuité de xx ou xxx^m florins et la payer content.

« Du gouvernement de la province de Zasse, luy avons respondu que jamais n'en avoit esté parlé, et que ne se povoit faire, et l'avons prié de se contenter de la somme de xv^c florins d'or par mois accordée à Ausbourg, et qu'il nous sembloit que c'estoit assez.

« Quant à delivrer les lettraiges, luy avons offert noz obligations de luy delivrer toutes les lettres que luy ont esté promises, incontinent l'election faite et decret d'icelle expediée à vostre profit.

« Touchant qu'il presente sa cinquieme voix, ce point nous semble estrange, et qu'il cherçoit avoir plusieurs cordes à son arc, et veut estre bien asseuré et riens faire pour vous. A ceste cause, ou lieu de son offre, avons mis en avant que demandez estre asseurez de luy ou cas que deux ou plusieurs electeurs vous donnent leur voix et vous elisent devant luy, qu'il vous eslira et nul autre. Par cette ouverture, pourriés estre asseurez, car Mayence, lequel est le dernier, eust pour le moins fait la quatrieme voix.

« En communication pour ce que luy et ses gens ont toujours dit qu'il pouvoit faire ailleurs beaucoup plus grand proufit que ce que luy estions contens d'accorder, nous avons encoires esté contans de luy promettre luy faire faire de vaisselle jusques à la valeur de dix mille florins d'or, et davantaige luy avons accordé une nouvelle demande qu'il avoit fait de mettre en mains de M. le marquis Casimirus la ratification de madame Katherine comme en main neutre pour la luy delivrer, l'election faite, publiée et decretée, et non autrement, à quoy n'a voulu entendre, ains craindant couvrir ce que par luy avoit esté declaré, a baillé response plus generalle, qu'il estoit content que moyennant que de vostre part luy feust seulement entretenu ce dont l'on a convenu avec luy audit Ausbourg, il se departoit de toutes les nouvelles demandes dessusdites, et entretiendroit ce qu'il avoit promis au feu empereur avec les autres quatre electeurs.

« Sur quoi luy a esté demandé si l'ung de ces quatre electeurs defailloit d'entretenir sa promesse, si neantmoins il adhereroit aux autres trois, lesquelz vous porteroient faveur, et il a respondu que si l'ung de ces quatre rompt promesse, qu'il n'entend estre aucunement tenu envers vous en vertu desdites promesses faictes conjointement à Ausbourg.

« Et pour ce que avec plusieurs autres suspicions, et mesmement qu'il avoit dit sçavoir de vray que n'auriez point la voix du roy de Boheme, nous a semblé que par tels moyens scriez abusé, mais avons dit que vous avertirions du tout. Depuis, plusieurs de nous en particulier ont eu aucunes devises avec luy, et quant l'on luy a demandé pourquoy il vouloit avoir vostre alliance et voz biens et riens faire pour vous, veu que chacun sçait que les quatre voix font le roy des Romains, qu'il refuse, si avez trois voix, de faire la quatrieme; il a repondu qu'il ne peut plus avant ou autrement promettre qu'il a dit.

« Et quant l'on luy a dit que la renommée estoit partout qu'il avoit besoigné avec les François, il a dit qu'il a eu beaucoup de communications avec eulx, mais n'avoit encores rien conclu; et à la replique pourquoy doncques il ne concluoit avec vous, sa solution estoit qu'il ne povoit.

« Depuis, ainsy que estions pretz pour monter, il feist mettre en avant que la matiere feust dilayée jusques le temps de l'election; et pour ce qu'avons de tant plus cogneu que le delai par luy demandé n'estoit que pour vous abuser et empescher que l'on ne pratiquast ailleurs, nous avons persisté à la response dessusdite.

« La commune voix et renommée est en sa court qu'il a traité et conclu avec les François contre vous, que deux evesques de son conseil ont eu, l'ung six mille et l'autre quatre mille escus d'or argent comptant, qu'il a receu aussy de l'argent comptant. Il a voulu faire pendre ung sien messagier, lequel avoit porté ses lettres adressant aux electeurs, estant à Westle, pour rompre vostre empreinse, à cause que iceluy messager ne les avoit delivré auxdits electeurs auxquels il escripvoit, ains les avoit delivrées à M. de Mayence, lequel les avoit retenues, comme vous avons autrefois escript. »

Vers le milieu de mai, MM. de Nassau et de la Roche firent

auprès de cet électeur une tentative nouvelle et inutile. Bien loin de céder à leurs instances, il essaya de ranger à son opinion l'archevêque de Mayence, qui resta inébranlable. Joachim paraissait donc tout acquis à la cause de François Ier.

Telles étaient les dispositions respectives des sept électeurs au moment où la diète s'ouvrit à Francfort le 17 juin. Les agents de Charles d'Autriche se tinrent à Mayence pour attendre l'événement ; ceux de François Ier s'établirent à Coblentz, où l'électeur de Trèves leur donnait asile. Bonnivet seul osa, malgré la sévérité des règlements, s'introduire dans la ville électorale : il y pénétra déguisé en valet et portant la malle d'un gentilhomme allemand : démarche vaine et dangereuse.

Cependant les troupes de la ligue de Souabe, achetées par le roi catholique, étaient venues camper, au nombre de plus de vingt-cinq mille hommes, tout autour de Francfort. Cet appareil de guerre produisit son effet : le marquis de Brandebourg s'en effraya ; et, craignant enfin de se rendre odieux à la nation allemande en élisant le roi de France, il se rangea parmi les partisans de Charles d'Autriche[1]. Le comte palatin, qui d'abord avait voté pour François Ier, eut également peur[2]. Quant à l'électeur de Trèves, il ne se laissa pas intimider ; mais à la fin, resté seul de son parti, il se désista pour ne pas prolonger sans nécessité une lutte devenue trop inégale. Charles fut élu roi des Romains le 28 juin 1519, sous le nom de Charles-Quint ou Charles cinquième[3].

Tandis qu'une députation, présidée par le comte palatin

[1] *Guicciardini*, livre XIII, chap. IV.

[2] « Le comte palatin, à qui le roy (de France) avoit fait plus de bien qu'à pièce des aultres electeurs, et estoit son parent, avoit une fois donné sa voix au roy ; mais c'est un prince mal nourry ; et lui fist-on peur de ceste grosse bande, tellement qu'il redonna sa voix au roy catholique. » *Mém. de Fleuranges*, édit. de Lambert, 314.

[3] Son sacre et son couronnement eurent lieu à Aix-la-Chapelle le 23 octobre 1520.

Frédéric, allait porter au nouvel élu l'annonce de son triomphe, les agents français regagnaient tristement la frontière, à l'exception de Bonnivet, qui crut devoir rester en Lorraine et prendre les eaux de Plombières pour une maladie réelle ou supposée.

CHAPITRE X.

Conférences de Montpellier. Tentative de Henri d'Albret pour recouvrer la Navarre. Conférences de Calais; leur objet; conduite du cardinal Wolsey, qui y siégeait en qualité de médiateur. .

La lutte occasionnée par l'élection impériale n'avait pas interrompu les rapports diplomatiques entre les deux concurrents. Le prévôt d'Utrecht résidait pendant ce temps-là auprès de François Ier; et la conférence de Montpellier s'ouvrit paisiblement le 1er mai pour régler la question du royaume de Navarre et donner suite au traité de Noyon. Arthus Gouffier, chef de l'ambassade française, était lié d'amitié avec M. de Chièvres, qui stipulait au nom du roi catholique. Ces deux hommes paraissaient y apporter des intentions droites et pacifiques; et l'on pouvait espérer que, grâce à leur intervention, la paix ne serait point troublée. Par malheur, Gouffier, déjà malade en arrivant à Montpellier, y mourut le 10 mai, et la conférence fut dissoute [1].

La bonne intelligence ne pouvait d'ailleurs subsister longtemps entre deux rivaux dont l'un était humilié par la défaite, l'autre enorgueilli par le succès. L'élévation de Charles à l'Empire, ses immenses états d'Espagne, des Pays-Bas et du nouveau monde, l'appui obligé de tous ceux qui avaient contribué à son élection, semblaient assurer dès lors à la maison d'Autriche, dont il était le chef, une prépondérance incompatible avec le repos et la dignité du reste de l'Europe. La France surtout ne

[1] *Négoc.* II, 450.

pouvait voir sans inquiétude un agrandissement aussi démesuré. François Ier, dans la guerre qui allait s'engager, consulta plus ses ressentiments personnels que les calculs d'une politique prévoyante, nous ne saurions en disconvenir; mais il faut lui laisser du moins le mérite d'avoir lutté le premier constamment, et non sans gloire, contre cette domination colossale de l'Autriche.

Depuis la rupture des conférences de Montpellier, Charles-Quint était moins disposé que jamais à exécuter le traité de Noyon, et à restituer la Navarre aux d'Albret, que Ferdinand d'Aragon en avait si odieusement dépossédés. François Ier ne déclara point la guerre à l'empereur, mais il permit, tacitement du moins, au sire de Lesparre, allié à la maison d'Albret, de pénétrer en Navarre avec un corps de six mille hommes. Cette invasion se fit à peu près sans obstacle; Lesparre n'éprouva de résistance que devant la citadelle de Pampelune. Là se trouvait un jeune capitaine espagnol, nommé Inigo de Loyola, qui sortit blessé et mutilé de cette forteresse pour fonder la célèbre société de Jésus, que le catholicisme allait opposer à l'insurrection naissante de Luther.

Lesparre ne sut pas se contenter d'avoir reconquis la Navarre; il voulut franchir les frontières de la Castille. Il fut vaincu et tomba, couvert de blessures, au pouvoir de l'ennemi.

Ces agressions, toutes partielles, n'auraient pas sans doute amené une guerre définitive, si un autre incident n'était venu la déterminer. Robert de la Marck, que nous avons vu naguères se détacher du parti de la France et concourir activement à l'élection de Charles-Quint, ayant éprouvé un déni de justice de la part de l'empereur, au sujet de la petite ville d'Hierge que détenait le seigneur d'Aymeries, se remit avec ses places entre les mains du roi, et osa envoyer un défi à l'empereur. Le comte de Nassau fut chargé de châtier Robert, en s'emparant de son duché de Bouillon, et même de se porter sur les terres de France par la Champagne[1]. Tel fut le commencement des hostilités de 1521.

Cependant Charles-Quint, soit pour justifier son entrée en campagne, soit pour éviter une guerre dont l'issue pouvait ne pas lui être favorable, avait envoyé un ambassadeur à Henri VIII. De son côté, François Ier, qui, durant la fameuse entrevue du camp du Drap d'or, avait reçu du monarque anglais de grandes marques d'amitié, crut devoir se plaindre à lui des attaques mal fondées de l'empereur; il désavouait au surplus les entreprises de Robert de la Marck, et réclamait purement et simplement l'exécution du traité de Noyon.

De telles démarches de la part des deux souverains les plus puissants de l'Europe flattèrent singulièrement l'amour-propre de Henri. Il s'offrit comme médiateur, et proposa d'ouvrir à Calais des conférences où les deux rivaux enverraient leurs députés, et qui seraient présidées par le cardinal Wolsey, comme arbitre au nom de son maître. La proposition fut acceptée de part et d'autre, bien que François Ier commençât à douter un peu de l'impartialité du roi d'Angleterre. Les députés impériaux furent Mercurin de Gattinare, alors grand-chancelier de l'empereur; Antoine de Berghes, abbé de Saint-Bertin; le seigneur de Fiennes, le secrétaire Philippe Haneton, et deux légistes espagnols nommés Josse et May. Pour la France, c'étaient le chancelier du Prat, le premier président Jean de Selve, Robert Gédoyn et Denis Poillot, auxquels se joignit le maréchal de Chabannes.

[1] Voyez, pour les explications qui eurent lieu avant l'ouverture de la guerre, *Négociations diplomatiques*, etc. II, 456 et 458.

Quant à Wolsey, sa suite était plutôt d'un roi que d'un ministre, fût-il même cardinal. Outre tous les ambassadeurs étrangers qui se trouvaient alors à Londres, il menait avec lui les principaux gentilshommes de la maison royale, les évêques d'Ely et de Durham, le comte de Worcester, grand-chambellan ; le vice-chancelier, les commandeurs de la Jarretière et de Saint-Jean de Jérusalem, etc.[1] Il avait même emporté le sceau de l'État ; ce dont on lui fit un grief, lorsque, précipité du faîte des grandeurs, il fut traduit au banc du roi comme criminel de lèse-majesté.

Il se peut que Henri VIII ait été de bonne foi en se proposant pour médiateur entre Charles d'Autriche et le roi de France ; mais, à coup sûr, son ministre ne l'était pas. Au moment même où les conférences de Calais venaient de s'ouvrir, Wolsey entretenait avec l'empereur qui se tenait à Bruges, une correspondance que les historiens français paraissent n'avoir pas connue, mais dont il existe des vestiges notables dans les archives britanniques[2].

Les débats s'engagèrent dès le 5 août : les députés français remontrèrent, conformément à leurs instructions, que l'empereur, en refusant d'épouser madame Charlotte de France, en cessant de payer la redevance stipulée à cause du royaume de Naples et en détenant la Navarre, contrevenait ouvertement aux traités de Paris, de Bruxelles et de Noyon. Ils ajoutèrent que Charles avait omis de faire hommage au roi pour les terres et seigneuries qu'il tenait de la couronne de France ; ils

---

[1] Les auteurs de la Vie de Wolsey se plaisent à décrire l'appareil somptueux qui environnait le délégué du roi. Tous les grands seigneurs étaient vêtus uniformément de velours cramoisi, et portaient au cou de grosses chaînes d'or. Les officiers d'un ordre inférieur avaient des habits de beau drap écarlate rehaussé par des bandes de velours noir.

[2] *Wolsey and his times*, by G. Howard, 236. *The life and times of Francis the first*, by J. Bacon, I, 331.

alléguèrent, en outre, divers actes de violence et d'hostilité commis ou tolérés par l'empereur contre le roi ou ses sujets. Les ambassadeurs impériaux commencèrent par déclarer qu'ils n'avaient aucun pouvoir pour négocier, et qu'ils n'étaient venus que par déférence pour le cardinal et afin de requérir l'assistance de l'Angleterre contre le roi de France, violateur des traités.

Ces pourparlers se prolongèrent jusqu'au 12. Alors Wolsey partit pour Bruges, afin, disait-il, de faire condescendre l'empereur à un accommodement, ou obtenir de lui qu'il envoyât à Calais des délégués moins difficultueux.

Les agents français, à qui ce voyage semblait suspect, demeurèrent néanmoins à Calais jusqu'au retour de Wolsey, qui promettait de revenir sous huit jours.

Charles reçut le cardinal d'York comme il aurait reçu le roi d'Angleterre lui-même; il fit répartir toute sa suite parmi les habitants les plus notables de Bruges, et ordonna qu'elle fût traitée magnifiquement aux frais de son trésor[1]. Pendant ce séjour à Bruges, qui dura près de trois semaines, le médiateur anglais paraît s'être laissé tout à fait gagner par les prodigalités et les promesses du jeune empereur. Le 25 août, il concluait avec lui, au nom de son maître, une alliance plus étroite, et en jurait l'observation[2].

---

[1] Dans chaque maison où était logé un gentilhomme anglais, les officiers de l'empereur avaient ordre de déposer tous les matins une corbeille de petits pains blancs, deux pots d'argent remplis de vin, une livre de sucre, des bougies jaunes et blanches, et une torche goudronnée pour la nuit. (*Wolsey and his times*, 238.) En outre, par une ordonnance du 14 septembre dont nous avons l'original, l'empe-reur alloua une somme de 4,834 liv. 14 s. 6 d. à répartir entre les évêques de Durham et d'Ely, le lord chambellan, le seigneur de Saint-Jehan, lord Boleyn, le maître des rôles, maître Brientue, page et valet de chambre du cardinal, et maître Hanouce.

[2] Nous avons sous les yeux la formule autographe du serment prêté par Wolsey : »Nos Thomas, miseratione divina, tituli

Wolsey revint à Calais le 29 août. Le 2 septembre, les conférences furent reprises. Le chancelier du Prat, après avoir exposé de nouveau les griefs que la France reprochait au roi catholique, demanda : 1° que celui-ci déclarât s'il entendait observer dorénavant les traités tant de fois violés par lui; 2° qu'il eût à indemniser le roi très-chrétien des dommages causés par la violation desdits traités; 3° qu'à cet effet il donnât de bonnes et sûres garanties. Gattinare, chancelier de Charles, répondit que ce n'était point son maître, mais bien le roi très-chrétien qui était infracteur des traités; qu'ainsi l'empereur ne se croyait plus lié par toutes ces conventions, et qu'il voulait de gré ou de force reconquérir ce que la France avait enlevé aux maisons d'Espagne et de Bourgogne[1].

Un tel langage ne permettait guères d'espérer une conclusion pacifique; tout le mois de septembre se passa en contestations fort animées, quelquefois même peu séantes à la dignité d'une assemblée aussi grave[2]. Le seul résultat positif de

S. Cecilie sacrosancte romane ecclesie presbyter cardinalis, Eboracensis archiepiscopus, Anglie primas et apostolice sedis in regno Anglie aliisque locis, terris et dominiis serenissimo regi Anglie subditis, de latere legatus, dicti regni Anglie cancellarius, necnon prefati regis Anglie et Francie locumtenens, orator, commissarius et procurator, vice et nomine dicti regis et in animam ejusdem per hec S. Dei evangelia per nos corporaliter tacta, promittimus et juramus quod dictus serenissimus rex tractatum affinitatis nec non et strictioris conjunctionis ac.... inter nos dicti regis Anglie locumtenentem et illustrissimam D. Margaretam, archiducissam Austrie, Charoli imperatoris electi locum-

tenentem et magnificum D. de Bergis ejusdem Charoli..., oratorem, procuratorem et commissarium, initum et conclusum de data 25 diei mensis augusti, anno Domini 1521, ac omnia et singula capitula in eodem contenta, quatenus eundem serenissimum regem concernunt, fideliter observabit et perimplebit, necnon a subditis suis observari perimpleri faciet. Ita me Deus adjuvet, etc. T. Card[li]. Ebor.

[1] Négoc. II, 544 et suiv.

[2] Du Prat ayant dit qu'il offrait sa tête, si on pouvait lui prouver que le roi de France eût secouru Robert de la Marck comme on le lui reprochait, Gattinare répondit : « Je demande la tête du chancelier, car j'ai en mains de quoi prouver ce

tant de débats fut un traité pour la liberté de la pêche du hareng, nonobstant la guerre; encore Charles fit-il une protestation secrète entre les mains du cardinal contre certains articles de cette convention.

Le cardinal insistait pour la conclusion d'une trêve plus ou moins prolongée; il en avait fait la proposition dès le début des conférences, et depuis son voyage de Bruges, il y tenait plus fortement que jamais. Enfin, le 12 octobre, le roi François Ier, qui se trouvait au camp d'Origny-Sainte-Benoîte, autorisa ses ambassadeurs à souscrire une trêve de quatre ou cinq ans, entre lui, le pape et le roi catholique; mais il y mit des conditions que Wolsey trouva inacceptables, avant même de les avoir communiquées aux agents de Charles : le roi excluait de la trêve le marquis de Mantoue, qui, chevalier de l'ordre, avait forfait à son serment en s'alliant aux ennemis de la France; il en excluait encore les Florentins et les bannis milanais. Il voulait que, durant la trêve, le roi catholique ne pût aller en Italie, et qu'il payât sans délai la redevance arriérée concernant le royaume de Naples; que la Navarre fût restituée promptement à son roi légitime, que des sûretés fussent données pour le mariage stipulé par le traité de Noyon, et qu'enfin l'hommage dû à cause des comtés de Flandre et d'Artois ne fût pas différé plus longtemps[1].

Le cardinal essaya de montrer que toutes ces conditions étaient exorbitantes; puis, voyant que les ambassadeurs français ne cédaient sur aucun point, il dépêcha vers Fran-

qu'il nie —Vous n'aurez pas ma tête, répliqua du Prat, car j'ai les originaux des lettres dont vous parlez, et elles ne disent mot du secours en question.—Au surplus, dit Gattinare, j'aimerais mieux une tête de cochon que la vôtre; elle serait meilleure à manger. » *Papiers d'État de Granvelle*, I.

[1] *Négoc.* II, 536 et suiv.

çois Ier l'évêque d'Ely et le grand-chambellan d'Angleterre pour déterminer ce prince à accepter une trêve pure et simple, c'est-à-dire avec le *statu quo*. Pour que le roi et son conseil ne fussent pas pris au dépourvu, l'ambassade française se hâta de faire tenir au bâtard de Savoie, grand-maître de France[1], un mémoire où sont réfutées d'avance toutes les raisons spécieuses que devaient faire valoir ces nouveaux envoyés[2]. La dernière partie du mémoire porte que le roi d'Angleterre, obligé par le traité de Londres (2 octobre 1518) à donner secours à la France contre le roi catholique, doit en outre y être disposé dans son propre intérêt[3].

Quoi qu'il en soit, les envoyés anglais obtinrent quelque amendement aux clauses primitivement énoncées par le roi; mais il y eut encore les bannis de Milan que le pape voulait faire comprendre dans le traité. Les choses traînèrent en longueur, et la conférence fut dissoute le 22 novembre.

Durant ce temps, les hostilités n'avaient point cessé : en Champagne et dans le Hainaut, en Navarre et en Lombardie, la guerre se poursuivait avec des chances diverses. François Ier, qui s'était porté de sa personne dans nos provinces du Nord, luttait vaillamment contre Henri de Nassau, sous les ordres duquel marchaient, avec leurs lansquenets allemands et leurs bandes espagnoles, le marquis d'Arschot et le fameux aventurier Franz Sickingen. La place de Mouzon, défendue par Anne de Montmorency, avait capitulé; le roi la reprit, puis s'empara de Landrecies, de Bouchain, et fit déguerpir l'empereur, qui était venu de Bruxelles à Valenciennes avec 30,000 hommes. Le connétable de Bourbon conseillait au roi

---

[1] René, comte de Villars, bâtard de Savoie, frère naturel de la duchesse d'Angoulême, était grand-maître de France de-

puis la mort d'Arthus Gouffier de Boissy.
[2] *Négoc.* II. 563 et suiv.
[3] *Ibid.* 573 et suiv.

de poursuivre Charles dans sa retraite; le roi dédaigna ce conseil : le connétable, irrité déjà de ce qu'au mépris des droits de son office, l'avant-garde de l'armée avait été confiée au duc d'Alençon, éclata en reproches, et manifesta dès lors un mécontentement qui ne fit que s'accroître, et qui le précipita dans une défection honteuse pour lui, fatale pour la France.

La France, depuis 1518, était rentrée en possession de Tournai, de Saint-Amand et de Mortagne; ces places, assiégées par les troupes impériales, résistaient. Le seigneur de Proisy, qui commandait à Mortagne, se laissa corrompre pour une somme de 4,236 florins, et remit la forteresse au marquis d'Arschot [1]. Tournai n'ayant pu être ravitaillé et secouru en

---

[1] Ce fait de la reddition de Mortagne à prix d'argent ne paraît pas avoir été connu des historiens. Voici un titre qui constate, ce me semble, la félonie du seigneur de Proisy : « Nous Charles, par la divine clemence, esleu empereur, etc., à noz amez et feaulx les chief et tresorier general commis sur le fait de noz domaine et finances, salut et dilection. Nous voulons et vous mandons par ces presentes que ès comptes que nostre amé et feal conseillier et receveur general de toutes nosdites finances, Jehan Micault, rendra, à cause de son entremise de ladite recepte generale, par devant noz amez et feaulx les president et gens de noz comptes à Lille, vous consentez luy passer et allouer en despence la somme de quatre mil deux cens trente-six livres du pris de LX gros de nostre monnoye de Flandres, la livre, à quoy reviennent seize cens quarante escuz d'or au souleil, au pris de trente-huit solz du pris de deux gros, dicte mon-

noye, piece, et cincq cens soixante ducats de Hongrie, au pris de quarante sols dudit pris le ducat, que par nostre exprès commandement et ordonnance de vostre sceu, il a paiée, baillée et delivrée comptant pour en faire payement au sr. de Proisy, capitaine de Mortaigne, à cause de semblable somme qui lui a esté promise par nostre cousin le marquis d'Arschot, capitaine general de Haynnau, pour la reduction de ladite place, maison et chasteau de Mortaigne qu'il en fait en ses mains ou nom de nous, et pour l'artillerie, pouldre et autres meubles estans en icelle. Ausquelz de noz comptes, mandons par ces dites presentes que ainsy le facent sans aucun contredit ou difficulté par rapportant avec ces mesmes presentes certifficacion de vous contenant ce que dessus, tant seullement, car ainsy nous plaist-il nonobstant quelxconques ordonnances, restrinctions, mandemens ou deffences à ce contraires. Donné en nostre

temps opportun, fut aussi forcé de capituler; cette ville ouvrit ses portes au comte de Nassau le 16 décembre[1].

En novembre, l'armée combinée du pape et de l'empereur s'était emparée de Milan, et y avait établi François-Marie Sforce, frère puîné de ce Maximilien qui vivait obscurément à Paris, après avoir renoncé à toutes ses prétentions moyennant une pension annuelle de 30,000 ducats.

A la même époque, Léon X acheva, le 1er décembre 1521, sa courte et brillante carrière: il n'avait pas encore accompli sa quarante-sixième année; son pontificat ne fut que de huit ans huit mois et dix-neuf jours. Or, ces huit années ont suffi pour que le xvie siècle fût appelé le siècle de Léon X[2]: « Après sa mort on parla de luy en diverses sortes. » Ces naïves paroles du narrateur des conférences de Calais n'expriment pas seulement l'état de l'opinion publique à l'époque où mourut Léon X; elles sont aussi très-applicables aux jugements divers de la postérité sur le compte du célèbre pontife. Ce pape ne pouvait manquer de devenir un sujet de longue controverse; car ce fut sous son règne qu'éclata le plus grand ferment de discorde

ville de Bruxelles, le xxie jour de septembre, l'an de grace 1521. » (Original sur parchemin, scellé et contre-signé par le secrétaire Ph. Haneton.)

[1] Quelques jours avant la reddition de la place, une députation du magistrat de Tournai était venue trouver le roi, campé alors entre Douai et Cambrai, et le prier de porter à cette ville un prompt secours. Le prince, n'ayant pu les satisfaire, voulut du moins donner à cet antique berceau de la monarchie un témoignage de sa royale sollicitude : il fit expédier des lettres patentes, par lesquelles il accordait aux Tournaisiens sa protection, et leur

permettait de fréquenter le royaume et d'y faire le commerce comme s'ils étaient encore ses sujets. Poutrain, *Hist. de Tournay*, I, 315.

[2] Périclès, Auguste et Louis XIV ont aussi imposé leur nom au siècle où ils ont vécu; mais Périclès gouverna Athènes pendant quarante ans. Auguste-Octave n'avait pas vingt ans lorsque la mort de Jules, son père adoptif, lui remit le sceptre de Rome et du monde; il en avait soixante et seize lorsqu'il mourut. Quant à Louis XIV, on sait que son règne fut de soixante et douze ans.

qui ait jamais troublé l'Europe. L'Église, déjà divisée par le schisme grec, et agitée d'époque en époque par des sectaires toujours vaincus, perdit cette fois dans la lutte une immense portion de ses enfants. La réforme, puisqu'on l'appelle ainsi, ne doit pas être imputée à l'incurie de Léon X; elle naquit de son temps, mais elle était imminente sous ses prédécesseurs.

Nous n'avons point à examiner l'insurrection luthérienne au point de vue religieux; au surplus, cette crise, comme l'a remarqué M. Guizot, ne fut pas simplement réformatrice, elle fut essentiellement révolutionnaire [1]. Son action ne se borna pas aux choses religieuses; elle s'étendit sur le monde politique et social; aussi son influence se fit-elle sentir dans les relations diplomatiques dont nous essayons d'esquisser ici le tableau. Quelles auraient été les destinées respectives de la France et de l'Empire, de François Ier et de Charles-Quint, si Luther et Calvin n'étaient venus se jeter en quelque sorte dans la mêlée, et ajouter à l'embarras des querelles politiques l'embarras plus grave des dissensions religieuses? question épineuse, ardue, dont la solution, qui épouvante d'ailleurs notre faiblesse, ne saurait trouver sa place dans ce court précis.

[1] *Hist. gén. de la civilisation en Europe,* XIIe leçon, p. 22. La réforme a été dans ces derniers temps le sujet de plusieurs écrits remarquables, parmi lesquels nous citerons les ouvrages de MM. Michelet, Schuderoff, Buchholz, Voigt, Charles de Villiers, Thym, Robelot, Schmidt, Audin, etc.

CHAPITRE XI.

Avénement du pape Adrien VI. Une nouvelle ligue se forme contre la France. Trahison du connétable de Bourbon. Revers des Français en Italie. Agression des Anglais et des Flamands en Picardie. Tentative sur la Provence. Clément VII essaye en vain de réconcilier l'empereur et le roi de France. Bataille de Pavie; le roi est fait prisonnier.

Charles-Quint n'eut pas, comme son aïeul, la fantaisie de devenir pape; mais il eut assez de crédit pour déterminer le sacré collége à élire son ancien précepteur, le cardinal Adrien d'Utrecht, homme simple et de mœurs austères. Ainsi, par le fait, l'empire et le sacerdoce semblaient réunis dans les mains du chef de la maison d'Autriche. Toutefois, lorsque le roi de France, dont cette élection achevait de détruire la prépondérance politique, pria le nouveau pape de se rendre médiateur des différends qui existaient entre l'empereur et lui, Charles ne se prêta point à ce moyen de conciliation; l'équité sévère d'Adrien VI lui faisait peur: il craignait de ne pas trouver en lui un arbitre aussi dévoué que l'avait été le cardinal d'York aux conférences de Calais [1]. Du reste, si Adrien, comme ses deux prédécesseurs, ne put jamais supporter l'idée de la domination française en Italie, ce fut moins pour servir l'empereur que pour remplir une des obligations temporelles de la papauté. Qui pourrait blâmer les papes, protecteurs nés de la nationalité italienne, d'avoir constamment lutté pour affranchir du joug étranger ces contrées si belles et toujours si malheureuses ? Mais l'étranger qui de tout temps a pesé le plus sur l'Italie, ce n'est point la France;

[1] *Négoc.* II, 587.

c'est l'Empire, c'est l'Autriche[1]. Adrien n'avait pas été heureux en Espagne, où il avait été envoyé comme lieutenant du roi catholique, son élève; il ne le fut guères davantage à Rome, où il chercha vainement pendant son court pontificat[2] à établir la concorde entre les princes chrétiens, à réformer les mœurs, et à éteindre par de sages mesures l'hérésie de Luther déjà triomphante dans une partie de l'Allemagne.

La campagne de 1522 n'améliora pas les affaires de la France en Italie. Lautrec, qui avait essayé de reprendre Milan, ne manquait point de vaillance, mais il était dur et altier; ses violences et le manque d'argent le perdirent encore une fois. Mal secondé par les Suisses et les Vénitiens au combat de la Bicoque, il y fut défait, et se trouva forcé d'évacuer ce duché, objet de tant de contestations et théâtre d'une lutte si acharnée.

La France vit alors de nouveau une ligue européenne se former contre elle : elle eut à combattre le pape, l'empereur, le roi d'Angleterre, Ferdinand archiduc d'Autriche, le duc de Milan, Venise, Gênes et Florence. Il ne lui restait pour alliés que le roi d'Écosse, les Suisses, le duc de Lorraine et le duc de Savoie : faibles alliés!

François Ier, que retenaient la mollesse et les plaisirs d'une cour corrompue, se réveilla à l'approche du danger : il avait à défendre son royaume au nord et au midi, du côté de la Picardie et du côté des Pyrénées. Après avoir pourvu de son mieux à la sûreté de ces deux frontières, il voulut opérer une diversion puissante en Italie : il envoya au delà des Alpes une armée de trente mille hommes, et se mit en route pour aller

---

[1] M. le comte de Balbo a publié tout récemment, sous le titre: *Le Speranze d'Italia,* un ouvrage fort remarquable qui a pour objet l'affranchissement pacifique de l'Italie.

[2] Élu le 9 janvier 1522 (style de Rome), il mourut le 14 septembre 1523.

lui-même commander cette expédition. Le roi aurait peut-être alors surmonté les efforts de l'Europe coalisée, si une trahison à jamais déplorable n'était venue compliquer encore la situation critique où il se trouvait.

Charles, duc de Bourbon-Montpensier, connétable de France, l'un des plus vaillants hommes de l'époque, avait déjà, comme nous l'avons dit, essuyé de la part du roi quelques affronts qui l'avaient singulièrement aigri. D'abord protégé par la duchesse d'Angoulême, dont il était aimé, le connétable s'attira ensuite la haine et les persécutions de cette princesse pour avoir dédaigné de l'épouser, lorsqu'il devint veuf de Suzanne de Beaujeu. La mère du roi intenta à Bourbon un procès pour lui disputer la succession de Suzanne, qui, étant morte sans enfants, avait légué à son mari les belles provinces du Bourbonnais, de l'Auvergne, de la Marche, du Forez, du Beaujolais et de Dombes. Louise de Savoie prétendait que ces biens devaient lui revenir, comme plus proche parente de Suzanne, ou du moins faire retour à la couronne à défaut d'héritiers directs. Le parlement, cédant, dit-on, à l'influence du chancelier du Prat, ordonna le séquestre des domaines litigieux.

C'en était assez pour pousser à bout le vindicatif connétable. Charles-Quint, qui avait des espions partout, et surtout en France, connut les ressentiments de Bourbon et songea à en profiter. Il lui fit faire par Adrien de Croy, seigneur de Beaurain, les propositions les plus séduisantes[1]: l'empereur lui

---

[1] Suivant Robert Macquériau, *Recueil de la maison de Bourgogne*, t. I, p. 181, 185, ce serait le connétable qui aurait fait à l'empereur et à l'archiduc Ferdinand les premières avances, par l'entremise du seigneur de la Motte et du comte Félix de Furstenberg. Le même chroniqueur raconte que le seigneur de la Motte, envoyé par Bourbon vers Marguerite d'Autriche, fut d'abord arrêté comme espion entre Bruxelles et Malines; mais qu'ayant obtenu d'être conduit devant la princesse, il lui fit connaître l'objet de sa mission, et en fut très-bien accueilli. Ce

offrait pour prix de sa défection la main d'Éléonore d'Autriche, reine douairière de Portugal, ou celle de madame Catherine, sa plus jeune sœur, avec une dot de 100,000 écus[1]. Il s'engageait en outre à pénétrer en France avec une puissante armée avant la fin d'août 1523, et à fournir au duc une somme de 100,000 écus et dix mille piétons allemands qui marcheraient sous ses ordres. Quant au roi d'Angleterre, il devait aussi assurer à Bourbon un secours de 100,000 écus d'or pour l'entretien de ses troupes; moyennant quoi le connétable aiderait Henri VIII à recouvrer toutes les terres que la France avait usurpées sur l'Angleterre[2]. Henri voulait de plus que Bourbon se déclarât son sujet et prêtât serment en cette qualité; mais cette question resta indécise jusqu'à ce que l'empereur eût prononcé[3].

On sait quel fut le résultat de cette défection, qui devait amener l'envahissement et le partage de la France, élever un sujet rebelle à la dignité royale, et lui donner, pour récompense de sa félonie, la main d'une illustre princesse. La France ne fut pas envahie, ou du moins les envahisseurs en furent repoussés; le traître n'épousa point la reine de Portugal destinée à un hymen plus auguste : il erra pendant quatre ans comme un banni, après avoir été abreuvé d'humiliations par ceux-là à qui il avait vendu son pays; il trouva enfin une

la Motte fut ensuite envoyé en Angleterre pour achever la négociation dont il était chargé.

[1] *Négoc.* II, 589 et suiv.

[2] Il paraît que les termes de cette clause infâme effrayèrent un peu le connétable, qui voulut la faire rayer du traité, attendu, disait-il, qu'elle était implicitement comprise dans l'article qui stipulait entre le roi d'Angleterre et lui une

ligue offensive et défensive contre François Ier.

[3] *Négoc.* II, 591. Gaillard, *Histoire de François Ier*, liv. II, chap. VI, prétend que ce traité ne fut jamais écrit. La pièce que nous publions prouve le contraire. Seulement il ne fut pas dressé en forme, parce qu'on ne voulut point pour le moment en confier la rédaction aux *gens de robe longue*.

mort violente sous les murs de Rome, qu'il n'eut pas même la triste gloire de prendre et de saccager.

François Ier, du reste, avait perdu en Charles de Bourbon le plus habile de ses capitaines, celui sur lequel peut-être il comptait le plus pour son expédition d'Italie. La trahison du connétable retarda le commencement de cette guerre, que le roi voulait diriger en personne. Forcé par la gravité des circonstances de rester dans l'intérieur du royaume, il confia à l'amiral Bonnivet le soin de pénétrer encore une fois dans le duché de Milan; Lautrec fut chargé d'aller défendre la frontière de Guyenne.

De toutes les places du Milanais, évacué au printemps de 1522, les Français n'en avaient conservé qu'une seule : c'était le château de Crémone, qu'une garnison de quarante hommes réduite à huit défendit pendant dix-huit mois. Tandis que Bonnivet bloquait Milan, Bayard vint délivrer et ravitailler la petite garnison du château de Crémone. De tels soldats méritaient d'être secourus par un tel capitaine.

L'armée alliée avait trois chefs principaux : Prosper Colonna, qui avait appris l'art de la guerre sous Charles VIII, le marquis de Pescaire et le duc de Bourbon. Colonna, âgé alors de quatre-vingts ans, étant mort le 30 décembre 1523, eut pour successeur le vice-roi de Naples.

Les succès et les revers furent d'abord réciproques durant cette campagne de la Lombardie. On peut même dire que les Français commencèrent par être généralement victorieux; mais bientôt la chance leur devint tout à fait défavorable. Bonnivet ne fut pas plus heureux que ne l'avait été Lautrec; comme lui, il fut expulsé du Milanais. Bayard battu à Rebec, fut tué à la retraite de Romagnano : il était d'une famille où l'on avait l'habitude de se faire tuer toutes les fois que la

France éprouvait un grand revers [1] sur les champs de bataille.

Sur la frontière des Pyrénées, Lautrec eut à lutter contre l'empereur lui-même, qui se présenta devant Bayonne avec une armée considérable de terre et de mer. Bayonne, bien que manquant de garnison, fit une défense héroïque qui força Charles-Quint à se retirer assez honteusement. Il aurait sans doute échoué pareillement devant Fontarabie, si le capitaine Frauget, démentant une longue réputation de bravoure, n'avait eu la faiblesse ou la déloyauté de capituler, malgré les renforts qu'il venait de recevoir. Le comte de Guise tint les Allemands en échec du côté de la Champagne. Au moment de les refouler au delà de la frontière, il fit venir à Neuchâtel toutes les femmes de la cour de Lorraine, à qui il donna le spectacle d'une déconfiture complète des troupes allemandes. Il faut lire ce récit dans Brantôme.

En Picardie, les choses ne se passaient pas tout à fait aussi bien. Charles Brandon, celui-là même qui avait épousé en 1514 la jeune veuve de Louis XII, était débarqué avec quinze mille Anglais, et avait fait sa jonction avec les vingt-quatre mille Flamands qu'amenait Floris d'Egmont, comte de Buren. La Trémoille, chargé de défendre cette frontière, n'avait qu'une faible armée, à peine suffisante pour donner aux places fortes une apparence de garnison. Les Anglo-Flamands, malgré les efforts réunis de la Trémoille et de son digne lieutenant, Créquy de Pontdormy, dévastèrent toute la province de Picardie, brûlèrent Roye, prirent Montdidier, et allèrent camper sur les bords de l'Oise, menaçant Paris d'une prochaine attaque. Le roi était à Lyon; la capitale, consternée, voyait déjà

[1] Son trisaïeul avait péri à la bataille de Poitiers, son bisaïeul à Azincourt, son aïeul à Montlhéry, son père à Guinegate.

une multitude de ses habitants fuir vers le Midi. François Ier fit savoir aux Parisiens qu'il leur envoyait le duc de Vendôme avec un secours considérable.

Instruits de la marche du duc de Vendôme, les alliés ne passèrent point la rivière d'Oise, car ils craignirent d'être cernés entre l'armée de ce prince et celle de la Trémoille : ils n'avaient derrière eux pour les soutenir que la seule place de Montdidier. Ils opérèrent donc leur retraite vers l'Artois, non sans avoir causé d'énormes dégâts[1], « et fust cela, dit du Bellay, peu après la Toussaincts 1523, et environ dix ou douze jours après la Sainct-Martin, que les bleds gelerent presqu'universellement par tout le royaume de France. »

Nonobstant ces revers partiels, la ligue était triomphante ; et l'empereur, excité par son ambition personnelle non moins que par les conseils de Bourbon, résolut d'envahir la Provence. Bourbon était persuadé qu'à son apparition dans le Midi, ses anciens vassaux de l'Auvergne et du Bourbonnais accourraient au-devant de lui et lui ouvriraient les portes de Lyon, tant il se faisait illusion sur l'horreur que devait inspirer sa trahison ! Au reste, l'empereur, qui ne partageait pas les espérances du connétable, ou peut-être qui n'avait pas un désir sincère de constituer un royaume tout exprès pour cet allié faible et suspect, se borna à faire d'abord assiéger Marseille. Il aurait voulu que Marseille devînt pour lui au sud de la France, ce que Calais était au nord pour l'Angleterre : un lieu de débarquement toujours facile. Bourbon et le marquis de Pescaire furent chargés de la conduite du siége ; ces deux

---

[1] Ils prirent en passant les bourgades fortifiées de Beaurevoir et de Bohain, sur la frontière du Vermandois et du Cambrésis ; mais la Trémoille les chassa bientôt de ces deux places. Robert Macquériau, en racontant cette retraite, I, 198, confond mal à propos le bourg de Bohain avec la ville de Bouchain.

chefs ne s'entendaient point : Pescaire affectait de traiter le connétable avec une amertume dédaigneuse. De là peu d'accord et d'ensemble dans les opérations. D'un autre côté, la place fit une résistance héroïque; tous les habitants, les femmes mêmes, coopérèrent avec ardeur aux travaux de défense. Il semble que les Marseillais voulussent ainsi protester contre la félonie du prince qui les attaquait. Au bout de quarante jours, les assiégeants, harcelés d'ailleurs par les troupes françaises qui occupaient la Provence, se retirèrent précipitamment, et non sans beaucoup de dommage, vers les Alpes et l'Italie.

Clément VII, successeur d'Adrien VI, avait offert en vain sa médiation et ses bons offices pour le rétablissement de la paix. Charles et François se montraient de plus en plus éloignés de souscrire à un accommodement : l'un, enivré de ses succès en Italie, voulait s'y affermir; l'autre brûlait du désir de recouvrer son duché de Milan. On avait dit à ce dernier qu'à lui seul en personne était réservé l'honneur de reconquérir cette belle portion du patrimoine de la reine[1]; il le crut et passa les Alpes, sans même en prévenir la duchesse d'Angoulême, sa mère, à qui il conféra le titre de régente pendant son absence. L'armée royale entra dans le Milanais, poursuivant dans leur retraite Bourbon, Pescaire, et le vice-roi de Naples auquel ils s'étaient réunis. Lors de la dernière expédition, Bonnivet avait commis la faute énorme de ne point marcher sur Milan. Le roi, sans s'arrêter comme lui aux places secondaires, alla droit vers cette capitale, qui, affaiblie par les guerres précédentes et par la contagion actuelle, ne fit point de résistance; le marquis de Saluces, l'un des chefs de l'armée française, entra par une porte tandis que le vice-roi sortait par une autre.

---

[1] Claude de France, fille de Louis XII et d'Anne de Bretagne, première épouse de François Ier, mourut à Blois le 20 juillet 1524, âgée de 25 ans.

Mais Milan, ce n'était pas le duché. Parmi les villes importantes qui restaient à conquérir, Lodi et Pavie tenaient le
premier rang. On agita dans le conseil du roi la question de
savoir laquelle de ces deux places il fallait assiéger d'abord.
L'armée impériale, battue et découragée, s'était réfugiée à
Lodi : peut-être était-ce là qu'il fallait en finir; Bonnivet et un
autre courtisan, se fondant sur des raisons que l'on ne connaît
pas bien, opinèrent pour le siége de Pavie.

Le siége de Pavie fut résolu.

La ville, investie le 28 octobre, avait pour défenseur Antoine de Lève, homme de guerre fort renommé. Au premier
assaut, les Français firent une brèche qui semblait devoir
leur livrer le corps de place; mais des retranchements inté-
rieurs qu'on n'apercevait pas les arrêtèrent. Le débordement
du Tésin grossi par des pluies soudaines, vint opposer un
nouvel obstacle aux efforts des assiégeants. L'opération dès
lors traîna en longueur.

Le pape profita de ces lenteurs pour faire une nouvelle tentative de pacification : il proposa une trêve de cinq ans. Son
envoyé ne réussit ni auprès du roi, ni auprès de l'empereur;
Clément VII, qui sans doute espérait mieux de François que
de son rival, conclut avec le premier un traité qui devait demeurer secret, mais qui attira ensuite au pontife l'inimitié de
l'empereur et de grands embarras.

Pendant le siége de Pavie, le roi crut pouvoir détacher une
portion de son armée, qu'il confia au duc d'Albanie, pour aller
porter la guerre dans le royaume de Naples. Cette diversion
imprudente contribua au grand revers dont nous allons parler.

De Lève parvint à faire entrer dans la place un convoi
d'argent qui le mit en mesure de payer à ses lansquenets une
partie de leur solde arriérée; il trouva le reste en faisant fondre

les vases sacrés et les reliquaires. Durant ce temps-là, Bourbon était allé lever des recrues en Allemagne, d'où il avait ramené douze mille lansquenets, à la tête desquels se trouvait Georges Frondsberg, intrépide capitaine et luthérien fougueux, autre Sickingen, qui portait toujours une chaîne d'or destinée, disait-il, à étrangler le pape. Avec de tels secours les alliés pouvaient attaquer la faible armée qui cernait Pavie.

Il fallait ou lever le siége, ou livrer bataille : ce dernier parti prévalut dans le conseil ; ce fut encore Bonnivet et ses amis qui l'emportèrent. La pensée d'une retraite indignait le cœur chevaleresque du roi, qui n'écouta point les vieux et sages conseillers de Charles VIII et de Louis XII. La bataille fut livrée et fut perdue. Dans cette affreuse déroute, François Iᵉʳ oublia ce qu'il devait à son rang, et surtout ce qu'il devait à la France : il se battit comme un simple gentilhomme, et accablé par le nombre, il succomba comme avait succombé jadis le roi Jean ; mais il ne devait pas, comme lui, trouver un vainqueur magnanime.

Cette catastrophe mit fin à la domination française en Italie. Les troupes expédiées sur Naples furent elles-mêmes dispersées, et une partie seulement put rentrer en France.

Le roi de France, prisonnier, fut traité avec beaucoup d'égards et de respect par Charles de Lannoy, dit Maingoval, vice-roi de Naples. Tous les chefs de l'armée impériale, et Bourbon lui-même, vinrent lui rendre leurs hommages. On épargna à ce malheureux monarque le désagrément d'être conduit dans Pavie comme les autres prisonniers. Enfermé d'abord à Pizzighitone, dans le Crémonais, le roi y resta jusqu'à la fin de mai ; puis il fut embarqué pour l'Espagne. Il arriva vers la mi-juin à Palamos dans le royaume d'Aragon.

CHAPITRE XII.

Captivité de François Ier. Négociations pour sa délivrance. Traité de Madrid. Le roi est mis en liberté. Ses deux fils sont donnés en otage à l'empereur. Ligue contre Charles-Quint. Le roi adresse un défi à l'empereur. Nouveaux revers de la France en Italie. La duchesse d'Angoulême et Marguerite d'Autriche essayent de mettre fin à ces longues divisions. Congrès de Cambrai ; *paix des Dames.*

Charles-Quint, toujours maître de ses impressions, reçut avec une dignité calme le message qui lui annonçait la victoire de Pavie, comme jadis il avait reçu l'annonce de son élévation à l'Empire. Le moment semblait favorable encore une fois pour l'invasion de la France. On délibéra ; mais les finances de l'empereur étaient trop appauvries, son armée trop défaite, son pouvoir en Italie trop peu consolidé, pour lui permettre une entreprise de cette nature. D'ailleurs, le royaume, bien que privé de son chef et de ses généraux les plus illustres, bien que troublé en Alsace et en Lorraine par des bandes séditieuses qui avaient adopté les doctrines de Luther, n'était point réduit à ses dernières ressources. Aussi la duchesse d'Angoulême ne se laissa-t-elle point abattre : elle trouva un précieux auxiliaire dans le duc de Vendôme, premier prince du sang, qui, au lieu de s'emparer de la régence, comme on le lui conseillait, se rendit sans délai auprès de la mère du roi, se mit à sa disposition, et la seconda fidèlement dans toutes les mesures qu'exigeait la gravité des circonstances. Le conseil de l'empereur sut apprécier cette situation ; il fut convenu que l'on accorderait une trêve à la France, et que pendant ce temps on tâcherait de se faire céder par la voie des négociations ce qu'on n'eût pas obtenu sans doute par la force des armes. Un membre du conseil, l'évêque d'Osma, proposa à Charles-Quint de délivrer le roi sans rançon et de faire avec lui une paix généreuse; ce conseil, d'une politique habile autant que désintéressée, ne fut pas écouté. Tandis que le roi était encore détenu à Pizzighitone, l'empereur chargea le duc de Bourbon, Charles de Lannoy et Adrien de Croy de lui offrir la paix et la liberté sous les conditions suivantes :

1° Croisade contre les Turcs et autres sectes hérétiques, pour laquelle l'empereur et le roi fourniront chacun 5,000 chevaux et 15,000 piétons. L'empereur sera chef de l'expédition.

2° Mariage du Dauphin avec Marie de Portugal, nièce de l'empereur.

3° Restitution du duché de Bourgogne, avec suppression du droit de suzeraineté de la France sur ce grand fief. Cession des villes de Térouane et de Hesdin.

4° Remise au duc de Bourbon de tous les domaines confisqués sur lui, et qui, réunis au comté de Provence, dont on lui fera aussi l'abandon, constitueront un royaume en faveur dudit duc et de madame Éléonore d'Autriche, qu'il doit épouser.

5° Restitution au roi d'Angleterre de tout ce qui lui appartient en France, ou indemnité amiable. Acquittement aux frais de la France de tout ce que l'empereur pourrait devoir à Henri VIII.

6° Réhabilitation complète de tous les adhérents, fauteurs et complices du duc de Bourbon.

7° Délivrance du prince d'Orange, avec restitution entière de sa principauté, comme de tout ce qu'il possédait jadis en Bretagne. Délivrance de Hugues de Montcade, du comte de Boussu et autres prisonniers de marque.

8° Restitution à Marguerite d'Autriche, à la reine Germaine d'Aragon, au marquis d'Aerschot, etc. etc., des fiefs et seigneuries saisis sur eux au commencement de la guerre.

9° Ratification de chacune de ces clauses par tous les parlements et cours souveraines du royaume.

10° Réponse prompte et catégorique.

Ces instructions sont datées du 25 mars 1524-25. Le préambule, que nous regrettons de ne pouvoir insérer ici, est fort curieux. L'empereur y établit qu'il pourrait en bonne justice exiger le royaume de France tout entier, qui lui appartient de plein droit, comme on peut le prouver par les anciennes chroniques ; mais voulant démontrer le grand désir qu'il a au bien de paix et éviter l'effusion du sang chrétien, il se borne aux demandes ci-dessus énoncées.

Le roi rejeta avec douleur et indignation ces propositions insultantes ; puis il se laissa transporter en Espagne dans l'espoir qu'une entrevue avec l'empereur aplanirait bien des difficultés.

Ce fut seulement en juillet 1525 que les ambassadeurs français [1] arrivèrent à Tolède pour traiter de la délivrance du roi. Le 16, ils eurent audience de Charles-Quint. Jean de Selve fit une longue harangue dans laquelle il exalta fort tous les princes anciens et modernes qui avaient usé de magnanimité à l'égard des rois vaincus. L'empereur répondit qu'il ne saurait retenir et répéter tant de belles histoires , mais qu'il avait toujours désiré la paix et qu'il la désirait. Il ajouta qu'il ne voulait pas de rançon, mais une alliance telle que son honneur le comportait ; qu'au demeurant, les droits de chacun seraient discutés entre eux et les gens de son conseil, en atten-

---

[1] François de Tournon, archevêque d'Embrun ; Gabriel de Grammont, évêque de Tarbes, et Jean de Selve, premier président du parlement de Paris.

dant la venue de madame d'Alençon, sœur du roi, qui devait arriver prochainement.

Les ambassadeurs eurent ensuite un entretien avec le chancelier Gattinare, puis ils furent reçus très-gracieusement par la reine douairière de Portugal; mais ils ne lui parlèrent point de mariage, parce que « ceux qui estoient dans la chambre s'approchèrent pour escouter [1]. »

Les conférences s'ouvrirent le 20 juillet. Les délégués de l'empereur étaient le vice-roi de Naples, le comte Henri de Nassau, le chancelier Mercurin de Gattinare, Adrien de Croy, seigneur de Rœux et de Beaurain, et Jean Lallemand, seigneur de Bouclans, en qualité de secrétaire. Le duché de Bourgogne fut, comme dans toutes les négociations antérieures, l'objet principal de la discussion. Gattinare fit des efforts incroyables pour démontrer que c'était un fief féminin : il rappela avec beaucoup d'érudition et de netteté tous les faits historiques qui semblaient confirmer sa thèse. Jean de Selve ne fut ni moins abondant en citations, ni moins pressant que son adversaire; il proposa de déférer au parlement de Paris le débat des droits sur la Bourgogne. Les autres interlocuteurs ne faisaient guères que placer de temps à autre un mot dans le colloque. Ces pourparlers durèrent jusqu'au 25 août. Ce jour-là, l'empereur manda les ambassadeurs près de lui, et entendit de leur bouche le sommaire des discussions qui avaient eu lieu. Il leur déclara que, bien que la dispute n'eût porté que sur le duché de Bourgogne proprement dit, il prétendait néanmoins réclamer aussi le Mâconnais, l'Auxerrois, le Barrois et autres terres que tenait jadis le duc Charles. Il leur dit qu'il était inutile de discuter davantage, et qu'il fallait attendre l'arrivée de

---

[1] Ces détails sont extraits d'une lettre écrite à la régente par les ambassadeurs. Bibl. du Roi, manuscrit de Harlay, coté 212, fol. 258.

madame la duchesse d'Alençon. Quant à la compétence du parlement de Paris pour décider cette question de Bourgogne, l'empereur avoua n'être pas assez bon clerc pour en discuter. « Au surplus, leur dit-il, j'ai ici à vous parler de trois choses : 1° Quelques-uns de vous ont usé de paroles injurieuses envers M. de Bourbon. De tels propos ne sont point faits pour amener la paix : vous devez savoir que M. de Bourbon m'a fait service, et que je ne puis l'abandonner ni traiter sans lui. 2° J'ai appris que vous vous prévalez d'une alliance récente avec les Anglais. Cela ne me porte aucun préjudice; j'ai peut-être contribué moi-même à cette alliance, et je ne vois pas qu'il y ait là de quoi tant vous vanter. 3° Enfin, on m'a rapporté qu'un de vos gens disait hautement qu'on m'empêcherait bien d'aller en Italie avant la conclusion de la paix. C'est là un mauvais discours qui pourrait retarder la paix; mais je m'en inquiète peu et n'en serai pas moins disposé à un accommodement. »

La duchesse d'Alençon, partie d'Aigues-Mortes le 27 août [1], n'arriva que vers la fin de septembre à Madrid, où était détenu le roi son frère; elle le trouva malade et en péril de mort. L'archevêque d'Embrun était présent. La princesse invoqua sur-le-champ les secours de cette religion divine qu'on l'accusait de trahir au fond de l'âme [2]. Un autel fut dressé. La sœur du roi reçut la communion des mains de l'archevêque. Tous les serviteurs du monarque moribond, tous sans distinction de rang, communièrent aussi. Puis le prélat, tenant l'hostie sainte entre ses mains, la montra à l'auguste malade

---

[1] Il nous semble que M. Génin, dans sa notice curieuse sur *Marguerite d'Angoulême*, p. 19, a commis une erreur en disant que la duchesse s'est embarquée en compagnie des ambassadeurs. On a vu plus haut que ceux-ci étaient arrivés à Tolède dès la mi-juillet.

[2] Expression de M. Génin, notice précitée, p. 20.

en prononçant des paroles de bénédiction. Le roi, comme réveillé de sa léthargie, demanda alors de participer au banquet céleste. Et dès ce moment il entra, dit-on, en convalescence.

Marguerite quitta son frère le 2 octobre pour se rendre à Tolède; elle fut reçue par l'empereur avec beaucoup de politesse, mais froidement, au dire de la princesse elle-même. Charles-Quint n'avait alors que vingt-cinq ans, et Marguerite était l'une des femmes les plus aimables de son siècle; mais ce prince n'était pas homme à faire plier sa politique devant les séductions de la coquetterie.

Les négociations furent reprises; la duchesse d'Alençon y assista; on dit même qu'elle parla de manière à faire une impression profonde sur les membres du conseil impérial. Toutefois ceux-ci restèrent inflexibles. Elle eut plus de succès auprès de la reine Éléonore, qui dès lors se lia d'amitié avec Marguerite, et écouta très-favorablement des propositions de mariage entre elle et le roi. Le sauf-conduit en vertu duquel la duchesse se trouvait en Espagne était limité à six mois; l'empereur ayant refusé de le prolonger, Marguerite retourna auprès de son frère, que Charles-Quint avait enfin daigné visiter.

Le roi, voyant qu'il ne fallait compter sur aucune concession, remit à sa sœur un acte par lequel il abdiquait la couronne et la transportait au dauphin son fils. En agissant ainsi, il trompait l'impitoyable avidité de son vainqueur, qui n'avait plus entre les mains qu'un simple prisonnier, un homme privé, dont la France pouvait se passer, tout en le regrettant. Malheureusement pour la gloire de François Ier, cette noble résolution demeura sans effet; on temporisa, on persuada au prisonnier qu'il pouvait souscrire à toutes les demandes de l'empereur, pourvu qu'il protestât en même temps contre la violence qui lui était faite. Il protesta donc d'avance ; puis il signa, le 14 janvier 1525-26, le déplorable traité de Madrid[1].

Voici, en somme, les dispositions de ce traité :

Renonciation du roi à toutes ses prétentions sur l'Italie. — Remise du duché de Bourgogne et de ses dépendances. — Abandon de la suzeraineté sur la Flandre, l'Artois et le Hainaut. — Livraison des deux fils aînés du roi comme otages, ou bien du dauphin seulement et de douze grands seigneurs du royaume. — Serment par le roi de retourner en prison si, dans les six semaines qui suivront sa délivrance, il n'a pas satisfait à toutes ces conditions. — Transfert à l'empereur de tous les droits du roi sur les villes d'Arras, Tournai, Tournaisis, Mortagne, Saint-Amand, châtellenie de Lille, Douai, Orchies, ville et bailliage d'Hesdin. — Rétablissement du duc de Bourbon et de ses adhérents dans tous leurs biens, meubles et immeubles, avec faculté pour ledit Bourbon de faire valoir ses droits sur le comté de Provence. — Reddition du comté de Charolais à Marguerite d'Autriche ; — à Philibert de Chalon de la principauté d'Orange, ainsi que de ses terres en Bretagne et en Dauphiné, avec une somme de 50,000 écus pour l'aider à poursuivre ses droits litigieux. — Rupture de toute alliance avec le roi de Navarre, le duc de Gueldre et le duc Ulrich de Wurtemberg.

De son côté, l'empereur faisait les concessions suivantes :

Remise des droits qu'il prétend sur les villes et châtellenies de Péronne, Montdidier, Roye, sur les comtés de Boulogne, de Guines et de Ponthieu. — Mariage d'Éléonore d'Autriche, douairière de Portugal, avec François Ier, laquelle reine aura pour dot une somme de 200,000 écus d'or au soleil, et de plus les comtés de Mâconnais, d'Auxerrois et de Bar-sur-Seine.

Après avoir donné sa signature, le roi s'attendait à être mis en liberté sans plus de délai. Il n'en fut pas ainsi ; on ne tempéra pas même les rigueurs de sa captivité. La cérémonie de ses fiançailles avec Éléonore se fit dans sa chambre, tandis

---

[1] Le traité et les protestations se trouvent dans Dumont, IV, 1re partie, 399 et 412.

qu'il était au lit et encore malade. Ce fut Charles de Lannoy qui, botté et éperonné, se porta comme procureur de la fiancée. La nuit suivante, le feu prit au château de Madrid. Le roi fut obligé de se lever et d'évacuer sa chambre. Pendant l'incendie, l'archevêque d'Embrun et Jean de Selve supplièrent le gouverneur Alarçon de permettre que le roi, qui venait d'avoir la fièvre, fût transporté avec ses gardes dans une autre maison; Alarçon refusa. Toutes les nuits il fallait laisser entrer les gardes dans la chambre pour voir s'il y était. Le 13 février, l'empereur vint à Madrid; on crut que cette visite adoucirait le sort du prisonnier. On se trompait. Charles en profita pour annoncer au roi qu'il avait gratifié le duc de Bourbon de la jouissance viagère du duché de Milan ; il le pria de faire à ce duc, en dehors du traité, une pension de 20,000 livres, et de reconnaître que ses domaines ne relèveraient plus de la couronne de France. Le 16 février, le roi, toujours suivi de ses gardes, alla avec l'empereur dîner au château d'Estaphe et coucher dans la forteresse de Torrejon de Valasco, forteresse bien munie de canons. Le lendemain, on visita près d'Illescas la reine Éléonore, qui était accompagnée de madame Germaine, douairière d'Aragon. Bien que la nuit fût avancée, l'empereur voulut que son prisonnier couchât encore au château fort de Torrejon. On y rentra à une heure après minuit. Le 19, l'empereur et le roi se séparèrent. Le 21 février, le roi se mit en route pour Fontarabie, sous la conduite du vice-roi et du capitaine Alarçon. Les gardes étaient renforcées chaque jour, à mesure que l'on avançait vers la frontière. A Saint-Sébastien, on ne permit pas au roi d'aller jusqu'à l'église, comme il l'avait fait jusqu'alors; il entendit la messe en son logis[1].

[1] Bibl. roy. mss. de Gaignières, vol. 466. *Arch. curieuses de l'Hist. de France,* II, 314. Rey, *Hist. de la captivité de François Ier*, 258 et suiv.

Le 18 mars, François Ier fut échangé sur la Bidassoa contre ses deux fils qui allaient prendre sa place dans les prisons de l'empereur. « Le bon seigneur, quand il eut aperceu ses enfants, ayant pitié d'eulx, ne leur sceut dire autre chose, sinon qu'ils se gardassent d'avoir mal et qu'ils feissent bonne chere, et que bientost il les manderoit querir. En ce faisant, les larmes lui tomberent des yeux ; ce fait, leur feist le signe de la croix, en leur donnant la benediction de pere [1]. »

Le roi était à peine arrivé à Bayonne que le commandeur Penalosa le somma de ratifier le traité. Il répondit qu'avant tout il fallait assembler les États de Bourgogne et requérir leur consentement ; il se plaignit de ce qu'au lieu de tenir secrète la clause relative à la Bourgogne, comme on en était convenu, on s'était hâté de faire imprimer le traité à Anvers, à Rome et à Florence, en y intercalant même des additions qui avaient excité des murmures dans le royaume. Ces explications furent consignées par écrit dès l'arrivée du roi à Mont-de-Marsan [2].

François Ier se rendit de Bayonne à Bordeaux, puis à Cognac, lieu de sa naissance. Les députés de l'empereur, Charles de Lannoy, Hugues de Moncade et le capitaine Alarçon, ne tardèrent pas à l'y joindre. Il les retint, et voulut qu'ils assistassent à l'assemblée des envoyés de Bourgogne. Ceux-ci arrivèrent, et firent connaître hautement que le duché ne voulait pas et ne pouvait pas être détaché de la France, que le roi, si puissant qu'il fût, ne pouvait consacrer cette séparation, et que sous ce rapport le traité de Madrid était nul.

---

[1] Sébastien Moreau, *Archives curieuses de l'Histoire de France*, II. Gaillard, *Histoire de François Ier*, liv. XI, ch. II, dit : « Aucun historien n'a daigné remarquer l'impression que dut faire sur le roi l'aspect de ses enfants entrant en captivité à sa place. » Si Gaillard avait connu la relation de Sébastien Moreau, il n'eût pas parlé ainsi.

[2] *Négoc.* II, 656.

Les députés bourguignons n'étaient pas les seuls qui pen-
sassent ainsi. Le roi d'Angleterre, le pape, les Vénitiens et
d'autres puissances italiennes exhortèrent le roi à persister dans
son refus; et le 22 mai 1526 ils contractèrent avec lui une
ligue défensive contre cette puissance impériale qui devenait
de plus en plus inquiétante pour toute l'Europe [1].

La ligue avait surtout en vue la reprise du Milanais et la
conquête de Naples : elle voulait rétablir à Milan le duc François Sforza qui, chassé de sa capitale, s'était réfugié dans une
forteresse voisine, où il était cerné par les troupes impériales;
mais elle ne prétendait attaquer le royaume de Naples que
dans le cas où l'empereur ne se dessaisirait pas du Milanais.
Les efforts de la ligue pour la restauration de Sforza furent mal
combinés et ne réussirent pas. L'assistance promise par François Ier arriva tardivement et ne fut d'aucune utilité [2]. A l'égard
de Naples, les choses n'allèrent pas mieux. Le pape, au lieu
d'attaquer ce royaume, fut surpris lui-même dans Rome par
les Colonna, ses ennemis personnels, et ne trouva de refuge
que dans le château Saint-Ange. Peu de temps après, Rome se
vit horriblement saccagée par les troupes du duc de Bourbon,
qui paya de sa vie cet attentat contre la ville éternelle.

De tous les alliés du pape, le roi de France et celui d'Angleterre étaient les seuls qui pussent lui prêter un secours efficace; et c'étaient les seuls qui fussent restés à peu près inactifs
durant toute la campagne de 1527 : mais le sac de Rome
et l'emprisonnement de Clément VII les réveillèrent enfin.

---

[1] Le traité est inséré dans Dumont, IV,
1re part. 451. Le roi d'Angleterre ne figure point parmi les contractants; il
adhéra ensuite.

[2] François Ier était alors dans une telle
gêne, qu'il se vit obligé d'assujettir les
principaux seigneurs du royaume à lui
prêter des sommes considérables. Nous
avons sous les yeux une lettre datée d'A-
miens, le 9 août 1527, par laquelle il
mande à M. de Villeroy qu'il l'a taxé pour
sa part à mille écus d'or.

Unis déjà par les traités du 18 novembre 1525, du 30 avril et du 29 mai 1527, François et Henri en conclurent un autre encore à Amiens le 18 août suivant. Ils convinrent de faire ensemble une guerre active à l'empereur; toutefois, avant de commencer les hostilités, ils lui notifièrent solennellement leurs intentions. Guyenne et Clarenceaulx, rois d'armes de France et d'Angleterre, furent reçus le 22 janvier 1527-28, à Burgos en la grande salle du palais, où l'empereur était assis et environné des grands d'Espagne, avec les gens de son conseil. Les deux rois d'armes firent trois révérences, genoux en terre, et se plaçant au bas des degrés du trône, demandèrent la permission de déclarer à Sa Majesté certaines choses de la part des rois leurs maîtres.

L'empereur répondit : « Dites ce que lesdits roys voz maistres voz ont donné charge; voz previleges vous seront gardez, et l'on ne vous fera nul desplesir en mes royaulmes. »

Guyenne lut la déclaration dont il était porteur : après quelques généralités sur le bien de paix et le désir du roi de vivre en bonne intelligence avec l'empereur, François se plaint des violences commises à Rome et de l'atteinte portée à la personne sacrée du pape; puis il rappelle qu'il a offert, mais toujours en vain, de payer à très-haut prix la rançon de ses enfants, en compensation des clauses exorbitantes qu'on lui avait arrachées dans sa prison. Ce refus, ajoute-t-il, est si odieux que la plupart des princes de l'Europe, voyant la justice du côté du roi très-chrétien, se sont unis à lui par des traités d'amitié; mais l'empereur, loin de se rendre à la raison, ne veut pas même payer au roi d'Angleterre ce dont il lui est redevable. En conséquence, ces deux monarques déclarent qu'ils rompent tous traités jadis conclus avec lui, qu'ils le grèveront de toutes leurs forces, lui, ses pays et sujets, par guerre ou autrement, jusqu'à ce qu'il ait rendu les enfants de France, délivré le pape, restitué au roi d'Angleterre ce qui lui est dû, et laissé en repos tous les alliés et confédérés desdits rois.

L'empereur répondit : « Le roi de France étant mon juste prisonnier de guerre, n'a pas droit de me défier ; quant au pape, j'ai toujours regretté ce qui a été fait contre lui par gens désordonnés qui ne m'étaient pas soumis ; et d'ailleurs le pape vient d'être mis en liberté. Au sujet des enfants de votre maître, il sait à quel titre je les tiens en otage. Ses ambassadeurs savent aussi que s'ils ne sont pas encore délivrés, ce n'est pas ma faute.

« Quant au roi d'Angleterre, mon bon frère et oncle, il paraît qu'il n'est pas bien informé des choses passées. S'il l'était, vous ne m'auriez point parlé ainsi. Je ne nie pas l'aide qu'il m'a prêtée, et suis prêt à la payer. Grâce à Dieu, j'ai de quoi le faire. Toutefois, s'il me fait la guerre, j'en serai fâché, mais je me défendrai. Laissez-moi votre papier ; j'y répondrai. »

Clarenceaulx parla ensuite dans le même sens, mais de bouche et non par écrit. L'empereur fit une réponse à peu près semblable.

Au moment où les deux rois d'armes se retiraient, M. de Bouclans les arrêta et leur dit : « Veez ci cest escript en ma main, c'est la capitulation touchant la liberation du pape ; et comme il est desjà libre et parti du chasteau Saint-Ange le VIe de decembre passé, mectez-le en vostre relaction. » Les rois d'armes répondirent : « Nous le ferons ainsy. »

Et en cet instant Charles appela Guyenne et lui dit : « ...Dites au roy vostre maistre que je crois qu'il n'a pas esté averti de certaines paroles dites par moy en la ville de Grenade à son ambassadeur le president Calvimont. Si les eust sceus, je le tiens trop gentil prince pour n'y avoir pas respondu. Ne manquez point de luy rappeler cela. » Guyenne dit : « Sans point de faute, sire, je le feray. »

Les rois d'armes partirent, emportant de longues réponses à leur notification [1].

Calvimont, à qui le roi fit demander ce que c'était que ces paroles auxquelles Charles-Quint faisait allusion, ne s'en souvint pas, ou feignit de ne pas s'en souvenir. Il écrivit à l'empereur pour le prier de les lui rappeler. L'empereur lui répondit en ces termes : « ... J'ai dit que le roy votre maistre avoit fait laschement et meschamment de non m'avoir gardé la foy que j'ai de luy selon le traicté de Madrid, et que s'il vouloit dire du contraire, je luy maintiendroye de ma personne à la sienne. Je les vous escripts voluntiers signées de ma main, afin que d'icy en avant vous ny aultres n'en faiscez doubte [2]. »

Lorsque Calvimont reçut cette lettre, il était, par ordre de l'empereur, relégué, ainsi que son collègue, l'évêque de Tarbes, à Posa, en Castille; le roi, par représailles, avait fait mettre au Châtelet Nicolas Perrenot, ambassadeur de Charles-Quint. Le 28 mars, Perrenot, qui était rappelé par son maître, vint prendre congé du roi en audience solennelle. François lui exprima le regret d'avoir été obligé d'user à son égard des mêmes rigueurs dont les ambassadeurs français avaient été victimes en Espagne; il lui témoigna toute l'estime qu'il faisait de lui, et l'invita à lire immédiatement un papier dont il le chargeait pour son maître.

[1] Cette audience des deux rois d'armes est rapportée, mais incomplétement, dans le Corps diplom. de Dumont, IV, 1re part. 503. Elle est reproduite avec plus de fidélité dans les Papiers d'État de Granvelle, I, 310 et suiv.

[2] La lettre est datée de Madrid, le 18 mars 127-28. Papiers d'État de Granvelle, I, 350. Gaillard, en rajeunissant le style de cette réponse, en a un peu dénaturé le sens. Cela lui arrive assez souvent lorsqu'il veut reproduire les paroles ou les écrits de ses personnages.

Perrenot s'excusa en disant que, ses pouvoirs étant annulés par l'ordre de son rappel, il n'avait plus qualité pour faire ce que sa majesté désirait; le roi alors commanda au secrétaire Jean Robertet de lire ce papier. C'était un cartel où il déclarait que si l'empereur osait maintenir que lui, roi de France, eût jamais fait quelque chose qui ne fût pas d'un vrai et honorable gentilhomme, il en avait menti par la gorge [1].

Perrenot n'ayant pas voulu se charger de cette pièce, ce fut le roi d'armes Guyenne qui la porta à Madrid et la remit solennellement aux mains de l'empereur, le 8 juin 1528. Dans cette provocation, le roi signifiait qu'il ne voulait plus d'écritures, mais la sûreté du camp [2]. Charles congédia Guyenne en disant qu'il ferait une réponse au cartel. En effet, le 28 juin, l'empereur chargea son roi d'armes Bourgogne de porter au roi de France sa réponse et un contre-cartel. François, qui ne voulait plus d'écritures, mais seulement l'assurance du camp, avait ordonné de ne pas laisser passer le roi d'armes s'il n'apportait point cette assurance. On fit donc à Bourgogne beaucoup de difficultés sur la frontière; et son voyage en fut considérablement retardé. Enfin, le 1er août, on lui dépêcha un sauf-conduit, qu'il reçut le 19, et avec lequel il se mit en route. Arrivé le 7 septembre à Étampes, il éprouva encore des retards; enfin il fut admis devant le roi le 10. Bourgogne avait reçu ordre de haranguer le roi, et de lui lire tout haut le cartel impérial; François ne voulut jamais permettre à cet agent de prendre la parole. « Apportes-tu l'assu-

---

[1] Ce cartel, déjà publié par Martin du Bellay, sous l'année 1527, dans ses Mémoires, et reproduit par M. Rey dans son *Hist. de la captivité de François Ier*, 243, se trouve encore en français et en espa-gnol dans les *Papiers d'État de Granvelle*, I, 372.

[2] *Papiers d'État de Granvelle*, I, 360 et suiv.

rance du camp? — Sire, j'ai ordre de vous lire le cartel... — Donne-le-moi, tu harangueras après. » Et voyant que le roi d'armes persistait à vouloir lire, François s'irrita et laissa échapper des paroles peu dignes d'un grand monarque. Bourgogne partit de Paris le 16 septembre, sans avoir pu remplir sa mission. On ne manqua pas d'en conclure à la cour de Madrid que François Ier, qui avait été le provocateur, n'osait ou ne voulait plus se mesurer avec son rival [1].

Tandis que ces deux souverains donnaient à l'Europe le spectacle bizarre de leurs animosités personnelles, l'Italie était redevenue le théâtre de la guerre. Lautrec avait passé les Alpes, au mois de février, avec mille lances et vingt mille hommes de pied; secondé par les troupes de Venise, de Florence et de François Sforza, il s'était emparé de Pavie et avait fait fuir les hordes allemandes, qui n'étaient pas encore assouvies du pillage de Rome; bientôt il fut sous les murs de Naples, qu'il investit.

Ce siège fut malheureux : la contagion se mit dans le camp français; les troupes, mal payées, mal soignées, dépérissaient tous les jours. André Doria, qui commandait la flotte auxiliaire génoise, se détacha tout à coup du service de France. Mécontent d'avoir été frustré de la rançon du prince d'Orange et de Hugues de Moncade, faits prisonniers par lui, il demeura à Gênes, et chargea Philippin Doria, son neveu, de le remplacer sur la flotte; bientôt on apprit qu'André et Philippin avaient passé au service de l'empereur. Cette défection ruinait la cause française dans le midi de l'Italie. Lautrec tomba malade et mourut le 16 août, en maudissant, dit-on, l'inconce-

---

[1] Gaillard et M. Rey ont disculpé François Ier du reproche d'avoir, en cette occasion, usé de feinte et de détour pour éviter le combat qu'il avait provoqué lui-même.

vable insouciance du roi, qui, sans égard pour sa parole ou ses intérêts, s'épuisait en folles prodigalités et négligeait les dépenses les plus nécessaires [1]. Les tristes débris de notre armée disparurent presque entièrement sur ces rivages insalubres. Gênes, soulevée par les Doria, secoua le joug français.

C'était assez d'humiliations et de désastres : la France épuisée demandait la paix. L'empereur, inquiet d'un bonheur qui dépassait ses espérances, et qui, advenu sans motif, pouvait lui échapper de même, désirait aussi un accommodement; mais de part et d'autre on répugnait à faire les premières démarches.

Ces avances que les deux princes ne voulaient pas faire, que leurs conseillers n'osaient leur suggérer, deux femmes en prirent la responsabilité. Louise de Savoie envoya dans les Pays-Bas le secrétaire Bayart, qui, sous prétexte d'affaires privées, se fit admettre auprès de Marguerite d'Autriche et entra avec elle en pourparlers de paix. Marguerite, après avoir pris l'avis de son conseil et même celui de l'évêque de Liége, dépêcha secrètement vers la duchesse d'Angoulême M. de Rosimbos et le secrétaire Guillaume des Barres. Leur négociation eut pour résultat une entrevue à Cambrai entre ces deux princesses. Elles y arrivèrent le 5 juillet 1529. L'archiduchesse descendit à l'abbaye de Saint-Aubert, et madame d'Angoulême dans une maison voisine appelée l'hôtel Saint-Pol. Pour rendre les conférences plus faciles et soustraire les deux négociatrices à la curiosité indiscrète des courtisans et des ambassadeurs étrangers, on établit entre les deux logis une galerie

---

[1] « Lautrecius, in desperationem versus, « Francisci socordiam execratus est qui « neque ulla ratione, neque data fide, ne- « que sua utilitate motus, tot inutiles impensas faceret, necessarias omitteret. » Belcarius, *Rer. Gall.* XIX, 52.

de communication. qui passait au-dessus de la rue inter-
médiaire. Tous les jours Louise et Marguerite avaient un entretien secret de plusieurs heures[1]. Enfin, au 1ᵉʳ août tout fut

[1] La note suivante, contenant des particularités curieuses sur ce congrès de
Cambrai, nous a paru mériter d'être insérée ici :

« L'an mil cincq cens et xxix, le vᵉ de
jullet, vindrent en la cité de Cambray
pluisseurs dames et damoiselles, et pluisseurs notables personnages pour faire la
paix. Et premier, cedit jour vint, environ
iiii heures après disner, Madame Marguerite, doagiere de Savoie; et avec ladite
dame y avoit pluisseurs littieres, haguenées et chariotz où estoient pluisseurs
dames et damoiselles avec pluisseurs cardinaulx, evesques, abbés et gentilz hommes; et estoient en nombre environ de
deux à trois cens, tous vestus de velours,
d'or et de soye. Jamés je ne veis si belle
compagnie ne si beaux chevaulx, et tout
pour accompagnier ladite dame, et fut
logée ladite dame à Saint-Aubert. Ce
meisme jour, environ vii heures du soir,
vint la regente de France, mere du roy,
accompagnée de la royne de Navarre sa
fille, madame de Vendosme, la duchesse
de Nemours; et y avoit lxvi haguenées
acoustrées de velours et pluisseurs chariotz où estoient dames et damoiselles, et
y avoit iii ou iiii cens gentilz hommes
acoustrés tous de velours, et fut logée à
l'hostel de Saint-Paul, et la royne de Navarre à l'hostel d'Anchin, et avoit-on faict
des galleries pour converser les unes avec
les aultres. Et alla monseigneur de Cambray au-devant desdites dames, accompagnié de pluisseurs notables personnages
de Cambray, et estoient une très-belle et

honnorable compagnie yssant de Cambray.
— Item, le mardi viᵉ dudit mois, fut la
regente, sa fille et pluisseurs dammes et
damoiselles avec pluisseurs gentilz hommes à la messe à Nostre-Dame à xi heures;
et fut la messe chantée en plain chant
par ses chantres. Item, le merquedi viiᵉ
jour dudit, fut faicte une procession generale, et porta monseigneur de Cambray
en ladicte procession le Sainct-Sacrement
de l'autel, et y avoit vi ou vii abbés pour
l'assister; et estoit ledit evesque en ponti-
fical, et y avoit bien deux cens prestres,
tous revestus de chappes d'or, d'argent,
de velours, de soye et d'aultres. Item,
madame Marguerite fut à vespres à Notre-
Dame le xxvᵉ de jullet avec plussieurs gentilz hommes et gentilz femmes. Le xxviᵉ
dudit, madame la regente alla à vespre à
Saint-Franchois avec pluisseurs gentilz
hommes et gentilz femmes. Item, le penultieme de jullet on commencist à faire
ung hourdement de quesne dedens le
cœur Nostre-Dame pour mettre les dames
et damoiselles. Item, le jœudi xxixᵉ dudit fut la paix conclue, et fut-on jusques
au jœudi vᵉ jour d'aoust que de jour en jour
on debvroit faire la feste; mais il y eult
quelque different, parquoy fut differée
jusques à ce dit jœudi vᵉ d'aoust. Item, le
premier jour d'aoust, la regente alla veoir
madame Marguerite après disner, et allerent ensemble à vespres à Sainct-Aubert,
les iii dames tenans les mains de l'une
l'autre, et estoit belle chose de les veoir.
C'estoit ung triumphe de veoir les gentilz
hommes d'une partie et d'aultre festoier

réglé. Ce fut le traité de Madrid renouvelé (14 janvier 1526), moins la cession de la Bourgogne, et plus une somme de deux millions d'écus d'or pour la rançon du roi.

l'ung l'autre, et pareillement les dames et damoiselles.

« S'enssieut l'ordre qui fut tenue en allant à l'eglise ledit v⁰ jour d'aoust: 1° marcherent les gentilz hommes qui furent menés par deux maistres d'hostel de chescunne des princesses, dont de la part de madame la duchesse, fut maistre d'hostel Souastre. Après marcherent les conseils desdites deux princesses, qui furent menés encores par deux maistres d'hostel de chacunne desdites deux princesses, ung dont de la part madame l'archiduchesse, fut maistre d'hostel Lalaing. Adonc marcherent les prelas, chacun en son ordre, qui furent menés par aulcuns huyssiers de la cambre desdites deux princesses, et maistre d'hostel. Après marcherent les chevaliers de l'ordre, qui furent menés par aulcuns maistre d'hostel et roy d'armes, d'une partie et d'autre. Et après marcherent messieurs les ambassadeurs, qui furent menés par aulcun maistre d'hostel. Après les halbardiers desdites dames apporterent les deux dames en une littiere; et la royne de Navarre estoit derriere sur une haquenée. Et après vindrent les dames et damoiselles toutes à piedz, depuis Sainct-Aubert jusques à Nostre-Dame. Et avoit devant lesdites deux princesses pluisseurs trompestes, clarons et hauvens, que c'estoit chose delectable à les ouyr. Et avoit-on fermé l'eglise depuis environ cincq heures au matin jusques à trois heures que le service fut celebré.

« S'enssieut l'ordre qui fut tenue en ladite eglise. Lesdites deux princesses, c'est assaveoir madame l'archiduchesse d'Austrice et madame la contesse d'Angoulesme, etc., regente de France, vindrent en leur oratoire, lequel leur avoit esté preparé, et estoit de si grand richesse qu'on ne le sçaroit estimer, et estoit devant le grand autel de Nostre-Dame de Cambray; et ouyrent la grande messe celebrée par reverend pere en Dieu monseigneur Robert de Croy, evesque et duc de Cambray, conte de Cambresis, etc., et estoit sa premiere messe, et fut la plus honnorable messe, je croy, que jamais fut celebrée ne plus honnorable service, car c'estoit cose angelicque. Les coristes estoient où on met le chiron beny. Les trois dames estoient audit oratoire, et derriere les dames, princesses et aultres de grosses maisons asizes chescunne en son ordre, et derriere lesdites dames aux formes dudit cœur, estoient assis les chevaliers de l'ordre du Toyson d'or. D'aultre costé senestre, auprès du grant autel, estoient les legats de Salvyati, le cardinal de Liege, le cardinal chancelier de France, archevesques, evesques et pluisseurs grans et notables personnages et prelatz, devant lesquelz estoient assis les ambassadeurs et commis de nostre saint-pere le pape, du roy d'Angleterre et aultres particuliers. Et derriere lesdits ambassadeurs estoient assis les chiefs du conseil et maistres des requestes de l'hostel de l'empereur nostre sire, avec aulcuns secretaires ad ce ordonnés. Après, ausdites formes et du costé senestre, estoient les chevaliers de l'ordre du roy de France très-chrestien. Après, au millieu

Charles-Quint victorieux pouvait stipuler des conditions favorables à ses alliés et à ses serviteurs; il n'y manqua point. François Ier vaincu et humilié, avait assez de ses propres em-

dudit cœur, estoient pluisseurs grans seigneurs, gentilz hommes et officiers. Et hault sur les echaffaulx dessus lesdites formes, d'un costé et d'autre, estoient grand nombre de dames, damoiselles et gentilz femmes, avec trompettes et menestriers jouant de divers instrumens, qui furent conduictes par le maistre d'hostel Bulleye. Aussy auprès dudit oratoire, devant ledit grant autel où estoient lesdites deux princesses, y estoient assis trois rois d'armes et deux heraulx, assavoir de la part de l'empereur : Toyson-d'Or, conseiller et roy d'armes de l'ordre, et Grenade, roy d'armes de l'empereur; et de la part du roy très-crestien : Normandie, roy d'armes; Dolphiné, herault, et Richemont, herault du roy d'Engleterre. Après les eswangiles chantées, le cardinal chancellier porta baissier à madame l'archeducesse lesdites ewangiles, laquelle les renvoya à madame la duchesse, par laquelle furent renvoyées à madame l'archeduchesse qui les baisa. Et le tout fait ainsy et ordonné, après l'offertoire de la messe, fut faict ung sermon par reverend pere en Dieu monseur l'evesque de Vance *, docteur en theologie, et print pour son tensme : *beati pacifici, etc.* Au quel sermon eult deux parties au grant honneur et louenge de ceulx qui desirent la paix, et principallement au grand honneur et loenge des très-excellentes princesses madame l'archeducesse d'Austrice, etc., et madame la ducesse d'Angoulasme, etc., et finable-

* C'était le célèbre docteur Robert Cenalis, qui fut successivement évêque de Vence, de Riez et d'Avranches.

ment à l'exaltation de toultes dames et aultres desirans paix. Le sermon fini, après les *Agnus Dei,* ledit cardinal chancellier porta baisier la paix à madame l'archeducesse, qui le baisa comme elle avoit fait lesdites ewangiles. Après la messe celebrée, la benediction fut faicte et donnée par très-reverent pere en Dieu, monseigneur le cardinal Salviati, legat du saint-siege apostolique. Après laquelle benediction faicte, lesdites deux dames princesses partirent de leur dit oratoire et se vindrent rendre devant ledit grant autel, auquel lieu et en la presence que dessus, jurerent la paix sur les sainctes ewangilles; et aussy firent les procureurs, ambassadeurs comprins en ladite paix. Et ce fait, fut chanté *Te Deum* par les chantres, trompettes et instrumens, et fut la paix publiée au trin de Nostre-Damme par monseigneur le doyen de Nostre-Dame. Ce fait, lesdites princesses s'en retournerent en tel ordre comme elles estoient venues, et toultes aultres choses joieuses se declarerent comme en tel cas est acoustumé.

« Après le partement de l'eglise, madame Marguerite fist ung solennel banquet. Ce dit jour, madame la regente tint court ouverte à tous venans, tant au povre comme au riche, et en y eult pluisseurs qui en furent tous plaisans, et y eut les trois pars de Cambray qui y furent pour en avoir memoire; et fist-on pluisseurs feux, jeux, dittiers, chans et balades et pluisseurs autres esbatemens; et furent portés trois flambeaux ardans au bout du clochier de Nostre-Dame, et lendemain

barras : il ne demanda ou du moins n'obtint rien dans le traité
de Cambrai pour le roi de Navarre, les républiques de Venise et
de Florence, pour les ducs de Milan et de Ferrare, qui s'étaient

aussy. Des choses que on fist en Cambray, on ne le sçaroit dire, car trop long seroit à racompter. Ce mesme jour fut la paix publiée ès cours des dames et devant la maison de la ville et à Cantimpret qui est Artois, par les heraux ad ce ordonnés, et jeytoient or et argent par où ils passoient.

« Cy s'enssieuent les noms d'aulcuns prelas :

« M. le cardinal de Liege. M. l'evesque de Tournay. M. l'evesque de Palerne, avec autres.

« Les chevaliers du Toyson, lesquelz ont accompagnié madame Marguerite :

« M. de Fiennes. Le marquis prince de Chimay. M. de Bergues. M. de Haustrat. M. de Bevres. M. de Sainct-Py. M. d'Istain. M. de Fresin. M. de Tresegny. M. de Rosimbo. M. le seneschal nommé Pierre de Werchin, M. de Condé, lequel estoit bien gorgias, et pluiseurs aultres, lesquelz seroient trop long à racompter pour le present.

« S'ensieuvent les noms des princes qui ont accompagnié madame la regente de France.

« Les chevaliers de l'ordre. — Le duc de Nemours. M. de Longueville. Loys M. de Nevers. M. de Montmorency. Monseigneur le grand-maistre. M. de Laval. M. du Casteau Bruiant. M. de Rieux. M. le conte de Lande. M. de Briane. M. d'Aubegny. M. de Humieres. M. de la Chambre. M. de Barbezieux. M. de Villars.

« Aultres seigneurs. — Le baron de Bucyl. M. de Nauscay. Le conte Porcian. M. Filz du Mareschal. M. de la Marche. Le vidas-me d'Amiens. M. de la Hargerie. M. de la Maisonfort. M. de Lange. M. de Tays. M. de Roye. M. du Vies, et pluisseurs aultres.

« S'enssieuvent les prelas qui ont accompagnié la regente de France.

« Le legat Salviati. Le cardinal chancellier. M. de Rouen. M. de Bourges. M. de Lymoges. M. de Mascons. M. de Chartres. M. d'Angoulesme.

« Les ambassadeurs. — Angleterre, Venise, Ferrare, Millan, Savoie, Florence.

« Roy d'armes et heraulx. — Normandie, Daulphiné, Angoulasme, Gienne, Champaigne, Bretagne.

« Gens des finances. — Le general de Languedoncq. Le general d'Espestine. Le general de Biaune. Le contre-rolleur. Le tresorier Grossilie et aultres.

« Les noms d'aulcunes dames. — Madame la regente. La royne de Navarre. Madame de Vendosme. La duchesse de Vendosme. Mademoiselle de Vendosme. Madame Isabeau de Navarre. Madame de Nemours. Madame de la Trimoulle. Madame de Villars. Madame la grande seneschalle et pluisseurs aultres.

« Les filles de la chambre. — Helly. Speaux. Bonneval. Bussay et aultres dames.

« Aulcunnes dames qui accompagnerent madame Marguerite. — La contesse de Lalaing. La contesse d'Espinoy. La contesse de Haustrat. La contesse de Aiguemont. Madame de Fiennes. Madame la Marquise. Madame la grande bailivesse de Haynault, avec pluisseurs aultres dames et damoiselles.

attachés à sa cause et l'avaient servi jusqu'au dernier moment. Aussi le roi, durant son bref séjour à Cambrai, évita-t-il toute explication avec les ambassadeurs, qui voulaient lui demander compte d'une telle omission. L'article 47 du traité portait qu'il serait enregistré et entériné par les parlements et cours des comptes du royaume. Cette formalité fut accomplie à Dijon le 20 septembre, à Paris le 18 novembre, à Rouen le 7 décembre, à Grenoble le 18 janvier 1529-30, à Toulouse le 4 février, à Bordeaux le 10 février, à Aix le 26 février[1]. Le traité de Cambrai fut, en outre, ratifié par les villes de Montargis, Sens, Vitry, Orléans, Agen, Périgueux, Nevers, Blois, Chartres, Angers, Senlis, Amiens, par les provinces de Bour-

« Le lendemain vi⁰ d'aoust, la regente et la royne de Navarre partirent environ 11 heures après disner pour aller veoir le roy son filz, qui estoit à l'abaye du Mont-Saint-Martin.

« Le vii⁰ au soir, à vi heures, revint madame la regente et sa fille, avec le cardinal de Lorrainne, M. de Florenge, le duc d'Albanie, le conte de Guise et pluisseurs aultres.

« Le lundy ix⁰ d'aoust, vint le roy de Franche, Franchois, premier de ce nom, en Cambray, environ 1111 heures et demie après disner, et vindrent avec luy le roy de Navarre, le cardinal de Bourbon, l'evesque de Laon et pluisseurs ducz, contes et barons en grand triumphe et honneur, M. de Cambray au devant comme il avoit fait aux dames. Et allerent les princes de madame Marguerite en très-bel ordre au-devant du roy. Quant le roy fut en Cambray, il alla descendre à Sainct-Aubert et alla saluer madame Marguerite, et puis alla veoir sa mere par devers Sainct-Aubert. Peu après s'en retourna en

logis au palais M. de Cambray, et luy deshousé, s'en alla souper avec sa mere. Le lendemain ouyt messe à Nostre-Dame en grant triumphe. Ledit jour fut faict ung bancquet au palais, aux princes et princesses d'une part et d'aultre, et y eult pluisseurs esbatemens et mommeries; car toutte la noblesse de France et de Flandre y estoient. Le merquedy xi⁰ alla ouyr messe comme le jour precedent. Ledit jour fit le roy ung bancquet aux princes du Toyson d'or, et alla souper avec sa mere. Le xii⁰ se parti le roy, sa mere et tous les aultres environ ix heures au matin. Le lendemain se partirent madame Marguerite et tous les aultres, environ 11 heures après disner. Et durant tout ce que dessus, n'y eult ne noises ne discors. » (*Biblioth. de Lille*, ms. G. A., 22, p. 57.)

[1] Tous ces actes d'entérinement et de vérification reposent aux archives de l'ancienne chambre des comptes de Lille, et ont été publiés par Dumont, *Corps diplom.* IV, 2⁰ part. 20 et suiv.

bonnais et de Périgord, les bailliages d'Autun et de Mont-cenis[1].

De son côté, l'empereur fit faire le même entérinement au grand conseil de Malines et à la chambre des comptes de Lille, en présence de M. de la Pommeraye, ambassadeur délégué à cet effet par François Ier.

Pour satisfaire à l'article 5 du traité, la ville et le château d'Hesdin furent remis, dès le 24 novembre, par Jean de Humières, entre les mains de Philippe de Lannoy, gouverneur de Tournai, Hugues de Bulleux, capitaine du château d'Aire, et Georges d'Espleghem, secrétaire de l'empereur[2].

Immédiatement après la conclusion du traité, le roi et la duchesse d'Angoulême avaient dépêché en Espagne un agent pour visiter les princes retenus comme otages, et les réconforter en leur annonçant leur prochaine délivrance. L'huissier Bodin, chargé de cette mission, en a rendu compte dans un rapport fort curieux[3], dont nous allons donner la substance.

[1] *Corps diplom.* IV, 2ᵉ part. 25-42. Dumont nomme les bailliages d'*Ostim* et de *Moncems,* et déclare dans une note que ces lieux lui sont inconnus. Il est évident qu'il s'agit des bailliages d'Ostun (Autun) et de Montcenis en Bourgogne.

[2] Voici l'inventaire des pièces d'artillerie trouvées par les impériaux, le 25 novembre, dans le château d'Hesdin : « Premier, en la tour Robin, dessoulz la plate-forme, ung faulconneau de fer anchien mis sur roues. Item, sur la muraille dudit chasteau, près la porte de la ville, cincq courteaux de fer anchiens de petite valeur. Item, en la tour rompue, en hault, troix faulconneaulx de fer dont l'ung est rompu. Item, dedens la mynne d'icelle tour rompue, ung faulconneau de fer anchien monté ou mis sur roues. Item, auprès de la porte du parcq, une grosse pieche de fer comme ung courteau gisant en la boue ou ordure. Item, au logis que l'on appelle le logis du sieur des Deffences, lieutenant de M. de Sarcus, un petit faulconneau de fer anchien. Item, syx hakebuttes de fer anchiennes à crochez. Item, emprès de la cuysine dudist chasteau, à terre, trois anchiennes et assez petites chambres de fer. Item, quatre cloches pour sonner le guet et l'orloge, l'une plus grande que l'aultre. »

[3] Nous tenons ce rapport, ainsi que plusieurs autres pièces, de l'obligeance de M. Gachard, garde des archives générales de Belgique. Le même érudit, dans une lettre adressée à la Commission royale

Ces documents prouvent à quel point l'empereur se montrait encore sévère et méfiant envers un prince à qui il venait de jurer une amitié perpétuelle et qui allait devenir son beau-frère.

Parti de Cambrai au mois d'août, Bodin fut retenu vingt-trois jours à Narbonne pour attendre le sauf-conduit de l'empereur, qui se trouvait à Barcelone. Le sauf-conduit étant arrivé, cet envoyé partit en poste, espérant achever son voyage en toute diligence, comme on le lui avait commandé; mais à la frontière un gentilhomme le retint et le conduisit à Perpignan, où il demeura quatre jours sous la garde d'un soudard qui avait ordre de ne le laisser parler à personne sans témoin. Enfin, il fut confié à un gentilhomme de l'empereur, qui le mena droit à Barcelone, où il fut contraint de demeurer encore huit jours. A Saragosse, le fisc inventoria tous les objets dont il était porteur, or, argent, vêtements, et il dut en payer les droits, bien que son sauf-conduit portât qu'il devait être franc et quitte de tout péage. Enfin, après de nouveaux délais, il arriva à Pédrasse, où étaient détenus le dauphin et le duc d'Orléans. Ce ne fut pas sans difficulté que Bodin entra en cette ville. On le plaça dans une hôtellerie, qui sur-le-champ fut occupée par une garde de huit ou dix hommes. Le lendemain, Bodin fut présenté au marquis de Verlana, gouverneur de la forteresse, et ensuite introduit dans la chambre des jeunes princes. « Et me mena, dit Bodin, en une chambre d'icelluy chasteau assez obscure, sans tapisserie ne parement aucun, et

---

d'histoire de Bruxelles, p. 17, fait mention d'un recueil volumineux de pièces originales concernant la détention des enfants de France, lesquelles reposent à la bibl. royale de Madrid. MM. de Nava-rete, Salva et de Baranda ont inséré, en outre, seize documents sur cette matière dans leur *Coleccion de documentos ineditos,* ibid. 18.

seulement y avoit paillaces ; en laquelle chambre estoient mesdits seigneurs, assis sur petits sieges de pierre enconstre la fenestre de ladite chambre, qui est garnie par dehors et par dedans de gros barreaux de fer, et la muraille de huict ou dix pieds d'espaisseur, ladite fenestre si haulte que à toute payne peuvent mes dits seigneurs avoir l'ayr et le plesir du jour, qui est bien suffisant à detenir personné attaint de gros crime. Et est ledit lieu tant ennuyeulx et mal sain, que pour le josne et tendre eaige de mes dits seigneurs ainsi menez et detenus et en si pauvre ordre de vestemiens qui estoient seulement de chascun une saye de velours noir, en façon d'habillement à chevaulcher, avec bonnets de velours noir à un rebràs, sans ruban de soye, ne autre parure que chausses blances et souliers de velours noir par dessus, ne me fut lors possible contenir sans gecter larmes. » Bodin, surmontant son émotion, fit la révérence au dauphin, et lui dit en français qu'il venait le visiter de la part du roi, de madame, du roi et de la reine de Navarre, qu'un traité de paix venait d'être conclu, et que bientôt, après les formalités accomplies, monseigneur et son frère reviendraient en France voir le roi, madite dame, les princes et le commun peuple qui si fort les désire. Le dauphin, regardant le marquis d'un air triste, lui dit en espagnol qu'il n'entendait rien au discours de cet homme, et demanda qu'il voulût parler le langage du pays. Bodin, ébahi de ce que l'héritier de France avait oublié sa langue maternelle, lui répéta en espagnol ce qu'il venait de dire, puis il lui demanda s'il ne savait plus parler le français. « Comment l'aurois-je pu retenir, répliqua le prince, vu que je n'ay nul de mes gens avec qui je puisse converser et parler? » Le duc d'Orléans s'avança et dit : « Monsieur mon frère, c'est l'huissier Bodin. » Le dauphin dit qu'il le savait bien, mais qu'il ne le voulait

pas dire. Alors les jeunes princes se mirent à questionner
Bodin sur tout ce qui les intéressait. Durant cet entretien, ils
passèrent, avec la permission du gouverneur, dans une autre
chambre encore plus pauvre et plus mal garnie que la première.
Le dauphin et son frère allèrent tout de suite vers la fenêtre
pour avoir un peu d'air et de jour, puis ils prirent chacun un
petit chien entre leurs bras. Les soudards qui étaient là dirent
que c'était maigre passe-temps pour de si hauts princes. Tandis que Bodin s'en plaignait au marquis, le capitaine des
gardes, Antoine de Praet, lui dit en riant: « Vous voyez comme
sont traités les enfants du roi votre maître, ayant pour toute
compagnie les soudards des montagnes, sans nul exercice ou
éducation. Si le roi veut envoyer ici quelque peintre en images,
M. le dauphin deviendra soudain un bon maître, car il s'a-
donne chaque jour à faire petits personnages et images de cire.
—J'ai bon espoir, répondit fièrement Bodin, qu'avant trois mois
il passera maître en meilleures œuvres et en exercices à lui plus
convenables. — Je pense, dit le marquis, que dans trois mois,
et même quatre, messeigneurs seront encore en Espagne; d'ailleurs, c'est assez parlé; il faut se retirer. » L'huissier demanda
l'autorisation de revenir le lendemain, on refusa; il insista en
disant qu'il avait à remettre aux princes des bonnets de velours
garnis en or et surmontés de plumes blanches: on lui dit qu'on
irait les prendre à son hôtellerie. Bodin obtint néanmoins la
faveur de revenir encore au château. Arrivé dans la chambre,
il prit les bonnets, les baisa et voulut les présenter lui-même
aux deux princes. André de Praet l'en empêcha, en disant:
« Vous voyez, messeigneurs, ils sont très-beaux; voulez-vous
que je vous les garde? —Oui, capitaine, répondit le dauphin;
mais je vous prie que je les voie encore. » Du reste, on ne
leur permit pas de se coiffer de ces bonnets, de peur que,

par art magique et nécromance, ces objets ne les aidassent à s'envoler hors de leur prison et à retourner en France. Bodin, qui les voyait tous deux merveilleusement grandis, voulut mesurer leur taille, afin d'en faire rapport au roi. On ne le lui permit pas pour le même motif. Le fidèle huissier s'éloigna de ses jeunes maîtres en pleurant. Les gardes qui l'accompagnaient ne souffrirent pas qu'il se promenât dans la ville. Au moment où il voulait partir, il s'aperçut que son cheval avait reçu dans l'épaule un coup de poignard d'un soudard qui en avait envie, et qui espérait ainsi se le faire abandonner. Bodin s'en alla comme il put sur son cheval blessé, et après bien des retards il parvint à Fontarabie, où il prit congé des gens qui avaient charge de l'accompagner et de le surveiller.

François Ier envoya copie de ce rapport à Marguerite d'Autriche, qui s'en émut et écrivit à l'empereur une lettre pressante pour le conjurer, au nom de ses propres enfants, d'adoucir la situation des fils du roi; elle intercéda également auprès de l'impératrice.

Le gouverneur du château de Pédrasse avait raison de dire en septembre 1529, que le dauphin et son frère resteraient encore plus de quatre mois en Espagne. Huit mois s'écoulèrent entre la visite de Bodin et leur délivrance. Il fallut durant cet intervalle recueillir les fonds nécessaires pour la rançon du roi, montant à 2 millions d'écus d'or. Aux termes de l'article 3 du traité, le payement devait se faire de la manière suivante: 1° 1,200,000 écus payables au moment de la délivrance des princes; 2° 590,000 écus payables au roi d'Angleterre pour le rembourser de pareille somme par lui prêtée à l'empereur; 3° le reste converti en une rente de 25,000 écus assignée sur les biens que madame de Vendôme possédait dans les

Pays-Bas[1]. Quant à la créance du roi d'Angleterre, ses ambassadeurs au congrès de Cambrai convinrent le 7 août, en son nom, que les obligations de l'empereur seraient remises au roi de France, qui devenait ainsi débiteur des sommes qu'elles re-

[1] Ces biens furent évalués de la manière suivante :

« *Declaracion des terres transportées à l'empereur par le roy de France pour* XXV^m V^e *escus d'or de rente au rachat du denier vingt deniers, assavoir l'escu d'or de* XXII *caratz et trois quarts d'or fin l'escu, et de* LXXI *et demi au marck :*

« La terre d'Enghien monte de cler III^m Ve XXXI escus d'or I quart et VII s., ainsy qu'elle est evaluée et monte une foiz.......................... LXX^m VIe XXIX escus d'or.

« Chastellenie de Lille, semblablement VIIIe XXVIII escus d'or II quars et IIII solz................ XVI^m Ve LXXII escus d'or.

« La Bassée semblablement a esté evaluée par an comme dessus, et monte le cler IIIe I escus d'or I tiers et XX d. font au denier vingt à rachat ainsy que celluy cy-dessus........................... VI^m XX escus d'or.

« Gravelinghes, semblablement LXVI escus d'or I tiers I s. VI d. font...................... XIIIe XXVII escus d'or.

« Bourbourg, semblablement VIII^xx XI escus d'or I quart font............................. III^m IIIIe XXV escus d'or.

« Dunckercke, semblablement IIe IIII^xx IIII escus d'or III quarts semblablement................ VII^m VIe IIII^xx XV escus d'or.

« Les transportz de Flandres et renenghes de Cassel et espier de Furnes, IIIe LXI escus d'or et douze deniers............................. VII^m IIe XX escus d'or.

« Thonlieu de Bruges, VIe IIII escus d'or deux tiers. XXXII^m IIII^xx escus d'or. XIIII.

« Le conté de Saint-Pol, MLII escus d'or deux tiers. XXI^m LIIII escus d'or.

« La terre d'Oisy, II^m XVIII escus d'or II tiers..... XL^m IIIe LXXIIII.

« Orville, Ve XXIII escus d'or deux tiers......... X^m IIIIe LXXIIII escus d'or.

« La terre de Piernes, IXe X escus d'or......... XVIII^m IIe escus d'or.

« Le bois et aultres terres en la chastellenie de Lille, VIe XVII escus d'or deux tiers................. XII^m IIIe XLVII escus d'or.

« La seigneurie d'Esquerdes, XVIIIe II escus d'or. XXXVI^m XL escus d'or.

« Hennekin, appartenant à monseigneur de Besiers, IIIe IIII^xx XVIII escus d'or III quars et VIII solz...... VII^m IXe IIII^xx escus d'or.

« Hencin, IIIIe VII escus d'or III quars.......... VIII^m CLV escus d'or.

« Teingnes, Ve XXIX escus d'or I quart.......... X^m Ve IIII^xx V escus d'or.

« Fruges, IXe VI escus d'or II tiers I quart........ XVIII^m CXXXIX escus d'or.

présentaient, et s'engageait à les rembourser dans un temps déterminé[1]. L'évaluation des terres consignées par madame de Vendôme fut longue et épineuse. Enfin elle se fit par les soins de Guillaume de Landas, président, Jean de Warenghien, maître en la chambre des comptes de Lille, commissaires impériaux, d'une part ; de Jean Billon, maître des comptes de Paris, et d'Antoine Hellin, commissaires pour le roi, d'autre part.

L'échange des 1,200,000 écus contre la reine Éléonore et les fils du roi devait avoir lieu, aux termes du traité, avant le 1er mars. On ne fut pas en mesure pour ce jour-là ; mais, le 10, le maréchal de Montmorency arriva à Bayonne avec la somme convenue et les quittances du roi d'Angleterre. En même temps, le connétable de Castille se trouva à Fontarabie, muni des pleins pouvoirs de l'empereur. Les opérations minutieuses de l'essayage des monnaies, le règlement des mesures de précaution à prendre de part et d'autre pour éviter toute

« Les terres Anthoine Daupy, IIIᶜ LIIII escus d'or
I tiers. . . . .   VIIᵐ IIIIˣˣ VIII escus d'or.

« Englemoustier appertenant à monseigneur de
Nevers, XIIIᶜ XXVI escus d'or I tiers. . . . .   XXVIᵐ Vᶜ XLVII escus d'or.

« Pontrewaert, CLXXII escus d'or II tiers. . . . .   IIIᵐ IIIIᶜ LIII escus d'or.

« Havrincourt, appartenant à monseigneur de Flo-
ranges, IXᶜ IIIIˣˣ I escus d'or II quars. . . . .   XIXᵐ VIᵈ XXX escus d'or.

« Les Haulx-bois de Havrincourt, IIIIᶜ LI escus d'or.   IXᵐ XX escus d'or.

« Carency, XVᶜ XXVI escus d'or I tiers. . . . .   XXXᵐ VIᶜ XXXIIII escus d'or.

« La terre de Leuze, IIᵐ VIIᶜ III escus d'or III quars.

« Et que l'empereur a rabatu que Madame avoit
donné XVᶜ LXIII escus d'or demi-quart Vᵉ. . . . .   XXXIᵐ IIᶜ LXX escus d'or.

« Condé, XVIIᵐ IIIᶜ XLIX[1]. ». . . . .

[1] Les ambassadeurs étaient Cuthbert Tunstal, évêque de Londres, Thomas Morus, chancelier de Lancastre, et Jean Halket. Cette convention du 6 août, qui était une conséquence du traité conclu la veille entre le roi et l'empereur, prouve bien que dans la conférence de Cambrai on n'en avait pas fait mystère aux ambassadeurs anglais, comme du Bellay le prétend.

surprise, entraînèrent de telles longueurs que l'échange ne put s'effectuer qu'à la fin de juin. Durant ces pourparlers, la dignité de la France fut encore un moment compromise; à l'essayage il se trouva que les écus étaient d'un aloi trop faible; et il fallut compenser la tare par une indemnité de 40,000 écus. On accusa le chancelier du Prat d'être l'auteur de cette fraude, dont la honte rejaillissait jusque sur le roi lui-même. Ce n'est point ainsi, dit Dupleix, que se comporta saint Louis, lorsque, payant sa rançon aux Sarrasins, il leur fit remettre 10,000 écus qu'ils avaient reçus en moins sans s'apercevoir de l'erreur.

Quand l'échange fut consommé, le roi partit de Bordeaux pour aller recevoir ses fils et la nouvelle reine; il les rencontra à l'abbaye de Veien, au diocèse de Condom. Là se célébra au pied des autels ce mariage qui semblait devoir clore enfin la longue série des luttes dont nous venons de tracer l'esquisse.

Mais la réconciliation de Charles et de François ne fut qu'apparente. La Paix des Dames, malgré les adoucissements qu'elle apportait au traité de Madrid, n'était en réalité qu'une capitulation imposée par la raison du plus fort. Tous les articles du traité, pleins de rigueur quant au fond, révèlent dans la forme et les détails la défiance la plus injurieuse. On dirait qu'à chaque clause l'empereur veut faire sentir à son ancien prisonnier combien il compte peu sur sa parole.

Et pourtant l'union sincère de ces deux princes eût été alors bien utile au repos de l'Europe et de la chrétienté, où des éléments de discorde fermentaient avec tant d'activité. L'insurrection luthérienne triomphait en Allemagne; l'insurrection calviniste commençait en France. L'affaire du divorce de Henri VIII troublait l'Angleterre et la disposait au schisme;

une révolution politico-religieuse s'achevait en Danemarck et en Suède. Le sultan avait pénétré de la Hongrie dans le cœur de l'Autriche.

Du reste, ces commotions elles-mêmes, ces apparitions de sectes nouvelles et d'états nouveaux, ces rivalités ambitieuses des princes, eurent pour résultat l'affermissement de l'équilibre européen qui se substituait à l'unité politique du moyen âge. Le traité de Westphalie sanctionna plus tard ce qu'avait fait la force des événements. A dater de cette époque, l'Empire ne fut plus qu'une sorte de fiction, une dignité sans priviléges, à peu près comme est aujourd'hui la noblesse sous notre régime constitutionnel. Toutefois la maison d'Autriche, en qui cette dignité s'était établie et se perpétuait héréditairement, aurait fini peut-être par devenir la seule dynastie régnante en Europe, si Louis XIV, achevant l'œuvre de résistance organisée contre elle par Louis XII et François Ier, poursuivie par Henri IV, Richelieu et Mazarin, n'eût fait échouer pour toujours ses projets de monarchie universelle.

NÉGOCIATIONS

DIPLOMATIQUES

ENTRE LA FRANCE ET L'AUTRICHE.

NÉGOCIATIONS

DIPLOMATIQUES

ENTRE LA FRANCE ET L'AUTRICHE,

DURANT LES TRENTE PREMIÈRES ANNÉES DU XVIᵉ SIÈCLE.

1491-1500.

I.

EXPOSÉ

DES TORTS IMPUTÉS PAR LA MAISON D'AUTRICHE AU ROI DE FRANCE, CHARLES VIII,
SURTOUT EN CE QUI CONCERNE L'INVASION DE LA BRETAGNE ET LE MARIAGE DE
LA DUCHESSE ANNE.

(*Minute ou copie du temps.*)

Contra falsas Francorum litteras 1491 (datas), pro defensione honoris serenissimi Romanorum regis semper Augusti[1].

1491.

Cum nemo sit qui nesciat Francos Gallos (sic enim eos appellamus, quod propter regnum Francie etiam divus rex noster Romano-

---

[1] Cette diatribe déclamatoire, où sont exposés si passionnément la plupart des anciens griefs de l'Autriche contre la France, nous a paru devoir être mise en tête des documents diplomatiques qui vont suivre. Outre l'intérêt historique qui s'y rattache, elle offre un curieux spéci- men des manifestes politiques de l'époque. Du reste, la copie contemporaine qui nous a servi est défectueuse en beaucoup d'endroits; et nous craignons de n'être pas parvenus à restituer tous les passages incorrects ou inintelligibles.

rum et alii quoque reges ac principes magnam Gallie partem justis-
simis titulis tenent ac possident), cum nemo, inquam, sit qui nesciat
Gallos Francos, non modo in occupandis vicinorum principum opi-
dis atque dominiis magis semper proditionibus quam justi belli potentia aut strenuitate uti solitos, verum etiam varia et ficta mendacia
et litteris et nuntiis passim vulgare solere, quibus suas versutias ac
perfidas proditiones obumbrent et credulum vulgus inanibus suis
nugis atque jactantiis pascant, pro rei veritate detegenda ac mani-
festanda, serenissimi regis nostri honore vindicando falsis atque fic-
titiis eorum litteris quas nuper de iniqua ac perfida proditione ac
occupatione civitatis Nannetensis crebras per omnem patriam ferri
divulgarique fecerunt, paucis esse respondendum duximus.

Et ut omnibus ipsa versipellis ac detestanda Francorum perfidia
magis pateat, hoc unum, licet manifestum, non omittendum Francorum regem duximus, anno M IIII^c IV^{xx} IX, cum serenissimo atque inclyto rege nostro semper augusto federa pacis percussisse ac sigillasse.
Quibus etiam se ab omni vi bellica adversus illustrissimam dominam
Annam, ducissam Britannie, cessaturum promisit[1] usque ad vicesi-
mum diem Maii fluentis anni M IIII^c IV^{xx} XI, ut interea in civitate Tor-
nacensi, ad diem constitutam, de controversia inter ipsum regem
ipsamque ducem Britannie, missis utrinque legatis seu commissariis,
amicabili, ut aiunt, via disceptaretur et componeretur. Percusso igitur
hoc pacis federe, Franci, ut semper hactenus consueverunt, clanculum et perperam rem suam ampliare querentes, posteaquam Alanum,
dominum de Albret, cui, jurejurando in fidem atque dispendium
ab illustrissimo Francisco, quondam Britannie duce, accepto, illustrissima Anna, ejus filia, omnium rerum suarum fortunam commiserat, in suas partes clanculum pollicitationibus ac premiis attraxerant

---

[1] Pour mettre fin à la guerre que
Charles VIII faisait à la jeune duchesse de
Bretagne, des arbitres assemblés à Francfort avaient décidé que les hostilités seraient suspendues, qu'entre temps les
parties produiraient leurs titres devant
des jurisconsultes réunis à Avignon, et
que le 25 mai 1491 on se rendrait à
Tournay, pour entendre la sentence définitive.

sollicitando, utpote jam securi quod arcem et civitatem Nanetensem quam is incolebat ejus opera possent occupare[1], oratores suos
ad serenissimum regem nostrum celeriter transmiserunt, quibus ipse
rex Francus regem nostrum augustum nova federa cum serenissimo
Henrico, rege Anglie, percussisse et matrimonium cum illustrissima
Britanie duce contraxisse, in magnum suum inque federis prejudicium, conquestus est. Quod et Anglicos suos antiquos hostes esse
dicerent, et ipsam Britanie ducem, nisi ipsius regis Franci consensu,
ex pacto illustrissimi pie memorie Francisci patris ejus, Britanie
ducis, cuipiam nubere non debuisse affirmarent.

Responsum est eis, ut veritas est, nihil in litteris federis inter ipsos Romanorum et Francorum reges contineri cur harum duarum
rerum series contraria foret. Quin imo ea federa cum rege Anglie
multo prius quam cum ipso rege Franco percussa, nunc demum ultro
citroque missis atque receptis Jarreterii atque Aurei Velleris ordini-
bus, augmentata fuisse (sic enim insignia et vincula quibus ipsi Romanorum et Anglie reges sibi maxime fidos largiendo astringunt
vulgo appellant), nec quidquid in illo postremo anglicano federe
publicato, cujusque vel Franci recto judicio, jurejurandum fore
quandoquidem ea federa defensionem mutuam utriusque regis adversus eorum hostes, si quis forte eos invaderet, non autem ipsorum adversus alios invasionem continerent.

De matrimonio vero ipsius illustrissime Anne, ducis Britanie, ve-
risimile non videri ejus quondam illustrissimum ac prudentissimum
patrem filiam suam ad illicita obligare voluisse. Quod si id forte vi
aut metu promisisset, nullius momenti censendum fore. Quin imo
si id libere ac sponte promisisset, filiam suam ad id obligare non
potuisse, cum divino et humano jure conjugia liberi et non coacti
consensus esse debere caveatur.

Hiis igitur certis verisque responsis veluti persuasi vix abierant

---

[1] Alain, sire d'Albret, l'un des préten-
dants à la main d'Anne de Bretagne, se
vengea, dit-on, de la préférence accordée
à Maximilien d'Autriche, en livrant aux
Français la ville de Nantes, confiée à sa
garde.

oratores, quum illico est allatum arcem et civitatem Nanetensem per ipsos Francos occupatas fuisse, tradente domino de Albret, qui, absente domino de la Ruwe, Britanie marescalco [1], ipsius civitatis Nanetensis arcisque prefecto, uno ex custodibus arcis corrupto, nocte intempesta, cum armatis in arcem receptus, et illam et civitatèm in vicinorum Gallorum manibus tradidit. Et unicuique plane pateat ipsum regem Francie nulla alia ratione illos oratores ad regem nostrum misisse nisi ut de proditione Nanetensi jam certissimus fucatam et adumbratam aliquam causam illius proditionis videretur habuisse.

Quis jam igitur non admiretur vafras et versutas Francorum fraudes, quibus et principes et nobiles sua garrula loquacitate juestare (sic) et incertum ac credulum vulgus irrationabilibus figmentis pascere atque seducere et in suam potestatem trahere, si possent, ubique conantur?

Quod enim litteris suis rex Francie cives Nanetenses veluti voluntarios in suam ditionem pervenisse insimulat, salvo majestatis honore, nulla veritatis parte subsistit, cum constet ipsos cives fidelissimos ac obedientissimos subditos illustrissimis ducibus suis semper fuisse, nisi quantum aliquando militarium ducum discordia atque potentia, ut libere parere non possent, constricti fuere; sed nunc demum, tradita Francis arce maximoque exercitu introducto, ipsam civitatem, cum destituta presidiis se tueri non posset, ipsius regis Franci jugum coactam submisse (subiisse) nec quempiam ipsius jus civitatis regi Francie, ut scribit, cedere vel transferre potuisse, cum de illius jure nullus unquam ipsi illustrissime Anne duci controversiam moverit; constetque ipsos cives, defuncto illustrissimo duce Francisco [2], ipsi Anne ejus filie que, ex antiqua consuetudine, dominio patris successit, et fidem et obedientiam et homagium prestitisse, ipsamque prefectos, magistratus, judices ac officia queque, ut veram solam

---

[1] Le comte de Rieux, maréchal de Bretagne, à qui le duc François II avait, par testament, confié la garde et tutelle des deux filles qu'il laissait.

[2] François II, duc de Bretagne, mourut le 9 septembre 1488.

atque legitimam dominam, ibidem instituisse, aliaque omnia vere ac
indubitate principis munera exercuisse, ut de iniqua ac crudeli spo-
liatione ejus, quam suis falsis litteris Franci refellere student, plane
omnibus liqueat.

Articulum vero pacis Ulme tractate, ut Franci scribunt, ipsam illustrissimam Britanie ducem non servasse et litteras ea de re sigillatas per oratores Francos delatas non acceptasse, ut vero contrarium
est, sic, si omnia bene planeque narrentur, iniquitate plenum per-
verseque relatum comperitur. Cum enim ad illustrissimam ipsam
ducem, ejus pacis significande gratia, pervenisset reverendus in Christo
pater dominus Raymondus[1], episcopus Gursensis, legatus apostolicus,
et dominus Wolfgandus de Polhain[2] marescalus, ac dominus Bernar-
dus Perger, Cæsarius prothonotarius, et Philbertus de Veris, primus
regis scutifer, *la Mouche* appellatus[3], qui omnes apud regem Francie
ea de re fuerant oratores, et cum eis unus regis ipsius Francie domus-
magister, in eorum omnium conspectu atque presentia, ipsa illustrissima dux, re intellecta, pacem acceptavit, illustremque principem Oraysse (Orange), consanguineum suum[4], cum collegis ac litteris
ea de pace sigillatis ad regem Francie misit. Qui, cum multos articulos seu clausulas in ipsius ducis prejudicium in eis litteris adjungere
voluisset, ipse dominus princeps Orayce ejusque college rem tantam,
inconsulta domina, acceptare non arbitrati, ad eam rebus infectis,
ut debuerant, redierunt. Et paucos post dies cum multis illius modi
articulis, non tamen omnibus, concedendis, ad ipsum regem re-
missi sunt, qui remissas ad se litteras non acceptavit, sed suos oratores ad ipsam illustrissimam ducem se missurum respondit, qui

[1] Raymond Péraud, né à Saintes, cardinal, mort à Viterbe en 1505.

[2] Wolfgang de Polhaim, le même qui
épousa Anne de Bretagne comme procureur de Maximilien. Voyez *Correspondance
de Maximilien Ier et de Marguerite d'Autriche*, II, 397, note 3.

[3] Philibert de Veyre ou Verey, dit

la Mouche, chevalier de la Toison d'or.

[4] Jean de Châlon, prince d'Orange,
était en effet cousin d'Anne de Bretagne,
puisque sa mère Catherine, fille de Richard de Bretagne, comte d'Étampes,
était la propre sœur du duc François II,
père d'Anne.

eam de mente sua facerent certiorem. Misitque paulo post episcopum Lectorensem[1] et dominum Franciscum de Lucemburgo, qui plures alias atque graviores petitiones et paci tam Ulme quam Francfor-
die inite contrarias addiderunt. Quas ipsa dux, maturo consilio,
non duxit acceptandas, ipsisque oratoribus responderi fecit se inite
paci nunquam contrariam fore, quin imo illam, ut acceptaverat, firmiter servaturam. Demumque suos oratores cum litteris pacis ad regem Francie misit, qui nec litteras acceptare nec suas invicem reddere voluit; se pacem tamen servaturum respondit, ipsamque ducem
ad eandem pacem servandam et ad legatos seu commissarios ad diem
Tornaci constitutam mittendum exhortatus est, quo ipse quoque
suos, ut aiebat, missurus esset. Et hiis, quicquid Franci contrarium scribant, hujus rei geste vera series declaratur.

Quod vero nonnullos ipsius illustrissime ducis Britanie milites aliqua Gallorum loca occupare tentasse Franci scribunt, ea racione
per eos fictum est ut prodicionem Nanetensem ipsi Franci apud ejus
rei ignaros probabilius purgent. Non enim sic factum esse ut illi
narrant comperietur; quin imo cum ipsi duci Franci conquesti essent nonnullos Britannos colonos in aliquos Francos irruisse (etsi
illi deteriora merebantur quod, pace non servata, patriam passim
excurrentes ac predam facientes, se in Rupem Guyonis[2], veluti in
latronum speluncam, receptare solebant), per ipsam tamen ducem responsum est id sine suo mandato factum esse, seque ita illos suos, si
qui errassent, punituram ut facile ceteris cederet in exemplum, tametsi constet ipsos Britanos colonos ad ea facienda per excurrentes
Francos lacessitos fuisse, ut ipsi Franci prodicionis Nanetensis aliquam vel adumbratam responsionem viderentur habuisse.

Quod autem Anglicanum exercitum extra Britaniam ad promissum tempus non dimissum accusant, id reprehendendum non esse
illis facile suaderi potest qui non ignorant ipsam ducem ante vice-

---

[1] Pierre d'Absac, évêque de Lectoure
en 1487, promu à l'archevêché de Narbonne en 1494.

[2] La Roche-Guyon, château avec titre
de duché, dans le Vexin français, sur la
Seine.

simum secundum diem mensis Maii ipsos Anglicos dimittere obligatam non fuisse, cum tamen ipsi Franci duobus mensibus antea Nanetensem civitatem occupaverant.

Ad dietam vero Tornacensem quo ipsam illustrissimam ducem suos non misisse commemorant, mirandum est profecto quo pacto Franci in tam manifesta mentiri non verentur. Vero enim verius est ipsam ducem, a rege Francie diplomate seu salvo conductu pro trecentis equitibus eo mittendis postulato, et tandem pro ducentis obtento, legatos seu commissarios per regnum Francie ad ipsam diem Tornaci constitutam transmisisse[1]. Qui cum Valencianam, Hannonie oppidum, pervenissent, caduceatorem seu heraldum ipsius ducis ad Tornacensem civitatem miserunt, qui illos de legationis adventu faceret certiores ingressumque et hospitium in urbem postularet. Sed responso accepto quod sine expresso mandato regis Francie ipsos legatos non essent admissuri, ad illos reversus est. Illi unum ex collegis suis doctorem cum secretario et eodem heraldo, pro re certius exploranda, Tornacum remiserunt; quibus pari responso dato, ipsi legati omnes, ne quid officii vel debiti intactum omitterent, eo confestim profecti sunt, ad quorum colloquium consiliarii civitatis Tornacensis convocati, adventus eorum causa audita, illis pariter ingressum et hospitium recusarunt, nec se illos sine expresso regis Franci mandato quovis pacto admissuros responderunt. Quibus de rebus admirati stupefactique legati, testificacionem ejus facti, cum tempus exigeret, postularunt, duosque tam apostolicos quam imperiales notarios quos secum adduxerant, de sua comparitione, oblatione ac diligentia prestita, recepta que repulsa ac ignominia instrumentum ac instrumenta fieri rogaverunt; inde per ipsum regnum Francie unde venerant in Britaniam suam redierunt[2].

[1] Les principaux députés envoyés par la duchesse de Bretagne à l'assemblée de Tournay, furent Michel Guibé, évêque de Rennes, Alain le Maout, évêque de Quimper, et le sire de Guémené.

[2] En effet, les députés bretons ne purent être reçus à Tournay, sous prétexte que Charles VIII n'avait pas donné ordre de les admettre. Voyez *Histoire civile et ecclésiastique de Bretagne,* par D. Morice et D. Taillandier, II, 207

Ad Avenionensem vero dietam anno preterito per ipsam ducem Britanie missum non fuisse, cum ipsi Franci, non observando promissa, causam dederunt, injuste conquesti sunt.

Hec igitur qui recte audiverunt ac intellexerunt Francorum tam perversam in mentiendo loquacitatem ac perfidam in depravando temeritatem non admirentur, non detestentur, non accusent, qui et domino regi nostro semper augusto, et illustrissimis principibus sacri Romani imperii electoribus, aliisque etiam per Italiam falsissimas de suis rebus litteras dare non erubescunt? Sed quis miretur eos non pudere qui omnem pudoris roborem jam tot seculis omnino deterserunt?

Quis nescit eos cum illustrissima ac potentissima domo Burgundie quecumque percussa invicem federa priores semper perfregisse? Nonne contra hujus postreme pacis federa Philippo de Ravestain [1], serenissimorum principum nostrorum rebelli, pecuniarum et armatorum auxilia clanculum semper suggessere, et illustrissimum dominum ducem Aurelianensem, quem dimittere statim post pacem debuerant, captum hactenus tenuere, et oppidum Sancti Audomari nocturna proditione capere temptaverunt, et nostris ex conventione pacis sua reposcentibus reddere contempsere, et patrias Flandrensem, Artesiensem et Leodiensem, simulatis externorum excussionibus aut fictis suorum exulationibus, crebro vastavere?

Hec aliaque hujusmodi multa verissima, quia nos in eos tacita preterimus, ideo ipsi etiam falsissima in nostrum regem atque reginam confingere et passim vulgare non erubescunt, quidque superioribus annis, cum ab invicto et strenuissimo rege nostro apud Morinum, duodecim eorum milibus cesis, ter turpiter profligati sunt, etiam ad urbem Romam et ad alias provincias congratulatorias litte-

---

[1] Philippe de Clèves, seigneur de Ravestein, qui avait pris parti pour les Brugeois révoltés contre l'archiduc Maximilien, fut déclaré par l'empereur Frédéric félon et traître à l'Empire. Depuis il rentra en grâce auprès de Maximilien; mais il l'abandonna encore pour servir la France. Il mourut sans postérité en 1494, après avoir été un instant gouverneur de Gênes pour Charles VIII.

ras perscripserunt quibus suam victoriam suis amicis significarunt. Det igitur eis, queso, Deus omnipotens multas ac crebras illius modi victorias, ut tandem sue innate falsitatis inestimabilisque perfidie debitas penas luant. Amen.

Tu vero, serenissime Carole, Francorum rex, si te forte hiis aliqua ex parte compunctum putaveris hiis verissimis nostris dictis, ut te deprecamur, veniam dabis. In tuam enim majestatem tale aliquid dicere nulla mens fuit, sed certe sacratissima semper augusta regis atque regine nobis colendissima nomina tuis tuorumve potius litteris irreparabiliter lesa, lacessiti veritatem dicentes, defendere debuimus. Magis autem accusandi sunt qui tuam majestatem hiis teneris annis ad istos mores inducunt. Te enim jam armatum in strenuos ac fortes hostes prodire, non in inertem (inermem?) et pace fretam confidentemque puellam insidiosas proditionis artes vertere convenisset. Nescis quid enim de te libere sentiant et loquantur absentes. Ut enim pater tuus, quondam famose memorie Ludovicus, illustrissimam quondam puellam Mariam, quondam Burgundie ducem, corruptionibus ac prodicionibus, non vi bellica, multis patriis spoliaret, sic te quoque illustrissimam Annam, Britanie ducem, spoliare contendisse demonstras. Sed jam alium, crede, quam quondam pater tuus talium facinorum ultorem sacreque sue consortis protectorem reperies. Laudabilius tibi ac tuis utilius profecto fuisset, si adversus impiissimos christianorum hostes, quandoquidem ipse christianissimus velis appellari, jam paratum soceri tui impetum in te tuosque non divertisses. Quis enim probaverit te una ex parte ipsum dominum socerum tuum ad tam honestum tamque necessarium bellum contra Turcos cohortari, eique tuas opes ac auxilia polliceri, et alia ex parte ejus patriam ejusque carissimam consortem tot perfidis artibus prosequi? Si finem rerum metita fuisset tua majestas, talibus profecto, ut arbitramur, abstinuisset, tueque clementis adolescentie corruptores ac talium consiliorum vel scelerum potius inventores ac persuasores digno supplicio punivisses.

Hec sunt, serenissime rex, semper auguste, que, pro vestre sacre

majestatis honore conservando, contra falsas Gallorum litteras publicanda confecimus, ejus vestre serenissime majestatis subditi servi-
tores ac patriarum consiliarii.

Anno Domini 1492, mense Mayo.

Nunc demum quia Franci, more suo, multa falsa et ficta contra
honorem et nomen tue sacre majestatis passim scribere et detrectare
non desinunt, serenissime rex Maximiliane, semper auguste, domine
noster metuendissime, nos, ejusdem tue majestatis patriarum consiliarii, in illorum responsionem tuique nominis defensionem, ex multis
verissimis hec pauca collegimus, ubicumque visum fuerit, publicanda
illisque apte adjicienda que anno superiori post Nanetensem prodicionem pari racione publicata fuere.

Et ut ∙ alia multa Francorum perfidiam falsitatemque maximam
continentia omittamus, dicat hic, queso, ipse rex Francie aut quilibet gestorum ejus protector ac persuasor quomodo promissa patris
sui Ludovici, quondam Francorum regis, ac principum et statuum
tocius regni Francie a se ipso quoque postea comprobata servaverit,
que in conventione seu tractatu pacis anno Domini MCCCCLXXXII° celebrato[1] continentur, cum scilicet matrimonium inter ipsum et illustrissimam Margaretam, serenissimi Romanorum regis filiam, per
ipsum regem cum statibus patriarum contractum, confectum atque
conclusum est.

Et primo quomodo illum articulum seu caput salvum faciet, quo
rex ipse Ludovicus, pater ejus, cum principibus regni sui promisit,
et ipse tunc Delphinus filius, annis postea major, libere ratificavit ac
confirmavit, quod si forte dictum matrimonium solveretur, tunc comitatus Arthesii, Burgundie, Cadrollesii cum patriis ac dominiis
Matisconensi, Auxerrensi, Salinario, Barrensi et patria que de Noyeris
dicitur, omnia in dotem ipsius illustrissime Margarete, de ambarum

---

[1] Traité de paix entre Louis XI, roi de
France, et Maximilien, duc d'Autriche,
stipulant, entre autres conditions, le mariage du dauphin avec Marguerite d'Autriche, conclu en la ville de *Franchise*, vul-
gairement Arras, le 23 décembre 1482.
(*Corps diplomatique du droit des gens*, par
Dumont, III, 2ᵉ partie, 100.)

partium consensu et voluntate data et accepta, statim restituerentur, ipsaque illustrissima puella expensis et sumptibus ipsius regis Francie serenissimo domino, genitori suo, Maximiliano, tunc archiduci, aut illustrissimo illius fratri Philippo ab omni vinculo et obligacione libera et absoluta in aliquod ipsorum oppidum Brabancie, Flandrie vel Hannonie, locum scilicet tutum et sub ipsorum principum nostrorum obediencia, cum honestissimo et convenienti comitatu remitteretur ac redderetur, renunciantibus ipsis Ludovico rege et filio ejus juri, si quod antea se habere pretendissent, ad redemptionem castellaniarum et opidorum Insularum, Duaci et Orchies?

Pro quorum observacione, ipse rex Ludovicus se filiumque suum delphinum universumque regnum suum obligavit, sub omnibus cohercionibus et censuris etiam ecclesiasticis, renuncians privilegio quod se habere dicebat se suosque regnicolas per ecclesiasticas censuras astringi non posse. Quin etiam status regni sui ecclesiasticos scilicet nobiles et comitatuum ac oppidorum magistratus tam suo quam ipsorum nomine obligari fecit omnia in ipso tractatu contenta observata fore; cui si unquam per ipsum regem aut filium suum tunc delphinum contraventum fuisset, tunc ipsi regni status nullum auxilium nullumve favorem eis preberent, quin ymo ipsi illustrissime puelle ac ejus serenissimo patri nunc Romanorum regi ejusve fratri archiduci Philippo eorumque patriis omne auxilium, favorem, assistenciamque prestarent. Pro quibus observandis, idem rex Ludovicus serenissimis principibus nostris litteras obligatorias dari fecit, non solum suas, verum etiam omnium principum regni sui omniumque prelatorum ac universitatis Parisiensis demumque nobilium civitatum, opidorum et comitatuum cujuslibet patrie sue.

Quiquidem omnes promiserunt litterisque et sigillis confirmarunt quod ipse delphinus ad consummationem dicti conjugii cum ipsa puella Margarita procederet,

> Cum matura viro, cum plenis nubilis annis[1],

---

[1] Virgile. Æn. VII, 53.

ad etatem aptam pervenisset, quodve nunquam consensum ad aliquod aliud ejus matrimonium preberent ; et si forte illud matrimonium solveretur, se omnes ad restitutionem illustrissime ipsius puelle
patriarumque ejus nomine dotis datarum, ut supra dictum est, pariter
obligarent.

Ea vero omnia quo pacto per ipsos Francorum reges servata sunt
nemo est qui nesciat, cum anno millesimo quadragesimo octuage-
simo quarto, circiter mille astates (*sic*) equites adversus principes nostros Leodiensibus tunc hostibus auxilium miserunt, ubi, ut merebantur, justo Dei judicio, cesis eorum ducibus, turpiter sunt profugati,
etsi enim ex ipsa illustrissima filia doteque retenta ipsi reges Francie
ultra ducenta millia Francorum quotannis exegerunt. Hiis tamen non
contenti nunquam hactenus destiterunt, omni suo procerumque
regni jurejurando honore posthabito, patrias atque dominia serenissimi regis Romanorum ejusque filii bello premere et infestare, eorumque subditos ad rebellionem sollicitare rebellantesque viribus et
opibus adjuvare, cum maxima patriarum nostrarum calamitate non
parvaque humani sanguinis effusione.

Nam constat eodem anno LXXXIV et LXXXV°, ipsum regem Francie
Ludovicum, dominum de Cordes [1] cum magnis regni copiis, rebel-
lantibus tunc Flandrensibus subpetias misisse, ipsumque de Cordes,
subactis per regem nostrum rebellibus, turpiter fugere compulsum
esse ; eodemque tempore regem Francie subditis suis cum nostris
eis finitimis commercia edictis publicis interdixisse, aliaque hujusmodi multa perpetrasse que pacem illam non modo violasse, sed
etiam omnino sustulisse censentur. Ex quo patet falso jactare Gallos,
capto opido Morinensi [2], anno LXXXVI°, nostros priores illam pacem violasse quam ipsi LXXXIV° et LXXXV° jam penitus sustulerant, cum et in

---

[1] Philippe des Cordes ou d'Esquerdes-
Crèvecœur, gouverneur de Picardie, créé
maréchal de France en 1483, mort en
1494.

[2] Le 9 juin 1486, le gouverneur de Douai,

Salezar, à la tête d'un millier d'hommes,
Anglais et Bourguignons, surprit la ville
de Térouane ; mais le 25 juillet 1487,
elle rouvrit ses portes au maréchal d'Esquerdes.

ea solita fallendi fidem federaque frangendi consuetudine continue permanserint usque ad annum Domini M LXXXIX.

Quo anno, in conventu Francfordiensi, de consensu divi Cesaris atque consilio electorum principum celebrato, omnia in bonam partem composita pacataque fuere. In qua quidem pace illustrissima Anna, Britanie dux, tunc serenissimo regi nostro stricto amicitie federe alligata, cum omnibus suis patriis ac populis comprehensa fuit [1]; quam pacem utraque pars fide atque litteris ultro citroque datis observare inviolatamque retinere promisit, eamdemque postea in oppido Ulma Caroli regis oratores, plenum mandatum ac potestatem habentes, cum ipso serenissimo Romanorum rege renovarunt, ratificarunt et confirmarunt.

Cujusquidem pacis protectione, cum omnia jam utrinque tuta' atque secura esse et semper fore viderentur, ipse rex Carolus, a sua solita natura non recedens, arcem et civitatem Nanetensem, totius ducatus Britanie maximam atque munitissimam, proditionibus, ut alias late supratractatum est, occupavit, ipsamque illustrissimam ducem per verba de presente et cum omni sacri conjugii solemnitate desponsatam prosecutus, omnibus eam patriis et oppidis, excepta Rhedonensi civitate, spoliavit, eamque ad certam pactionem [2] violenter induxit.

In qua, inter cetera, continetur quod, civitate Rhedonensi sub illustrissimis ducibus Aurelianensi et Borboniensi in neutralitate posita et eorumdem nomine per illustrem principem Orayce custodita, ordinatis duodecim ex parte Britannica commissariis qui cum totidem ex ipsius regis Francie parte designatis, in loco constituto, de ipsius ducatus Britanie controversia disceptarent, ipsa dux Britanie libera ac tuta, cum honesto ac regio comitatu secure et amicabiliter per regnum Francie in Germaniam vel quocumque vellet, ad serenissimum regem Romanorum virum suum ire posset; quod ut facilius

---

[1] Ce traité de Francfort porte la date du 22 juillet 1489. (Dumont, III, 2ᵉ partie, 237.)

[2] Il s'agit ici du traité conclu au faubourg de Rennes, le 15 novembre 1491.

ac securius ipsa dux acceptaret, ipse rex Francie suum principumque suorum sigilla pro salvo, ut aiunt, conductu pollicebatur, et, preter pecuniam pro eo itinere peragendo promissam, etiam centena et vicena milia annua, usque ad finem Britanice litis, ipsi duci se daturum offerebat, aliaque hujusmodi plurimaque sub quodam simulato pacifice honestatis velamine, ut Britanni et qui apud ipsam ducem pro custodia aderant placari posse viderentur.

Quibus sic utrinque propositis ac acceptatis et sacratissimo ligno crucis dominice tacto, in manibus Redonensis episcopi[1], tam per suos principes quam postea per ipsum regem Francie jurantes, confirmatis, ipse rex Francie Carolus, tanta honestatis oblatione posthabita, omnique regio honore simul cum sacra religione divinoque timore postposito, ad solitas suas artes recurrens, illico cum maxima armatorum manu in ipsam civitatem irrupit, et, sub umbra peregrinationis qua ad templum dive Virginis extra ipsam civitatem accesserat, omnia promissa violavit ipsamque ducem falsis persuasionibus seducendo ac serenissimi Romanorum regis infirmitatem mortemque proximam proponendo, quod ex dato veneno eum diu vivere non posse affirmaret, in matrimonium concubitumque suum eodem tempore traxit ac compulit[2].

Hec est data Gallorum fides, hec jurisjurandi sacrarumque reliquiarum sancta religio, hec promisse securitatis sigilla itinerisque pecunia, hec salvi-conductus tam certa diplomata, profectionisque viaticum!

[1] Michel Guibé, d'abord évêque de Léon, puis de Dol et enfin de Rennes, mort en 1501.

[2] Les rédacteurs de ce manifeste, tout en accusant Charles VIII d'avoir usé d'artifices et de mensonges pour déterminer Anne de Bretagne à l'épouser, ne vont pourtant pas jusqu'à dire qu'il l'ait enlevée tandis qu'on la conduisait à son époux Maximilien. Cette accusation de rapt, avancée par plusieurs historiens allemands, n'est donc pas fondée; elle a d'ailleurs été réfutée par Bayle dans ses Réponses aux questions d'un provincial (Œuvres diverses, III, 754). Néanmoins il y a apparence que le bruit d'enlèvement aurait couru dans le temps; car, avant d'obtenir la dispense papale nécessaire à son mariage, Anne fut obligée de déclarer par acte authentique qu'elle n'avoit pas été enlevée.

Quod cum ipse rex Francie, aut potius qui eum perverso consilio regunt, principibus Gallicis et prelatis ac nobilibus et civitatum magistratibus populoque Francie universo, propter fidem et obligationem per eos in contrarium datam, molestum fore videret, repudiata atque rejecta, ut ait, prima uxore quam secum jam tot annis habuerat et pro vera certaque regina Francie ubique haberi, nominari, reputari et observari voluerat, ad eorum primos susurros impetusque compescendos certas instructiones seu informationes, ut ipsi vocant, per totam Galliam statim divulgari fecit; quibus inter ipsos Romanorum regem Annamque, Britanie ducem, nullum unquam matrimonium fuisse dicebat, seque pro commodo bone pacis regnique sui optata tranquillitate, bellis finem imponendo, ipsam Annam, bono et maturo consilio, in uxorem suam cepisse ac priorem desponsatam serenissimo suo genitori Romanorum regi cum omni recepta dote quam primum remissurum; falsoque predicari per regnum fecit ex ore divi Cesaris prodiisse Romanorum regem filium suum nunquam ad illud Anne ducis conjugium animum posuisse. Easque instructiones non modo per Galliam, sed etiam per Germaniam, Italiam ac etiam Hispaniam orbemque universum publicari mandavit. Quin ymo et ita se facturum ipsi serenissimo Romanorum regi ac etiam divo Cesari per oratores proprios renuntiavit. Quorum tamen omnium nec unicam quidem particulam adimplevit, ac potius divi soceri sui uxore rapta [1] atque decepta non contentus, ejusdem quoque filiam retinet, patrias in dotem jam tanto tempore datas cum fructibus maximis occupat et usurpat.

Nec erubescunt Franci tantorum facinorum ipsam sanctam Romanam sedem, quam tamen non parendo contemnunt, dispensationem, confirmationemve deposcere. Non exigua res est, pater sancte, vos que reverendissimi patres. Longius hec impetigo serpet quam appareat. Cavendum est igitur ne universis christicolis in divini conjugii irreparabilem perniciem hec pestifera lues cor-

___

[1] Ce qui a été dit plus haut prouve que le mot *rapta* ne doit pas ici être pris à la lettre.

ripiatur, aliorumque longe malorum jactet fondamenta; quod procul dubio, si sic toleretur ac impune negligatur, efficiet.

Quis enim jam tanti regis qui christianissimi nomen usurpat non imitetur exemplum? Quis sancte Romane sedis, que nostra precipua mater est, premonstrata vestigia, vel plebanus vel capellanus non sequatur intrepidus? Fient, fient ista palam : *cupient et in acta referri,* ut inquit satyricus:

> Nil erit ulterius quod nostris moribus addat
> Posteritas, eadem facient cupientque minores [1].

At quis hoc tantum scelus ullo jure dispenset, quod ab omni natura tam alienum est ut nec illius exemplum nec vocabulum proprium habeamus? Qui enim soceri filiam uxoremque detinet, hic et fornicatoris et stupratoris et adulteri et incesti et cujusvis libidinosi nomen vincit ac usurpat. Quin ymo si Judeos ac Saracenos seu Mauros, si Turcas olimque gentiles aspicias, tametsi nonnullis horum simul plures uxores ducere et habere lege liceat, nullius tamen more vel consuetudine vel exemplo generum soceri sui filiam uxoremque simul rapuisse retinuisseque comperies.

Nec tantam, meherclè! Menelao Paris unquam injuriam intulit; ac non ideo omnis armata Grecia et Trojam incendit et Phrygiam totam delevit; nec rapta Proserpina Pluto, nec eadem attemptata Pyrithous, nec, amputata Philomene lingua, Thereus, nec Atreus demum nec Thyestes, agitata et fabulis ac historiis nomina, majoribus nostris talia exempla reliquerunt.

Et quid preterea superest quod tanto facinori in accumulatiorem nostri regis injuriam superaddi queat? Hic quidem rex Karolus eodem tempore quo oratores ad nostros Cesares legat, facinora excusat, causam justificat, exercitum quoque suum ad Gheldriam occupandam, que serenissimi Romanorum regis ditionis est, clanculum mittit, eam improvisam invadit, capit et cuilibet regendam tradit.

Nec adhuc satur Clevensem ducatum sollicitat, Lucenborgensem aggreditur, Metensem civitatem furtim queritat, Renanosque dominos

---

[1] Juvén. *Sat.* I, v. 147, 148.

ac populos tum apertis tum clandestinis muneribus ac promissioni-
bus palpitat, sicque paulatim ipsum sacrum Romanum imperium
usque ad intimum corculum temptat, cujus jam diu fimbrias atque
lacunas et in Lotharingia et in Sabaudia demum et in Italia preoccu-
pare temptavit.

Eheu! quis jam finis tante dominandi libidinis erit? Aspicis hec
oculis equis, bone Deus,

Nec galeam quassas, nec terram cuspide pulsas !

O celum! o terra! o supercelestia numina! quis et tam diu taceat,
quis ferat, quis non admiretur, non obstupeat, non indignetur,
non exclamet?

Nisi te, tua sponte, torve aculeis concitatum videremus, dive rex,
semper auguste, tuam hic majestatem moveremus, rogaremus, in-
cenderemus. Sed quis currenti calcar adjiciat? Hec igitur non ad te,
sed ad quoscunque potius hec communis sarcina premit excitandos;
et pro veritate facti instruendos ne false seducantur, asserimus.

Quid vos igitur jam, Gallice nationis illustrissimi principes, pro-
ceresque preclari, vos reverendi patres, bonique prelati, totumque
per orbem celebrata Parisiensis achademia, vosque nobiles et jugo
tam gravi oppressus populus (sic), talia facinora comprobatis, sustinetis, adjuvatis? Ubi data vestra fides? Ubi tam celebrati connubii
federa? Ubi tandem majorum vestrorum laus et probitas?

En favorem, en auxilium, en opem et assistentiam quam in hu-
juscemodi matrimonii observationem, Ludovici regis tempore, pro-
misistis! Si taciti et dissimulando preteritis ac sustinetis, divinam
quoque ultionem que eo gravior quo serior accidere solet, si placeat,
aliquando taciti recogitetis.

Tu vero, quid hactenus hec placidius audis, dive Cesar[1], antiquum
probitatis virtutis exemplum? Non semper longanimitate atque pa-
cientia ferenda sunt omnia, nec tanto principi, qui aliorum caput est ,

Superanda est omnis fortuna ferando [2].

[1] Ceci s'adresse à l'empereur Frédéric, [2] Virgil. Æn. V, 710.
père de Maximilien.

Hic enim non solum clarissimorum filii nepotisque tuorum eorumque patriarum ac dominiorum salus atque discrimen agitatur; verum etiam de quiete atque divino venerande felicisque tue senectutis statu perturbando tractatur. Si enim longius dissimulando hec contagio serpet, verendum est certe ne cesareas aquilas sceptraque tua non tuta reperias, neve tuam majestatem, nisi providus circumspicias, non securam invenias; placido enim aspectu sed peregrino odore atque pestifero jam undique lilia canistris plenis circumfunduntur.

Expergiscere igitur, expergiscere tandem, dive Cesar, ut tuam istam venerandam canitiem victrici triumphalique lauro, jam de tot scelerum ultione parta victoria, victor ac triumphator exornes; ut tuum quoque fulgidum sydus, veluti Dyoneum, apud posteros relinquas admirandum. Serenissimus atque strenuissimus rex noster, semper augustus, filius tuus, tametsi hec omnia longeque majora jam diu forti invictoque pectore ac divina mente complectatur atque resolvat, maximisque collectis viribus tantarum injuriarum cumulos ulcisci paratus cupidissimusque sit, tantam tamen molem sine tuo cesareo sacrique Romani imperii, ad quod ipsa ultio potissimum spectat, et jussu et auctoritate et auxilio, nec aggredi nec sustinere commode potest nec debet.

Cui si affueris, jam undique eum teque simul ultores cunctus volens ac favens consequitur, orbis exspectat: tecumque venit victoria, Cesar; hec enim, ut hactenus invicto regi nostro, quocumque signa moverit, semper comes fuit, sic etiam modo quoque, juvantibus superis in ultione tam justa, non deseret.

Adest etiam serenissimus Anglie ac prepotens rex Henricus, paribus atque eisdem Gallorum ingeniis lacessitus, et tuo inclyto filio confederatus ac frater, cum ingenti totius regni sui tam maritimo quam terrestri apparatu, qui, ut hactenus ex omnibus suis difficultatibus felix evasit, sic ex tam justo bello victor omnino futurus speratur.

Adsunt et, preter ceteros socios ac confederatos, illustrissimi sacri Romani imperii ac totius Germanie principes, nobiles, civitates, communitates, ac populi omnes, animisque bonisque parati tantas injurias tantasve ignominie maculas a sacro Romano imperio nobilissimoque Germanico nomine atque natione etiam suo proprio sanguine detergere atque delere, quibus profecto pia numina favent victoriamque disponunt. Non enim ille equissimus superûm rector, Deus omnipotens patietur ut tantorum scelerum malignatores qui Cesaris aquilas de Turcorum jam parata ultione in se diverterent, sic impugniti semper evadant.

Francorum fraudes nosces regisque severos
Romani mores, hec modo pauca legas.

II.

INSTRUCTION

DE PHILIPPE, ARCHIDUC D'AUTRICHE, À SES AMBASSADEURS PRÈS LE ROI DE FRANCE.

(*Original.*)

Sans date (1500).

Instruction de par mon très-redoubté seigneur, monseigneur l'archiduc au sieur de Viry[1], conseiller et chambellan, et maistre Philippe Hanneton[2], secretaire en ordonnance de mondit seigneur, de ce qu'ils diront au roy de France pour exposition des lettres de credence de mondit seigneur, après qu'ils les auront presentées et fait ses humbles recommandacions.

Premierement diront que mondit seigneur, après la venue du roy son pere ès pays de par deçà, aiant grant regret au discord et

---

[1] Le baron Amé de Viry, chevalier, d'une ancienne famille de Savoie, à laquelle appartenait sans doute aussi un personnage mal nommé *Disviri*, dans une lettre datée de Botzen, 17 janvier 1507 (1508), où Machiavel rend compte d'un entretien qu'il eut avec ce Disviri, ambassadeur du duc de Savoie à Constance. Voyez *Œuvres de Machiavel*, trad. de J. V. Périès, IX, 9, 10.

Quoi qu'il en soit, le baron de Viry fut nommé, le 13 septembre 1510, conseiller et chambellan de l'archiduc Charles. Voyez *Correspondance de Maximilien et de Marguerite d'Autriche*, I, 330.

[2] Premier secrétaire et audiencier de Philippe le Beau, garde des chartes de Flandre. Voyez Paquot, *Mém. litt.* XVII, 308.

3.

different estant entre icellui roy son pere et ledit seigneur roy très-chrestien, lui en a parlé plusieurs fois, afin d'entendre à quelque bon appointement.

Sur quoy il a trouvé que ledit seigneur roy son pere fait difficulté d'entretenir la paix dernierement faite à Paris [1], jusques à ce que de tout le remanant qui n'est decidé par ladicte paix, et aussi du different des querelles d'Italie, iceulx deux seigneurs roy seront d'accord ensemble, afin que cy-après n'ait cause de debat entre eux.

Et après plusieurs devises et communications que mondit seigneur a eues sur ce avec ledit seigneur roy son pere, il a finablement de luy entendu qu'il desire avoir avec ledit seigneur roy de France paix final, non point seulement de ce que touche la maison de Bourgoingne, mais aussi touchant le fait des susdits Ytales par raison, au contentement dudit seigneur roy très-chrestien.

Desirant au surplus de savoir quelle raison ledit seigneur roy de France veult à mondit seigneur par la voye amiable reservée par ladicte paix de Paris, touchant la duché de Bourgoigne et autres droits par lui pretendus, et aussi comment il veult et entent d'estre d'accord et apoinctier avec ledit seigneur roy des Romains, touchant lesdites querelles d'Italie.

Dont mondit seigneur a bien volu par les dessusdites avertir ledit seigneur roy très-chrestien pour sur tout entendre son vouloir, deliberé au surplus de s'employer à l'appoinctement final d'entre iceulx deux seigneurs roix de son povoir; lequel de tout son cuer il desire, ainsi que par pluiseurs fois il a escript et mandé audit seigneur roy très-chrestien.

Et sur ce entendront le plus avant qu'ils pourront l'intention dudit seigneur roy très-chrestien, dont ils avertiront mondit seigneur.

Signé PHILIPPE.

---

[1] Le traité de Paris est du 2 août 1498. Il est inséré dans le *Corps diplomatique du droit des gens*, par Dumont, III, 2e partie, 396.

III.

DEUXIÈME INSTRUCTION.

(Original.)

Sans date (1500).

Mémoire à maistre Ph. Haneton de ce qu'il dira seul et à part au roy de France de par M. l'archiduc, après qu'il lui aura presenté ses lettres de credence.

1° Dira que le roy, à sa venue de par de là, estoit deliberé à la continuation de la guerre et eust en ce volentiers eu l'assitence de mondit seigneur et de ses pays de par deçà, nonobstant la paix de Paris.

Touteffois, par les remonstrances à luy faictes par mondit seigneur, il a esté content d'avoir la treve avec icelluy roy très-chrestien, telle que à present elle est entre eulx.

Depuis, mondit seigneur desirant l'appointement d'entre eulx, sachant que ce seroit le bien de la chrestienneté et de leurs parens, amis, aliez, pays et subgets et de mondit seigneur aussi, et que estans bien d'accord, et aians eulx trois bon entendement ensemble, pourroient conduire de grans choses, a par pluiseurs fois, par les meilleurs moiens qu'il a peu, induit le roy son pere d'y vouloir entendre.

Et après pluiseurs devises et communications qu'il a eu sur ce avec lui, il leur a respondu et declairé qu'il vouloit bien et desiroit avoir avec ledit sieur roy de France paix, pourveu qu'elle fust final, afin que cy après n'eust plus de debat entre eulx.

Mais comment il entend avoir ladite paix final, mondit seigneur n'a encoires jusques à present peu tirer autre chose de luy, oultre la charge du sieur de Viry et ledit maître Philippe ensemble, fors qu'il lui a dit et declairé que, en rendant par ledit seigneur roy de France à mondit seigneur l'archiduc les pays de Bourgogne et les trois villes d'Artois, et muant et tournant sa querelle de Milan contre les Venissiens et les Ytales, esquelles est compris le royaume de Naples, il l'aydera, favorisera et assistera par la force et de son pouvoir, et sur ce traictra et besongnera avec lui en maniere que l'on devra estre content. Dont mondit seigneur a bien voulu avertir ledit seigneur roy.

Et pour ce que en toutes choses fault commencement et que mon dit seigneur de tout son cuer desire l'appointement et amitié d'entre iceulx deux seigneurs roys, mondit seigneur prie ledit seigneur roy très-chrestien très-humblement qu'il ne veuille mectre en nonchaloir ceste matiere ne rebouter le roy son pere de l'appointement et paix final, et que son plaisir soit y entendre.

Et que sur ce lui veuille mander son intention, et mondit seigneur s'emploiera au bien de la matiere de son pouvoir.

Lui parlera aussi du fait de messire Robert de la Marche, lequel journellement continue en ses entreprinses, et lui suppliera y vouloir faire selon que par le maistre d'ostel Courteville et depuis par le sieur de Gimel il l'en a requis.

Ramentevra aussi le fait de madame la douagiere de ce que le marechal de Baudricourt[1] a donné par confiscation au sieur de Lanques son lieutenant et à Jehan Renart la terre de Ferriere, scituée en la vicomté d'Auxonne, ou party dudit seigneur roy de France, appartenant à madite dame, qu'est directement contre la paix; et a l'on, en ce, fait peu d'honneur à mondit seigneur et à elle. Par quoy mondit seigneur, en ensuivant la charge qu'il en a baillée ausdits Courteville et Gymel, supplie au roy vouloir mectre à neant ledit don et faire entierement rendre à madite dame tout ce que, en vertu d'icellui don, a esté prins de ses biens, tant de sadite terre de la Ferriere que d'ailleurs.

Item, fera au roy les recommandations de M. de Thou, frere de M. le

---

[1] Jean, seigneur de Baudricourt, maréchal de France de 1488 à 1499.

prince de Chimay, et lui prira que, en faveur de mondit seigneur l'archiduc, il veuille avoir ledit sieur de Thou [1] pour recommandé.

PHILIPPE.

P. S. Ledit maistre Philippe dira aussi audit roy très-chrestien que mondit seigneur entend que la treve prinse entre lui et le roy son pere doit expirer au premier jour de fevrier, et qu'elle n'est marchande ne communicative. Parquoy lui supplira que son plaisir soit donner charge à ses lieutenans et gouverneurs ou duché de Bourgongne à la prorogacion de ladite treve, et qu'elle soit plus ample et communicative qu'elle n'est de present; et mondit seigneur fera tant que le roy son pere commectra gens pour y communiquer.

[1] Sans doute Antoine de Croy, seigneur de Thou-sur-Marne, frère puîné de Charles de Croy, prince de Chimay.

1501.

Cette année a commencé à Pâques, 11 avril.

IV.

HARANGUE

DES AMBASSADEURS DE PHILIPPE LE BEAU, ARCHIDUC D'AUTRICHE,

AU ROI DE FRANCE, LOUIS XII.

Proposition d'alliance et de mariage. (*Minute.*)

Vers vous, sire, roy très-chrestien, nous, voz très-humbles et très-obeissans serviteurs, sommes envoyez, les aulcuns de la part du roy des Romains, les aultres de la part des roy et roynne d'Espaigne, lesquels bien affectueusement se recommandent à vous, et par assemble, au nom de monseigneur l'archiduc et madame sa compaigne, prince et princesse d'Espaigne, voz humbles cousins et parens, qui bien humblement se recommandent à vostre bonne grace et realle majesté, nous ont chargé venir vers vous et vous dire et declarier aulcunes choeses de leur part.

Sire, vous sçavés que, avant l'advenement à ceste très-digne et très-noble couronne, mondit seigneur l'archiduc, quelque jeusne qu'il fust, a tousjours heu ung singulier amour et affection à vostre très-noble persoene, à laquelle desiroit avoir ample cognoissance, parfaite amitié et benevolence. Depuis, et quant il plust à Dieu prendre à sa part feu de très-noble recordacion feu le roi Charles, promptement et en diligence il vous envoia le conte de Nassau et aultres ses serviteurs pour vous conjoïr et congratuler du bien qui vous estoit advenu, vous fiest dire et remonstrer comment sur toutes choses il desiroit vivre avec vous, comme à bon voisin, humble cousin et obeissant vassal appartenoit.

Vous donna aussi lors souffiesamment à cognoistre qu'il estoit amerement deplaisant des empeschemens et envehissemens que par aulcuns vous furent fait, ès queulx il heut merveillieux regret et deplaisir.

Vous aussi, sire, ne ignorés point que, depuis continuellement jusques à present, il a heu gens et bons personaiges allans et venans vers vostredite majesté et le roy son pere, comme premierement l'evesque de Cambray et aultres de son conseille, et depuis monsieur de Chievres[1], cy-present, et avec luy le prevost de Louvain[2] et le maître d'hostel de Courteville[3], l'espace de xx mois sans cesser, pour treuver quelque bon moyen de paix et mutuelle intelligence entre vostredite majesté d'une part, et comme vassal d'icelle, et dudit roy des Romains, comme son seigneur et pere d'aultre, affin que, envers ung chalcun d'euex sans suspition, il peut vivre ainsi qu'il appartient et que bien faire le desire.

Et après avoir beaucoup laboré en ceste partie par bonne remonstrance et persuasions, a tant fait qu'il a induit ledit seigneur roy des Romains, son pere, à donner pouvoir ausdits sieurs de Chievres, prevost de Louvain et Courteville pour communiquer, traicter et conclure; et pour ce que audit pouvoir y estoit denommé monseigneur le duc de Saxe, electeur, sur l'espoir que mondit seigneur l'archiduc avoit qu'il s'y dheut trouver en persoene, comme bien desiroit, a delaié les envoyer jusques à present; mais quant il a cognu la certaineté de la depesche de mondit seigneur de Saxe, sans plus trainer, les a promptement depeschiés et envoiés vers vostredite realle majesté, pour besongner avec icelle, selon que ledit povoir pourra porter.

Et pour monstrer clerement et ouvertement à vous, sire, premierement, et à tout le monde ensuite, son entier couraige, pure et

<hr/>

[1] Guillaume de Croy, seigneur de Chièvres, depuis lieutenant général des Pays-Bas et gouverneur du jeune prince Charles.

[2] Nicolas le Ruistre ou de Ruter, pré-vôt de la collégiale de Louvain, depuis évêque d'Arras.

[3] Jean de Courteville, seigneur de la Buissière et de Corémont, bailli de Lille.

constante voulenté de soy perpetuellement employer à l'entretenement de ladite paix, nous a par assemble chargié de parler et traictier de l'alliance de saint mariage d'entre madame Claude de France,
vostre fielle, et de monseigneur le duc de Luxembourg, son filz
unicq; de quoy faire nous a donné plain pouvoir et auctorité. Et
pour y tant plus asseurement proceder a tant fait et procuré, que
lesdits seigneurs et damme roy et roynne d'Espaigne y ont donné
leur consentement, ainsi que paravant avoit fait le roy des Romains,
sondit seigneur et pere.

Sire, voulentiers vous raportons ces choses comme toutes sainctes,
bonnes et grandement prouffitables au bien publicq et de la religion
chrestienne; aussi que par icelles cognoissiés le font du bon saing
et entier couraige de mondit seigneur l'archiduc vers vous, le grand
ardeur et desir incredible qu'il a de vivre avec vous comme bon voisin, humble et obeissant vassal.

Et pour ce, sire, que ces matieres ne se puellent eschever ne
vuidier sans communications, nous vous supplions presentement, en
toute humilité, de trois choses : l'une, de nous donner et deputer
pour y entendre gens aymans paix ; l'aultre, que en personne quant
voz aultres grans et pesans affaires le parmetteront, vous y plaise
trouver ; et pour la tierce, que soions tôt despechiés, affin que au
temps à nous prefix puissions estre de retour.

V.

DEUXIÈME HARANGUE DES AMBASSADEURS,

ADRESSÉE AU ROI DE FRANCE LOUIS XII ET À LA REINE ANNE DE BRETAGNE.

Demande de la main de la princesse Claude pour le jeune Charles d'Autriche.

(*Minute.*)

Vers vous, sire, roy très-chrestien, et vous damè, roynne très-excellente, sommes venus par l'ordonnance de voz très-humbles cousin
et cousine, monseigneur l'archiduc et madame l'archiduchesse d'Aus-

triche, prince et princesse de Castille, etc., lesquels nous ont chargié, après vous avoir fait leurs très-humbles recommandacions, vous dire et declairier la continuation de l'entier et parfait amour qu'ilz ont à voz très-nobles et très-dignes persoenes, aussi la grande affection et ardent desir qu'ilz ont de tousjours l'augmenter de tout leur pouvoir. Et pour y parvenir ont mis avant leur iceulx trois consideracions, dont la première est, en ensuivant la doctrine d'un des enseignemens que le prince des philosophes, Aristote, entre aultres, donna au roy Alexandre le Grand, que à tous biens publiques est chose necessaire d'avoir sotieté et confederation avec ceulx qui sont très-puissans et qui soient voisins, affin que tost et promptement, au besoing, l'un puisse secourir l'aultre et estre l'un à l'autre utile et prouffitable.

Oultre, ont consideré qu'il n'y a sotieté ou confederation plus conjoincte, plus convenable, plus certaine et assceurée que celle qu'est contraicté selon Dieu et nature, qu'est celle qui se fait par lien de saint mariage.

La tierce que, communement en contractant les mariages, l'on a regard à quatre choeses : bonté, beaulté, noblesse et richesse.

Sy se sont, après lesdites considerations bien posées, comme bons et saiges princes, desirans pourveoir à leur posterité, leurs seigneuries, pays et subjeçtz, finablement advisés de se allier avec vous, sire, qui estes très-puissant et voisin, par confederation qu'est selon Dieu et nature, asscavoir mariage à celle qui a les quatre qualités dessusdites, bonté, beaulté, noblesse et richesse, qui est madame Claude de France, vostre fielle à present unicque, que Dieu, le souverain duquel tous biens procedent, par sa divine clemense vous a donné, avec leur filz à present seul et unicq, monseigneur le duc Charles de Luxembourg, infant et prince de Castille, correspondant en eage et aux qualités dessusdites.

Et à ceste fin, sire, nous ont despeschiés nosdits seigneur et dame archiduc et archiduchesse, du sceu, gré et consentement de très-haulx, très-puissant et très-excellent princes, roy des Romains, roy et roynne de Castille, leur seigneurs pere et mere, et envoié vers

vous et madamme la roynne très-excellente, avec pouvoirs d'eulx souffisans ad ce servans pour le plus affectueusement et très-humblement prier et requerir que vostre très-noble plaisir soit leur accorder
la persoene de madite dame Claude, vostredite fielle, pour la donner
espouse et femme legitime, elle venue à puberté, à mondit seigneur
Charles de Luxembourg, leur filz.

Sy vous supplions, sire, et vous, madame très-excellente, en toute
humilité, monsieur de Saint-Andrieu, representant la persoene de
monsieur de Bourbon [1], et ad ce par luy commis, monsieur le gouverneur de Bourgogne, monsieur le prince d'Orenges, comme parens
et cousins, et nous aultres comme conseilliers, serviteurs et ambassadeurs ad ce deputés par lesdits seigneurs roys et roynne, archiduc
et archiduchesse, que vostre très-noble plaisir soit leur accorder leur
honneste requeste.

Sire, et vous, damme très-excellente, de la part des seigneurs et
dames, roys et roynne dessusdits, tant affectueusement que faire
pouvons, vous mercions de celle de monseigneur l'archiduc et madamme sa compaigne très-humblement et de la nostre, tant qu'il nous
est impossible l'exprimer.

VI.

TRAITÉ DE MARIAGE

DE MONSIEUR LE DUC DE LUXEMBOURG ET DE MADAME CLAUDE DE FRANCE.

(Copie simple.)

Août, à Lyon.

Loys, par la grace de Dieu, roy de France, etc., et Anne, par
la mesme grace, royne de France, savoir faisons à tous presens
et à venir que, comme nostre très-chier et très-amé cousin Philippe, archiduc d'Austrice, prince de Castille, etc., et nostre très-
chiere et très-amée cousine l'archiduchesse d'Autriche, princesse

---

[1] Pierre II, duc de Bourbon, qui avait épousé Anne de France, fille de Louis XI.

de Castille, sa compaingne, nous aient fait presentement remonstrer que, jà soit ce que icellui nostre cousin l'archiduc soit yssu
et descendu en ligne directe du cousté maternel de nostre couronne et maison de France, et par ce, soit très-grandement con-
joinct et alyé à nous et à notre royaume, neantmoins, pour le
très-grand desir et affection qu'ils ont de tousjours continuer, entretenir, accroistre et augmenter la bonne paix et grand amytiez et
conjonctions dessusdites et de icelles plus confirmer par nouvelles affinités et lyen de mariaige, ils nous ont fait requerir par
noz très-chiers et très-amez cousins le duc de Bourbon, Engelbert
conte de Nevers [1] et Jehan de Chalon [2], prince d'Orenges, et en
leur compaignie Michiel Joannes Gralla, ambassadeur de nos très-
chiers et très-amez freres et cousins les roy et royne de Castille,
messire Françoys de Busleyden [3], arcevesque de Besançon, Guillame
de Croy, chevalier seigneur de Chievre et d'Arschot, grant bailli
de Haynnau, Philibert, sieur de Beyre (Veyre) et de Conroy, cham-
bellans, maistre Nicolas de Ruter, prevost de l'eglise de Sainct-
Pierre en la ville de Louvain, maistre des requestes, tous conseilliers de nostredit cousin l'archiduc; Jehan de Courteville, bailli
de Lille, conseillier et maistre d'hostel de nostredite cousine l'archiduchesse, et maistre Pierre Anchement, secretaire en ordonnance
d'icelui nostre cousin, et ambassadeurs de lui et de nostredite cousine sa compaigne, pour ce expressement et de par eux envoyez
devers nous, qu'il nous pleust donner et accorder par mariaige
nostre très-chier et très-amée fille Claude à nostre très-chier et très-

---

[1] Engelbert de Clèves, comte d'Auxerre,
de Nevers, d'Étampes et de Rethel, mort
le 21 novembre 1506.

[2] Jean II ou IV de Châlon, prince d'O-
range, servit tour à tour la France et
la maison de Bourgogne; il mourut le
25 avril 1502.

[3] D'abord précepteur de Philippe d'Autriche, élu archevêque de Besançon en
1498, mort à Tolède le 23 août 1502. Il
avait trois frères également au service de
Philippe d'Autriche, savoir : Gilles de Busleyden, conseiller, maître de la chambre
des comptes en Brabant; Jérôme de Busleyden, prévôt d'Aire, maître des requêtes
de l'hôtel, et Valérian de Busleyden,
conseiller, receveur général du Luxembourg.

amé cousin Charles de Luxembourg, fils unique de nosdits cousin et
cousine d'Austrice. Nous, considerans la singuliere et entiere affection
que nosdits cousin et cousine ont à nous, aussi les grans, nobles et
puissans royaulmes, principaultés, terres et seigneuries qui appar-
tienent et doivent succeder et appartenir à iceulx nos cousin et cousine, au moien desquelles povons l'un à l'autre faire plusieurs grans,
bons et notables plaisirs, aydes et secours à la gloire et louenge de
Dieu nostre createur, exaltacion et accroissement de nostre foy et religion chrestienne, honneur, bien, prouffit et utilité de chacun de nous,
nos royaumes, pays et subjects; voulans, pour ces causes et autres
raisonnables à ce nous mouvans, complaire à nosdits cousin et cousine,
avons très-agreablement voulu et consenti et par ces presentes voulons
et consentons ledit mariaige estre fait. Et pour traicter et appoincter
les convenances à ce necessaires et requises, avons commis et deputez
notre amé et feal chancellier et nos très-chiers et amez cousins l'e-
vesque d'Alby[1] et sieur de Gyé[2], mareschal de France, pour estre assemblés et besoignier sur ce avec lesdits ambassadeurs de nosdits cousin
et cousine d'Austrice, lesquels nous ont exhibé et presenté le povoir à eulx
sur ce donné par iceux nos cousin et cousine, duquel la teneur s'ensuyt :

« Philippe et Jehanne, par la grace de Dieu, archiducs d'Austrice,
prince de Castille, de Léon, d'Arragon, de Secille, de Grenade,
etc., ducz de Bourgoingne, de Lothier, etc., à tous ceux qui ces presentes lettres verront, salut. Comme, pour le fundament et seureté
de bonne paix d'entre nostre très-redouté seigneur et pere monseigneur le roy des Romains d'une part, et monseigneur le roy
très-chrestien d'autre, laquelle paix, nous, archiduc, avons longtemps poursuye, et aussi pour plus grant seureté, entretenement
et accroissement de la paix estant entre mondit seigneur le roi

---

[1] Louis d'Amboise, frère du cardinal,
élu en 1474, mort à Lyon, le 1er juillet
1503.

[2] Pierre de Gié, vicomte de Rohan,
mort en 1513. Ce fut lui qui, en 1505,
fit arrêter les meubles précieux et les
joyaux qu'Anne de Bretagne avait fait
partir pour Nantes, au moment où une
maladie grave de Louis XII avait suggéré
à cette reine la pensée de se retirer dans
son duché héréditaire.

très-chrestien et nous, ait puis nagaires esté pourparlé le mariage
d'entre madame Claude de France, fille de mondit seigneur le roy
très-chrestien, et nostre très-chier et très-amé fils le duc de Lucembourg; et il soit que pour sur cellui mariage besongner, traicter et
conclure, soit besoing de nostre part y ordonner et depputer aucuns notables personnaiges à nous feables, savoir faisons que nous desirons de tout nostre cueur icellui mariage sortir son effect; et pour
les sens, prudence et bonne experience que savons et congnoissons
estre ès personnes de nos très-chier et feaulx, très-reverent pere
en Dieu l'archevesque de Besançon, sieur de Chievre et de Beyre,
prevost de Louvain, et Jehan de Corteville, avons iceulx appelé avec
iceulx nostre amé et feal secretaire en ordonnance, maistre Pierre
Anchemant, confians entierement de leur loyaultez, preudommies
et bonnes diligences, en nous faisans fors dudit duc de Lucembourg nostre fils, et mesmement nous, ladite archiducesse et princesse, de l'autorité de nostredit seigneur et mary, avons commis,
ordonné et establly, commectons, ordonnons et establissons par ces
presentes, nos ambassadeurs, procureurs et mesaigiers especiaulx
auxquels et à chacun d'eux avons donné et donnons, par ces meismes
presentes, plain povoir, autorité et mandement especial de pour
et ou nom de nous, et nous faisans fors comme dessus, demander
et requerir à mondit seigneur le roy et à madame la royne, en
mariage, madicte dame Claude de France leur fille pour nostredit
fils le duc de Lucembourg; de leur requerir et demander dot et
mariage pour elle, de lui accorder douaire soit coustumier ou con-
vencionnel; et au surplus faire et recevoir toutes promesses et convenance, et sur ledict mariage traicter et conclure ainsi qu'ils verront estre expedient et que bon leur semblera et que nous-mesmes
faire pourrions se presens y estions; promectant en parolle de
princes et soubz l'expresse obligation de tous et quelsconques nos
biens presens et à venir, avoir agreable, à tenir ferme et estable
et faire tenir et accomplir par nostredit fils, tout ce que par nosdits
ambassadeurs et procureurs et chacun d'eux sera touchant ledit

mariage, ses circonstances et deppendances, fait, traicté et conclu, et d'en bailler lettres ratifficatoires toutes et quantes fois que en serons requis. En tesmoing de ce nous avons signé ces presentes de nos noms et à icelles fait mettre nos seaux. Donné en nostre ville de Bruxelles, le xxviie jour de juing l'an de grace mil cincq cens et ung. *Ainsi signé* Philippe *et* Jehanne; *et au-dessus du reply de la lettre,* par monseigneur l'archiduc et madame l'archiduchesse, princes de Castille, etc., Haneton. »

Tous lesquels dessus nommez, commis et depputez de par nous et nosdits cousin et cousine d'Austrice, se sont depuis par plusieurs fois assemblez, tant en notre presence que aillieurs, et ont sur le fait dudit mariage traicté et pourparlé certains points et articles, desquels la teneur s'ensuyt:

« Le roy et la royne auctorisée comme il appartient, promecteront en parole de roy et de royne de faire et procurer par tout effect que madame Claude leur fille, venue en eage de puberté, prendra à mary et espoux monseigneur le duc de Lucembourg, semblablement venu en eage de puberté. Et pareillement les ambassadeurs de monseigneur l'archiduc et madame l'archiducesse sa compaigne, eulx faisans fors pour mondit seigneur de Lucembourg, le jureront et promecteront, si avant que notre saincte eglise s'i consente, et seront obtenues les dispenses à ce necessaires. Item, pour le bien, contemplacion et accroissement dudit mariage, est accordé et promis comme dessus que madite dame Claude succedera à ses pere et mere et autres parens, en tout ce que selon droit et coustumes elle devra succeder, pourveu que le roy et la royne n'aient enffans masles; car s'il y a enffans masles d'eulx, en ce cas elle aura pour tous droits paternels et maternels, la somme de troys cens mil escus d'or, c'est assavoir iic mil escus de la part du roy et cent mille escus de la part de la royne; et avec ce la vestiront et enjouailleront ainsi que à fille de tels seigneurs que sont lesdits roy et royne appartient. Item, et laquelle somme de cent onze mil escus lesdits seigneurs roy et royne seront tenus de payer, assavoir cent mille escus au jour de la solempnisacion

dudit mariage, et les autres deux cent mille escus en trois années
ensuivant, par egales porcions, qui sera en chacune année le tiers
desdits deux cens mille escus. Item, lesdits seigneurs roy et royne
seront tenuz et promectront de faire et conduire madite dame Claude
honorablement et comme à son estat appartient, et icelle rendre
à leurs frais et depens ès pays de mondit seigneur l'archiduc. Item
et est expressement promis et convenancé que madite dame Claude
sera douée de la somme de vingt-ung mil escus d'or, et aura
places et forteresses convenables, tant pour sa demeure que pour
la garde et seureté d'elle, de ses biens et dudit douaire; lesquelles
places, forteresses et autres choses à elle baillées madicte dame
sera tenue de maintenir en bon et convenable estat comme douai-
riere doit et est tenue; et se bailleront lesdites places et douaire
ès pays et souveraineté du roi, se faire se peult, et le surplus de ce
que ne se pourroit bailler et fournir ou pays de Haynnau, de prouchain en prouchain; et s'il advenoit aussi que avant ladicte consommation et solempnisacion dudit mariage, l'un desdits conjoincts allast de vie à trepas, et que lesdits seigneurs roy et archiduc eussent
lors aucuns enffans, dont l'on peult faire aucune alliance de mariage,
il y entendront et le feront affin de tousjours entretenir bonne amytié et alliance entre eulx, si les eages le peuent porter et sont à ce
correspondans. Item et s'il y a plusieurs enffans masles venans dudit
mariage, l'un sera tenu de prendre le nom et les armes de Bretaigne.
Pour l'accomplissement et seureté desquelles choses seront donnez
d'une part et d'autre telles obligacions et scellez qui seront advisez.
Pour ce est-il que, veuz et visités en nostre grant conseil estant lez
nous lesdits articles, nous et chacun de nous, meismement nous
ladite royne, de l'auctorité de mon très-redouté seigneur et mary,
monseigneur le roy dessus nommé, à nous donnée et octroyée en
ceste partie, avons, en ayant pour agreables lesdits articles et chacun
d'iceulx, promis et juré, promectons et jurons en bonne foy et en
parole de roy et de royne faire, procurer, entretenir et accomplir
entierement et par effect, garder et faire garder, tenir et observer

tousjours tout le contenu esdits articles, sans les corrumpre ne souffrir corrumpre ou enfraindre par nous ou par autres en maniere quelconque, pour quelconque contempt, cause ou occasion que ce soit. Et pour les choses dessus dites et chacune d'icelles garder, entretenir et accomplir fermement et à perpetuellement, comme dit est, avons obligé et obligeons par ces presentes, mesmement nous ladite royne, de l'auctorité que dessus, nous et nos biens quelconques presens et advenir, voulans et consentans d'y estre constraincts par toutes censures ecclesiastiques, auxquelles nous et chacun de nous nous sommes submis et submectons, et par toutes voies et manieres de contrainctes dont l'on pourra user envers nous. Et affin que ce soit chose ferme et estable à tousjours, nous avons fait mectre noz seaulx à ces presentes. Donné à Lyon, au mois d'aougst, l'an de grace mil cincq cens et ung, et de nostre regne le quatriesme. *Ainsi signé* LOYS *et* ANNE; *et sur le reploy:* Par le roy et la royne, vous, l'evesque d'Alby, le sieur de Gyé, mareschal de France, et autres presens, ROBERTET. Encoires au bout dudit reploy est escript : *Visa, lecta, publicata et registrata in camera compotorum domini nostri regis Parisius, quarta die Januarii anno millesimo quingentesimo primo. Sic signatum* LEBLANC. Ceste copie a esté collationnée et accordée à son vray original par nous, HANETON, VERDERUE.

VII.

LOUIS XII AUX GENS DE SES FINANCES.

Il donne à l'archiduc la jouissance, pour un an, des revenus des greniers à sel de Château-Chinon et Noyers. (*Copie.*)

12 août, à Lyon.

Loys, par la grace de Dieu, roy de France. A nos amez et feaulx les gencraulx conseillers par nous ordonnez sur le fait et gouverne-

ment de toutes nos finances, salut et dilection. Savoir vous faisons
que, en contemplacion de la proximité de lignage dont nous actient
nostre très-chier et très-amé cousin l'archiduc d'Austrice, conte de
Flandres, nous lui avons de grace especiale octroié et octroions, par
ces presentes, la joïssance du revenu, prouffit et emolument de
nostre droit de gabelle des greniers à sel par nous establis à Chastel-
Chinon et Noyers, pour ung an entier, commencé le premier jour
d'octobre mil cinq cens derrenierement passé, et finissant au derrenier
jour de septembre prouchain venant; et voulons qu'il ait et preigne
ledit revenu pour ledit an par ses simples quictances ou de son tresorier, par les mains des grainetiers des greniers, et chascun d'eulx,
sans ce qu'il lui soit besoing en avoir et recouvrer aucunes decharges,
mandement, provision ne autre acquit, fors cesdites presentes signées
de nostre main, par lesquelles nous avons à nostredict cousin fait et
faisons don dudit revenu pour ledit an, à quelque somme, valeur et
estimacion qu'il se puisse monter, gages d'officiers et autres charges
ordinaires estant sur lesdits greniers payées et acquittées. Si vous
mandons, commandons et expressement enjoignons que en faisant
icellui nostre cousin jouyr et user de noz prezens, octroy et don,
vous lui faictes payer, bailler et delivrer ledit revenu, prouffit et emolument de nostre droit de gabelle d'iceulx greniers durant le temps,
par les mains et maniere dicte, et en rapportant cesdites presentes
ou vidimus d'icelles fait soubz scel royal, avec quictance et recongnoissance de nostredit cousin ou sondit tresorier. Nous voulons tout
ce que payé et baillé lui en aura esté à la cause dessusdite estre alloué
ès comptes et rabatue de la recepte desdits grenetiers et de chascun
d'eulx respectivement par nos amez et feaulx gens de noz comptes à
Paris et Dijon, ausquels pareillement mandons ainsi le faire sans difficulté, car tel est nostre plaisir, non obstant que ledit revenu ne
soit cy speciffié et declairé, que descherge n'en soit levée et quelzconques ordonnances, restrictions, mandemens ou deffense à ce
contraire. Donné à Lyon, le xiie jour d'aoust, l'an de grace mil cinq
cens et ung, et de nostre regne le quatriesme. *Ainsi signé* LOYS; *et*

soubscrit : Par le roy, l'evesque D'ALBY, le seigneur DE GYÉ, mareschal de France, et autres presens. *Signé* ROBERTET.

A cette copie en est jointe une autre portant acte du consentement des généraux conseillers et de l'entérinement desdites lettres.

VIII.

LOUIS XII À PHILIPPE LE BEAU.

Il l'assure de son zèle pour l'entretien de la paix et bonne amitié qui est entre eux. Il désire mettre fin aux différends qui existent entre Philippe d'Autriche et Robert de la Marck.

(*Original.*)

19 janvier, à Blain [1].

Mon cousin, j'ay receu la lectre que vous m'avez escripte par le sieur de Viry et maistre Philippe Haneton, vostre secretaire en ordonnance, et ouy bien au long ce qu'ilz m'ont dit de vostre part, tant de messire Robert de la Marche [2], du fait de la treve, que autres choses qui touchent et concernent l'entretenement de la paix et amytié qui est entre nous. Sur quoy je leur ay fait ample responce, comme par eulx pourrez entendre, et vous asseure, mon cousin, que, en tant qui me touche, je vueil et entends entretenir ladite paix en tous ses points et articles, sans y faire aucune nouvelletée, esperant que de vostre cousté vous ferez le semblable, ainsi que plusieurs et diverses fois vous m'avez escript et fait savoir. Et afin que vous congnoissez que je desire que le different qui est de present entre vous et ledit

---

[1] L'original porte *Blain*, écrit d'une manière très-lisible ; néanmoins on est tenté de croire qu'il faut lire *Blois*. Du reste, il existe en Bretagne, à six lieues de Nantes, un village du nom de Blain. On en connaît deux du même nom en Bourgogne.

[2] Robert II de la Mark, seigneur de Sedan et de Fleuranges, surnommé *le grand sanglier des Ardennes,* servit tour à tour Louis XII, François Ier et Charles-Quint. Il mourut en 1536.

messire Robert soit wydé et que tout exploict de guerre et voye de fait cessent, je luy en ay escript les lettres dont je vous envoye le double cy-dedans encloz; et en cela et toutes autres choses qui vous pourroient toucher, povez croire que je me vouldroie employer comme pour mes affaires propres; et à Dieu mon cousin qui vous ait en sa garde. Escript à Blain, le xixme jour de janvier.

Signé Louis. *Et plus bas :* Robertet [1].

IX.

LES AMBASSADEURS DE FRANCE [2] AUPRÈS DU ROI DES ROMAINS AU CARDINAL D'AMBOISE.

Maximilien fait des difficultés pour donner à Louis XII l'investiture du duché de Milan, stipulée par le traité de Trente; il allègue les plaintes des Lombards bannis, réclame la délivrance préalable du duc Ludovic Sforce; il trouve que le traité de Blois aurait dû se conclure avec lui, et non avec l'archiduc; enfin, il revendique une dette ancienne, et ne se montre pas satisfait du subside de quatre ou cinq cent mille francs que le roi lui accorde pour l'expédition contre les Turcs; du reste, il voudrait que l'investiture se fît secrètement. (*Orig. Bibl. du Roi, ms. de Béthune* 8466.)

28 février, à Inspruck.

Très-reverend pere en Dieu et nostre très-redoubté seigneur, nous nous recommandons à vostre reverendissime seigneurie tant et si très-humblement que faire povons.

Monseigneur, depuis que derrenierement escripvismes au roy, de Quezelin, le viie jour de ce mois, et que luy envoyasmes les lettres du roy des Romains, par lesquelles il nous mandoit venir vers luy,

---

[1] Florimond Robertet, baron d'Alluye et de Brou, secrétaire d'état et des finances sous Louis XII.

[2] Ces ambassadeurs étaient Louis de Hallevin, seigneur de Piennes; Geoffroy Charles, président du parlement de Dauphiné; Charles du Hautbois, maître des requêtes ordinaires de l'hôtel; Étienne Petit, maître de la chambre des comptes de Paris, et Jean Guérin, maître d'hôtel du roi.

pour bailler l'investiture au roy et recevoir les foy et hommaige
touchant la duché de Mylan, et à ceste fin nous envoyast son premier huissier pour nous conduire, nous sommes arrivez mardy xv^e
dudit mois, à Halles, distant et au-dessus de Yspruck d'une lieue,
où ledit roy des Romains et la royne se tiennent, là où il nous feist
venir passant, joignant ladite ville de Ispruch, sans y entrer, lequel
envoya au-devant de nous le conte Philippes de Naussou, messire
Gaspard, mareschal de Tyrol, et le docteur Aydel, pour nous conduire partie du chemyn audit Halles; et sur les champs rencontrasmes
domp Jehan Manuel, ambassadeur d'Espaigne, qui nous conduisist,
avecques ledit mareschal, l'autre partie du chemyn jusques dedens
ledit Halles. Et dès ledit jour, ledit roy des Romains nous feist savoir
que le lendemain il viendroit en la maison d'un gentilhomme, qui
est à ung quart de lieue dudict Halles, où ilec recevroit noz lettres
de creance. Ce qu'il feist, aiant avecques luy le duc de Meldebourg,
les contes de Naussou, de Fustamberg et de Sorne, l'evesque de
Hausbourg[1], le prevost du Tret[2], le sieur de Chicon et Jehan de Courteville, ambassadeurs de monsieur l'archiduc, et plusieurs autres, et
voulut qu'on proposast seulement choses generalles; ce que moy
Jeffrey Charles feiz. Et après, il nous dist qu'il adviseroit de nous
oyr plus amplement; et après icelle proposition faicte, nous mena
aux champs ilec auprès avecques luy, et en nous en retournant vers
ledit Halles, il nous deist au departir qu'il avoit ordonné audit ambassadeur d'Espaigne communiquer avecques nous, et que tensissions les matieres secrectes, et que bientost il nous despecheroit; et
sur ce nous en retournasmes audit Halles, et luy passa oultre audit
Yspruch.

Monseigneur, le lendemain, nous converçasmes avecques ledit
ambassadeur d'Espaigne et parlasmes du fait de l'investiture, où il
nous demanda en quelle sorte la voulions avoir; auquel nous declarasmes que desirions la recouvrer en la plus ample forme et seureté

---

[1] Frédéric, comte de Zollern, mort   [2] Philibert Naturelli, prévôt d'Utrecht.
en 1505.

pour le roy que seroit possible : c'est assavoir pour masles et femelles
en droicte ligne et collateralle et successeurs quelzconques, cassant
et anullant celle du sieur Ludovic, en auctorisant le contrat de mariage
de madame Valentine et la possession prinse par le roy avecques les
derogantes sur ce requises. Et lors nous deist que avant nostre venue,
il avoit senty dudit roy des Romains qu'il feroit ladite investiture à la
seureté du roy, en gardant son honneur : c'est assavoir de ne faire mencion de ladite revocacion, mais qu'on advisast de coucher les paroles si
gracieusement que la substance d'icelles vaulsist autant que ladite
revocacion, et conclusmes que chacun y penseroit ; ce que avons fait.

Monseigneur, le jeudy ensuivant, ledit ambassadeur d'Espaigne nous
deist que ledit roy des Romains luy avoit mandé qu'il nous despecheroit bientost du fait de l'investiture, laquelle il feroit secrectement
en sa chambre, et que, en tant que touchoit la reception de l'ommaige, il envoyeroit devers le roy gens aians puissance de luy pour
recevoir du roy ledit hommaige en personne, et que autrement ne
se povoit bonnement faire pour ceste heure, à cause de la grande
crierie que les Lombars expulsez estansy cy luy faisoient, disant que
si le roi avoit une fois son expedicion de l'investiture et de l'ommaige, que jamais ne leur feroit après restituer leurs biens, et que
le roy avoit contrevenu au traicté de Tridente, ainsi que on luy avoit
dit, et qu'il ne restitueroit point lesdits expulsez ; et nous monstra
ledit ambassadeur d'Espaigne la copie des instructions que monsieur
l'archiduc avoit baillé à sesdits ambassadeurs, ensemble la copie de
certains articles contenans la plainte dudit roy des Romains, desquelz
vous envoyons le double. Desquelles choses feusmes bien esbahys
de prime face ; et sur ce lui respondismes que jamais le roy n'avoit
contrevenu audit traicté, et que du fait desdits expulsez, jà çoit ce
qu'il fust dit audit traicté de Tridente, que leur fait seroit desbatu à
la journée de Francfort, laquelle estoit rompue par ledit roy des
Romains, au moyen de ce qu'il ne s'i estoit voulu trouver, neanmoins
il s'estoit condescendu, ainsi qu'il avoit fait savoir au roy par maître
Florimont Robertet, qu'il n'en presseroit d'ung an ledit seigneur, et

que en cela icelui seigneur n'avoit aucune coulpe, et que jamais desdites parolles n'en avoit parlé, mais au contraire par la teneur des
articles accordez à Blois avoit esté accordé avecques monsieur l'archiduc que, en tant que touchoit lesdits expulsez, qui n'avoient fait
aucun serement, combien qu'ilz ne se feussent retournez après la
publication de l'edit du roy et dedens le temps prefix d'icelle, que
neanmoins, à la requeste dudit roy des Romains, le roy feroit en
faveur de sa rescription, tellement que sa recommandacion leur auroit prouffité. A quoy ledit ambassadeur respondit que jamais n'avoit
riens sceu desdits articles accordez à Blois , et que le roy des Romains avoit esté informé de tout le contraire ; auquel respondismes
qu'il ne povoit estre informé autrement que de la verité , car il avoit
receu les articles accordez audit Blois, pareilz à ceulx que le roy nous
envoya, que lui avons monstrez.

En oultre, luy dismes que estions esbays de ce qu'il vouloit faire
ladite investiture secrectement et non pas en sa court, veu qu'il le
nous avoit escript et qu'il l'avoit fait savoir au roy par ledit Robertet
et par moy Jeoffrey Charles, et aussi de la difficulté qu'il faisoit de
recevoir ycy ledit hommaige par procureur, veu qu'il l'a bien fait au
sieur Ludovic, et consideré que le roy se condescendoit de accepter
ladite investiture en sa court et y faire ledit hommaige par procureur, combien qu'il feust tenu par ledit traicté de le faire en solemnité à Francfort avecques les electeurs. En quoy, jà çoit ce que le roy
eust très-grant interestz, neanmoins, pour luy complaire, ledit seigneur
en estoit content, en baillant toutesfois par luy sa promesse de le faire
ratiffier par lesdits electeurs; et à ceste fin, icelui seigneur nous avoit
ycy envoiez devers luy, et qu'il ne failloit plus entrer en disputacion
des choses decidées, joinct qu'il avoit escript au roy et à nous que,
incontinent nous arrivez, il nous bailleroit ladite investiture. Eu regard aussi à ce que, pour tousjours luy donner à cognoistre par effect
l'amytié que le roy luy portoit, ledit seigneur n'avoit voulu entendre
au mariage du roy de Hongrie pour madame de Foix, s'il ne plaisoit
audit roy des Romains, et que encores de celui de madamoiselle de

Candale[1] aussi n'y avoit voulu toucher, sans premierement le luy communiquer et en avoir son consentement, dont sur ce il s'estoit depuis contenté, pour cellé pareillement le deshonneur qui seroit au roy et à luy, et aussi de la promesse que le roy luy avoit faicte du mariage de monsieur le daulphin, que le roy avoit confermée pour luy monstrer tousjours plus grant signe d'amytié; et plusieurs autres choses luy deismes pour luy donner à cognoistre qu'il n'y avoit apparence de reffuser la reception dudit hommaige par procureur, et que puisqu'il craignoit la crierie desdits expulsez, que au moins il receust ledit hommaige secrectement avec l'investiture. Sur quoy ledit ambassadeur nous deist que volentiers il yroit devers ledit roy des Romains audit Yspruch, pour luy parler de ce que dit est; et s'en partist une heure après pour ce faire.

Et ce jour, lesdits ambassadeurs de monsieur l'archiduc vindrent tous trois devers nous pour nous dire que, à leur partement de monsieur l'archiduc, il leur avoit donné charge expresse d'eulx employer par deçà devers ledit roy des Romains en tout ce que vouldrions pour l'entretenement de la paix et pour nostre briefve expedicion, et que combien que ledit roy des Romains leur eust dit que en bref il nous despecheroit, que neanmoins, s'il y avoit quelque chose en difficulté, que les en advertissions, car ilz s'emploieroient à le tout radresser, et qu'il leur sembloit que dedens lundi prouchain ensuivant au plus tart, serons despechez, selon les parolles qu'ilz avoient entendues dudit roy des Romains; dont les merciasmes de par le roy, en declairant la fiance et amour qu'il avoit à monsieur l'archiduc.

Monseigneur, le vendredi ensuivant, retourna audit Halles ledit ambassadeur d'Espaigne, venant dudit Yspruck, qui nous deist comment, après avoir parlé des choses dessusdites audit roy des Romains, icelui seigneur luy avoit dit qu'il estoit deliberé de nous festoier le dimenche ensuivant, en une place de plaisance près dudit Yspruch, et après disner de parler à nous.

---

[1] On sait que Ladislas VI, roi de Bohême et de Hongrie, épousa, en 1502, Anne de Candale, issue, par sa mère, de la maison royale de France.

Monseigneur, ledit jour de dimenche, ledit roy des Romains nous feist festoier au disner en ladite place, et après plusieurs ouvertures faictes tant des bannys, sieur Ludovic et de IIII^xx M escuz de la part dudit roy des Romains par ledit ambassadeur d'Espaigne, qui nous estoient toutes nouvelles et hors desdites choses conclues et jà decidées, et que luy eusmes respondu derechef que n'avions charge de saillir hors desdites matieres, persistans en la demande desdites investiture et reception de foy et hommaige, ainsi que ledit des Romains l'avoit promis, le priant qu'il nous feist donner audience par ledit des Romains, iceluy roy des Romains nous feist venir audit Yspruch, pour veoir les joustes qu'on y faisoit; et ilec, après la presentacion des lettres du roy contenans la ratifficacion et confirmacion du mariage de monsieur le daulphin et de l'une des filles de monsieur l'archiduc, moy Jeoffrey Charles luy proposay publicquement devant lesdits contes et autres gens de son conseil le bien qui povoit advenir à luy, à mondit sieur l'archiduc et à sa posterité, au moyen de ladite confirmacion et ratifficacion, aussi du mariage de madame Claude et des aliances, amytiés et confederacions faictes. En après l'exhortay fort à l'expedicion contre le Turc, et depuis luy proposay l'affaire principal pour lequel nous estions envoyez et nous avoit mandé venir pardevers luy; c'est assavoir pour obtenir l'investiture de la duché de Mylan et luy faire les foy et hommaige, et cecy devant tout sondit conseil, combien que paravant il nous eust dist que tensissions les matieres secretes. Sur quoy il nous feist responce qu'il mercioit très-affectueusement le roy de ladite ratifficacion de mariage, auquel il prenoit merveilleusement grant plaisir, et qu'il nous despecheroit tost et bien, mais qu'il se trouvoit fort perplex de son peuple d'Israël, voulant parler des Lombars expulsez et bannys. Touteffois, monseigneur, nous avons sceu depuis qu'il a mis les matieres en conseil avec ses conseillers, entre lesquelz estoient les sieurs Constantin (lequel, ainsi qu'on dist, il envoya querir à ceste fin), Galeas et plusieurs autres Mylannois en grant nombre, qui font une merveilleuse poursuyte envers luy d'empescher notre expedicion, jusques à ce qu'ilz aient ce qu'ilz demandent, disans, comme dessus, que si le roi avoit une fois expedicion desdites investiture et hommaige, jamais ne leur restitueroit leurs biens. Et ne voyons encores aucun moyen d'estre despechez. Par quoy autrement de ce ne povons advertir le roy pour le present.

Monseigneur, pour poursuivre mieulx notre expedicion et aussi pour le danger de la mortalité qui est audit Halles, où estions lougez, et où est trespassé ung de noz serviteurs et Jaques Laufrey, chevaulcheur ordinaire de l'escuerie du roy, nous avons fait requerir ledit roy des Romains de nous faire louger audit Yspruch ; ce qu'il a fait faire jusques à dix chevaulx seulement. Il vous plaira, monseigneur, faire commander la retenue et estat dudit feu Jacques pour Martin Blondureau, serviteur de moy de Piennes, qui est pour bien y servir et loyaument, et lequel avons ordonné servir depuis le trespas dudit Jaques audit estat de chevaucheur.

Monseigneur, melcredy dernier, xxiiie de ce mois de fevrier, en partant dudit Halles pour aller louger audit Yspruch, rencontrasmes le maistre des postes dudit roy des Romains, qui nous presenta sur les champs unes lettres dudit des Romains (desquelles vous envoyons la copie), contenans la deliberacion prinse en son conseil touchant le fait de l'investiture, comme verrez. A quoy semble qu'il n'a pas grant vouloir de despecher ladite investiture, soubz umbre de ce qu'il dit qu'il est besoing que paravant le roy acomplisse tout le contenu au traicté de Tridente.

Monseigneur, icelles lettres veues (pour ce qu'elles contiennent en general que, quant et quant l'investiture, le roy doit faire des choses que ledit seigneur n'a acomplies, nous exortant de lui advertir par noz postes ; car autrement ledit roy des Romains, sa conscience et son honneur saufvez, ne pourroit bailler ladite investiture), nous avons bien voulu savoir que s'estoit de quoy il se plaignoit et qu'il vouloit dire ; et à ceste fin envoyasmes querir les ambassadeurs de monsieur l'archiduc, lesquelz nous dirent que ledit roy des Romains s'estoit merveilleusement courroussé touchant l'article des

bannys accordé à Blois, et aussi du sieur Ludovic qu'il disoit devoir
estre delivré à pur et à plain, et que autrefois on luy avoit ainsi
promis; plus se plaignoit de iiii^{xx} m escuz qu'il disoit luy estre deuz
de reste de certain traicté du temps passé, et aussi que s'estoit peu
à ung tel prince que le roy de luy bailler et fournir seulement iiii^c
ou v^c m francs pour aler contre les Turcs.

Monseigneur, ouy ce que dit est, monstrasmes evidemment ausdits ambassadeurs, par les traictés de Tridente et de Blois qui furent
mis à l'eure sur le bureau, que le tout estoit decidé, et que n'y avoit
apparence de differer lesdites investiture et reception de foy et hommaige pour les causes susdites, et que sembloit qu'on ne cherchast
que occasion pour cause de rompture, et que neanmoins ils pouvoient dire et asseurer ledit des Romains que, pour mourir, le roy
ne luy vouldroit faillir en ce qui a esté promis et accordé, et en
oserions estre pleiges et tenir hostage. Deismes oultre que s'il plaisoit audit roy des Romains expedier ladite investiture et recevoir
les foy et hommaige, que après, s'il y avoit quelque chose qui feust
obscure (ce que ne voyons), que le roy feroit en maniere que ledit
des Romains par raison se devroit contenter; et que, au regart des
cinquante mil francs qui se doivent bailler promptement, en baillant
au roy ladite investiture et le recevant en foy et hommaige, ilz estoient tous prestz, et que la reste lui seroit payée sans aucune difficulté, selon le contenu audit traicté de Blois; lesquelz fort deplai-
sans de ce que ledit roy des Romains prenoit les choses en la maniere
que dessus, nous dirent qu'ilz luy en parleroient vertueusement; ce
qu'ilz ont fait depuis, comme avons esté advertiz et dirons au roy et
à vous, monseigneur, plus amplement.

Monseigneur, depuis et le mesme jour de jeudy, ledit roy des
Romains envoya devers nous ledit ambassadeur d'Espaigne, lequel
nous remonstra semblables choses que dessus. Lors furent exhibez
les traictez et respondu comme dit est, en maniere qu'il confessa
taisiblement que n'y avoit apparence de differer ladite investiture,
et nous dist que ledit roy des Romains ne se arrestoit pas fort sur

lesdits IIIIe M francs pour le Turc et IIII^{xx} M escuz, ne aussi touchant
les bannys, ains qu'il estoit deliberé de ne parler desdits bannys
durant le temps d'un an, ainsi qu'il avoit mandé au roy par Robertet; mais le point estoit sur le sieur Ludovic, lequel il entendoit
et entend estre delivré à pur et à plain sans limite de lieu, et qu'il
aist appoinctement tel que autrefois a esté accordé; dont ne nous
appert en riens dudit accord, mais du contraire, comme avons
monstré audit ambassadeur. Et à ceste fin et après qu'il nous eust
dist qu'il ne veoit aucune apparence de differer ladite investiture
pour les causes susdites, luy baillasmes les articles desdits traictez
de Tridente et de Blois touchans le fait dudit Ludovic pour les porter audit roy des Romains, luy disant oultre que, actendu que jà
avyons esté quinze jours ycy ou environ et que n'avyons cognoissance de cause, pour ce que toute choses estoient decidées, et que
à present n'estoit question sinon de bailler ladite investiture et recevoir les foy et hommaige, en ensuivant ce qu'il avoit mandé au
roy et avons escript, que estions deliberez nous en retourner, s'il ne
vouloit faire autre chose, offrans toutesfois le servir et nous emploier, de tout notre povoir, à l'entretenement de l'amytié bien encommencée entre le roy et luy.

Monseigneur, ledit ambassadeur d'Espaigne à ladite heure partist
pour aller devers ledit roy des Romains et incontinent retournast,
nous disant, en changeant le propos, que ledit des Romains luy avoit
donné charge nous dire que si voulions faire courir noz postes vers
le roy, qu'il nous envoieroit choses cleres pour luy envoyer, pourveu que cependant nous voulsissions demourer ycy, et que si nous
en voulions aler, qu'il ne nous declareroit aucune chose. A quoi fust
par nous respondu, que si son plaisir estoit nous bailler aucune
chose, que luy respondrions en maniere qu'il se devroit contenter,
disans toujours que n'avions commission de muer ne de interprec-
ter ce qui avoit esté desjà decidé, en persistant au surplus ès choses
susdictes.

Monseigneur, ledit d'Espaigne lors nous dist qu'il en feroit son

rapport audit roy des Romains, et que le lendemain, qui fust le vendredy matin, il nous en feroit responce, laquelle actendismes jusques
au samedy. Et pour ce qu'il ne venoit, fust deliberé que nous, Geoffrey
Charles et Jehan Guerin, yrions vers ledit des Romains pour luy
prier nous oyr et entendre en notre expedicion au regart que jà
avons esté par Allemaigne environ quatre mois, et qu'il nous povoit
expedier en ung quart d'eure, si son plaisir estoit, veu que le tout
deppendoit de luy; en quoy faisant liberalement et non à regret, il
feroit chose qui seroit cause de augmenter ladite amytié jà encommencée entre le roy et luy et doneroit au roy occasion de faire pour
luy en toutes choses comme pour son bon frere.

Monseigneur, ledit jour de samedy dernier, feusmes adverty que
ledit roy des Romains dissimule nous expedier jusques à ce que
ledit Robertet retourne devers luy luy apporter responce accordée
de ce qu'il a escript au roy; et ne savons qu'il veult dire. Dieu par sa
saincte grace veuille que le tout se porte bien; car jusques ycy n'a
esté quasi jour que l'on ne nous aist mis matieres nouvelles qui
ne viennent à propos; et sommes deliberez de bref nous en partir,
si ne voyons aultre chose; car se seroit temps perdu d'estre longuement ycy sans riens faire et à la honte du roy et mectre contre luy plusieurs personnages dont luy avons par cy-devant amplement escript.

Monseigneur, nous avons sceu que ledit jour de samedy matin
furent confinez le prevost du Tret, Courteville et Cicon en leurs logeis
par ledit roy des Romains, avecques defense de non parler à personne sinon audit ambassadeur d'Espaigne, quant il seroit envoyé
vers eulx, et que commandement avoit esté fait audit Courteville de
s'en aller.

Monseigneur, ledit jour bien tart, Langh, secretaire que vous cognoissez bien, fut devers moy, Jeoffrey Charles, et me arangua longuement suz les traictez de Tridente et de Blois, et après longue
disputacion et que luy appareust que le roy avoit jusques à present
acomply de sa part tout ce qu'il devoit et encores plus, il me dist que
le despit dudit roy des Romains n'estoit point principalement ny

pour les rebelles ne pour le sieur Ludovic, mais pour la façon de
faire que l'on avoit tenue audit Blois, en traictant avecques monsieur l'archiduc; et qu'il luy sembloit fort estrange que vous, monseigneur, auquel principalement ledit roy des Romains s'estoit fyé,
faisant ledit traicté de Tridente, n'aviez eu regart à son honneur ny
à son bien et moins le roy, en faisant audit Blois lesdits traictez
avecques mondit sieur l'archiduc, et premierement touchant la Vol-
teline qu'il devoit tenir sans alternative durant trois ans, et aussi touchant les deux cent mil francs; car en pressant ceulx de mondit sieur
l'archiduc d'avoir plus grande somme que des cinquante mil frans,
quant l'en delivreroit l'investiture, ainsi qu'il est contenu oudit traicté
de Blois, vous-mesmes sans aultre deistes : « Mectez-y cinquante mil
francs et plus ne seront. » Touchant aussi la totalle relaxacion dudit
sieur Ludovic que le roy a oultreement denyée, combien que autrefois avoit icelle relaxacion esté pourparlée et accordée, et devoit le
roy donner audit sieur Ludovic certaine bonne somme d'argent annuelle pour entretenir son estat, et aussi des iiiixx m escuz qui estoient
deuz à cause dudit traicté; et bref me feist entendre que ledit roy
des Romains ne veoit point de signe d'amytié avecques le roy par
toutes ses actes, et vouldroit enfraindre et resiler des articles concluds
entre le roy et monsieur l'archiduc, disant que, avant que ledit roy
des Romains aist adverty le roy de ses doleances, luy est conseillé
de non recevoir les foy et hommaige ne donner l'investiture.

Monseigneur, par les articles tant de Tridente que de Blois et
autres articles esquelz, entre autres, est le pourparlé qu'il veult dire
dudit sieur Ludovic, luy feiz clerement cognoistre que le roy n'est
tenu à la relaxacion dudit sieur Ludovic en façon du monde, ne
çà ne là, ny en escripture nulle en fust jamais riens accordé, et que
consideré que le roy a tout acomply de son costé, ledit roy des
Romains estoit mal conseillé dilayer la reception desdits foy et hommaige et de bailler l'investiture. Et de vouloir entrer ny faire traicté
nouveau suz lesdits deux traictez de Tridente et de Blois, n'avions pas
le povoir et que m'esbaïssoye bien que ledit seigneur voulsist desad-

vouer ce que mondist sieur l'archiduc son fils avoit terminé et decidé par commission dudit seigneur; et mesmement qu'il avoit escript par ledit Robertet au roy et fait escripre par moy, aussi dist à maitre Richart le Moyne et depuis escript aux ambassadeurs du roy estans à Mayence que lesdits ambassadeurs vinssent pour ladite investiture et envoyé gens pour les conduire devers luy, et dist à eulx-mesme, depuis qu'ilz estoient arrivez, qu'il n'avoit honte de mectre cecy en delay et loingtaine, voyant les bons, grans et notables personnages que le roy avoit envoyez pour cest affaire.

Monseigneur, yer matin qui fust dimenche, ledit ambassadeur d'Espaigne nous trouva à l'eglise et dist que, combien ces jours passez il eust longuement traicté avecques ledit roy des Romains des matieres, neanmoins, pour ce qu'il n'avoit peu avoir de luy aucune conclusion, il avoit differé de nous faire response, et qu'il n'avoit jamais ouy que ledit roy des Romains dist ne vouloir faire ladite investiture. Et pour ce pouvions adviser s'il seroit bon que une partie de nous allast devers le roy pour l'informer des doleances dudit roy des Romains et l'autre demourast ycy auprès dudit seigneur, actendant responce; et que entre autres choses, ledit roy des Romains prometroit par tesmoings, se besoing estoit, que la relaxation dudit sieur Ludovic lui avoit esté accordée. Sur quoy luy respondisme que ne ferions aucune division de nous, et que, quant seroit besoing, demourerions tous ensemble six mois et ung an, et tant que l'affaire le requerroit; mais que en cecy n'avoit aucune couleur ny occasion de demourer auprès dudit roy des Romains, et que, s'il plaisoit audit segneur nous ouyr, volontiers yrions desbatre la matiere devant luy avecques nous traictez, presens tous ceux que bon luy sembleroit, luy offrant (prealablement receues par luy les foy et hommaige et baillée l'investiture, retenant les lectres devers luy jusques à la delivrance des cinquante mil francs pour le premier paiement) de demourer auprès de luy pendant le temps qu'il envoyera ses doleances au roy et jusques à ce qu'en aurons eue responce dudit seigneur.

Monseigneur, il nous a semblé que vous devions advertir de toutes choses comment elles sont passées ; et pour ce que jusques à present ledit roy des Romains n'avoit voulu accorder de recevoir le roy à foy et hommaige ne octroyer l'investiture, estions deliberez de nous en aller en toute doulceur, sans rien rompre avec ledit seigneur. Touteffois, au soir bien tard, ledit roy des Romains nous feist savoir que aurions audience cejourd'uy après disner ; ce que jusques à ceste heure, combien que ayons fort sollicité de l'avoir, n'avons peu obtenir, excepté qu'il nous a ouyz deux fois publicquement devant tout son conseil, comme dit est. Nous ne sommes pas encores du tout hors d'espoir. De ce qui surviendra vous en advertirons ; et s'il advient que nous partons sans rien faire, nous le ferons de telle sorte que ce sera sans aucune rompture des matieres, et ferons le chemyn par Strasbourg et Sainct-Nicolas.

Monseigneur, nous prions le benoist Filz de Dieu qu'il vous doint très-bonne vie et longue. Escript à Yspruch, le derrenier jour de fevrier.

Voz très-humbles et très-obeissans serviteurs, Loys de Halewin, Jeffroy Charles, Charles Duhaultboys, Estienne Petit, Guerin.

X.

LE CARDINAL D'AMBOISE AUX AMBASSADEURS DE FRANCE
PRÈS DU ROI DES ROMAINS.

Il leur mande que, dans le cas où le roi des Romains persisterait à refuser l'investiture, ils fassent une protestation devant notaire. (*Minute. Bibl. du Roi, fonds de Béthune*, 8466.)

16 mars, à Rouvare [Roveredo ?]

Messieurs, si vous veez que le roy des Romains ne soit aulcunement deliberé de bailler l'investiture au roy de la duchié de Milan, sera bon que vous faictes protestation, en presence de notaire et dudit seigneur roy des Romains, des offres et debvoirs qu'avez fait envers luy, de la part du roy, pour cette matiere, et que en prenez acte, en disant toutes fois audit roy des Rommains, par les meilleurs, plus doulx et honnestes moyens que sçaurez faire, affin de non le trop irriter, que la protestation que vous faictes n'est seulement que pour vostre decharge envers le roy et pour luy faire apparoir de vos diligences en ceste matiere.

XI.

MAXIMILIEN À LOUIS XII.

Réception des lettres confirmatives du traité de Trente et du mariage de l'une des filles de l'archiduc avec le Dauphin qui pourra naître un jour. Difficultés au sujet de l'investiture du duché de Milan. (*Orig. Biblioth. du Roi, ms. de Béthune* 8466.)

9 mars, à Inspruck.

Très-hault, très-puissant et très-excellent prince, très-chier et très-amé frere et cousin, nous avons receu par Robertet vostre secretaire, lequel a puis nagueres esté devers nous, une lectres patentes signées de vostre main et scellées de votre scel, que nous avez envoyées contenans confirmacion des articles par nous concludz en nostre cité de Trente avec très-reverend pere en Dieu nostre très-chier et très-amé cousin le cardinal d'Amboise pour et au nom de vous. Et depuis en avons receu une autre par le sieur de Pyennes et autres voz ambassadeurs, que avez envoyez devers nous, contenant la confirmacion du mariage d'entre le daulphin present ou à venir et l'une des filles de notre très-chier et très-amé fils l'archiduc, lesquelles avons eues bien agreables, pour le grant desir que avons que lesdits traictié et aliances soient entretenuz.

Aussi nous avons receu les lectres que nous avez escript par lesdits sieurs de Pyennes et autres voz ambassadeurs, et oy ce qu'ils nous ont dit de par vous touchant l'investiture du duchié de Milan, pour laquelle, et aussi pour aucuns articles contenuz en la paix de Trente, nous sommes trouvez avec eulx en difficultez : ce que n'avons voulentiers entendu, comme plus ou long par eulx entendrez. Pourquoy nous vous requerons oster de vostre part lesdites difficultez et vouloir croire conseil et gens que desirent l'amytié d'ente nous deux. Et de nostre part ferons envers vous ainsi comme ung bon frere doit faire à l'autre, et en façon que cognoistrez que y sommes cordialement affectez. A tant, très-haut, très-puissant et très-excellent prince, très-chier et très-amé frere et cousin, Nostre-Seigneur soit garde de vous. Escript en nostre ville d'Ysbruch, le ixe jour de mars xve et ung.

Vostre bon frere, MAXIMILIEN. Et plus bas : MARMIER.

XII.

GEOFFROY CHARLES AU CARDINAL D'AMBOISE.

Difficultés et objections du roi des Romains pour l'investiture du duché de Milan. Son entretien avec Geoffroy Charles; il faut gagner temps et ne pas trop s'arrêter aux paroles de ce prince variable et inconstant. (Orig. autogr. Biblioth. du Roi, ms. de Béthune 8466.)

16 mars, à Novarre.

Monseigneur, combien, ainssi que havés peu sçavoyr, le roy des Romains heust fayt entendre au roy par monsieur le tresorier Robertet qu'il estoyt deliberé luy donner l'investiture de sa duché de Milan et le reccevoyr à foy et hommaige en sa court, toutes et quantes foys ledit seigneur envoyeroit ses ambassadeurs devers ledit roy des Romains, et autant depuys m'en ha fayt escripre audit seigneur et envoyer dire de bouche par maistre Richard le Moyne, et en oultre escript à monsieur de Piennes et aultres ambassadeurs qu'ils vinssent pour reccevoyr ladite investiture, et combien eulx arrivés, leur en heust dit autant de sa propre boche, sans fayre difficulté ny sur les fylles ni aultres heritiesr du roy en droyte ligne ou collaterale, ainssi que l'ambassadeur d'Espagne, deputé par ledit roi des Romains à communiquer avec nous, nous a souvantes foys dit, ayant sur ce regard aux aliances et promesses faytes de madame Glaude et de monsieur le dauphin pour les enfans de monsieur l'archiduc son fils, et s'arrestant ledit ambassadeur tant seulement sur la forme de la revocation de l'investiture du seigneur Ludovich pour l'honneur dudit royaume des Romains. Depuis toutes ces chosses, ledit seigneur nous ha mis en avant pluseurs difficultés, totalemant voulant reprouver l'appointement fayct à Bloys avecques le roy par monsieur l'archiduc son fils, et tousjours tachant de nous induire à l'enfraindre et fayre obligacions et promesses pour derroguer audit trayctié et le reduyre à neant; ce que n'havons voulu pour chosse qu'il nous ayt sceu dire ni prescher.

Au surplus, il s'est fort plaint que par ledit trayctié le roi ne luy ha accordé que quatre ou cinq cents mille francqs pour l'expedicion contre le Turch, disant que c'estoyt bien peu, et ha mis en avant lesdites difficultés : c'est à sçavoyr des quatre-vingts mille escus qu'il dit lui estre deubx de reste des vieulx trayctés et mesmement par le trayctié fayt avesques le feu roy Charles, dernier decedé, des rebeles de Milan que entendoit estre reintegrés de present, quelque chosse qu'il en heust mandé au roy par monsieur le tresorier Robertet, et qui fust traycté audit Blois par monsieur l'archiduc, du seigneur Ludovic qu'il vouloyt toutellement estre relaxé et mis en sa liberté hors du royaulme; et oultre qu'il fust appointé luy et ses successeurs par le roy à quelque rante annuele; et toutes ces chosses entandoyt ledit roy des Romains estre fayctes devant ou quant et quant ladite investiture. Depuys nous ha trouvé à dire que le pouvoyr de fayre l'hommaige en la personne de monsieur de Piennes n'estoyt pas souffisant, ainssi que le tout plus amplemant pourrés oyr par le procès-verbal que vous envoyons. La matiere ha esté ainssi bien desbatue que havons cloux la bouche tant audit seigneur que à ceulx qu'il ha souvantes fois envoyés vers nous, qu'ils n'ont sceu que repliquer; et vous asseure, monseigneur, qu'il n'y ha mot au traycté de Tridente qui n'aye esté mis sur la balance, et que ledit roy des Romains n'est pas content d'estre bridé de la sorte qu'il est par ledit trayctié. A la fin, quand havons cuydé tout estre resolu, et havoyr nostre investiture, de laquelle le secretayre Langh havoyt tenu deulx jours notre minute, en la sorte que entendions de la vouloyr havoyr, l'embassadeur d'Espagne s'est desisté de s'en vouloir plus mesler, soubz coleur de quelques nouvelles qu'il havoyt receu de Romme, selon qu'il disoit, de quelque guerre qui se commanzoyt entre les gens du roy et ceux du roy d'Espagne, sus les limittes de la division de la seigneurie et estat du royaulme de Naples. Et nous ha ouffert ledit roy des Romains ladite investiture pour le roy et ses hoyrs masles tant seulement, aveques protestations qu'il vouloyt fayre tant devant que après ladite investiture en notre presence, pour ycelle rendre, tamps advenu, de nulle valeur; ce que n'havons voulu accepter sans prealablement en advertir le roy. Et depuys l'havons prié, tant à part que devant tout son conseyl, que son playsir fust fayre le serement, presens nous, tout tiel que le roy havoyt fayt en presence de monsieur l'archiduc, sus le precieux corps Notre-Seigneur, pour l'observation du traycté de Tridente; ce qu'il ha refusé de fayre, allegant excusacions frivoles, ainssi que pourrés veoyr par ledit procès-verbal.

Monseigneur, le jour que partismes dudit roy des Romains, il m'envoya querir assés matin et me dit les motz que s'ensuyvent :

« President, je vous ay fayt venir pour vous declarer à plain ce que j'ay dedans mon estomach, à fin que en puyssiés bien advertir mon frere le roy de France et monseigneur le cardinal. Nous sommes bien près que d'accord des matieres que ces jours passés havons desbatues. Et touchant les bannitz de Milan, j'ay outroyé à mondit frere le roy de France, ainssi que par Robertet luy ay fayt sçavoyr, envoyé expressement devers moi pour ceste cause, que j'attendroye ung an sans luy en donner aulcune payne, car en faysant mon voyage et passant par l'Italie, et là reformant ès terres imperiales, pourveroye ausdits bannis de quelques confisquacions, moyennant lesquels se pourroyent entretenir.

« Au regard de l'appoinctement du duch Ludovic et de ses successeurs, hier en bien regardant ce que mon fils le prince d'Espagne ha fayt avecques mondit frere le roy de France, le tout est remis au traycté de Tridente, dont je m'en contente assés; et tandis que ledit duc Ludovic ha esté en seigneur, jamais ne luy ay porté amour pour ses œuvres qui n'estoyent pas bonnes; et qu'il soyt vray, dernierement luy estant à Nouvare et quelque peu devant qu'il fust prins, il me requist et prya fort que voulsisse lui donner ayde, ce que ne voulsistz fayre. Et est bon à sçavoyr, considéré qu'il y havoyt cinquante hommes d'armes dedans ledit Nouvare, assiegés, et les murayles abatues de troys pieces d'artiglarie qui havoyent autreffoys esté miennes, et se vous y regardés trouverés encores mes armes raclées, que si je lui heusse donné ayde, les affayres fussent venues d'aultre sorte; et le pouvoye fayre bonnement, car la trieuve fagloyt lors entre mondit frere le roy de France et moy, et estoye largement garny de gens de guerre et argent pour ce que y estoit requis. Mays je estoye marry contre ledit duc Ludovich et entre aultres chosses, pour ce que moy ayant volu, luy estant à Brissine, entreprandre de le remectre en la duché de Milan, pourvhu qu'il voulsist avancer cent mille ducats pour souldoyer gens de guerre, jamays ne voulsist s'y accorder, combien que du mien y voulsisse metre cent mille florins : et avecques ce, domp Frederic lors fornyssoit d'une grosse somme de deniers. Et ce fust la cause principale qui me meut à non donner confort aulchun audit duc Ludovic du tamps qu'il estoyt audit Nouvare. Vray est que depuys qu'il ha esté prisonnier j'ai heu pytié de luy.

« J'ai donné charge à Robertet de troys chosses, des bannis premieremant, et vouldroye bien savoir se mondit frere le roy de France se contante de ce que en ay dit à iceluy Robertet. La seconde est de l'armée de mer et de la fayre conduyre en la mer Mediterranée, et du nombre de gens qu'elle pourra metre en terre et d'y havoyr entre aultres quatre mille Souysses et que sache de quoy m'en pourray servir et ayder. La tierze est de la reformacion de l'eglyse ; et du tout j'attands responce.

« Dites à monsieur le cardinal qu'il se vuegle travagler à fin que
le traycté de Trydente soyt entretenu du cousté de mondit frere le
roy de France, et qu'il ha xxiv ans que suis en guerre avecques
les roys de France contre lesqueulx j'ay acquerru tout l'honneur
que j'ay. Et semblablemant lesdits roys, moyenant la guerre qu'ils
m'ont fayct, ont aussi acquerru de l'honneur. Je desireroye fort que
ladicte paix faicte à Tridente se observast ; car se aultrement est, et que
les chosses viengnent en rupture, ainssi que quelque bruyt est desjà
en Alemagne, consideré que suys en quelque dissension avecques
les ellecteurs et prince de l'empire et que le Turch me solicite de
prandre accord et appointemant avecques luy, je le feray et don-
neray Italie *in propinam.* » (Je cuyde qu'il vouloyt dire *in predam*[1] ; ces
fusrent ses propres môts en latin, et replicha ces paroles par deux fois.)

« Aussi dirés à mondit sieur le cardinal que je vouldroye bien que
monsieur de Piennes fust continuelement avecques moi ambassadeur
pour mondit frere le roy de France ; car je consulteroye aveques luy
les matieres que j'auroye à desmeler contre lesdits Turchs. Il est sage
et prudent et ha la langue alemande. Et à Tridente fust aussi dit entre
monsieur le cardinal et moy que ledit segneur de Piennes se tiendroye auprès de moy pour ceste cause. J'attendray response sur ce que
vous ditz du roy de France mondit frere avant que face aultre chosse,
et vous prie le bien informer et aussi mondit sieur le cardinal. »

Je luy ditz : « Sire, au regard du traycté de Tridente, suys seur, ainssi
que de mourir, que le roy l'entretiendra et ne fauldra point de sa
part à l'observer, tout ainssi qu'il l'ha promis et juré, et havés peu
cognoistre par ci-devant ce qu'il en a fayt, et croy que vous ferés le
semblable ; car de vous alier avecques le Turch, pardonés-moy si ditz
chosses qui vous desplaise, ce seroyt une très-malvayse chosse et seriés mal conseylé, dont Dieu s'en courroceroyt et se meteroyt du tout
contre vous et toutes vous affaires. De monsieur de Piennes qu'il ayt
esté conclus entre vous et mondit sieur le cardinal à Tridente qu'il se

[1] Maximilien disait bien ; *propina* signi-
fie, dans le droit allemand, *don gratuit.*   Voyez M. Paul Lacroix, *Hist. du xvie Siècle,*
t. II, p. 170.

doygt tenir auprès de vous ambassadeur ou nom du roy pour consulter ès matieres dudit Turch, jamays n'ay rien sceu ny entendu.
Très-voluntiers de ce et aultres chosses qu'il vous ha pleu moy dire,
en feray le rapport au roy et à monsieur le legat. Vous demandiés pour
soy tenir iscy auprès de vous que le roy vous envoyast monsieur le
marquis de Rotolin et de ce en donnastes charge à monsieur le tresorier Robertet. » A quoy m'ha respondu le roy des Romains qu'il
entendoyt que ledit de Rotolin vint devers luy pour parler à luy et
demeurer quelque peu de tamps, et depuys s'en retorner, et que
mondit sieur de Piennes y demeurast resident.

Je dits audit segneur que incontinant que haurions nouvelles du
roy notre maistre, s'il s'accordoyt d'accepter l'investiture de la duché
de Milan, *pro se et masculis,* que reviendrions devers luy pour l'havoyr et y fayre les foy et hommage, et que je estoye fort esbay, considerés les aliances et mariages faytz et promis entre madame Glaude
et le fils de mondit sieur l'archiduc son fils, monsieur le daul-
fin et l'une des figles dudit archiduc, qu'il feist difficulté à oultroyer
ladite investiture, *pro liberis utriusque sexus et heredibus in linea
directa et collaterali;* car ce qu'il en feroyt seroyt pour les enfans de
son fils et pour son propre sangh. Ledit seigneur m'ha respondu que
quelque response que ayons du roy, supposé qu'il fust conseillé d'accepter ladite investiture pour luy et ses hoyrs masles, que ne vinssions
point devers luy sans prealablemant l'advertir; car pourroyt estre que
maintenant qu'il ha pardu l'onte et sa rojeur, qu'il nous y feroyt
quelque difficulté qui redondroyt au deshonneur de luy, du roy et
de nous. Et quant à donner l'investiture au roy pour les figles, ainssi
qu'il vous accorda à Tridente, jamais ne le feroyt, de sorte que les
ellecteurs et princes y voulsissent consentir ny confirmer ycelle investiture; car jamais ne condescendroyent que ung tel fief deust tumber en figles, et mains pour les aliances faytes de madame Glaude au
fils de mondit sieur l'archiduch; car ils diroyent que ce qu'il en
fayt est pour ses enfans. Mais quant l'investiture pour le roy et ses
hoyrs masles seroyt faycte et confermée, quelque peu de temps après,

non pas tant seulemant vouldroyt donner letres à [1]   , à fin que
madite dame Glaude succedast en ladite duché, ains en prieroyt le
roy qu'il la voulsist accepter; car ce seroyt le bien et proufit des pro-
prés enfans dudit roy des Romains.

Au surplus, il m'ha dit que souvantes foys, nous estant en chemin,
escripve des nouvelles se point n'ay du roy ou de ce que mondit sieur
le tresorier Robertet haura besogné sus la charge qu'il luy havoyt
donné ou d'aultres chosses concernantes le bien des deulx roys, et que
adresse les lettres à Langh et non point à l'ambassadeur d'Espagne.

C'est, monseigneur, le dialogue feyt entre ledit roy des Romains
et moy, en ung poyle où estoyent le conte de Sorne, ledit Langhe et
certains aultres, mays il me tira à part en personne
chosse qui soyt   ＼ dessus   pourroyt le nyer
        tant il lui playroyt, mays il est ainssi sus mon honneur et
ma conscience.

Monseigneur, considerés les variabilités, changemants et instabi-
lité de l'homme à qui havons à fayre, havons advisé quelques letres
dont vous envoyons la minute pour tousjours l'entretenir et gaigner
tamps sus luy; ce qui, me samble, se pourra fayre, ainssi que plus
à plain vous dirons, nous estre lhà. J'ay esté ung peu longh en mes
letres; car la matiere le veult et ay bien voulu vous informer du tout,
puys que seuremant vous puys escripre, estant hors de son pays, à fin
que le tout communiqué au roy, y donnés provisions tieles qu'il
semblera audit seigneur. De s'arrester au roy des Romains, ce seroyt
simplicité, ny aussi de y prendre fondemant, mays gaygner sus luy
tamps et l'entretenir par letres et quelques effectz, ce sera bien à mon
advis. Nous sommes partis dudit seigneur en toute doulceur et ha fort
louué le chemin que havons prins du cousté de Milan par les postes,
ayant grand paour que passissions par Alemagne, à cause des ellecteurs et princes.

Monseigneur, je me recommande, etc. Escript à Rouvare, ce mer-
chredi matin XVIᵉ de mars.

---

[1] Les mots laissés en blanc correspondent aux endroits où l'original se trouve lacéré.

Monseigneur, j'ai communiqué à M. de Piennes ce que le roy des Romains m'ha dit, et lequel se tient tant vostre serviteur qu'il ne cuyde point que lui voulsissiés donner ceste penitence......

Vostre très-humble et très-obeissant serviteur, Jeffroy Charles.

Nota. A la suite de cette lettre, on trouve, dans le manuscrit du roi 8466, *fonds de Béthune,* une lettre par laquelle Maximilien expose au cardinal d'Amboise les motifs qui le portent à différer l'acte de l'investiture ; mais cette lettre étant lacérée en plusieurs endroits, nous ne pourrions en insérer ici que des lambeaux informes. D'ailleurs elle ne contient rien d'essentiel qui ne soit dans la lettre ci-dessus de Geoffroy Charles.

1502.

Cette année a commencé à Pâques, 27 mars.

XIII.

MAXIMILIEN, ROI DES ROMAINS, AU CARDINAL D'AMBOISE.

Il réclame ses bons offices pourla restitution de Galéas de Saint-Séverin, capitaine
général de ses troupes. (*Orig. Bibl. royale, ms. de Béthune* 8466.)

3 janvier, à Halle.

Maximilianus, divina favente clementia, Romanorum rex semper
augustus, etc. Reverendissimo in Christo patri domino Georgio, tituli sancti Sixti presbitero, cardinali Rothomagensi ac sancte apostolice sedis per Galliam legato de latere, amico nostro carissimo,
salutem ac mutui amoris incrementum. Reverendissime in Christo
pater, amice carissime, declaravimus magnifico generali Roberteto,
serenissimi regis Francie fratris nostri carissimi ad nos oratori, que
eum in reditu cum serenissimo rege predicto ac vestra reverendis-
sima paternitate, nostro nomine, loqui velimus pro restitutione et
reintegratione illustris nostri ac sacri imperii fidelis dilecti Galeacii
de Sancto Severino, nostri armorum capitanei generalis, et quam ar-
dens sit nostrum in ea re desiderium aperuimus utrisque significan-
dum. Illius igitur verbis que nostra sunt ut tantum quantum nobis
ipsis R. P. V. credat eandem hortamur. Tantum hoc adjiciemus nos
Galeatium ipsum, ob suam eximiam virtutem et precipua in nos bene-
merita, diligere et multifacere, adjutumque magnopere in hac rerum
suarum restitutione illum esse cupere, cum talis vir sit in quem rite
et ex merito collocari ille possint. Scimus, R. P. V. maximum afferre
ei posse adjumentum. Hoc ergo ut illi prestet vehementer eandem
rogamus; gratissimum enim nobis fecerit si auctoritate et studio suo

8.

curabit ut ejusmodi reintegratio votivum habeat effectum; id enim
tanti reputabimus ac si pro nobis fieret; et ubi dabitur oportunitas
pro eo V. R. P. gratas reddemus vicissitudines. Datum in Halis, die
III^a Januarii, anno Domini MCCCCCII, regnorum nostrorum Romani
sexto decimo, Hungarie vero duodecimo.

PER REGEM.

Ad mandatum domini regis proprium. SERNTEIN.

XIV.

PHILIPPE, ARCHIDUC D'AUTRICHE, AU PRINCE DE CHIMAY[1].

Il le charge d'entretenir et de bien traiter à Valenciennes les otages envoyés de France
en Flandre pour sûreté de sa personne pendant son passage dans le royaume, en
revenant d'Espagne. (*Copie simple.*)

(1503), 8 février, à Perpignan.

De par l'archiduc.

Très-chier et feal cousin. Avoir veu voz lettres et entendu ce que
nous ont escript nostre cousin, lieutenant general et premier chambellan, le comte de Nassou[2] et le sieur de Maigny[3], chevalier, nostre
chancellier, ou fait de la despence qu'il vous conviendra supporter pour
accompaignier noz ostaigiers en Valenciennes[4], nous escripvons presen-

---

[1] Charles de Croy, créé prince de Chimay et du Saint-Empire en 1486, mort le
11 septembre 1527.

[2] Engelbert, comte de Nassau, seigneur de Vianden, de Breda, chevalier de
la Toison d'or, lieutenant général de l'archiduc en Flandre et en Artois; mort le
31 mai 1504.

[3] Thomas de Plaine, seigneur de Maigny, mort à Malines, le 20 mars 1506.

[4] Les otages donnés par Louis XII arrivèrent à Valenciennes, sous la conduite
du bailli de Senlis, au commencement du
carême de 1502 (1503), et y demeurèrent
jusqu'à la Saint-Jean-Baptiste (24 juin).
C'étaient Gaston de Foix, neveu du roi,
âgé de 14 ans; Charles de Bourbon,
comte de Vendôme, aussi âgé de 14 ans,
et Charles de Bourbon, comte de Montpensier, âgé de 13 ans. « Ils furent logés
en la Salle-le-Comte, dit d'Outreman,
Hist. de Valenc. 190, honorez de la premiere noblesse du pays, qui se transporta
en ceste ville pour les festoyer. »

tement audit Nassou et chancellier vous faire furnir par le tresorier, auquel aussi escripvons, la somme de douze livres de XL gros pour jour, du temps de l'arrivée desdits ostagiers audit Valenchiennes jusques à leur partement, et vous faire avanchier promptement prest d'un mois, dont vous advisons et vous requerons tenir un bon honneste plat et vous employer à faire ausdits ostaigiers et ceulx de leur compaignie le plus honneste recueil et traittement que en vous sera, et iceulx mener voler et chasser, et leur donner et fere donner tout passe-temps aux champs et à la ville partout à leur plaisir, sans garde aucune, en maniere que ce soit; car nous avons et prendons en monseigneur le roy très-chrestien et en eulx totale confidence. Mais pour la maniere de faire comme de vous-meismes, tantost qu'ilz seront arrivez ou après la reception de cestes, vous receverez leur foy qu'ilz ne partiront hors nos pays, n'est du gré et consentement de nostredit cousin de Nassou, lequel a baillié ou doit baillier son scellé de les rendre et renvoyer à mondit seigneur, nous arrivez en nosdits pays. Nous escripvons aux sieurs de Fiennes, de Lalaing et de Ligne vous accompagnier et pour donner passe-temps ausdits ostagiers, y faire porter leur oiseaulx ceulx qui en ont, et au sieur d'Aymeries semblablement, et conduire ou faire conduire iceulx ostagiers, s'ilz le desirent, à la chasse, soit à la force aux levriers, au fillé ou à l'arbalestre, où il scet le plus de bestes, et oultres ce, leur faire furnir, chacune sepmanie, une paire de bestes en leur logis, dont aussi vous advertissons, pour selon ce vous regler et y faire ainsi que en vous en avons la confidence. Très-chier et feal cousin, Nostre-Seigneur vous ait en sa garde. Escript à Parpignan, le VIIIe jour de fevrier Vc et deux. Ainsi signé : PHILIPPES; et plus bas : *du Blioul.*

1503.

Cette année a commencé à Pâques, 16 avril.

XV.

LETTRES PATENTES

PAR LESQUELLES LE ROI LOUIS XII ACCORDE À L'ARCHIDUC PHILIPPE D'AUTRICHE
UNE NOUVELLE SURSÉANCE POUR LE PAYEMENT DE MILLE LIVRES VIENNOISES
QUI LUI SONT DUES, ET LE TIENT QUITTE DES ARRÉRAGES DE LADITE
SOMME.

(Copie authentique.)

16 juin, à Lyon.

Loys, par la grace de Dieu, roy de France, à noz amez et feaulx
les gens de nos comptes à Dijon. Comme nous avons cy-devant octroyé et faict expedier, en faveur de nostre très-cher et très-amé
cousin l'archiduc, plusieurs nos lettres patentes de surceance touchant le paicment de mil livres viennoises qui nous sont deues de
rentes chascun an, paiables à nostre recepte ordinaire dudit Dijon,
à prendre sur le partaige qu'il a en la saulnerie de Salins, esperans
que, pendant le temps desdites surceances, il nous feroit apparoir
de ses droiz et tiltres, au moyen desquels il pretend estre quicte de
ladite somme; pour après mectre fin à la matiere selon raison, ce
que de la part de nostredit cousin n'ayt esté fait, obstant plusieurs
grans affaires et empeschemens qu'il a euz tant avant, durant, que
depuis son voiage d'Espaigne, ains qu'il nous a dit et remonstré, en
nous requerant encoires aultre surceance et temps competant de
nous paier lesdites mil livres viennoises, ou nous faire apparoir de
sesdits droiz et tiltre; avecques ce, que lui vueillons, en tant que
besoing seroit, quicter les arrierages de ladite rente, et sur ce lui
octroyer nos lettres convenables,

Savoir vous faisons que nous, ce consideré, et la proximité de lignaige dont nous actient nostredit cousin l'archiduc et la grande, singuliere et naturelle amour que lui portons, desirans lui subvenir et gratiffier en tous ses affaires, pour ces causes et aultres à ce nous mouvans, à icellui nostre cousin avons octroyé qu'il soit et demeure encoires en souffrance de nous payer ladite somme de mil livres viennoises à nous deue à la cause que dessus, jusques à six ans prouchainement venans, à compter du jour et date où nos lettres-patentes de semblable octroy expireront : voulons et nous plaist que sur lui et les marchans fournissans les greniers de nostre duchié de Bourgognes toutes executions et contrainctes cessent et soient tenues en suspens et surceance par nostre receveur ordinaire de Dijon.

Et, oultre ce, avons à nostredit cousin l'archiduc, donné, quicté et remis, donnons, quictons et remectons, de graces speciales, par ces presentes, tous les arrieraiges qui nous sont et pourront estre deuz pour raison de ladite rente de mil livres viennoises par an, de tout le temps passé jusques à l'expiration de cesdites presentes.

Ce neantmoins, pendant et durant ledit temps, nostredit cousin sera tenu de faire faire toute dilligence et monstrer et faire apparoir de sesdits droiz et tiltres, desquels dedens ledit an sera decidé.

Si voulons et vous mandons très-expressement que de nos presens grace, octroy, souffrance, don et quictance et de tout le contenu en cesdites presentes, faictes, souffrez et laissiez nostredit cousin et lesdits marchans fournissans lesdits greniers joyr et user plainement et paisiblement, pour le temps et selon qu'il est cy-dessus declairé, en faisant icellui nostre cousin et les siens tenir quictes et paisibles desdits arrieraiges de tout le temps passé jusques à l'expiration de cesdites presentes, sans que aulcune chose leur en soit ou puisse estre querellée ou demandée, ores ne pour le temps à venir, en quelque maniere que ce soit.

Et par rapportant cesdites presentes signées de nostre main ou vidimus d'icelles fait sous le scel royal, pour une fois, avec recognoissance de nostredit cousin sur ce souffisant seulement, nous voulons et mandons nostredit receveur ordinaire de Dijon et tous aultres à qui ce pourroit toucher en estre tenus quictes et deschargés en leurs comptes par vous gens de nosdits comptes et partout ailleurs qu'il appartiendra, sans difficulté; car ainsi nous plaist-il estre faict, nonobstant oppositions ou appellations quelconques, ordonnances, restrinctions, mandemens ou deffenses à ce contraires.

Donné à Lyon, le xvie jour de juing, l'an de grace mil ve et trois et de nostre regne le sixieme. Ainsi signé : Par le roy, monsieur le cardinal d'Amboise, legat en France, vous et aultres presens.

ROBERTET.

Ceste copie a esté collationnée à semblable copie collationnée à l'original, et signée Jehannolt, par moy. BLANC.

XVI.

QUITTANCE

D'UNE SOMME DE DIX - SEPT CENT SEIZE LIVRES, MONNAIE DE FLANDRE, EMPLOYÉE PAR LE PRINCE DE CHIMAY POUR L'ENTRETIEN ET LE PASSE - TEMPS DES OTAGES RETENUS À VALENCIENNES PENDANT LE PASSAGE DE L'ARCHIDUC PAR LA FRANCE, À SON RETOUR D'ESPAGNE.

(Orig. en parch. scellé.)

18 août.

Nous, Charles de Croy, prince de Chimay, etc. etc. confessons avoir receu de Simon Longin, conseiller et receveur general de toutes les finances de monseigneur l'archiduc d'Austrice, duc de Bourgogne, etc. la somme de dix-sept cent seize livres de quarante gros, monnoie de Flandres la livre, que par le commandement et ordonnance de mondit seigneur il nous a baillée et delivrée comptant, pour semblable somme qui deue nous estoit pour, par ordonnance d'icellui seigneur, estre parti de nostre ville d'Avesnes le xe jour de fevrier derrain passé, et alé à Vallenchiennes devers les seigneurs de France ayant tenu hostaige pour mondit seigneur, pour la sceurté de sa personne durant son passaige par France, de son retour de

son present voyaige d'Espagne, tant pour recevoir et festoyer iceulx
seigneurs hostagiers, comme pour y entretenir ung bon et honneste
plat par-dessus nostre ordinaire, pour recevoir tous seigneurs chevaliers, gentilshommes et autres gens de bien qui y viendroient journellement pour l'entretenement et passe-temps desdits hostagiers,
à la chasse, à la paulme, et autrement à leur plaisir, pour l'honneur
de mondit seigneur. Et ce, depuis le xie jour dudit mois de fevrier
que nous arrivasmes audit Vallenchiennes, où estoient lesdits hostagiers, jusques au iii[e] jour de juillet ensuivant et derrain passé,
lesdits jours inclus, que, du congié et consentement de mondit seigneur, ils s'en partirent pour retourner en France, où sont comprins
vii[xx]iii jours, pendant lesquels nous affermons en nostre conscience
avoir continuellement esté devers iceulx hostagiers et souvent les
festoié de bancquets et aussi tenu le plat et y festoié tous et quelsconques qui y ont voulu venir durant ledit temps, qui au prix de
douze livres, dite monnoie, que mondit seigneur, eu regard à la grant
despence dessusdite, nous a pour ce tauxé et ordonné prenre et avoir
de lui par jour, oultre et par dessus notre pension de lui chacun an,
valant ladite somme de xvii[c]xvi l. dudit pris, de laquelle et pour la
cause que dessus nous sommes content et bien payé, et en commectons mondit seigneur, sondit receveur general et tous autres. Tesmoing noz scel et seing manuels cy mis le xviii[e] jour du mois d'aoust,
l'an mil cinq cens et trois[1].

CHARLES.

[1] Du compte xiie de la recette générale
des finances, il résulte que Gilles d'Ave-
luz, écuyer, a reçu : 1° en janvier 1502
(1503), la somme de 36 livres, du prix
de 40 gros, pour être venu à Valenciennes
et y avoir fait préparer le logis des otages
dans la Salle-le-Comte; 2° en juin, la
somme de 26 livres, pour être venu à Valenciennes vers lesdits otages avec une
mission secrète; 3° en décembre, 40 livres
10 sous, pour parfait payement de ce qui
lui était dû à cause des mêmes missions
et vacations. Enfin le même compte mentionne une somme de 231 livres payée
pour le prix de 21 aulmes de vin du Rhin
envoyées auxdits seigneurs otages en présent par ordre de Philippe le Beau. Sur
le mot *aulme*, voyez du Cange, v° *Almo-
dium* et *Almude*.

XVII.

ORDONNANCE DE 15459 FLORINS

PAYABLE AU SIEUR DE CHIÈVRES ET AUTRES QUI AVAIENT TRAVAILLÉ À LA PAIX
ENTRE LA FRANCE ET L'EMPEREUR.

(Orig. en parch. scellé.)

26 novembre, à Bruxelles.

Phelippe, par la grace de Dieu, etc. etc. à nostre amé et feal chevalier, conseiller et tresorier general de noz domaine et finances,
messire Jherome Lauweryn, salut et dilection. Nous, eu sur ce vostre
avis, voulons et vous mandons par ces presentes que, par nostre
amé et feal conseillier et recevcur general de nosdites finances,
Simon Longin, et des deniers de sa recepte venans et procedans de
l'accord nagaires fait par ceulx des estaz de noz pays de Brabant,
Haynnau, Namur, Lille et Malines, pour en recompenser noz serviteurs et autres qui avoient labouré et travaillié pour le fait de la
paix d'entre mon très-redoubté seigneur et pere, monseigneur le
roy d'une part, et monseigneur le roy de France d'autre; icellui
accord montant ensemble à la somme de quinze jours, mil quatre
cens cinquante neuf livres du pris de quarante groz de nostre monnoie de Flandres la livre, vous faictes payer, bailler et delivrer aux
personnes et en la maniere que s'en suit, les sommes et parties cy-
après declairées : assavoir en noz mains, pour en faire nostre plaisir,
la somme de quatre mil livres; à nostre cousin le conte de Nassou,
huyt cens livres; au sieur de Maigny, chevalier, nostre chancellier, la
portion entiere de ceulx dudit Malines, montans trois cens dix-neuf
livres; au sieur de Chievres, nostre cousin et grant bailly de Haynnau, dix-sept cens livres; à reverend pere en Dieu, nostre amé et
feal conseiller l'evesque d'Arras, onze cens livres; ausdits sieurs de

Chievres et d'Arras, pour eulx acquitter de l'obligation que, par notre ordonnance, et comme noz ambassadeurs estans lors devers mondit seigneur et pere pour le fait de ladite paix, ils ont faict et bailler à aucuns seigneurs d'Allemaigne, cincq mil six cens livres; au sieur d'Orbais et de Malene[1], nostre chancelier de Brabant, deux cens livres; à vous, deux cens livres; à nostredit receveur general, deux cens livres; à Jehan de Courteville, escuier, nostre bailly de Lille, trois cens livres; au sieur de Beyre, nostre conseiller et chambellan, deux cens livres; audit receveur general, pour distribuer à aucuns dont ne voulons yci autre declaracion estre faite, trois cens soixante livres; à maistre Philippe Haneton, nostre premier secretaire et audiencier, six vingts livres. Toutes lesquelles parties dessusdites, y comprises trois cens soixante desdites livres prinses et ostées en execution dudit accord, tant pour gaiges et sallaires d'officiers que autrement, reviennent ensemble à ladite somme de xv^m iiii^c lix l. des pris et partage cy-dessus. Auquel nostre receveur general mandons par cesdites presentes que ainsi le face; et par rapportant avec ces mesmes presentes nostre lettre de (*mot effacé*) absolute desdits iiii^m l. avec quittance des dessus nommez et de chacun d'eulx pour autant que touchier lui puet seullement. Nous voulons ladite somme de xv^m iiii^c lix l. dudit pris estre passer et allouer ès comptes et rabatue de la recepte de nostredit receveur general par noz amez et feaulx les president et gens de nos comptes à Lille, auxquels mandons par cesdites presentes ainsi le faire sans aucun contredit ou difficulté; car ainsi nous plaist-il, nonobstant quelzconques ordonnances, restrinctions, mandemens ou deffences à ce contraires. Donné en nostre ville de Bruxelles le xxvie jour de novembre, l'an de grace mil cincq cens et trois.

Nota. A cette pièce sont annexées les quittances originales délivrées par le comte de Nassau, l'évêque d'Arras, Guillaume de Croy, seigneur de Chièvres, Jean de Courteville, Philippe Haneton, Guil-

---

[1] Guillaume de Stradio, mort le 3 avril 1504.

laume de Stradio, chancelier de Brabant, Philibert de Veyre et Jérôme Lauwerin[1]. De plus, une quittance de l'archiduc lui-même pour 4000 livres de Flandre à lui données pour en récompenser ses serviteurs et autres qui *avoient labouré et travaillé pour le fait de la paix entre le roy des Romains et le roy de France.*

[1] Jérôme Lauwerin est mort en 1509. (Voir *Corresp. de Maximilien et de Margue-rite*, I, 175, 179, 181.)

1504.

Cette année a commencé à Pâques, 7 avril.

XVIII.

L'EMPEREUR MAXIMILIEN

DONNE POUVOIR À SES AMBASSADEURS DE TRAITER AVEC LE ROI LOUIS XII TOUCHANT SES DROITS ET PRÉTENTIONS SUR LE ROYAUME DE NAPLES ET LE DUCHÉ DE MILAN.

(*Copie du temps.*)

10 juillet, à Augsbourg.

Maximilianus, divina favente clementia, Romanorum rex semper augustus, etc. Ad notitiam universorum tenore presentium volumus pervenire quod de probitate, fide, constantia ac rerum experientia necnon fidelitatis et circumspectionis industria honorabilis, devoti fidelis nobis dilectorum Philiberti Naturelli[1] prepositi Trajectensis, et Cypriani de Serntein[2], cancellarii nostri Tyrolis ac vice-cancellarii curie nostre, oratorum et consiliariorum nostrorum, certam et indubitatam gerentes fidem, non per errorem aut improvide, sed animo deliberato ipsos et quemlibet eorum in solidum, ex certa nostra scientia, omnibus melioribus modo, jure, via, in re, causa atque forma quibus melius et efficacius possumus et valemus, fecimus, constituimus, ordinavimus et deputavimus, ac facimus, constituimus, ordinamus et vigore presentium deputamus ut nostros veros, legitimos, certos et indubitatos commissarios, actores, factores, negociorum infrascriptorum gestores, deputatos nostros speciales et quicquid magis aut melius dici, conferri et esse potest. Ita et (ut?) quicquid ipsi vel alter eorum fecerint

---

[1] Philibert Naturelli, prévôt d'Utrecht, abbé d'Aisnay, etc.

[2] Cyprien de Serntein, chancelier de Tyrol, conseiller de l'empereur Maximilien et de son fils le roi de Castille.

habeat et obtineat plenam valoris firmitatem, et quicquid ipsi vel
alter eorum ceperit, alius prosequi, mediare, finire et determinare
possit et valeat. Dantes et concedentes eis et cuilibet eorum plenam
tenore presentium potestatis facultatem et auctoritatem, licentiam et
mandatum generale et speciale, pro nobis et nomine nostro, cum
serenissimo principe domino Ludovico, rege Francie, fratre nostro
charissimo, ejusve commissario vel commissariis, procuratoribus,
oratoribus, deputatis et nuntiis, sufficientem potestatem et auctoritatem ab eodem ad hoc habentibus, de et super omnibus et singulis
contentionibus, questionibus, displicentiis, querelis, guerris, causis,
litibus, bellis, actionibus, differentiis et controversiis, actemptatis,
injuriis, gravaminibus et demandis terra seu mari subortis et provo-
catis, motis seu movendis, presentibus, preteritis et futuris, tam
occasione ducatus Mediolani, de et super captione ejusdem et tractatu
Tridentino alias per nos facto, ex quo postmodum in aliquibus articulis nonnulli dubii intellectus suborti, necnon de et super bello inter
ipsum regem Francie et serenissimos principes D. Ferdinandum
regem et Elisabet reginam Hispaniarum, fratrem et sororem nostros
charissimos, occasione regni Neapolitani, aut alia quacumque ratione
super inducta quam quibuscunque rebus aliis sive causis hactenus ortis
et que in futurum oriri possent. Quarum omnium causam, rationem,
seriem, ordinem, atque tenorem hic ac si de verbo ad verbum inferre (sic) forent prosufficienter expressi, haberi volumus, una cum
suis circumstantiis emergentibus et connexis que inter nos et prefatum serenissimum principem regem Francorum ac regna, loca, terras,
dominia, patrias, subditos et vaxallos, alligatos, confederatos, amicos,
servientes et adherentes nostros et suos hinc inde pendere dignos-
cuntur, necnon de et super vera, firma et reali ac secura et indisso-
lubili pace, amicitia et concordia, unione, fraternitate ac ligis, ami-
citiis, confederationibus, treugis et guerrarum abstinentiis, federibus,
affinitatibus et intelligentiis perpetuis omni evo et tempore duraturis
inter nos et prenominatos serenissimos reges Francie et Hispaniarum,
ac illustrem Philippum archiducem Austrie, principem Hispaniarum

et ducem Burgundie, filium nostrum charissimum, simul circa omnibus vel aliquibus ex nobis, adeoque sit una anima in corporibus omnium nostrorum vel illorum ex nobis qui ipsam concordiam intrent, et
quod simus amici amicorum et inimici inimicorum ; atque etiam de et
super bello offensivo et deffensivo contra quoscumque directe vel
indirecte per nos omnes et aliquos nostrum inferendo vel prohibendo
ad quodcunque tempus; ac de et super quibuscunque commerciis,
exercitio commerciorum ac mutuo et amicabili intercursu mercium
et mercandisarum inter nos, heredes atque successores nostros atque
regna, terras, dominia, patrias et loca nostra quecumque, et dictos
serenissimos reges Francie et Hispaniarum, et illustrem archiducem
filium nostrum, simul in solidum vel aliquos ex eis, atque regna, terras,
dominia, patrias et loca sua quecumque, subditos, vaxallos, confederatos, amicos, alligatos, servientes et adherentes nostros et suos,
quoscumque communicandi, tractandi, conveniendi, tractatus ineundi,
pacta et promissa quelibet faciendi, placitandi, acceptandi atque ea
omnia et singula componendi, pacificandi, appunctuandi, concordandi
et concludendi ac plenarie et integre determinandi, prout melius
visum fuerit et opportunum, universaque et singula que per eos
appunctuata, conventa, conclusa et concordata fuerint valliandi, robo-
randi et assecurandi per fidei interpositionem et juramentum in
animam nostram, prestandi, ac inita, tractata, placitata et promissa
consummandi, finiendi et stabiliendi, et, si expediens visum fuerit,
confirmandi ac invicem etiam juramentum in animos constituentium
et quecumque obligamus exigendi, requirendi et recipiendi, ac de et
super promissis seu appunctuatis et conclusis litteras validas et effi-
caces pro pace nostra tradendi et deliberandi, consimilesque litteras ab
eisdem rege Francorum vel rege et regina Hispaniarum et filio nostro
archiduce, simul in solidum vel alteris eorum et eorum quolibet, seu
eorum commissariis, procuratoribus, oratoribus, deputatis et nuntiis
exigendi, petendi, requirendi et recipiendi promissa quecumque
pro nobis faciendi et tam ad placita quam promissa hujusmodi et alia
quecumque que ipsi in premissis et eorum quilibet egerint, fecerint,

seu promiserint observandi ac nos, quibuscumque modis eis videbitur, obligandi, necnon pacem, concordiam, appunctuamentum, unionem, confederationem atque amicitiam et quodlibet predictorum proclamandi ceteraque faciendi, exequendi et omnia et singula expediendi que verus, legitimus et indubitatus procurator liberam et generalem administrationem habens facere potest et que nos ipsi facere possemus, si personaliter adessemus; et que in premissis et circa ea necessaria fuerint seu quomodolibet opportuna, etiamsi talia sint que mandatum de se exigant magis speciale et de quo plene de verbo ad verbum in presenti procuratorio nostro opporteret fieri mentionem, supplicantes omnes defectus juris, si qui in premissis aut eorum aliquo viderentur omissi, omni auxilio et favori legum, privilegiorum et consuetudinum, quorum pretextu tales possent obstare deffectus quoad presens procuratorium nostrum renuntiantes, promittentes bona fide et in verbo regio, tenore presentium, nos gratum, ratum, firmum et inconcussum habituros perpetuo totum et quicquid per dictos commissarios, oratores, procuratores, deputatos et consiliarios nostros conjunctim aut divisim, actum, gestum, promissum et conclusum et firmatum, stabilitum et ordinatum seu procuratum fuerit in premissis, seu aliquo premissorum omnibus et singulis et eorum quolibet, necnon in connexis, dependentiis, emergentiis circa talia et contra ea vel ipsorum aliquot per nos vel personam aliam seu alias interpositam seu interpositas, quavis via, occasione, vel modo nunquam facere quomodo libet vel venire et actemptare. In cujus rei testimonium, presentes fieri jussimus manu nostra propria et signo consueto subscriptas, sigillique nostri magni appensione communitas. Datum in civitate nostra imperiali Augusta, die decima Julii 1504, regnorun nostrorum Romani decimo nono, Ungarie vero xv.

Sic signatum : Maximilianus. *Et inferius :* Lang [1].

---

[1] Mathieu Lang de Wellembourg, depuis évêque de Gurck ou Gurce, et ensuite cardinal.

XIX.

PHILIPPE, ARCHIDUC D'AUTRICHE,

COMMET JEAN DE LUXEMBOURG, SEIGNEUR DE VILLE, CHARLES DE RANCHICOURT,
PRÉVÔT DE N. D. D'ARRAS, ET LAURENT DU BLIOUL, SECRÉTAIRE, POUR TRAITER
DES ARTICLES DE MARIAGE ENTRE MADAME CLAUDE DE FRANCE ET CHARLES,
DUC DE LUXEMBOURG [1].

(Orig. parch. dont le scel a été enlevé.)

14 août, à Anvers.

Phelippe, par la grace de Dieu, archiduc d'Austrice, duc de
Bourgoingne, de Lothier, de Brabant, de Stier, de Karinte, de
Carniole, de Lembourg, de Lucembourg et de Gheldres, conte de
Flandres, de Habsbourg, de Tyrol, d'Artois, de Bourgoingne palatin et de Haynnau, lantgrave d'Elsate, marquis de Burgauw et du
saint-empire, de Hollande, de Zeelande, de Ferrette, de Kiburg,
de Namur et de Zuytphen, conté, seigneur de Frize sur la marche
de Sclavonie, de Portenauw, de Salins et de Malines; à tous ceulx
qui ces presentes lettres verront, salut. Comme, pour la sceurté et
accomplissement du mariage nagaires traictié entre dame Claude de
France, fille unicque de monseigneur le roy et madame la royne
très-chrestiens d'une part, et nostre très-chier et très-amé fils le duc
Charles, duc de Luxembourg d'autre, plusieurs points, articles et
ouvertures aient esté et soient faictes, advisées et conceues entre les
deputez d'une part et d'autre; pour lesquelz poins et articles wyder,
determiner et conclure soit besoing ordonner et commectre de
nostre part aucuns bons et notables personnaiges à nous feables et
agreables; savoir faisons que, pour les sens, vertuz et souffisance que
savons et congnoissons estre ès personnes de noz très-chiers et feaulx
messire Jehan de Luxembourg, seigneur de Ville [2], nostre cousin et

---

[1] Ce pouvoir est, à peu de chose près, le même que celui qui avait été donné aux mêmes envoyés, sous la date de Bruxelles, 12 juin 1504.

[2] Chevalier de la Toison d'or, chef des gentilshommes des quatre états de l'hôtel.

premier chambellan, maistre Charles de Ranchicourt[1], prevost de
l'eglise Nostre-Dame d'Arras, nostre conseiller et maistre des requestes ordinaire de nostre hostel, et Leurens dou Blioul[2], nostre
secretaire en ordonnance et greffier de nostre ordre de la Thoison
d'or; iceux les trois ou les deux d'eulx qui mieulx vacquier y pourront, confians entierement de leurs loyautez, preudommies et
bonnes diligences à nous commis, ordonné et depputé, commectons, ordonnons et depputons par ces presentes nos ambassadeurs
et commis, en leur donnant plain povoir, auctorité et mandement
especial de ou nom de nous traictier, besoingnier et conclure avec
lesdits seigneurs roy et royne ou leurs commis et deputez aians
povoir souffisant à ce, de et sur les choses dessus dites et telles qui
en dependent, et generalement de faire toutes et singulieres les
choses que bons et loyaulx ambassadeurs et commis dessus dits peuvent et doivent faire, et que nous-meismes ferions et faire pourrions
se en nostre personne presens y estions; promectant de bonne foy,
sur nostre honneur et en parolle de prince, avoir agreable et tenir
ferme et estable à toujours tout ce que par nosdits ambassadeurs
et commis, les trois ou les deux d'eulx, sera fait, traictié, besoingnié
et conclu ès matieres dessus dites et celles qui en deppendent, sans
jasmais faire ou aller ne souffrir faire ou aller au contraire en maniere quelconcque. En tesmoing de ce, nous avons signé ces presentes de nostre main et à icelles fait mectre nostre seel. Donné en
nostre ville d'Anvers, le xiiie jour d'aoust, l'an de grace mil cincq
cens et quatre.

PHILIPPE.

Et sur le repli : Par monseigneur l'Archiduc, vous l'evesque d'Arras, les sieurs de Fiennes, de Chievres, de Veyre et autres presens,

HANETON.

---

[1] Neveu de Pierre de Ranchicourt, évêque d'Arras, élu prévôt de la cathédrale en 1495, mort, âgé de 35 ans, en 1506.

[2] Chevalier, seigneur de Sart, audiencier de l'archiduc, greffier de la Toison d'or, depuis l'an 1496 jusqu'à sa mort, arrivée en 1542.

XX.

LETTRES

PAR LESQUELLES LE ROI LOUIS XII ACCORDE À CHARLES D'AUTRICHE, DUC DE
LUXEMBOURG, EN FAVEUR DE SON MARIAGE AVEC CLAUDE DE FRANCE, LA
JOUISSANCE VIAGÈRE DE L'AIDE ET COMPOSITION ORDINAIRE D'ARTOIS.

(Orig. parch. scellé.)

22 septembre, à Blois.

Loys, par la grace de Dieu, roy de France, à tous ceux qui ces
presentes lettres verront, salut. Savoir faisons que, pour la singuliere amour et affection que portons à nostre très-cher et très-amé
cousin l'archiduc d'Autriche, prince de Castille, et à nostre très-cher
et amé cousin Charles, duc de Luxembourg, son fils aisné, en faveur aussi du mariage traicté entre nostre très-chere et très-amée
fille Claude de France et nostredit cousin le duc de Luxembourg,
et en contemplacion d'icelluy [1], à iceulx noz cousins l'archiduc et
duc de Luxembourg, pour ces causes, avons donné et octroyé, donnons et octroyons par ces presentes tout le revenu, prouffit et emolument de l'aide et composicion d'Arthois, pour en joyr leurs vies
durans, et icelluy avoir et prendre chacun an par les mains du receveur de ladite composicion et par leurs simples quittances, en payant
et acquictant les gaiges d'officiers et autres charges ordinaires estans
sur ladite composicion. Si donnons en mandement par ces mesmes
presentes à nos amez et feaulx les gens de noz comptes, tresoriers
de France et generaulx de noz finances et à chacun d'eulx, si comme
à luy appartiendra, que de noz presens don et octroy ils facent, souf-
frent et laissent nozdits cousins et chacun d'eulx joyr et user, leurs
vies durant, plainement et paisiblement, sans leur faire, mectre ou
donner, ne souffrir estre fait, mys ou donné aucun destourbier ou

---

[1] Les traités d'alliance et de mariage
conclus à Blois, le 22 septembre 1504,
sont insérés dans Dumont, *Corps diplom.*
IV, 1ʳᵉ partie, 55 et suiv.

empeschement au contraire, lequel se fait, mys ou donné leur estoit, mectent et facent mectre sans delay à plaine delivrance. Et par rapportant cesdites presentes signées de nostre main ou vidimus d'icelles fait soubz seel royal et quittance, et recongnoissance de leurs tresoriers sur ce souffisant seullement, nous voulons et mandons nostre receveur de ladite composicion estre de ce tenu quicte et deschargé en ses comptes, par nosdits gens des comptes et par tout ailleurs où il appartiendra sans difficulté. Car ainsi nous plaist-il estre fait, nonobstant que descharges n'en soyent levées selon l'ordre de noz finances et les ordonnances vieilles et nouvelles, faictes sur le fait et distribucion de nosdites finances, et sans prejudice d'icelles en autres choses et quelzconques autres ordonnances, restrinctions, mandemens ou deffenses à ce contraires. En tesmoing de ce, nous avons fait mectre notre seel à cesdites presentes. Donné à Bloys, le xxiie jour de septembre, l'an de grace mil cinq cens et quatre, et de notre regne le septiesme.

LOYS.

Par le Roy : ROBERTET.

A cette pièce on a joint l'attache et consentement des gens des comptes, trésoriers du roi et généraux des finances, sous la date du 21 janvier 1504 (1505.)

XXI.

PHILIPPE, ROI DE CASTILLE,

CHARGE CLAUDE DE CILLY DE FAIRE DES REMONSTRANCES AU ROI LOUIS XII,
CONCERNANT ROBERT DE LA MARCK.

(Minute signée)

Sans date.

. . . .

Claude de Silly [1] dira aussi au roy de France que jà pieçà il a escript au roy et à monseigneur qu'il avoit donné congié à messire

---

[1] Claude de Cilly a été successivement chargé de missions diplomatiques auprès de Louis XII et de Ferdinand, roi d'Aragon.

Robert de la Marche et l'avoit desappoincté de toutes choses pour ce que, sans son ordonnance, il estoit allé servir le conte palatin contre le roy.

Que depuis nagaires mondit seigneur a entendu que ledit seigneur roy de France l'a reprins en sa grace et en son service, et qu'il lui a rendu tout ce qu'il lui avoit osté.

Ce que mondit seigneur ne peut bonnement croire, veu mesmement ce que dit est, et que ledit messire Robert fait journellement practiquer mondit seigneur pour le retenir en son service; ce qu'il a delayé de faire, mesmement jusques à ce qu'il seroit averty de la verité de ce que dit est et de l'intencion dudit seigneur roy de France.

Sy lui suppliera de par mondit seigneur qu'il lui plaise lui mander comment il en est à la verité.

Et s'il est ainsi qu'il l'ait retiré en sondit service, lui suppliera lui vouloir expressement commander, et à telle peine que le cas le requiert, que directement ou indirectement ne face ou entreprengne chose en Gheldres ni ailleurs de la place de Montfort, ni autrement que puist estre au prejudice de mondit seigneur, ses pays et subgets.

Et s'il n'est ou service dudit seigneur roy, et il persiste d'avoir celui de mondit seigneur, suppliera audit seigneur roy que son plaisir soit sur ce lui mander son bon advis et intencion; car mondit seigneur n'y vouldroit entendre au regret dudit seigneur roy.

Dont ledit de Silly advertira mondit seigneur à diligence.

PHILIPPE.

1505.

Cette année a commencé à Pâques, 23 mars.

XXII.

INVESTITURE DU DUCHÉ DE MILAN

ET DES COMTÉS DE PAVIE ET D'ANGLIÈRE,

Donnée par l'empereur au roi de Castille, Philippe le Beau, comme tuteur de son fils, Charles d'Autriche, pour le cas où Louis XII décéderait sans héritiers mâles. (*Copie simple en papier et Bibl. du Roi, mss. de Coislin,* n° 1213, fol. 58 v° [1].)

7 avril, à Haguenau.

Maximilianus, divina favente clementia Romanorum rex semper augustus, etc. Ad perpetuam rei memoriam. Recognoscimus et notum facimus tenore presentium universis quoniam cesaree circumspectionis providentia ad ea potissimum animi sui aciem dirigere debet que universe christiane reipublice commodis et saluti videantur profutura, cum, nobis in archano pectoris nostri pensiculate revolventibus presentium temporum conditiones quodque ex christianorum principum discordiis catholice fidei nostre hostis in dies fimbrias imperii sui dilatat, ac in dominicum gregem, veluti lupus rapax, truculentius grassatur, id ante omnia saluberrimum nobis occurrerit ut in longis dissensionibus que inter nos et serenissimum Ludovicum, Francorum regem, hactenus viguerunt, pacem, concordiam, unionem et perpetuum fedus tractaremus et iniremus. Et ut facilius id consequeremur et universo christiano populo paterne prospiceremus, ad ea singula corroboranda et confirmanda, eidem regi investituram ducatus Mediolani pro se et heredibus suis masculis ex corpore suo

---

[1] Cet acte, dont nous n'avons pas vu l'original, offre plusieurs erreurs de noms; il est surtout fort incorrect dans le manuscrit du roi. Nous le donnons ici parce qu'il diffère essentiellement de celui qu'a publié Dumont, *Corps diplomat.* IV, 1re partie, 60. Du reste, nous tenons ce diplôme pour suspect.

legitime descendentibus, ac illis deficientibus, pro illustri Claudia,
filia sua primogenita, et illustri Carolo, archiduce Austrie, principe
Castelle et duce Lucemburgie, nepote nostro charissimo ac ipsius
Claudie sponso, conjunctim tradidimus et exhibuimus, ac nomine ipsius Ludovici regis reverendissimum in Christo patrem D. Georgium
de Ambosia, tituli Sancti-Sixti presbyterum, cardinalem Rothoma-
gensem, coram nobis personaliter constitutum et mandato ipsius
regis sufficienter suffultum ad prestandum nobis debitum fidelitatis
et homagii juramentum, de more cesaree curie nostre, de prefato
ducatu Mediolani investivimus. Adsistens ad presentiam nostram et
coram nostro tribunali, dum predicta a nobis agerentur, serenissimus
princeps dominus Philippus, rex Castelle, Legionis et Granate, archi-
dux Austrie, Aragonum et utriusque Sicilie princeps, dux Burgundie, etc. charissimus ac unicus filius noster, audientibus ac nomine
prefati regis Ludovici consentientibus prenominato reverendissimo
domino cardinale et venerabilibus et magnificis viris Anthonio [1], episcopo Parisiensi, Jacobo [2] de Estaing, episcopo Rodensi, domino de
Pienes [3], domino de Genli [4], Ricardo Aurelio Rudolfo de Launay,
balivo Amiensi [5], Carolo de Altobusco [6], magistro requestarum, pre-
sidente Parisiensi [7], Stephano Petit [8] ac Ludovico Rubertet [9], predicti Francorum regis oratoribus et consiliariis, vice et nomine supra-

[1]. Il y a ici erreur de nom : l'évêque de Paris, en 1505, était Étienne Poncher.

[2] François (et non Jacques) d'Estaing, évêque de Rodez, mort en 1529.

[3] Louis de Hallewin, seigneur de Piennes, lieutenant du roi en Picardie, gouverneur de Péronne, etc., fait prisonnier en août 1513, devant Térouane; mort en 1518.

[4] Jacques de Hangest, seigneur de Genlis et de Maigny.

[5] Raoul de Lannoy, bailli d'Amiens, le même à qui Louis XI, au siége du Quesnoy, dit : « Pasques-Dieu! mon ami, vous estes trop furieux en un combat; je vous veux enchaisner. »

[6] Charles de Hautbois, conseiller au parlement de Paris, maître des requêtes, promu, le 14 juin 1506, à l'évêché de Tournay, qu'il résigna en 1513.

[7] Jean de Selve.

[8] Étienne Petit, conseiller et secrétaire du roi.

[9] C'est sans doute un frère de Florimond Robertet, qui, du reste, en eut deux successeurs évêques d'Alby ; mais ni l'un ni l'autre ne porte le prénom de Louis.

dicti Caroli, filii sui, uti pater ac legitimus tutor ipsius nobis humiliter supplicavit ut, cum nos pro tante rei compositione benigne annuerimus et consenserimus quod, eveniente casu supra notato, prefato Ludovico Francorum rege absque liberis masculis decedente, idem Carolus filius suus, cum Claudia antedicta conjunctim in predicto ducatu Mediolani succedere debeat, nos ipsum regem Philippum uti patrem et tutorem, ut premissum est, de eodem ducatu ac Papie Anglerieque comitatu et pertinentiis suis ex nunc prout ex tunc et ex tunc prout ex nunc, investire dignaremur.

Nos, pro paterna benivolentia qua ipsum natum nostrum unice diligimus ac pro ferventi desiderio quo illius posteritati prospicere exoptamus, accepto prius ab ipso Philippo, filio nostro, paterno ac tutorio nomine Caroli filii sui prenominati, fidelitatis et homagii debito juramento quod is in presentia nostra, rite ac de more cesaree curie nostre prestitit, animo deliberato, non per errorem aut improvide, sed ex certa scientia, motu proprio et de plenitudine nostre potestatis etiam absoluta, sano ad hoc principum, comitum, baronum et procerum nostrorum accedente consilio atque consensu, presentibus ac consentientibus prefato reverendissimo domino cardinale Rothomagensi, plene ad hoc et sufficienti mandato suffulto, et ceteris oratoribus et consiliariis predicti Francorum regis, prenominatum filium nostrum regem Castelle, paterno et tutorio nomine Caroli filii sui predicti, pro ipso Carolo ac pro illustri Claudia filia primogenita, sponsa ipsius Caroli conjunctim, vel ipsa deficiente, pro alia primogenita ipsius Francorum regis que nubet eidem Carolo aut alteri filiorum ipsius Castelle regis, de predictis ducatu Mediolani Papieque et Anglerie comitatibus et de omnibus que ad ipsum ducatum et illius dominia, quoquo modo spectare et pertinere possunt et debent, ac de omnibus quibus predecessores duces Mediolani per Romanos principes investiti fuerunt, necnon et que ipsi Mediolani duces tenuerunt et possederunt cum omnibus civitatibus, oppidis, terris, castris, arcibus, villis, districtibus, feudis, feudalibus ac aliis quibuscumque rebus et bonis ad ipsa dominia spectantibus et pertinentibus que et quas pro tempore existentes Mediolani duces a nobis sive aliis Romanorum imperatoribus aut regibus predecessoribus nostris et sacro Romano imperio in feudum suscipere et habere consueverunt, solemniter et expresse investiendum duximus et tenore presentium investimus, ipsique Philippo, paterno et tutorio nomine filii sui Caroli, ut supra expressum est, non obstante quacumque investitura ipsi Ludovico Sortie aut alii facta, quam presentium tenore revocamus, cassamus et annullamus, regalia dictorum ducatus et comitatuum consueta necnon omnimodam jurisdictionem cum gladii potestate, meroqueac mixto imperio ac quascumque gracias, libertates, immunitates, privilegia, honores, preeminentias, dignitates, franchisias, jurisdictiones et facultales concedimus et impartimur.

Et quoniam in contractu matrimonii inter Carolum et Claudiam per supradictos Ludovicum Francorum regem fratrem ex una, et Philippum Castelle regem, filium nostrum charissimum, ex altera partibus, loco et nomine predictorum Caroli filii et Claudie filie eorum inito et concluso, expresse conventum et concordatum est quod in casu quo ipsa Claudia, vel ea deficiente, altera filia primogenita ipsius Ludovici regis Francie, non nuberet ipsi Carolo, aut eo ex humanis cedente, alteri filiorum predicti regis Castelle filii nostri, dictumque matrimonium non consummaretur vel sortiretur effectum et per nos et prefatum filium nostrum regem Castelle aut Carolum archiducem predictum, vel eo non existente, alium filium predicti regis Castelle, non staret quominus ipsum matrimonium consummaretur et ad effectum deduceretur quod tunc ipse Ludovicus ac heredes et successores sui ab omni jure suo quod in dicto ducatu haberent seu habere pretenderent cecidisse, illudque in personam ipsius Caroli prefati vel alterius filiorum predicti filii nostri devolutum esse debeat, cui et omnibus juribus que ipsi Ludovico ac heredibus suis et successoribus suis in prenominato ducatu et comitatibus ac dominiis ab eo dependentibus et annexis competerent seu quovismodo competere possint, ipse Ludovicus cessit, illudque in favorem dicti Caroli aut alterius filiorum ipsius filii nostri libere renuntiavit, sicuti in tractatu et litteris desuper confectis plenius continetur.

Idcirco nos in hujusmodi contractu, tanquam Romanorum rex et supremus et directus dominus feudi ducatus Mediolani, consentientes, ipsumque et litteras desuper confectas, ratas, firmas ac gratas habentes ac confirmantes in casu quo dictum matrimonium, ut supra dictum est, nulla culpa nostra aut filii ac nepotum nostrorum prefatorum non consummaretur nec sortiretur effectum, ex tunc omne jus quod ad nos quovismodo in dicto ducatu et dominiis supradictis devolutum esset vel esse possit, necnon jus quod ipsi Ludovico regi et heredibus aut successoribus suis, tam ex investitura prefata ei per nos concessa, quam in eventum predictum, vigore dicti tractatus revocamus, cassamus et irritamus quod alio quovismodo in dicto ducatu Mediolani et dominiis ac comitatibus supradictis competeret seu competere possit in personam predicti Caroli aut alterius filiorum regis Castelle filii nostri, ut supradictum, ac heredibus et successoribus eorum ex corpore ipsorum legitime descendentibus presentibus nostris transferimus, et juxta formam et tenorem contractus matrimonii supra narrati graciosius ex plenitudine nostre cesaree potestatis, motu proprio, ex certa scientia concedimus, et ex nunc prout ex tunc ac ex tunc prout ex nunc investimus et instituimus. Et si forte ipsam Claudiam ex humanis cedere contingeret nec extaret aut superesset alia filia predicti Ludovici, Francorum regis, que nuberet ipsi Carolo vel alteri filiorum predicti regis Castelle, nos, ex plenitudine nostre potestatis, motu proprio et scientia predictis, ex tunc omne jus et devolutionem que nobis ac sacro imperio aut successoribus nostris Romanorum imperatoribus aut regibus in dicto ducatu Mediolani et dominiis prefatis devoluta essent vel esse quovismodo aut ex quacunque causa aut ratione possent, prefato Carolo aut alteri filiorum predicti regis Castelle filii nostri et eorum filiis seu heredibus ex corpore eorum legitime descendentibus tenore presentium, ex nunc prout ex tunc et e contra, concedimus atque largimur et de ipsis inves-

timus ac instituimus, et in eo casu, auctoritate nostra regali certaque
sciencia predictis, renuntiamus omni juri et juris actioni occasione
cujus dictus ducatus cum suis attinentiis et pertinentiis in toto vel in
parte nobis et imperio sacro aut successoribus nostris Romanis imperatoribus aut regibus ex quacumque causa esset apertus seu ad nos et
ipsum imperium devolutus, ac hujusmodi jus ad nos sive sacrum Romanum imperium devolutum in feudum, ut premittitur, ipsi Carolo
vel alteri filiorum supranominati regis Castelle filii nostri et heredibus
ac successoribus masculis ex corpore eorum legitime descendentibus,
ut predictum est, concedimus per presentes, intellecto tamen quod
tunc ipse Carolus vel alter filiorum regis Castelle filii nostri, aut heredes eorum masculi ex ipsis legitime descendentes qui tunc ipsum
ducatum Mediolani adibunt et in feudum capient, juxta tenorem contractus pacis et concordie inter nos et ipsum Ludovicum regem Francorum ac filium nostrum regem Castelle inite et concluse, solvant illa
ducenta milia Francorum que dictus Francorum rex pro investitura
dicti ducatus et aliis rebus nobis solvit ac numeravit, non obstantibus
in premissis omnibus et singulis aliquibus, legibus, statutis munici-
palibus, decretis, constitutionibus, consuetudinibus, auxiliis gene-
ralibus vel specialibus et aliis quibuscumque quibus possit predictis
in aliquo directe vel indirecte contraveniri; quibus omnibus et singulis in quantum premissis obsistant vel quovismodo obsistere possint, etiam si talia forent de quibus specialis et individua mentio
fienda esset, de certa scientia et plenitudine nostre potestatis predictis
prorsus et expresse derogamus. Decernentes etiam ac nostro cesareo
statuentes edicto ea omnia et singula perpetuam obtinere roboris firmitatem, supplentes omnes defectus tam juris quam facti, si qui forte
in premissis aut aliquo eorum sive obmissione alicujus solemnitatis,
sive dubia interpretatione verborum et sententiarum, seu alio quocumque modo invenirentur vel inveniri possent.

Nulli ergo omnino hominum liceat hanc nostre investiture et con-
cessionis, derogationis, institutionis, largitionis, privilegii, gracie,
decreti sive indulti, paginam infringere, vel ei ausu temerario con-

traire. Si quis autem hoc attemptare presumpserit, indignationem nostram gravissimam necnon penam centum millium marcarum auri purissimi se noverit irremissibiliter incursurum, quarum medietatem fisci sive erarii nostri, residuam vero injuriam passi usibus decernimus applicandam presentium sub nostri regii sigilli testimonio litterarum. Testes hujus rei fuerunt venerabiles et illustres principes et consanguinei nostri charissimi ac generosi et nobiles nostri et imperii sacri fideles, dilecti : Jacobus archiepiscopus Treverensis[1], princeps elector et sacri Romani imperii archicancellarius, Albertus episcopus Argentinensis[2], Alexander dux Bavarie[3] et palatinus Rheni, Henricus dux Brunsvicensis et Luneburgensis[4], Casimirus marchio Brandeburgensis[5], Udalricus dux Wirtenburgensis[6], Christophorus marchio Badensis[7], Henricus episcopus Curiensis[8], Petrus episcopus Tergestinus[9], Eytel? Fridericus de Zollern magister curie nostre, Wolfgangus de Furstemberg marscalcus curie nostre, Reinhardus de Pitsth, Philippus de Hanau, comites, Willhelmus baro de Rapelstain, qui iis presentes interfuerunt. Datum in civitate nostra imperiali Haguenau, die septima Aprilis, anno Domini millesimo quingentesimo quinto, regnorum nostrorum Romani vicesimo, Hungarie vero decimo quinto ; sic signatum sub plica : MAXIMILIANUS, et super plicam : *Ad mandatum domini regis proprium.* . . . .

[1] Jacques de Bade, élu archevêque de Trèves en 1503, mort en 1521, à peine âgé de 40 ans.

[2] Albert, fils d'Othon, duc de Bavière, évêque de Strasbourg depuis 1478 jusqu'en 1506.

[3] Le duc de Bavière se nommait *Albert*, et non *Alexandre*. Quant au comte palatin, suivant l'Art de vérifier les dates, c'était Philippe, dit *l'Ingénu*.

[4] Henri Ier, duc de Brunswick-Lunebourg, mort en 1532.

[5] Aucun margrave de Brandebourg n'a porté le nom de *Casimir.*

[6] Ulric de Wurtemberg, mort en 1550, âgé de 63 ans.

[7] Christophe, marquis de Bade, l'un des plus fidèles serviteurs de la maison d'Autriche, mort en démence le 19 avril 1527.

[8] Henri de Howen, évêque de Coire, résigna en 1513.

[9] Pierre Buonuomo, évêque de Trieste, élu en 1502.

XXIII.

MÉMOIRE

DES RÉPARTITIONS ET SATISFACTIONS À OBTENIR DU ROI DE CASTILLE, CONCERNANT
LES ENTREPRISES FAITES PAR LUI ET SES OFFICIERS SUR LA SOUVERAINETÉ DU
ROI DE FRANCE EN FLANDRE ET EN ARTOIS.

(Minute.)

(Août.)

Le roy veult et entend que les entreprinses faictes par le roy de
Castille, conte de Flandres et d'Arthois, son chancellier, gens de son
conseil et autres ses officiers esdits contez de Flandres et d'Arthois,
ou prejudice des droitz de sa souveraineté et couronne et cas royaulx,
soyent reparées en la forme et maniere qui s'ensuyt :

C'est assavoir qu'il baille ses lettres patentes signées de sa main et
scellées de son grant scel, par lesquelles il declarera et congnoistra
que jasoit ce qu'il tiengne en foy et hommaige lige du roy à cause de
sa couronne les perryes, contez et seigneuries dessusdits, et que
icellui seigneur y ait tout droit de souveraineté et ressort lequel va
en sa court de parlement de Paris, et en laquelle les apellations de
la Chambre du conseil en Flandres et des officiers en Arthois doyvent
resortir et non ailleurs, et que les arrestez et ordonnances de ladite
court de parlement doyvent estre entierement executées et obeyz
esdits contez de Flandres et Arthois, selon leur forme et teneur, sans
empeschement ou contradiction aucune, et aussi qu'il n'apartiengne
aux contes de Flandres et d'Arthois de faire aucun edict ou ordonnance au contraire, ou de bailler lettres pour empescher directement
ou indirectement lesdits souveraineté, ressort et execucions d'arrestz,
neantmoings sesdits chancellier et officiers ont fait les dessusdits exploictz et actes à son deceu et regrect. Par quoy dès à present il les
casse, revoque, adnulle et mect du tout au neant par ces lettres,
et mandera particulierement en tous et chacuns les lieux où ont

esté faitz lesdits exploictz et entreprinses pour les faire revoquer, casser, abolir et declarer nulz, et fera ordonner et enjoindre aux parties qu'elles voisent poursuyvre en parlement à Paris les appellations des causes qui y doyvent aller des matieres de Flandres et Arthois, non obstant les sentences qui en pevent avoir esté données ailleurs contre et ou prejudice du rapport de ladite court, lesquelles sentences il declarera nulles, comme données par juges incompecans, et priera au roy qu'il les vueille tenir comme non advenuz et non l'avoir à desplaisir, actendu qu'ilz ont esté faictes à son desceu, et ne les a advouées ne veult advouer; mais en tant qu'ilz ont esté faiz de fait, les revoquera et cassera, comme dit est.

Item, et fera faire deffence ledit roy de Castille par cry public ès villes desditz contez de Flandres et Arthois que nulz des subgectz desdits pays ne relieve doresennavant les appellations interjectées de la chambre du conseil en Flandres, et d'autres officiers desdits pays qui doyvent ressortir ou parlement dudit Paris, ne aussi anticipent les appellans ailleurs que en ladite court, et semblablement fera deffendre à sesdits officiers esdits pays de non empescher aucunement l'execution des arrestz de ladite court; mais leur sera ordonné de bailler assistance et *pareatis* aux executeurs d'iceulx et d'autres lettres royaulx, comme faire se doit par raison, et sur tout que les arrestz de Tournay, Neuf-Eglise et autres jà donnez ausdits pays soient entierement executez.

XXIV.

PROTESTATIONS

DES AMBASSADEURS DE FRANCE AUPRÈS DU ROI DE CASTILLE, CONTRE LES
ENTREPRISES FAITES EN FLANDRE ET EN ARTOIS, AU PRÉJUDICE DE LA SOUVE-
RAINETÉ DU ROI.

(*Original.*)

23 août, à Bruxelles.

Anno Domini millesimo quingentesimo quinto, indictione octava,
die vero mensis Augusti vicesima tercia, pontificatus sanctissimi in
Christo patris et domini nostri, domini Julii, divina Providencia
pape secundi, anno secundo, in presentia serenissimi principis et
domini Philippi, regis Castelle, Legionis, etc. comitis Flandrie et
Arthesii, etc. in palacio ejusdem regis Brucellis sito et in quadam
parva domo in parco dicti palacii existente, constitutis illustrissimo
principe domino Engelberto de Cleves, Nivernensi, Augi et Regites-
tensi comite, reverendo in Christo patre domino Stephano [1], Parisiensi episcopo ac cancellario Mediolanensi, domino Radulpho de
Lannoy, milite, baillivo Ambianensi ; magistris Petro de Saint-André,
christianissimi Francorum regis in suo magno consilio consiliario,
majore judice Carquassonensi, Jacobo Olivier, ejusdem christianissimi regis in sua parlamenti Parisiensis curia advocato, et Stephano
Petit, prefati regis christianissimi secretario et consiliario. Post
multa hinc inde per dictos oratores ipsius christianissimi regis, per
organum prefati reverendi domini Parisiensis episcopi, nomine dicti
christianissimi regis ac ex parte prefati Castelle regis, comitis Flandrie et Arthesii, etc. per organum clarissimi viri domini Thome de
Planis, sui cancellarii, dictis, propositis et allegatis, et de quibus
dictis et propositis per dictos oratores prefati christianissimi regis re-

---

[1] Étienne Poncher, élu évêque de Paris en 1502, transféré à Sens en 1519.

quisiti fuimus instrumentum conficere, tandem dicti oratores per organum supradicti reverendi domini Parisiensis episcopi summationes et protestationes verbo tenus fecerunt modo et forma contentis in quodam folio papiri nobis per dictos oratores tradito sub hujus modi verborum serie :

« Sire, il nous desplaist grandement de ce que ne vous mectez à la raison, et que contrevenez à voz devoirs et promesses envers le roy très-chrestien, nostre maistre. A cette cause, sire, nous vous sommons et requerons, pour et au nom du roy nostre maistre, de faire les reparacions deues des entreprinses faictes contre la souveraineté et droiz de la couronne, telles que par nous ont esté declairées et baillées par escript, ainsi que vous estes tenu de faire, tant à cause des contez et perries de Flandres et Arthois que tenez en foy et hommage du roy très-chrestien nostre maistre, et soubz le ressort de sa court de parlement, comme à cause des sermens, promesses et obligacions que luy avez faictes et baillées par vos lettres signées de vostre main et seellées de vostre seel. Et protestons à l'encontre de vous des peines que povez avoir commises et encourues envers le roy nostre maistre, à cause des entreprinses contre sa souveraineté et du reffuz que faictes de les reparer. Et, attendu que ne faictes ce que devez et estes tenu envers le roy nostre maistre, ains contrevenez à vos devoirs et promesses, nous protestons aussi que le roy très-chrestien nostre maistre, n'est et n'entent en aucune chose estre tenu ne obligé envers vous, et que ce sera par vostre faulte et coulpe si, pour la conservacion de son serment et des droiz de sa couronne, il fait proceder à l'encontre de vous, comme il appartient à prince souverain contre son subgect et vassal qui empesche et usurpe sa souveraineté ès pais qu'il tient de luy. »

Acta fuerunt hec anno, indictione, mense, die, pontificatu et loco predictis; presentibus ibidem nobilibus viris dominis Paulo de Busserade, domino de Cepy, magistro machinarum seu artillerie prefati christianissimi regis, Johanne d'Estampes, domino de Roches, militibus; Wallerando d'Ingnyes gubernatore comitatus Augi, Jacobo, notho seu bastardo Vindocinensi, domino de Bonneval ac magistro Anthonio de St de Lys, in legibus licenciato, cum pluribus aliis testibus ad premissa vocatis et rogatis.

Sic signatum : J. CORDELIER, *notarius apostolicus ;*

J. HUART, *notarius apostolicus.*

XXV.

MÉMOIRE

EN FORME D'INSTRUCTION DONNÉE À PHILIPPE LE BEL, ROI DE CASTILLE, DE CE QU'IL AVAIT À RÉPONDRE AUX AMBASSADEURS DU ROI LOUIS XII, QUI S'ÉTAIENT PLAINTS DES ENTREPRISES QUE L'ON FAISAIT SUR LA SOUVERAINETÉ DU ROI EN FLANDRE ET EN ARTOIS.

(Copie simple.)

Sans date, mais probablement 1505, 23 août.

Les doleances faictes par monsieur le conte de Nevers et autres ambassadeurs du roy très-chrestien,

L'on dira en communicquant que, selon que a esté dit ausdits ambassadeurs, icelles doleances ne sont de la vocacion et speculation du roy ;

Qu'il en a parlé à son conseil, lesquelz lui ont sur ce dit pluiseurs choses et excuses ;

Et neantmoins le roy, se veullant tousjours mectre en tout debvoir, est content de declairer nulz et de nulle valeur tous les mandemens par son dit conseil despeschez de sa part ou fait du doyenné de Saint-Omer, de la prebende de Bethune, le pain par lui donné en l'abbaye de Cerquam, ensemble tous exploix et appointement que s'en sont enssuys, saulf au principal, touchant ledit pain, le droit du roy, et touchant le personnaige de Kiele en Flandres, la sentence de la court de parlement sortira son effect et sera execütée, et sera en ce baillié assistence, et celle du grant conseil mise à neant et ne sortira effect.

Semblablement sera baillié assistence à l'execucion de l'arrest obtenu par l'abbé de Corbye[1], saulf au procureur du roy de soy povoir opposer pour l'interest du roy qui n'est condempné.

Et quant à Rapine, les provisions de la court de parlement ou de la chancellerie à Paris sortiront effect; et seront mises à neant et ne sortiront effect les provisions baillées, au contraire, s'aucunes en y a; mais de son emprisonnement qu'est advenu durant le voyage du roy en Espaigne, le roy ne son conseil ne s'en sont meslez, ains le fit faire feu monsieur de Nassou, lors lieutenant general, subz umbre de ce que, comme il disoit, il lui estoit par informacion apparu d'aucunes parolles sedicieuses dont avoit usé ledit Rapine contre les chastellain d'Avesnes.

De la reparacion qu'ils ont dit avoir fait faire à ung advocat de Béthune à cause de ce qu'il avoit conseillié une femme d'appeller, et aussi du sergent d'Amiens arresté,

L'on leur a dit et declaré que les officiers du roy à Bethune s'en excusent fort et requierent qu'on s'en informe à la verité, et neantmoins dès lors le roy a declairé tout ce que par vraye informacion aperra avoir esté fait au prejudice de la souveraineté du roy, estre nul et de nulle valeur, et a promis les faire reparer.

Depuis ceste response, ceulx de Bethune ont envoyé les informations et autres choses servans à leur justificacion, à maistre Jehan Caulier. En quoy lesdits ambassadeurs pourront, avec les gens dudit seigneur roy, prendre telle raisonnable conclusion qu'ilz verront au cas appartenir.

Des choses dessusdites et ce que sur icelles ils pourront encoires adviser pour le mieulx, offriront d'en faire baillier lettres patentes du roy en la forme et selon le narré contenu ou billet à eulx baillié;

---

[1] Pierre d'Ottreil, élu abbé de Corbie en 1485, mort en 1506.

En affermant que, pour le temps advenir, il a ordonné à ceulx de son conseil et officiers residens en plusieurs lieux, chacun en son regard, que, en ce que touchera ladite souveraineté et ressort, ilz ne entreprengnent aucune chose et y prendent plus songneuse que ceux qu'ilz n'ont fait par ci-devant, en maniere qu'il a ferme espoir que ledit seigneur roy n'en aura plus de plainte, et quant aucunes en surviendront, il les fera reparer à la raison.

Et se de la part dudit seigneur roy est parlé du billet baillé par ses ambassadeurs, sera remonstré icellui billet estre esclandieulx et non raisonnable, et que le semblable n'a jamais esté demandé aux predicesseurs du roy: prieront de sa part audit seigneur roy, soy vouloir contenter de sesdites lettres de declaracion qu'il fera et baillera comme dessus est dit.

Au surplus, touchant le fait de Neuf-Eglise que le roy a remis à la venue de sesdits ambassadeurs par delà, en sera fait et respondu selon le memoire particulier sur ce fait baillié à iceulx ambassadeurs.

Et se de la part dudit seigneur roy est encoires parlé de ce que l'on ne permect en Artois les officiers royaulx joyr des cas royaulx non decidez à ladite journée d'Arras, pendant le procès qui en est pendant en ladite court de parlement, dont lesdits ambassadeurs se sont aucunement doluz,

Sera dit que, en traictant à Arras desdits cas royaulx decidez, fust expressement dit et entendu, comme scevent ceulx, et assez le contient icelui traictié, que par ladite court seroit congneu et determiné des autres cas royaulx non decidez, pretenduz par les officiers royaulx. En quoy est clerement demonstré que ilz joyroient dès incontinent des cas decidez et non des autres qui estoient mis en procès.

Mais, quoi qu'il en soit, la matiere est pendant en ladite court, et desire le roy l'expedition; laquelle court en pourra appoinctier et decider ainsi que elle verra estre à ferre par raison.

Et c'est quand aux poins et articles particuliers dont mondit seigneur de Nevers ét autres ambassadeurs dudit seigneur roy ont eu principalement charge.

Et quant aux autres deux poins dont monsieur du Mortier et le secretaire, qui sont arrivez devers le roy avant lesdits autres ambassadeurs, ont eu commission à part, ausquels seullement lesdits autres ambassadeurs les ont assisté quant l'on en a parlé,

L'on en fera aussi selon le memoire particulier sur ce baillié aux ambassadeurs.

Et se l'on ne puet ès choses dessusdites entierement besongnier au contentement dudit seigneur roy, sera contendu à nouvelle journée où l'on vouldra pour lors appointier les poins qui demouront en difficulté.

Et se l'on n'y puet parvenir, iceulx ambassadeurs, avant que rompre, advertiront à diligence par les postes le roy des difficultés, ensemble de la finale voulenté et resolucion dudit seigneur roy. Et le roy leur fera responce à diligence.

XXVI.

RÉPONSE

FAITE DE LA PART DU ROI DE CASTILLE, COMTE DE FLANDRE, ETC., A LA PROTESTATION ET AUX REMONTRANCES QUI LUI ONT ÉTÉ ADRESSÉES PAR LES DÉPUTÉS DU ROI DE FRANCE, CONCERNANT CERTAINES ENTREPRISES EN FLANDRE ET EN ARTOIS.

(*Minute.*)

·23 août.

C'est en effect la response faicte par le roy, ce jourd'hui xxiiie d'aoust l'an xve et cincq, à monseigneur le conte de Nevers, monsieur l'evesque de Paris, et autres messieurs les ambassadeurs du roy très-chrestien ensemble de ce que s'en est enssuy.

« Monseigneur, et vous, messieurs, le roy a ouy et entendu par le rapport de ses deputez les communications que ont esté entre vous et eulx, et ce sur quoy finablement vous vous estes arrestez; il a, comme la raison veult, de tout adverty le roy son pere.

« Et a, au surplus, sur tout bien pensé, et, par l'advis dudit seigneur roy son pere, et aussi par deliberation de son conseil, tant de plusieurs chevaliers de son ordre et autres de son conseil bien assemblez et en grant nombre, vous fait dire, pour la generalité, qu'il n'a jamais voluntairement ne à son essyant cuidié ne aucunement penssé de faire ou actempter aucune chose constre ne au prejudice des traictiés de paix de Senlis, de Paris, la feaulté et hommaige, ne autres choses par lui faictes et promises en la cité d'Arras, à la reddicion des trois villes d'Artois.

« Ayant aussi ferme espoir que le roy très-chrestien ne lui vouldroit tollir ne diminuer son droit.

« Vous savez aussi les grandes fraternitez, amistiez, aliance et intelligence que par mariage ou autrement ont desjà esté pieçà promises et solempnellement jurées entre ledit seigneur roy très-chrestien et le roy, lequel les a tousjours deuement entretenues non pas de parolles, mais par effect, au regret de plusieurs, et tient et croit certaiment que ledit seigneur roy très-chrestien ne l'a mis en oubly, et qu'il en a bonne souvenance; aussi, certes, icelui seigneur roy très-chrestien a jusquez ores tenu au roy sy bons termes de toute bonne amistié, qu'il ne s'en scet assez louer et dont encoires très-affectueusement il le mercye, et sur toutes choses du monde desire en icelles amistiez et intelligence continuer, supliant audit seigneur roy de sa part vouloir fere le semblable.

« Presupposé aussi que de parler de semblables differens touchant les entrefaictes pretendues contre le ressort et souveraineté dudit seigneur roy, n'est pas chose nouvelle; car il est apparu au roy que, dès longtemps et depuis le grant traictié de paix d'Arras fait l'an IIII^c xxxv, plusieurs grans differens ont esté entre feux de très-dignes memoires, le roy Charles VIIe et monseigneur le bon duc Philippe, tant touchant pluiseurs choses que ledit seigneur roy pretendoit avoir esté faictes et actemptées contre le ressort et souveraineté, que autres choses.

« Sur quoy furent premierement tenues les conventions de Chalons
et de Paris, et depuis, en l'an iiii^c lviii, au lieu de Montbrison où estoient devers le roy les ambassadeurs de feu mondit seigneur le duc
Philippe, icellui seigneur roy fist proposer par son procureur general
plusieurs choses à la charge de mondit seigneur le duc, tant touchant
lesdits ressorts et souveraineté que autres. Et, certain temps après,
mondit seigneur le duc Philippe envoya ses ambassadeurs devers
icellui seigneur roy à Vendosme, où il le fit humblement supplier
et requerir que son plaisir feust lui faire baillier par escript les articles dont l'on l'avoit ou vouldroit charger, afin d'y respondre à
l'appaisement et contentement du roy; lesquelz articles, incontinent
après ledit seigneur roy lui envoya par lors monsieur l'evesque de
Constance¹ et autres notables grans et saiges personnaiges ayant
aussi charge de plusieurs autres grandes matieres.

« Dont s'en est enssuy que, par ambassades et journées amiables,
les matieres, tant d'une part que d'autre, ont à loisir et sans preci-
pitation esté debatues.

« Et les aucunes abolyes, les autres esclarchées et les autres de-
meurées en difficulté sans estre vuydées, comme de toutes ces choses
appert par les coppies des propositions et autres escrips du temps
de lors, qu'est moult belle chose à veoir.

« Aussi depuis le trespas dudit feu roy Charles, et mesmement en
l'an xv^c, certaines journées ont esté tenues et dressées pour la wy-
dange et terminacion desdits articles qui auparavant n'avoient esté
despeschées, mais estoient demourées en difficulté, comme dit est,
lesquelles journées sont depuis demourées interrumptes.

« Les choses dessus dites, premises et presupposées pour condescendre aux cas particuliers dont vous avez parlé, et premierement
touchant les deux commissions despeschées touchant la main mise aux
biens de chappitre de Tournay et le temporel de l'evesché scitué ou
pays de Flandres, le roy fera main levée ausdits de chappitre et leur

¹ Richard Olivier de Longueil, évêque de Coutances en 1453, mort cardinal-évêque
de Porto, en 1470.

baillera joyssance de leursdits biens, selon que ledit seigneur roy lui a pieçà escript, et du surplus sera parlé à la fin de ce propoz.

« Et quant aux autres choses mises en avant par vous, monsieur, et autres messieurs, et la reparacion que, comme vous dictes, le roy veult estre faite en la forme et maniere contenue au billet par vous baillié,

« Le roy, pour ce que ces choses ne sont pas de son gibier, en a parlé à son conseil, et a enquis que c'est; et combien que ce sont choses pour la pluspart aucunes à la solicitation et donné à entendre des parties, touteffois, afin que ledit seigneur roy congnoisse que le roy se veult mectre en tout debvoir, il rappelle, revoque, met à neant et declaire nulz et de nulle valeur tous les mandemens de sa part despeschés par son conseil ou fait du doyenné de Saint-Omer, de la prebende de Bethune, du pain par lui donné en l'abbaye de Cerquam, ensemble tous exploiz et appointemens que s'en sont enssuys et touchant le personnaige de Kyele en Flandres, declaire la sentence rendue en son grant conseil estre nulle et non devoir sortir aucun effect, et est content que celle de la court de parlement soit executée et y fera baillier assistance. Et semblablement fera baillier assistance à l'execucion de l'arrest qu'on dist estre obtenu par l'abbé de Corbye, en declairant tous empeschemens y mis nulz et de nulle valeur, sauf au procureur du roy, qui n'est condempné, de se povoir opposer pour son interest.

« Et quant au fait de Rapine, les provisions de la court de parlement ou de la chancellerie de Paris sortiront effect, mais de son emprisonnement le roy et son conseil n'en scevent à parler, et fut fait par le prevost des mareschaulx, à l'ordonnance et commandement de feu monsieur de Nassou, lors lieutenant general.

« De la reparacion qu'on dist avoir fait fere à ung advocat de Bethune, pour avoir conseillié une femme d'apeller, et aussi du sergent d'Amiens arresté, les officiers de Bethune s'en excusent fort et requierent qu'on s'en informe à la verité; et neantmoins, dès maintenant, le roy declare tout ce que par icelle informacion apperra avoir esté fait au prejudice de la souveraineté du roy nul et de nulle valeur, et promect le faire deuement reparer.

« Des declarations dessus dites, le roy vous baillera acte signé de sa main, ou lettres en bonne forme.

« Ne reste plus à respondre, fors à ce que vous avez dit que ledit seigneur roy veult que le roy adnulle et mecte à neant les deux mandemens par luy baillez, touchant le chappitre de Tournay et l'evesché, aussi le fait de Neuve-Eglise et la reparacion contenue audit billet.

« Pour ce que ces choses sont de grande importance, et que d'aucunes d'icelles a esté pourparlé ès journées tenues passé XL ans, sans decision, par quoy, sans estre plus amplement informé, ne sy souldainement ne lui est bonnement possible rendre certaine responce, il s'en fera à toute diligence informer, et, pour sur iceulx points fere responce, aussi pour entendre plus avant en toutes choses l'intencion dudit seigneur roy et lui donner à congnoistre le bon vouloir et intencion dudit roy, il envoyera bien brief devers lui aucuns ses serviteurs feables et secrets, par lesquelz en toutes choses il se mectra en tel debvoir, que ledit seigneur roy devra estre content, et qu'il congnoistra par effect que le roy sur toutes choses veult demourer envers lui bon frere, parent, amy et alyé, et, touchant ce qu'il tient de la couronne, humble vassal.

« Vous prie et requiert prendre ces choses en bonne part, et en fere doulx et gracieux rapport, ainsi que le roy a en vous entiere confidence. »

Ces choses ouyes par mesdits sieurs les ambassadeurs, après avoir bien peu de temps parlé ensemble, ont dit au roy qu'ilz n'avoient autre charge et ne povoient adjouster ne diminuer aucune chose audit billet, et autres choses qu'ilz avoient dit et declaré, et que d'y envoyer, à leur advis, ne seroit de gaires grant effect, requerans au roy et le sommant de le fere. Et après que sur ce leur a esté dit que le roy esperoit de par ses ambassadeurs contenter ledit seigneur roy, et que jamais n'avoient ses predecesseurs esté en cas semblable sy precipitez, mais tousjours par ambassades et journées, avoient esté ouyz, comme dit est cy-dessus, et qu'il n'eust jamais pensé que ledit seigneur roy l'eust voulu precipiter et piz traictier que n'ont fait ses predecesseurs. Ceulx du roy l'ont encoires une fois sommé d'accomplir le vouloir dudit seigneur roy, et finablement par la bouche de monsieur de Paris, après remonstrances faictes qu'ilz avoient regret de dire ce qu'ilz vouloient dire, mais qu'il leur falloit obeyr audit seigneur roy, leur seigneur et maistre.

Et en obeissant protesterent devant notaires et tesmoings, qui estoient derriere eulx tous prestz, le roy estre encouru ès paines escheues en tel cas, et qu'il ne se debvoit mescontenter, se ledit seigneur roy les vouldra mectre à execucion, veu sondit reffuz, soy departant au surplus de tous traictiez et amistiez faites entre eulx, et que c'est à sa cause, et non pas de celle dudit seigneur roy très-chrestien.

De ces choses le roy, estant moult esbahy et desplaisant, leur dist qu'il faisoit toutes protestations contraires, et qu'il s'estoit mis et vouloit mectre en tout debvoir, et que si legierement ne se vouloit departir desdits traictiez et amistiez, mais envoyeroit devers ledit seigneur roy et esperoit de le contenter de la raison.

Et après avoir ung peu parlé ensemble, vindrent prendre congié, en disant qu'ilz feroient le plus doulx et gracieulx rapport au roy qu'ilz pourroient, et s'employeroient au radoubement des matieres, et que elles ne tombent en plus grant aigreur de leur povoir, dont le roy les a mercyéet prié de le vouloir ainsi fere, et sur ce partirent le lendemain.

XXVII.

MÉMOIRE

À JEHAN DE FLOYON BAILLI D'AVESNES, DE CE QUE DE LA PART DU ROI NOSTRE SIRE, IL AURA À DIRE AU ROY DE NAVARRE [1].

(*Deux copies du temps.*)

12 octobre, à Anvers.

Premiers luy fera les affectueuses recommandacions du roy nostre sire, luy presentera ses lettres contenant credence, et pour l'exposition d'icelle luy dira :

Que le roy nostre sire est bien records de la peyne qu'il print et du dangier auquel il se meist et exposa pour luy venir au-devant, lorsqu'il alla en Castille, et de ses offres de lors, et de ce que depuis il luy a fait dire et aussi escript.

Luy dira que le roy nostre sire n'en veult estre ingrat, ains pour recompense desdites offres et soubz entiere confidence que, icelluy seigneur roy de Navarre les entretiendra, après avoir entendu que, soubz couleur de l'aliance de mariage que l'on dit estre traictié entre le roy d'Arragon et la damoiselle de Foix [2], l'en vouldroit debouter icellui seigneur roy de Navarre de son royaulme, et à icelluy ayder le seigneur de Foix. Que le roy nostre sire luy fait savoir qu'il

---

[1] Ces instructions, dans lesquelles le roi de Castille exprime le désir d'unir une de ses filles à Henri d'Albret, alors âgé de trois ans, sont très-curieuses en ce qu'elles révèlent une adroite combinaison de Philippe le Beau, pour déjouer les projets de son beau-père et de la maison de Foix sur la Navarre. Elles ne font pas hors d'œuvre dans notre recueil, puisque Louis XII était vivement intéressé à ce mariage de sa nièce, Germaine de Foix,

avec Ferdinand le Catholique, contre lequel il avait soutenu jusqu'alors une guerre assez malheureuse.

[2] Le traité de paix, confédération et alliance entre Louis XII et Ferdinand, et de mariage de Germaine de Foix avec ledit roi Ferdinand, fut conclu à Blois le 12 octobre 1505, et ratifié par le roi d'Aragon, à Ségovie, le 16 du même mois. Voyez *Dumont*, t. IV, part. 1ʳ, p. 72.

est deliberé et resolu luy aydier, à son besoing, à la conservation de
son bon droit; mais que, pour le povoir tant mieulx faire, le roy
nostredit sire le requiert et luy conseille bien traictier et entretenir
son connestable le conte de Lerme, et, par son moyen, prendre
bon entendement et alliance avec le duc de Najarra, bon parent,
leal serviteur et subgect du roy nostre sire, et à icellui duc de Najarra adjouster foy selon les lettres que le roy nostredit sire luy a jà
escript de credence sur icellui duc, le tout affin de ladite alliance et
intelligence. Et à ce propoz pourra ledit bailly d'Avesnes honneste-
ment et humblement demander audit seigneur roy de Navarre s'il a
point receu lesdites lettres.

Dira ledit bailly au roy de Navarre comme le roy nostre sire
jusques ores s'est toujours conduit envers le roy d'Arragon, ainsy que
bon beau-fils doit faire envers son bon beau-pere, et a voulenté de
continuer, soubz ferme espoir que ledit seigneur roy d'Arragon doye
faire le semblable. Dira oultre comme le roy nostre sire ayt journellement des nouvelles de la conduite du roy d'Arragon, tout au dehors de ce qu'il en esperoit et ne scet qu'il en doye croyre.

Dira oultre, que le roy nostre sire est deliberé de tousjours se
mectre en ses devoirs et mectre le bon droit de sa part. Et neantmoins, que s'il treuve que ledit seigneur roy d'Arragon n'y veuille
entendre, ains se quiere faire roy de Castille, ou du moins en retenir l'administration, comme le bruyt en court, que, en ce cas, le roy
nostredit sire est bien deliberé de sievyr, et recouvrer le droit que
à luy et à la royne sa compaigne est escheu par le trespas de feue
la royne, que Dieu absoille, leur bonne mere, et que le roy nostredit sire a bon espoir, voire se tient pour tout asseuré que lors icellui
seigneur roy de Navarre, sy requis en est, lui fera service et assistence, selon et en ensuyvant ses offres et presentations. Et sur ce
point contendra ledit bailly d'entendre l'intencion dudit seigneur
roy de Navarre, sans toutesfois demonstrer signe ou tenir termes de
diffidence aucune.

Si le roy de Navarre declaire et afferme ouvertement qu'il soit deliberé aidier le roy nostre sire en ses affaires, et ès siens desire l'assistance du roy nostre sire, ou si, pour quelque doubte ou crainte de quoy que ce feust, il mettoit difficulté à s'en declairer, en ces cas et chacun d'eulx, ledit bailly, après luy avoir touchié que jamais le roy nostre sire ne failly de sa promesse, et que l'en se puist bien et doye confier de luy; luy dira que, en chemin, pensant à sa charge, il ait en soy-meismes conceu quelque moien par lequel, s'il estoit conduit, et le roy nostre sire, et lé roy de Navarre se pourroient et deveroient bien entre-asseurer l'ung de l'aultre, sans pour lors faire ouverture dudit moien. Et si le roy de Navarre presse d'entendre ledit moien, en ce cas et autrement non, ledit bailly fera du ren-chiery de le dire, et ne le dira, n'est qu'il plaise audit sieur roy de Navarre lui accorder et l'asseurer que jamais il ne revelera que icelle ouverture luy viengne dudit bailly. En ce cas, icelui bailly luy dira qu'il ait consideré que le roy nostre sire ait trois filles, et que seroit bonne, grande et honnourable alliance pour monsieur le prince de Navarre. Et plus avant luy pourra dire, comme par grant secret, que autresfois il en ait oy deviser à monsieur le prince de Chimay son maistre, en son privé, comme celui qui monstroit semblant de desi-rer que la chose advint[1].

« Dira que si ceste alliance se conduisoit, dira que le roy nostre sire seroit tenu et vouldroit garder et deffendre luy roy et la royne de Navarre, comme pere et mere, et le royaume dudit Navarre, comme le futur heritage de madame sa fille, et ainsi que soy-meismes et le sien propre.

« Et à ce mesme moien, le roy nostre sire, lequel jà se tient pour bien asseuré de luy roy de Navarre, auroit matiere de s'en tenir plus que seur. Et oultre pourra dire ledit bailly qu'il ne luy semble point que si le roy de Navarre envoyast ses ambassadeurs chargiez de ceste matiere vers le roy nostre sire, que par le moien de mon-sieur le prince et de messieurs ses parens et amis, qui tous ont bonne

---

[1] Ce paragraphe et les trois qui suivent ne se trouvent que dans l'une des deux co-pies que nous avons sous les yeux.

auctorité vers icelui seigneur roy, qu'il n'en euist une bonne response. .

« Si le roy de Navarre y mettoit difficulté, de doubte du reffus
et de crainte de haste, en ce cas, ledit bailly luy dira qu'il pourra
envoyer ses gens chargiez de ceste matiere et de quelque aultre
pour faire leur entrée, et qu'il les pourra chargier de taire ceste matiere, tant que monsieur le prince, comme de soy-mesme ait sentu
si le roy nostre sire y vouldroit entendre, pour selon ce soy regler;
en reiterant ledit bailly à ce propos que, eu regard à l'affection qu'il
scet que le roy nostre sire porte à luy roy de Navarre et à la bonne
adresse de monsieur le prince et des siens, il ait ferme espoir que
lesdits ambassadeurs chargiés de ceste matiere seront les très-bien
venuz et en rapporteront bonne response, en y adjoustant que monsieur le prince ayme bien tant luy roy de Navarre, que jamais il ne
conseilleroit à ses ambassadeurs mettre en avant chose dont icelui
seigneur ny eulx puissent avoir reboutement ou regret. »

Sur toutes lesquelles choses ledit bailly d'Avesnes sollicitera et pour-
suyra sa response, et icelle eue, s'en retournera à la plus grant diligence
qu'il pourra. Fait en Anvers, le xiie jour d'octobre, l'an xvc et six[1] (cinq).

XXVIII.

PROJET DES LETTRES PATENTES

QUE PHILIPPE, ROI DE CASTILLE, DEVAIT DONNER POUR LA CONSERVATION
DE LA SOUVERAINETÉ DU ROI EN FLANDRE ET EN ARTOIS.

(*Original.*)

16 octobre, au Montils-lez-Blois.

Philippe, etc., à tous ceulx, etc., salut. Comme puis nagueres, très-
hault et très-puissant prince, nostre très-cher et ami, frere et cousin,

---

[1] Ce mot *six* est évidemment une erreur de copiste. Le mariage de Germaine
de Foix, présenté seulement comme objet d'un bruit public, suffirait pour démontrer que ces instructions sont de 1505
et non de 1506. D'ailleurs, au 12 octobre
1506, Philippe était mort depuis trois
semaines.

le roy de France, ait envoyé par devers nous nostre très-cher et
amé cousin, le conte de Nevers et autres, ses ambassadeurs; par lesquelz il nous a donné à congnoistre et fait declarer aucuns cas particuliers, ès quelz ilz disoient plusieurs provisions et mandemens avoir
esté baillez et octroyés, tant de par nous, que par nostre conseil; et
autres choses avoir esté faictes contre et au prejudice des droitz,
preheminances et souveraineté de nostredit frere et cousin, tant en
noz contez de Flandres et Artois que autres pays et seigneuries tenues
de la couronne de France; assavoir, certaine provision de main tenue
par nous, octroyée et accordée à ung nommé maistre Jehan Cains[1],
pour le fait du doyenné de Saint-Omer, par laquelle estoit mandé
assigner jour aux opposans, en nostre grant conseil à Malines, qui est
hors du royaume; pareillement certaine provision de nous donnée,
touchant une prebende de Bethune, par laquelle estoit aussi mandé
assigner jour aux parties audit lieu de Malines; le don aussi de la
prouvende d'un pain de Cerquam; aussi certaine anticipation faicte
audit lieu de Malines, touchant le personnaige de Quieville, situé en
Flandres, l'empeschement de l'execucion de certain arrest donné par
la cour de parlement, au prouffit des religieulx, abbé et couvent
de Saint-Pierre de Corbye, et de certain autre arrest aussi donné
par ladite court, au prouffit de ceulx de Neufve-Eglise, contre ceux
de la ville d'Ypre, avec la concession et octroy de deux lettres et mandemens patens aussi de nous donnez : l'un pour mectre en nostre main
tous et chacuns les biens et temporel des doyen, chanoines et chappitre de l'église cathedrale Nostre-Dame de Tournay, et l'autre pour
faire commandement à tous et chacuns les debiteurs et redevables
du temporel de l'evesché de Tournay, de payer à frere Pierre Kique[2],
abbé de Saint-Amand, avec certaines provisions de nous, données
au prejudice de certaine appellacion interjectée par Robert Rapine,
et soit ainsi que n'avions esté jamais advertiz des choses dessusdites

---

[1] On ne trouve pas Jean Cains parmi
les doyens de Saint-Omer, mais bien Jean
Lequien, élu en 1503, mort en 1512.

[2] Pierre Kique ou Cuick avait été élu
évêque de Tournay. Ce fut lui qui baptisa
Charles d'Autriche, depuis Charles-Quint.

qui ne sont de nostre vocacion ou speculation. Par quoy en avons
parlé à ceulx de nostre conseil, lesquelz sur iceulx nous ont dit plusieurs choses à leur excuse. Neantmoins, pour tousjours nous mectre
en notre debvoir et faire ce à quoy fusmes tenuz, nous avons dit
et declaré, disons et declarons que n'avons entendu ne voulu, entendons ne voulons entreprandre ne souffrir faire chose contre ne au
prejudice desdits droitz, preheminances et souveraineté de nostredit frere et cousin; et que voulons garder et observer entierement
les hommaiges et sermens de fidellité par nous faiz, comme vray et
loyal vassal doit faire envers son seigneur, ensemble les choses par
nous promises à Arras. Nous avons, touchant les points et articles
dessus speciffiés, dit et declaré ce qui s'ensuyt. Assavoir en tant
qu'il touche lesdits mandemens et provisions, par nous ou nostre
conseil depeschez, touchant le fait du doyenné dudit Saint-Omer,
de la prebende de Bethune et du pain de l'abbaye de Cerquam[1],
ensemble tous les exploictz et appointemens qui s'en sont ensuys en
vertu d'icelles, nous les avons dit et declaré, disons et declarons
nulz et de nulle effect et valeur, disons oultre et declarons la sentence
donnée en nostre grant conseil, touchant le personnaige de Quieville,
nulle et de nul effect et valleur, comme donnée par juges incom-
pectans, et sans ce que icellui au prouffit duquel elle a esté donnée
s'en puisse ayder, et que l'arrest donné pour ceste matiere en la court
de parlement à Paris sortira son plain effect et soit mis à execucion
selon sa forme et teneur. Et seront aussi les arrestz donnez par ladite
court au prouffit des religieulx, abbé et couvent de Corbye et aussi
ceulx de Neufve-Eglise, comme ceulx de la ville d'Ypre, mis à entiere et deue execucion. Et quant à la provision par nous donnée,
en vertu de laquelle les biens et temporel des doyen, chanoines et
chappitre de l'eglise cathedralle Nostre-Dame de Tournay, qui a esté
mis en nostre main, icelle provision avons aussi dicte et declarée non
devoir sortir effect. Et au regard de l'autre provision, par laquelle

---

[1] Cercamp, abbaye d'hommes, ordre de Cîteaux, en Artois, diocèse d'Amiens.

estoit mandé faire commandement aux debteurs et redevables du
temporel de l'evesché de Tournay, payer audit de Saint-Amand, et
des arrestz dudit eveché de Tournay. Nous voulons et consentons
que certain arrest de la court de parlement, par lequel maistre Charles
du Haulboys, esleu et confermé en evesque dudit Tournay, a esté
subrogué ou lieu de feu messire Loys Pot [1], et autres concernans le
fait dudit evesché soyent mis à deue et entiere execucion, tant du
spirituel que du temporel dudit evesché de Tournay, en declarant
ladite provision nulle et non devoir sortir effect; et pourra ledit
Rapine, touteffois que bon luy semblera, poursuyr l'appellacion qu'il
dit avoir interjectée, en mectant au neant tout ce qui auroit esté fait
au contraire en nostre grant conseil ou ailleurs. Et à icelle fin que
doresenavant nulles telles choses ne soyent faictes par nous, noz officiers et noz subjects comme et au prejudice desdits ressort, preheminances, droicts et souveraineté appartenant à nostredit seigneur et
frere, en noz contez de Flandres et Arthois, et autres pays et seigneuries que tenons de luy, nous prometons de non empescher ou
faire empescher les execucions des arrestz donnez ou à donner en sa
court de parlement; ains donnerons et ferons donner toute assistance pour l'execucion d'iceulx, et aussi ne empescherons ne souffrons empescher que les appellacions premises et interjectées de
nostre chambre du conseil en Flandres, et autrez noz officiers de
nozdits pays de Flandres et d'Arthois, qui ont acoustumé ressortir
en ladite court, n'y voisent et y soient poursuyes, selon que bon
semblera aux appellans, sans ce que soubz couleur d'aucunes anticipations obtenues de nostre chancellerye ou conseil, ne autres choses
quelzconques, ilz soyent ou puissent estre en ce empeschez. Et se
aucune chose avoit esté par cy-devant ou seroit cy-après faictes au contraire, les avons dès à present declarez nulles et non devoir sortir

---

[1] Louis Pot, d'abord abbé de Saint-
Lomer, à Blois, puis de Marmoutier, près
de Tours, fut élu évêque de Tournay vers
1484, pour succéder à Ferri de Clugny;
mais cette élection lui fut contestée, et il
se retira dans son abbaye de Marmoutier,
où il mourut en 1505.

aucun effect. En tesmoing desquelles choses avons signé ces presentes de notre main et fait sceller de notre seel.

> *Signé* G. Rochefort [1]; G....., *evesque de Lodeve* [2]; du Hautbois;
> Et..., *evesque de Paris*; Raoul de Lannoy; P. de Saint-
> André; .....Olivier.

XXIX.

LETTRES

PAR LESQUELLES PHILIPPE, ROI DE CASTILLE, RENONCE À PLUSIEURS ENTREPRISES
FAITES PAR CEUX DE SON CONSEIL, SUR LA SOUVERAINETÉ DU ROI EN FLANDRE
ET EN ARTOIS [3].

(Copie authentique en parchemin.)

21 octobre, au Parcq-lez-Louvain.

Phelippe, par la grace de Dieu, roi de Castille, de Leon, de Grenade, archiduc d'Austrice, etc. etc. à tous ceulx qui ces presentes
verront, salut.

Comme puis nagaires très-hault et très-puissant prince, nostre
très-chier seigneur, frere et cousin le roy de France, ait envoyé
devers nous nostre très-chier et amé cousin le conte de Nevers et
autres ses ambassadeurs, par lesquelz il nous a donné à congnoistre
et fait desclairer aucuns cas particuliers auxquelz il disoit pluiseurs provisions et mandemens avoir esté baillez et octroyez, tant
de par nous que par nostre conseil, et autres choses avoir esté faictes
contre et au prejudice des droiz, preeminence et souveraineté de
nostredit seigneur frere et cousin, tant en noz contez de Flandres
et Artois que autres pays et seigneuries tenues de la couronne de

---

[1] Guy de Rochefort, chancelier de
France depuis 1497 jusqu'en 1507.

[2] Guillaume Briçonnet résigna, en
1516, l'évêché de Lodève pour celui de
Meaux.

[3] Bien que ces lettres soient conformes,
sauf quelques changements dans les termes, au projet ci-dessus, on a cru devoir
les reproduire textuellement.

France, assavoir certaine provision de maintenue par nous octroyée et accordée à ung nommé maistre Jehan Cains, pour le fait du doyenné de Saint-Omer, par laquelle estoit mandé assigner jour aux opposans en nostre grant conseil à Malines, qui est hors du royaulme; pareillement certaine provision de nous donnée, touchant une prebende de Bethune, par laquelle estoit aussi mandé assigner jour aux parties audit lieu de Malines, le don aussi de la prouvende d'un pain de Cerquam, aussi certaine anticipation faite audit lieu de Malines touchant le personnage de Quieville, scitué en Flandres, l'empeschement de l'execution de certain arrest donné par la court de parlement, au prouffit des religieux, abbé et couvent de Saint-Pierre de Corbie, et de certain autre arrest aussi donné par ladite court, au prouffit de ceulx de Neufve-Eglise contre ceux de la ville d'Ypre, avec la concession et octroy de deux lettres et mandemens, patentes, aussi de nous donnez, l'un pour mectre en nostre main tous et chacuns les biens et temporel des doyen, chanoines et chappitre de l'eglise cathedralle Nostre-Dame de Tournay, et l'autre pour faire commandement à tous et chacuns les debteurs et redevables du temporel de l'evesché de Tournay, de payer à frere Pierre Kique, abbé de Saint-Amand, avec certaines provisions de nous données, au prejudice de certaine appellation interjectée par Robert Rapine. Et soit ainsi que nous n'avions esté jamais advertiz des choses dessusdites, qui ne sont de nostre vocacion ou speculacion, par quoy en avons parlé à ceulx de nostredit conseil, lesquelz sur iceulx nous ont dit pluiseurs choses à leur excuse. Neantmoins, pour nous mectre tousjours en nostre devoir et faire ce à quoy fusmes tenuz, nous avons dit et declaré, disons et declairons que nous n'avons entendu ne voulu, entendons ne voulons entreprendre ne souffrir faire chose contre ne au prejudice desdits droix, preeminences et souveraineté de nostredit seigneur frere et cousin, et que voulons garder et observer entierement les hommaiges et sermens de fidelité par nous faiz, comme vray et loyal vassal doit faire envers son seigneur. Ensemble les choses par nous promises à Arras, nous avons,

touchant les points et articles dessus specifiez, dit et declairé ce que
s'ensuit : assavoir, en tant qu'il touche lesdits mandemens et provisions par nous ou nostre conseil despeschiez, touchant le fait du
doyenné dudit Saint-Omer, de la prebende de Bethune et du pain
de l'abbaye de Cerquam, ensemble tous les explois et appointemens
qui s'en sont ensuyz en vertu d'icelles, nous les avons dit et declairé,
disons et declairons nulz et de nulle effect et valeur. Disons oultre
et declairons la sentence donnée en nostre grant conseil, touchant le
personnaige de Quieville, nulle et de nul effect et valeur, comme
donnée par juges incompetans, et sans ce que cellui au prouffit
duquel elle a esté donnée s'en puisse ayder, et que l'arrest donné
pour ceste matiere en la court de parlement, à Paris, sortira son
plain effet, et soit mis à execution selon sa forme et teneur. Et seront aussi les arrestz donnez par ladite court au prouffit des religieux,
abbé et couvent de Corbye, et aussi ceulx de Neufve-Eglise contre
ceux de la ville d'Ypre, mis à entiere et deue execucion. Et quant à
la provision par nous donnée, en vertu de laquelle les biens et tem-
porels des doyen, chanoines et chappitre de l'eglise cathedrale Nostre-
Dame de Tournay qui a esté mis en nostre main, icelle provision,
avons aussi dict et declairée non devoir sortir effect. Et au regard
de l'autre provision, par laquelle estoit mandé faire commandement
aux debteurs et redevables du temporel de l'evesché de Tournay,
payer audit de Saint-Amand et des arrestz dudit evesché de Tournay, nous voulons et consentons que certain arrest de la cour de
parlement, par lequel maistre Charles du Haulbois, esleu et confermé en evesque dudit Tournay, a esté subrogué ou lieu de feu
messire Loys Pot, et autres concernans le fait dudit evesché, soient
mis à deue et entiere execucion, tant du spirituel que du temporel
dudit evesché de Tournay ; en declairant ladite provision nulle, et
non devoir sortir effect. Et pourra ledit Rapine, touteffoiz que bon
lui semblera, poursuyr l'appellacion qu'il dit avoir interjectée, en
mectant au neant tout ce qui auroit esté fait au contraire en nostre
grant conseil ou ailleurs. Et à telle fin que doresenavant nulles

telles choses ne soient faictes par nous, noz officiers et subjects contre et au prejudice desdits ressort, preeminences, droiz et souveraineté appartenans à nostredit seigneur et frere, en noz contez de Flandres et Artois, et autres pays et seigneuries que tenons de lui ; nous promectons de non empescher ou faire empescher les execucions des arretz donnez ou à donner en sa court de parlement, ains donnerous et ferons donner toute assistence pour l'execucion d'iceulx. Et aussi ne empescherons, ne souffrons empescher que les appellacions emises et interjectées de nostre chambre du conseil en Flandres et autres noz officiers de nosdits pays de Flandre et d'Artois, qui ont accoustumé ressortir en ladite court, n'y voisent et y soient poursuyes selon que bon semblera aux appellans, sans ce que soubz couleur d'aucunes anticipations obtenues de nostre chancellerie ou conseil ne autres choses quelzconques, ilz soient ou puissent estre en ce empeschez. Et se aucune chose avoit esté par ci-devant ou seroit cy-après faicte au contraire, les avons dès à present declairées nulles et non devoir sortir aucun effect. En tesmoing desquelles choses avons signé ces presentes de nostre main, et faict mectre nostre scel à icelles. Donné au Parcq lez nostre ville de Louvain, le xxie jour d'octobre, l'an de grace mil cincq cens et cincq, et de nostre regne le premier. Ainsi signé soubz le ploy : PHILIPPE ; et, sur le ploy : Par le roy : HANETON.

PROTESTATION

CONTRE LE CONTENU DES LETTRES PRÉCÉDENTES.

(*Copie authentique.*)

21 octobre.

Phelippe, par la grace de Dieu, roy de Castille, de Leon, de Grenade, etc. etc. faisons, par ces presentes, assavoir à tous que nous avons cejourd'huy, date de cestes, expressement ordonné et commandé à nostre très-chier et feal chevalier et chancelier le sieur de Maigny, de faire sceller de nostre grant scel, et par nostre audiencier

maistre Philippe Haneton, faire signer certaines noz lettres patentes,
que, pour eviter la guerre et la perdicion de noz royaulmes de Castille, de Leon, de Grenade, etc. avons, par noz ambassadeurs, fait
consentir et accorder à nostre frere et cousin le roy de France, contre
toute equité et raison, et aussi l'advis et conseil de nostredit chancelier, dont luy avons ordonné et commandé, ordonnons et commandons par cestes faire en nostre nom, par-devant notaire et tesmoings,
protestacions deues, en declarant que n'entendons ne voulons que
à nostredit chevalier l'on en puist cy-après aucune chose quereler,
imputer ou demander. En tesmoing desquelles choses nous avons
ces presentes signées de nostre main, et fait signer par ledit maistre
Philippe Haneton, nostre audiencier, ce xxie d'octobre, l'an mil cinq
cens et cinq. Ainsi signé : PHILIPPE; *et plus bas :* HANETON.

XXX.

LES DÉPUTÉS DU ROI DE FRANCE

PROMETTENT DE FAIRE PUBLIER LA DÉFENSE DE TROUBLER LE ROI DE CASTILLE
DANS L'EXERCICE DE LA JUSTICE EN FLANDRE ET EN ARTOIS, AUSSITÔT QUE
CELUI-CI AURA LUI-MÊME FAIT PUBLIER L'ACCORD CONCLU AVEC LOUIS XII.

(Original.)

27 octobre.

Seront faictes inhibicions et defences à cry publicque à tous les
officiers et subgectz du roy qu'ilz n'aient doresenavant à troubler et
empescher le conte de Flandres et d'Arthoys en la juridicion qui, de
tout temps et d'ancienneté, a appartenu à lui et à ses predecesseurs
èsdits contez, ne de ce en entreprendre aucune court, juridicion ou
congnoissance. Et nous soubscriptz avons, du vouloir et ordonnance
du roy, promis que, après qu'il nous sera deuement apparu que les
publications, accordées entre les ambassadeurs du roy de Castille et
nous, seront faictes, nous ferons semblablement publier les inhibicions et deffence dessusdites au bailliage d'Amyens, prevosté de Beau-

quesne, Monstreul et Peronne. En tesmoing de ce, nous sommes cy-dessoubz signez, le XXVIIe jour d'octobre, l'an mil v^c et cincq. G. DE ROCHEFORT; G. B. *evesque de Lodeve;* E. *evesque de Paris;* C. DU HAUT-BOIS, *evesque confermé de Tournay.*

1506.

Cette année a commencé à Pâques, 12 avril.

XXXI.

PHILIBERT NATURELLI, PRÉVÔT D'UTRECHT, AMBASSADEUR À ROME, À PHILIPPE, ROI DE CASTILLE.

Mauvaises dispositions du légat (Georges d'Amboise), qui est dévoué au roi d'Aragon, et qui vise à la papauté, en cas de vacance du saint-siége. Ligue du roi de France avec les Vénitiens. Le pape s'en plaint et voudrait faire alliance avec les Florentins et le roi des Romains. Ce dernier ne doit donc pas trop se hâter d'entrer en Italie. Emprisonnement du duc de Suffolck malgré les promesses faites au roi de Castille. Démarches de l'ambassadeur pour rompre le mariage de Marguerite d'Autriche avec le roi d'Angleterre. Le pape veut s'allier avec le roi de Castille. Promesses pour la collation des bénéfices. Question de l'investiture du royaume de Naples. Ne pas trop se fier au cardinal de Sainte-Croix. Le roi des Romains a si bien fait qu'il s'est aliéné les Français et les Vénitiens, de sorte que son passage en Italie sera difficile. On ne sait d'ailleurs où il est. On répand le bruit que la reine de Hongrie est grosse, ce qui donnerait une nouvelle face aux affaires de Maximilien. Naturelli manque d'argent. Il servira mieux son prince quand il sera près de lui, qu'étant à Rome. Le pape veut du bien au roi de Castille. Naturelli a remontré au pape combien les Français lui sont contraires. Jules II en convient. Projets de Naturelli suivant les événements. Bruits plus ou moins fondés concernant Gonsalve le grand capitaine Un personnage s'est présenté faussement à Rome comme envoyé à Naples de la part du roi de Castille, etc. (*Copie.*)

18 et 22 avril, à Rome.

Sire, très-humblement à vostre bonne grace me recommande.

Sire, le xie de ce mois, environ trois heures devant jour, je receus vos lettres escriptes en Angleterre[1] le xxe du mois passé, et par icelles ay sceu que avez mes lettres du xvie et xxe de fevrier. Or je

---

[1] Philippe, roi de Castille, en passant de Flandre en Espagne, avait été obligé, par la tempête, de relâcher en Angleterre.

vous en ay escript pluisieurs autres que j'espere aurez receu de
ceste heure; et aurez entendu par icelles tout ce qui sera survenu
de mesdites lettres jusques à la date de mes dernieres, lesquelles
sont du xxve de mars. Et dès lors n'est autre chose survenue de
nouveau que ce que cy-dessous sera escript. Et avant que procede
plus avant, je respondray à deux articles de vos lettres.

C'est quant au voiaige de mons^r de la Chaulx[1]; j'espere que
aurez eu nouvelles de son besoingnié, le jour que partirent vos
lettres d'Engleterre ou le jour après, selon la lettre qu'il m'escripvoit.

Sire, vous m'escripvez que le legat de France[2], dès que ledit de
la Chaulx a passé par devers le roy de France, envoya subitement
ung homme devers le roy vostre beau-pere, me ordonnant que je
feisse diligence, s'il estoit possible, de savoir que il y alloit faire.
J'en ay fait mon devoir le plus discretement que j'ai peu; mais je
n'en ay riens sceu savoir, ny par deçà n'en est nouvelles jusques à
ores. Tant y a, comme je vous ay adverty bien au long, que ledit
legat a bien merveilleusement et deshonnestement changié de voulenté qu'il avoit envers vous, et suis tout certain et tout informé
qu'il ne fait euvre qui soit à vostre prouffit; et me semble, selon le
train qu'il tient et la peu de foy qu'il continue à observer, tant envers vous que autres, que sa fin ne sera pas joyeuse. Le pape s'en
est plaint avecq moy merveilleusement. Or il en y a des autres;
mais je parle d'icellui pour ce qu'il est le plus grant, et que ledit
legat est bien tenu à luy et plus que à tous les hommes du monde,
oultre le devoir qu'il luy doit pour estre cardinal.

Et en ce passaige je vous advertiz, sire, qu'il entretient ledit
sieur roy d'Arragon de tout son povoir à quelque mal et deshonneur qu'il en puist advenir, et n'y a autre raison principalle, fors
qu'il espere d'estre pape une foiz par le moyen d'icelluy roy d'Arragon, lequel luy a promis, le cas avenant du trespas du pape pre-

---

[1] Charles de Poupet, seigneur de la
Chaulx, ambassadeur du roi de Castille auprès du roi Ferdinand d'Aragon.

[2] Le cardinal George d'Amboise.

sent, de luy faire avoir la voix de tous les cardinaux d'Espaigne qui sont par deçà. Or quant viendroit là, je ne sçay que ce seroit; tant y a que cependant, à ceste occasion, beaucoup de maulx s'en peuvent ensuyr. Et pour le commencement, le pape m'a dit dès deux jours en çà, comme pour tout vray, le roy de France a fait ligue avec les Veneciens sans l'en advertir, et a laissié ledit roy de France, le pape et les Florentins en derriere, et est du tout desesperé, et en feist mercredy dernier une merveilleuse plainte à moy, voires jusques à me dire que, se le roy des Romains estoit prince constant et de gouvernement, qu'il se lyroit avec luy et les Florentyns aussi et pluiseurs autres, et qu'il monstreroit bien au roy de France et au legat qu'ils n'ont point bien fait. Et est faicte ladicte ligue du roy de France et des Venecyens expressement et nommement pour empeschier ledit sieur roy des Romains de venir en Italie. Pensez, sire, quelle conscience de gens que les Venecyens sont; le papier n'est pas encoires froit où sont escrips les sermens qu'ilz ont fais avec vous. Et puisque ainsy est, je fais bien doubte que le roy des Romains regardera deux fois avant que marchier avant par deçà. Car vous estans dehors de voz demaines ès pays longtain, il faut bien qu'il regarde comment il partira seurement de vostre patrimoine et du sien pour venir en estranges pays, consideré tels ennemis que le roy de France et lesdits Veneciens. Et d'autre costé vous cognoissez le conseil et le gouvernement que ledit sieur roy vostre pere a; or je ne sçay se icelluy sieur roy en est adverty au vray. S'il ne le scet dès ceste heure, il le saura bientost. Le secretaire qui fut par deçà, comme je vous ay escript, est cause de cette demenée; je l'ay doubté et l'ay escript le mieulx que j'ay peu, mais je n'en ay nouvelles. Ledit secretaire s'en est retourné en poste, consideré qu'il ne faisoit riens icy, et croy bien que, pour le couroux que nous avons fait avec luy, don Anthonio et moy, pour le fait de Gonsalve Fernande[1], et aussi ce que j'ay peu faire pour ob-

---

[1] Gonsalve de Cordoue, dit *le grand capitaine*.

vier et excuser ses parolles, il aura pour son excusation dit plusieurs choses au roy vostre pere, et principalement à Lang [1], qui l'avoit icy envoié pour son particulier prouffit. J'en attens quelque jour quelque lettre à cheval; mais je suis deliberé de bien repondre et clerement.

Sire, le roy d'Engleterre a icy escript lettre du iiie et iiiie de ce mois, comme vous estes party de luy et luy de vous, et a escript à ung cardinal qui se nomme le cardinal de Cornecte [2], lequel a eu tousjours maniance de ses affaires avant qu'il fust cardinal, comme vous luy avez rendu le duc Suffolck [3], et que vous estes bons amis ensemble Le pape m'a dit en secret, comme ledit cardinal de Cornecte luy a dit, comme il est adverty d'Angleterre de bon lieu de l'ostel du roy, comme le roy d'Engleterre, incontinent que ledit de Suffolck a esté arrivé, l'a fait mettre en une grosse tour, et que, quelque chose que ledit sieur roy d'Engleterre vous puist avoir promis touchant ledit de Suffolck, qu'il ne croit pas qu'il se tiengne. Et m'a dit le pape, oultre plus en secret, que ledit cardinal luy a dit, comme l'un des ambassadeurs du roy de France qui estoit en Angleterre, nommé messire Claude d'Aix, s'est party en poste pour venir devers le roy de France, et que l'autre ambassadeur son compaignon est demeuré en Angleterre, et luy a dit ledit cardinal que ledit d'Aix doit bientost retourner, et luy dit oultre qu'il fait doubte que ce soit pour rompre le mariaige de madame vostre seur. Toutesfois qu'il n'en scet riens au vray, et en me le disant, il me dit qu'il seroit très-desplaisant se le mariaige se rompoit. Et n'est plus le pape si françois qu'il estoit depuis l'accord des Venecyens, et,

---

[1] Mathieu Langh, évêque de Gurck, depuis cardinal.

[2] Adrien Castel, natif de Corneto en Italie, évêque d'Erfurt, puis de Bath et de Wells en Angleterre.

[3] Le duc de Suffolk, qui avait des prétentions à la couronne d'Angleterre, ayant été fait prisonnier à Hattem, était détenu au château de Namur, lorsque Philippe le Beau, jeté par la tempête en Angleterre, se vit forcé de remettre son prisonnier aux mains de Henri VII. Celui-ci laissa vivre le duc de Suffolk; mais Henri VIII ne se piqua point de tenir la parole donnée par son père. Il fit périr ce dernier représentant de la Rose blanche.

comme je vous ay escrypt, j'ay disposé le pape du tout à vostre
faveur, et trouve par experience qu'il va tousjours melyorant, voire
que, mercredy derrenier passé, il me dit qu'il avoit grant espoir en
vous, et après pluiseurs parolles et asseuremens que je luy ay faiz
de vous, il me dit que je vous escripvisse ce qu'il s'ensuit :

« Escripvez au roy de Castille vostre maistre que je me delibere
« l'aymer, et qu'il veulle tousjours estre bon envers moy et avoir
« mon honneur pour recommandé et qu'il ne face point comme le
« roy d'Arragon; et quant il voudra estre bon envers moy, je vous
« promectz que j'auray toujours ses affaires et son honneur en telle
« recommandation que les miens. » Je l'asseuray que je le feroye
et luy en remercyay et luy ay promis, comme pluiseurs foiz luy
avoie dit et promis, qu'il vous trouveroit prince veritable, ferme et
non variable; que vous estiez jeune et aviez des enffans, et que les
autres princes de la chrestienneté n'estoient point de telle sorte et
semblable qualité; et que s'il faisoit par effect ce qu'il me disoit,
que vous et vos enfans seriez perpetuellement bons pour luy et ses
parens, et que de ma part je entretiendroye bien ceste bonne alyance;
mais que je le supplioye, pour faire les choses plus de fait que de
parolles, qu'il me dit ce qu'il desiroit de vous pour son honneur; et
pour les siens n'estoit point grant chose, fors seullement que vous
le cognoissiez pour parent plus grant que n'avoit fait le roy d'Arragon, specialement et principalement que des benefices qui vacquent
en court de Romme, lesquelz sont et doivent estre nuement à sa
disposicion, que vous souffrez qu'il en dispose, et qu'il se gardera
bien de les bailler à homme qui soit suspect et qu'il ne vous soit
serviteur; et que se ainsy le faictes, que de tous les autres qui va-
queront en voz pays, et de toutes autres choses qu'il vous pourra
ayder et favoriser, il le fera voulentiers à vostre requeste. Et en
moy respondant à ce que luy respondiz, qui seroit long à escripre,
il me dit ce qui sensuyt : « Et si d'aventure ledit roy de Castille
« veult que de grans benefices qui vacqueront en ceste court j'en
« pourvoye à quelque serviteur à sa requeste, assavoir s'il mouroit

« ung cardinal de Saincte-Croix ou de Salernes, ou evesque de
« Bourghes qui est par deçà, ou autres semblables qui pourroit ad-
« venir, faites que ledit roy de Castille m'escripve paravant que se
« telz et telz mouroient, qu'il me prie que je pourvoye de leurs
« eveschiés à telz et à telz. Je vous promectz de le faire; mais qu'il
« le m'escripve avant qu'ilz mourent, et le peut faire facilement, soit
« maintenant ou quant il voudra; car quant j'auray sa voulenté (et
« il en vacquera quelqu'un en deux ou trois ans après), je vous pro-
« mectz luy complaire à ce qu'il m'escripvera, et le feray de façon
« que mon honneur et le privilege romain y sera gardé; car je pour-
« verray ceulx qu'il me nommera, faingnant qu'il vient de moy-
« mesmes comme de luy. Et des autres benefices petiz et moyens,
« j'entens, quant j'en pourverray, qu'il face obeir mes provisions. »
Je luy diz en assez longues parolles, le plus commodement que
je peux, que le feriez ainsi et qu'il vous trouveroit toujours filz
et amys, en aiant vos affaires en telle recommandation comme il
disoit.

Et pour ce que vous, estant pacificque en voz royaumes, ne de-
vriez souffrir que nulz benefices, especialement eveschiés, en quelque
lieu qu'ilz vacquent, soit en Romme ou autre part, soient donnez
que à vostre requeste, pour ce que la royne, que Dieu pardoint,
ne le souffroit point, toutesfoiz vos affaires sont de telle condicion
qu'il n'est pas besoin de venir à telle rigeur à laquelle vous povez
tousjours venir quant vous vouldrez, et aussi que pourra estre que
eussiez à faire du pape plus que je ne pense, pour le conserver à
vous du tout, et neantmoins demeurerez tousjours en vostre entier, et moy aussy, je luy diz à la fin de ma reponce que vous
aillez en Castille, nouveau roy, et que se vous ne le poviez favoriser et honnourer de la sorte qu'il desire et que je suis sœur que le
desirez, que il faudra bien, par les premiers six ou sept mois que
vous serez en Castille, s'ils avoient quelque cas, qu'il ne prengne
mal en gré se ne luy complaisez tout entierement ou tout incontinent; car à vostre venue il fauldra que vous obtemperez à beaucop

de choses et mesment au contenu des articles qui sont entre ledit
sieur roy d'Arragon et vous; mais, après que serez tout asseuré et
après mis toutes vos choses de vos royaulmes en bon et sceur ordre,
j'estoye plus certain qu'il aura de vous ce qu'il vouldroit, non point
cela, mais plus grant chose, et que lors vous seriez souffisant pour
le aydier envers et contre tous ses ennemis. Et pour ceste cause
qu'il failloit qu'il vous donnast toutes les faveurs et assistence en
voz affaires pour venir jusques à ce que dessus, il me respondit et
jura sa foy qu'il ne tiendroit pas à luy; et si me dit que au roy des
Romains nullement il ne s'y fieroit, se vos ne l'asseurez pour vostredit pere. Mais de toutes choses que l'asseurez, se confyant totalle-
ment de vous, ainsi que l'ay asseuré, il se mectra tousjours tant
avant avec vostre pere qu'il luy sera possible, et m'a dit que je vous
escripve que pour Dieu vous ne veulliez point muer de complexion,
assavoir d'estre veritable et constant et pour riens du monde non
ensuyr les condicions du roy vostre pere; car ainsy faisant vous des-
truerez vous et luy. Je luy respondiz ce que bon me sembla qui
feroit long à escripre, et tellement qu'il fust bien content. Et en
ma responce, je ne voulsiz oblyer le laissier en ceste credulité que
vous ferez tousjours de vostre pere ce que vouldrez; et il le croyt et
sy croyt plus; car il croyt qu'il ne peut riens sans vous. Et de cela
je suis bien content, et certes aussy fait toute ceste Italie; et pour
entretenir ce credit je y faiz ce que je puis. Or, sire, je vous advertiz que toute l'Ytalie est toute desesperée du roy de France et des
Veneciens. Le pape ne se puet contenter ne tenir de me dire qu'il
n'attent autre chose, sinon savoir quant vous serez arrivé en Castille,
quelz portemens seront entre vous et ledit roy vostre beau-pere, et
au surplus comme vous vous porterez ou royaulme et comme vos
subgectz se porteront envers vous, et se tout au bien, que Dieu
veulle par sa grace, soit que soyez bien avec vostredit beau-pere et
que vous soyez le bien venu, ou que, par l'instigation des François, ledit roy vostre beau-pere ne vous tint bon, que Dieu ne
veulle, et vous puissiez le meilleur oudit royaulme, comme raison

veult, dès qu'il sera adverty de ce que dessus il est deliberé, aussi la reste d'Italie, soy tirer du costé dudit sieur roy vostre pere, et le semondre de venir en Italie. Et pour ce qu'il leur semble que vostre pere ne puet riens sans vous, ilz sont bien deliberez de faire tout ce qu'il leur sera possible en vostre faveur. Et tellement vont les choses, que tout le monde regarde comment vous ferez et est en expectation de vos nouvelles; et tel, par le passé, qu'il desiroit vostre mal, prie Dieu à ceste heure pour vostre prosperité et exaltation. J'espere que brief j'auray de vos nouvelles, et que Dieu me les envoyera telles que tous vos bons serviteurs et amis seront contens. Le pape m'a dit, en oultre, comme il avoit sceu secretement que le roy vostre beau-pere, depuis deux jours ençà, avoit escript une lettre à Gonsalve Ernando[1], merveilleusement aigre, dont il estoit bien esbahi. J'aperçoiz bien qu'ils pensent par deçà que ledit Gonsalve demeure là ou à vostre requeste, ou pour ce qu'il est Castillan, attendant vostre venue en Castille, et comment vous vous y porterez, et selon cela demourer ou s'en aller; ils voudroient bien à present qu'il demourast si tant estoit qu'il feust pour vostre bien ou pour le leur. Or, sur cela, j'ay respondu le plus sobrement que j'ay peu, pour ce que je n'en sceuz oncques riens.

Sire, il me semble que devez escripre par la premiere poste une bonne lettre contenant aucunes choses plus que credence et aussy credence sur moy. Et me semble que avec la credence luy escripre comme je vous ay adverty de la bonne affection qu'il a à vous, dont vous le remerciez très-grandement, luy promectant hardyment qu'il vous trouvera tousjours son bon fils et ami en toutes ses affaires, et que, pour son prouffit et exaltacion de son honneur, vous ny espargnerez jasmais ne corps ne biens, singulierement pour la tant bonne

---

[1] Ce fut peut-être sur cette nouvelle de la mésintelligence qui allait éclater entre le roi d'Aragon et Gonsalve, son vice-roi de Naples, que Philippe se mit en mesure de se concilier le même Gonsalve, comme on le verra ci-après par les instructions données à Jean de Hesdin. Du reste, il serait bien possible, comme on le verra plus bas, que lesdites instructions fussent antérieures à la date de la présente lettre.

affection que je vous ay escript qu'il a à vous et à vostre estat, et
oultre plus des choses qu'il m'a commandé vous escripre et qu'il
desire, que vous efforcerez par toute maniere de luy monstrer par
effect en ce et autres choses luy complaire et honnourer, comme
plus au long vous m'avez escript, luy declairer tant de ceste matiere
que d'aucunes autres qui vous touchent, dont luy prierez que en ce
que luy diray il veulle adjouster foy; et sur ceste credence je luy
diray ce que je sauray pour le meilleur. Et aussy luy diray ce qu'il
vous plaira m'escripre, et n'est que bon de l'entretenir et luy faire
savoir de vos nouvelles en ce qu'il sera de dire, car il y prendt grand
plaisir. Et certes le roy d'Engleterre, en ce cas, s'en sert bien et le
scet bien entretenir.

Sire, je respondray aussy en cestes aux lettres que m'ont escriptes
les sieurs de Veyre et de la Chaulx à Vailladoly, le xxiiiie jour du
mois passé, et premierement à ce qu'ils m'escripvent que le roy
vostre beau-pere dit que, au fait de la decime et croysade, je l'ay
bien servy en publique et que j'ay fait bonne assistence à son ambassadeur, mais que à part et secretement devers le pape l'ay empeschié, et que, se je n'eusse esté, il eust bien obtenu sa demande
pour deux ans, ce qu'il n'a peu que pour ung an; et semblablement, que j'ay empeschié le fait de son investiture du royaulme de
Naples; c'est quelque chose plus qu'il extime que vous avez par deçà
tant de povoir, mais sur ma foy il n'en y a ne plus ne moins que ce
que vous ay escript par le passé touchant la decime, dont je pense
qu'il vous souvient de ce que j'en ay escript. Et a esté la premiere
foiz où j'ay cogneu que le pape avoit affection à vous; et puis que
je veiz le pape en si bonne disposicion pour vous, certes je n'y ay
point nuy, mais ay suy son opinion; et n'y a nul dommaige, puisqu'il est content de la baillier d'an en an, voire se vostre beau-pere
se porte bien avec vous, autrement non; et de cela je suis content.
Et quant au fait de l'investiture de Naples, il faut bien dire que c'est
bien grant bourde, car je vous promectz, sire, qu'il n'en a esté faicte
une seulle persecucion par deçà. Ainsi je ne l'ay peu empeschier,

mais puet-estre qu'il se pense bien que ne suis pas icy pour riens, comme font tous les autres princes de la chrestienneté qui escripvent qu'ilz sont tous esbahis que je faiz icy. Et de cela j'en suis bien adverty; car j'ay veu pluiseurs lettres specialement des François, et sy m'a fait le pape cest honneur que de les me monstrer. Et prioient le pape qu'il. voulut advertir le roy de France de mes poursuites par deçà. Or ils en ont belles lettres, et si peut bien entendre le roy d'Arragon que, s'il eust poursuy l'investiture, et je n'eusse autre commandement de vous que j'ay, que, par toutes les voyes du monde, secretes et au pis venir publiques, je l'eusse empeschié de tout mon povoir; et n'ay failly, depuis que j'ay receu les lettres desdits de Veyre et la Chaulx, que par bonne maniere pour me mieulx asseurer que n'ay bien demandé au pape se le roy d'Arragon ne sollicitoit plus l'investiture de Naples, et m'a juré le pape sa foy que encoires non, et n'en a fait nulle poursuyte. Or, sire, j'avoye bien pensé en ceste matiere dès avant que j'entrasse à Romme. Et incontinent que j'ay esté icy, j'ay recouvré la copie de l'investiture qui fut derreinement faicte au roy de France, audit roy d'Arragon et à la royne, que Dieu pardoint. Et a deux mois que je l'ay en mes mains par le moyen d'un bien seigneur de bien, et à la veoir tout clerement, tant qu'il touche Calabre et Poulle, est faicte ou non du roy vostre beau-pere, de la royne et de leurs enffans, tant masles que femelles descendans de leurs corps; et en ce cas, touchant cela, l'on ne vous en puet faire tort par justice. Il y a puis après noz traictiers. de Bloiz[1] qui viennent pour le demeurant. Or il n'est besoing, jusques à ce qu'il en face poursuite, d'en dire mot, affin que l'on n'esveille le chien qui dort; et vous a esté et est un très-grand bien que jusques à ores l'on n'en ay point fait une seulle poursuyte; car il eust esté force de donner occasion de picques, dont n'a esté et n'est nul besoing. Et vouldroye bien qu'il demeurast ainsi quelques mois sans riens dire jusques feussiez ung peu plus avant en vos

[1] 22 septembre 1504.

affaires. Tant y a que, se le pape demeure en tel train qu'il est, il vous sera bon à garder vostre droit, et espere qu'il ne vous fera point d'injustice. Et pour ceste cause se fault donner payne à luy complayre en tout ce qu'il sera possible. Or touttesfois s'il faut-il bien garder d'en riens comuniquer au pape touchant vostre affaire jusques il soit besoing pour cause qui s'ensuyt : c'est que le pape m'a dit pluisieurs foiz et juré qu'il n'est point deliberé de jasmais bailler l'investiture du royaulme de Naples ny au roy d'Arragon ny à personne vivant que premierement il n'ait baillié sceurté de payer tous les ans au siege apostolicque quarante mil ducatz que le royaulme de Naples doit à cause du fief. Et ay bien bon espoir que le pape se rendra merveilleusement difficil et le tiendra longuement pour estre seur desdits XL^m ducatz tous les ans; et me fye en une chose touchant le pape, c'est qu'il a ceste singuliere vertu, tant luy estant cardinal que pape, que jamais n'a souffert ne consenty d'aliener nulle chose de l'Eglise, mais en est et a esté vng très-apre deffendeur. Et se d'aventure l'on se declairast au pape, tout incontinent il s'excuseroit de prime face sur vous; ce que je ne vouldroye, s'il estoit possible; mais ce sera assez à temps de soy opposer pour vous, si tant est qu'il soit necessité, lors ou ung peu avant que le traictié se peust faire entre le pape et ledit roy d'Arragon pour raison desdits quarante mil ducatz. Je garde bien la copie de l'investiture et l'emportray avec moy, quant m'en iray devers vous, et en laisseray une copie à don Anthonio et y feray telle provision qu'il sera necessaire; et le cas advenant qu'il face poursuyte de l'investiture, les cardinaulx arragonnois nous feront une terrible guerre en consistoire, mesment que n'y avons nulluy pour vous duquel l'on se puet bien fier entierement. En telle chose et à la verité ung cardinal est bien necessaire à ung prince; je vous ay escript par mes autres lettres ce qu'il m'en sembloit : se le poviés conduire envers ledit sieur vostre beau-pere, feroit bon pour vous.

Sire, je vous advertiz que le cardinal de Sainte-Croix[1], dès quinze

---

[1] Bernard de Carvajal, cardinal de Sainte-Croix, mort à Rome en 1523.

jours en çà, ne cesse me prier et faire prier que je vous veulle escripre une bonne lettre à sa recommandacion, et vous advertiz dedens mesdites lettres comment il vous est bon et leal serviteur, et que
je le treuve très-diligent en vos affaires et que aussy il avoit bien servy
par le passé, et que ce sera bien fait de luy faire quelque bien. Il
veult avoir la lettre en ses mains; je ne la luy puis reffuzer. Toutesfoiz c'est un tel galant que vous cognoissez, et, comme autresfoiz
je vous ay escript, je vous ay voulentiers adverti par cestes à celle
fin que ce ne vous soit chose nouvelle. Je suis attendant dedans
trois ou quatre jours, avec l'ayde de Dieu, vos lettres de vostre desirée arrivée en Castille, et lors je feray compte, selon que m'escripvrez, me tirer devers vous; car par deçà, comme vous ay escript,
j'ay disposé le pape pour voz affaires de toute bonne sorte. Et quant
je seroye devers vous, il sera plus asscuré pour l'esperance de moy
qu'il ne sera quant seray icy, et en doubtera plus. Et certes je ne
faiz icy plus riens, après avoir eu nouvelles de vous specialement
que vous ayez parlé de voz affaires à vostredit beau-pere et de ce
que en esperez, pour sur le tout y faire en ce quartier par deçà ce
qui sera necessaire et vous plaira moy commander. Monsieur de
Chierves m'a escript qu'il a mandé à Altebiti[1] me faire avoir provision d'argent pour six sepmaines; il me tarde bien que je n'ay nouvelles du marchant, car lesdits six sepmaines seront passez à la fin
de ce mois. Non pas que je faille à credit pour argent, la grace à
Dieu, mais je vouldroie bien qu'on cogneust par deçà qu'il ne nous
fault riens. J'espere qu'il vous aura pleu escripre audit sieur de
Chierves pour me furnir pour les trois mois.

Sire, je vous advertiz comme la bulle de la decime est expediée
pour ung an, et se partira ambassadeur du pape pour aller en Castille dedens deux ou trois jours. Je suis après pour recouvrer la copie
de ladite bulle, et si je la puis recouvrer avant que ceste poste se
parte, je la vous envoyeray avec cestes. Et pour ce que je faiz doubte

---

[1] Banquier romain. Il faut lire sans doute *Altoviti*.

que ledit ambassadeur du pape ne sera point receu par vous ne par vostre beau-pere, veu que la coustume de vos royaulmes est de non accepter messaigiers ne ambassadeurs du pape jusques l'obedience estre faicte, sera de besoing, pour entretenir le pape, que vous faictes parler audit ambassadeur de vostre part, et luy faire dire quelques bonnes parolles, et qu'il ne tient à vous et que vous estes venu nouvellement en vos royaulmes; que vous ne povés bonnement si franchement faire aucune nouvellité, mais que le plus brief que pourrez, vous remedirez en son affaire ou autres paroles telles qu'il vous plaira. Et faictes par façon que ledit ambassadeur ait cause d'escripre au pape vostre bon vouloir, car ce pape est fort fondé sur la gloire et reputacion et homme fort honnourable et qui aime et extime beaucop telz honneurs. Il est terriblement collerique et difficil à entretenir, qu'il ne veult avoir pacience de luy laissier dire et l'entretenir selon ses complexions; mais aussy, qui le peust faire et qui a le credit de le povoir faire, l'on le treuve tousjours de bonne voulenté; et semblablement fault-il faire pour les expectatives qu'il donnera ceste sepmaine. Pour riens l'on ne les doit accepter en vos royaulmes ne en vos pays jusques après l'obedience. Touttesfoiz, pour l'affaire que avez du pape, est besoing que faictes de maniere qu'il cognoisse vostre bon vouloir, et ce neantmoins garder le privilege de vosdits royaulmes tant qu'il vous sera possible.

Sire, je prie Nostre Seigneur qui vous doint l'entier accomplissement de vos très-haulx et très-nobles desirs. A Rome, le XVIIIe d'avril.

Sire, pour ce que je desire bien partir de ceste court pour m'en aller devers vous, veu qu'il me semble que le tout par deçà est mis en assez bon train, et que, moy estant hors, je pourray donner espoir au pape de servir ou desservir que ici, se bon vous semble et à messieurs du conseil que vous veuilliez de ceste lettre que vous escripz estre dressé de par deçà, soit de guerre ou de paix ou autrement, je vous supplie en toutte humilité qu'il vous plaise faire expedier la poste tout incontinent et m'envoier vostre bon plaisir, pour ce que le temps est bien avant et est bien impossible que les choses puissent demeurer en l'estat qu'elles sont longuement qu'elles ne prengnent quelque party. Et pour riens du monde je n'oze et veulx entrer en nulle matiere, pour ce que je ne puis entendre de quelle nature seront voz affaires; car, selon icelles, il se fauldra gouverner, et au present la cire eschauffée de si bonne sorte que l'on la pourra ployer à quelque bon propoz.

Sire, depuis mes lettres escriptes et en les achevant, j'ay receu vos lettres escriptes à Fallemure[1] le penultieme du mois passé, et ont demeuré seullement xix jours à venir jusques icy, et sont venues en neuf jours de Malines à Rome. Vous m'escripvez que avez receu les miennes du ve dudit mois passé, par lesquelles je vous advertiz du secretaire du roy vostre pere. Depuis je vous en ay escript des autres que j'ay envoyées en Castille; dès ceste heure j'espere que avez veu le tout.

Sire, vous m'escripvez par vos lettres que le roy vostre pere viendra en Italie, soit avec l'ayde des François ou des Veneciens. Je vous advertiz qu'il s'est si bien gouverné qu'il les a perduz tous deux et en est fait. Et si se sont aliez les François et Veneciens pour le garder de passer : qui me fait imaginier des choses beaucop qui seroient trop longues à escripre, et faiz bien grant doubte que sa venue soit impossible ou très-difficille pour ceste année. Le pape est merveilleusement mal content des François qui ont fait appointement avec les Veneciens sans luy; et se le roy vostre pere obtint d'aussy bonne tenue que vous, en ce luy feroit-on bien ses besoignes et celles de vostre maison, et si feroit l'on trouver argent par deçà pour faire de grandes choses qui seroient faciles à faire, ains qu'elles feussent saigement conduites. Mais il a tellement perdu le credit par deçà, que je ne puis tant faire au pape qu'il s'y veulle fier. Je ne vois moyen que nul s'y fixe, se vous n'en estes pleyge. Or touttesfoiz, puisque desirez qu'il viengne en Ytalie, vous estre arrivé en

---

[1] Falmouth, port d'Angleterre où débarqua le roi de Castille.

Espaigne, et que y soyez à vostre desir tellement que le bruyt en soit par deçà, il y auroit remede à le faire venir, mais qu'il se voulust aydier mieulx qu'il n'a fait jusques ores, car il y a plus de six sepmaines, voire deux mois, que l'on n'a une seulle nouvelle de luy par deçà. Et monsieur de Chierves, lequel m'escript son retour de Loraine, m'advertist qu'il y a bien deux mois qu'il n'a eu nouvelles de luy aussy peu que par deçà, dont ilz sont tous estonnez. La certificacion est que la royne d'Ongrie soit grosse, que fait changier beaucoup d'oppinions aux gens, au desavantage dudit seigneur roy vostre pere. Tant y a que, encoires quelque ligue qu'ayent fait les François et les Veneciens, se vos affaires sont asseurez en Castille, par le desespoir que le pape a aux François, l'on luy feroit faire de nouveaux passaiges; mais tousjours fauldra-il que vous feussiez le plesge. Et à ceste cause, se le roy vostre beau-pere vouloit dancer ceste dance, recouvreroit bien les citez de Remond que tiennent lesdits Veneciens. Or ce sont choses terriblement grandes, et desquelles il est impossible savoir bien deliberer que premiers ne soyez en Castille et bien asseuré; ce qui ne se puet faire du premier mois, et aussy pour ceste esté n'en fault point parler.

Sire, ledit seigneur de Chierves m'a escript que ne luy avez encoires mandé qu'il m'envoye la provision. Il y a ung mois tout entier que je n'ay denier ne maille que sur emprunt. Ce n'est pas bien ce qu'il fault pour conduire les affaires tant necessaires. Je vous supplie derechief, sire, que par le premier luy veulliez escripre et mander qu'il mande au marchant me delivrer ma provision de mois en mois jusques que je soye devers vous. Les postes me coustent beaucop plus que mon ordinaire, mais c'est plus du tirer; et quelque poste que j'envoye au roy vostre pere et par le commandement du pape. Touttesfoiz je cognoiz que c'est argent perdu jusques à ores; si ne m'en veulle repentir, pour ce que de vostre costé il est bien necessaire. Il est du tout advisé comme vous; mais il me fait tout ung comme monsieur de Chierves et croy que vous n'en estes gaires mieulx que nous.

Sire, vous m'escripvez que incontinent que serez en Castille me manderez venir par devers vous, dont vous mercie très-humblement. Et quant je seray là, je serviray trop mieulx que icy; car quant je seray devers vous, vous serviray de quelque chose, et ce neantmoins je ne laisseray de conduire les affaires de par deçà mieulx que se j'estoye present, pour les choses que je vous diray. Je vous certiffie que le pape vous est bon et a grant espoir en vous; ne reste que pour l'execution vostre arrivée en Castille; et. sera telle ladite execution que voz affaires se porteront.

L'ambassadeur d'Espaigne qui porte la decime se part demain; il me semble, sire, que ferez très-bien et est necessaire de le faire visiter, soit à part ou en publique, et lui faire toutes les bonnes remonstrances qu'il vous sera possible, et luy faire dire, par ce que vous ay escript, l'amour et affection que le pape vous porte, et dont le remercirez.

Sire, je vous envoye la copie de la bulle de la decime que j'ay recouvré et en ay baillié autant à l'ambassadeur Rojas pour l'envoyer au roy vostre beau-pere. Sire, hier au soir je achevay ces lettres jusques à ce present article, et aujourd'huy le matin je suis allé devers nostre saint-pere, de bon matin, avant qu'il soit venu en consistoire publique recevoir les ambassadeurs de Savoye qui sont venuz pour l'obedience, et luy ay communiqué une lettre que j'avois receu de France avec celles de Courteville; que toutes deux seurement me faisoient entendre l'alyance des François et des Veneciens, dont il a esté très-mary, combien que son ambassadeur ne luy escript autant; toutefois encoires d'abondant il l'a creu quant je luy ay dit. Et pour l'entretenir jusques vous soyez en Castille, considerant le contenu de vos dernieres lettres, touchant la venue du roy vostre pere par deçà, je luy ay remonstré par bonne maniere le grant dangier où il estoit et toute l'Italie, me doulant pour l'amour de luy que les François aient esté si legiers et qu'ils ayent sy peu extimé que d'avoir traictié telles choses sans luy, donnant à entendre que ce n'est pas tout le grant dommaige pour nous, se le

roy vostre pere ne vient ceste année, considerant que vous estes en
Castille hors de vos pays patrimoniaulx, et qu'il ne seroit pas bon
ne seur que icelluy seigneur roy vostre pere et vous partissiez de
vos pays pour aller en pays estrange; car s'il mesadvenoit de l'un,
que Dieu ne veulle, pluiseurs inconveniens pourroient advenir en
vos pays et laissier le certain pour l'incertain. Touttesfois que,
quant je verray la possibilité et son desir cheoir sur ledit seigneur
roy vostre pere, je savoye qu'il n'est riens que ne feissiez pour luy;
et que, s'il vouloit, j'envoyeroye devers icelluy seigneur vostre pere
pour savoir de sa possibilité, voulenté et sceurté, pour puis après
faire quelque chose à l'honneur et prouffit du pape et de toute
l'Ytalie, et luy allegay pluiseurs raisons pour facilité de sa venue.
Il a escouté très-voulentiers et m'a prins au passaige là où j'atten-
doye, et m'a respondu en ceste maniere : « Monsieur le prevost,
« vostre raison est très-bonne; et par vostre moyen il n'est riens que
« je ne face; car je sçay que ne me tromperez point; aussi ne feroit
« le roy de Castille vostre maistre duquel je me fye le plus. Et de
« mon costé, quant je verray sceurté au roy des Romains et qu'il
« puist durer parmy que le roy de Castille son filz soit joinct
« avec luy, puisque les François me gouvernent de ceste sorte, je
« despendroye trois centz mil ducatz et quelque chose avecques;
« mais c'est matiere où il faut bien penser. Je vous prie d'y penser
« de vostre part, et en y pensant, nous aurons nouvelles de l'arrivée
« dudit seigneur roy vostre maistre en Castille, selon laquelle nous
« nous reglerons; car sans cela les choses ne peuvent estre seures. »
Je luy ay respondu qu'il disoit très-bien, et m'a souffist que je l'ay
mis en cest espoir et que je l'entretienne en ceste oppinion jusques
vous soyez en Castille et aye de vos nouvelles; car se vous besoignez
bien, que Dieu veulle par sa grace, et vous vous puissez fier de
vostre beau-pere et il veulle consentir à soy lier en ceste emprinse,
les choses se pourront conduire. Et aussi se vous ne voulez et les
choses soient bien sans cela, je n'en diray pas ung mot; mais me
seront faciles à laissier. Et si le cas advenoit, dont Dieu ne veulle

par sa grace, qu'il vous surveinst quelque chose en Castille qui ne
soit point à vostre appetit, et vous veuilliez faire faire quelque nouvellité du roy d'Arragon aux François ou à tous deux, j'entretien-
dray le pape sur le chemin pour le faire cheminer vostre opinion.
Et combien que le roy vostre pere soit difficil, ce neantmoins, pour
ung si grant bien, se nous devions vendre Tyrol, nous le ferons
tirer avant. Et vous advertiz, sire, que, ce matin, ung bon personnaige et grant me dit, et je vous asseure qu'il est vray et est bien
vostre serviteur et amy, que le legat a ung homme qu'il a envoyé à
Naples pour prendre possession de sa conté de Sarne, lequel es-
cripvist hier en ceste cité une lettre par ung messaigier exprès, et
escripvoit ce seigneur qui le m'a dit par ses lettres que Gonsalve
Fernando se partira, sans point de faulte, la sepmaine qui vient,
pour aller en Castille. Puis il luy mandoit de bouche à dire : « Mon-
« sieur, ne croyez point les lettres que je vous escrips, car je vous
« promectz que Gonsalvé n'est point deliberé de s'en aller; mais,
« ainsy que j'ay sceu, il a dit que le roy des Romains et le roy de
« Castille son filz luy ont expressement mandé qu'il ne parte point;
« et pour ce, fault-il bien que le roy de France regarde à quel pro-
« poz lesdits royx des Romains et de Castille tiennent ledit Gonsalve
« qui n'est pas bien au propoz du roy d'Arragon. » Quant ledit seigneur le m'avoit dit, il demandoit fort s'il estoit vray. Je luy ay
respondu la verité : c'est que peut-estre que avant que nous eussions paix avec ledit roy d'Arragon, que nous faisions tous devoirs
en Naples et autre part pour faire nostre prouffit, mais que depuis
qu'icelluy roy d'Arragon a paix avec vous, que je prens sur mon
honneur que jasmais vous ne vous estes meslé d'escripre audit Gonsalve ne aux autres contre la verité dudit seigneur roy d'Arragon,
et que de cela je l'en asseure pour verité[1]. Ainsi, sire, je luy ay bien
voulu dire, ainsi qu'il est vray, à celle fin que, en escripvant au roy

[1] Si l'instruction sans date qu'on lira
ci-après était antérieure à la présente
lettre, il en résulterait qu'en effet le roi
de Castille s'était abouché avec Gonsalve,
comme on l'en soupçonnait.

de France ce que luy a mandé ledit homme du legat, qu'il escripve
aussi la verité que je luy ay dicte et que je l'ay prins sur mon honneur et sur ma foy, et affin que le roy de France ou ledit sieur legat, qui est tout du roy d'Arragon, en luy escripvant, qu'ils ne peuvent escripre de vous nul mal, s'ils ne veullent contre verité. Il m'a
mandé que je savoye en ceste matiere du roy des Romains. Je luy
ay dit par ma foy que je croyoie le semblable, au moins qu'il feust
venu à ma cognoissance, touttesfoiz que je ne le vouldroie prendre sur
mon honneur, comme je faisoye de vous, pour ce qu'il y a pluiseurs
mois que je ne me mesle point si avant des affaires dudit seigneur
roy, comme faisoye cy-devant, mais que je creoye comme de vous, et
ne sçay dont viennent telles parolles; mais il y a plus d'un mois
que l'on dit par deçà que ledit Gonsalve demeure en Naples à vostre
commandement, et non pas à cely de vostre pere, veu qu'il ne luy
est point subgect. Touttesfois j'en respons comme il appertient et le
mieulx que je puis. Ledit Gonsalve fait esbahir beaucop de gens de
ce qu'il s'en va, et ne peuvent penser à quel propoz, veu qu'il est
homme saige. Et pour mon oppinion, je croy qu'il n'yra jasmais voulentiers en Castille, ès mains de vostre beau-pere, se ce n'est par fine
force. Et vouldroye bien, puisqu'il a tant demeuré, qu'il demeurast
encoires jusques vous soiez oudit Castille bien asseuré; car se autrement survenoit, dont Dieu ne veulle, je croy qu'il seroit assez au commandement tant pour l'amour de vous que pour la note qu'il a de
vostredit beau-pere. Et la commune oppinion est par deçà que aussi
il attend ce que ferez en Castille; tant y a que les François sollicitent
merveilleusement son partement de Naples, dont je vous ay bien
voulu advertir pour, sur toutes choses, avoir bon advis, et m'escripre
et mander voz bons plaisirs pour les accomplir de mon petit povoir.

Sire, si mes lettres sont longues, je n'y puis faire autre chose
pour la diversité des matieres; et me semble qu'il y a des choses
en ces presentes que requierent bien de penser et respondre; vous
en ferez vostre bon plaisir.

Sire, il est passé par ceste cité ung qui se disoit estre vostre chambrier, nommé Vince-Guerre, lequel, comme il disoit, s'en alloit par vostre ordonnance ou royaulme de Naples, et passant par icy s'est tiré devers le cardinal de Colongne, auquel il a demandé de l'argent pour parfaire son voyaige. Et pour ce que le cardinal ne le cognoissoit point, il envoya par devers moy pour savoir que c'estoit; mais quant il l'a sceu, il s'en est fuy, et n'en ay peu avoir la copie. J'ay fait respondre audit cardinal que n'aviez nul serviteur qui s'appelle Vince-Guerre. Et au regard de vous, pendant que je suis par deçà, je sçay bien que n'avez nul envoyé en Naples, et que vous n'envoyez pas gens par les champs sans argent. Ainsy quant dés-enavant telles gens viendroyent devers luy, qu'il sache qu'ilz ne sont pas vostres, et le luy ay dit voulentiers; car pourroit estre que ce fust quelque homme envoyé à poste en quelque invencion pour faire bruyt que vous envoyez à Naples. Ainsi je vous en ay voulu excuser par ce bout. Sire, je prie Nostre Seigneur qu'il vous doint bonne vie avec l'entier accomplissement de voz très-haulx et très-nobles desirs. A Romme, le xxiie d'avril.

XXXII.

J. DE COURTEVILLE À GUILLAUME DE CROY, SEIGNEUR DE CHIEVRES, LIEU-TENANT-GÉNÉRAL DE PHILIPPE D'AUTRICHE POUR LE GOUVERNEMENT DES PAYS-BAS.

Louis XII nie avoir prêté secours à Charles de Gueldre pour faire la guerre à Philippe d'Autriche. Robert de la Marck se justifie d'avoir formé des entreprises contre ce prince; nonobstant ces explications, il sera prudent de faire bonne garde. Assemblée des États du royaume. Le bruit court qu'il s'agit du mariage de Claude de France avec le comte d'Angoulême. Louis XII s'étonne de ne plus recevoir de nouvelles du roi de Castille. Meurtre du clerc de banquier qui s'était chargé des lettres pour l'ambassade de Rome. Demande d'argent.

13 mai, à Tours.

Monseigneur, tant et si très-humblement comme faire puis, me recommande à vostre bonne grace.

J'ai, en ensuivant la lettre qu'il vous a pleu à moy escripre du
VIIe de ce mois, présenté au roy très-chrestien, à M. le legat et
M. le chancelier vos lettres, et declaré bien au long la credence que
vous m'avez baillée d'avertir iceulx seigneurs des maniere de faire
de messire Charles de Gheldres; à quoy, et pour le premier, hier
environ trois heures, plust au roy me donner audience; et après qu'il
eut le tout entendu, me dist que ne debvez doubter qu'il baille
aucune ayde à messire Charles de Gheldres, de gens de guerre ne
d'argent, pour en faire la guerre aux païs du roy nostre sire; que
de la matiere il n'en avoit jamais oy parler, et que tout ce que ledit
messire a fait proposer n'est aucunement de son seu; et mesmes
pour ce que autreffois m'avez fait dire audit roy que aviez nouvelles
que messire Robert de la Marche faisoit quelque assemblée, il a
despuis envoyé propre homme devers ledit messire Robert pour
sçavoir s'il estoit verité qu'il feist quelque assemblement de gens, et
a fait le roy dire audit messire Robert ce que de vostre part luy avoye
dit. A quoy il a fait son excuse telle que jamais n'avoit pensé de faire
assemblée pour entreprendre aucune chose sur le roy nostre sire, et
que, si on l'en vouloit charger, il en combasteroit, mettant sa tête
en otaige et la vie de son fils qui est par deçà. Ces paroles m'a dit le
roy, et que icelle reponse luy est venue depuis quatre jours.

Le roy dit bien qu'il a mandé audit messire Robert rassembler
ses gens, aussi à autre pour faire leurs monstres, que se feront en
campaigne pour les faire payer, et ce que le senechal de Rouhagues
(Rouergue) est à Sedan pour ceste cause; du bastard de Gheldres
ou d'autre, s'ils sont avec ledit messire Robert, ce n'est de son seu;
dit bien qu'il sait que ledit messire Charles de Gheldres cherche tous
moyens d'estre aydé, mais de sa part ne luy baillera ayde de chose
nulle pour endomagier le roy nostre seigneur ne ses païs, et ce en
affirmant sur sa foy et la dampnation de son ame.

Aussi à ce que de cette matiere ay parlé à monsieur le legat et
monsieur le chancelier, ils m'ont respondu suivant le propos du
roy, de laquelle, monseigneur, je vous adverti.

Vous ferez bien de tousjours faire faire bon guet et garde partout.

Quant aux nouvelles de par deçà, comme par aultres mes lettres vous ay adverti, les Estas de ce realme sont tous ici assemblés, aussi tous les princes et princesses, et est le bruyt tout commun que à icelle assemblée se concluera le mariage de madame Glaude à M. le dolphin [1]. J'entends que la maniere de faire que iceulx princes et estats requerront au roy de ce faire, que leur sera de legier accordé. De quoy on m'a dit que le roy en fera par une notable ambassade avertir le roy nostre sire. Le personnaige dont vous ay une fois escript touchant cedit mariaige s'est encore prins de devises à moy; je lui ay respondu selon ce que le m'aviez escript.

Quant aux nouvelles venues de l'arrivement du roy nostredit sire en Castille, j'en ay adverti le roy; dist qu'il en est bien joyeulx; j'ay bien perceu qu'il se donne mervelles que le roy nostredit sire ne luy a ceste fois riens escript, pour ce que, par le tamps passé, il a tousjours averti de ce que luy est survenu en son voiage; et me dist le roy, posé que on ne luy escripve point avant deux jours, il saura tout son arrivement et le recueil que on luy aura fait; dit qu'il set bien que le roy d'Aragon fera toute bonne myne, mais que le roy nostredit sire soit bien advisé de le sçavoir entretenir, et aussi qu'il garde bien ses gens de commencer nuls debas.

Il est bruit, et aussi l'a-on escript de par delà, que le roy d'Arragon a fait venir vers luy six cens hommes d'armes de Castellongne (Catalogne) et a fait faire achapt de bien deux mille harnas; ainsi le m'a dit le roy.

Monseigneur, ce sont les choses dont pour ceste fois vous sauroye advertir; je ne me say assez donner de mervelles que en xviii jours que le roy nostre sire est arrivé, que n'ay eu nulles lettres de luy; se je ne sçay se par ceste poste il vous escript; si ainsy est-il, vous plaise de vostre grace me faire avertir des nouvelles que en aurez, afin que je puisse repondre à propos où besoing sera.

[1] On appelait ainsi François de Valois, comte d'Angoulême, parce qu'il était héritier présomptif de la couronne.

J'ay à dilligence envoyé à monsieur le dom prevost les nouvelles de l'arrivement du roy nostredit sire. Ung cas piteux est advenu, tel que, quand me suis parti de Bourges, prins une conven-
sion avec le banquier que adresse audit dom prevost ses lettres que
j'envoie. Iceluy banquier, pour ce qu'il partoit dudit Bourges, avoit
ordonné à un sien clerc, qui estoit à Lion, s'y venir tenir en son
lieu pour y estre dès la semaine passée, auquel esperoie qu'il receve-
roit mes lettres pour les envoyer oultre. A iceluy clerc, assez près
dudit Bourges on a coupé la gorge en ung bois, que a esté grant
dommage du personnaige. A ceste cause ont esté retardées mes lettres de quatre jours.

Monseigneur, au mieux que je puis, je me acquite de faire ce qu'il
vous plaist me commander, et feray tousjours. Je vous ay pieçà escript ma necessité ; je suis en cette commission sur le viiie mois dont
j'ay eu prest environ de quatre ; j'ay beaucoup despendu, et le m'a
fallu et fault faire pour honneur garder. Vous savez où j'ay mis mon
argent ; et suys bien honteux qu'il faut que je vous traveille tant de
demander mon deu. Vous m'aviez une fois donné par vos lettres bon
espoir ; depuis ne m'en avez riens escript ni envoyé ; de quoi je suis
tout estonné. Je vous prie, monseigneur, y ordonner en fachon que
je puisse vivre et garder l'onneur du roy nostre sire ; car, se j'em-
prunte, ferai esclandre et honte.

Quant aux lettres que m'avez escriptes touchant ceulx d'Ypre et
de Neuve-Eglise, j'ai baillé à celuy qui est venu adresse ; et est son
expedition ordonnée, laquelle il attend. Ne say s'elle sera du tout
comme il la demande.

Le tresorier Casins se recommande à vostre bonne grace ; je pour-
casse toujours sa despeche, il est remis à luy donner response après
ce que ceste journée des Estas sera à faire et vous fera tout service.
Monseigneur, je prie Dieu qu'il vous ait en sa sainte garde. Escript
à Tours, le xiii[e] de may xv[e]vi.

Monseigneur, comme la poste estoit preste pour partir, me a esté
apporté un grant pacquet de lettres qui ont esté trouvées en ung

bois où le serviteur dudit Jean Daillon, bancquier, a esté meurdri; et ay trouvé en iceluy lettres adressant à vous, lesquelles je vous envoye ainsy que on le me les a apportées.

Aussy ay trouvé en iceluy pacquet lettres adressant au roy nostre sire, venant du dom prevost, lequel pacquet luy enverray en Espaigne, ainsi que ledit dom prevost le me escript.

J'ay treuvé pluiseurs lettres que madame de Savoie escript en Espaigne, tant au roy nostre sire comme au roy d'Arragon et autres. Vous entendrez par ce que ledit dom prevost escript ce que les Venissiens brassent. Le temps est venu qu'il faut avoir bon œil partout. Je vous prie, monseigneur, que ne me laissez indigent sans le avoir desservi; car il faut tenir maniere en tel temps qui est plein de venin couvert.

Vostre très-humble serviteur, comme dessus.

J. DE COURTEVILLE.

XXXIII.

JEAN DE COURTEVILLE AU ROI DE CASTILLE.

Arrivée du roi de Castille en Galice. Le roi Louis XII fait semblant d'en être joyeux. Affaires de Gueldre, trêve. Charles de Gueldre se vante d'obtenir un secours du roi de France. Celui-ci le nie. Assemblée des États pour supplier le roi de donner sa fille Claude en mariage au comte d'Angoulême. Histoire des lettres retrouvées auprès d'un homme assassiné. Courteville et Casins demandent comment ils doivent se conduire par suite du mariage projeté et des ruptures qui peuvent en résulter.

(Original.)

16 mai, à Tours.

Sire, tant et si très-humblement comme faire puis, me recommande à vostre bonne grace. Depuis que monsieur de Veyre et de la Chaulx m'ont escrit vostre descente en Galisse, n'ay eu de vous, sire, aucunes nouvelles; et d'icelle vostredite descente en ay adverty le roy très-chrestien, lequel a fait semblant d'en estre joyeux. Mais encoires l'eust-il mieulx prins se luy eussez escript comme vous avez autreffois fait des aventures qui vous sont survenues durant vostre voyaige.

Sire, monsieur vostre lieutenant general m'a nagueres escript lettres que j'ay reçu le xi de ce mois, me donnant charge de dire audit roy les termes que tient messire Charles de Gheldres, et qu'il ne a volu accepter les ouvertures de monsieur de Montfort et du doyen de Saint-Martin d'Utrecht, conservateurs de la treve que avez donné audit messire Charles, et aussi comment icelui a voulu induyre ceulx qui tiennent son party à luy accorder le paiement de mil pietons almans, leur donnant à entendre que ledit roy de France luy avoit promis et accordé mil chevaulx paiez et mil pietons pour d'iceulx s'en servir à vous faire la guerre pour recouvrer les places que vous, sire, avez conquis, et que, par ce moyen, il esperoit venir au-dessus de son entreprinse, comme s'il eust esté asseuré que ledit roy de France lui donnast port en cest affaire. De quoy de ces choses ay merquedi derrenier adverty ledit roy, lui priant, de la part de mondit seigneur vostre lieutenant, non promectre ne donner ayde audit messire Charles pour evader voz païs et subgectz, par tant que à vostre partement et depuis les lui avez tousjours recommandez. A quoy il vous a fait responce par pluiseurs ses lettres, et aussi me dire qu'il auroit vosditz pays et subgetz recommandez comme les siens propres.

Sur ce, sire, ledit roy m'a respondu que ledit messire Charles de Gheldres avoit tout ce fait et dit de son auctorité et sans son sceu; et que il ne avoit jamais pensé de lui donner l'assistence que dessus, ne avoit voulenté de ce faire, et que de ce vous poviez tenir pour asseuré sur sa foy et la dampnacion de son ame. De cette responce ay adverty mondit sieur vostre lieutenant. Aussi, sire, je vous en advertis, ainsi que ledit roy le m'a dit, pareillement monsieur le legat et le chancellier de France, que jamais n'oyt de cest affaire à parler.

Depuis, sire, et mesmes le jour de hier, ay reçu lettre de mon--

sieur vostre lieutenant, m'advertissant que mondit sieur de Gheldres, en mectant à execucion son emprinse et les choses proposées à
ceulx de sondit party, a prins une ville nommé Groul, et qu'il semble
qu'il veult proceder plus avant à ladite guerre, et que de ce j'en advertisse ledit roy pour sur ce sçavoir son intension. Laquelle chose,
sire, je feray cejourd'huy, se puys avoir temps et opportunité de le
faire; dont je croy que je ne auray autre responce que la premiere.

Quant aux nouvelles de par deçà, il en y a de bien nouvelles,
telles que, après ce que le roy est venu en ceste ville, se sont icy
assemblez les Estats de France : aussi y sont tous les princes et princesses de ce royaulme. Jeudi dernier, iceulx Estas, en salle ouverte,
ont fait proposer devant le roy comme ilz estoient assamblez pour
lui faire pluiseurs remonstrances touchant le bien de sa personne et
de son royaulme, luy suppliant les vouloir ouyr, ce que le roy fist.
Et, en effect, après que le proposant eust dist du roy toutes les
louenges que on sauroit ne pourroit dire de roy parfait, ilz vindrent
à lui requerre que, pour les causes par eulx dictes, qu'il lui pleust
entendre et vouloir accorder de donner à mariaige madame Glaude
sa fille à monsieur d'Angoulesme. A quoy, sur-le-champ sans retraicte, par l'ordonnance du roy, le chancelier respondit à ceulx desdits Estas que le roy avoit bien entendu ce qu'ilz avoient dist, que
la matiere estoit de grant importance, et que il s'en conseilleroit
aux princes de son sancg, lesquelz estoient à present devers lui. Depuis n'a esté faicte autre response à ceulx desdits Estas, et dist-on
que on attend que les Estas de Bretaigne et aussi les barons d'icellui
pays soient venuz.

D'aultre part, sire, naguerres m'a esté apporté ung pacquet de
lettres qui a esté trouvé en un bois auprès d'un homme murdri,
lequel estoit serviteur d'un banquier nommé Jehan Daillon, qui avoit
mandé icelluy de Lyon soy venir tenir à Bourges, pour recevoir les
lettres que on lui envoyeroit pour faire adressier à Rome. Et en ce
temps avoie envoié audit Bourges certaines lettres pour envoier à
monsieur le dom prevost d'Utrecht, lesquelles, à cause d'icellui ainsi

murdri assez près dudit Bourges, m'ont esté rapportées; qu'a retardé que ledit dom prevost n'a esté plus tost adverty de vostre dessente; mais je les ay depuis renvoié à toute diligence, et vous envoye le pacquet que ledit dom prevost vous envoioit, aussi autres lettres venant de madame de Savoie que icellui malfortuné apportoit.

Sire, le tresorier Casins[1], ambassadeur du roy vostre pere, se recommande très-humblement à vostre boune grace. Lui et moy sommes bien esmerveillez des choses qui se font. Nous vous prions en toute humilité qu'il vous plaise à nous mander comment nous nous avons à conduire. Ce cas est bien nouveau audit tresorier, pourtant qu'il y a si peu de temps que le roy très-chrestien a confermé derrenierement à Blois le traictié que jura monsieur le legat à Hagheno, et craint ledit tresorier que, si le roy très-chrestien commence à rompre icellui traictié par ledit mariaige, que ès autres points il rompera le surplus; car encoires n'a-yl voulu faire delivrer les cent mil francs qu'il doit à cause de l'investitude de Millan. Ces choses lui sont à cueur et aussi à moy qui desirons vostre honneur garder et faire tout nostre devoir en vostre service, dont vous advertissons pour nostre acquit. Vous priant, sire, nous mander brief vostre bon plaisir, pour, sur ce, nous conduire et reguler; ce que ferons entierement à l'ayde de Dieu, que je prie, sire, qu'il vous doinst voz très-hauts desirs accomplir. Escript à Tours, le xvi[e] de mai xv[c] six.

Vostre très-humble, très-obeissant serviteur et subget,

J. DE COURTEVILLE.

[1] Nicaise Hacquenay, chevalier, maître d'hôtel de Charles d'Autriche, chef de ses finances, nommé membre du conseil privé en 1517.

XXXIV.

J. DE COURTEVILLE AU ROI DE CASTILLE.

Louis XII, à la requête des Etats du royaume et de ceux de Bretagne, accorde en
mariage sa fille Claude au comte d'Angoulême. Difficulté pour le payement des
100,000 francs qui restent dus à l'empereur, à cause de l'investiture du duché de
Milan. Nouvelles voies de fait de Charles de Gueldre. L'ambassadeur de l'empereur
et celui du roi de Castille n'assisteront pas à la solennité du mariage de madame
Claude. Nicaise Hacquenay est bien décidé de partir. Courteville réclame ses hono-
raires. (*Original*)

21 mai, à Tours.

Syre, tant et sy très-humblement comme faire puis, me recommande à vostre bonne grasse. Par la derreniere lettre que je vous
ay escritte vous ay adverty de l'asamblée que est en cest ville vers le
roy très-chrestien, auquel ceux des Estas de son realme et de Bre-
taingne ont fait la requeste o roy voulloir donner madame Glaude
sa fille à mariage à monsieur de Valoys. Ledit roy a tenu depuis un
grant sollemnel conseil avec les princes de son sanc, grant nombre
de prellas et conseilliers, et tant que il a acordé à iceulx desdits
Estas leur requeste pour tant que tous les prinches ont parliet de
ceste matere comme eux. Chez choses conclutes, quy fut mardy derrenier a le roy de che envoiet monsieur l'archevesque de Sens[1],
monsieur de Piennes[2], monsieur du Boischaige[3], et ung mestre des
requestes avertir monsieur l'ambassadeur du roy vostre pere et moy,
que ce que ledit seigneur roy avoit fait estoit par grande et meure
deliberassion de conseil et pour le grant bien de son realme, et que
là où on pourroit dire qu'il n'y avoit promesses faites par avant pour
le prinche vostre filz, dist icheluy archevesque que les rois de
Fransse, quant ils siegent à la couronne, font ung serment sy fort
et sy inviolable que tout che qu'ilz accordent ou promettent après

[1] Tristan de Salazar, élu en 1474, mort
en 1519.

[2] Louis de Hallewin.

[3] Imbert de Bastarnai.

n'est de nulle valeur pour sy que che soit chose qui puisse touchier
le bien et utylité du realme. Passiamment les avons oy sans beaucop dire, fors que ce nous estoit unne merveilleuse nouvelle, veu les
treittés fais et passés, jurés et promis par ledit roy, aussi par mon
sieur le legat, et depuis derrenierement ratiffiés à Blois; laquelle
ratificassion le docteur Hayde a emporté au roy vostre pere. Sur che
fu par iceux respondu que ledit roy très-chrestien envouroit unne
notable ambassade devers le roy vostre pere, pour luy dire les raisons pour quoy ceste chose a esté faitte, et luy porteroit sy bonne
parolle qu'il s'en contenteroit.

Après che, syre, icheluy archevesque dit audit embasadeur Casin
que le roy avoit advisé à sa despesse, qui estoit telle que ledit seigneur luy faisoit dire que, pour le present, il ne luy bailleroit nulz deniers, lesquelz il estoit venu pour recepvoir, assavoir les c^m frans de
reste de l'investiture de Millan; mays que le roy luy bailloit à coisir
qu'il demourast par de chà tant que les ambassadeurs soient retournés; que, durant le tans de sa demeure, il le feroit bien treit-
tier, autrement, s'il ne voulloit demourer, porroit aller à sa maison,
ou, s'il voulloit aller vers le roy vostre pere, en la compagnie de
ses ambassadeurs, qu'ilz luy feroient bonne chiere et compagnie.

A quoy, sire, ledit tresorier a respondu que la demeure lui seroit trop longue, mais du refus que on luy faisoit de luy delivrer
lesditz cent mil frans, ne sçavoit penser que le roy vostre pere s'en
contentast o parfait; ledit tresorier requist que on luy delivrast la
moitié de la somme, en remonstrant o roy que, depuis que son compagnon le docteur Hayde s'est party tant bien despessé, il se tenoit
seur que lesdits cent mil francs lui seroient delivrés; sur quoy il
avoit desboursé plus de xl mil par l'ordonnance du roy vostredit
pere. Non ostant ses requestes, remonstransses et raisons aleguées,
il n'en a austre responsse. De quoy, sire, je vous adverty, affainque
sachiez des choses comme elles sont.

Quant au fait de Gueldres, je vous ay adverty de la response que
m'a faitte ledit très-chrestien roy, qu'il ne s'en voulloit mezler, et

que che que messire Charles de Gueldres avoit donné à entendre à ceux de son party qu'il avoit secours dudit roy, que c'estoit faux.

Depuis, sire, ay averty ledit seigneur roy, par l'ordonnance de vostre lieutenant general de la prinse qu'a faite ledit messire Charles de la ville de Grol; il m'a respondu comme devant; et plus n'en puis sçavoir que c'est son plaisir de le dire.

Pour le jour d'huy, sire, se fait la solennité de che mariage, et ayme mieulx l'ambassadeur du roy vostre pere et moy en oïr parler que le voir.

Pour che, sire, que depuis vostre arrivement en Gallisse, ne me avez aucune chose mandé ne escrit, je coule le tans o mieulx que je puis, adtendant de vos nouvelles, qu'il vous plaise moy ordonner che que j'ay affaire dores en avant, selon les choses changées. Le roy dit toujours, en che que touche pais et amytté au roy vostre pere et à vous, il a voulloir de l'entretenir.

Quant audit tresorier Casins, il est deliberé de partir aller, quant et quant lesdits ambassadeurs de Fransse, doubtant ossi, sire, qu'il en yra devers vous, ainsi que tout autres roys, pour leur faire signifier ceste nouvelle et esclerchyr leur droit, s'ilz peuvent.

A cest heure, ay reçupt lettre de vostre ambassadeur à Rome, monsieur le don prevost d'Utrecht, et m'a envoiet deux paqués: l'un pour le vous envoyer, l'autre à vostre lieutenant; che que je fais où il doit adressier.

Je vous pry, sire, que, quant vostre bon plesir sera d'escrire à vostredit lieutenant general et conseil, que il vous plaise leur mander qu'ilz me treittent de paiement, comme, et ainsi que me le avés ordonné. Je leur ay souvent escrit; à quoy il me respondent qu'il me faut atendre jusque la Saint-Jehan, qui m'est ung bien long terme, veu les grans despens que j'ay fais et me faut journellement faire pour vostre honneur garder. Vous savés assez les deniers que j'ai, sire, pour vous faire servisse. Le bruit court par dechà que vos affaires se portent bien pour vous en vostre realme de Castille. On se donne de merveille que n'en escriviés rien au roy très-chrestien.

Quant on m'en parle, je respons que ne faites que arriver; mays j'espere que, quant serés arrivé aveque le roy vostre beau-pere, que lors avertirés de vos nouvelles, que je pry Dieu estre telles que ceux quy vous ayment le desirent, et vous doinst le surplus de vos très-haus desirs acomplir. Escript à Tours, le xxie jour de may xv^c six.

Le tout vostre très-humble, très-obeissant subget et serviteur,

J. DE COURTEVILLE.

XXXV.

J. DE COURTEVILLE AU ROI DE CASTILLE.

Le roi Louis XII proteste qu'il ne favorise en rien Charle de Gueldre. Mariage de Claude de France avec le comte d'Angoulême. Envoi d'ambassadeurs vers le roi des Romains. Vains efforts pour obtenir les 100,000 livres qui restent à payer sur l'investiture de Milan. La reine voit de mauvais œil le mariage de sa fille Claude avec François de Valois. Courteville invite le roi à se tenir en bonne intelligence avec le roi d'Aragon son beau-père. Il réclame de l'argent. (*Original.*)

24 mai, à Tours.

Syre, tant et sy très-humblement, comme faire puis me recommande à vostre bonne grasse. Joeudi derrenier, reçups une vostre lettre, escrittes du xiiie de ce moys, aveque icelles, lettres adressant au roy très-chrestien, lesquelles luy ay presentées. Il a esté bien joieux de avoir de voz nouvelles, et, de tout che que je luy ay dit, m'a donné bonne responsse, princhipallement pour le fait de Gueldres, que quelques chose que veulle dire messire Charles de Geldres, il ne fait riens par son adveu. Veant ledit roy en bon propos, luy dis comment vostre lieutenant general avoit fait publier la guerre, ban et arier ban contre ledit messire Charles, et que en vos païs chacun se metoit en armes, et non pour autre chose; de quoy vostredit lieutenant m'avoit donné carge de l'en avertir.

Syre, par mes dernieres lettres, vous ay averty de che que le mariage de madame Glaude à monsieur de Valoys est fait; et en sus la sollenité faitte ledit joeudy, fus et joie par la ville, grans joustes et tournoys se devoient faire la semaine quy vient. Quyquy en ait joie, je n'y prens nul pleisir.

Comme le vous ay escrit, ledit roy envoiera ses ambassadeurs en divers lieux vers le roy vostre pere; y va monsieur le seneschal de Toullouze [1]; devers vous ira monsieur l'evesque de Rieux, et dist-on que ledit roy envoiera monsieur d'Argenton [2] vers les princes ellecteurs de l'empire.

Des choses advenues en monstre le moins que je puis, pour ce que ne say encores de vous quel chose il vous pleist que je dise.

Quant au tresorier Casins, il est despessé en fasson qu'il s'en restire sans pouvoir avoir eu les cent mil francs que ledit roy doit de reste de l'investiture; ne pour remonstransse qu'il ait fait ne luy a voullu baillir la moitié ne riens, et luy a fait dire le roy que de ce et toutes autres choses lesdits ambassadeurs aront charge d'en parler au roy vostredit pere, en fasson qu'il ora cause de soy contenter.

Syre, monsieur de la Chaulx m'a escrit que desirés sçavoir le non de celuy que parchidevant, moy estant à Bourges, eut devises aveque moy touchant ledit mariage, et que monsieur de Chierve vous a envoyet la copie de la lettre que luy avoie escrite. Syre, cheluy quy eut ces devises à moy fut Hutin; mondit sieur de la Chaux le vous fera bien connoistre, et Gascon que me dit que « la royne estoit moult desplaisante de che que se faisoit. » (*Ces derniers mots sont en chiffres.*)

Là où je puis, sire, je enqueste des choses que touchier vous peuvent, pour de bonne heure vous en avertir. Pour Dieu, sire, conduisés bien vos affaires aveque le roy vostre biau-pere. Je suis adverty que par tous moiens on metera maniere à vous mestre en dissension, ou par le contraire, se estes d'acort ensemble, serés estimé et doubté partout.

Je vous prie, sire, en toutte humillité, et affin que je vous puisse

[1] François de Rochechouart, seigneur de Champ-Denier. [2] Philippe de Comines, l'historien.

servir comme je doy et garder vostre honneur, que il vous plaise escrire à monsieur vostre lieutenant general et à vostre grant tresorier qu'ilz me treitent de paiement comme le avés ordonné. A mon venir par dechà me fut fait prest pour quattre moys, et viengne xv jours en array servy huit moys ; que est autant comme bonnement ay peu furnir à faire che prest.

Sire, le tresorier Casens vous escrit bien au long de sa despesse ; vous suplie qu'il le vous pleise entendre. Il se est conduit par dechà bien et honestement, et n'a voulu demourer pour argent ou offre que on luy ait faitte ; il s'en va à diligensse vers le roy vostre pere pour le plainement avertir.

Je pry à Dieu, syre, qu'il vous doinst vos très-haux desirs acomplir. Escript à Tours, le xxIIII de may xve six.

Le tout vostre très-humble, très-obeissant subget et serviteur,

J. DE COURTEVILLE.

XXXVI.

LOUIS XII AU ROI DE CASTILLE.

Lettre de créance pour l'évêque de Rieux. (*Copie du xviie siècle.*)

2 juin, au Plessis-du-Parc lez Tours.

Très-hault et très-puissant prince, nostre très-cher et très-amé frere et cousin, nous envoions presentement devers vous nostre amé et feal conseiller l'evesque de Rieux[1] pour aucunes choses que luy avons donné charge vous dire et declairer de nostre part. Sy vous prions que vous le vueillez ouyr et croyre et adjouster foy à ce qu'il vous dira comme feriez à nostre personne, priant Nostre-Seigneur, à

---

[1] Pierre Louis de Voltan, évêque de Rieux depuis 1501 jusqu'en 1518. M. Godefroy, éditeur des Lettres de Louis XII, s'est trompé lorsqu'il a dit, tome I, pp. 54 et 70, que l'évêque de Rieux était alors Jean du Pin. Suivant le *Gallia christiana*, XIII, col. 18, Jean du Pin ne fut nommé à l'évêché de Rieux qu'en 1523.

tant, très-haut et très-puissant prince, nostre très-cher et très-amé frere et cousin, qui vous ait en sa garde. Escript au Pleisseis-du-Parc lès Tours, le deuxieme jour de juing; signé : Vostre bon frere Loys; et, plus bas : ROBERTET.

XXXVII.

J. DE COURTEVILLE AU ROI DE CASTILLE.

Débarquement du roi de Castille à la Corogne. Son pèlerinage à Saint-Jacques. Nouveaux débats au sujet de la Gueldre. L'évêque de Liége. Affaire du médecin Louis de Marliano. Sacre de l'évêque de Tournay qui va se rendre dans son diocèse. Projets secrets de Louis XII hostiles à la maison d'Autriche. Entretien avec le cardinal d'Amboise. (*Original.*)

16 et 17 juin, à Tours.

Syre, tant et sy très-humblement, comme faire puis, me recommande à vostre bonne grasse. Depuis que desrainement vous ay escrit, le roi très-crestien a toujours esté hors de ceste ville, passer le tans à la casse (chasse), et retourna merquedy derrenier. Après, luy ay presenté voz lettres escrites à la Coullongne[1], le xxviie du moys desrain passé, et fut ledit seigneur roy bien joïeux de avoir de vos nouvelles. Par aucuns il avoit esté adverty que vous feriez vostre pelerinage à Saint Jacques de la Coullongne à piet, et plaindoit bien vostre paine, non obstant quy la tenoit bien emploïée, pour tant que Dieu vous a preservé et le benoist saint Jaques du dangier où avés esté sur la mer.

Après, ledit seigneur roy me dist que le bastart de Gueldres estoit venu devers luy, par lequel il avoit seu que en Gueldres ne se faisoit aucune guerre, et que monsieur de Gueldres entretenoit la treuve. Je luy dis de rechief comme par aucuns jours avoie fait oparavant les termes que avoit tenu icheluy seigneur, les lestres qu'il avoit escrites, soy vantant de avoir ayde et secours. Le roy me respondy comme il

---

[1] La Corogne en Galice, où Philippe aborda en revenant d'Angleterre.

avoit par autres fois fait, et me dist que l'evesque de Liege avoit fait
son entrée, et que l'assemblée qu'il avoit fait de ses amys se estoit
departie et allé chascun en son lieu sans faire aucune nouvelleté, et
que ne devés douter que de son seu, port ou faveur ne sera fait aucun
dommage à voz païs. De ceste bonne parolle le merchiay, disant que
vous aviés en luy de che bonne et parfaicte fianche, et que ainssi le
m'aviés escrit et bailliet charge de luy dire.

Il m'a esté dist, sire, que le bastard de Gueldres est ichy venu
pour avoir l'apointement que le seigneur roy baille à messire Charles
de Gueldres : que est de xv^m frans de penssion et cent hommes d'armes
de charge, et sera son lieutenant ung gentilhomme de Fransse nommé Tilligny.

Sire, le roy a veu che que desrainement luy avés escrit en la faveur de mestre Loys vostre medechin ; me dist qu'il bailleroit la chose
à monsieur le legat, che qu'il a fait, pour m'en baillier la response,
laquelle je n'ay pas encores, et à moi n'a tenu de la demander. Sy
tost que le porray avoir, vous en advertiray. Ledit seigneur roy
m'a dit qu'il ne vous escrit point pour che que son ambassadeur est
piessà party que brief sera devers vous.

Syre, dimanche derrenier, monsieur l'evesque de Tournay fut
sacré par monsieur le legat, assistens le cardinal de Narbonne[1],
l'archevesque de Sens, pluseurs evesques et grans mestres. Ledit
seigneur se party pour aller prendre possession de son evesché ; et
pour son entrée à Tournay le conduit, par la cerge (charge) du roy,
monsieur de Piennes ; ledit evesque entent aller d'illec en vos villes
de Gant, Bruges, Lille et aylleurs, ès termes de sondit evesché, faire
visitassion ; dont j'ay adverty vostre lieutenant general.

Les lettres qu'il vous a pleu m'envoier pour faire adresser à monsieur le don prevost d'Utrecht, je l'ai fait ; il m'a depuis envoiet ung
paquet de lettres que je vous envoie. J'ay ossy reçupt vos lettres es-

---

[1] François-Guillaume de Castelnau, archevêque de Narbonne, cardinal en 1503, promu à l'archevêché d'Auch en 1507.

crittes à Saint-Jacques le IIIe de che moys. Veulle Dieu que vos affaires
se portent de bien en mieux.

« Sire, le roy très-chrestien fait tousjours passer gens de-là les
mons et envoye cinq cens hommes d'armes de crue, et fait lever quatre
mil suysses que on dit estre à la requeste du pape, que puis nagaires a
fait dire au roy qu'il avoit six cents mil ducats prestz pour payer lesdits suysses. Autres disent que c'est de doubte qu'on a de Gonzalve
Fernando qu'il n'ait aucun entendement avec le roy vostre pere, sur
Millan ou ailleurs; s'il y a aucun ambassadeur de Venyse devers vous,
ne vous y fiez pas trop.

« Sire, je vous advertiz que l'evesque des ambassades du roy très-
crestien, allant par delà, prend son chemin par Arragon à intencion
de premier parler au roy vostre beau-pere que à vous. Par quoy, sire,
me semble, se voz affaires le peuvent porter, que ferez bien de vous
trouver avec vostredit beau-pere devant que ledit ambassadeur y parle.
La cause que me meut de ce vous escripre est que aucun qui vous
aime m'a dit que, se l'on peut, entre vous et ledit roy vostre beau-
pere l'on mectra discord [1]. »

Syre, je vous merchy très-humblement qu'il vous a pleu de vostre
grasse escrire à vostre lieutenant general pour mon affaire. Je mete-
ray paine de vous bien lealement servir et de faire che qu'il vous a
pleu m'escrire et ordonner, Dieu en ayde, auquel je pry qu'il vous
doinst vos très-haus desirs acomplir. Escrit à Tours, le XVIe jour de
juing XVe six.

Le tout vostre très-humble subjet et serviteur,

J. DE COURTEVILLE.

P. S. Syre, hier au soir, comme je avoie achevé ma lettre, on me
vint dire que je me trouvasse à che matin vers monsieur le legat; che
que j'ay fait. Et m'a ledit sieur donné la responsse du roy sur che
que luy avés escrit en la faveur de mestre Loys vostre medechin [2].

---

[1] Ce paragraphe et le précédent sont
en chiffres dans l'original.

[2] Louis de Marliano, médecin italien.

Voyez *Correspondance de Maximilien I*[er] *et
de Marguerite d'Autriche*, I, 436, 437;
II, 209.

Que est en effect que ledit seigneur roy escrira voullentiers à monsieur de Chaumont[1], gouverneur de Millan, qu'il permette, lesse et souffre que ledit mestre Loys joisse des biens, rentes et revenus qu'il luy appartiennent en ladite duché. Aussi, et comme le treitiet le contient, je dis lors audit sieur que ledit mestre Loys requeroit avoir lettres patentes, et le tout en la forme et maniere de la requeste que j'avoie baillée. A quoy me respondit que voullentiers on luy baillera lestres patentes, mais en ladite forme, remetant le tout sur ledit treitié. Je ne say à quelle cause on le fait. Ledit mestre Loys peut sçavoir se audit traitié y a eu chose à son desavantage. S'il veut que je lieve lesdites lettres, comme on les me veut bailler, qu'il me soit escrit et mandé le faire, et j'en feray toutte dilligensse.

D'autre part, sire, mondit sieur le legat me demanda de vos nouvelles. Je luy dis que par vos lettres m'avés escrit vostre partement de Saint-Jacques et que vos affaires se portoient de bien en mieux; que journellement les prinches et seigneurs de Castille venoient vers vous et mesmes l'archevesque de Toullette[2]. Et pour che que ledit sieur legat vist que ne luy disoie plus avant, me dist qu'il sçavoit plus de vos nouvelles que moy, qui lui desplaisoient bien pour tant qu'il sçavoit que n'estes encores adcordé aveque le roy vostre beaupere, et que ledit archevesque alloit vers vous pour y trouver ung moien; que ledit sieur dit qu'il voudroit bien qu'il fut trouvé, car il craint que se vous creés les conssaux de pluseurs seigneurs de Castille quy vous meteront à la guerre ou, par le contraire, en acordant che dont par che devant avés estés content, vous asseuriés vostre fait; et dist que, par tous moiens, devés eviter la noyse et faire, tant que ayés la couronne sur la teste, tousjours demeure vostre bon droit en estat. Autres qui bien vous veullent et quy sçavent que on a de par dellà escrit ces nouvelles o roy, m'en ont dist assés pareil comme

---

[1] Charles d'Amboise, seigneur de Chaumont, grand maître de France sous Louis XII, puis maréchal et amiral de France, 1500-1511.

[2] Le célèbre cardinal François Ximenez, mort en 1517.

mondit sieur le legat. Et vous pleise me pardonner, sire, que sy avant et longue lettre vous escris; je le fay pour mon aquit. Escrit à Tours, le xviie de juing xv^c six.

XXXVIII.

J. DE COURTEVILLE AU ROI DE CASTILLE.

Il rend compte de quelques démarches faites par lui auprès du roi de France. (*Original.*)

29 juin, à Tours.

Sire, tant et sy très-humblement comme faire puis, me recommande à vostre bonne grasse. A ceste heure de onze heures de la nuyt que j'avoie despessé la poste pour vous porter les lettres de monsieur le don prevost d'Utrecht, me sont venues voz lettres escrites à Bonyvento, le xxve de che moys où j'ay entendu de vostre bonne prosperité en tous voz affaires par dellà dont je lo Dieu de tout mon coeur. Les prechedentes nouvelles qu'il vous a pleu à moy escrire, je les ay senefiet au roy, comme le vous escris par mes autres lettres. A quoy le roy très-chrestien vous a fait responsse, et pour le avoir ay tenu maniere de non l'en presser. Mais quand je luy ay parlé de vostre affaire, il m'a tousjours donné bonne responsse. Au mieux que je puis me conduis vers lui et feray ainssy que il vous a pleu le moy ordonner. Demain, du matin, o plesir de Dieu, avertyray ledit seigneur roy des bonnes nouvelles que m'avez escrittes, et de sa response vous avertiray.

Touchant le fait de vostre medechin, mestre Loys, j'en parleray en la forme qu'il vous a pleu le m'escrire pour en avoir la finalle responce. Il m'a esté repondu que on le lesra joïr de ses biens selon le treittiet, et m'en a voullu baillier lettres, mais non entierement selon la tenneur de sa requeste.

Syre, je pry à Dieu qui vous doinst le parfait de vos haus desirs acomplir. Escrit à Tours le xxixᵉ de juing xvᶜ six.

Le tout vostre très-humble, obeissant subget et serviteur,

J. DE COURTEVILLE.

XXXIX.

J. DE COURTEVILLE AU ROI.

Pratiques du roi d'Aragon pour marier sa nièce au duc de Nemours.

29 juin, à Tours.

Syre, tant et sy très-humblement, comme faire puis, me recommande à vostre bonne grasse. Depuis que j'ay reçupt vos lettres du xviᵉ de ce mois, n'ay eu nouvelles de vous. Je vous ay, depuis, escript et adverty des nouvelles de par dechà et envoiet lettre du roy très-crestien du xxviiᵉ dudit moys. Depuis n'y say survenu riens de nouveau, fors que le roy a donné à monsieur de Foys [1] la duché de Nemours [2], et m'a l'on dit que le roy vostre biau-pere pratique de marier une siene nieche qui est à Vallensse audit monsieur de Foys, et que, pour che faire, sont ychy venu de telz ouvriers qui ont conduit le mariage de vostredit beau-pere. Mais je ne les ay pas veu.

Monsieur le don prevost d'Utrecht m'a envoiet lettres, lesquelles je vous envoie.

Pour le present, sire, ne say autre chose. De ce qui surviendra vous avertiray toujours.

Syre, je pry Dieu qu'il vous doinst voz très-haus desirs acomplir. Escrit à Tours, le xxixᵉ de juing xvᶜ six.

Le tout vostre très-humble subget et serviteur,

J. DE COURTEVILLE.

---

[1] Gaston de Foix, neveu de Louis XII.

[2] C'était une nouvelle prématurée, car ce fut seulement en 1507, le 19 novembre, que Gaston obtint le duché de Nemours, en échange de la vicomté de Narbonne.

XL.

PHILIPPE, ROI DE CASTILLE, AU CARDINAL D'AMBOISE.

Réclamation des biens confisqués sur Louis de Marliano, médecin. (*Copie.*)

Dernier juin, à Bonavento.

Très-reverend pere en Dieu, très-chier et amé cousin, nous vous tenons bien souvenant de la promesse faicte par nostre frere le roy très-chrestien, et aussi depuis par vous, à Hagheno, touchant la restitucion de nostre amé et feal conseiller et phisicien, maistre Loys de Mariano, à tous ses biens à luy detenuz en la duchié de Milan. Vous savez aussi les sollicitations et poursuites que depuis en avons faict faire par lettres, messaiges et autrement. Toutesfois, jusques ores n'avons pu parvenir à nostre intencion; ains avons entendu que iceuls biens ont esté donnez à Loys Daz, et que à mon ambassadeur Courteville, en sollicitant ceste affaire, en a nagaires esté donnée response assez froide et doubteuse; dont nous donnons merveilles, veu lesdites promesses. Par quoy, et que avons ceste matiere bien à ceur, vous en avons encoires bien voulu escripre ceste foiz, vous requerrant tant affectueusement et acertes que povons que veulliez tenir la main envers ledit seigneur roy, auquel aussi en escripvons presentement, et ailleurs où besoing sera et tant faire de vostre part que icelle sa promesse et la vostre soit accomplie et que ledit maistre Loys soit restitué entierement à iceulx ses biens, sans plus estre delayé et contenté de parolles et de responses doubles et intricales, ainsi qu'il a esté jusques ores. Et se d'aventure quelque chose en soit donné audit Loys Daz ou autres, qu'ils soient recompensez en autre chose. En quoy faisant, vous promectons que vous ferez chose aussi aggreable comme se c'estoit matiere de grant importance. Si veuilliez en ce moustrer l'affection telle envers nous que tousjours en avons eu la confidence, et nous aussi n'en serons point ingrat. Ce

scet Nostre Seigneur auquel prions, très-reverend pere en Dieu,
très-chier et amé cousin, vous donner ce que vous desirez.

A Bonavento, le derrenier jour de juing xve et six.

XLI.

J. DE COURTEVILLE AU ROI DE CASTILLE.

Bon état des affaires du roi de Castille, au sujet desquelles on avait fait courir des
bruits fâcheux. Sollicitations en faveur du médecin Louis, qui avait été opposé aux
intérêts du roi de France dans le Milanais. (*Original.*)

Le 2 juillet, à Tours.

Syre, tant et sy très-humblement comme faire puis, me recommande à vostre bonne grasse. Le xxixe jour du moys passé aÿ reçupt
vos lettres du xxve dudit moys, à Bonavento, dont des très-bonnes
nouvelles ay bien eu cause de m'en resjoir et d'en louer Dieu, que
je pry que de bien en mieulx vous puist advenir.

Des nouvelles escrites en vos lettres en ay averty le roy très-
chrestien, qui a très-bien prins le tout. Je luy offris à monstrer
che qu'il vous a pleu à moy escrire. Il se tint content de che que
luy en avoie dit sans plus avant m'en interroguier.

De ces nouvelles ay ossy adverty monsieur le legat et autres des
plus grans. J'ay sceu que on eut bien voullu que je m'en feusse teu.
Toutefois, sire, il m'a semblé qu'il devoit estre dit pour tant que on
disoit ychy que vos affaires par dellà seroient pires que ne les avés
trouvé.

Du fait de messire Loys, vostre fisissien, j'en ay parlé o roy; j'ay
seu que de piessà il est mal informé de luy, pour tant qu'il a esté
l'un des plus principals de Millan contre ledit roy; non obstant le
roy est content qu'il entre en ses biens, selon le treitiet qui a esté
fait. Et autre responsse n'en ai peu avoir, à quoy j'ay fait grant dilligensse non voullentiers acoustée. Se sur ceste condission ledit

mestre Loys en veut avoir lettres, on les me baillera; et m'a dit che jour duy monsieur le legat que en plus parler ne pourfitera, et qu'il peut souffire qu'il ait ses biens, et que la persone quy set estre espert en son art vaut mieulx près de vous que s'il estoit reintegré à Millan.

Il me semble, sire, que ès choses qu'il vous plaisra avoir bien conduites par dechà, que ferés bien d'en escrire à mondit sieur le legat; car tout se gouverne soubz luy.

Syre, au mieulx que j'ay peu jusques à present ay fait che qu'il vous a pleu me ordonner, et encoires feray, à l'ayde de Dieu, que je pry qu'il vous doinst voz très-haus desirs acomplir. Escrit à Tours, le ne de juillet xve six.

Syre, par autres poste vos ay envoiet lettre du roy très-chrestien, responsse aux lettres que parchy devant luy avés escrittes.

Le tout vostre très-humble et très-obeissant subget et serviteur.

J. DE COURTEVILLE.

XLII.

J. DE COURTEVILLE AU ROI DE CASTILLE.

Arrivée inquiétante d'un ambassadeur de Ferdinand, roi d'Aragon. Louis XII vient de dépêcher un héraut en Danemark ; on suppose qu'il est question de négocier un mariage. Nécessité d'écrire au légat (Georges d'Amboise) pour le maintenir dans ses bonnes dispositions et contre-balancer l'influence du nouvel ambassadeur d'Aragon. (*Original.*)

5 juillet, à Tours.

Syre, tant et sy très-humblement, comme faire puis, me recommande à vostre bonne grasse. Par la precedente poste vous ay escrit que j'ay averty le roy très-crestien de che que vous estes trouvé aveque le roy d'Arragon vostre biau-pere, et de la maniere comment ainsy qu'elle vous a pleu moy faire sçavoir.

Depuis, et hier o soyr, est arrivé en ceste ville le capitaine du castiau de Perpignan, accompagniet de envyron vingt chevaulx, lequel est envoiet dudit seigneur roy d'Arragon vers ledit roy très-crestien pour son ambassadeur[1]. « Et semble plus qu'il soit venu pour nuyre à voz affaires que autrement, car on ne s'est gueres res-joy par deçà quant on a sceu ladite obeissance que vous font voz subjectz par dellà. Il vous plaise de vostre grace moy mander comment il vous plaise que je me conduyse avec ledit ambassadeur, et quel honneur et reverence je luy doys porter; car je ne me trouveray avec luy jusques tant que vous m'en manderez vostre bon plaisir.

« [1]Sire, je me suis enquis que peut aller faire Monjoye le herault vers le roy de Denemarque; je trouve que le roy de France luy a envoyé pour veoir le filz dudit roy, lequel est à marier[2] et les embouchier que s'il veult demander femme par deçà, que on y entendra voulentiers, soit de mademoiselle d'Angoulesme ou de la seur de monsieur de Bourbon, et faire avec ledit roy de Denemarque une grande alliance au content (contempt) de celle que avez faicte avec le roy d'Engleterre, pour ce que d'anchien temps les Daynois ont esté ennemis des Anglois. L'on tient ceste matiere secrete tant que la chose sera achevée; dont je vous advertis. Sire, s'il est, comme je croy, que voz affaires se portent de bien en mieulx, en ensuyant ce que derrenierement m'avez escript, vous ferez bien d'escripre au roi très-crestien que avez receu ses lettres que nagaires il vous a escrites, et aussy l'advertir de voz nouvelles depuis vostre arrivée à Benavento. Il en sera tant plus enclin de vous escripre une autre foiz. Et aussi ce pourra empeschier l'ambassadeur du roy vostre beau-pere, s'il donne autre chose à entendre que la verité.

« Je suys aucunement adverty qu'il semble à monsieur le legat que l'avez prins en malle grace, pour ce que, passé demi an, ne luy avez escrit comme faiziez auparavant. Par quoy, sire, pour en-

---

[1] Tout ce qui est imprimé entre guillemets est en chiffres dans l'original.

[2] Christiern, né en 1481, épousa, le 12 août 1515, Isabelle d'Autriche.

tretenir les choses o mieulx, se c'est vostre plaisir, luy escripvrez de voz nouvelles, lesquelles pourroient venir à bon propoz à l'encontre du pourchaz que pourra faire ledit ambassadeur dudit seigneur roy vostre beau-pere, lequel a ce jourduy fait la reverence audit seigneur roy très-crestien, après s'est retiré à part avec monsieur le legat pour declairer sa charge. »

Je pry à Dieu, syre, qui vous doinst vos très-haux et nobles desirs acomplir. Escrit à Tours, le ve jour de juillet, anno xv^c six.

Sire, à l'eure que je despessoie ceste poste, environ onze heures de la nuyt, ay reçupt voz lettres escrites à Bonavento, le derrenier jour du moys passé, où j'ay veu tant de bonnes nouvelles que j'en loue Dieu de tout mon coeur. Demain de matin yray vers le roy très-crestien, luy presenteray voz lettres et feray en tout che qu'il vous plaira me commander. Je vous merchy très-humblement que vous plet prendre en gré che que par chy devant vous ay escrit. Je prendrai peine de tout mon pouvoir à vous bien et leallement servir.

Le tout vostre très-humble et très-obeissant subget et serviteur,

J. DE COURTEVILLE.

XLIII.

J. DE COURTEVILLE AU ROI DE CASTILLE.

Le roi Louis XII se fait lire par Courteville le traité conclu entre le roi de Castille et le roi d'Aragon son beau-père. Entrevue avec l'ambassadeur du roi Ferdinand. Louis XII consent à la restitution des biens de Louis de Marliano, mais il ne veut pas que ce médecin retourne à Milan. Charles de Gueldre se vante de recevoir des secours du roi de France qui s'en défend avec force, mais qui avoue ne pas vouloir la perte dudit Charles de Gueldre. Louis, du reste, se plaint des alliances du roi de Castille. Apologie de la conduite du roi de Castille à l'égard de la France. (*Original.*)

10 juillet, à Tours.

Syre, tant et sy très-humblement, comme faire puis, me recommande à vostre bonne grasse.

J'ay reçupt voz lettres de Bonevente du derrenier jour du moys passé, et celles que avez escrites au roy très-chrestien que luy ay presentées dimenche derrenier, que lors il ne estoit de nulz costés adverty du treitié que avés fait aveq le roy d'Arragon vostre beau-pere. Après qu'il eut lut lesdites lestres, il me dist qu'il estoit très-joieux que estiés d'accord ensemble, et que c'estoit che que toujours il avoit desiré. Je luy dis que j'avoie la copie dudit treitiet que m'aviés envoiet pour luy monstrer; il desira bien de le voir et pour entendre le contenu, le me fist lyre devant luy où estoit monsieur le legat present et peu d'autres. Après m'en demanda la copie que tost après luy baillay, et incontinent fut mandé venir en court l'ambassadeur du roy vostre dit beau-pere que ne sçavoit riens de ces nouvelles dont monsieur le legat l'averty. Che jour mesmes que j'alloie en court, rancontray ledit ambassadeur, lequel estoit venu le jour devant, comme le vous ay escrit. Nous fismes reverensse l'un à l'autre; à peu de parolles luy dis de vostredit acort fait, il me respondy qu'il en estoit bien joieux, et qu'il esperoit avoir ossy brief nouvelles du roy son maistre. Depuis ne me suis trouvé avecque luy, ne feray se je puis, jusques à tant que de vostre grasse m'arés mandé comment il vous plest que je me conduise vers luy; car il est ychy venu pour y sejourner.

Syre, en lisant ledit treitiet o roy, je connus bien qu'il pensa sur che que y est escrit *amys d'amys, anemys d'anemys,* sans exepssion de personne quelconque, et aussy il se esmerveilla assés du treitié fait pour la reyne vostre compaigne. Venant au fait de mestre Loys vostre medechin, le roy m'a respondu, mondit sieur le legat present, que dès la premiere fois que en avez escrit, il a mandé à monsieur le grant maistre, gouverneur de Millan, que on lesse ledit mestre Loys ou ses commis paisiblement joïr de che que luy appartient; mais de luy acorder que de sa personne il puist retorner à Millan, nullement il ne le permettra, pour tant qu'il set que ce fut le premier homme quy fist retorner Millan; et dist que se ledit mestre Loys se trouvoit audit Millan, quy n'y seroit pas ung jour qu'il ne fust tué. Par quoy il luy doit souffire de joïr de ses biens et oy tenir près de vous et vous bien servir; que luy viendra à plus de pourfit que autrement.

Syre, mardy derrenier, reçus lettres de monsieur vostre lieutenant general et de vostre chanssellier; leursdites lettres escrittes à Louvain le IIIᵉ de che moys, qui me escrivent comment messire Charles de Gueldres continue toujours en son mouvays pourpos, et que nouvellement il a retenu pour soy servir huit cens Allemans qui ont servy en Franse, et que icheluy seigneur a escrit lettres à l'escoutette de Zuteffem [1], et ung surnommé de Broncunse contenant comment ung sien serviteur estoit retorné de Fransse par devers luy, icheluy serviteur nommé Heyda, qui luy avoit raporté comment le roy de Franche luy faisoit sçavoir que il luy envoioit puissansse de gens d'armes de cheval et de piet et ossy argent assez pour s'en ayder en son affaire, dont il advertissoit icheux pour leur resjoissement, affin aussi qu'il en avertissent ses amys. Ichelles lettres ont esté prinses et le mes a envoiet vostredit lieutenant, avecque aussy unne copie traslatée en franssois pour la monstrer au roy, che que j'ay fait; et luy monstré le sine de mondit seigneur de Gueldres qu'il a très-bien conut, et ossy il lut tout au long ladite copie translatée. A quoy le roy me respondy que mondit seigneur de Gueldres pouvoit escrire che que bon luy sambloit, mais qu'il ne luy faisoit pas faire et qu'il se donnoit merveille que la guerre y estoit, veu que le bastart de Gueldres, qui nagaires avoit esté vers luy, luy avoit certefiet que ledit messire Charles tenoit le treitiet, et qu'il falloit que on eust commenché de vostre costé, et qu'il me avoit bien toujours dit que se on couroit sus audit monseigneur de Gueldres, qu'il trouveroit des gens pour soy deffendre jusqu'à dix mille combatans, soit de Liegeois ou autres. Je dis o roy que la guerre avoit esté commenchée par ledit messire Charles, par la prinse de la ville de Groll, qu'il avoit avoué ladite prinse comme de piessà

[1] Zutphen.

l'avoie adverty; ossy luy dis que ledit messire Charles ne saroit
payer ses gens se autruy ne luy envoioit argent. Lors il me dist que,
au partement dudit bastart, il avoit despessé la pension quy donne
à mondit seigneur de Gueldres ; se ledit bastart a fait finanche des
descharges que on luy avoit baillet, il peut estre ; mays ne luy les
avoit pas delivré à cette fin que che fut pour le emploier à faire
la guerre à vos païs. Je requis au roy comme de moy-mesmes que
son pleisir fut voulloir escrire à ceux de Nymegue, Zuteffen et
Remunde, qu'ilz ne crussent les abus que leur donnoit mondit seigneur de Gueldres. En ensievant che que toujours il m'avoit dit
que le fait de Gueldre ne lui touchoit, il me respondy qu'il n'escriroit
jamès telles lettres que seroit pour descorager ceux qui doivent
servir et deffendre leur seigneur, mays que voullentiers il escriroit
à ung gentilhomme qu'il a nourry de jeunesse, nommé Tilligny,
quy luy feist sçavoir la verité de cheluy quy a encommenché cheste
guerre. Je dis o roy que icheluy Tilligny estoit lieutenant des cent
hommes d'armes qu'il avoit baillet audit seigneur, et qu'il estoit
homme desirant plus tost la guerre que la pais ; lors me dist le roy
que piessà il m'avoit dist et encores faisoit qu'yl a bonne cause de
garder que mondit seigneur de Gueldres ne soit destruit, pour tant
qu'il est son serviteur et son parent ossy ; qu'il veut garder son
amysté, car il ne set comment il est avecques vous. Il dit qu'il voit
que journellement vous faites de grandes alliansses aux anchiens
anemys de son realme et ailleurs aussy, qu'il ne set encores comment il est avecque le roy vostre pere, quy set bien que au parfait
ferés che qu'il voudra. A quoy, sire, je luy respondy quy vous avoit
esprouvé par le tans passé, et que jamès ne luy aviés failly promesse,
comme il est apparu du tans de la guerre de Sans, et de la fortune
qu'il avoit eu à perdre le realme de Naples ; que avés par longues
anées pratiquié que il eust pais et bonne amour avecque le roy
vostre pere, vers lequel avez par pluseurs fois et à voz grans despens
envoiet voz ambassadeurs, et pour toujours l'induire à che qu'il se
vousist consentir à luy baillier l'investiture de Millan, dont pour ces

matieres avoie fait la pluspart des mesages. Et beaucoup d'autres choses luy dis que me sambloit que luy devoie dire pour le oster hors de suspission contre vous; et plus avant luy dis que che seroit unne chose estrange de dire qu'il veut avoir aveque luy toutte bonne amyté, et qu'il consentit que les cent hommes d'armes qu'il a bailliet à mondit seigneur de Gueldre ou autres à sa saudée servissent mondit seigneur de Gueldre, portant sa croys et crier son cry. Lors me dist le roy qu'il voudroit qu'il y eust ung bon apointement trouvé, et qu'il ne sçavoit moien meilleur que vous envoier ung personnage de la longue robe, lequel passast par devers vostre lieutenant general, en passant entendre de luy che qu'il vourra dire qui a commenché cette guerre. Après que icheluy voit vers mondit seigneur de Gueldres, et que se icheluy seigneur a le tort, il fera parler à luy en fasson, qui se gardera unne autre fois à luy faire donner à entendre autre chose que la verité. Et sur ceste conclusion, me dist que j'allasse dire à monsieur le legat qu'il venit parler à luy incontinent; che qu'il fist pour parler de cette matere.

Le lendemain, sire, du matin retornay en court, et me dist monsieur le legat que le roy avoit aucunes nouvelles que le bastart de Gueldres estoit en chemin pour venir vers luy, et que bon seroit de le oïr parler; et s'il ne venoit dedens quattre ou chinc jours, que chependant le roy feroit tenir prest cheluy qui vourroit envoier; que lors il en ordonneroyt pour le mieulx. Quy est, sire, la responsse que j'ay peu avoir, de laquelle je vous advertys à celle fin que de bonne heure advisés pour veioir à cette matere, soit de escrire unne bonne lettre audit seigneur roy ou autrement. J'ay debastu la matiere comme le vous escris. Se j'en ay plus fait que je ne doy, il vous pleist, sire, le moy pardonner; car je l'ay fait à bonne intenssion; et m'a samblé que le roy ne l'a pas mal prins. Je fis hier courre la poste en Flandres pour de che advertir mondit sieur vostre lieutenant, et qu'il soit bien sur sa garde. Che que Dieu veulle, auquel, sire, je pry qu'il vous doinst vos très-haux desirs acomplir. Escrit à Tours, .le xᵉ jour de jullet, anno xvᶜ six.

Vostre très-humble et très-obeissant serviteur et subget,

J. DE COURTEVILLE.

P. S. Il vint hier ung courrier du roy d'Arragon aporter lettres o roy, et incontinent s'en est retourné à dilligensse, comme on m'a dit. Je reçus hier ung paquet de lettres de monsieur le don prevost, que je vous envoie.

XLIV.

J. DE COURTEVILLE AU ROI DE CASTILLE.

Le roi de France se montre disposé à donner secours à Charles de Gueldre. Arrivée du bâtard de Gueldre à Tours. Pourparlers à ce sujet. Courteville ne doute pas que Charles de Gueldre n'obtienne des subsides. Nouvelles d'Espagne. Départ du roi Ferdinand pour l'Aragon. Nouvelles de la guerre de Hongrie. Accouchement de la reine Anne de Candale. (*Original.*)

18 juillet, à Tours.

Syre, tant et sy très-humblement, comme faire puis, me recommande à vostre bonne grasse.

Par mes autres lettres du vᵉ de che moys et du xᵉ, vous ay escrit toutes nouvelles de par dechà, et comment le roy m'a respondu quant je luy ay parlé du fait de Gueldres. Il fut esté bien besoing, se ce fust esté vostre pleisir, me mander que je doy faire en ce quas; car je voy journellement ledit seigneur roy très-chrestien en voullenté de baillier ayde et secours à messire Charles de Gueldres. Pour che que j'ay toujours soustenu que ledit messire Charles a commenché la guerre, le roy a esté unne fois en propos envoier aucun bon personnage pour en entendre de la verité; depuis il a seu que le bastart de Gueldres estoit en chemin, que l'a fait retarder. Ledit bastart vint hier en ceste ville en poste, et incontinent parla o roy; dont après se est tenu ung grant conseil jusque vers le soir. Après, assez tart, monsieur le chanscillier me fist sçavoir qu'il avoit à parler à moy. Je allay incontinent devers luy, et me dist de par le roy, en effect, que le bastart de Gueldres estoit venu vers ledit seigneur roy demander ayde et secours, tant de luy que autres ses amys et bien veullans par dechà, et qu'il avoit dist que ceux de vostre party ont encommenché la guerre, et que on n'a tenu à mondit seigneur de Gueldres riens de che que on luy a promis. Et tellement est la chose, que le roy est deliberé en ce cas aider mondit seigneur de Gueldres et de le non lesser destruyre; aussy qu'il sera aidé de ceux de Bourbon et de Lorraine; que mieulx seroit apaisier ceste chose. Me demanda se je y sçavoie moyen : che que le roy très-chrestien verroit voullentiers. Je respondy qu'il ne sera pas trouvé que n'ayés entretenu entierement touchant que a esté promys au treitiet comme pluseurs fois l'avoie dist. Et que de moien, je n'en avoie nulle charge d'en parler, mays que je vorroie bien oïr parler ledit bastart devant le roy, pour sçavoir che qu'il voulloit dire.

Ce jourduy bien matin, me suis trouvé vers monsieur le legat; luy ai remonstré le mal donné à entendre par ledit bastart, et que j'avoie lettres fresches de monsieur vostre lieutenant et chanssellier, que ledit messire Charles avoit luy mesmes commenché. Sur quoy mondit sieur le legat me dist qu'il parleroit o roy, che qu'il fyst; et maintenant je suis mandé pour, en la presensse du roy, dire audit bastart toutte la verité de vostre droit. Mays ne says par quy (pourquoy) mondit sieur le legat et monsieur le chanssellier se partirent de la chambre dudit seigneur roy, et me fist aller aveque luy en sa chambre, où il fist venir ledit bastart de Gueldres, auquel mondit seigneur le legat dist : Vous estes venu informer le roy, dysant que les gens du roy de Castille ont entreprins sur vostre maistre messire de Gueldres et encommenché la guerre et rompu le treittiet, et luy dit que d'autre part je soutenoye le contrayre; dont, se ainsy estoit, le roy n'aroit cause, de son cousté, de luy dire chose autre que la verité. A quoy ledit bastart dist et soustint que ladite guerre estoit encommenché par vos gens. Lors, tout fourny de responsse par escrit et autrement, dis audit bastart qu'il ne pouvoit nyer que son maistre, depuis le treittiet, avoit prins de vostre argent[1], soy monstrant content d'icheluy; depuis, s'il y avoit eu quelque diffigulleté, les conservateurs de la treve en avoient eu la connoissance, comme il pouvoit sçavoir; car il avoit esté l'ung des deputés envoiez à Utrect, que les choses se devoient entretenir et son mestre vous aller servir; et que ce que lors fust advisé par lesdits conservateurs, qu'il avoit esté accepté de vostre costé; pendant che tans et tost après avoit esté prinsse la ville de Grol, que mondit seigneur de Gueldres avoit advoué tant d'autres choses; luy dis que sa replisque ne seroit autre que avés rompu ledit treittié pour luy avoir osté le plat païs de la vallaie de Quessel. De telles et autres choses, Dieu set quelles, dont à che propos jamès n'y avoit raison. Monsieur le legast et chanssellier veant que chascun soutenoit son party, dist : c'est ung debat sans conclusion; vos mestres seroient tous deux sages se se sçavoient apointer. Ainssy fina che propos, et en l'eure on alla despesser ledit bastart pour retourner. Et fay doubt qu'il ara despesse d'argent et de gens. Je ne voy point que mes parolles le puissent empescher, car on ne veut croire la verité que j'ay ditte. Je solliciteray vers le roy che que je porray, attendant sur che vostre responsse.

Syre, joeudy derrenier passé, presentay voz lettres au roy très-chrestien, escrittes à Valdolly, où il entendist le department du roy vostre beau-pere pour soy tirer en Arragon[2], et luy dis les bonnes

[1] Charles de Gueldre, à qui Philippe d'Autriche contestait le titre de duc, s'était soumis à un arbitrage. On était convenu, entre autres choses, qu'il recevrait trois mille florins et accompagnerait en Espagne l'archiduc Philippe, devenu roi de Castille. Le duc de Gueldre, après avoir touché cette somme, se sauva dans ses états et recommença la guerre contre la maison d'Autriche.

[2] Par un traité en date du 27 juin, Ferdinand se démit de la régence de Castille

parolles que aviés eu ensamble, qu'il vous a bailliet toutes bonnes
instrucsions à vous conduire par dellà; il oït tout et ne m'en respondit gaires, sinon qu'il estoit bien joieux que estiés ainssy d'acort.
Et comme je luy disoie de voz nouvelles, il me dist des siennes telles
qu'il avoit eu lettres par postes que le roy vostre pere avoit eu ung
rencontre en Honguerie, et que à ceste cause on levoit nouvelles
gens pour le aller à secours, et que d'autre part il avoit nouvelles
que la ville de Menelouze¹ se estoit myse en ligue aveque les Suisses.
Il me falut tout oïr, mais du croire ay espoir du contraire.

Che jourduy, comme je estoie vers mondit sieur le legat, luy
vindrent lettres de Honguerie qu'il ovrit en ma presensse et après
me dist : Vechy de grans nouvelles, assavoir que la reyne de Honguerie estoit acouchiée d'ung filz², et que par che moien les choses
que porroit quereller le roy vostre pere estoient appaisées. Après
me dist que la rompture dont on avoit parlé, avoit esté peu de chose.
De ces nouvelles, sire, je vous advertis et du surplus, en obeissant
à che que vous pleise me toujours escrire que bien au long je vous
advertisse, il vous pleise suporter ma longue lettre, et che que ne
le say si bien faire que le feroie voullentiers; se set Dieu, auquel je
prie qu'il vous doinst vos très-haux dessirs acomplir. Escrit à Tours,
le xviiie jour de juillet xvᵉ six.

Le tout vostre très-humble et obeissant serviteur et subget,

J. DE COURTEVILLE.

P. S. Touchant mestre Loys, vostre medechin, le roy n'en fera
autre chose que che que vous ay escrit. J'en ay eu finalle response.

---

et consentit à se retirer dans ses états héréditaires d'Aragon, en conservant la grande
maîtrise des ordres militaires. Du reste, il
protesta secrètement contre ce traité, qu'il
prétendit lui avoir été arraché par la force.

¹ Peut-être *Mulhouse, Mulhausen.*
² La reine de Hongrie, Anne de Candale, mourut en mettant au monde un
fils qui régna sous le nom de Louis II.

XLV.

J. DE COURTEVILLE AU ROI DE CASTILLE.

Démarches et intrigues du bâtard de Gueldre à la cour de France. Louis XII convient
que les hostilités ayant été commencées par les troupes flamandes contre Charles de
Gueldre, il est décidé à porter secours à ce dernier. Vaines tentatives de Courteville
pour l'en dissuader. (*Original.*)

21 juillet, à Tours.

Syre, par mes derrenieres lettres vous averty de la venue du bastard de Gueldres, lequel est venu vers le roy de Fransse pour avoir
secours pour lever le siege que vos gens ont mys devant Wagueningue. De che qu'il a dit au roy et de che que j'ay dit audit bastart, le vous ay escrit; par quoy n'en fay nul recit. Depuis me suis
enquis quelle despesse ledit seigneur roy donnoit audit bastart, tant
que j'ay sceu qu'il avoit obtenu pour faire ledit secours gens et argent. Sur che me suis aproché des princhipaulx de la court pour
sçavoir se che estoit verité; à quoy, nonobstant qu'ils le seussent,
le me metoient en ny. Par quoy et à celle fin de non vous escrire
autre chose que la verité, me suis che matin trouvé vers ledit seigneur roy et de fait luy ay dit le bruit que faisoient ceux de sa court
qu'il envoioyt secours à mondit seigneur de Gueldres, ce que je ne
pouvoie croire, veu les amyables lettres que puis nagaires il vous avoit
escrites, à quoy vous luy aviés fait responsse qu'il avoit bien prins;
mesmes aussy que avoit escrit à vostre lieutenant general qu'il n'entendoit autre chose que entretenir à vous, sire, vos païs et subjects
toutte bonne amyté, et que par sa charge vous avoie escrit qu'il ne
se mesloit du fait de Gueldres.

A che, sire, m'a respondu ledit seigneur roy que, pour le tans
que vos gens n'avoient riens encommenché, il ne s'en voulloit meiler; mais depuis que a seu la guerre encommenché en Gueldres, il y
a envoiet Malbert et autres que lui ont raporté que vos gens ont en-

treprins sur ledit seigneur de Gueldres. A quoy, plus creant che que ceux qui en venoient que che que luy avoie peu dire ou monstrer par escrit, il se estoit du tout deliberé de secourir son cousin de Gueldres. Que de che je vous pouvoie bien advertir, desirant que le sachiez, et qu'il envoïoit pour ledit secours chinc cens hommes d'armes et feroit encores plus se l'affaire le requeroit, et qu'il n'estoit pas seul qui aideroit ledit seigneur de Gueldres. A ces parolles, luy dis touttes les choses que dire se porroient pour le rompre de ceste voullentté; assolluttement il est à che demouré que ainsy il le fera. De quoy de rechief je vous advertis pour ma descharge, affin que y pourveés, ou autrement je vois un grant mal advenyr; j'ay long tans atendu vostre responsse à che que vous ay escrit, du xe de ce moys, touchant ceste matiere, laquelle je n'ay encores.

Syre, je voy les choses en sy movais termes, que je crains le passage des postes. Par quoy, de vostre grasse, il vous pleise ordonner de m'escrire se recevés toutes mes lettres. Car il est assez aparant que se ceste maniere de faire dure, que ne poviés avoir nouvelles que à dangier. Et pour che qu'il est aparant que vos gens estans devant Wagueningue seront combatus, j'ay envoiet la premiere poste vers vostre lieutenant general l'avertir comme je fay vostre majesté.

Les postes se plaindent que je les travaille tant, mais je ne les oze espargnier pour les causes desus escrites.

Aussy, sire, j'ay unne merveilleuze crainte de fallir de vous bien advertir, pour tant que je suis seul, non aiant autre ayde que Dieu et vostre bon droit, où j'ay ferme espoir qu'il vous aidera comme il a fait jusques à present; auquel je pry quy vous en doinst sa grasse. Escrit à Tours, le xxie de juillet xv^c six.

Le tout vostre très-humble et très-obeissant subget et serviteur,

J. DE COURTEVILLE.

NOTA. On peut lire, pour l'éclaircissement de toutes ces lettres du mois de juillet, deux mémoires insérés dans les Lettres de Louis XII, 160 et 163.

XLVI.

J. DE COURTEVILLE AU ROI DE CASTILLE.

Louis XII donne des secours au duc Charles de Gueldre. Vaines remontrances de Courteville à ce sujet. Les affaires de Philippe le Beau vont mieux qu'on ne le voudrait en
France. Projets et démarches du roi d'Aragon. (*Original.*)

23 juillet, à Tours.

Sire, sy très-humblement, comme faire puis, me recommande à
vostre bonne grasse. Je vous ay escrit pluseurs lettres, vous advertissant que le bastart de Gueldres estoit venu par dechà pour avoir secours du roy très-crestien pour lever le siege de Waquemigue. Sur
quoy il a eu sa despesse telle que le vous ay escritte, que le roy y
envoie deux cens lanches, et plus fera se, m'a-il dist, s'il est besoing;
dont je vous advertis de rechief; car je ne say se avez reçupt les
lettres que vous ay envoiées.

Hier du matin parlay de rechief audit seigneur roy, luy baillay
lettres de monsieur vostre lieutenant general escrites en bonne sorte.
Non obstant, ledit roy demeure en son propos de baillier ledit secours. A quoy est besoing de remedier pour la consequensse. A tout
che que vous ay escrit touchant ceste matiere, n'ay eu vostre responsse ne nulle lettres de vous depuis celle de Valledolly, du xe
de che moys.

Le roy très-crestien eust hier nouvelles que ses ambassadeurs estoient devers vous. Il luy ont escrit che qu'il ont voullu; je croy que
vous affaires se portent mieux par dellà qu'ilz ne voudroient. Et me
dist le roy que aucuns des plus grans prinches de Castille ne se
accordent pas trop bien aveque vous. J'ay desir de avoir de vous
nouvelles pour remontrer les mauvaises, quant on en parle par
dechà.

L'ambassadeur du roy d'Arragon est toujours ychy à tout ung secretaire dudit roy pour certains grans affaires; et, m'a dist le roy,

que le roy d'Arragon s'en va à Naples. Autres m'ont dist qu'il a envoiet le bastart de Savoie [1] pour le receullir en Provensse. Ledit
ambassadeur d'Arragon a grant desir de parler à moy; che que je
differe, tant que me aiés mandé che qu'il vous plet que je y fasse.

Le roy très-crestien est en santé, et la royne n'a bougé sa chambre
depuis ung moys. Pour ceste fois ne vous say autre chose en escrire,
fors que je vous suplie de vostre responsse pour faire che qu'il vous
pleisra m'ordonner, Dieu en ayde; auquel, sire, je pry qu'il vous ait
en sa sainte garde. Escrit à Tours, le xxiiie de jullet ve six, à iiii heures
du soir.

La nuit passée, est allé unne de vos postes portant lettres en
Flandres, et n'ay eu nulles lettres de vous. De quoy je vous adverty.

Vostre très-humble très-obeissant serviteur et subget,

J. DE COURTEVILLE.

XLVII.

J. DE COURTEVILLE AU ROI DE CASTILLE.

Affaires de Gueldre. Mauvaises dispositions du roi. Paroles échappées à l'ambassadeur
du roi d'Aragon. Celui-ci se dispose à aller à Naples en passant par la Provence.
L'ambassadeur d'Aragon est fort choyé à la cour de France. (*Original.*)

26 juillet, à Tours.

Syre, tant et sy très-humblement, comme faire puis, me recommande à vostre bonne grasse.

Depuis les lettres que il vous a pleu m'envoier escrites en vostre
ville de Valdolly, du xe de che moys, n'ay eu nouvelles de vous. Je

---

[1] René, bâtard de Savoie, d'abord légitimé par l'empereur Maximilien, puis
dépouillé par le même prince du bénéfice
de la légitimation, comme coupable de
forfaiture. René, qui se qualifiait comte
de Villars, fut nommé, en 1519, grand
maître de France, par le roi François Ier.
Il mourut en 1525.

vous ay escrit pluseurs lettres, toujours vous advertissant des choses
que touchier vous peuvent, mesmes de l'affaire de Gueldres et comment le bastart de Gueldres est allé et venu par dechà et en la fin
a obtenu du roy très-crestien que messire Charles de Gueldres sera
par luy secouru en la fasson telle que le vous ay escrit, quy est qu'il
luy envoie chinc cens hommes d'armes; et m'a le roy mesmes dist que
plus fera, s'il en est besoing. Je ay remonstré audit seigneur roy les
treytiés que avez, ensamble la fiansse que avez en luy et touttes
autres choses que bouche porroit dire en ensievant la raison. En
effet, sire, je voy ledit seigneur roy très-crestien deliberé de donner
che secours. Et journellement je voy et say ceux quy vont pour che
faire, quy m'est unne chose bien desplaisantte à voir, veu que ledit
roy m'a par pluseurs fois dit et m'a cergié (chargé) le vous escrire
que il ne se melloit du fait de messire Charles de Gueldres, si on ne
commenchoit sur luy. Je l'ay plainement averty comment ledit messire Charles a commenché. Ceste verité ne veut estre entendue. A
quoy je ne voy nul remede, sinon de y resister. Ledit seigneur roy m'a
bien dit qu'il n'entent riens contrevenir aux treives qu'il a aveque
vous pour les païs qui vous apartiennent, et que croyt que en Gueldre
n'avez riens et qu'il lesra (laissera) vos autres païs en pais. « A telles
paroles povez conoistre qu'il ne vos aime ne bien ne nous veult, dont
je vous advertis de rechief pour ma descharge [1]. »

De l'arrivée de l'ambassadeur du roy d'Arragon vous ay plainement adverty. Je ne say comment je me doy conduire aveque luy,
tant que m'en arés mandé vostre bon plaisir. Quant il seut vostre
apointement fait par dellà, il en fust moult esmerveillet. « Depuis
je l'ai fait tater par aucun pour savoir de son corage, tant que en
parlant dudit tretiet, il dit : *Decha dormir el pero viejo que algun dia
despertra.* »

Syre, de l'intenssion dudit seigneur roy très-crestien ay plainement averty monsieur vostre lieutenant general. Je crains que se

---

[1] Les paroles guillemetées sont en chiffres dans l'original.

che brouillis dure, que les postes seront arestées. A quoy de bonne heure il vous pleise à tout pourveoyr.

Syre, je vous ay envoiet ung paquet de monsieur le don prevost d'Utrect, qui m'a escrit que estoit de grant importansse. Il desire bien de savoir se vostre majesté l'a reçupt, et ossy pour ma descharge, car en che qu'il vous touche, tout mon desir est de vous bien et lealement servir ainssy que tenu suis. Che set Dieu, sire, que je pry qu'il vous doinst voz très-haus desirs acomplir.

Escrit à Tours, le xxvie de juillet v^c six.

Le roy très-crestien m'a dit que le roy vostre beau-pere s'en va en Naples. Je say que (le roi très-chrétien) a envoiet gens en Provensse pour luy faire grant et honnourable receul quant il passera. Il fait à l'ambassadeur d'Arragon merveilleusement bonne chiere. A bien viengne tout par la grasse de Dieu.

Le tout vostre très-humble, très-obeissant subget et serviteur,

J. DE COURTEVILLE.

XLVIII.

J. DE COURTEVILLE AU ROI DE CASTILLE.

Louis XII est atteint de la goutte. Serment prêté à Philippe le Beau, à la reine sa femme et à leur fils, par les cortès de Castille. Retour de l'évêque de Rieux, ambassadeur de France auprès du roi de Castille. Plainte au sujet des secours accordés à Charles de Gueldre. Proposition d'une conférence à Utrecht pour concilier ces différends. Entretien de Courteville avec le roi, puis avec les gens de son conseil. Le roi ne permettra pas la destruction du duc de Gueldre, qui est son parent et serviteur. Exposé de la justice des prétentions de ce duc à l'encontre de la maison d'Autriche. Courteville croit que les conseillers du roi sont plus exigeants que ce prince lui-même sur cette matière. Il les trouve hostiles au roi de Castille. Demande de fonds. (*Original.*)

30 juillet, à Tours.

Syre, tant et sy très-humblement comme faire puis, me recommande à vostre bonne grasse. J'ay reçupt vos lettres de Valdolly du xxiie de che moys, et le mesmes jour je reçus aussy lettres de monsieur vostre lieutenant general touchant les affaires de Gueldres, que vint bien à pourpos de parler au roy de Fransse des deux costés à unne fois.

Syre, comme je me suis trouvé en court pour parler audit seigneur roy, je trovay monsieur de Paris[1] et monsieur du Boschaige[2], devant sa chambre, que me disrent que le roy n'avoit bougiet de son lit de troys jours, à cause des gouttes que l'avoient prins. Je leur priay qu'il avertissent ledit seigneur roy que j'avoie reçupt lettres de vous, sire, et ossy de vostre lieutenant general, et que j'avoie besoing de parler à luy. Iceux, tost après qu'il en eurent adverty, sortirent de ladite cambre, et me dist mondit sieur de Paris que le roy ne estoit en estat de pouvoir parler à luy, mays leur avoit ordonné recepvoir les lettres que j'avoie de vostre lieutenant et oïr che que je vorroie dire. Ensievant che, en lieu à part aveque eux deux, leur dis les nouvelles qu'il vous a pleu à me faire sçavoir, tant de vostre entrée en la ville de Valdolly que de che que les procuradores des courtès, representans les Estaz de voz realmes, vous ont juré pour roy, la reyne pour reyne et monsieur le duc Charles pour prinche et roy futur; que de ces choses m'aviez donné charge d'en avertir ledit seigneur roy, pour che que aviez espoir qu'il en seroit joïeux.

Leur dis aussy que vostre majesté avoit despessé monsieur de Rieux, ambassadeur dudit roy, auquel aviés fait tout bon recoeul et bonne espedission.

Après, comment par moy aviés esté adverty de la responsse que m'avoit fait le roy touchant les affaires de Gueldres et du secours qu'il voulloit donner à messire Charles d'Esguemont; de quoy vous donnés grant merveille, veue l'alliansse et amitié que tenez avoir avec luy et que entendez bien que ledit messire Carles ne saroit recouvrer argent s'il ne luy venoit d'autre lieu que de son costé; que

---

[1] L'évêque de Paris, Étienne de Poncher.   [2] Imbert de Bastarnai.

à ceste cause que requerriés audit seigneur roy qu'il se deportast
de soutenir ledit seigneur Charles d'Esguemont ne baillier gens ou
argent pour y faire guerre et dommagier-vos païs et subgetz.

En oultre, dis à icheux seigneurs, comment monsieur vostre
lieutenant general avoit esté ossy par moy adverty de la responsse
que ledit seigneur roy m'avoit par avant faitte qu'il donneroit secours
audit messire Charles de v^e hommes d'armes et de plus, s'il en estoit
besoing, pour lever le siege de Waguemigue, que icheluy vostredit
lieutenant n'avoit encommenché ceste guerre, mays l'avoit fait messire
Charles par la prinse de Grol dont depuis le siege avoit esté mys audit Waguemigue, non pour de ce contemner le roy de Fransse, car
il avoit toujours, oparavant ledit siege mys, dist que du fait dudit
messire Charles il ne s'en estoit meilé ne voulloit meiler; dont presentement il veioit le contrayre et que che ne procedoit que de movais
rapors; et que quant le pleisir du roy eust esté de soy faire informer
par gens non suspés, que vostredit lieutenant creoit fermement que
le roy trouveroit que ledit messire Charles estoit le commencheur
de cette guerre.

Comme neiantmains, puisque ledit seigneur roy avoit cest matiere
tant à coeur, et pour widier les differens pretendus d'une part et
d'autre, aussy pour eviter effusion du sanc crestien, et que l'amytié
d'entre vous, sire, et le roy très-crestien se peust de tant mieulx entretenir, que vostredit lieutenant se accordoit que jornée fut tenue
à Utrect ou aylleurs pardevant les conservateurs des traitiez, et que
chacun party tiendroit ce que par iceulx seroit decidé;

Que toutes voyes de hostilité de guerre cesseroient, et que le bon
pleisir dudit seigneur roy fut de soy deporter de baillier ayde audit
messire Charles pour lever ledit siege;

Que pour parvenir à bon appointement, la ville de Grol fust re-
myse en vos mains ou de monsieur l'amiral gouverneur en Gueldres,
et en che faisant, quant on leveroit le siege dudit Waguenigue et
seroient les bollvers ostés, et que toutes choses fussent remyses en
tel estat qu'elles estoient au paravant ladite prinse de Grole.

Ces choses entendues par mesdits sieurs du Borchaige et de Paris, me disrent qu'ilz en feroient le raport au roy; che que ils firent hier environ IX heures du matin. Incontinant le roy me manda aller devers luy, où je allay et le trouvay sur son lit couchiet entre deus dras, à moy semblant en santté à la gouste près, et me fist joïeuse chiere. Après que je luy eus fais voz recommandassions en luy disant que, ainssy et comme vos affaires surviennent, l'avés toujours adverty et que encores faistes de vostre entrée audit Valdolly et du surplus, comme dessus est escrit, tant de vostre part comme de celle de monsieur vostre lieutenant general. Le tout par luy oy et entendu, me dist que puisque aviés despessé son ambassadeur, qu'il esperoit de luy avoir brief nouvelles, et de che quy touchoit la matiere de Gueldre, qu'il avoit ordonné son chanssellier, monsieur de Paris, monsieur de Baieux, monsieur du Boisage et autres dont y estoit le bailly d'Amyens, lesquels me feroient responsse.

Che fait, fus mené par monsieur du Boisage où estoit mondit sieur le chanssellier et les autres; et commencha ledit chanssellier à moy dire que le roy avoit bien oy che dont luy avoit parlé touchant ladite matiere de Gueldre, comme le roy son mestre, sur toutes coses, ne desiroit que entretenir aveque vous, sire, toutte bonne amour et ossy pais et unyon en la crestienetté, comme, pour icelle mieulx estre, avoit bien desiré que son parent et serviteur, monseigneur de Gueldres, fut restitué au sien, que piessà il avoit dit et vous fait avertir qu'il ne le souffreroit destruire; et veant le siege mys par vos gens, avoit bien consenty y envoier Tilligny et souffrir que autre de son realme allassent pour servir mondit seigneur de Gueldre, disant que en Fransse mondit seigneur de Gueldre y avoit beaucop d'amys.

Et, quant aux ouvertures et offres que faisoyt vostre lieutenant general, le roy le prenoit bien, mays de soy arester à che que l'offre n'estoit pas suffisante, car, touchant la ville de Grol, elle est despendant de la conté de Zuteffem, de lever le siege et remestre les choses en leur premier estat et que jornée fut tenue par les conservateurs; que ces manieres de faire n'estoient que rallongemens de tans que pouvoit sambler plus pour atendre que les affaires que vous aviés seroient achevées, et que après seriés de tant plus fort et puissant à pouvoir destruyre ledit seigneur de Gueldres. Comme le roy ne voyoyt point que ainsy se deust ne peut faire, mays pour apaisier cette guerre, n'y avoit moien autre que dès maintenant vous rendissiés à mondit seigneur de Gueldre entierement toutes les plaches que avés conquis sur luy, auxquelles, par raison bien entendue, n'avés aucun droit; et pour le donner à connoistre, mondit sieur le chanssellier, lequel, en ceste partie, est vostre très-grant ennemy, alla dire que le duc Carles vostre grand-pere, que Dieu absoille, avoit fait prendre, sur sauve conduit, le duc de Gueldres derrenier trespassé; que depuis il avoit conquis son païs sur querelle telle ou quelle; che nientmains, que ledit duc estoit mort o servisse de madame vostre mere, laquelle, par son testament, avoit ordonné que on rendist à monseigneur de Gueldre à present, leurs païs; comme icheluy seigneur a esté prins en vostre servisse; et tant de choses dist que à les vous escrire et les lire ne vous scroit que annuy; que, ces choses considerées, le roy ne veïoit que autrement se puist apaisier che debat, sans que le tout soit dès maintenant rendu et promptement, sans en tenir journé ne parolles; et ainssy fina son propos.

Je luy respondi qu'il avoit assez parlé pour entendre, mays qu'il avoit très-mal conclut et que la chose avoit plus cousté et que che seroit legierement rendu che dont il y a xxxviii ans qu'il en est question. Je lui requis me voulloir feire autre responsse s'il en avoit la cerge; il me respondy assollutement que non. Je requis que on me vousist baillier ceste responsse par escrit, m'excusant que de sy très-grant matere craindoie d'en savoir bien escrire pour vous en avertir; ledit conseiller me dyst que je me souffisse atant et que on s'en raportoit à moy.

Desquelles choses, sire, je vous advertis en toutte humillité, vous supliant prendre en bonne part che que je puis et say faire. Par mal escrire ou mal raporter adviennent entre les roys de grans inconve-

gniens. Quant à la personne du roy de Fransse, je ne trouve point
tant d'esgreur que je fay de ses serviteurs. Il me semble, sire, soubs
vostre bonne correcssion, que, pour de tant plus offansser le ceur
du roy, que ferés bien de luy franchement escrire che dont je vous
adverty presentement, en cergant très-bien sur le dos de ceux quy
l'informent autrement que de la verité, mays non obstant pourveés
à deffendre che que est vostre. Je ne fay nulle doubte que de vostre
costé offrés la raison et encores plus. Il me desplet bien, sire, que en
ceste matiere ne vous puis faire milleur servisse.

Quant à che qu'il vous a pleu à moy escrire comment je me doy
conduire aveque l'ambassadeur du roy vostre beau-pere, je le feray
ainsy qu'il vous plet me ordonner; j'ay diferé le hanter atendant
vostre responsse.

Du fait de mestre Loys, vostre medechin, pour en avoir la response, faut atendre le retour de monsieur le legat qui est allé à Rouan
et retournera brief, comme on dit.

Syre, o plus près que je puis, je me enqueste des choses qui vous
peuvent touchier; entre autres choses, ay seu le retour de l'ambassadeur que le roy de Fransse avoit envoiet en Engletterre. Il a esté
bruit qu'il avoit sy bien parlé au roy d'Engletterre, que j'ay eu envie
de sçavoir che qu'il avoit dit; et tant ay fait, que j'ay recouvré che
qu'il proposé. Laquelle chose est myse en   ; laquelle je
vous envoie à celle fin que sur che soiés adverty se l'ambassadeur du
seigneur roy qui a esté vers vous a tenu telles parolles que celles
que je vous envoie [1].

Syre, les grans affaires que j'ay me contraindent de vous faire unne
requeste que est qu'il vous pleise me finer une lettre que j'envoie à
monsieur de la Chaux pour la vous presenter; et est qu'il vous pleise
me donner pour unne fois la somme de quatre cens livres de XL
gros de vostre monnoie de Flandre la livre, pour les prendre des
deniers venans des droits sinouraux des fiefz tenus de vostre salle de

---

[1] Ce billet séparé ne s'est pas retrouvé.

Lille et autres parties extraordinaires escheues et à escheyoir en vostre bailliage de Lille, dont de vostre grasse j'ay l'entremyse. Che me servira et aydera à vous faire servisse dont pour ceste foys ne vous feray autre avertissement. On m'a si estroit taussé mon voyage que j'ay besoin de vostre ayde, et au pleisir de Dieu je rendray paine de le deservir.

Des nouvelles de par dechà ne vous say autre chose escrire, fors la continuassion de l'envoy du secours de Gueldres. On m'a dist que à diligensse on a envoyet lever en Suisse six mille pietons.

Monsieur de Callabre [1] est party depuis deux jours et s'en va en Lorraine, vers le roy son pere. Aucuns disent mays que l'asemblée soit faitte de l'armée de pardechà, que il sera le chief pour aller à secours de messire Charles d'Esgemont son beau-frere [2].

Sire, sur toutes choses je loue Dieu de vostre bonne prosperitté, auquel je pry qu'il vous doinst vos très-haus desirs acomplir. Escrit à Tours, le 30 juillet xvᶜ six.

Le tout vostre très-humble et très-obeissant subget et serviteur,

J. DE COURTEVILLE.

---

[1] C'est sans doute Antoine, fils aîné de René II, duc de Lorraine et prétendant au trône de Naples.

[2] Charles de Gueldre n'était pas beau-frère d'Antoine de Lorraine, mais bien son oncle, puisque la mère d'Antoine était Philippine de Gueldre, propre sœur de Charles.

XLIX.

J. DE COURTEVILLE AU ROI DE CASTILLE.

Le roi désavoue la guerre de Gueldre et veut rester en bonne intelligence avec le roy
de Castille. Il enverra vers le duc de Gueldre à cette intention. La cour va partir
pour Blois. On assure que l'empereur Maximilien a été désigné comme futur roi de
Hongrie. (*Original.*)

7 août, à Tours.

Syre, tant et si très-humblement, comme fere puis, me recommande à vostre bonne grasse.

J'ay reçupt vos lettres du xxiiiie du moys derrain passé, de Valdolly. Depuis, et en ensievant che qu'il vous a pleu moy ordonner,
ay parlé o roy très-crestien, luy présenté vos lettres lorsqu'il estoit
en son lit, traveillet des gouttes, que fut mardy derrenier passé. Il
lut vos lettres, et après oït tout che que me avez ordonné de luy
dire ; à quoy il me respondit que me trouvasse vers son chanssellier
et autres de son conseil : che que j'ay fait où estoit ledit canssellier,
monsieur de Paris, monsieur du Bosaige et autres, où de rechief
dis che que par vostre ordonnansse avoie dit audit seigneur roy.
Despuis luy en ont fait rapport ; et hier du soir me firent responsse
par l'ordonnansse du roy, telle que le roy avoit bien prins che que
luy avoie dist de vostre part, et que cest affaire de Gueldres n'estoit pas sa guerre, ne l'entend avoir aveque vous, pour tant qu'il
connoist toujours vostre bon vouloir et mesme par les lettres que
luy avez derrainement escrites, et qu'il a nouvelles que lundy
prochain monsieur l'evesque de Rieux sera de retour devers luy ;
ossy qu'il envoiera vers monseigneur de Gueldres pour sçavoir de
son intenssion ; que sans son seu ne peut faire cesser la guerre ; il
en ara brief nouvelles, et après me sera sur tout che que avez escrit
audit seigneur roy fait responsse ; che que, sire, il faut que j'atende.
Et me semble que par vos derrenieres lettres avez mys les choses

en autre train que devant. Toutefois je ne say autre chose que plusieurs gens de guerre vont vers Gueldres, dont de che que en
saray vous advertiray en diligensse. Ossy de che que vous escris advertis monsieur vostre lieutenant general et monsieur vostre cans-
seillier. Le roy propose de se partir de ceste ville pour .aller à
Bloys, ossy la reyne et tout le train en la semaine quy vient. Autre
chose ne say sinon que me fust dist que le roy vostre pere a fait
apoinctement en Honguerie à son grant honneur. Je ne say que cer-
tefier pour che que je n'en ay nulles nouvelles de monsieur vostredit lieutenant. « Et m'a esté advertance par ung billet que m'a
envoyé l'ambassadeur de Venyse, disant que le traictié a été tel que
le roy vostre pere est juré roy après la mort du roy de Hongrie à
present[1]. »

Syre, j'ay ferme espoir en Dieu que parviendrez au-dessus de
tous vos affaires, auquel je pry que ainsy puist advenyr. Escrit à
Tours, le vii[e] jour d'aoust v[c] six.

Syre, j'ay envoiet vos lettres à monsieur le legast, lequel est allé
en Normandie. S'il fait response, je le vous envoieray incontinent.

Le tout vostre très-humble et très-obeissant serviteur et subget,

J. DE COURTEVILLE.

---

[1] Ces dernières lignes sont en chiffres.
Par le traité de Posen, 7 novembre 1491,
il était convenu que, le roi Ladislas venant
à décéder sans laisser d'héritiers mâles,
la couronne de Hongrie serait dévolue à
Maximilien et à la maison d'Autriche.
Mais cette stipulation était devenue sans
objet, par la naissance de Louis de Hongrie le 1er mai 1506.

L.

J. DE COURTEVILLE AU ROI DE CASTILLE.

Malgré les belles paroles du roi, Courteville doute qu'il veuille cesser de secourir le duc de Gueldre. Le roi soupçonne Philippe d'Autriche de manquer de franchise à son égard. Avis du légat (Georges d'Amboise) sur l'affaire de Gueldre. Il ne faut pas s'y fier. Attentat à la vie du marquis de Ferrare par ses deux frères. Mort de la reine de Hongrie. Troubles en Italie. Apparition d'une comète. Départ du roi pour Angers.

(Original.)

16 août, à Tours.

Syre, par les lettres que je vous ay envoiées du penultime de jullet derrain passé et par unnes autres de triziesme, avés peu entendre les responsses que le roy très-crestien m'a faites et fait faire par son chanssellier sur la matiere de Gueldres. Depuis, j'ay esté atendant responsse de monsieur le legat aux lettres que luy avés escrittes, laquelle responsse il m'a envoiet par escrit de Normandie, là où il a de piessà esté. Je vous envoie ses lettres. J'ay toujours sollichité vers le roy très-crestien que il feist retourner ses gens qu'il envoie en Gueldres; il demeure toujours ou pourpos que je vous ay escrit, et me dist merquedy derrenier qu'il atendoit la responsse de messire Charles de Gueldres, sans laquelle il ne me saroit baillier autre responsse que celle qu'il me avoit faite. Ichelle responsse n'est encores venue. Je doute qu'elle vendra longuement, « pour ce qu'il me semble que ledit seigneur roy entretiendra plustost messire Charles d'Egmont en son mauvais propoz que autrement, et qu'il veult faire feulle de la guerre de Gueldres pour y avoir la pierre qu'il a sur le ceur. Aux lettres de mondit sieur le legat le pourrez cognoistre plus avant. »

Oultre che, sire, m'a dit ledist seigneur roy que son ambassadeur, monsieur de Rieux, qui a esté devers vous, luy a escrit la responsse que vous, sire, luy avez faite, quy est en telle substance dont piessà m'avez escrit; che que ledit seigneur, à mon advis, ne prent pas bien du dellay que avez prins d'avertir le roy vostre pere et le roy vostre biau-pere; et luy semble que pendant ce tans entendés avoir asseuré voz affaires ensamble; à quoy vous le faites penser de fasson qu'il se pourverra à l'encontre de che que porroit advenir[1].

Syre, touchant l'instrussion qu'il vous a pleu m'envoier « pour lire le contenu à monsieur le legat, je n'en sai comment bien faire. » Monsieur le legat est encores en Normandie, grant distance d'ichy, et entens qu'il y sera longuement; je ne le puis advertir que par lettres; il vous plaise m'en mander vostre bon plaisir. « A mon advis, sire, vous mectez vostre droit de Gheldres en hazart de vous entierement submectre audit legat. Car autrefoiz que je luy ay parlé de ceste matiere, il a tousjours dit que devez prealablement rendre audit messire Charles tout ce que avez conquis de la duché de Gheldres[2], et après, parler du droit des parties[3]. »

Quant aux nouvelles survenues depuis les derrenieres que je vous ay escrites, sont venu nouvelles que les deus freres du marquis de Ferrare hont voullu tuer le marquis, dont l'un est prins, l'autre s'est rendu fugitif[4]. Et hier o soir vindrent certaines nouvelles o roy que la reyne de Hongrie mourut le XXVIᵉ du moys derrain passé, que est fort plainte par dechà. Il y a grant commossion en Italles, tant à Jennes que ailleurs; et mesmes depuis troys jours est venu ung secretaire du roy d'Arragon, nommé Passemont, qui est venu demander audit seigneur roy gens et navires pour le roy son maistre, pour estre aydé à aller à Naples, où il entend que Gonsalle Ferrand luy veut faire empessement; et a requis le conte de Besoignaigne et autres Napolitains estans par dechà luy soient envoiés et mesme la reyne, vefve de feu le roy don Fedric, pour avoir gens du païs

---

[1] En marge de ce paragraphe, une main contemporaine a écrit : « La response « ne povoit estre autre. »

[2] En marge de ce passage, une main de l'époque a écrit : « Il a mal entendu, « car la submission n'est que de savoir quy « a esté le premier commencement de la-« dite guerre. »

[3] Les passages imprimés entre guillemets sont en chiffres dans l'original.

[4] Ferdinand d'Este, frère légitime, et Jules, frère naturel d'Alphonse, duc de Ferrare, conspirèrent en effet contre lui. Ils furent condamnés à mort; mais le duc commua leur peine en une prison perpétuelle.

aveque luy. Il survient beaucoup de menutes longues à escrire. Gens parlent et Dieu dispose. Il y a par dechà ung synne (signe) o chiel qu'on dist estre unne commette qui se monstre tost après 'le jour fally, ayant plusieurs queues ardantes, que donne assez de esbahissement à ceux de par dechà. Ceux du païs de Millan ont ichy envoiet une notable embassade pour les affaires du païs. Le roy se part demain pour aller en Angiers faire ung pellerinage, où il ne demourra gaires. A son retour, entend aller à Bloys ; il lesse ychy son canseiller et conseil et va à petite compagnie.

Je louue Dieu de tout mon coeur que vos subgetz de par dellà vous font sy très-bonne obeissansse, auquel je pry qu'ilz puissent continuer, etc. Escrit à Tours, le xvie d'aust xv^c six.

J. DE COURTEVILLE.

LI.

LE CARDINAL D'AMBOISE AU ROI DE CASTILLE.

Remontrances et conseils. (*Copie du temps.*)

Août.

Sire, j'ay receu deux paires de lettres de vous, dont l'une est escrite de vostre main, et vous mercie très-humblement de la peine que vous en a pleu prendre. Et au regard, sire, de ce que vous plaist dire que le Roy mon maistre, par ce que vous a escrit Courteville vostre ambassadeur, vous veut faire la guerre en Gueldres, et que je veille tenir la main , quant à ce, que l'amytié d'entre vous deux se entretienne , autrement si on fait le contraire, vous protestés contre ledit seigneur de tous les maux que en adviendront et que le peché en sera sur luy et sur moy, pour ce que je y puis remedier, si je veux, ainsy qu'il vous plaist dire.

Sire, je ne veux autre juge que vous de ce que je y ai fait par cydevant et la peine que j'ay prise pour entretenir l'amytié de vous deux , et le desir que j'ay toujours eu à vous fere service, et vous ay tousjours dit que, là où à mon honneur je vous pourrois fere service , me troûveriés toujours vostre serviteur.

Sire, vous entendés bien de combien je suis tenu et obligé au roy mon maistre, car, outre l'obligation naturelle qui est de souverain seigneur à subject et serviteur, il m'a fait tant de biens et de honneurs que je serois le plus ingrat homme du monde si je ne le servois ainsy que je y suis tenu et obligé ; et quant autrement je le voudrois faire, il n'en feroit rien pour moy.

Touttesfois, sire , ne pensés pas que je ne luy en aye parlé par plusieurs fois et mesmes de ce fait de Gueldres; et la response a esté qu'il veult entretenir l'amytié de vous deux, et que par luy ne demeurera; mais de lesser destruyre ses alliez et serviteurs, qu'il ne le souffriroit point. Et dit ledit seigneur qu'il le vous a toujours fait dire, et qu'il vous prioit ne luy courre sus; autrement il faudroit qu'il s'en meslât; et m'a dit ledit seigneur plus avant qui sembleroit, veu que vous deliberez de destruyre totalement son serviteur et parent; que, cela fait, voulissiez entreprendre autre chose sur luy, attendu que, depuis votre partement de Flandres, avés fait des aliances directement contre celle que aviés faite avecques moy ; et d'autre part, le roy vostre pere n'a cessé envoyer par l'Italie pratiquer tout plain de choses contre l'amytié faite à Agueno, semblablement aux Suisses, et croy qu'il s'en trouveroit quelque chose par ecrit.

Sire , touttes ces choses font penser beaucoup de gens; et, pour Dieu, ostons toutes matieres qui puissent donner imagination et vivons en paix. Et il vaut mieux avoir ung peu moins en bonne seureté que en mettre plus que de ce que est question en danger.

Sire, pardonnés-moy si je vous escris si longue lettre ; car la matiere dont m'aviés escrit est si grosse que ne vous eusse sceu respondre à moindre lettre, vous suppliant que, si avés deux bandes en vostre conseil dont l'une veille la paix et l'autre la guerre, croyés ceux de la paix et vous en trouverés bien.

Sire, je prie à notre Seigneur, etc.   G CARDINAL D'AMBOISE.

LII.

J. DE COURTEVILLE AU ROI DE CASTILLE.

Courteville attend le retour du roi Louis XII, qui est allé en pèlerinage à Angers. Remercîments au sujet de son office de bailli de Lille. Proposition d'une trêve à Charles de Gueldre. Tout le monde, excepté certaines gens, blâment le roi de France de prêter secours à ce prince. Les Liégeois ne veulent pas le soutenir. (*Original.*)

21 août, à Tours.

Syre, tant et sy très-humblement comme faire puis, me recommande à vostre bonne grasse. Che jour d'uy du matin ay reçupt vos lettres du xiiiie de che moys, escrites en vostre ville de Tudela. Selonc che qu'il vous a pleu à moy escrire, acompliray le contenu, maintenant que le roy de Fransse sera retorné de pellerinage où il est allé en Angiers. Comme je vous ay par mes autres lettres adverty de son retour, on ne set s'il le fera par yauwe (eau) ou par terre. Par quoy à ceste cause me faut attendre sa venue comme font tous seux de son conseil et ambassadeurs estans par dessà. On dist qu'il sera ychy de retour lundy prochain, et de che que pourray faire incontinent vous advertiray.

Syre, je vous merchie très-humblement de che qu'il vous a pleu à m'accorder la requeste que je vous ay faitte du don des quattre cens livres venant des esploys de mon offisse du bailliage de Lille; je rendray paine de le desservir et les emploieray en vous faisant servisse.

J'espere que avez reçupt mes lettres que lundy dernier passé je vous ay escrit, vous advertissant que j'avoie escrit à monsieur vostre lieutenant general qu'il envoiast à Mallebert ung saufconduit pour aller en Gueldres pour entrer en matere et parvenir à treuve ou abstinensse de guerre, pendant lequel tans donnerés à connoistre vostre bon droit. Pour toutes choses mieulx faire, me semble que je doy atendre ceste responsse. Non obstant, le roy venu, je luy diray che que presentement il vous a pleu m'escrire, car il vient à tout bon pourpos fondé en raison. Je vous ay envoiet la responsse de monsieur le legat, sur quoy j'attends vostre responsse.

Il n'y a nul par dechà, si n'est ceux que je vous ay escrit, qu'il n'entende bien que à tort et movaise querelle le roy de Fransse envoie secours à messire Charles d'Esguemont, veu les bonnes offres que avez faites de non feire tort à la partie. Et tous les gens d'armes y vont à regret. On m'a dit que monsieur du Liege[1] vient vers le roy pour faire ses excuses qu'il n'a peu tourner les Liegeois à eux declarier voz anemys pour donner ayde audit messire Charles.

« Sire, sur toutes choses, mettez paine d'entretenir le roi d'Engleterre en amitié que avez aveque lui, posé ores qu'il ne se declaire anemi de Franse. Les Fransois sont en unne doubte si merveileuse que à vostre[2] les Englès ne pasent la mer, que desjà ils se tiennent à demi perdus, et s'il plet à Dieu que domptés vostre anemi messire Charles d'Eguemont, vostre majesté sera crainte de toutes nasions[3], » et à bon droit que je pry Dieu quy vous veulle garder et le surplus de voz très-haus desirs acomplir. Escrit à Tours, le xxie d'aoust xv^c six.

Le tout vostre très-humble et très-obeissant subget et serviteur,

J. DE COURTEVILLE.

---

[1] Érard de la Marck, élu évêque de Liége le 30 décembre 1505. En 1507, Louis XII lui donna l'évêché de Chartres, qu'il cumula avec celui de Liége.

[2] Il manque ici un mot tel que *intention*.

[3] Ce paragraphe est écrit en chiffres.

LIII.

J. DE COURTEVILLE AU ROI DE CASTILLE.

Nouvelles démarches pour détourner Louis XII de prêter secours au duc de Gueldre. Le roi se détermine à envoyer un député vers le duc de Gueldre. Arrivée à Blois d'un serviteur du roi d'Angleterre pour le même sujet. L'évêque de Liége est venu également pour cette affaire. Enfin le roi a mandé à ses troupes, qui s'avançaient pour secourir Charles de Gueldre, de suspendre leur marche. Mécontentement du chancelier. (*Original.*)

1ᵉʳ septembre, à Blois.

Syre, tant et sy très-humblement comme faire puis, me recommande à vostre bonne grasse.

Syre, selonc che qu'il vous a pleu m'escrire et ordonner par vos lettres du xiiiᵉ et xxiiiᵉ du derrain moys passé, je me suis conduit ainsy qu'il m'a samblé estre le mieulx pour parvenir à vostre inténssion que le roy très-chrestien voulsist cangier pourpos d'envoier secours à messire Charles d'Esguemont. Par pluseurs mes lettres, je vous ay adverty que les gens d'armes dudit seigneur roy estoient marchiés jusque près des frontieres de Liege. Pendant che tans, tant par les lettres que avés escrites audit seigneur, et les remontransses que j'ay peu faire, icheluy seigneur avoit envoiet Mallebert en Gueldres, lequel ne peut (put) passer. Par quoy luy a esté besoing, pour che faire, avoir sauf-conduit de monsieur vostre lieutenant general, qui luy fut envoiet dès le xixᵉ jour dudit moys passé. Non obstant, encores dudit Malbert n'est venu unne seulle nouvelle, que m'a fait atendre de plus avant parler. Pendant che tans et que le très-chrestien roy a esté en Angiers, et, en retour dudit lieu, jusqu'en ceste ville, où il arriva joeudy derrenier passé, est venu ung serviteur du roy d'Engletterre, nommé messire Franssois, atout lettres adressant audit seigneur roy très-chrestien et instrussions, pour luy parler de ceste matiere de Gueldres, dont de l'envoy dudit messire Franssoys et de sa charge tiens que sçavés le tout. Icheluy a très-bien fait son devoir, et, le mesmes jour qu'il presenta ses lettres, le roy, par son chanssellier, me fist dire la cause de sa venue. Aussy, sire, j'ay presenté audit seigneur roy les lettres que luy avez escrites dudit xiiie, et le tout remonstré vostre intenssion. Aussy, samedy derrenier est ichy arrivé monsieur de Liege, lequel de sa part a fait de très-bonnes remonstransses audit seigneur roy, le tout, et chascun de nous avoir fait che que possible a esté, et veu et consideré de la part du roi très-chrestien que nulles nouvelles ne venoient dudit Malbert, ledit roy s'est à che conclut de faire responsse au roy d'Engletterre, comme lui-mesmes m'a dist, qu'il est content de retarder l'envoy de ses gens d'armes en Gueldres; et ne set que aucuns y soient passé, sinon la compagnie de Tilliny, lieutenant dudit messire Carles. Et m'a dist ledit seigneur roy que sept autres compagnies, que estoient prestes de marchier que pour le present sont en campaingne et vers Esdain (Hesdin), il, par poste, leur a mandé qu'ilz ne se bougent d'illec; a aussy mandé audit Tilligny que, sur sa vie, que, en nulle maniere, il ne coure piller ou entreprendre sur vos païs. Et d'abondant il a envoiet ung sien bien privé serviteur et vallet de cambre, nommé Jaspar, homme bien entendu, à toutte dilligensse, vers mondit sieur Charles, pour luy senefier qu'il se regle d'entendre à la rayson. Et va icheluy Jaspar, premier vers mondit sieur vostre lieutenant general; car j'ay dit que c'estoit le plus court chemin et le plus seur, et a carge (charge) icheluy de avertir vostredit lieutenant de che qu'il va faire en Gueldres. Desquelles choses je vous adverty, et me semble que, à ceste fois, sera ung bon moyen trouvé, « merci à Dieu et à vostre bonne prosperité. »

Syre, monsieur le legast n'est pas encores retorné. La diffigulté que j'ay faite de luy dire ou escrire le contenu d'un memorial que m'avez envoiet, je l'ay fait à bonne intenssion, pour ce que j'en faisois doubte, selon l'escrit en icheluy auquel est contenu, entre autres choses, che que s'enssuit : « Si est et sera icelui roi de Castille pour tant mieulx verifier son droit, que ledit legat s'en pora faire informer, et que entierement s'en sumet à lui et à ce que par ladite information s'en trouvera. » J'ayme mieulx, sire, avoir mal entendu et riens dist ou escrit que il me eust autrement samblé et fait autrement que ne l'entendés; je feray en ceste partie ainssy que derrenierement le m'avez escrit, s'il est besoing, che que je croy que non, veu che qu'est encommanché.

« Sire, monsieur de Liege, si tost qu'il eut parlé au roy, m'envoya dire qu'il desiroit de parler à moi, et deust-il venir à mon logis. Je m'en alai incontinent vers lui, et me dist beaucoup de bonnes choses qu'avoit dittes au roy, et en effect il se offre de soi employer à vous faire service, et se recommande à vostre bonne grace [1]. »

Sire, après che que j'ay eu bailliet au roy très-chrestien vos lettres, et dist que m'avés cergé de luy dire, il m'a donné très-bonne responsse. Tost après, il bailla les lettres à monsieur son chanssellier, lequel est fort marry pour aucuns mos estans ausdittes lettres; là vous dittes que..... que tels personnages que luy et monsieur de Paris fussent juges de vostre droit. Et n'est mondit sieur le canseillier, à mon advis, pas bien content de moy. Je feray ceste penitansse avecque aultres que j'ay enduré depuis que je suis par dechà. Et, à mon pouvoir, m'emploieray à vous faire servisse, Dieu en ayde, que je pry qu'il vous doinst vos très-haus desirs acomplir. Escrit à Bloys, le 1er jour de septembre xve et six.

Le tout vostre, etc.

J. DE COURTEVILLE.

---

[1] Les passages entre guillemets sont en chiffres dans l'original.

LIV.

J. DE COURTEVILLE AU ROI DE CASTILLE.

On attend de jour en jour des nouvelles au sujet du message envoyé par le roi à Charles de Gueldre. Allées et venues du roi. (*Original.*)

Le 14 septembre, à Blois.

Syre, tant et sy très-humblement comme faire puis, me recommande à vostre bonne grasse.

Depuis che que je ay escrit du xe de che moys, n'est venu chose dont il ait esté besoing de vous advertir, car j'atens chascun jour le retour du vallet de cambre que le roy de Fransse a envoiet vers messire Charles d'Egmont. A ceste heure est venu post de Flandres. Par icelle n'ay eu nulles nouvelles. Icelle poste venant m'a dist que ledit vallet de cambre dudit seigneur roy s'estoit trouvé en chemin aveque luy. Je ne say qu'il aporte; on ne m'en a encores riens dit.

Le roys est à troys lieues de ceste ville, où il a esté aucuns jours passer le tans, et dist-on qu'il sera demain de retour. Che dont seray averty et savoir porray vous advertiray à toutte dilligensse. On dist que le roy ira à Lion. Ne say que en sera.

Je pry à Dieu, sire, qu'il vous ait en sa sainte garde et vous doinst vos très-haus desirs acomplir. Escript à Bloys, le xiiiie de septembre xv^c six.

Le tout vostre très-humble, obeissant serviteur et subget,

J. DE COURTEVILLE.

LV.

J. DE COURTEVILLE AU ROI DE CASTILLE.

Le duc de Gueldre, qui se sent appuyé par la France, ne veut pas de trêve, mais un accord définitif. Les Français veulent passer le Rhin et faire lever le siége de Waghemingen. Nouvelles entreprises de Robert de la Marck, qui paraît ne désirer que trouble. Conduite de Courteville vis-à-vis de l'envoyé d'Angleterre, etc. (*Original.*)

15 septembre, à Blois.

Syre, tant et sy très-humblement comme faire puis, me recommande à vostre bonne grasse. Hier, comme je avoie delivré le bougette à la poste, vint vers moy Jaspar, vallet de cambre du roy très-chrestien, et m'aporta unnes lettre de monsieur de Chierve, vostre lieutenant general, escrites à Beque (Berghes?), le xe de che moys; et m'escrit que à l'aller dudit vallet de cambre vers messire Carles de Gueldres, il avoit bon espoir de quelque bien; mais, au retour d'icheluy, il a seu que ledit messire Charles ne veut entendre à nulle treuve, sinon à apointement final. Et samble à mondit sieur vostre lieutenant que ledit messire Carles ne seroit sy fier, ne porteroit tant sa querelle, s'il n'estoit porté des Franssois, lesquelz, sire, se advanchent che qu'il peuvent pour passer le Rinc et aller lever le siege de Wagueningue, et sont plus de deux mille chevaulx. Monsieur vostre lieutenant marche à intenssion de les rencontrer. Il a escrit de ceste matere à monsieur de Liege, lequel s'emploie fort à apaisier ce debat. Messire Robert de la Marche a escrit lettres à ceux de Carvedonck, estant en la Mairie de Bos-le-Duc, et les a assez deffié pour certain droit qu'il dit avoir audit lieu. On ne luy a jamès refuzé justisse. Il samble, à ces manieres, que il ne quert que le hutain[1]. Je ne me say sur quoy arester. Che jour d'uy o matin, le roy est retourné; monsieur le legast vint hier; monsieur de Liege m'a dist que

---

[1] Ne cherche que le trouble. (Voyez sur ce mot *Corresp. de Max. et Marg.* II, 267.)

à l'après-diner on tiendra conseil sur les materes; après, on m'avertira du rapport dudit vallez de chambre; et de che que me sera dit et savoir porray, le vous escriray incontinent.

Touchant le vallet de cambre du roy d'Engletterre[1], je ne parle à luy ne luy à moy, pour les causes que vous ay escrites; il a esté toujours hors où le roy luy a fait avoir passe-tans. Cheluy qui a esté envoiet en Engletterre n'est pas encores retourné. Je ne say pensser che que sera, s'il est que les Franssois se soient avanché comme il en ont monstré le samblant. Mondit sieur vostre lieutenant m'escrit que avant que luy puisse escrire qu'il avoient ensamble debat. Le vallet de chambre du roy très-chrestien a raporté que voz gens devant Wagueningue est unne moult belle compagnie et bien à craindre. J'ay espoir que Dieu aydera vostre bon droit, auquel, sire, je pry qu'il vous ait en sa sainte garde. Escrit à Blois, le xve jour de septembre.

J'ay retardé ceste poste jusque che jourd'uy pour de tant mieulx vous advertyr.

Le tout vostre très-humble, obeissant subget et serviteur,

J. DE COURTEVILLE.

---

[1] François Marezen était envoyé par Henri VII vers Louis XII, avec une instruction pour déterminer le roi de France à ne pas soutenir le parti du duc de Gueldre contre le roi de Castille. Voyez *Lettres de Louis XII*, tome I, page 78.

Par une lettre du 17 septembre, le même François Marezen mande à M. de Chièvres le résultat de ses démarches pour pacifier les différends relatifs à la Gueldre. *Ibid.* 87. Voyez ci-dessus, pag. 184, et ci-après 190.

LVI.

J. DE COURTEVILLE AU ROI DE CASTILLE.

Sauf-conduit et lettres de passe demandés pour quelques seigneurs attachés au service du roi de Castille. Cette précaution n'était pas nécessaire, car Louis XII veut être en bonne intelligence avec Philippe d'Autriche. Secrétaire du roi de France envoyé au duc de Gueldre pour lui faire accepter la trêve. Passage d'un envoyé du roi d'Angleterre. Dispositions prises par le roi de France, qui est informé de la descente du roi des Romains en Italie. La flotte du roi d'Aragon s'est montrée en vue des côtes de Toscane. Il faut se tenir en défiance sur les dispositions de Louis XII à l'égard des affaires de Gueldre. (*Original.*)

23 septembre, à Blois.

Syre, tant et sy très-humblement comme faire puis, me recommande à vostre bonne grasse. Je vous envoie presentement les sauf-conduis que m'avés ordonné de demander pour monsieur de Furtemberge, monsieur de Beaivres (Beveren?) et les autres, assavoir pour mondit sieur de Furtemberg sauf-conduit, et pour les autres lettres de passe. Il a samblé qu'il n'estoit nul besoing de les demander ; car le roy très-chrestien entent avoir aveque vous toutte bonne intelligense et amyté, comme, sire, vous le porrés connoistre par ses lettres que je vous envoie avec cestes ; je le trouve en parolle en tel pourpos, à quoy je rens paine de l'entretenir.

Syre, par mes autres lettres, vous ay adverty du retour du vallet de cambre que le roy avoit envoiet en Gueldre vers messire Carles. Après que iceluy a eu fait son raport, ledit seigneur roy delibera y envoier derechief, che que j'ay toujours porsieuy qu'il feist, et tant que il a despessé ung sien secretaire, nommé mestre Pierre Charron, qui a carge de dire audit seigneur Charles qu'il entende à la treuve et ossy que le siege se levera de devant Waguenigue. Et partist hier ledit secretayre, lequel a ordonnansse du roy son maistre de, en allant, passer vers monsieur vostre lieutenant general, et retourner par luy l'avertir de son besongnier.

Syre, en ceste matere messire Franssoys, chevallier de la cambre du roy d'Engletterre, en a fait bien son devoir. Icheluy messire Franssoys se partit hier d'ichy, despessé du roy très-chrestien, et s'en va vers le roy son maistre. Il a escrit à monsieur vostre lieutenant son escuse por quoy il n'est allé vers luy. Je vous envoie la copie d'unne lettre qu'il lui a escritte à celle fin que entendés mieulx la responsse que on luy a faitte par cest affaire de Gueldre. A ycheluy messire Franssoys a esté fait fort bonne chiere, comme par mes autres lettres vous ay escrit, et s'en va à grant dilligensse. Et, o partir de cette ville, l'a convoiet Passemont, secretaire du roy vostre beau-pere, et ossy Dorisolle.

Syre, pour les nouvellez que le roy très-chrestien a eu que le roy vostre pere dessendoit en Italie, il s'est party de ceste ville mardi derrenier, et s'en va à Bourges, et, selon les nouvelles qu'il ara, il tirra à Lion. Il fait faire grant amas de gens d'armes, comme le vous ay escrit. La reyne est demourée, que est ung petit mallade d'un piet; sy elle amende, on dist qu'elle partira pour sieuir le roy. Lundy prochain ossy partira monsieur le canseillier, et le conseil et tout le train qui est ichy demouré, et sieuray toujours le plus près du roy que je porray.

Je parlay hier à l'ambassadeur du roy vostre beau-pere, lequel me dist qu'il avoit nouvelles que on avoit veu la flotte du roy son mestre passer vers les costes des Flourentins, et qu'il tient qu'il soit arrivé en Sesille, où il tient que Gonssalle Ferrande luy soit venu au devant.

Monsieur le don prouvost d'Uttrect m'a escrit et envoiet ung paquet de lettres pour le vous envoier, che que je fay.

Pour che, sire, que, de vostre part, j'ay requis avoir le sauf-conduit pour monsieur le conte de Furstemberg et les autres, monsieur le canssellier a le tout fait doner gratis, tant du seau que du secretaire. J'ay seullement donné au clerc chinquantte soulz.

« Sire, au mieulx que je puis, je enqueste des choses qui vous peuvent touchier, tant que je me suis trouvé en devises avec aucuns grans personaiges. Plaindant que le roy avoit envoyé secours à messire Charles de Gheldres, on me respondyt que se je savoye le tour qu'on feist au roy de France lorsqu'il perdyt Naples, que je ne diroye que de la contrecare ce fust mal fait, et me fust respondu que monsieur de Nemours et les François furent deffaiz, lorsque l'on parloit d'appointement, auquel temps vous envoyastes vers Gonsalve Fernande Hesdin, marissal de voz logiz. J'ay pensé sur ces parolles et en ay adverty vostre lieutenant general, affin que, de tant plus il soit sur sa garde; car le secretaire qui va en Gheldres s'en yra sinon journées raisonnables. Pendant ce temps pourroit advenir ung inconvenient : ce que Dieu ne veulle.

« Sire, à ce qu'il vous a pleu me ordonner que je vous escripve mon advis se le comte de Furstemberg se pourra franchement adventurer sur le saulf-conduyt que luy envoye, il me semble qu'il s'y peut bien fyer, car le roy fait bonne estime de luy; aussi fait monsieur le legat. Et m'ont dit que je tiengne la main qu'il ne passe oultre qu'il n'ait parlé au roy, ou cas qu'il soit en ce quartier[1]. »

Syre, je n'ay eu nulles nouvelles de monsieur vostre lieutenant general depuis ses lettres escrittes à Bois-le-Duc, le xiie de ce moys-ci. Le roy a nouvelles, par ses postes, de che que l'on fait en Gueldres : on ne m'en dist riens, fors que l'on m'a dit que puis nagaires les Franssois ont rué sus à ung passage deus ou trois cens Clevoys.

Aussi, syre, n'ay eu lettre de vous depuis voz lettres escrittes à Bourgues, le xie de chedit mois. Je ne say point qu'on fasse aucun empessement aux postes. D'autre chose pour present ne vous saroie avertyr. Je pry à Dieu, syre, qu'il vous tiegne en santté et en bonne et continuelle prosperité. Escript à Blois, le xxiiie de septembre xvc six.

Le tout vostre très-humble, très-obeissant subget et serviteur,

J. DE COURTEVILLE.

---

[1] Ces deux paragraphes sont en chiffres dans l'original.

LVII.

LOUIS XII, ROI DE FRANCE, AU SEIGNEUR DE CHIÈVRES, LIEUTENANT GÉNÉRAL POUR LE GOUVERNEMENT DES PAYS-BAS.

Lettre de condoléance au sujet de la mort du roi de Castille. Témoignage d'affection envers les enfants de ce prince. Le roi va inviter le duc de Gueldre et Robert de la Marck à faire une trêve à cause de ce triste événement. (*Copie du temps.*)

2 octobre, à Viéron.

Mon cousin, j'ay esté adverty presentement par Courteville du trespas du feu roy de Castille, mon bon frere, dont j'ay esté très-desplaisant. Touteffois, puisque le voloir de Nostre Seigneur a esté tel, n'y a remede que de faire prier Dieu pour luy : ce que de ma part suys bien deliberé faire, tant pour la proximité de linaige dont il maintenoit, que pour l'amour que je luy portoye. Et combien que je soye assez seur que en avez par aultre esté adverty, sy le vous ay-je bien voulu faire savoir et advertir que s'il est chose que je puisse faire pour mes petiz cousins ses enffans, que le me faicez sçavoir; car il n'est chose que je ne voelle faire pour asseurer leur estat, sans riens y espargnier. Et pour ce que vous estes sur les lieux, et que mieulx entendez ce qui est besoing que nulz aultres, je vous prie de bien y penser et avoir devant voz yeulx la grand fiance que feu mondit bon frere avoit en vous faisant son lieutenant general par delà. Et m'advertissez de tout ce que verrez en quoy je polray aidier à mesdits petis cousins. Et pour mieulx y commenchier, j'escripz à mes cousins de Gueldres et de Sedam faire une treve ou abstinence de guerre pour quelque temps, affin que ce pendant vous puissiez mieulx entendre aux affaires de mesdits petis cousins, comme j'ay dict plus au long audit Courteville vous en advertir [1].

---

[1] Les termes de cette lettre suffiraient pour démontrer combien du Bellay a été mal informé lorsqu'il a dit que Louis XII, agissant en vertu du testament de Philippe

A Dieu, mon cousin, qui vous ait en sa garde. Escript à Vieron, le iie jour d'octobre.

Signé Loys. Et plus bas Robertet.

LVIII.

LETTRE DE LOUIS XII À MARGUERITE D'AUTRICHE.

Il lui demande de faire évoquer par-devant elle un procès pendant au parlement de Dole entre le sieur de Magny et Simon de Rye, et la prie d'administrer bonne et brève justice. Mention d'un duel judiciaire avec gage de bataille. (Copie.)

13 décembre, à Blois.

Ma cousine, j'ay entendu que Jean de Mex, chevalier, seigneur de Magny, homme d'armes de mes ordonnances, soubs la charge et conduite de mon cousin le sieur de la Tremoille, mon lieutenant general et gouverneur du duché de Bourgogne, a quelque procès en vostre court de parlement de Dole, ou nom de luy et de sa femme, et de Philiberte de Rye, seur de sadite femme, à l'encontre de Symon de Rye, premier chevalier audit parlement, sous raison de la part et portion pretendues par les dessusdits ès biens et succession de feu Hugues de Rye leur pere; duquel procès ils n'ont peu, ne pourroient avoir expedition de justice, veu les ports et faveurs que icelluy de Rye a audit parlement, comme ils disent. Pareillement j'ay esté adverty du rude traitement qui est fait audit sieur de Magny, tant par vostre procureur audit parlement de Dole que autrement, au moien de ce qu'il a gecté son gage de bataille à la personne dudit de

le Beau, avait confié à M. de Chièvres l'éducation du jeune archiduc Charles. Au surplus, le testament de Philippe le Beau, daté de Bruges, le 26 décembre 1505, ne fait aucune mention du roi de France. Néanmoins, cette lettre si affectueuse prouve aussi que Louis portait aux jeunes orphelins un intérêt tout paternel.

Rye, pour se combattre sur certaines mauvaises et oultrageuses parolles et injures que ledit sieur de Rye a dittes et proferées, et fait
dire et proferer tant à l'encontre dudit de Maigny que de sadite femme,
et au prejudice de leur honneur et autrement. Et sur ce que ledit
sieur de Maigny est mon sujet et serviteur, et que je desire son droit
et honneur luy estre gardé, à ceste cause, ma cousine, je vous en
ay bien voulu advertir et escripre cestes, par lesquelles je vous prie
que ledit procès vous vueillez evocquer par-devant vous et vostre conseil, et tant sur icelluy procès que sur lesdites injurieuses paroles
avoir ledit sieur de Magny pour recommandé, en luy faisant administrer bonne et brief expedition de justice, tous ports et faveurs ces-
sans, en faisant cesser toutes poursuites faites ou à faire à l'encontre
de luy, au moyen dudit gage geté, et au surplus sommer ledit de
Rye par un de vos officiers d'armes de accepter ou refuser ledit gage
gecté; et s'il l'accepte, qu'il leur soit permis de combattre. Et sur ce
que dit est, traiter et faire traiter ledit de Magny, mon serviteur, de
sorte qu'il n'ait matiere de soy plaindre, et comme je feroye faire à
vos sujets et serviteurs en cas pareil ou plus grant, s'il se y offroit.
Ma cousine, je prie Nostre Seigneur qu'il vous ait en sa sainte garde.
Escript à Blois, le dernier jour de decembre.

Signé Loys. *Et plus bas :* Robertet.

LIX.

CONSULTATION DE CINQ DOCTEURS FLAMANDS

Touchant le mariage de Claude de France avec François, comte d'Angoulême, et sur les réclamations que pourrait former la maison d'Autriche par suite de cette alliance, eu égard aux traités du mois d'août 1501 et du 22 septembre 1504, qui stipulaient l'union de ladite Claude de France avec Charles d'Autriche.

Ces jurisconsultes posent et résolvent les trois questions suivantes : 1° le roi et la reine de France sont-ils coupables de parjure pour n'avoir pas accompli l'obligation contractée par eux, sous serment, de marier leur fille avec le jeune prince Charles ? 2° Doit-on considérer comme bonne et valable en droit la promesse qu'ils ont faite d'abandonner audit Charles les duchés de Bourgogne, de Milan, et le comté d'Ast, dans le cas où, par un effet de leur volonté, le mariage de Claude et de Charles n'aurait pas lieu ? 3° Dans l'hypothèse où la seconde question serait résolue affirmativement, ledit prince Charles a-t-il action pour revendiquer dès à présent les duchés et comtés dont il s'agit ?

Sur la première question, les jurisconsultes décident que, quant à présent, le roi et la reine de France n'ont pas encouru la peine du parjure, attendu qu'il peut survenir, avant l'âge légitime des jeunes fiancés, une circonstance indépendante de leur volonté, telle que la mort, etc., qui mettrait nécessairement obstacle au mariage stipulé.

En ce qui touche la seconde question, les consultants déclarent que la clause en vertu de laquelle le roi et la reine de France ont répondu de l'accomplissement futur du mariage de leur fille mineure avec Charles d'Autriche est immorale selon la loi civile, mais que cette immoralité disparaît, suivant d'habiles docteurs, lorsque les parties contractantes sont des princes souverains ou des communautés qui ne reconnaissent pas de supérieur. La clause est donc valable dans l'espèce.

Sur la troisième question, bien qu'il soit certain maintenant que le mariage entre Claude de France et Charles d'Autriche ne pourra pas, suivant les conventions, s'accomplir à l'époque de leur puberté respective, Charles n'a pas encore actuellement d'action pour demander l'exécution pénale de la clause qui lui adjuge, à titre de dédit, les terres susmentionnées[1]. (*Original en latin.*)

(Sans date.)

Casus talis est.

Alias, videlicet anno Domini millesimo quingentesimo primo, in

---

[1] Cette pièce, longue et hérissée de citations empruntées aux jurisconsultes du xvᵉ siècle, nous a semblé ne pouvoir être ici insérée en entier. Nous nous bornons

mense Augusti [1], inter nobiles et illustrissimas personas Ludovicum, Dei gracia regem Francorum, et Annam, eadem gracia reginam
Francie, tamquam parentes domine Claudie, ipsorum filie naturalis
et legitime, ex una, et commissarios seu deputatos ad hoc sufficiens mandatum habentes Philippi, archiducis Austrie, principis
Castelle, etc., et domine Johanne, archiducisse Austrie, principisse
Castelle, ejusdem Philippi archiducis contoralis, tamquam paren-
tum domini Karoli, ducis Lucemburgensis, partibus, ex altera, certi
tractatus seu conventiones super futuro matrimonio inter dictos Ka-
rolum et Claudiam contrahentes initi, conclusi fuerunt et extiterunt.
Et, inter alia, rex et regina promiserunt et jurarunt se facturos ac
.per omnem et totum effectum procuraturos quod dicta domina Claudia, eorum filia, dum pervenerit ad etatem pubertatis, accipiet in
maritum et sponsum dominum ducem Lucemburgie, dum similiter
ad etatem pubertatis pervenerit; et pari modo oratores et ambasiatores prefatorum archiducis et archiducisse, se fortes gerentes pro
dicto domino Lucemburgie, jurarunt et promiserunt, uti presuppo-
nitur, sese facturos et procuraturos quod prefatus dominus Karolus,
dum ad legitimam etatem pervenerit, acciperet in sponsam et uxorem prefatam dominam Claudiam. Super quibus prefati rex et regina suas dederunt litteras patentes sigillo eorumdem sigillatas.

Ex post vero anno Domini millesimo quingentesimo quarto, die
vicesima secunda mensis Septembris [2], prefati rex et regina, ex una,
et oratores seu ambasiatores prefatorum archiducis seu archiducisse, nominibus quibus supra ad hoc similiter, uti nobis presup-
ponitur, sufficiens mandatum habentes partibus, ex altera, pro majore et firmiore securitate et complemento antetacti matrimonii
contrahentes, certos tractatus seu conventiones inierunt et conclu-
serunt in quibus, inter alia, habentur hec verba formalia : « Et casu

à en reproduire l'exposé préliminaire, dans
lequel on trouvera l'historique des faits
qui ont donné lieu à la consultation.

    [1] Voyez ci-dessus, page 28, ce traité
qui est du mois d'août 1501, à Lyon
    [2] Ce traité du 22 septembre 1504, à
Blois, est imprimé dans Dumont, tome IV,
part. 1, page 56.

quo per defectum dicti christianissimi regis Francie aut domine regine ejus consortis, seu dicte domine Claudie dictum matrimonium
non fiat, dictus christianissimus rex vult et ex nunc consentit quod
dicti ducatus Burgundie, Mediolani et comitatus Astensis remaneant
dicto duci Lucemburgie; et ex nunc casu predicto cedit et transfert
dicta dominia cum omnibus juribus que in eis habet et possit habere. » Et postea in fine ejusdem tractatus, ipse idem rex et regina,
confirmantes hujusmodi tractatus in singulis suis clausulis, dicunt
hec verba formalia : « Cumque premissa capitula omniaque et singula in illis contenta nobis gratissima sint, ac libentissimo animo
ea omnia servare, exequi et complere que pro parte nostra prein-
sertorum capitulorum virtute servanda et exequenda sunt et com-
plenda volumus, idcirco presentibus litteris nostris omnibus melioribus via, modo et forma quibus melius et validius de jure possumus
et debemus preinserta capitula omniaque in illis et quolibet eorum
contenta, juxta sui seriem et tenorem laudamus, ratificamus et con-
firmamus, ac rata, grata et firma habemus et firmamus. Et insuper
promittimus et juramus ad Dominum Deum nostrum, et ejus sanctam crucem et sancta quatuor Ewangelia manibus nostris corporaliter tacta, bona fide, in verbo regio et sub censuris apostolicis, quibus nos in casu contraventionis subjicimus, tenere, adimplere et
immobiliter observare pro nobis, heredibus et successoribus, re-
gnis, terris, dominiis et ditionibus nostris omnia et singula in prein-
sertis capitulis contenta, prout in eisdem cavetur et continetur, et
contra ipsa, quovis modo, directe vel indirecte, non facere nec venire, sub obligacione et ypoteca omnium bonorum nostrorum presentium et futurorum, necnon sub pena perjurii quam rex possit
tali casu incurrere [1]. » Ex post vero istis sic se habentibus, accidit
quod rege et regina predictis existentibus in Tours, tres status regni habentes, uti dicebant, pre oculis utilitatem et commune bonum

---

[1] Cette ratification du roi et de la reine
ne se trouve pas dans le texte imprimé
par Dumont. Nous ne pouvons dire jusqu'à quel point elle est authentique.

ipsius regni, ac volentes evitare damna que possint ipsi regno eve-
nire, si contingeret dictam dominam Claudiam maritari extra regnum (quo casu dominia et ducatus Britannie, Mediolani et alia,
ea decedente sine liberis masculis, essent separata a regno), roga-
runt eosdem regem et reginam quatenus velint filiam eorum Claudiam dare in conjugem domino de Valezio, alias de Anglosme. Qua
supplicatione per regem audita, ipse idem rex, habito consilio cum
principibus de sanguine regio, proceribus et aliis de consilio suo,
fecit responderi dictis statibus regni quod, attenta rationabilitate petitionis, ipse illi annuere vellet; et ex tunc consentiit idem rex quod
sponsalia inter dictam Claudiam suam filiam et prefatum dominum
de Valezio contraherentur, prout contracta fuerunt et sunt. Dede-
runtque status, et presertim civitates regni, in particulari litteras
suas, quibus se obligarunt realiter effecturos quod matrimonium inter dictas personas, adveniente legitima etate, in facie Ecclesie con-
traheretur.

Quo casu presupposito, circa eumdem moventur diverse ques-
tiones, quarum prima est circa primam promissionem juramento
vallatam : an videlicet rex et regina, virtute hujusmodi prime pro-
missionis, sub pena perjurii, procurare et sollicitare teneantur ut
hujusmodi matrimonium, adveniente legitima etate, fiat; et supposito quod sic, an prefati rex et regina sue promissioni per contracta sponsalia contravenerint et penam perjurii incurrerint.

Secunda questio movetur circa antetactam clausulam secundarum
conventionum supra in casus positione positam, illam videlicet : *et
casu quo per defectum, etc....* et est illa : an videlicet promissio
hujusmodi facta in eventum in ipsa clausula tactum, sit de jure
valida.

Tertio queritur : et supposito quod sit valida, an rex et regina
in ipsam penam, propter hujusmodi sponsalia contracta, inciderunt,
ita aliter quod ipsi duci Karolo competit ex nunc actio seu jus
petendi ducatus et comitatum de quibus in clausula fit mentio.

Super quibus dubiis et questionibus videtur nobis subscriptis, judicio cujuslibet melius sentientis semper salvo, dicendum et de jure consulendum prout et quemadmodum sequitur :

. . . .

Suit la discussion des trois points de droit ; après quoi viennent les souscriptions de chacun des cinq jurisconsultes, en ces termes :

Ita videtur michi Petro de Thenis [1], utriusque juris doctori omnium minimo, super premissis de jure dicendum, consulendum, omnium melius sentientium judicio semper salvo. Teste signo meo manuali hic apposito. P. DE THENIS.

. Videtur michi Gabrieli de Mera [2], utriusque juris doctori omnium minimo, attenta obligatione juramentali confirmatoria contractus, dicendum et concludendum ut supra conclusum est. Teste manu et signo proprio. GA. DE MERA.

Consimiliter videtur michi Nicolao de Amsterdamis [3], inter legum licentiatos licet minimo, de jure dicendum et concludendum. Teste manuali signo. N. DE AMSTERDAMIS.

Similiter et michi Johanni de Loemel [4], inter utriusque licentiatos licet minimo, videtur de jure dicendum et concludendum. Teste manu et signo, ut supra. Jo. LOEMEL.

Similiter et michi Baltasar de Vlierden [5], inter utriusque juris licentiatos minimo, attenta obligatione juramentali confirmatoria contractus validi et jurati, de jure dicendum videtur, prout supra conclusum est. Teste manu et signo proprio. VLIERDEN.

---

[1] Professeur de droit à l'Université de Louvain. Nicolas Everardi, dans ses *Topica juris*, le qualifie *vir peritissimus, consummatissimus et profundissimus monarcha.*

[2] Autre professeur de Louvain.

[3] Autrement nommé Nicolas Everhardi, auteur d'un grand ouvrage de jurisprudence. Voyez Foppens, *Biblioth. belg.* 907.

[4] Nommé aussi Jean Huberti. Voyez Foppens *Biblioth. belg.* 678.

[5] Ce Balthasar de Vlierden, sur lequel nous n'avons pas de notions positives, était le père de Daniel Van Vlierden, auquel Paquot a consacré un article dans ses Mémoires sur l'histoire littéraire des Pays-Bas, XVII, 342.

LX.

PHILIPPE, ROI DE CASTILLE,

FAIT PART À GONZALVE DE CORDOUE, VICE-ROI DE NAPLES, DE SES MOTIFS
DE PLAINTE CONTRE FERDINAND LE CATHOLIQUE, ROI D'ARAGON.

Instruction pour Jehan de Hesdin, escuier, mareschal des logis du roi de Castille, de
Leon, de Grenade, etc., de ce qu'il aura à dire de la part dudit seigneur roy à Gonzalve Fernando, devers lequel presentement l'envoye [1]. (*Minute.*)

· (Sans date.)

Premierement :

Lui presentera ses lettres de credence, pour l'exposicion desquelles
lui dira premierement la bonne et singuliere amour et affection que
ledit seigneur roy luy porte, tant pour les vertuz et leaulté qui sont
en luy, comme aussi pour ce qu'il le tient pour son bon et leal vassal
et subgect, et qu'il a espoir et confidence qu'il luy vouldroit faire
plaisir et service, ainsi que icellui seigneur roy assez a esté adverty,
tant par le roy des Romains son pere, lequel luy en a fait pluiseurs
bons rapports, comme aussi par pluiseurs autres, dont grandement
le mercye.

Et à ceste cause et pour cette confidence luy a bien voulu faire
dire et declairer les choses qui s'ensuyvent :

Assavoir, comme depuis le trespas de feue la royne Ysabeau, que
Dieu pardoint, le roy don Fernando, roy d'Arragon, son beau-pere,
ait chercié tous moyens à luy possibles pour avoir usurpé et detenu
ses royaumes de pardeçà et en prive et deboute ledit seigneur roy,
la royne sa compaigne et leurs enffans, contre Dieu, droit et raison.

---

[1] Bien que cette pièce diplomatique
n'ait pas un rapport direct avec les démêlés de la France et de l'Autriche, elle
s'y rattache néanmoins à raison du mariage tout français que venait de con-
tracter le roi d'Aragon, mariage évidemment contraire aux intérêts de Philippe
d'Autriche.

Et, pour ce faire, par couverture et dissimulacion, car jasmais ne se fait grant mal que soubz couleur et dissimulacion de quelque bien, affin de mieux parvenir à son intencion et non se mectre de prime face en l'indignation des grans ne du peuple, a, incontinent après ledit trespas de ladite feue royne, delaissié le tiltre de roy; mais, contre ce, il a prins tiltre de gouverneur et administrateur perpetuel desdits royaulmes; tellement qu'il eust peu sembler que en nom il n'estoit riens, mais en effect, en euvre et en gouvernement il eust eté le tout.

Tost après qu'il eust prins ledit tiltre de gouverneur et administrateur perpetuel, feist tenir courtès en la ville de Thore[1], esquelles courtès il se feist par les procuradores et autres jurer pour tel en se vantant en ce de certain testament de ladite feue royne, lequel toutesfoiz ledit seigneur roy n'a jasmais peu veoir, ne autre pour luy, par copie ne autrement, quelque requeste ou poursuite qu'il en ait faite ne fait faire. Par quoy appert clerement que ce n'est que abuz, combien que, quant ores il en eust quelque chose, que ce ne peut de riens avanchier ne prejudicier quant au droit dudit seigneur roy.

Ce fait, après qu'il a esté ainsi juré gouverneur et administrateur, en a bien usé; car il a entierement disposé à sa voulenté de toutes choses, ne plus ne moins que s'il eust resté seul roy, sinon que, ès publicacions de justice qui se faisoient et en expedicions de lettrages et autres choses, faisoit dire de par la royne sa fille, comme vraye heritiere, et de par luy comme gouverneur et administrateur perpetuel, sans faire mencion nulle du roy, non plus que s'il n'y eust droit ne action quelconque.

Oultre plus, affin d'avoir plus grant coleur d'usurper ledit gouvernement et de en animer les grans et le peuple envers et à l'encontre dudit seigneur roy, feist publier et courir la voix partout que ladite royne sa fille estoit folle; par quoy il devoit gouverner pour

[1] Toro, dans le royaume de Léon, où Ferdinand publia sa pragmatique, le 18 février 1505.

elle, et que ledit seigneur roy son mari la tenoit prisonniere, avec autres mensongies et bourdes infinies.

Encoires plus, icellui seigneur roy d'Arragon, en toutes devises, secretement et autrement, en sa chambre et ailleurs, aussi en sermons publicques, a journellement dit, fait et souffert dire et preschier dudit seigneur roy touts les vices, opprobres et choses deshonnestes que l'on pourroit dire de prince, pour par les moyens dessusdits mectre le peuple et aussi lesdits grans maistres en une horreur et hayne envers icellui seigneur roy.

Aussi a-il fait tout son povoir et par tous les moyens qu'il a peu et sceu adviser, par dons, promesses, alienacion des biens de la couronne et autrement, de gaigner et attraire lesdits grans maistres à luy.

Et combien que ledit seigneur roy ait bien sceu et journellement esté adverty des choses dessusdites, lesquelles il a paciemment souffert et enduré, en se mectant tousjours en tout devoir de faire et porter audit seigneur roy d'Arragon, sondit beau-pere, tout l'honneur et toute la reverence qui luy a esté possible et que bon fils est tenu de faire, esperant tousjours par doulceur et amour le vaincre et luy amolyr le ceur.

Ce non obstant, icellui seigneur roy d'Arragon, en perseverant tousjours de mal en pis et veullant spollier ledit seigneur roy et sesdits enfans de leur sucession, non seullement d'Arragon et de Naples, mais de tout, s'il eust peu, s'est allé marier et alier aux François, ennemis perpetuels des couronnes de Castille et d'Arragon, et a fait ung mariaige si vitupereulx[1], comme chacun scet, secretement, sans le sceu dudit seigneur roy, et en entretenant cependant l'ambassadeur d'icellui seigneur roy de belles parolles et de bourdes, nyant ledit mariaige jusques il estoit tout fait, disant tousjours qu'il vouloit tant de biens à icellui seigneur roy que merveilles, et luy estre bon pere; ce dont il a par effect monstré tout le contraire.

---

[1] Ce mariage prétendu *vitupereulx* fut conclu à Blois, le 12 octobre 1505, et ratifié, par le roi d'Arragon, à Ségovie, le 16 du même mois. Voyez *Corps diplomat.* IV, 1re partie, page 72.

Encoires, non content de ce, ledit seigneur roy d'Arragon, tost après ledit mariaige fait, a poursuy et fait poursuyr devers nostre saint pere l'investiture[1] dudit royaulme du vivant de ladite feue royne Isabeau, en l'an quinze cens et ung; laquelle investiture se feist expressement pour iceulx roy don Fernando, ladite royne Isabeau et leurs enffans procreez d'eulx deux et non de l'un d'eulx.

Pardessus le droit de ladite investiture, a-il autre droit d'une part, pour ce que ledit royaulme de Naples a esté gagnié et conquis, non d'argent, gens ne sang d'Arragon mais de Castille, d'autre part, par le mariage de monseigneur le prince avec madame Claude a y droit acquis pour mondit seigneur le prince[2].

Non obstant encoires toutes lesquelles choses, ledit seigneur roy, estant pour lors occupé en pluiseurs autres ses grans et urgens affaires, veant que promptement ne povoit obvyer ne remedier aux choses dessusdites, sans avoir mis tout le royaulme en guerre, à la totale destruction d'icellui, pensant tousjours vaincre par bien faire, aiant aussi quelque espoir sur les belles parolles que ledit seigneur roy son beau-pere disoit journellement, contraires toutes fois à ses euvres, mais pensoit que quelque jour il se convertiroit, feist certain traictié avec luy [3]......

[1] La bulle d'investiture est du 15 juin 1501. Voyez Lunig. *Codex Italiæ diplom.* II, 1311 ; Giannone, *Istoria del regno di Neapoli,* lib. XIX, cap. III.

[2] Par le traité du 12 octobre 1505, Louis XII avait renoncé à ses prétentions sur le royaume de Naples ; mais cette re-nonciation était-elle valable pour ses descendants ?

[3] On voit que cette minute d'instruction n'est pas achevée. Le traité dont il est question dans la dernière phrase est vraisemblablement celui du 24 novembre 1505, à Salamanque.

1507.

Cette année a commencé à Pâques, 4 avril.

LXI.

MAXIMILIEN À LOUIS XII.

Il déclare qu'il retiendra près de lui Antoine de Corbellis, qui lui a apporté des dépêches fâcheuses de la part du roi. (*Original. Biblioth. du Roi*, fonds de Béthune,
n° 8466.)

21 mai, à Constance.

Maximilien, par la grace de Dieu, roy des Romains, tousjours
auguste, etc. . . . . à très-hault et très-puissant prince, très-chier et
très-amé frere et cousin Loys, aussi par la grace de Dieu, roy de
France, salut et dilection. Nous avons oy et entendu les choses que
Anthoine de Corbellis, de Millan, vostre aumosnier, a dit et exposé
de vostre part, premiers à nous, et après aux electeurs princes et
aultres deputez du saint empire ; lesquelles sont au grand esclandre,
deshonneur et mesprisement de nous et dudit saint empire, et peut-
estre ne sont esté faictes ne ordonnées de vostre sceu [1]. Par quoy
avons retenu ledit Anthoine de le despeschier. Ancores pour ces
causes et autres, nous, lesdis electeurs, princes et deputez d'icellui
saint empire, sommes en intencion d'envoyer devers vous aucuns
ambassadeurs pour vous faire responce sur ce et autres matieres
touchans les affaires necessaires dudit saint empire, parler et communiquer plus à plain avec vous. Si vous requerons que par ce porteur nous veulliez signifier où nosdits ambassadeurs vous pourront

[1] Quand Maximilien reçut la lettre par
laquelle Louis XII lui annonçait, avec une
fermeté menaçante, son entrée victorieuse
à Gênes, il présidait la diète de Constance, où l'on méditait des projets hostiles
contre la France. Antoine de Corbellis fut
retenu jusqu'à ce que les événements de
Gênes fussent bien confirmés.

trouver. Très-hault et très-puissant prince, très-chier et très-amé frere et cousin, nostre Seigneur soit garde de vous. Escript en nostre cité de Constance, le 21ᵉ jour de may 1507.

MAXIMILIEN.

LXII.

MERCURIN DE GATTINARA ET SIGISMOND PHLOUG À MARGUERITE D'AUTRICHE.

Maximilien ne veut pas accorder la neutralité au comté de Bourgogne. Journée assignée par les Suisses, au sujet de la prise de Joux sur le marquis de Rothelin. Annonce d'une ambassade des Suisses vers l'empereur. Intelligence entre les Français et les Gueldrois en Brabant. Arrestation du sieur de Téligny. Affaire des aluns. Dispositions contre les Français et les Vénitiens. Arrivée de divers ambassadeurs. Audience des députés suisses. Nouvelles du roi d'Aragon. Projet d'invasion du comté de Bourgogne par les Français. Audience de l'ambassadeur de Navarre. Affaires de Gueldre [1].

(Original de la main de Gattinara.)

10 novembre, à Kauffbeuren en Souabe.

Ma très-redoubtée dame, je me recommande très-humblement à vostre bonne grace, et aussi faict le docteur messire Sigismond Pleugh [2], lequel est mal content estre plus nommé doyen d'Anvers, attendu qu'il a resigné ledit benefice et ne le fault nommer que par son nom.

Madame, je vous escripviz d'Yspruch, le vendredy 29 d'octobre, de ce qu'estoit sourvenu jusques à l'heure et de l'assignacion qu'havions de nous trover devers lui après la despechie des ambassadeurs de Bourgogne, que debvoit estre le meme jour; mais elle fut continuée à lendemain qu'estoit le sambedy, lequel jour nous trouvasmes

---

[1] Bien que cette lettre ne soit pas directement relative aux négociations entre la France et l'Autriche, on a cru devoir néanmoins l'insérer ici, parce qu'elle donne une idée sommaire de la situation respective des deux puissances à une époque où leurs rapports diplomatiques étaient interrompus.

[2] Sigismond Phloug, doyen d'Anvers, prévôt de Messine.

devers le roy et pour ce que le cardinal[1] estoit venu à Circle pour
parler audit seigneur roy de quelque nouveau brief venu de pape
touchant ces benoistz alluns; et le roy luy vint au devant à luy
doner audience aux champs en un pavillion qu'il havoit illeques faict
tendre. Le roy nous ordona que nous deussions pour ce soir aller
logier à une demie-lieue de là en un village, et que nous retournissions le dimenchie devers luy à trois heures après mydy; et despechia
ce soir les ambassadeurs de Bourgongne sans rien toucher de vostre
cas, ayns ordona un nombre de gens d'armes que debvoient aller
en la conté pour la garder jusques au nombre de cinq mille bien
poyés; et touchant les aultres demandes que ceulx de la conté faisoient, ils ne eurent point de response; et de la neutralité il n'en
fu faict mention ny d'un cousté ny d'austre. Et pour ce que, despuys
leur audience, estoit sorvenu nouvelle que les Suisses, de leur autorité, havoient prins une journée d'amytié touchant le faict du marquis de Rotellin, à cause de la prinse de Joux, le roy ordona le
prevost de Nurembergh, gran clerc et homme de bien, pour y aller,
et avesque luy maistre Antoine Saline, pour empescher qu'ils ne
fissent comant ils firent du fait de monsieur de Savoye, combien
que le roy dict qu'il ne se doubte point d'eulx et qu'ils n'entrepren-
dront riens à la faveur dudit marquis de Rotelin.

Lendemain, aynsi que nous cuydions tourner devers le roy, celon l'assignation qu'il nous havoit bailliée, il nous envoya dire qu'il
passeroit bientost devant nostre logis et que nous ne tournissions
poinct à Circle, mays que nous nous tenissions prest à nostre logis
pour parler à luy aux champs quand il passeroit; car il aloit coucher
à Estampe, à trois lieues de là, en une religion pour illeques fere
la Toutz-Saintz, et l'atendismes et allasmes parlant longuement à
luy, lequel nous dict qu'il estoit impossible nous despecher adhonc
là. et qu'il venoit devers luy une grande ambassade de Suizes, cellon
que luy havoient dict quelc'un desdits Suizes qu'estoient devers luy,

[1] Le cardinal de Sainte-Croix.

et qu'il leur vouloit aller au devant pour les trover plus tost. Et pour
ce, à cause de logis, nous ordonna que le jour de la Toutz-Sainctz
nous passissions une heure devant luy et allissions coucher à Nazaret,
et que de là nous marchissions tout jour devant jusques à Feixen,
qu'est à M. l'esvesque d'Ausbourg, au pié des montagnes, et que l'at-
tendissions là, sans dire à persone quelcunque le lieu où nous allions;
car il ne l'havoit dict que à nous, cellon qu'il disoit, et laissa le cardinal
à Yspruk aveque tous les ambassadeurs, reservé celluy de Navarre,
qu'il ordona que nous menissions en nostre compagnie; et fismes
aynsi qu'il nous avoit ordoné, et arrivasmes audit lieu de Feixen
mercredy IIIe jour de ce moys. Et cependant arriva la poste par vous
despechée le xxvii jour d'octobre devers luy, lequel ouvry le paquet
et print ses lettres et les leut, et puys nous envoya les nostres et les
siennes, et dict que nous veissions le tout, et que le vendredi au soir
il seroit là et parlerions ensemble.

Ledict jour de vendredi cinquiesme de ce moys, luy estre arrivé
audict Feixen, nous tirasmes devers luy aveque toutes les lettres,
lesquelles havions bien visitées; et pour ce que nous trouvasmes que
ès lettres de Françoys qu'estoient trovés mesmement, en aulcunes
estoit faict mencion de quelque pratique et intelligence que les Françoys et Gheldroys havoient en Brebant; de laquele estoit faicte mencion en aulcunes lettres du capitaine Thyligny, qu'il escripvoit au
roy de France, nous havons conseillé au roy qu'il vous deusset escripre de prendre ledit Thyligny[1] en vous mains et le fere conduire
à Willeworde, et là le fere bien garder afin de le povoir interroguer
pour decouvrir ses pratiques mencionnées en ses lettres; car, par
ce moyen, l'hon pourra descouvrir beaucoup de choses, mays il n'en
fault poinct soner mot que l'hon le conduise là à ceste cause, ayns
seulement pour le garder, afin que, si le roy perdist en la guerre
quelc'un de ses capitaines, qu'il le puisset rehavoir en bailliant ledit
Thyligny en eschangie. Car aynsi escript le roy à M. de Rollez, afin

---

[1] Théligny avait été fait prisonnier, le 17 octobre, à la déroute de Saint-Hubert.

qu'il le vous delivre plus volontiers, et luy escript aussy qu'il ne le fera poinct delivrer qu'il ne soit recompensé de la composicion que luy eust peu apartenir.

Au regard de l'ensegne que vous desirez estre renvoyée, le roy dict qu'il la veult envoyer à Ausbourg, pour en fere fere une toute tielle, et puys qu'il la renvoyera, mays je crois que ce sera la novelle que sera renvoyée.

Touchant le butin duquel est question comant l'hon en doibt fere, le roy dict que, puys que c'est une chosse faicte par le populaire, que le butin doibt estre general et comun à toutz ceulx qui estoient entre eulx; mais s'ils eussent eté gens d'armes et gagiés et qu'il n'y eust eu criés au contraire, le butin et prisoniers eussent esté à ceulx que l'eussent prins, et pour ce devés fere que le tout soyt entre eulx party aynsi qu'il apartient.

Des alluns il n'en sone mot; mays maistre Hans Renner m'ha dict que, sur l'aultre advertissement que nous luy bailliasmes, en suyvant vous lectres, comant vous aviez faict conduire à Anvers les iij^m chargies pour les vendre à poyer les empruntz, et que le pris estoit si petit que l'apoinctemant ne se pourroit bien conduire, ledit seigneur roy retira ses lettres avec lesdits articles de l'apoinctemant, afin que l'hon ne dit qu'il empeschiast que vous n'eussiés argent; et croy que ancores meins les vous envoyera-t-yl maintenant, despuys qu'il scet qu'ils sont venduz à si petit pris. Et mesmemant que le cardinal a eu du pape par le dernier brief que pour chosse du monde il ne consentira que par l'apoinctemant soit dict que Hyerome Friscobaldi soyt absolt, mais, après l'apoinctemant faict du demourant, il sera bien après content baillier l'absolucion à la requeste du roy; et pour ce, puys que les chiosses en sont là, que ny l'une ny l'autre n'est contente dudict apoinctemant, vous en pourrés fere à vostre bon plaisir. Mais Dieu veuillie que tout aille bien et que ceulx qui vous ont conseillé de aynsi fere sachient bien pourveoir que vous en sortissés à honeur et prouffit; car, au regard de moy, je vous en hay tout jour parlé aynsi que je l'entendoye, non poinct pour en fere mes souppes grasses, aynsi que l'hon vous disoit; car je n'hay onques eu promesse ny espoir d'en havoir un solz; mays ce que je vous en disoye, c'estoit pour vostre bien et honeur, et le cogneistrés après.

Touchant l'amas des gens que les Françoys ont, le roy dict que lui pourvoyra bien, et croy que ses gens d'armes ne tarderont pas longuement estre prestz : il ha ordoné maintenant M. le marquis de Brandebourg pour aller à Trente, du cousté des Veniciens, aveque une bone compagnie de gens bien en poinct, tant à pied que à cheval; mays l'hon ne scet à quel intancion ce soit, ou pour marchier contre les Veniciens ou pour tirer contre Milan; le conte de Montfort est despechié, d'un aultre cousté, pour tirer devers Come auprès de Milan. Il y ha les aultres gens que j'hay dict despechié devers Bourgongne; je ne say de quel cousté ira luy aveque la grosse flotte; mais je croy que, de quelque cousté que ce soit, les Françoys auront à soufrir largemant; car je les voys toutz bien deliberez pardezà, et ne fut onques vehuz Allemans si bien armés ny si bien montés, et ont aprins à fere leur harnois et selles à l'advantagie, et sont si bien montez les varletz comant les maistres. Et croy, à ce que je puis cogneistre, que nous ne serons poinct despechiez qu'il ne soit le roy prest à marchier.

Le roy ne couchia que une nuyt audit Feixen et nous dict dès au soir que nous partissions lendemain qu'estoit sambedy, et que venissions couchier à troys heures de là en un villagie qu'estoit entre ladicte ville de Feixen et la ville de Cauffepeyre qu'est une ville imperiale, et que le dimanchie VIIe de ce moys nous venissions audit Cauffepeyre, et que ledit jour luy-mesme s'y troveroit; car il coucheroit en un chasteau de M. l'evesque d'Ausbourg, qu'est en my-chemin; et aussy nous trovasmes trestoutz ledit dimanchie audit Cauffepeyre, et icy trovasmes les ambassadeurs des Suizes en nombre de soixante chivaulx ou plus; et vindrent le mesme soir lesdits ambassadeurs de Bourgongne auxquelz le roy avoit mandé revenir icy, et vint aussy messire Andrea de Burgo aveque un aultre ambassadeur d'Aragon, et vint la novelle qu'estoit arrivé à Campten un ambassadeur d'Angleterre, lequel debvoit aussy venir icy, et nous trovasmes le mesme soyr devers le roy pour soliciter la despechie de ceste poste, et dis à maistre Hans Renner s'il havoit envoyé la despechie du receveur de Flandres, pour laquele solicitoit M. de Fiennes, et me dict que, pour ce qu'il estoit comprins en la lettre des alluns, le roy l'havoit encores en ses mains, mays qu'il escriproit de noveau et qu'il vous envoyeroit les lettres de confirmacion du don que vous n'haviez faict et m'a promis de aynsi le fere.

Lendemain, que fu le lundy VIII⁹ de ce moys, devant que le roy alla à la messe, les ambassadeurs des Suizes qu'estoient en nombre treze, de chascun canton un, eurent leur audience, en la presence du conseil, et fusmes presentz ledict messire Sigismond et moy. Et en leur alleman, celon que me declaira adhonc ledit messire Sigismond, firent au roy beaucoup de belles offres; mays la conclusion estoit que touz les cantons desdicts Suizes, sans nully excepter, envoyeroient toutes leurs bannieres pour accompagner ledit seigneur roy vostre pere à prendre sa courone imperiale, en la maniere que ses predecesseurs l'hont prinse, soit à Rome, Milan ou ailleurs, et luy bailleront autant des gens que luy plaira; et, si quelc'un le veult empeschier à ce fere, luy emploieront corps et biens et tout ce qu'ils hauront pour le deffendre. Le roy les remercia et dict que après disner il deputeroit quelc'un pour havoir communicacion aveque eulx. Ce mesme matin, nous le solicitasmes pour despechier la poste, mays il nous dict qu'il havoit changié opinion touchant Thiligny, et qu'il vouloit que les lettres fussent faictes d'aultre sorte, et que à troys heures après disner nous retournissions devers luy pour conclure en ceste matiere et aussy touchant le faict des lettres du receveur de Flandres; car maistre Hans Renner m'havoit dict que le roy ne luy avoit poinct ordoné despecher les lettres celon la minute que l'hon luy havoit envoyé, ayns seulemant par maniere de provision : mays je luy dis que, par maniere de provision, c'estoit à fere d'un qui n'eust poinct de povoir; mais luy qu'estoit principal tuteur et mambour ne debvoit poinct mettre icelle clausule, ayns seulemant la clausule ordinaire *tant que nous plaira*; et adhonc il dict qu'il y vouloit penser et que nous en parlerions aveque le demourant. Ce mesme matin luy fust presenté les lettres que vous escripviés touchant la conciergierie de Bruxelles; mays je croy que ny l'un ni l'aultre de ceux qui sont només en vousdites lettres, ne le pourra havoir, car le roy dict qu'il l'havoit desjà doné à un Andrieu qui fu maistre d'artillierie durant la mambournye du roy son filz, et quant il laissa ladite mambournye, l'hon chassa toutz ses serviteurs, et qu'il fault cherchier de les recompenser maintenant. Ce mesme matin je parlay à messire Andrea de Burgo longuement des afferes d'Espagne, et me dict beaucoup de chosses, et, entre aultres, me dit qu'ils havoient esté destroussés quatre postes par lesqueles il vous escripvoit amplemant, et vous doibt escripre maintenant, et, à ce que j'entendz, le roy d'Aragon faict en Castillie tout tant qui veult. Et ledict roy d'Aragon ne pourchasse poinct havoir aultre apoinctemant aveque le roy vostre pere, disant qu'il n'y ha point de debat entre eulx, et dict qu'il n'est venu synon pour gouverner sa fillie et ses royaulmes au prouffit de ses enfans. Et, à ce que j'entends par les paroles dudit messire Andrea de Burgo, ledit roy d'Aragon ne s'acordera poinct à baillier ce qu'il eust baillié luy estant à Naples et devant qu'il entra en Castillie, ni de faire les seuretés tielles. L'ambassadeur dudict roy d'Aragon, novellemant venu, eust le mesme jour audience, joint aveque l'evesque premier venu, et est cestuy-cy un gentilhome aragonoys, et ne tachient à aultre chiosse sinon à l'apoinctemant du roy de France; mays je n'y voys pas le roy bien disposé, quelques bones paroles qu'il leur donet.

Ce mesme matin je parlay à M. le pardessus de Salins, lequel me dict qu'ils estoient revenus, pour ce que en chemin ils ont eu novelles que les Françoys qu'estoient en Brebant s'estoient retirez à Langres devers Bourgongne, et l'on disoit que M. de la Tremoille se preparoit pour envahir le conté de Bourgongne, et pour ce estoit venu pour haster le secours que le roy leur doibt envoyer. Et au regard de maistre Anthoine Salline, que debvoit aller devers les

Suizes avec le prevost de Nurembergh, il luy est sourvenu un cas de fortune que l'a ramené icy : car le roy havoit envoyé à un passagie pour fere prendre quelque pagie qu'il havoit entendu pourter aulcunes lettres; et, pour ce que ceulx qu'estoient à ce commis ne virent passer aultre pagie que celluy dudit maïstre Anthoine Saline, il le prindrent, et quant ilz virent que ledit maistre Anthoine l'advouoit son serviteur, il fu prins luy semblablemant, et furent maistre et varlet ramené devers le roy, lequel n'ha (en a) esté marry. Touteffoys ledit prevost de Nurembergh est allé tout seul à Berne; ledit maistre Anthoine suyra après, et s'en ira aussy ledit M. le pardessus; car le roy a envoyé en poste haster ses gens d'armes que debvoient aller en Bourgongne. Au regard de M. de Rye, il est desjà devant avec ledit prevost de Nurembergh.

Le mesme jour après disner, le roy eust communicacion avec les Suizes, et tachiet de les vouloir metre contre les Veniciens et les envoyer à Trente; car ce faisant, il fut asseuré mieulx d'eulx qui ne pourront pourter domagie à son aultre armée, et fera que les Veniciens se declaireront pour luy et bailleront argent pour payer lesdits Suizes à les employer contre les Françoys; et le roy dict qu'il espere d'en fere tout aynsi qu'il vouldra, et aulmeyns pour ce moyen il entretiendra que lesdits Veniciens ne sçauroient doner ayde aux Françoys, pour crainte de perdre eulx-mesmes leurs pays.

Le mesme jour le roy dona responce à l'ambassadeur de Navarre, luy declairant qu'il estoit content de ce que le roy son maistre demandoit, moyenant que, quant il sentiroit le roy vostre pere estre aux champs, qu'il rompist aussy de son cousté la guerre contre France; mays ledict ambassadeur ne se contente poinct de ceste responce, car il dict que cela ne se pourroit fere si subit et est après pour trover quelque aultre moyen; et le roy l'a assigné à ce soir après souper pour communiquer aveque luy de ceste matiere.

Après ces chosses, ledict seigneur roy se retira en un petit poyle tout seul et fist appeller messire Sigismunde et moy tant seulemant;

et fusmes plus d'une grosse heure aveque luy, et voulsi de noveau voir les lettres qu'estoient trovées à la desconfiture des Françoys [1], ès poinctz que nous havions signez, et, les havoir vehu et bien consideré, dict qu'il estoit d'opinion de declairer à monsʳ de Rollez la cause pourquoy il demandoit Thyligny estre remis en vous mains; que n'estoit que pour le interoguer sur aulcunes lettres par luy escriptes, et par aultruy à luy dressées, trovées en quelque bogiete de sa compagnie, et que, avoir interogué ledit Thyligny, il le feroit rendre en ses mains pour en fere son prouffit, et seroit d'opinion, que si l'hon treuve que le secretaire dudict capitaine soit prisonier, que l'hon le mettet en un aultre chasteau à part, pour le semblablement interroguer et à semblable promesse de le rendre à celluy qui l'haura prisonnier; et metés-y gens pour le garder que ne soyent poinct amys de la bande pour se laisser pratiquer, afin que l'hon peusset tirer la verité des pratiques qu'ils menoyent. Nous devisasmes aussy des lettres du recèveur de Flandres que poursuyt monsʳ de Fiennes; mays le roy dict que ny en ce ny en aultres il n'estoit deliberé fere nulle constitution d'offices, synon par maniere de provision, disant qu'il sçavoit bien que, au pays de par delà, quant la constitucion est nete, pousé qu'il y soit la clausule *tant que nous plaira,* neantmeyns ils veulent dire qu'ilz ne peulent estre despousés si n'ont meffaict, et que luy veult estre en liberté de depouser toutz officiers quant luy plaira, et me semble qu'il ha raison ; et, pour ce, ne l'hay voulsu presser plus avant; car lesdites lettres en maniere de provision souffiront assez pour tenir la posession dudict office ou de jecter l'aultre.

Nous entrasmes après en devise du faict de Gheldres, luy remonstrant qu'il estoit impossible entretenir icelle guerre, se luy n'y donoit aultre remede, et que le mal qu'estoit venu par delà, et la faulte d'argent qui estoit, c'estoit tout à sa cause; car si du comenzement il fust venu esdit pays d'ambas, ou aulmeyns qu'il vous eust doné povoir ample, les finances n'eussent pas esté distribuées aynsi qu'elles

---

[1] Il est sans doute ici question de l'échec éprouvé, le 17 octobre, par les Français, près de Saint-Hubert eu Ardennes.

ont esté, et eusset-on eu de l'argent plus largemant, au moyen de quoy l'hon eust peu fere quelque bon exploict, et par aynsi les subjectz eussent esté plus enclins à acorder quelque ayde pour venir au bout d'icelle guerre, et eussent faict mellieur resistence contre les Françoys que l'hon n'ha faict; car ceulx qu'estoient suspectz en la matiere, l'hon les eust peu ouster leurs gens d'armes et en metre des plus propices. Adhonc il nous responditst que cela que n'estoit faict se povoit encores fere, et qu'il estoit adverty que en Gheldres luy estoit la peste et la plus grande famine qu'estoit possible, et que messire Charle de Gheldres n'havoit de quoy poyer ses pietons, et qu'il les havoit cuydé poyer du butin des Françoys, mays qu'il havoit failly; et, à ceste cause, lesdits Gheldroys s'estoient desparty malcontentz des Françoys, et dict que monseigneur le prince d'Anhalt luy avoit escript que monsieur de Gheldres alloit contre monsieur de Cleves, et que luy le suyvoit à toute sa bande, et qu'il esperoit, à l'ayde dudict monsieur de Cleves, l'attaindre et rencontrer. Et nous dict le roy un aultre bon mot pour lequel il se declaira assés plus qu'il n'havoit faict par avant : c'est que luy-mesme, en passant par France, viendroit par delà, et qu'il doneroit ordre à toutes chosses devant que aller en Italie; mais ce doibt estre bien secret.

Du demourant de nostre chargie, il dict qu'il vouloit enchores comuniquer aveque nous devant que de fere les despechies, et que nous tournissions lendemain, qu'estoit le mardy, que fu iher, viiie de ce moys, et après nous manda dire que nous ne bougissions jusques à ce qu'il envoyeroit par nous : ce que nous fismes; mays il fu tant empeschié avec les Suizes, qu'il ne fu possible d'entendre en nostre cas. Mays quelque chosse que ce soit, nous ne reviendrons poinct devers vous sans l'un des deux, ou que vous appourterons bone et agreable despechie, ou que vous conduyrons luy mesme, que vous le contraindés à vostre apetit; et si, ce pendant, ne vous povons servir d'aultre chosse, vous servirons aulmeyns de vous advertir des novelles de par dezà.

Monsieur le cardinal est entre ces montagnes, venant d'Yspruch, et croy que le roy le fera aler à Ausbourg l'attendre là ; mais luy ne luy ira pas, et l'hon murmure qu'il doibt partir d'icy au jour d'huy. Touteffoys, il ne nous en ha encores riens dict, ne savons quel chemin il prendra : je crois qu'il le nous dira quant il sera à chival, et non plus tost, aynsi qu'il est accoutumé.

Le don prevost n'ha jamays parlé au roy despuys qu'il partist d'Yspruch ; touteffoys l'hon m'ha dict qu'il vient et qu'il sera icy dedans deux ou troys jours, mais il viendra après les avoynes levées.

Ma très-redoubtée dame, nous vous avertissons au long de tout ce que povons entendre, afin que vous, qui havés l'entendement plus speculatif que nous, en faictes vostre prouffit, si vous sçavés, et aussy pour ce que cogneissons que desirés estre adverty du tout bien au long, et, pour ce, nous tiendrés excusés des longues lettres.

Le roy ha eu quelque novelles des guerres qui sont et se preparent maintenant entre les infideles, mesmement d'un seigneur Sophy, roy de Perse, jeune prince qui tient quelque novelle loy, et tout le monde le suyt, et fera la guerre contre le grand Turch, lequel l'hon tient estre en dangier de perdre toutz ses pays. Les novelles sont en italien, et les hay copié de ma mayn ; mays les pourrés fere translater par Marnix[1] en françoys.

Ma très-redoubtée dame, vous nous manderés et commanderés tout jours vous bons plaisirs pour iceulx acomplir à tout nostre povoir, aydant Nostre Seigneur, auquel je prie, ma très-redoubtée dame, vous doner l'accomplissement de vous desirs. Escript à Couffepeir, ce x^e jour de novembre 1507.

Vostres très-humbles et très-obeissans serviteurs,

Sigismond Phleug et Mercurin de Gattinara.

---

[1] Jean de Marnix, seigneur de Thoulouse, était secrétaire de Marguerite d'Autriche pour les lettres latines et italiennes.

1508.

Cette année a commencé à Pâques, 23 avril.

LXIII.

MARGUERITE D'AUTRICHE À LOUIS XII.

Elle le remercie de ses bonnes intentions pour la paix, et lui soumet un projet de trève.

(*Minute.*)

Août.

Monseigneur, très-humblement à votre bonne grace me reco- mande.

Monseigneur, en partant de Breda pour venir en ceste ville, je receu les bonnes et gracieuses lettres qu'il vous a pleu m'escrire par vostre chevaucheur d'escuierie, porteur de ceste, par lesquelles me declairez de plus en plus le bon vouloir et affection qu'avez d'entendre au bien de paix, et dictes en avoir plus au long de- clairé vostre intencion à Nicolas Frizio, que l'empereur mon sei- gneur et pere avoit à ceste cause renvoyé devers vous.

De quoy, monseigneur, et de voz bons avertissemens je ne vous seroye assez humblement remercyer; et vous prie qu'il vous plaise continuer en icellui vostre bon vouloir. Et de ma part, monseigneur, je mectrey paine m'employer tellement à l'adresse des affaires que, avec l'ayde de Nostre Seigneur, il s'en enssuyvra une bonne fin au bien universel de toute la chrestienté, comme je l'ay tousjours desiré et desire.

Monseigneur, incontinent que ay esté arrivée en ceste ville, qui fut hier bien tard, ledit Frizio est venu devers moy, et, par comman- dement de mondit seigneur et pere, m'a declairé la charge qu'il avoit à luy de par vous, sur les mêmes matieres que dessus, avec la bonne voulenté qu'il a trouvée en vous de traictier et conclure ladite treve et paix ; tellement que je ne faiz aucune difficulté que, toutes choses bien entendues d'une part et d'aultre, elle ne vienne à une bonne conclusion. Neantmen, à cause que mondit seigneur et pere est à present assez loing d'icy et qu'il n'est possible avoir si tost responce de luy, ay bien voulu respondre à vosdites lettres avant que actendre que icellui Frizio ait exploité sadite charge, lequel demain s'en va devers luy, mesmement pour vous faire congnoistre que je n'ay maindre affection d'entendre à ung si grand bien que plusieurs fois vous ay escript et ay fait dire.

Et pour plus promptement y parvenir, monseigneur, me semble que la maniere de la treve que vous ay fait mectre en avant par Bregilles mon serviteur, estant à present devers vous, pourroit pour le present trop plus achever l'effect de ladite paix ; car d'austant que le terme sera plus brief, les ambassadeurs d'une part et d'autre conviendront plus tost ensemble pour communiquer sur toutes choses concernans le bien et avancement d'icelle paix, et ne seront ainsi dillayez. Par quoy, monseigneur, vous supplie, si n'avez desjà depesché ledit Bregilles sur sa charge, le vouloir incontinent depescher selon icelle ; et moyennant ce, je pourrey plus convenablement induyre mondit seigneur et pere en toutes choses requises pour la conclusion de ses matieres.

Cependant, monseigneur, je mectray payne que du costé de pardeçà ne sera fait aucun nouvel exploit de guerre riere le pays de Gheldres, ainsi que le desirez.

Monseigneur, si vostre plesir est, m'envoyrez à toute diligence responce sur ce par l'omme que à ceste cause j'envoye presentement avec ledit porteur, afin que selon icelle je me puisse tant mieulx employer à une bonne et si louable œuvre, en priant le benoit filz de Dieu, Nostre Seigneur, qui vous doint l'accomplissement de voz nobles et vertueulx desirs. Escript, etc.

LXIV.
TRÊVE DE SIX SEMAINES

ACCEPTÉE ET CONCLUE PAR LE ROI LOUIS XII, POUR PARVENIR À UN TRAITÉ DE PAIX
ENTRE LUI ET LE DUC DE GUELDRE, D'UNE PART, ET MAXIMILIEN, EMPEREUR,
ET MARGUERITE D'AUTRICHE, D'AUTRE PART.

(Orig. en parchemin scellé.)

18 octobre, à Rouen.

Loys, par la grace de Dieu, roy de France, à tous ceulx qui ces
presentes lettres verront, salut. Comme pour parvenir à quelque bon
traicté de paix ou longue treve et abstinence de guerre entre très-
haut, très-excellent et très-puissant prince et nostre très-cher et très-
amé frere l'empereur, nostre chere et très-amée cousine la duchesse
doaayriere de Savoye, etc.; et nostre très-cher et très-amé cousin
l'archiduc d'Autrice, d'une part, nous et nostre très-cher et très-amé
cousin le duc de Gheldres, les pays, terres et seigneuries et subjetz
de chacun de nous, d'autre, laquelle paix ne se peust si tost ne si
facilement faire et traicter, pour ce qu'il conviendra faire plusieurs
allées et venues pour assembler et envoyer les personnages qu'il
fauldra envoyer d'un costé et d'autre pour ceste matiere, sans prendre
prealablement quelque petite treve : Nous, à ces causes, qui desirons
de tout nostre cueur, et pour eviter aux maulx, perilz et inconveniens qui adviennent par fait et disposicion de guerre, que ladite
paix ou longue treve se puisse prendre entre nous, avons prins et
accepté, prenons et acceptons par ces presentes, bonne et seure
treve et abstinence de guerre avec ledit empereur, nostredite cousine la duchesse douayriere, et nostredit cousin l'archiduc d'Austrice,
pour eulx, l'evesque d'Utrecht, le duc de Cleves, le conte de Hornes
et les barons du pays de Gueldres tenans leur party, leurs pays,
terres, seigneuries et subgectz, pour nous et nostredit cousin le duc
de Gheldres, et pareillement pour noz très-chers et amez cousins

l'evesque de Liege et sieur de Sedan, noz pays, terres, seigneuries et subgectz, jusques à six sepmaines prouchain venans, à compter du vingt-cinquesme jour de ce present mois d'octobre, pendant lequel temps les choses demoureront en l'estat qu'elles sont, tant en Hollande, Gheldres que ailleurs, sans rien innover d'une part ne d'aultre, pourveu que icelle treve ne soit communicative entre les subgectz de nosdits frere et cousin l'empereur et archiduc, et ceulx de nostredit cousin le duc de Gueldres, et que durant icelle, iceulx seigneurs empereur et archiduc et nostre cousin de Gueldres ne pourront ravitailler les villes et places tenans leurs partiz par les païx l'un de l'autre. Promettant en bonne foy et parole de roy, pour nous et nostredit cousin le duc de Gheldres, que pendant ledit temps de six sepmaines, nous tiendrons et ferons entretenir de nostre part ladite treve sans rien faire et innover, et si aucune chose estoit faicte au contraire, nous la ferons reparer et mectre au premier estat. En tesmoing de ce, nous avons faict mectre nostre scel à ces presentes. Donné à Rouen, le xviiie jour d'octobre, l'an de grace mil cinq cents et huit, et de nostre regne le onziesme [1].

Sur le repli, Par le Roy : ROBERTET.

LXV.

HENRI VIII, ROY D'ANGLETERRE, À MARGUERITE D'AUTRICHE.

Il autorise ses ambassadeurs, malgré les difficultés qu'il y trouve, à accompagner la princesse à l'assemblée de Cambray. (*Original.*)

7 novembre, à Greenwich.

Très-haute et excellente princesse, ma très-chere et très-amée bonne cousine, à vous je me recommande tant affectueusement et cordialement que faire puis, et vous plaise savoir que, combien que

---

[1] Le 6 décembre, le cardinal d'Amboise prolonge la trêve de huit jours. (*Lettres de Louis XII,* I, 131.)

par les derrenieres lettres que je vous ay escriptes, responsives à la
requeste que m'avez faicte d'ordonner et commander à mes ambassadeurs qui sont par delà de vous accompaigner et assister à la journée
et assemblée qui se doit faire et tenir à Cambray, entre vous et mon
cousin le legat de France, je vous ay signifié que, pour plusieurs
grandes et raisonnables considerations, je ne povoye par honneur
ordonner et commander à mesdits ambassadeurs d'eulx trouver à
ladite assemblée, fors mon chevalier et conseillier messire Edouard
Wyngflide, lequel j'avoye appoincté auparavant, en tant qu'ilz n'a-
voient encoires esté ouyz de mon bon frere et cousin l'empereur vostre
pere, et que ce seroit chose fort estrange qu'ilz deussent aller ailleurs
et laisser le principal de leur charge qu'ilz avoient, tant envers mon
frere et cousin l'empereur vostredit pere qu'envers vous. Toutefois
j'entens que dempuis l'empereur, mondit bon frere et cousin, les a
favorablement ouyz et recueilliz en leur donnant bonne et gracieuse
audience, et qu'il les a très-fort instantez de vous accompaigner, et
à ceste intencion ordonné et commandé à son orateur et ambassadeur le prevost de Cassel[1] de m'en soliciter et instanter de sa part.
A ceste cause et pour ce que je desire de tout mon cœur faire chose
qui puisse estre au gré et consentement de luy et de vous et que je
vouldroye bien voulentiers que mesdits ambassadeurs vous peussent
d'aucune chose servir et prouffiter au bien et advancement des matieres pour lesquelles vous vous devez trouver avecques mondit
cousin le legat, et que très-singulierement je desire qu'en ce puissiez acquerir honneur et louenge, aussi en tant que j'ay sceu que
mondit bon frere et cousin l'empereur vostredit pere a par deux ou
troys fois ouy iceulx mes ambassadeurs sur le contenu en leurdite
charge, comme dit est, et que je suppose que dempuis la rescripcion
qu'ils m'ont faicte il les a encoires derechief ouyz, j'ay pour les considerations dessusdites, neantmoins que par ce moyen je differe et
retarde mes propres causes et affaires, ce que je n'eusse pas voulentiers faict, ne feust pour complaire à mondit bon frere et à vous,

---

[1] George de Themsicke, conseiller et maître des requêtes.

combien que je considere bien aussi que mesdits ambassadeurs ne sont pas pourveuz de chevaulx ne de telles choses qui leur seroient necessaires et requises d'avoir pour aller en tel voiage, parce que, à leur departement d'avecques moy, je ne pensoye point qu'ilz deussent aller plus avant que à l'empereur mondit bon frere et cousin vostre pere et par devers luy.

Toutesfoiz, afin de complaire à mondit bon frere et cousin et à vous, comme dit est, leur ay maintenant ordonné et commandé de vous accompaigner et assister à ladite journée et vous faire tout le plaisir et service que possible leur sera; car sur toutes choses je desire à vous faire honneur et plaisir et souvent entendre de voz bonnes nouvelles, et pourtant je vous pry, ma bonne cousine, que m'en vueillez escripre et advertir de temps à aultre, à quoy prendray toute joye, felicité et plaisir, et de ma part suis bien deliberé de vous faire le semblable, ainsi que sçait nostre Createur, qui, très-haulte et excellente princesse, ma très-chere et très-amée bonne cousine, vous doint aussi bien prosperer que je vouldroye ma propre personne, et vous octroyer l'accomplissement de voz desirs. Escript en mon manoir de Grenewiche, le VIIe jour de novembre. Vostre bon et loyal cousin. *Signé* HENRY. *Et plus bas :* MEAUTIS.

LXVI.

L'ABBÉ DE MAROILLES ET JEAN CAULIER À MARGUERITE D'AUTRICHE.

Le cardinal d'Amboise est allé passer le temps à Péronne; il n'a pas encore fait retenir son logis à Cambray : du reste, les choses prennent une bonne direction. (*Original.*)

13 novembre, à Cambray.

Madame, tant et sy très-humblement que faire povons nous recommandons à votre bonne grace.

Madame, nous avons entendu que monsieur le cardinal d'Amboise, legat en France, s'en va à Peronne pour passer le temps, en quoy faisant il n'entend plus eslongner ceste ville que de Sainct-Quentin, et sy envoye vers vous à dilligence ung secretaire, lequel est arrivé en cette ville ad ce midy, et entend estre vers vous demain de bonne heure.

Messeigneurs de Paris et conte de Carpi nous ont dit que les matieres s'entretiennent en bonne esperance; neantmoins mondit sieur le legat n'a encoires envoié ici pour prendre ou choisir son logis; dont de tout, madame, vous advertissons.

Madame, commandez-nous vos très-nobles plaisirs pour les accomplir à l'ayde de Dieu, auquel nous prions vous donner bonne vie et longue et l'entier accomplissement de vos très-nobles desirs. A Cambray, le xiiie de novembre. Vos très-humbles et obeissants serviteurs.   J. abbé de MAROLLES[1], J. CAULIER.

LXVII.

MATHIEU LANG, ÉVÊQUE DE GURCE, ET MERCURIN DE GATTINARE, À MARGUERITE D'AUTRICHE.

Ils sont allés au-devant du légat jusqu'à Lesdain ; la princesse peut se disposer à venir à Cambray le lendemain. (*Original.*)

19 novembre, à Cambray.

Nostre très-redoubtée dame, très-humblement à vostre bonne grace nous recommandons.

Madame, suyvant ce que vous avons escript, et qu'il vous a pleu nous donner de charge, avons ce jourd'huy esté diné à Lesdain[2], devers monsieur le legat de France, lequel avons trouvé accompaigné de plusieurs gens de bien et en grand nombre, tant d'eglise que d'autres, et pour l'honneur de vous, madame, nous a fait bon et honnorable recueil.

---

[1] Jean Gosselet, abbé de Maroilles en Hainaut, depuis 1483 jusqu'en 1523.

[2] Village du Cambrésis, à deux lieues sud de Cambray.

Madame, après le disner, ledit seigneur legat s'est retiré en une chambre seul et nous avec luy, auquel avons présenté nos lettres de credence, dit et decliné nos charges bien et au long avec plusieurs autres devises et repliques eues tant de sa part que nostre, que trop longues seroient à escripre ; et pour conclusion l'avons tellement reduyt que n'a esté sans grant mistere que vous povez preparer pour venir, ainsi que le tout plus à plain vous declarerons demain au soir. Aydant Nostre Seigneur qui, nostre très-redoubtée dame, vous doint l'entier de vos très-nobles desirs. Escript à Cambray, ce xixe jour de novembre.

Madame, depuis cestes escriptes, avons receu vos lectres avec celles que l'empereur vous a escriptes et à moy, evesque de Gurce, et vous remercions très-humblement que vous a pleu nous communiquer vosdites lettres, auxquelles presentement ne vous faisons nulle responce pour ce que demain la vous ferons mieulx de bouche que par escript.

Vos très-humbles et très-obeissans serviteurs,

GURCENSIS, MERCURIN DE GATTINARA.

LXVIII.

JEAN GOSSELET, ABBÉ DE MAROILLES, ET JEAN CAULIER, À MARGUERITE D'AUTRICHE.

Dispositions pour la réception de la princesse et la tenue du congrès. (*Original.*)

22 novembre, à Cambray.

Madame, tant et si très-humblement que faire povons à vostre bonne grace nous recommandons.

Madame, nous avons à la mynuict receu vos lectres et celles que escripvez à monsieur le legat de France, que luy avons incontinent envoyé par le poste, et sy avons aussy receu celles que escripvez aux prevost et eschevins de ceste cité, que leur avons baillé et exposé ce que par vos lectres nous escripviez.

Lesquelz nous ont requis avoir induce parler à leurs compaignons qui avoient esté toute la nuyt sur boult pour ouvrir les portes aux postes, et, après avoir leu vos lectres et communiqué à leursdits compaignons, nous ont à ceste heure respondu qu'ils vous merchioient, et sont très-joyeulx du contenu en vos lectres, se emploieront leur povoir au furnissement et accomplissement d'icelles, pourveu qu'ils aient le semblable de monsieur le legat de France, nous suppliant leur vouloir envoyer, le plus tost qu'il sera possible, vostre rolle pour, celon ce et celui dudit seigneur le legat qu'ils ont requis aussy avoir, eulx regler à la widenge des personnes estans en ceste cité non desclarées esdits rolles.

Nous avons veu le rolle de vos fouriers estans icy, la copie duquel vous envoyons cy-enclose, pour ce qu'il n'ataint le nombre de quatre cens chevaulx.

A ce matin sont venus vers nous messieurs de Humieres et de Monthoison, aucuns chargés de faire le logis des François, qu'ils nous ont dit que ledit seigneur le legat, oultre les quatre cens personnes à chevaulx dont il a fait son rolle, voldroit bien amener jusques à quarante personnes à chevaulx italyens dont il ne se poeult faire quitte, sy qu'ils nous ont dit, et que vous, madame, polriez faire le semblable; sur quoy leur avons respondu que volluntiers vous en advertirions pour, sur ce vostre plaisir sceu, en rendre la responce[1].

Madame, commandez-nous vos très-nobles plaisirs, etc.

A Cambray, le xxiie novembre.

Vos très-humbles et obeissants serviteurs,

J. abbé de MAROLLES, et J. CAULIER.

---

[1] Touchant les dispositions préliminaires et les incidents de ce congrès de Cambray, voyez *Lettres de Louis XII*, I, 120-135; *Correspondance de Maximilien et de Marguerite*, I, 97-99, 104-106, 107, 108.

LXIX.

ARTICLES DU TRAITÉ CONCLU A CAMBRAY

ENTRE L'EMPEREUR MAXIMILIEN ET CHARLES D'AUTRICHE SON PETIT-FILS, D'UNE
PART, ET LE ROI LOUIS XII ET CHARLES D'EGMOND, DUC DE GUELDRE,
D'AUTRE PART [1].

(*Minute ou copie du temps.*)

10 décembre, à Cambray.

Premierement a esté traictié, conclut et accordé, entre la procureuse et procureur dessus nommés, que, entre le très-sacré empereur, tant à son propre nom que aussi comme bail, tuteur et manbour dudit très-illustre prince des Espaignes et archiduc d'Austrice, d'une part, et ledit très-chrestien roi de France, d'autre, pour eulx, leurs royaulmes, pays et subgectz quelconques, soit une bonne, vraye, feable et lealle paix, singuliere et incorrumpable union, amytié, ligue, fraternité et confederation, laquelle durera à la vie d'ung chacun d'eulx, assavoir dudit très-sacré empereur et dudit très-chrestien roy de France, et par un an après; et dès maintenant, ilz desmectent toute rancune, malvueillance et inimyté.

Item, il a esté conclut qu'il soit entre les dessusdites parties une especiale confederation contre les Turcz et autres infideles et ennemys de la foy chrestienne, tellement que, leurs affaires accompliz, quant bon leur semblera ilz puissent entendre à l'execution d'icelle emprinse; et que si l'un d'eux, assavoir dudit très-sacré empereur et très-chrestien roy de France, vouloit invahir lesdits Turcz ou autres infideles et ennemys de la foy chrestienne, l'autre sera tenu aydier à icelluy assaillant et l'assister de son povoir et luy faire et bailler toute ayde et faveur, provocant aussi à ceste glorieuse em-

[1] Comme, jusqu'à présent, on ne connaissait que le texte latin de ce traité, nous croyons utile d'en donner ici la traduction faite par une plume contemporaine. Voir le texte latin dans Dumont, *Corps diplomatique*, IV, 1re partie, p. 111.

prinse notre très-sainct pere et tous autres princes et roys de toute
la chrestienté.

Item, que, en ceste paix, union, amytié, ligue, fraternité et
confederacion soient comprins et se entendent pour expressement
comprins tous subgectz, vassaux, amys et confederez d'une chacune
partie, tant deçà que delà la mer, et quelque part qu'ilz soient;
et specialement lesdites deux parties ont nommez pour leurs amys
et confederez notre très-sainct pere le pape et les serenissimes roys
d'Angleterre, d'Ongrie et d'Arragon, pour leurs royaulmes et seigneuries.

Item, à la contemplacion de la magesté de l'empereur, il a esté
traictié, conclut et accordé que, durant un an prouchain puis le
jour de la publicacion et ratifficacion des presentes devoir à en-
comencer, riens par voye de fait ou d'armes ne sera actempté contre
les serenissimes roy et royne de Navarre et leurs royaulmes et seigneuries, ne par le très-chrestien roy de France, ny par illustre seigneur Gaston de Foys, duc de Nemours, ou autres leurs subgectz,
amys et confederez, directement ou indirectement, soubz quelque
coleur que ce soit. Neanmoins, quant aux seigneuries qu'ilz tiennent soubz la souveraineté et jurisdiction du royaulme de France,
l'on pourra contre eulx, juridicquement et par tous remedes de
justice, proceder et les contraindre de obeir à ce que en sera jugé;
et quant au droit du royaulme de Navarre et autres choses que ne
sont subgectes à la corone de France, demourra tout le different
de ce, durant ledit an, en suspens. Cependant, touteffois et devant que ledit an soit expiré, l'imperiale majesté et le très-chrestien
roy de France pourront entre eulx traictier d'aucun bon expedient,
pour paciffier et apoincter ceste difference dudit royaulme de Navarre.

Item, pour ce que le très-chrestien roy de France a voulu aussi in-
clurre expressement pour son confederé messire Charles de Gheldres,
dit d'Egmond, lequel touteffois l'imperiale majesté, pour ce qu'il n'a
accepté les treves des six sepmaines, ains icelles rompues, pretendoit

devoir estre toutallement forcluz de cedit traictié, et, en cas qu'il y
deust estre comprins, le devoir, premierement et avant tout euvre,
constraindre de rendre ce qu'il a recouvré, maiz plustot usurpé dudit
duché de Gheldres, après la paix ou treve par luy faicte avec feu le
serenissime roy de Castille; assavoir des villes et chasteaulx que ledit feu roy, par le contenu d'icelle paix ou treve, devoit tenir et pos-
sesser jusques à ce qu'il fust cogneu du droit des parties, que sunt
en somme quatre villes et trois chasteaulx qu'il a prins et usurpé après
ladite paix ou treve rompue, oultre la ville de Wesp et le chasteau
de Mude en Hollande; esquelles pieces ledit messire Charles ne peult
pretendre aucun droit. Il a esté conclut et accordé, pour bien de paix
et à la contemplacion dudit roy de France, que ledit messire Charles
d'Egmonde soit encloz en ce traictié avec ces conditions; assavoir, que
ledit messire Charles soit tenu premierement et avant toute euvre,
en dedans XL^{te} jours prouchains après la dacte de ce present traictié,
lascher et restituer au très-illustre monseigneur l'archiduc et prince
des Espaignes ladite ville de Vesp et chasteau de Mude par luy usurpez
en Hollande. Et quant aux autres usurpez au duché de Gheldres, auquel une chacune partie pretent droit, affin que ledit affaire soit avec
fundement finablement decidé et terminé, une chacune partie joyra,
tiendra et possessera les villes et chasteaulx qu'elle tient de present,
avec leurs droiz, appartenances et dependances quelconques, et ne
se pourront traveillier ensemble directement ou indirectement jusques il soit cogneu du droit des parties. Pour laquelle congnoissance
faire dès maintenant sont, communement et d'un commun accord,
esleuz pour arbitres et compromissaires de ce different : assavoir, ledit très-sacré empereur et les serenissimes roys de France, d'Angleterre et d'Ecosse, pourveu que ledit empereur et roy de France,
comme plus prouchains voisins, eslisent dedans un moys prouchain,
chacun d'eulx, deux ou trois preudommes, ydoines et hommes honnestes; lesquelz, avoir prealablement fait serment de feablement visiter et rapporter, se trouveront sur le lieu qui par lesdits empereur
et roy de France sera choisy, et illec verront et visiteront les droiz

des parties et examineront diligemment tout l'affaire, et feront au
surplus tout ce qui sera necessaire et expedient quant à ce. Et ladite
visitacion ainsi faicte, et le procès par eulx instruict tout à plain, feront rapport ausdits quatre arbitres et compromissaires. Et pour icelle
visitacion faire, les deux parties seront tenues de exhiber leurs droiz
ès mains desdits personnaiges qui seront deputez en dedans deux
mois après l'election et nominacion desdits deputez. Lesquelz arbitres
et compromissaires, en dedans un an, dès le jour de la publicacion
et ratification de l'empereur et du roy de France, ou plus tôt, si faire
se peult, jugeront et termineront et proffereront leur advis et sentence
sur cesdits differens et droiz des parties. Et si lesdits compromissaires
et arbitres ne peuvent se trouver ensemble en un lieu pour profferer
ladite sentence arbitramentale ou leur jugement, ung chacun d'eulx
pourra deputer un delegué en son lieu, qui, les parties appelez,
se trouveront ensemble, ou sur le lieu du different, ou en autre
qu'ilz choisiront, et sur lesdits differens prononceront leur sentence.
Laquelle prononciation ainsi faicte aura austant de valeur et d'efficace que si elle estoit faite par lesdits arbitres. Auquel jugement et
decision desdits arbitres et compromissaires, ou de leurs deputez
et deleguez, icelles deux parties seront contrainctes obeir, obtem-
perer et acquiescer sans aucun contredit. Et à quelle que ce soit
desdites parties que ledit duché de Gheldres soit adjugé, comme
dit est, l'autre partie sera tenue restituer tout ce qu'il se trouvera
tenir et usurper dudit duché, et en toutes choses obeir et obtem-
perer á ceste sentence qui se profferra, comme dit est, sur paine
de perdre le droit pretendu audit duché par la partie qui ne l'observera. Et si lesdits arbitres et compromissaires ne pouvoient à
bonne, juste et raisonnable cause, decider et terminer ceste question en dedans ledit an, il leur sera loysible, incontinent ledit an
expiré, ordonner quelque honneste moyen selon lequel icelles deux
parties se devront conduyre et gouverner oudit duché de Gheldres,
jusques à ce qu'il soit plus à plein cogneu du droit desdites parties
par lesdits arbitres, lesquelz pourront, s'ilz sont en ce tous d'un

commun accord, et non autrement, proroguer ledit compromis pour
une fois tant seulement, demeurant toujours ceste paix ferme et
estable entre les parties contrahans. Et si ce pendant se mouvoit
aucune controverse sur le possessoire desdites choses et appartenances d'icelles, ne pourront ny debvront icelles parties en ce
proceder par voye de fait; ayns remectront ce different aux arbitres
qui se esliront et deputeront par l'imperiale majesté et le roy de
France. Et si ledit messire Charles de Gheldres, dit d'Egmonde, ne
obtemperoit et observoit aucune des conditions et qualités dessusdites, ou que aucunement il contrevenist à aucune d'icelles, directement ou indirectement, soit non restituant les villes de Hollande,
desquelles dessus est faicte mencion, soit qu'il ne voulsist accepter
et ratiffier ce present traictié en tant qui le touche, soit aussi qu'il
ne voulsist obeir à ce qui seroit prononcé et jugé par lesdits arbitres
et compromissaires esleuz comme dit est, ou en quelque autre
maniere que ce soit il faillie au contenu de cedit traictié, cesdits cas
ou aucun d'iceux advenant, ledit très-chrestien roy de France, en
quelque maniere que ce soit, ne donera alors aucune ayde ou faveur
audit messire Charles; *ymo,* effectuelement mectra paine que aussi
les subgectz dudit très-chrestien roy de France, en quelque maniere
que ce soit, ne luy feront aucune ayde, faveur ou assistance, tellement que ledit messire Charles, en nul des cas dessusdits, n'aura du
très-chrestien roy ny de ses subgectz, directement ou indirectement,
sous quelque coleur que ce soit, nulle ayde, faveur et assistence.

Item, pour ce que, par la treve de six sepmaines nouvellement
faicte entre la majesté imperiale, tant à son nom comme aussi au
nom de très-illustre prince monseigneur l'archiduc et prince des
Espaignes, son nepveur, et le très-chrestien roy de France, tant à
son nom que aussi au nom de messire Charles de Gheldres, dit
d'Egmonde, entre autres choses, ledit très-chrestien roy de France
a expressement promis en bonne foy et en parolle de roy, pour luy
et ledit messire Charles de Gheldres, que, pendant ledit terme
de six sepmaines, ladite treve seroit entretenue sans aucune inno-

vacion; et si aucune chose estoit faicte au contraire, il feroit cella reparer et remectre au premier estat. Et pareillement la majesté imperiale, pour luy et mondit seigneur l'archiduc, ont promis faire le semblable. A ceste cause il a esté conclut et accordé que tout ce que, pendant le temps d'icelle treve de six sepmaines, aura esté, d'une part et d'autre, prins et occupé, au prejudice d'icelles treves, contre tous ceulx qui sont nommez et comprins en icelles, se devra incontinent restituer et reparer et remectre au premier estat, toutes excepcions arrieremises, et que le très-chrestien roy de France le fera ainsi par effect faire et exequuter, tant de sa part que aussi dudit messire Charles, et le semblable fera sa majesté, pour luy et mondit seigneur l'archiduc.

Item, puisque ce present traictié a effect de paix quant à Gheldres, il a esté convenu et accordé que les marchans et subgectz, d'une part et d'autre, auront liberté de converser, aller et passer des terres de l'une des parties aux autres, et que les personnes particulieres qui auront des biens au terroir de l'autre partie et des · confederez, retourneront, d'une part et d'autre, à leurs biens, et especialement les gens ecclesiastiques, ausquelz nul empesche ne sera fait, d'une part ou d'autre, au possessoire de leursdits biens ecclesiastiques, lesquelz ils auront au domaine de l'autre partie. Et en oultre, s'il y a aucuns prisoniers, d'une part ou d'autre, que iceulx seront aussi delivrez, baillant prisonier pour prisonier; et s'il y avoit plus de prisoniers d'une part que d'autre, iceulx seront mis à ranzon selon le taux ordinaire que l'on a accoustumé jusques icy observer en ladite guerre de Gheldres, saulfz et reservez ceulx qui · desjà se sont mis à ranzon, desquelz icelles ranzons demoureront fermes et vailliables.

Item, aussi oultre lesdits confederez, amys, vassaulx et subgectz, comme dit est, par ensemble nommez et comprins, sont nommez et expressement incluz de present, de la part de la majesté imperiale, les illustres ducz de Julliers et de Cleves, reverend pere en Dieu monseigneur l'evesque du Trecht, le comte de Hornes et les nobles et vassaulx de Gheldres tenans le party de sa majesté imperiale et de monseigneur l'archiduc ; et pareillement, de la part dudit roy très-chrestien de France, dès maintenant sont nommez et incluz reverend pere en Dieu l'evesque de Liege et messire Robert de la Marche, seigneur de Sedan, avec aussi les subgectz et vassaulx tenant le parti de Gheldres.

Item, quant aux autres confederez, amys, vassaulx et subgectz, lesquelz une chacune des parties a et entent de nommer, et lesquelz ne sont specialement nommez en ce present traictié, il sera loysible à une chacune desdites parties : assavoir au très-sacré empereur et au très-chrestien roy de France, iceulx denommer, en dedans quatre moys prouchains ; lesquelz denommez alors soient comprins tous ainsi en ce present traictié comme si dès maintenant ilz y estoient nommez et specialement declairez.

Item, il a esté conclut et accordé que, pendant ceste paix, jusques monseigneur l'archiduc parvienne en l'eaige de xx ans, l'ommaige et fidelité qu'il devroit faire au très-chrestien roy de France, pour raison de ce qu'il tient se meuvant du fiefz de sa couronne de France, sera tenu en suspens.

Item, ladite paix durant, a esté dit, conclut et accordé que mondit seigneur l'archiduc tiendra et possessera toutes icelles seigneuries se meuvans en fiefz de la coronne de France, par la mesme forme et maniere et soubz les mesmes previleges et graces que le feu roy de Castille tenoit et possessoit au temps de sa vie et de son trespas : assavoir tant quant aux aydes des subgectz et composicions ordinaires des contés d'Artois et de Charelois et des autres seigneuries et lieux subgectz à la coronne de France, que aussi quant aux greniers à sel et au cours du sel de Salins au duché de Bourgogne et autres seigneuries adjacens, aussi quant à la surceance des mil livres viennoises [1], et quant à toutes autres choses dont icelluy feu roy de Castille, au temps de sa vie et de sa mort, joyssoit, saulvez

[1] Voyez ci-dessus, page 62.

toujours, en toutes choses, les droiz de la souveraineté; et seront tous empeschemens mys esdits biens de par ledit roy de France ostez et levez, et le tout reduit et restably ou mesme estat en quoy les choses estoient au temps de la vie et mort dudit feu roy de Castille. Ny desormais, pour les choses qui se actemptent ou conté de Bourgogne, par voye de justice ou pour l'exaction des aydes d'icelluy conté contre tous ceulx qui y tiennent et possessent biens, tieulx empeschements se mectront à requeste d'ung chacun subject royal, ayns seront tenuz telz subgectz avoir recours à la justice, et seront, dès maintenant, renduz et restituez les deniers levez à cause desdits empeschements, et receuz par ledit roy de France ou ses officiers après le trespas dudit feu roy de Castille. Et pour iceulx aussi, pour l'ayde nouvellement donnée et accordée par les estats du conté d'Artois et autres que cy-après seront accordez par lesdits estaz, soient bailliées et expediez lettres par le très-chrestien roy de France en bonne forme. Et se pourront lesdits aydes et composicions lever par simples quictances de mondit seigneur l'archiduc, par les mains du recepveur desdits aydes et composicions qui sera deputé en la maniere accoustumée, à conditions toutes voyes que, pour lever icelles aydes et composicions d'Artois, sera tenu mondit seigneur l'archiduc, de deux ans en deux ans, impetrer et obtenir lettres de congié pour lever lesdits aydes; lesquelles lettres ainsi demandées et requises, ledit très-chrestien roy de France, durant ceste paix, de sa liberalité luy octroyera benignement, et le semblable sera fait quant aux greniers à sel.

Item, pour ce que noble seigneur, Loy• d'Orleans, marquis de Rothelin, afferme avoir esté spolié du chastel de Joux; et au contraire l'on pretend icelluy marquis n'avoir esté spolié dudit chastel, ayns l'avoir prins juridicquement, sur ce finablement, pour bien de paix, et afin que les grans biens apparens d'icelles ne soient troublez par petites choses, a esté conclut et accordé que ledit marquis et sa femme, tant à cause de ladite spoliacion par eulx pretendue, et d'aucuns dommaiges à icelle cause supportez, comme ilz disent,

et pour raison du droit pretendu en icelluy chastel d'une part et
d'autre, aussi sur les attemptez ou conté de Bourgogne, seront tenuz
demeurer en droit et raison et obeyr à ce qu'en sera jugé devant juges
competens et là où de droit il se devra faire; demeurant ce pendant
ledit chastel de Joux avec ses appartenances ès mains des officiers de
la M^{té} I. et de Mgr l'archiduc. Et neantmeins, pendant le temps que
la congnoissance de ce se fera, afin que lesdits marquis et sa femme
n'ayent cause de plainte, a esté conclut et accordé qu'il tiennent et
possessent le chastel de Noyers, situé ou duché de Bourgogne, avec
ses rentes, droiz et apartenances, excepté le grenier à sel, lequel
ne s'entend y estre comprins aux appartenances dudit chastel, aux
condicions icy declairées : assavoir qu'il sera fait inventoire de tous
les meubles, tant estans à present oudit chastel de Noyers, que de
ceulx qu'estoient au chastel de Joux ou temps de la prinse d'iceluy,
et que lesdits marquis et sa femme promectront et donneront bonne
seurté que, s'il advient qu'il soit jugé le chastel de Joux ne devoir
estre restitué ausdits marquis et sa femme, en ce cas lesdits marquis
et sa femme ne feront aucune difficulté dudit chastel, ayns incontinent liberalement relascheront à sa majesté imperiale et à monseigneur l'archiduc ledit chastel de Noyers, avec tous ses meubles
inventoriés, sans aucun contredit, et pareillement, s'il estoit jugé
ledit chastel de Joux se devoir restituer ausdits marquis et sa femme,
alors, moyennant la restitucion dudit chastel de Joux, et obtempe-
rant à ce qui sera jugé, se restitueront aussi ledit chastel de Noyers
avec ses meubles et appartenances.

Item, pour ce que ès contés de Flandres et d'Artois, l'on pretend
plusieurs abuz s'y faire journellement par les officiers de très-chrestien roy de France après la mort du feu roy de Castille, contre touteffois la maniere acoustumée et contre la forme des previleges et
anciennes coustumes desdits pays, il a esté traictié et accordé qu'il
se tiendra une journée amyable ou lieu qui sur ce, d'ung commun
accord, sera advisé, et là, s'y trouvant les deputez d'une part et
d'autre dedans trois mois prouchains, toutes choses bien desbatues

et entendues, se appoincteront telz differens amyablement; et s'il ne se peult faire alors, l'on aura recors aux remedes de droit, ceste paix et amytié demeurant neantmeins en son entier.

Item, a esté conclut et accordé que toutes anciennes querelles et actions pretendues, d'une part et d'autre, entre l'empire, la maison d'Austrice et de Bourgogne et la corone de France, desquelles querelles et actions en ce present traictié n'est faicte nulle mencion, quant aux euvres de fait, demourront en souspens et en leur estat pendant ceste paix, et demourront saulvez les droiz d'une chacune des parties, esquelz droiz ne sera en riens prejudicié par ceste presente paix et amytié.

Item, il a esté convenu et accordé que la majesté imperiale sera tenue baillier l'investiture de tout le duché et estat de Milan, contés de Pavye et d'Angleric, etc., au très-chrestien roy de France ou à ses procureurs, pour luy et ses enffans masles descendans de luy; et au cas qu'il n'en ait aucuns masles, pour madame Claude sa fille, et son espoux futur, et pour leurs enffans masles et descendans d'eulx en leal mariage du corps de ladite dame Claude. Et s'il advenoit icelle dame Claude aller de vie à trespas sans avoir enffans, et ledit très-chrestien roy vint à avoir autres filles, ladite investiture se baillera pour l'aisnée desdites filles ou pour celle que ledit très-chrestien roy vouldra eslire oudit duché, et pour celluy à cuy il adviendroit qu'elle fust mariée, et leurs enffans masles descendans d'eulx; et sera faicte ladite investiture avec les clausules necessaires et convenables, jouste la forme de l'investiture autresfois faicte à Aghenou. Et à celle cause sa majesté renonce au mariage çà-devant traicté entre ladite dame Claude et le prince Charles, ensemble ès paines contenues oudit mariage; et moyennant ce ledit très-chrestien roy de France sera tenu, pour tous droiz de l'investiture qui se fera de nouvel, payer à la majesté imperiale la somme de cent mil escuz d'or au soleil en or, et ce par les mains de ceulx qui recevront ladite investiture, du jour de laquelle il sera convenu.

Item, il a esté convenu et accordé que tout ce que a çà-devant

esté traictié à Trento, à Bloix et à Hagenau entre icelles parties,
à quoy par ce present traictié il n'a esté expressement derogué,
demourra en son entier et sortira bon effect, tout ainsi que s'il en
estoit faicte expresse mencion en ce present traictié.

Item, si se movoit aucune question entre l'empereur et le roy
de France sur l'interpretacion de ce present traictié ou autrement,
icelle question sera decidée amyablement et ne viendra l'on à aucune
euvre de fait.

Item, il a esté convenu et accordé que notre saint-pere le pape
et les roys d'Angleterre et d'Arragon et les princes du saint-empire
soient conservateurs et pleisges de ceste presente paix, union et concorde, et de tout leur povoir assistent celle des parties qui l'observera contre l'autre qui ne l'observera.

Item, il a esté convenu et accordé qu'au moyen de ceste paix
soit faicte abolicion generale de tous delictz, mesuz, offenses et
injures faictes et perpetrez par les subgectz d'une chacune des parties ou terroir et demaine de l'autre, en Gheldres ou ailleurs, pendant les guerres et divisions passées, à cause de la guerre, et soient
remises, d'une part et d'autre, toutes paines encourues, et soient
aussi revocquées et annullées toutes sentences, bampnissemens,
deffaulx, contumaces, toutes declaracions et mitigacions de paines
par quelconques juges ordinaires ou extraordinaires à la cause que
dessus prononcées et proïferées, tellement que d'oires en avant soit
loysible aux subgectz de l'une des parties aller liberalement aux
demaines et seigneuries de l'autre.

Item, il a esté conclut et accordé que le très-sacré empereur,
tant à son nom que comme tuteur et mainbour de mondit seigneur
le prince et archiduc son nepveur, et le très-chrestien roy de France,
à son nom, et aussi messire Charles de Gheldres, dit d'Egmonde,
en ce que le touchent, soient tenuz dedans ung mois prouchain, que
s'encommencera puis la publicacion de ce present traictié, conserver,
ratiffier, louer et approver ce present traictié de paix et d'amytié et
toutes et quelconques choses y contenues ayant deue relacion d'ar-

ticle à autre, et expedier et bailler leurs lettres de ratifficacion d'une chacune partie, en bonne forme comme il appartient, et le tout de leur serment, lequel ilz feront sur la saincte croix et Evangiles de Dieu. Et pour plus grande seurté de le tout observer, se soubmec-tront aux censures ecclesiastiques avec toutes renonciacions, obliga-cions et autres choses necessaires.

Item, que ce present traictié de paix soit publié en l'empire et ès royaulmes et seigneuries d'une chacune des parties, et qu'il soit registré en la chambre imperiale, et à Parys, en la court de parle-ment et en la chambre des comptes, present et consentant à ce le procureur general du très-chrestien roy de France; et le semblable sera fait en la court du grant conseil de mondit seigneur l'archiduc et en sa chambre des comptes.

Lesquelles choses dessus contenues, ainsi conclutes et accordées, avons promis et promectons par ces presentes, en tant qu'il nous touche, en bonne foy et en parolle de princesse, et par notre ser-ment pour ce donné sur les sainctes Evangiles de Dieu, par nous corporellement touchez, faire ratiffier, confermer, louer et agreer par mondit seigneur et pere l'empereur, tant en son nom que comme tuteur et mainbour de monseigneur le prince de Castille et archiduc d'Austrice, mon nepveur, en dedans le terme dessus prefix et soubx l'obligacion de tous et quelconques noz biens pre-sens et advenir, et avec toutes renonciacions et autres clausules necessaires. Et en tesmoinage de ce nous avons signées ces presentes de notre main et fait seeler de notre seel. Donné en la cité impe-riale de Cambrey, le xe de decembre, l'an mil v^e et huict.

LXX.

DISPOSITIF DU TRAITÉ D'ALLIANCE

CONCLU ENTRE LE PAPE, L'EMPEREUR ET LE ROI DE FRANCE CONTRE LES VÉNITIENS [1].

(*Minute ou copie du temps.*)

10 décembre, à Cambray.

Premierement, pour ce que cejorduy nous, avec très-reverend pere en Dieu le cardinal de Rouan, legat en France, aux noms de la très-sacrée majesté imperiale et du très-chrestien roy de France, avons conclut et accordé paix finale et confederacion, en laquelle, entre autres choses, avons enclos notre sainct-pere le pape et le roy d'Arragon, et encoires avons reservé povoir et faculté à une chacune des parties de en dedans quatre moys prouchains nommer en icelle paix et enclourre ses autres confederez.

Et, à cause que les Venitiens, au grant prejudice du saint-siege apostolique, du saint-empire romain, de la maison d'Autriche et du très-chrestien roy de France, à cause du duché de Milan, et pareillement du roy d'Arragon, à cause du royaulme de Naples, de pieçà ont tiraincgnement occupé et usurpé et de fait detiennent et presentement occupent plussieurs provinces, cités et seigneuries de plain droit appartenant ausdits notre sainct-pere, à la majesté imperiale et aux roys dessus nommez, faisant deue relacion à ce que dessus il a esté traictié, conclut et accordé entre nous ès noms que dessus, que l'imperiale majesté ny le très-chrestien roy de France ne pourront enclourre ny denommer pour confederez en ceste paix aujourd'huy faicte, en quelques manieres que ce soit, le dux ny la seigneurie de Venise ou leurs subgectz, ni autres communs ennemys

[1] Ces dispositions ne sont que la traduction contemporaine du texte latin qui se trouve dans Dumont, *Corps diplomat.* t. IV, 1ʳᵉ partie, p. 114.

contre lesquelz se doit mouvoir guerre, ayns lesdits dux et seigneurie de Venise et leurs subgetz s'entendront et seront toutallement
forcluz de ladite paix et confederation.

Item, il a esté traictié, conclut et accordé qu'il soit une especiale
ligue, union, amytié et confederacion entre notredit très-saint pere
le pape, pour lequel ledit cardinal de Rouan c'est fait fort et a promis d'avoir et exhiber sa ratifficacion de ces presens traictez de ligue
et confederation, et entre le très-sacré empereur des Romains et les
serenissimes roys de France et d'Arragon, contre lesdits dux et seigneurie de Venise et leurs subgectz, pour la conqueste et recouvrement de tout ce qu'ils ont perdu.

Item, pour l'avancement et l'acceleracion de ceste matiere, il a
esté traictié, conclut et accordé que ledit notre saint-pere le pape
et roy de France et d'Arragon et ung chacun d'eulx avec souffisant
nombre de gens d'armes de pied et de cheval et d'artillerie necessaire seront tenuz, en dedans le premier jour d'avril prouchain venant, pour la conqueste et recouvrement des choses susdites, communement envahir et assaillir lesdits Veneciens, et que par nulz
d'eulx se departira de ladite guerre, tant et jusques à ce que le
saint-siege apostolique ait entierement recouvré Ravenne, Servie,
Favence, Arrymin avec leurs dependances et apartenances, et les
villes de Ymole et de Cesene, avec tous leurs droiz et apartenances
quelconques, ensemble toutes autres pieces que lesdits Veniciens
detiennent et occupent audit sainct-siege appostolique, et ledit très-
sacré empereur ait recouvré Rouverey, Verone, Padue, Vencense,
Treviso, Forum Julium, avec ses territoires et deppendances quelconques et le patriarche d'Acquilege avec ses apartenances, ensemble
tous autres lieux, places et seigneuries prinses par lesdits Veniciens
à ceste derniere guerre, des terres et seigneuries appartenantes à la
maison d'Austrice, et generalement tout ce que lesdits Veniciens ont
prins et usurpé, tant du saint-empire romain que de la maison d'Austrice, et que presentement ilz en tiennent et possessent, et semblablement ledit roy de France ait recouvré toutallement Brixe, Crema,

Bergamo, Cremone, Geradaldo avec toutes leurs apartenances et deppendances, ensemble tout ce que anciennement a esté du duché et estat de Milan et des predecesseurs dudit très-chrestien roy audit duché, et aussi ledit roy d'Arragon ait reconquesté tout ce que lesdits Veneciens ont prins et usurpé du royaulme de Naples et de ses predecesseurs oudit royaulme, et encoires à present detiennent et usurpent, assavoir : Trane, Brondux, Otrento et Galipole et toutes autres choses qui sont par eulx occupées du royaulme de Naples.

Item, quant à ceste invasion que se doit faire par la majesté imperiale, pour ce que sa majesté a nagaires fait une treve de trois ans avec lesdits Veneciens, laquelle, sans quelque honneste occasion, il ne pourroit rompre, il a esté convenu et accordé que sa majesté sera tenu d'envoyer aucun nombre de gens d'armes en ayde à notredit très-saint pere, tellement que le jour de l'assault et invasion, qui sera le premier d'avril, soient emprès sa saincteté, s'il veut, et l'aydent et assistent en icelle invasion, et notredit sainct-pere escripra audit très-sacré empereur que, comme advocat et protecteur de la sainte esglise, il vueille de tout son povoir assister et aydier sa saincteté pour le recouvrement des biens de la saincte esglise romaine. Et alors sa majesté, en dedans quarente jours après le premier d'avril, avec l'empire et son armée fournye d'artillerie de son cousté, sera tenu de rompre et courir sur lesdits Veneciens et soubz ceste coleur s'i emploier avec sa puissance.

Item, si l'ung desdits confederez avoit plus tost reconquesté et reheu ses terres et seigneuries que l'aultre, il sera tenu ouvertement et sans decepcion aydier les aultres avec son armée jusques à ce qu'ilz aient semblablement reconquesté leurs biens desdits Veneciens entierement.

Item, et si, pendant ceste guerre ou bataille contre lesdits Veneciens, l'une des armées avoit affaire de l'ayde de l'autre, en cas qu'elle fust envahie toute seule des ennemys, icelle autre armée sera tenue incontinent, sans delay, l'aydier et secourir.

Item, et pourront aussi se adjoindre en ceste presente ligue et

confederacion, le très-illustre duc de Savoye[1], pour la conqueste du
royaulme de Cyppre, et les ducs de Ferrare et marquis de Mantue,
pour la conqueste et recouvrement de ce que lesdits Veneciens leur
detiennent et usurpent, et seront tenuz pour comprins en cestedite
ligue, selon ce que plus amplement sera accordé entre l'imperiale
majesté et le roy de France. Toutesvoyes, quant à la comprinse du
duc de Ferraire, a esté dit qu'elle ne sera faicte, sinon en cas qu'il
paye une somme de deniers à la majesté imperiale, selon l'advis de
notre sainct-pere et dudit très-chrestien roy de France, pour les actions que sa majesté a contre ledit duc de Ferrare[2].

Item, quant au roy d'Arragon, entervenant principalement en
ceste ligue et confederacion, pour ce que audit traicté general de
paix aujord'huy faicte entre la majesté de l'empereur et le très-
chrestien roy de France, ledit roy d'Arragon y est denommé pour
confederé et amy d'une chacune des parties et comprins pour ses
royaulmes et seigneuries, il a esté convenu et accordé que les querelles des royaulmes de Castille, tant quant au gouvernement par
ledit roy d'Arragon pretendu pour et au lieu de la royne de Castille
sa fille, que quant aux droiz ou principaulté apartenant à très-illustre
prince et archiduc, et pour les seurtés de sa succession, aussi quant
aux dotz et douayre de ladite royne et autres dependences quelconques, à cause desdits royaulmes, seront traictées amyablement par
arbitres qui se esliront d'un commun accord. Et afin que ceste presente emprinse faicte contre les Veneciens ne soit troublée, ayns que
ung chacun desdits confederez y puisse aller franchement, la majesté
de l'empereur ni mondit seigneur le prince et archiduc, ou aultres
pour eulx, pendant cestedite emprinse et jusques au parachevement
d'icelle et encoires six moys après, par voye de fait ni autrement,
directement ou indirectement, ne feront aucune question dudit gou-

---

[1] L'adjonction du duc de Savoie au traité
de Cambray fut demandée par ce prince, le
12 mai 1509, et acceptée par le roi Louis XII,
le 19 du même mois. Voir Dumont, *Corps
diplomat.* IV, 1re partie, 116, 117.

[2] Sur les prétentions du duc de Fer-
rare et du marquis de Mantoue contre les
Vénitiens, voyez *Histoire de la Ligue de
Cambray,* par Dubos, livre I.

vernement des royaulmes de Castille et autres dependences, ayns cependant cesdites querelles et toutes autres choses concernans les royaulmes de Castille demourant en souspens, et au mesme estat qu'elles sont à present, et ladite emprinse parfaicte, seront tenuz lesdicts arbitres endedans lesdits six moys, ou devant, s'ilz veulent, traicter amyablement cette querelle, et induyre les deux parties à appoinctement amyable.

Item, pour ce que audit traictié de paix aujourd'huy fait est traicté de l'investiture de Milan, qui se doit faire sans declairer le temps, à ce aussi que les deniers qui se paieront pour icelle se puissent de mieulx emploier en ceste emprinse contre les Veneciens, il a esté conclut et accordé que ladite investiture se devra faire le même jour qu'il apperra par effect ledit roy de France avoir envahy lesdits Veneciens, et alors que ses procureurs recepvant ladite investiture desboursent ladite somme de cent mil escuz d'or en or. Et sera faicte ladite investiture à telle condicion que ledit très-chrestien roy de France soit tenu de conquester le sien et aydier la majesté imperiale pour aussi reconquester ce que les Veneciens luy ont usurpé, et non se departir de la guerre jusques le tout soit parfait. Laquelle condicion neantmeins ne sera couchée ès lettres de ladite investiture, ayns seront faictes et concedées lesdites lettres de l'investiture sans exprimer ladite condicion et purement, selon la forme de l'investiture faicte à Aghenau; et seront comprinses en icelle investiture les seigneuries que se doibvent recovrer desdits Veneciens pour la part dudit très-chrestien roy de France, assavoir : Brixe, Crema, Cremone, Bergamo, Geradalda, et tout ce qui est de l'ancien domaine et estat du duché de Milan, avec leurs apartenances et dependances quelconques.

Item, sera aussi loysible au serenissime roy d'Angleterre de se enclourre en ceste confederacion et ligue contre les Veneciens, soit pour les offendre tant seulement, ou pour la deffence, ou tous deux ensemble, ainsi qui luy semblera pour le mieulx, pour laquelle comprise est reservé lieu convenable audit roy d'Angleterre d'une part et d'autre en ce present traictié.

Item, il a esté accordé que s'il advenoit, que Dieu ne vueille, que l'un desdits confederez allast de vie à trespas avant l'execution de ceste emprinse, que son hoir ou successeur la puisse porsuyvre et parachever ou lieu du deffunct, s'il vouldra; et, s'il ne veult, que neantmeins les autres confederez executent et parachevent ladite emprinse.

Item, il a esté conclut et accordé que, si aucun des dessusdits, assavoir de notre très-saint pere le pape ou desdits trois princes, assavoir l'empereur et les roys de France et d'Arragon, ne acceptoient ceste presente ligue et confederacion, et icelle ne ratiffiassent ou missent à execution, que tel contrevenant soit forcluz de ceste presente ligue et confederacion, et que les autres confederez ne luy soient en riens obligez, demeurant neantmeins ferme et estable ceste presente confederation, quant aux autres, lesquelz seront tenuz l'executer pour leur part.

Item, que lesdits très-sacré empereur et le très-chrestien roy de France et les autres confederez doivent conserver la personne de notredit saint pere, sa dignité, jurisdiction et auctorité, et du saint-siege appostolique envers et contre tous ennemys qui les vouldroient inquieter et traveillier.

Item, que pareillement ilz reçoivent en leur protection illustre Francisque-Marie de la Rovere, prefect de Rome, et l'aydent, conservent et assistent à maintenir et garder les terres et seigneuries qu'il tient de present, ou que deument il aura cy-après, envers et contre tous ceulx qui en ce le vouldroient troubler.

Item, que nul desdits confederez puisse, en quelque maniere que ce soit, faire paix ou treves, ny autre apoinctement quelconque avec lesdits Veneciens, sans l'exprès consentement de tous les autres confederez.

Item, que notre très-saint pere le pape doive proceder par censures ecclesiastiques, et mesmes par voye d'interdit, contre lesdits Veneciens, les duc et seigneurie desdits Veneciens, leurs subgectz, pays et seigneuries à eulx subjetz, et contre tous ceulx qui leur donneront ayde, faveur et assistence; et qu'il invoque lesdits empereur et roy de France et autres confederez à luy prester le bras seculier, baillant aussi represailles contre lesdits Veneciens et leurs subgetz, et donnant leurs biens en proye; lesquelles choses ainsi faictes, seront tenuz lesdits empereur, roy de France et les autres confederez, aydier et assister sa saincteté à ce que lesdits censures, interditz et autres remedes ecclesiastiques sortissent bon effect; et se feront ces choses avant le jour de l'envaïssement dessus declairé.

Item, que notre très-saint pere, le très-sacré empereur et très-chrestien roy de France, envoyent et escripvent par ensemble au roy de Hongrie, pour l'esmouvoir, attirer et induyre qu'il se vueille adjoindre en ceste ligue et confederacion, et se enclorre en icelle pour le recouvrement de ce que lesdits Veneciens luy detiennent et occupent induement, et afin qu'il se prepare à leur fere guerre environ ledit premier jour d'avril.

Item, il a esté convenu et accordé que, si le Turche, ennemy de notre foy chrestienne, incité desdits Veneciens ou autrement, invahissoit les chrestiens, que lesdits notre saint-pere, le très-sacré empereur, très-chrestien roy de France et les autres confederez dessus nommez qui seront comprins en ceste ligue, de toutes leurs forces, unanimement et d'un commun accord, seront tenuz y courir comme au feu, selon et en la maniere que par notredit saint-pere, le très-sacré empereur et le très-chrestien roy de France, et le roy d'Aragon, pour le commun bien et prouffit sera conclut.

Item, que tous iceulx confederez qui vouldront estre comprins en ceste ligue et confederacion seront tenuz, en dedans deux moys prouchains, ratiffier, louer, confermer et agreer ce present traicté et toutes et quelconques les clauses y contenues, et faire depescher leurs lettres de ratifficacion en forme deue, scelées de leurs seaulx avec aussi soubmissions aux censures ecclesiastiques, et soubz leurs sermens et obligations de biens en bonne et deue forme.

Lesquelles choses, etc.[1]

---

[1] On trouvera dans les *Lettres de Louis XII*, I, 136 et suiv., les *Articles séparés et particuliers arrestés* entre Marguerite d'Autriche, pour l'empereur Maximilien Ier, comme tuteur de Charles, archiduc d'Autriche, prince de Castille, d'une part, et George d'Amboise, cardinal, pour le roi Louis XII, d'autre part.

LXXI.

MARGUERITE D'AUTRICHE AU ROI LOUIS XII.

Elle l'informe que l'empereur est pleinement satisfait du traité de Cambray.

(*Original. Bibliothèque du Roi*, fonds de Béthune, 8466.)

4 janvier, à Bruxelles.

Monseigneur, par mònsieur de Paris, vostre ambassadeur, pourrez à plain entendre en quel vouloir il a trouvé l'empereur mon seigneur et pere, touchant les choses traictées et conclutes à Cambray, lequel, monseigneur, vous asseure ne pourroit estre meillieur. Et de ma part tiendray tousjours main envers luy qu'il y continue de bien en mieulx, comme de ce et autres choses serez cy-après plus à plein adverty par ses ambassadeurs qu'en brief il envoyera devers vous; vous priant, monseigneur, aussi de vostre costé continuer en ceste bonne et saincte euvre, et me mander s'il y a chose en quoy vous puisse faire service, et de bien bon cueur le feray, aydant Dieu, auquel je prie, monseigneur, vous doint bonne vie et longue. Escript à Bruxelles, le iiii⁰ jour de janvier, xv⁰ et huyt.

Votre très-humble cousine, MARGUERITE.

LXXII.

MAXIMILIEN Iᵉʳ À LOUIS XII.

Lettre de créance pour Amé de Viry, Mercurin de Gattinare, Jehan Caulier et Louis Barangier. (*Minute.*)

Février, à Bruxelles.

Très-hault, très-excellent et très-puissant prince, très-chier et très-amé frerc et cousin. Ensuyvant ce que çà devant vous avons escript et fait dire par voz ambassadeurs, nous envoyons presentement noz amez et feaulx conseilliers et chambellan , Amé, sieur de Viry, Mercurin de Gattinere, president de nostre conté de Bourgoigne, et maistre Jehan Caullier, maistre des requestes ordinaire de nostre hostel, pour ambassadeurs, et maistre Loys Barangier, pour secretaire devers vous ; ausquelz avons ordonné vous dire et communicquier aucunes choses de par nous, ensemble de noz nouvelles. Sy vous requerons les oyr et croyre pour ceste foiz comme nous-mesmes, et à iceulx, sur leur charge, faire bonne et briefve depesche, afin que de mieulx puissions executer nostre bonne intention. A tant, très-hault, très-excellent et très-puissant prince, très-chier et très-amé frere et cousin, nous prions Nostre Seigneur qu'il vous ait en sa saincte garde. Escript en nostre ville de Bruxelles, le. . . . jour de fevrier, xvᵉ et huyt.

LXXIII.

MAXIMILIEN Iᵉʳ AU CARDINAL D'AMBOISE.

Il accrédite auprès de lui Amé de Viry, Mercurin de Gattinare, Jehan Caulier et Louis Barangier. (*Minute.*)

En février.

Maximilian, par la grace de Dieu, etc., empereur toujours auguste, etc. Très-reverend pere en Dieu, très-chier et grant amy, nous envoyons presentement noz amez et feaulx conseilliers et chambellan, le sieur de Viry, messire Mercurin de Gattinere, president de nostre conté de Bourgogne, et maistre Jehan Caullier, maistre des requestes ordinaire de nostre hostel, pour ambassadeurs devers nostre très-chier et très-amé frere et cousin le roy de France, pour les matieres que savez, et pour secretaire maistre Loys Barangier. Et avons à iceulx ordonné de vous communicquier à plain leur charge. Si vous requerons les oyr et croyre de ce qu'ilz vous diront de nostre part comme nous-mesmes, et leur faire toute faveur et assistence devers nostredit frere et cousin pour leur briefve et bonne depesche : en quoy nous ferez chose fort agreable. Donné en nostre ville de.........., le.... jour de fevrier xv^c et viii[1].

---

[1] Les ambassadeurs dénommés dans les deux lettres ci-dessus ont rendu compte de leur mission à Marguerite d'Autriche, par diverses missives qui ont déjà été imprimées, et dont nous nous bornons à donner ici le sommaire.

1° *12 mars, à Bourges.* Audience du roi. Bonnes dispositions de ce prince pour l'exécution du traité de Cambray. Présentation au cardinal d'Amboise. Ses protestations de dévouement à l'empereur.

2° *16 mars, à Bourges.* Le roi a prêté serment pour l'exécution du traité. En ce qui touche les nouveautés faites au pays de Gueldre, toutes choses demeureront en surséance. Les ambassadeurs ont pris congé du roi, qui leur a fait de beaux présents et les a priés de tenir la main à ce que l'empereur ne manque pas d'entrer en campagne le 1er mai, suivant les conventions.

3° *16 mars, à Bourges.* Lettre particulière de Mercurin de Gattinare, qui entretient Marguerite d'Autriche des dispositions prises pour l'exécution du traité de Cambray, du siége projeté de Venise et de Vérone, de l'assemblée des Suisses. Puis il fait connaître comment il a rendu de sa part hommage du comté de Charolais et autres terres au roi Louis XII, lequel a dit qu'il aurait mieux aimé recevoir le baiser de vassalité de la princesse elle-même. Audience de congé de la reine.

4° *4 avril, à Lyon.* L'évêque de Paris et le comte de Carpi, délégués de Louis XII, mandent aux ambassadeurs impériaux que la désignation qu'ils ont faite des alliés à comprendre dans le traité de Cambray est trop vague et trop générale. Ils les invitent à en rédiger une autre.

5° *4 avril, à Montluel.* Réponse de Gattinare à la lettre précédente. *Lettres de Louis XII*, I, 145-164.

1509.

Cette année a commencé à Pâques, 8 avril.

LXXIV.

MERCURIN DE GATTINARE À MARGUERITE.

Retour de l'ambassade. Passage à Brou; situation des travaux de l'église qu'y fait construire Marguerite. Clugny; Charolles; assemblée des États. Prise de possession du comté de Charolais, au nom de Marguerite. Tenue du parlement à Dole. Discorde entre les nobles. La justice n'est pas rendue. Détails. Affaire de Philippe de Chassey. Mercurin se rend ensuite à Noseroy, auprès de la princesse d'Orange, avec laquelle il entre en conférence. Nouvelles et communications diverses. (*Original.*)

24 avril, à Genève.

Ma très-redoubtée dame, si très-humblement que fere puys, à vostre bonne grace me recomande.

Ma dame, despuys mes dernieres lettres escriptes à Lyon, par lesquelles fustes advertye de nostre partemant, que fu le mercredy sainct, que eusmes congié du roy, je vous advertiz que ce jour mesme, estants sur nostredict partement, pour ce que n'havions ancores receu la nominacion des confederés et alliés du roy, et aussy n'havions ancores deslivré la nominacion de ceulx de l'empereur, nous envoyasmes devers le secretaire Robertet pour nous envoyer leurs lettres d'icelle denominacion, afin que nous puissions despechier les nostres en semblable forme, ce que fismes havoir en le double de leursdictes lettres, et laissasmes derriere l'ung de nous gens pour leur delivrer nous lettres et prendre les leurs; mays il y eust de la contredicte, aynsy que verrés par le double des lettres à nous escriptes, aveque la responce par moy faicte à M. de Parys et au conte de Carpy, desquelles vous envoye le double cy-encloux. Et despuys n'havons eu aultre replique, et sont demeurés eulx aveque leurs lettres et nous aveque les nostres; car ils vouloient avoir advantagie sur nous, ce que n'havons voulsu consentir ni fere chosse que peult pourter prejudice ou honte.

Madame, au partir de là, vinsmes, maistre Loys et moy, à Bourg pour faire nos pasques; ce que je fis à vostre couvent de Brouz, lequel trovay terriblement advancé, et vous promets, madame, que c'est une des belles euvres que vous haiés gueyres vehu et qu'est beaucop plus estimé qu'elle ne couste. Mays il y a une faulte que les massons disent qu'ils perdront temps ceste année, par ce que les deniers ordonnés seront la plupart employés en boys. Et si vous puissiés trover moyen d'avancer les deniers du boys, qui coustera environ mille escus, le demourant seroit achevé dedans deux ans, ainsy que disent les massons. Et vous asseure que, si vous eussiez une foys vehu ce qu'est faict, vous vendriés plus tost la mellieure robe que haiés que vous ne trovissiés les mille escuz pour emploier ce qu'est preparé.

Despuys que nous eusmes visité vostredict couvent, havoir faict nous pasques, fismes assembler touts vous officiers estants là, leurs faisant les remonstrances necessaires, et leurs monstrasmes que vous estiés deliberée changier ceulx qui ne feroient leur debvoir, tielement qu'ils monstrarent chascun en son endroit se vouloir aquiter comme il appertient. Et pour ce que nous ne voulions en ce besogner sans monsieur le governeur, lequel attendions, et aussy que nous estions sur nostre partemant pour aller en Charreloys, nous n'y voulsismes touchier plus avant.

Le lundy des Pasques allasmes, ledict maistre Loys et moy, couchier à Clugny, où monsieur de Viry estoit allé fere ses paques, et trovasmes illeques monsieur de Clugny [1], frere de monsieur le legat, qui, pour l'honneur de l'empereur et de vous, nous fist très-bone chiere; et incontinent que fusmes descendus, nous envoya tout plein de ses biens, tant venaison que vin. Et, après que nous eusmes

---

[1] Jacques d'Amboise, élu abbé de Cluny, en 1481, mort le 27 décembre 1516.

souppé, nous le visitasmes en l'abbaye, et nous dict havoir receu une lettre de vous pour l'assemblée des estats de Charreloys, et luy declarasmes la cause d'icelle assemblée; de quoy il se monstra joieulx, et qu'il envoyeroit le grand-prieur de son abbaye, ce qu'il fist.

Le mardy de Pasques nous partismes dudict Clugny et vinsmes couchier en Charroles, et nous vindrent au-devant les bailly, lieute-nant, procureur, advocat, monsieur de la Magdaleine et aultres bourgoys de la ville, et lendemain, qu'estoit le mercredy, fusrent as-semblés les estats; esquels, pour ce que monsieur le governeur n'y estoit, je fis du prestre Martin; car je proupousay de la part de l'empereur et de vostre part; et, à la fin, laissant la commission que je havoye de l'empereur à part, je acceptay à vostre nom la posses-sion par la main de monsieur de Viry; et vous ne vistes onques gents si ayses d'estre en vous mains, esperants qu'ils seront mieulx traictiez sous vous qu'ils ne ont esté par le passé. Et pour ce que nous tro-vasmes illeques ung differant entre le lieutenant du baillage et le jugie qui estoit de grande importance à la chargie du prince et foulle des subjects, luy havons dressé ung apoinctement, de sorte que le juige demeure lieutenant du bailly, aynsy qu'est de raison.

Illeques avons eu beaucop de memoires des faultes des officiers; mays pour la grande haste que havions de partir, ne nous a esté pos-sible y vaquer pour y doner remede; et n'havons aussy eu le temps pour nous trouver à Noyers, Chasteau-Chinon, Chaulsin et la Per-riere. Mays, pour satisfaire à l'assemblée des estats et au siegie du parlemant, diligentasmes nostre chemin tielemant que vinsmes au gitte à Dole, le sambedy après Pasques, auquel jour havoye mandé les sieurs du parlemant s'y debvoir rendre : ce qu'ils fisrent. Et le dimenche après je leur communiquay ce que j'havoye proposé fere, qu'estoit que je tiendroye le premier siegie de parlemant le lungdy, en vertu des lettres de l'institucion de l'empereur. Et après, quant la possession vous seroit baillée aux estats, je tiendroye l'aultre siegie à vostre nom le jeudy prochain.

Les chosses dessus dictes fusrent mises à exeqution aynsy que je les havoye proposé. Et tant au premier siegie que au second et aussy à l'assemblé des estats, luy eult tant de nobles gens que je ne les sçauroie nommer, et luy fu monsieur le mareschal[1], lequel se trova ung peu marry de ce qu'il n'estoit nommé au povoir, ou de vostre cousté ou de l'empereur. Toutesfoys il se monstra bien ayse de ce que le pays estoit en vostre main, et aussy fisrent tous les aultres. Et combien que madame la princesse[2], à cause de son allée de Lyon, ne s'y trova poinct en icelle assemblée, neantmeyns elle envoya troys bons personnages en son lieu, et nous escripvit en declairant son bon vouloir et affection tiellement que toutes chosses ont esté expediées à vostre honeur et desir. Et estes reconue et jurée, madame, la contesse de Bourgongne. Et au regard des propositions faictes et des solempnités tant aux estats que au parlemant, je ne vous en escrips poinct, car vous l'entendrés d'ailleurs.

Nous trovasmes audict conté tout plein des bandes dressées entre les nobles pour faulte de justice; et pour ce que je ne povoye demourer plus longuement, je dressay quelque manicre d'amytié tiellemant que j'ay mis touts les gros differants en arbitragie, et despechiasmes tout plein des afferes en justice, et mesmes devant mon partement fu pruncé l'arrest pour despechier ceulx qui ont faict mourir la femme de Jehan de Vers. Et touchant ledict Jehan de Vers, pour ce qu'il c'estoit allegué clerc, j'hay faict venir l'official de monsieur de Besançon devant les sieurs du parlemant, et luy faict touchier au doy que ledict Jehan de Vers ne debvoyt jouyr de son privilegie de clergie. Et pour ce fu mandé aux officiers de proceder oultre.

Vous advertissant qu'il y ha eu beaucop de pratiques et beaucoup d'offres pour le fere mettre en la main de monsieur de Besançon, esperant par ce moyen deslayer la chosse jusques à ce qu'ils hauroient leur grace. Mays j'ay rompu le coup et ay declairé à touts

[1] Guillaume de Vergy.
[2] Philiberte de Luxembourg, princesse douairière d'Orange.

ceulx que m'en ont parlé qu'ils n'hauront jamays grace de vous de
si mechant cas, tiellement que les parents après me ont requis que
pour leur honneur, aulmeyns l'hon le fist mourir secretement; et en
cela me semble que vous pourriez gratiffier aux parents.

Monsieur le gouverneur de Bresse [1] arriva à Dole jeudy dernier
au soir, que nous havions tout despechié, tant au parlemant que aux
estats, et ne fu possible estre aveque luy, sy non ce soir, car lendemain matin nous partismes. Mays, devant nostre partemant, fu baillé
une requeste de la part du tresourier Philippe de Chassey [2], par laquelle il mandoit troys chosses : l'une un relief d'appel à cause de
sa prinse; l'aultre, elargissement moyennant caucion, et la tierce, sy
l'hon ne vouloit eslargir, aulmeyns qu'il fust mis hors de la main de
ses ennemis et en aultres prisons. Sur laquelle requeste touts ceulx
du parlemant fusrent d'opinion que, touchant le premier point,
c'estoit chose clere que l'hon ne luy povoit refuser son relief d'appel; et, au regard des aultres deux, combien qu'ils estoient touts
asseurés par la relacion des commis de la part de l'empereur qu'il
n'y havoit aulcuns cas requerants punicion de sang, et qu'il debvroit
estre relachié à caucion, ou aulmeyns mis en aultre prison non suspecte, toutes foys, puysque l'empereur y avoit mis la main, et que
monsieur le mareschal y estoit affectionné, qu'il seroit mieulx que,
par bons moyens, l'hon fist bonnes remonstrances audict monsieur le mareschal pour le mectre hors de ses mains, en quelque
aultre prison du prince. Et fuy du mesme advis, et donnay la charge
à mon vispresident et à monsieur de Rye de parler audict monsieur le mareschal, ce qu'ils fisrent, et le troverent bien difficile,
non-seulement de le mettre en aultres prisons, mays de luy bailler
aultres gardes au mesme chasteau, disant qu'il y estoit recommandé
de la part de l'empereur; et que, si je vouloye prendre en chargie

---

[1] Laurent de Gorrevod, comte de Pont-
de-Vaux, etc.

[2] Philippe de Chassey, trésorier de
Dole, fut accusé de malversations dans

l'exercice de sa charge. (Voir *Correspondance de Maximilien et de Marguerite d'Autriche*, I, 69, 70, 196, 327; II, 282.)

de contenter l'empereur, qu'il me le bailleroit en garde à moy. Et cognoissant que ce n'estoit que pour moy jetter le chat aux giambes, et aussy que en ceste matiere n'havoye de vous nulle expresse ordonnance, je fis decreter la requeste dudict Chassey pour luy ouctroyer son relief d'appel, et, touchant l'eslargissement ou changiement des prisons, que icelle requeste fust renvoyée à vous pour y ordonner vostre bon plaisir. Et me semble, madame, que pour aquerir bon bruyt en ceste vostre premiere entrée, que par effect chascun cogneisse ce qu'havons presché aux estats et au siegie, que vous estes dame de justice et que vous voulés icelle estre administrée à ung chascun sans port, faveur ou dissimulacion, vous debvés mander à ceulx du parlemant que, attendu la suspicion alleguée par ledict de Chassey, et mesmes que, celon que j'entends, pour le maulvays traictement qu'il ha eu, il ha desjà perdu les ongles des pieds et les cheveulx de la teste, ils le facent incontinent conduyre à Pouligny ou à Dole, hors des mains de monsieur le mareschal; et après, s'ils cogneissent par justice qu'il doibvet estre eslargy moyenant caucion, qu'ils facent; et que, tant sur cella que sur la matiere appellatoire, ils administrent audict de Chassey bonne et briesve justice. Et aynsy faisant, tout le monde louera Dieu, et sera crainte pour l'advenir de non attempter tielles violences, et ferés une euvre meritoire et piteable; car s'il demeure là, il est en dangier qu'il ne demeure en quelque desesperacion.

Madame, pour ce que je n'havoye le temps de vous escripre à mon partemant de Dole, à cause de la grande presse des gens qu'estoient à l'entour de moy et jour et nuyct, j'hay faict venir Nongin jusques icy, lequel vous renvoye maintenant, vous advertissant que sambedy dernier vinsmes disner à Nouserey aveque madame la princesse [1], qui nous fist très-bonne chiere pour l'honneur de vous, et se dict vostre très-humble subjecte et servante, et se monstre tant joyeulse de ce que ce pays est entre vous mains que riens plus,

---

[1] La princesse douairière d'Orange.

et mesmes de ce qu'havés mys la justice du parlement en treyn, et
vint frapper sur le governement du pays : vous entendés bien et estes
assez sagie, et croy qu'il vous sovient bien des devises de aultrefoys,
et me semble que, ni en cecy ny en aultres offices quelconques de
ce pays, vous n'y debvés touchier jusques à la venue de maistre Loys,
que sera plus briesve que la myenne ; et par luy entendrés toutes
novelles tant des finances que aultrement. Et vous asseure que
M. le tresourier Bontemps [1] ha bien mangé les finances de ceste
conté, tiellement qu'il n'y ha que mordre ; toutesfoys nous havons
dict au tresourier qu'il soit sagie.

Je croy que des deniers qui escherront despuys la prinse de vostre
possession il n'en dispousera, sinon par vostre ordonnance, et vous
appourtera les estats que l'hon y havoit faict à fin que luy ayez du
regard.

Nous havons trové que par faulte de poyer ceulx de la garnison
de Joux, il y ha bien trente payes que demouroient tout jour à vostre
charge, desquels l'hon se passera, puys qu'havons payé et ne restoit
à poyer que XIII^c livres ; et pour ce monsieur le governeur, maistre
Loys et moy se sommes faicts forts pour vous, et havons ordonné
le poyement à fin qu'ils vuydent et qu'ils ne facent nul dommagie,
et en havons faict une lettre au tresourier pour vostre prouffit.

Semblablement havons, de vostre part, envoyé devers les Suizes
Simon de Champagne aveque bonnes instructions, celon l'advis de
messieurs des estats et celon la conclusion prinse aveque vous avant
nostre partemant, et luy havons baillé vous lettres de credence que
signastes à nostre partemant, et aveque ce luy havons faict bailler
par ledict tresourier XL livres pour ses depenses.

Madame, nous allons à diligence, et espere que monsieur de Viry
et moy serons à Thurin le premier jour de may pour le plus tard,
et là entendrons à la despechie du demourant ; et s'il survient quelque
chosse digne d'escripre, vous advertiray.

---

[1] Jean Bontemps, seigneur de Salans, trésorier général des domaines et finances en
Bourgogne.

J'hay eu aujourd'huy nouvelles de Phrisio, que j'ay envoyé devant pour aller à Mantue; et ha passé par monsieur vostre frere [1], et dict que les Françoys ne se peuslent asseurer que l'empereur alliet de bon pié en ceste entreprinse, et que monseigneur luy ha dict mesme qu'il scet bien que l'empereur ha desjà receu grand argent des Veniciens.

J'ay aussy eu novelles de ma fillie [2], qui m'ha faict grand-pere et ha faict ung aultre fillie; mays j'hay d'aultre cousté aultres novelles que ma femme [3] est à l'extremité; dequelles hay esté et suys bien marry. Dieu luy veullie donner guerison si c'est pour le mieulx.

Madame, vous me manderés et comanderés vous bons plaisirs pour iceulx accomplir de mon povoir, aydant Nostre Seigneur, auquel je prie, madame, qu'il vous doint l'entier accomplissemant de vous desirs. Escript à Genefve, le xxiiiie jour d'avril.

Vostre très-humble et très-obeissant subject et serviteur,

MERCURIN DE GATTINARA.

LXXV.

ANDRÉ DE BURGO À MARGUERITE D'AUTRICHE.

Indisposition du roi, du cardinal d'Amboise et de Robertet. Le roi a signifié au duc de Gueldre qu'il eût à entretenir le traité de Cambray. Impôt du comté de Charolais. Le roi envoie des troupes à l'empereur, sous la conduite du marquis de Mantoue. Nouvelles de la guerre d'Italie. (*Original.*)

Dernier juillet, à Milan.

Madame, pour non estre esté de retour mon serviteur de devers l'empereur vostre pere, comme vous ay escript, ne vous ay peu adver-

---

[1] Charles III, duc de Savoie.
[2] Élisa, mariée à Alexandre Lignana, comte de Settimo.
[3] Andrietta de gli Avogadri.

tyr durant son absence du besoigné par moy touchant vos dernieres
lettres et autres precedentes; mais j'ay chargé à vostre procureur
de Bresse estant par deçà vous escripre et adverty en quel estat les
choses estoient. Et obstant, madame, que le roy estoit ung peu mal
disposé de goutes, semblablement a heu quelque petit excès de
fievres monseigneur le legat, lequel en est bien gari, Dieu mercy;
aussi a esté malade Robertet, ne les ay voulu fort presser pour
l'expedicion des choses; mais incontinant que sera ung peu mieulx
disposé ledit Robertet, qui a desjà les minutes des lettres touchant
voz affaires particulieres, le poursuivray à les expedier, et icelles
estres expediées, les vous envoyeray, que sera brief.

Touchant les choses de Gheldres, madame, le roy, oultre l'expediction qu'il a faicte à maistre Jehan Olivier son secretaire, a
escriptes bonnes lettres à messire Charles de Gheldres, et semblablement au maistre d'hostel Gamache, disant par sesdites lettres
que entierement il vouloit que le traicté de paix fut entretenu sans
ce que aucunement riens se feit à l'encontre, et autres bonnes paroles, tellement que je croy que pour l'expedition de sondit secretaire
et icelles ses lettres, les choses se mectront en bonne ordre et que
ledit de Gheldres se tiendra en paix.

Quant à l'impost de III^x III^c liv. tournois fait en vostre conté de
Charrolois, du don et ouctroy naguere ouctroyé au roy ou duché de
Bourgoingne, dont par vosdictes derrenieres lettres m'escripvez,
hier estant devers mondit seigneur le legat, pour ce qu'estoit tout
pesant pour ces grandes chaleurs, doubtant de le fastidier, me sembloit non estre temps d'en parler. Touteffois, je luy en parlis deux
ou trois mots, et incontinant fit appeler monseigneur de Tournay,
auquel il donnit charge de faire sans delay expedier ceste matiere,
laquelle je poursuivray devers luy, et l'expedicion faicte, vous envoyeray aussi le tout.

Madame, hier retournant de devers ledict seigneur roy estant à
quatorze milles d'icy, receu la poste venant de vous sans aucune
lettre de l'empereur vostre pere. J'ay vu les lettres qu'il vous a pleu

par icelle poste m'escripre, aussi les requeste et copie que m'envoyez.
Et pour ce que ces jours passez icellui seigneur roy a heu quelque
trois petit excès de fievres tierces, et cuide qui ce soit plus pour ces
grandes chaleurs que la debilité de sa personne, et croy aussi que,
au plaisir de Dieu, sera de brief en très-bonne sancté et que de tout
ne sera riens, je ne veulx si accop luy donner encombre. Touteffois,
demain retourneray devers sa majesté, et selon ce que le verray bien
disposé, luy exposeray le contenu de vosdites lettres et presenteray
ladite requeste en me perforceant y faire tout mon povoir. Et de
ce que se ensuivra vous advertiray sans nulle faulte; et pour non
donner fastidie audit seigneur roy, si mondit seigneur le legat n'est
bien disposé et en terme quelques autres affaires que l'empereur m'a
mandé à diligence traiter avec luy ne se traictent, que empesche
que ne luy puisse parler de cette matiere, luy en parleray une aultre
fois.

Au surplus, madame, touchant les chosses de l'empereur vostre
pere, je ne vous en escrips riens, pour ce que par luy en serez bien
advertie, et aussi par mons. le president. Le roy a envoyé à vostre
pere cinq cens et trante lances aux despens d'icellui vostre pere. Et
demain se part le marquis de Manthue avec autres cens lances aussi,
que d'abondant le roy luy envoye, luy faisant dire que, s'il a affaire
de trois ou quatre milles pietons, semblablement les luy envoyera
affin de parfaire ceste entreprinse.

Il me semble que povez escripre audit seigneur roy une lettre de
vostre main condolant de sa petite maladie, comme sçaurez bien
faire, esperant par icelle vostre lettre que icellui seigneur roy soit
desjà en bonne convalecence; de quoy avez très-grant joye et singulier plaisir, luy remercyant très-affectueusement des bonnes responces et gracieuses paroles qu'il donne tousjours à voz particuliers
affaires; car certes, madame, elles ne seroient esté meilleures, et vous
promectz qu'il vous ayme de tout son cueur et a très-bonne affection
en vous; et semblablement devez faire à mondit seigneur le legat.
Des nouvelles de pardeçà : les Veniciens sont venus courir au pays

de Ferraire et ont prinse deux ou trois petites villes que le duc de Ferraire avoit recouvrée d'eulx, et vouloient encoires lesdits Veniciens marché plus avant; mais ledit seigneur duc de Ferraire y a envoyé une compaignie de gens à chevaulx et à pied qui les ont rebouté. Je prie à Dieu que vostredit pere y puisse faire une bonne deffaicte de sa part, ce que je croy y fera. Le pape luy envoye aussi deux cens lances.

Madame, il vous plaira tousjours me commander vos bons plaisirs, que je accompliray de tout mon povoir comme suis tenu, aydant Dieu, auquel je prie vous donne, ma très-redoubtée dame, l'entier de voz très-haulx et nobles desirs. A Millan, ce derrenier jour de juillet.

Vostre très-humble et très-obeissant serviteur,

Andrea da Borgo.

LXXVI.

ANDRÉ DE BURGO À MARGUERITE D'AUTRICHE.

Le roi Louis est résolu à abandonner totalement le duc de Gueldre, s'il ne se soumet au traité de Cambray. Succès de l'empereur en Italie: (*Original.*)

12 septembre, Gien-sur-Loire.

Ma très-redoubtée dame, si très-humblement que faire puis, à votre bonne grace me recommande.

Madame, après les dernieres lettres que vous ay escriptes de Lyon, le xxviie jour d'août dernier passé, le roy s'est parti de là et a tousjours tiré chemin sans sejourner, avec la royenne sa femme, jusques à une petite ville sur la riviere de Leere (Loire), nommé Saint-Pierre le Moustier[1], où il luy survint quelque petites goutes, pour laquelle cause sejourna seulement ung jour et monta deslà sur ladite riviere

---

[1] Saint-Pierre le Moustier, dans le Nivernais, situé non sur la Loire, mais à peu de distance de cette rivière.

de Leere avec ladite royenne sa femme, navigeant sans sejourner jusques à Cosne sur ladite riviere, où il survint quelque petite arteracion
à la royenne ; par quoy ledit seigneur roy et elle demeurairent en
icelle pour quatre ou cinq jours, et par chemin les suyvant tousjours
de près, comme de deux lieues, et aucunefois lougeant où lougoit
ledit seigneur roy, j'ay parlé par deux fois à luy et l'ay trouvé tousjours bien disposé et avec bonnes paroles envers l'empereur votre
pere pour l'emprinse de la reste appartenant à votredit pere. Et en
ce temps qu'il a esté audit Cosne, et estant lougé à deux petites lieues
près de luy, j'ay receu vos lettres lundi passé au soir par la poste
propre que m'avez envoyée. Et incontinant icelles veues, le lendemain matin, me suis tiré où estoit ledit seigneur roy, et pour ce
qu'il n'estoit possible parler à luy, pour la cause qu'il estoit continuellement en la chambre de ladite royenne sa femme, sans ce que
personne extrangere luy peult parler, me tiray devers monsieur le
tresorier Robertet, auquel je monstris vosdites lettres, luy remonstrant tout le contenu en icelles et autres choses qu'il me sembloit
estre necessaires. Il me fit responce que vous, madame, ne deviés
avoir aucune suspicion que le roy supportist aucunement messire
Charles de Gheldres; car certes il ne luy avoit escript une seule
lettre depuis le traictié de paix, fors celle que derrenierement luy
avoit escripte de Milan, et assura qu'il estoit certain que, quant escriproye à monsieur le legat de ces choses et envoyeroye le double
de votredite lettre, mondit sieur le legat escriproit audit sieur de
Gheldres, de sorte qu'il luy donneroit à congnoistre les lettres à luy
escriptes par ledit seigneur roy estre à telle fin qu'il ne veult ny entend aucunement que ledit messire Charles face nulle nouvelleté ny
entreprinse contre ledit traité de paix, et que, si ainsi le fait, qu'il ne
le supportera en nulle maniere ne aussi luy donera port ny faveur,
ains l'abandonnera; ainsi que oultre ces lettres semblablement luy
escriproit; et dit ces paroles ledit Robertet, et que vous, madame,
deviés desirer que ledit de Gheldres eust prins quelque ville sur
monsieur votre nepveur, afin que ledit seigneur roy eust plus

grande occasion de l'abandonner; je luy respondis qu'il n'avoit tenu audit sieur de Gheldres; et que, s'il eust peu parvenir à son emprinse, ainsi fut esté fait, comme il povoit veoir par vosdites lettres. En conclusion fut son advis que devoye escripre audit sieur légat et envoyer le double de vostredite lettre, ce que j'ay fait en la meilleure sorte que j'ay peu, osté aucune parole du premier et dernier chapitre d'icelles vos lettres qu'il sembloit estre necessaire; qu'il ne doubtoit aucunement que ledit sieur legat n'y mist bonne provision, comme la chose bien le requeroit, et escriproit audit de Gheldres en la forme que dessus. Et certes, madame, les bonnes nouvelles du bon portement de l'empereur votre pere n'ont à ce nuyt, mais sont esté bien bonnes. Et incontinant après que je fus parti dudit Robertet, receut lettres de vostredit pere, du IIIIᵉ de ce mois, par lesquelles fust adverty comme icelluy votre pere estoit approché après Padue d'ung mille ytalien, pour y mectre le siege, avec plusieurs autres bonnes nouvelles toutes plainnes de tous bons espoirs; et que d'autre part estoṇt prinses les villes d'Est et de Monselle, et mises à sac, aussi que Montignaigne, bonne et grosse ville, estoit prinse par composition de payer certain milliers de ducatz, et quatre cens pyonniers, et autres bonnes nouvelles. Et semblablement d'autre cousté ay heu nouvelles que l'empereur vostredit pere a envoyé une bonne quantité de gens d'armes, fornis de toutes choses necessaires pour assiger Lignacgue, lieu bien importable.

Des autres nouvelles qui sont survenues en mon arrivée icy, vous les pourrez veoir par le double des lettres que j'envoye à l'empereur vostredit pere, l'original desquelles je luy envoye par la poste du roy. Après que les aurez veues, je vous prie estre votre bon plaisir les faire lier avec celles adressant à monsieur de Gurce, et les envoyer par ensemble. Et cy-après, pour ce que moy estant à Blez, seray prouche de vous, pour quoy auray meilleur occasion vous envoyer, et pour plus grant seurté, les lettres à vostredit pere, et les faire pourter de Flandre par les postes d'Allemaigne; pour quoy me sembleroit estre bon que envoyissiez un ou deux messaigiers par devers moy exprès pour pourter lesdites lettres jusques à vous, et ainsi est mon advis.

Aussi, madame, l'advis de mondit sieur le tresorier Robertet et le myen a esté que l'ambassadeur, que devez envoyer pour la cause que vous ay escrit, se doit arrester à Paris, faisant savoir à monsieur le legat son arrivée, et comme vous l'adressez à luy, veullant luy mander son bon vouloir et plaisir, si se doit tirer par devers luy, ou quel chose luy est necessaire faire, et faire tout ainsi que mondit sieur le legat luy mandera et ordonnera, assavoir si se tirera premierement devers luy ou devers ledit seigneur roy.

Ma très-redoubtée dame, il vous plaira, au surplus, mander et commander tous vos bons plaisirs, etc. A Guya-sur-Lecre [1], le xii⁰ jour de septembre.

Votre très-humble et obeissant serviteur,

ANDREAS DE BURGO.

LXXVII.

MERCURIN DE GATTINARE À MARGUERITE D'AUTRICHE.

Gattinare rend compte de ses pourparlers avec les ambassadeurs d'Espagne. Efforts pour rompre l'appointement qui se négociait. Ruses diplomatiques. Marguerite a tort, quand elle est mécontente, de ne pas s'expliquer plus clairement envers un homme tel que lui. Affaires de Gueldre. Il revient à ses débats avec les députés d'Espagne. Nouvelles d'Italie. L'empereur sollicite du roi de France des troupes nouvelles. Louis XII ne paraît pas disposé à accorder ce subside. Les affaires de l'empereur vont mal en Italie. La princesse ferait bien d'écrire à son père pour le réconforter et lui donner des conseils que développe Gattinare. (*Original.*)

29 octobre, à Blois.

Ma très-redoubtée dame, tant et si très-humblemant que fere pays, à votre bone grace me recomande.

Madame, depuis la despechie de mon clerc, lequel hay envoyé

_____
[1] Sans doute Gien-sur-Loire.

devers vous, ay receu en ung paquet de monsieur de Gurce deux
de vous lettres qu'estoient envoyées par les postes de par delà, et
ont esté plus de cinq sepmaines en chemin : la premiere, donée à
Bruxelles le premier jour de septembre, concernant mon retour et
du mesme contenu des aultres deux, esquelles je vous hay faict dernierement response ; l'autre, du vii de septembre, par laquelle vous
escripviez estre bien joyeuse de la rompture de cestuy appoinctement d'Aragon[1]. Et ensemble me faisiés responce à aucunes particularités desquelles vous havoye par avant escript, me touchant
quelque chose de l'appoinctement de Gheldres.

Madame, puys que j'hay receu vousdites lettres, pour satisfere
à ce que vous m'escripviés, veulliant tendre par bon moyen à la
rompture d'icelluy apoinctement d'Espagne, sans la chargie ny de
l'empereur, ny de vous, ny de nous : havons journellement esté
en grosses disputacions avec les ambassadeurs du roy d'Aragon,
lesquels avons trové subtilz, cauteleux, difficiles et entierement desraisonnables ; de sorte que, non-seulement ils ne vouloient ouyr
parler des articles nouveaulx par nous proposés, ayns vouloient
gloser les articles ordonés par le roy, et changier en pluseurs en-
droictz la substance d'iceulx, disant beaucop de grosses paroles et
nous remonstrant qu'ilz n'estoient pas en necessité de fere cestuy
apoinctement, et que la tardance d'icelluy estoit plus à domagie de
l'empereur que du roy leur maistre, nous donant assés à entendre
que le reboutement de l'empereur en Italie ne procedoit sinon
pour non estre d'acord aveque le roy leur maistre. Aus quelz,
combien que leur haions souffisantment respondu, neantmeyns
pour les mieulx confuter et pour mettre la rompture sur eulx, sans
encourrir de notre cousté l'indignacion du roy, havons presenté

---

[1] Mercurin de Gattinare avait été envoyé à Blois par l'empereur, pour négocier, sous l'arbitrage du roi Louis XII, un
accommodement avec le roi d'Aragon, au
sujet de la succession de Philippe d'Autriche et du gouvernement de la Castille.
Voir l'instruction donnée par Maximilien
à Gattinare et à André de Burgo, *Lettres
de Louis XII*, I, 180.

s'ilz vouloient accepter la capitulation du roy, ainsi que les articles estoient couchiés, sans y riens adjouster ny diminuer; que nous estions contentz de l'accepter et stipuller le traictié dès maintenant; et ne cuydés pas que cella ayt esté par bestise ny par follie, mays pour ce que nous sçavions bien qu'il y havoit des motz en deux ou troys articles qui touchioient trop près du cueur au roy de Aragon et qu'il ne les laisroit jamays en cette sorte. Et ainsy bien nous en estoit advenu que lesdits ambassadeurs d'Aragon, qui avoyent si bien pesés les motz que nous-mesmes, ne voulurent pas accepter ce party, sinon par ung moyen que le roy declarast aulcuns motz, lesquels ils disoient être obscurs, impossibles et non conveniantz à la matiere; mays nous leur respondismes que nous ne voulions point venir à novelle declaracion desdits articles, s'ilz ne se declaroit par ensemble les aultres difficultés des articles noveaulx, lesquelles voulions toutes commettre au roy : ce qu'ilz ne ont pas ancores voulsu accepter, disantz qu'ilz ne ont commission de traictier, sinon sur ces articles prealablement ordonés par le roy. Et par ainsy veulliantz tendre à rompture, nous tenions et tenons ancores le chemin overt que la rompture viendroit de leur costé et non pas du nostre, et que eulx seulz en seroient chargiés et non pas nous, combien que, pour entretenir les choses en sourceance, l'hon eust proposé ung moyen d'attendre la venue de monseigneur le legat pour regarder si l'hon y sçauroit trover quelque mellieur expediant.

Madame, cependant que nous estions en ceste sourceance, sans nous plus assembler ny debattre, est arrivé le secretaire de monsieur l'ambassadeur de Burgo, par lequel hay receu vous lettres escriptes à Bruxelles le xiiie de ce moys; et par icelles je cognoys assez votre mescontentement en ceste matiere, d'aultant que ne me parlés clerement, ainsy que debvroit fere la maistresse à son serviteur; ayns me bailliés une culliere, disant ne vouloir estre faicte mencion de vous, et que j'en fasse ainsy que je l'entendz. Lesquelz motz se devroient escripre à ung estrangier et à ung homme incogneu, non pas à moy, lequel havés assés cogneu et experimenté.

Mays puys que ainsy est que vous m'en mettés la bride sur le çol sans me declairer plus avant, je suys bien contrainct m'y governer de sorte que je ne me tyre le chat aux jambes et que je m'en aillie au grant chemin que l'hon ne me puisse en rien chargier ny prouchier. A ceste cause nous havons adverty l'empereur bien au long de tout le demené de cestuy affere et des difficultés qui y sont, à fin qu'il nous envoyet expressement ce que nous haurons à fere ; et celon ce qu'il nous mandera nous efforcerons satisfere à son desir et accomplir notre chargie au meyns mal que nous sera possible. Combien que je vous asseure que, si conclusion y doibt estre, elle ne sera pas si dommagiable, ny si deshonourable que l'hon l'a vous ha blasonée, comant je vous feray cognoistre à ma venue devers vous.

Au regard de l'apoinctement de Gheldres, j'en hay escript en bien bonne sorte là où je cognoys estre expediant, et espere qu'en haurés bien brief bonne responce. Et mesmes je cognoys par quelques devises que nous avons eu icy aveque le chancelier que du cousté de par deza l'hon desire icelluy apoinctement ainsy bien que vous faictes, ce que me fet croire que vous en haurés mellieure issue.

En outre, pour ce que par icelles vous lettres du viie de septembre vous m'escripvés, que vous entendriés à la overture de Tortelet, je vous advize que, moy estant dernierement à Thurin, combien que je n'eusse aultre novelles de vous, j'hay comme de moy-mesme tasté le guet. Mays je treuve la matiere bien difficile, et vouldroit monseigneur des condicions que je luy ay dict clerement que vous ne les accorderiés pas ; de sorte qu'il en ha esté fort marry contre moy, ainsi que entendrés plus à plein quant je seray devers vous.

Au surplus, le procureur de Charreloys ha esté par plusieurs jours icy, et a trové qu'il n'etoit pas expediant prendre les lettres de congié pour lever l'ayde de Charreloys, et qu'il seroit en diminucion de votre auctorité et pour vous ouster l'assemblée des estats ; mais ha faict faire une aultre lettre de deffense au receveur des aydes de non molester ceulx de Charreloys, disant que, par novelle assemblée, en usant de votre auctorité, vous pourrez imposer et

lever ladite somme et davantagie, si vous vouldrés, et me semble
qu'il dit la verité. L'hon est après pour fere les aultres despesches
necessaires celon vous instructions et renvoyer ledit procureur.

Madame, j'hay oublié dessus vous escripre, touchant la matiere
de l'Espagne, ce que les ambassadeurs d'Aragon nous ont dict du
traictié de Marnix; car ils disent avoir advertissement du roy leur
maistre que Marnix luy ha dict de votre part que, pourveu qu'il
bailliast quelque chosse au prince et qu'il asseurast la succession
dudit prince, que vous laisriés le demourant et qu'il ne vous chaloit
des aultres articles. Et combien, madame, que je tiens fermement
que Marnix soit si discret qu'il n'haura pas parlé si follement, mesmement n'en haiant nulle chargie, et croy sans faulte que c'est une
chiosse controvée pour sçavoir que chosse nous havons au ventre,
neantmeyns pour ce povés assés evidemment cogneistre que ce que
ledit roy d'Aragon dict audit Marnix de l'autre apoinctement qu'il
disoit estre traicté icy n'estoit que pour lui tirer le ver du nez, et
pour sçavoir s'il avoit aultre chargie plus avant qu'il n'y havoit declairé; car de mesme ha il faict à nous, combien que ses ambassadeurs ont trové à cuy parler, ainsy que pourrez estre advertye
par monsieur le maistre Philippe. Dalla, qui ha esté present à
toutes choses et ha ouy toutes les disputes, et sans luy n'ha esté
riens dict ny traicté. Et luy ont bien dict lesdits ambassadeurs en
barbe comment le roy leur havoit dict que vous n'estiés pas contente de cestuy appoinctement, luy disant expressemant que, si ledit
apoinctement ne se faisoit, que vous ne recepvriés riens de votre douhaire en Espagne; mays il leur fust honestement respondu par toutz
ensemble qu'il n'y havoit nul que plus desira cestuy apoinctement
que vous, ne qui plus eust prins de poyne pour induire l'empereur
votre pere à ce fere; et que à ceste fin vous haviés envoyé votre secretaire pour traicter ledit apoinctement, et que vous estiés si asseurée
du roy catholique comme de votre bon pere, qu'il ne vouldroit en
riens souffrir que vous deniers fusent empeschiés. Bien confessa
ledit Philippe Dalla qu'il havoit dict que toutz les conselliers de par

delà trovoient cestuy apoinctement, ainsy qu'il estoit proposé par aulcuns articles à vous envoyés, fort deraisonnable et au grand dommagie de monseigneur votre nepveur et deshoneur de l'empereur votre pere; sur quoy pluseurs aultres parolles dictes et repliquées d'ung cousté et d'aultre, que seroit longue chosse escripre. Vous advertissant, madame, que despuys qu'est levé le siegie de Pádua, lesdits ambassadeurs d'Aragon se sont tenus et tiegnent si haultz et si fiers, que d'aulcuns articles qu'ilz nous havoient desjà accourdés en la presence de Robertet, maintenant ils refusent de les admettre. Je prie à Dieu qui nous en doint bonne yssue, car je vous asseure qu'il n'y ha nul de nous qui ne voulsist bien estre dehors de ceste peliterie. Touteffoys j'espere que Dieu nous aydera.

Madame, despuys le jour de ma venue ici, pour ce que les chemins estoient rompuz, à cause du lievement du siegie de Padua, nous sommez demourés sans havoir novelles de l'empereur votre pere jusques à present qu'il ha envoyé ung gentilhome en poste devers le roy pour lui declairer les causes par lesquelles ledit siegie ha esté levé, et comme il ha proposé de aller mettre le siegie à Ligniague, pour garder que les villes de Veronne et de Vincence ne soyent adoumagiées. Et pour ce que les v^c lances françaises s'en vouldroient revenir pour se refreschir ung peu cestuy yver et s'en retourner l'esté que vient, l'empereur escript au roy et luy prie que en lieu d'icelles v^c lances il luy plaise luy en envoyer aultres v^c novelles; mays en ce le roy en fet difficulté, disant qu'il ha aussy bien mestier de mettre garnison dedans ses villes qu'il ha gaignées. Touteffoys il ha escript par la poste à monseigneur le grand maistre pour l'advertir qu'il fasse fere les monstres, et s'il pourra fournir gens d'armes assés pour satisfere à touts deux. Et cependant la compagnie de monseigneur de la Palice demourera pour le siegie de Lignague. Et vous asseure, madame, que les afferes de l'empereur sont maintenant en grande perplexité; et s'il n'est bien aydé des aultres confederés, il est en dangier de perdre tout ce qu'il ha conquis en Italie; que luy seroit, oultre le dommagie inextimable, ung reboutement perpetuel, tiellemant qu'il ne seroit pas craint comant il ha esté jusques à icy.

Madame, il me semble que, par son grand bien et pour monstrer que vous havés ses afferes au cueur aultant que les votres, vous luy debvriés escripre une bonne lettre de votre main, le reconfortant des infortunes qu'il ha eu, et qu'il doibt en ce se monstrer plus vertueux et avoir espoir en Dieu et en sa bonne querelle, et prendre mellieur couragie à pourveoir que les enemis ne puissent nuyre cestuy yver, et l'exhorter que, pour la reputacion, il ne veullie pas tourner les espaules ny abandoner Italie, mays que, après la entreprinse de Lignague, pour doner couragie à ses amys et subjectz, s'il ne veult tenir les champs, que aulmeyns il.mette bones garnisons là où il sera mestier, mesmes à ces deux grosses villes, Vincence et Verone, et aux passagies, et qu'il se tiegne cestuy yver aveque sa personne dedans Verone, où il.sera très-bien asseuré. Et se tenant là, il pourra d'heure à aultre, s'il y survenoit quelque affere, havoir l'ayde de toutes les gens d'armes de France, de Mantua et de Ferrara. Et par ce moyen il tiendroit le passagie overt pour fere venir tant de gens d'armes d'Allemagne qu'il vouldroit havoir, et tiendroit ses ennemis demourant là en maravellieuse crainte et despence, et luy viendroit mille moyens d'havoir argent de ces princes et communaultés d'Italie. Et par le contraire, s'il tournoit les espaules, quant il ne s'en retourneroit jamays que jusques à Trente, il perdroit la reputacion, et les subjetz et amys perdroient le couragie et diroient qu'il s'en seroit fuy. Et estant en Allemagne, il ne troveroit qui luy voulsist baillier ayde de ung seul denier, ayns perderoit non-seulement ce qu'il ha conquis, mays mettroit le demourant de son patrimoine en grand dangier. Vous advisant qu'il ha desjà apoincté avecq le duc de Ferrara qu'il luy baillie dès maintenant xL^m ducats pour payer les gens d'armes; et au regard des actions que l'empereur havoit contre luy, ils s'en sont sobmiz au pape et au roy; et povés assés penser que, estant l'empereur en Allemagne, il n'eust piezà faict tiel appoinctement et aussy ne feroient les aultres comant les Florentins qui sont après pour apoincter semblablement.

Madame, vous me pardonerés si je faiz du presumptueux à vous escripre si familierement, car l'affection me transporte et me semble fere mon debvoir. A tant, ma très-redoubtée dame, je prie le Createur qu'il vous doint l'entier acomplissement de vous très-haultz et très-vertueulx desirs. Escript à Bloys le xxviiie jour d'octobre 1509.

Des articles du traictié que je vous hay envoyé, nous summes presque d'acord jusques au xiiie et aussy des aultres troys derniers, mays il y en demeure quatre en question desquelz les Espagnards ne veuillient ouyr parler en façon quelconque. L'ung est l'article des chosses donées et ouctroyées par le feu roy de Castillie; car ils disent que par sentence le tout ha esté revoqué. L'aultre article est des maistratz; car ils disent que le roy leur maistre veult retenir quelque chosse en soy pour demonstrer au prince, quant il yra en Castillie, l'amour qu'il y porte. L'aultre est des benefices; car ilz ne veuillient consentir aulcunement qui soit reservé ung seul office ny benefice; mais ils disent que, quant ilz seront d'acord, le roy leur maistre en donnera tout jour quelcun à la requeste de l'empereur. L'aultre est du subside de iii^cm ducatz; car ilz disent que c'est une chosse que n'ha jamays esté acoustumée en Castillie et que ce seroit pour mutiner le peuple. Au regard des aultres articles, nous accorderions assés, moyennant quelque changiemant desdits articles, que n'est pas de grande importance; touteffoys nous nous tenons fortz que nous ne conclurons poinct sur les aultres, si ne summes d'accord semblablement desdits quatre articles. Et cependant en havons adverty l'empereur et attendons sa responce, celon laquelle nous conduirons, vous advertissant que faisons le mieulx que nous est possible, et tenonz nous adversaires en très-grande souspeçon; de sorte qu'ilz me craignent comme le diable et ne se contentent pas fort de moy, commant pourrés plus à plein estre adverty par monsieur le maistre Philippe Dalla, sans lequel n'havons faict ung pas ny dict ung seul mot, et havons continuelement mangié ensemble, afin que chascun entende si nous y allons au droict chemin ou non.

Votre très-humble et très-obeissant serviteur,

MERCURIN DE GATTINARA.

LXXVIII.

MERCURIN DE GATTINARA À MARGUERITE D'AUTRICHE.

Demande d'argent. Le roi de France hésite à mettre des troupes à la solde de l'empereur, et n'approuve pas les dispositions de guerre qu'il fait en ce moment. Détails à cet égard. Entretien avec le chancelier de France. Interception d'une lettre adressée au pape par le seigneur Constantin, un des généraux de l'empereur, et contenant de fausses imputations à la charge du roi. Explications données au roi lui-même, au sujet de cette lettre. Louis XII montre les meilleures dispositions pour l'empereur. (*Original.*)

8 novembre, à Blois.

Ma très-redoubtée dame, tant et si très-humblement que fere puys à vostre bonne grace me recomande.

Madame, despuys mes dernieres lettres que je vous ay envoyé par Labbe, est revenu mon homme aveque ce peu d'argent qu'il ha recovert du s[r] Diego Floris[1], que ne sera pas pour moy deslogier d'icy, s'il fault que je demeure plus longuement; car mondict homme au venir per les postes et à son retour en ha despendu bien la quarte partie. Et pour ce, madame, je vous supplie que, en ensuyvant ce que l'empereur vous en ha escript, qu'il vous plaise ordonner à ceulx des finances de dresser le payement de la reste de mon voyagie, car aultrement il me fauldroit fere banque-faillite. Au regard de monsieur l'ambassadeur de Burgo, il se tient content pour ceste heure de iii[c] ducas qu'il vous ha pleu luy envoyer et vous en remercye très-humblement, se recommandant le plus très-humblement qu'il peult à vostre bonne grace, et vous suppliant le vouloir tenir pour excusé

---

[1] Trésorier de Marguerite d'Autriche.

s'il ne vous escript à present, car despuys que je suys icy il m'en laisse la chargie.

Madame, par mes dernieres lettres vous fustes advertye bien amplement en quel terme estoit l'affere d'Espagne et de toutes les difficultés et comant nous attendions la venue de monsieur le legat et la responce de l'empereur, lequel havions à plein adverty, et aussy fustes advertye de la venue du gentilhomme que l'empereur vostre pere havoit envoyé en poste pour l'entretenemant des v° lances et pour la journée de Mantua. Et semblablement fustes advertye de la proposition de l'ambassadeur de Hongherie et de plusieurs aultres chosses. Et despuys icelles havons assez solicité auprès du roy pour havoir la resolucion et la responce de ce qu'havoit porté ce gentilhomme. Et finablemant dimenchie dernier, le roy, pour resolucion de ceste matiere, nous monstra aulcunes lettres qu'il disoit havoir receu de monsieur le grand maistre par lesquelles il y escripvoit que la gensd'armerie estoit très-mal en ordre, et qu'il estoit impossible, si le roy se vouloit ayder des gens d'armes pour l'esté, qu'il puissent servir l'empereur ainsy qu'il desiroit; et escripvoit aussy mondict s^r le grand maistre comant il havoit esté à parlemant devers l'empereur et que l'hon trovoit impossible mettre à present le siegie devant Lignague, à cause que la riviere d'Attesy[1] ha rumpu et envyronné ledict Lignague de eau, en remplissant les fossés et marests tellemant qu'il seroit impossible y mettre artillerie, et que à ceste cause, l'empereur ne povoit tenir les champs à present. Et pour ce qu'il havoit mis guarnison à Vincence et en havoit baillé le gouvernement au s^r Fraquasse de Sainct-Severin et luy se estoit retiré à Verone aveque les gens d'armes allemants, et que ces deux cités estoient bien guarnies, et que le cardinal de Ferrare estoit retiré aveque ses gens en la ville de Montagnane et ceulx du pape estoient en aultres villes, et qu'il havoyt mis monsieur de la Palice aveque la bande des Françoys dedans Villefranche, qu'estoit ung lieu moyen entre Verone

---

[1] L'Adige, qui passe à Lignago.

et Pisquere, et que, s'ils estoient pourveus des vivres, ils demoure-
roient là pour secourir là où il seroit mestier, et que, toutes et quantes
foys vouldroit assieger Lignague et que la comodité y fust, ils seroient prets non-seulement lesdicts vᶜ lances, mays toutes les aultres
gens que sont à Pisquere. Et aussy, s'il venoit quelque aultre affere à
l'empereur, que mondict sʳ le grand maistre aveque toute la puissance viendroit à le secourir, et pour ce le roy se resolvy non estre
mestier d'envoyer aultres gens d'armes puys qu'il n'est question sinon de tenir guarnison. Et au regard de la journée de Mantua, il
nous dict que monsieur le grand maistre s'i troveroit, et tout ce que
seroit conclu en icelle il le tiendroit de son cousté, et qu'il seroit
plus prest de passer les monts aveque bonne et grosse puissance que
l'année passée, car il vouloit veoir la fin de ces Veniciens. Nous luy
respondismes toutes bonnes paroles, en le remerciant de la bonne
affection qu'il monstroit havoir à l'empereur; mays luy remons-
trasmes comant l'empereur n'avoit pas le povoir luy seul d'entretenir
cestuy yver les garnisons necessaires sur la guarde des villes qu'il
tient sans ayde des aultres confederés, et qu'il devoit adviser de non
mettre l'empereur en dangier; car il estoit le belfvard de touts les
aultres confederés; et se luy pardoit le sien, les aultres alliés ne s'en
troveroient pas bien, et que, quant la maison du voysin brusle, les
aultres doivent bien havoir regard à le secourir, à fin que le feu ne
viegne sur eulx. Finablemant, il nous dict qu'il avoit vehu beaucop
de princes se perdre pour fere la guerre en iver, et que luy ne se vouloit mettre en ce dangier; mays que, s'il sourvenoit quelque affere
à l'empereur en tenant ses garnisons, il y vouldroit ayder de tout
son povoir; et, à fin que sa majesté imperiale peust mieulx entretenir
ses guarnisons et payer ses gens d'armes, il nous dict que, si l'empereur vouloit conclure l'apoinctemant aveque le roy d'Aragon, il avan-
ceroit l'argent de quoy nous serions d'accord et le feroit incontinent
tenir à Millan; et ne demandoit aultre terme sinon d'aultant que la
poste puist aller d'icy là. Et nous dict aussy le roy comant il estoit
adverty par monsieur le grand maistre que l'empereur envoyoit icy

une aultre grosse ambassade; ce que croyons sera pour traicter et
conclure ce que touts les confederés debvront fere pour l'esté que
vient. Et au regard de l'ambassadeur de Hongherie, nous dict comant il estoit resolu que le roy son maistre entreroit la confederacion de Cambray, et qu'il seroit prest aveque toute son armée rumpre
contre les Veniciens le premier jour de mars que vient.

Madame, havoir entendu ces chosses, nous en havons adverty
bien au long l'empereur par le mesme gentilhomme qu'il nous havoyt envoyé; et croyons, puys qu'il est question de recevoir ledict
argent si promptemant, que facilemant il se accordera à l'apoinctemant d'Espagne, tout ainsy que le roy vouldra, sans havoir regard aux
difficultés desquelles luy havions par avant escript. Mays il ne se
fera conclusion où que je soye, qu'il n'y ayt quelque garde derriere
pour preserver toutjours le droit et prouffit du prince.

Combien que nous tenons que la resolucion de cestuy affere sera
en la main des noveaulx ambassadeurs, lesquels seront quatre ou
cinq, celon que le roy nous ha dict, et l'hon ne scet ancores les noms,
bien nous ha dict le roy qu'il y semble une chosse superflue, et qu'il
se contentoit aultant des ambassadeurs qu'il ha icy sans en havoir
plus grand nombre. Mays quant à nous, aux matieres que nous havons par les mains, nous serons beaucop plus ayses et plus deschargés
quant il y hauroit plus grands personnagies, et Dieu voulsist qu'il y
eust ancores une demy-douzenne de meilleurs personnagies de par
delà.

Madame, après ces chosses demenées, nous fusmes avant iher
apellés au logis de monsieur le chancellier, lequel de la part du roy
nous communiqua la teneur de une lettre escripte par le s^r Constantin au pape, laquelle havoit esté prinse par quelque gens de monsieur le grand maistre. Et contenoit ladicte lettre troys poincts bien
maulvais; l'ung, que le roy havoit contramandé monsieur de la Palice et toutes les gens d'armes, non veuillant qu'ils demourassent
plus au service de l'empereur; l'aultre, que monsieur le grand maistre
havoit esté avec vi^c lances, pour prendre Veronne sous umbre de

cherité, en monstrant de vouloir secourir l'empereur, mays que l'e-
vesque de Trente, qu'estoit adverty de l'empereur, ne les havoit voulsu
mettre dedans. Le tierc poinct estoit que Padua eust esté prinse
troys moys passés, s'il n'eust esté pour croyre les Françoys. Sur laquelle lettre monsieur le grand maistre havoit envoyé devers l'empereur son lieutenant le capitayne Ricault, lequel, en la presence dudict s^r Constantin, presenta devant l'empereur lesdictes lettres en
disant que ledict s^r Constantin havoyt faulcemant menty escripvant
cella, et qu'il vouloit sur ceste querelle le combattre; et vous asseure,
madame, que, quant nous vismes tiel mistere, nous fusmes bien estonné, mesmemant que n'havions de ce nul advertissement de l'empereur. Et despuys que je arrivay en ceste ville n'havons receu lettre
de luy.

Toutes foys, celon la qualité du cas, au mieulx que nous fust possible, respondismes audict chancelier que l'hon ne debvoit prendre
part à tielles lettres ny à tiels raports; car l'hon povoyt assés cogneistre par effect que l'empereur n'havoit nulle diffidence des Françoys, puys qu'il havoit mys en leurs mayns touts ses biens, sa fortune
et sa propre personne, et qu'il les havoit tenu aveque luy et demeuré en leur simple garde. Et s'il eust eu aulcune diffidence, il
n'est pas vray et semblable qu'il en eust demandé havoir des aultres,
ainsy qu'il fesoit. Et au regard de monsieur le grand maistre, que
nous sçavions bien qu'il estoit allé pour obvier aux mutineries des
Veronoys qui estoient en motion très-grande, et non point pour entreprendre sur l'empereur, et que de ce en estions adverty par le
gentilhomme que l'empereur nous havoit envoyé, qui ainsy le tes-
tiffia; et touchant Padua, que nous sçavions bien certainement que
la perde estoit plus tost pour ledict s^r Constantin que pour les Françoys, tielemant que ledict chancellier se trova satisfaict et nous pria
de part le roy vouloir advertir l'empereur d'icelle comunicacion.

Lendemain, que fu iher matin, nous allasmes au disner du roy
pour veoir s'il havoit quelque object en ceste matiere et pour entendre si nous sçaurions tirer quelque chosse plus avant de luy, et

entrasmes en paroles de ces lettres du s^r Constantin, et luy dismes én substance ce qu'havions dict au chancelier, dont il se trovast bien satisfaict et nous parlast bien overtemant; monstrant qu'il n'havoit nulle diffidence de l'empereur, et qu'il se tenoit bien asseuré de luy qu'il n'y fauldroit en riens, et aussy nous dict que monsieur le grand maistre estoit ung peu plus asseuré des villes qu'il havoyt en garde qu'il n'estoit par avant, et que l'empereur havoit donné bon ordre dedans Vincence et Veronne et luy havoit mys bonne garnisons, et que pour l'apoinctement et l'entretennement d'icelles garnisons, sa majesté imperiale havoit accordé aveque les Florentins qui luy bailloient principalemant la somme de xL^m ducas dont il se monstra bien joyeulx, et dict que luy-mesme havoit conseillé aux Florentins de aynsy le fere, et que sans luy ils n'en eussent riens faict; et nous dict comant l'empereur estoit allé à Trente et qu'il debvoit envoyer sa femme à Veronne, où il havoit laissé tous les seigneurs et conseillers de sa maison; et nous dict ledict sire roy comant il havoit desjà son cas prest pour passer les monts incontinent au printems, à fin de parachever ceste entreprinse des Veniciens par vous premierement ordite. Et nous dict plus ledict roy comant il havoit novelles que les Veniciens, par faute d'argent, havoyent cassé tous leurs gens de pied et qu'ils havoient imposé taillies sur les testes et sur les maisons; ce qu'ils n'avoient jamays faict auparavant, et aussy que leurs galeres qu'estoient arrivées toutes chargées de marchandises estoient demouries, sans que nul ayt voulsu riens acheter desdites marchandises, qu'est d'ung très-grand damagie auxdicts Veniciens. Et pour ce, il espere que ceste esté, sans nulle faulte, l'hon en haura la fin.

Madame, l'hon nous ha aussy parler du faict de Gheldres que ne duroit que pour ung an, et est tantost au bout[1]; et est mestier havoir prorogacion et ne se peult fere sinon par l'empereur et le roy. Et aveque ce l'hon nous ha parlé de l'apoinctement, nous havons ad-

---

[1] Le traité de Cambray, du 10 décembre 1508, accordait une trêve d'un an, pour laisser aux parties le temps de faire régler leurs différends; mais l'arbitrage n'ayant pu se faire dans le terme fixé, il fallut le proroger.

verty l'empereur à fin qu'il pourvoye tant sur la prorogacion que sur la journée à tenir, et qu'il en envoye le povoir à vous pour y prendre quelque bonne resolucion.

Et nous semble, madame, que soubs coulleur de cestuy affere de Gheldres, vous feriés un grand bien à l'empereur vostre pere et à monseigneur vostre nepveur de mettre les postes de vous jusques icy; car l'hon escripra plus franchiemant à l'empereur et à vous de toutes chosses, sans havoir doubte que nous lettres soyent perdues ou ouvertes, aynsy qu'havions veu par experience beaucop de foys. Et les afferes que sont à traictier maintenant ne sont pas de si petite importance qu'ils ne meritent bien d'entretenir ce peu de postes de là jusques icy, pour deux ou troys moys, qui vous porteront beaucop plus de prouffit qu'elles ne vous sçauroient couster, attendu qu'il n'y ha pas plus de XVII ou XVIII postes, et pourrés havoir continuelemant novelles de deux jours en deux jours. Neantmeyns cependant me semble devés renvoyer les deux chivaulchieurs, assavoir Labbé et ce pourteur, à fin que l'ung d'eux soit tout jour en chemin et vous puissions plus sovent advertir de toutes chosses.

Le procureur de Charreloys est icy toujour poursuyvant vous afferes; il ha despechié la lettre de l'ayde et aussy celle de Chaulcin et de la Perriere; mays au regard de celles que touchie les chargies imposées sur le granetier, combien qu'elles aient esté accourdées, neantmeyns despuys ils ont refusé les delivrer pour raisons assés frivoles; et vous en vouldroient mettre en procès, combien que ce soit contre le traictié de payx. Toutes foys nous havons advisé, ledict procureur et moy, que, sans prendre aultres lettres, il contraindra en vertu de la mainlevée et du traictée de paix ledict granetier à poyer. Et s'il en appelle, l'hon le poursuyvra par justice et se monstrera les estats des aultres granetiers passés, que sera plus seur; et par aynsy ledict procureur s'en retournera demain pour aller à exequter le demourant.

Votre très-humble et très-obeissant serviteur,

Mercurin de Gattinara.

LXXIX.

MERCURIN DE GATTINARE À MARGUERITE D'AUTRICHE.

On n'a point de nouvelles de l'empereur, auquel on prête des propos offensants pour le roi. Il paraît que le pape et les cardinaux se montrent favorables aux Vénitiens, en dépit du traité de Cambray. On dit que l'empereur dirige des forces sur Bassano, que les Vénitiens veulent attaquer. Sollicitation pour l'évêché d'Arras. (*Original.*)

20 novembre, à Blois.

Ma très-redoubtée dame, et si très-humblement que faire puys à vostre bonne grace me recommande.

Madame, pour ce que ce messagier qui est venu pour l'eveschié d'Arras, de la part de monsieur le prothonotaire de Melun, s'en retourne par delà, je n'hay pas voulsu le laisser retourner sans vous escripre quelque chose, combien que par les deux messagiers havés desjà esté advertye de toutes nouvelles, tant par messieurs les ambassadeurs messire Andrea di Burgo et Philippe Dalla que par moy; desquelz messagiers attendons journelement responce.

Madame, despuys nous dernieres lettres n'havons eu lettre quelcunque ny de l'empereur ny de vous; dont nous trovons toutz esbahiz, et n'havons aultre remede en l'affere pour lequel sumes icy que de la retardacion de monsieur le legat, lequel entendons estre ancores malade à Gallion de sa goute, et ne sçavons encore certainement de sa venue; et au cas qu'il viegnet avant que haions aultre responce de l'empereur et de vous, nous cogneissons les chosses venir en rompture; car nous ne sçaurions ny ne vouldrions passer avant sans aultre expresse commission.

Au regard des novelles, sont survenues deux chosses despuys nousdites dernieres lettres : l'une, que l'hon nous ha dict de part le roy que quelc'un envoyé de part l'empereur pour recovrer argent ès pays de par delà a dehu dire publiquement que l'empereur eust bien recovré Padua, si le roy eust voulsu, dont le roy ha eu très-grant desplaisance, combien qu'il dict qu'il ne cuyde pas cela proceder du sceu ny de l'empereur ny de vous. Toutesfois tielz languagies monstrent qu'il n'y ha pas parfaicte confidence : et, au temps qui court, est mestier de ouster toutes souspecions ; de quoy vous hay voulsu advertir à fin que donnés remede que tielz languagies et raportz ne se facent de par delà, car ilz ne viegnent à nulz propos.

Au surplus, nous avons entendu que le pape est pressé de doner l'absolucion aux Veniciens ; ce que le colliegie des cardinaulx est d'opinion qu'il doibt fere et que par justice il ne le peult refuser, puysque l'Eglise a recouvré le sien, combien que cecy soit contre le traictié de Cambray, et ne le peult fere sans les aultres confederés. Et à ceste cause nous en advertissons l'empereur ; car nous trovons le roy en estre assés marry, et havons conclu d'en escripre de toutz coustés aux ambassadeurs estantz à Romme pour se tirer devers le pape et luy remonstrer cestuy affere, et, s'il est mestier, protester contre luy, combien, madame, que le pape dict havoir alliance aveque le roy d'Angleterre, et qu'il se fet bien fort que, combien que le roy d'Aragon soit fort amy de France, il ne fera riens que luy ; tielement que, non ayant aultres novelles de l'empereur, nous ne sçavons que penser ny que dire.

En oultre, nous sumes adverty par le roy que l'empereur, ayant entendu que les Veniciens avoient preparé de fere quelque entreprise sur Bassan, luy ha envoyé troys mille hommes, et estoit party de Roverey pour y aller à fere resistence contre lesdits Veniciens.

Les nopces de mademoiselle d'Angoulesmes ne se feront pas jusques à la Sainct-Andrieu [1].

Touchant l'eveschié d'Arras, le roy ne monstre pas havoir agreable le prothonotaire de Melun, combien qu'il dict qu'il y baillera une mellieure eveschié en France, mays qu'il veult pourveoir à celle cité, qu'est de grande importance, d'aultre homme à luy plus agreable.

A tant, ma très-redoubtée dame, je prie à Nostre Seigneur qu'il

---

[1] Le mariage de Charles, duc d'Alençon, avec Marguerite d'Angoulême, eut lieu le 2 décembre 1509. Voir *Lettres de Louis XII*, I, 205.

vous doint l'entier accomplissement de vous très-haultz et très-vertueulx desirs. Escript à Bloys, à grande haste, ce xxᵉ jour de novembre 1509.

Madame, nous vous suplions vouloir incontinent envoyer par les
postes le paquet que nous dressons à l'empereur pour l'advertir des
matieres que dessus, car la chosse emporte.

Vostre très-humble et très-obeissant serviteur,

MERCURIN DE GATTINARA.

LXXX.

INSTRUCTION DE L'EMPEREUR MAXIMILIEN

À GUILLAUME DE ROGENDORFF, MERCURIN DE GATTINARE ET ANDRÉ DE BURGO,
ENVOYÉS PAR L'EMPEREUR VERS LE ROI LOUIS XII.

Le roi de France, le roi d'Aragon et le pape ont recouvré dans la présente guerre tout
ce qu'ils étaient en droit de réclamer, d'après le traité de Cambray ; l'empereur seul
est en retard de jouir des résultats de l'alliance faite avec ces souverains. Les ambassadeurs sont chargés de solliciter par tous moyens que le roi de France fournisse
un secours d'hommes et d'argent, pour réduire les Vénitiens dans le nord de l'Italie,
et même pour détruire de fond en comble cette république si nuisible au repos de
l'Europe. Proposition d'un congrès à Mantoue. Des considérations historiques et politiques sont mises en avant pour appuyer ces demandes, auxquelles l'empereur en
rattache d'autres d'un intérêt plus secondaire. (*Copie du temps*[1].)

26 novembre, à Stein.

Maximilianus, divina favente clementia, electus Romanorum imperator semper augustus.

Instructio de hiis que agere et tractare debent nostro nomine,
nobilis et fidelis, nobis dilectus, Guilhelmus dominus de Rogendorff,
una cum magnifico Reginaldo de Villanova[2], oratore serenissimi regis

---

[1] La copie sur laquelle nous avons opéré étant très-défectueuse, il est resté dans le
texte certaines incorrections que nous n'avons pu restituer complétement.

[2] Rigaut d'Aureille, seigneur de Villeneuve.

Francie, et honorabilibus fidelibus nobis dilectis Mercurino de Gattinaria, presidenti Burgundie, ac Andrea de Burgo, consiliariis et oratoribus nostris, apud serenissimum regem Francie, consanguineum et fratrem nostrum carissimum.

In primis, exhibitis sue serenitati litteris nostris credentialibus convenienter et cum omni affectu et comprobatione nostri mutui fraterni amoris, salutabunt eum, declarantes singularem et fraternum animum nostrum ad conservationem et incrementum persone, dignitatis, status, et conditionis sue, ac serenissimarum conjugis et filie suarum.

Postea exponent : licet ibidem habuerimus apud eum prefatos Mercurinum et continue Andream, per quos semper tractavimus occurrentias et communia nostra negocia, et totius sancte lige, sed rebus ita exigentibus, visum fuit nobis expediens eundem dominum de Rogendorff cum prefato oratore suo jam destinare, et ob magnitudinem rei hortati fuimus proficisci eundem magnificumReginaldum de Villanova, magistrum domus et consiliarium et apud nos oratorem sue serenitatis, utpote virum de omnibus pretentis et tractatis bene instructum, affectum regi suo et nostri amantem, qui rem sue serenitati aptius declaret et adjuvet omnia pro commodo, conservatione et incremento nostrum amborum et totius sancte lige.

Et quoniam Deo ita volente, a quo omnis actio et cogitatus nostri sunt, et in quem desinunt, fuit anno superiori inter nos omnes confederatos inita, tractata et conclusa isthec nostra sancta confederatio, pro recuperatione et redintegratione status et rerum nostrarum, et omnipotenti Deo rem adjuvante, qui justam causam fovet, hostes nostri per serenissimum regem prefatum fratrem nostrum fuerunt profligati, et per ipsum ac alios confederatos, sanctissimum D. N. et serenissimum regem Aragonum, etiam fratrem nostrum carissimum, eis spectantia et pertinentia fuerunt per eos recuperata, et per nos etiam aliqua pars nobis spectans fuit recuperata; reliqua tamen que est major pars nobis spectans huc usque semper detinetur adhuc per hostes nostros, cum circa caput herentia et tenacius retinentur et fortius tuentur ubi ipsi et possessionibus et maximis affinitatibus fundati sunt. Nihil tamen a nobis pretermissum fuit cum maximo dispendio ut possimus recuperare nostra, quod viderunt et aperte intellexerunt idem magnificus orator suus et reliqui qui nobis missi fuerunt per serenitatem suam.

Que difficultas compulit nos singula diligentius considerare et cogitare de statu rerum totius nostre sancte lige, et tam de recuperatione rerum nobis pertinentium quam de stabiliendo res omnium nostrum. Quod profecto majoris difficultatis et operis existimamus, et re ipsa experimur quam acquirere; ita difficulter ingenium humanum a veteri etiam mala et perniciosa consuetudine ad bonam nisi successu temporis deflectitur.

Cum igitur, sicuti diximus, isthec nostra sancta confederatio fuerit facta pro recuperatione et redintegratione rerum nostrum omnium de liga, cumque id sanctissimus D. N. papa, sua serenitas et serenissimus rex Aragonum etiam frater noster carissimus, integre omnes consecuti sint, nos soli restamus recuperare quod superest, que est major pars illorum que ad nos pertinent, et moles totius belli ab omnibus nobis, conjunctis viribus, perferenda solis humeris nostris incubuit, cogitavimus et diu in mente nostra agitavimus quo consilio et quibus viribus et nostra recuperare et redintegrare ulterius, et parta per nos omnes confederatos conservare, et maxima necessitate ac urgenti periculo ita exigentibus, Venetos ipsos totaliter destruere possimus. Ipsis enim stantibus, nec facile nostra recuperare nec in posterum ea retinere, identidem ceteri confederati, nisi cum gravissimis impensis et continuo bello unde omnino impediretur expedicio contra Turcos, res nostre christiane contererentur, et facile pateret, occasione provocante, via christianitatis hostibus nos omnes invadendi; et res nostra christiana majori periculo exponeretur, et in graviorem jacturam posset pati quam passa est antea.

Et quoniam, superiori anno, in tractatu Cameracenci, inter omnes nos confederatos concordatum et statutum fuit quod non abscederetur a bello donec quisque sua integre recuperaret, idque jam fecerint

tres ex confederatis, sanctissimus D. N. papa videlicet, serenissimi
reges Francie et Aragonum ; nobis nostra supersunt recuperanda, et
pro hac re adjuti fuimus ab ipso serenissimo rege Francie et summo
pontifice tanquam confederatis ; unde serenitati sue quas par est
pro tanto officio habemus gratias, vicissim relaturi, si unquam se occasio obtulerit, et quod nobis pro hoc auxilio transmiserunt strenue
et fideliter nobis operam navarunt cum magna satisfactione nostra.

Sed cum hostes nostri de presenti et in eorum presidiis sunt
valde fortes et potentes, nedum ad tuendum per eos retenta, sed ad
invadendum nostra, et jam Vincenciam per proditorem et multa alia
loca et in Foro Julii terra, et in Istria mari cum magnis copiis invaserunt, et aliqua oppida modo non hostiliter sed rabide, more ca-
num furentium, invaserunt, diripuerunt, incenderunt, et omnes in
aliquibus locis sine differentia sexus et etatis trucidarunt, et quidquid nobis spectat variis modis et viis attentant et impetunt ; et
jam nos hoc tempore, rebus sic stantibus, non solum ulterius progredi et nostra recuperare non possumus, sed vix recuperata tueri ;
nec tamen tueri facile, cum omnia vi sunt nobis retinenda, propter
potentiam hostium sine auxilio sue serenitatis possumus.

Ideo statuimus eosdem nostros oratores ad serenitatem suam
destinare et suum remittere quo clarius statum rerum predictum
declarent sue serenitati et eandem rogent, et in vigore mutue nostre
confederationis Cameracencis requirant, ut nobis adsistere et nos adjuvare velit usque ad totalem rerum nostrarum recuperationem et
redintegrationem, juxta conventa et statuta inter nos confederatos in
Cameraco.

Et quum serenitas sua in hoc bello nobis maximo adjumento fuit
et cum gravi dispendio suo, si non intervenisset hæc rebellio civitatis
nostre Vincencie et hostes non tantum invalescerent quantum faciunt
jam de presenti, non opus esset suam serenitatem gravare ; sed inva-
lescentibus hostibus, ad comprimendam eorum rabiem, cum nos jam
de presenti nimis exhausti non possimus, cupimus ut nobis dimittat
istud presidium jam constitutum cum quo non solum tuebimur

nostra, sed etiam hostes graviter premebuntur (*sic*), et poterunt ad nihilum redigi. Ideo instabunt ut illud continuo redimittere velit; posset facile contingere quod cum hoc presidio possemus totum hac hieme conficere, vel saltem hostes conterere.

Nec aliquo modo nobis videtur desistendum a bello pro hac hyeme, sed continuo instandum, tam pro recuperatione rerum nostrarum quam pro comprimenda rabie hostium, intertenendi Veneti in expensione magis exhauriantur et atterendi hostes; nec patiendum ipsos respirare, ne idra renascens resumat vires, sicuti admittitur, sed continue atteratur; et hoc modo facilius in posterum consequemur et reintegrabimus nostra, et hostes funditus delebimus; sed, sicuti diximus, nec parta stabilire ac veram et perfectam securitatem et nobis et pariter omnibus confederatis habere, nec expedicionem in Turchos sumere, nec unquam sine bello et gravissimis impensis esse possumus, et periculum quod orbi christiano ab hostibus fidei imminet evitare nisi in destructis et funditus deletis Venetis hostibus nostris.

Ad evitandum igitur tantum malum et tam grave nefas cum tot dispendiis, cogitavimus et nobis consultum, imo necessarium videtur querere consilium delendi funditus hostes. Consideravimus igitur, quod est valde necessarium, quod constituatur dies et locus ad quem conveniant oratores nostrorum omnium confederatorum cum pleno mandato tractandi, concludendi et determinandi, præter recuperationem et integrationem rerum nostrarum que nobis debentur vigore conventorum in Cameraco, etiam de totali hostium destructione et nostrorum conservatione. Et ad hoc etiam invitandus est serenissimus rex Hungarie, qui gratanter acceptavit locum sibi per confederatos relictum; et nos jam sibi significavimus ut destinet suos cum pleno mandato.

Locus autem hujus modi conventus oratorum nostrorum videtur nobis valde expediens et omnibus commodis Manthue, cum sit finitimus locus statui serenissimi domini nostri nostro et sue serenitatis, nec remote a statu serenissimi regis Aragonum et etiam magis commodus serenissimo regi Hungarie.

Et quoniam diu differretur adventus oratorum si ex curiis confederatorum deberent mitti, nec expediret rebus nostris communibus,
potest mittere serenissimus frater noster mandatum aliquibus ex
suis qui sunt in statu Mediolani ; nos autem sumus propinqui, et
sanctissimus dominus noster non multum distat ; ideo convenimus
cum oratoribus confederatorum quod ad kalendas januarias proxime
venturas conveniant.

Eisdem autem oratoribus venturis detur sufficiens mandatum ad
tractandum et concludendum super recuperatione rerum nostrarum
quæ nobis debentur juxta ordinationem et conclusionem factam in
Cameraco, et futura redintegratione belli ad ver proximum, et totali
hostium destructione ; et super hoc admoneantur etiam per serenitatem suam reliqui confederati, ut quantocicius mittant ; quod et nos
jam fecimus, cohortando universos ut velint ad hec bene advertere
et singula prospicere et omnibus bene consulere, et super omnibus
hiis bene omnia discutiantur, mature concludantur et firmiter ob-
serventur.

Ad recuperationem autem et redintegrationem rerum nostrarum
et novam belli instaurationem et totalem hostium ruinam videtur
nobis necessarium quod primo recuperentur nostra cum auxilio
omnium confederatorum ; ex qua recuperatione debilitentur et
adeo hostes extenuentur, quo facilis erit postea totalis eorum des-
tructio.

Auxilium autem quod nobis necessarium videtur prestandum per
serenissimum regem fratrem nostrum, quod nobis ad ver proxime
futurum quantocicius prestet inprimis quinquaginta lanceas, sicuti
antea fecit, et tria millia peditum per ipsum solutorum cum aliqua
bona in numero et valore artilleria, et ea nobis quam primum po-
tuerint castrametari nobis transmittantur ; ad quod etiam convocandi
et requirendi sunt ceteri confederati nostri, sicuti tenentur, ut possimus prosequi hujusmodi prosecutionem rerum nostrarum.

Interim autem continue per eosdem serenissimos reges fratres nostros Francorum et Aragonum ac etiam per sanctissimum dominum

nostrum papam subordinetur et preparetur classis maritima, que sit sufficiens non solum ad exequendum que constituta et conventa fuerunt inter nos super destructionem hostium nostrorum, sed etiam totalem destructionem hostium et defencionem contra Turchos. Nos autem, recuperatis et redintegratis rebus nostris, tunc addemus ad dictam classem homines nostros in auxilium ejus sumptibus nostris, juxta taxationem que fiet per oratores nostros communes in hoc conventu Manthue.

Reintegratis autem rebus nostris omnibus integre, quicquid extra portionem ad nos spectantem in manibus hostium est, preter regnum Dalmacie quod pertinet corone regis Hungarie, ad hanc expedicionem pro interesse suo et qui condecenter adjuvandus est per omnes confederatos, reliquum quicquid eripietur ex manibus hostium teneatur per omnes confederatos conjunctim et sit omnibus id commune, et sit ad utilitatem et servicium omnium pro expeditione que contra Turchos postea fiet.

Expedicio contra Turchos postea fiat divisim de consensu omnium secundum et quomodo cuique queque res conveniet.

De civitate Venetiarum de qua etiam prius actum est cum serenitate sua et oratoribus nostris qui apud eum fuerunt Cremone, sumus ejusdem sententie cujus eramus extunc. Placuit nobis mirum in modum sua firma deliberatio de destructione civitatis Venetiarum, qua stante, procul dubio nunquam carebimus nos omnes confederati perpetuo bello et continuis impensis, nec aliqua expedicio contra infideliter sumi poterit, et status omnium nostrum non erit sine periculo et continua molestia. Ideo nos contenti sumus et acceptamus ligam et confederationem contra Venetos et pro destructione illorum, ad quam volumus concurrere cum omnibus viribus et persona nostra propria, una cum sua serenitate, pro arbitrio suo. Requirendi tamen videntur nobis reliqui confederati nostri et una nobiscum invitandi; et si acceptaverint, tanto expeditio nobis erit facilior; sin autem, nos, ut diximus, nunquam, cum viribus, statu et persona nostra erimus in hac re sue serenitati defuturi pro posse nostro, et dabimus oratoribus nostris qui jam venient mandatum cum sua serenitate concludendi et firmandi hanc confederationem ; reliqui autem requirantur ad conventum oratorum qui jam nobis celebrandus videtur, sicuti significabimus per oratores nostros quos jam expedimus; sed sicuti diximus, cum nimis et diversis bellis exhausti simus, non possumus, nisi cum reliquis quatuor confederatis, accedere ad hanc divisionem, et erimus contenti recipere recompensam condecentem partis nostre.

Alioquin, si confederati differrent aut reintegrationem nostram aut totalem destructionem Venetorum, subditi nostri, qui nunc incipiunt murmurare videndo nos tantum exhaustos et parvum lucrum et augmentum per nos acquirenda ob assidua bella, et civitatem Venetorum imminere nobis, ex omni latere tam fortissimam et potentissimam, possent male contenti cum tempore conari apud nos ad persuadendum nobis ut faceremus pacem cum Venetis ad tuendum ea que tenemus, potius cum bona pace absque impensis, quam continuo facere ita bellum cum tot maximis impensis insuportabilibus.

Quo autem hec omnia facilius et sine impedimento aliquo exequamur, et ad nullam aliam rem respicere debeamus, intuitu et contemplacione serenissimi regis fratris nostri charissimi, et reverentissimi domini cardinalis Rothomagensis, legati, consanguinei nostri charissimi, fuimus contenti condescendere ad concordiam cum serenissimo rege Aragonum, sicuti ipsi voluerunt. Et quoniam materiam hanc tractavit antea Andreas orator noster, et ob hanc eandem rem destinavimus eo Mercurinum de Gattinaria, satis superque res illa instructa et ordinata est. Ideo in ea procedatur juxta ordinem eisdem datum; et jam damus vobis omnibus mandatum terminandi et finaliter concludendi materiam justam.

Facta autem hac concordia, quum juxta in ea conventa debet nobis de presenti dari viginti quinque mille ducatorum qui debent esse in Lugduno, cupimus ut eedem pecunie tuto et sine dispendio nobis transmittantur. Ideo instabunt iidem oratores apud eumdem fratrem nostrum carissimum, ut dictas pecunias faciat ad nos conduci, sicuti nobis pollicitus est predictus serenissimus frater noster per Paulum Armstorffer.

Instabitis præterea et omnino facietis omnem diligentiam cum oratoribus serenissimi regis Aragonum, quod sua serenitas nullo modo debeat esse, directe vel indirecte, contra regem Navarre, nec ipsum in aliqua re opprimere vel gravare.

Quoniam rebus Italicis, quas omnibus aliis et nos et serenissimus frater noster anteponere debemus, occupati, nullatenus possumus intendere determinationi rerum Gheldrensium, et ne ea impediat nos et ipsum regem fratrem nostrum carissimum, cupimus ut terminus prorogetur ad alterum annum; et ita instabitis apud eumdem serenissimum fratrem nostrum ut fiat et jubeatur Carolo de Egmundo, ut expectet et non audeat quodcunque in contrarium attemptare.

Vacavit jam ecclesia Atrebatensis per obitum quondam Nicolay [1], illius ecclesiæ ultimi episcopi. Cujus denominatio cum pertineat ad nos tanquam ad comitem de Artois, et ad serenissimum regem Francie, fratrem nostrum, confirmatio seu quedam admissio hujusmodi denominationis, et ad beatitudinem pontificis confirmatio et promotio ad ecclesiam, nos igitur nominamus ad eamdem ecclesiam honorabilem devotum nobis dilectum Franciscum de Melun, sedis apostolice prothonotarium, consiliarium nostrum. Instabunt igitur iidem oratores nostri ut hanc nostram denominationem idem serenissimus rex frater noster comprobet et pro eodem prothonotario ad Urbem scribat ut ad dictam sedem promoveatur et in hac re nobis antiqua consuetudo servetur. De ecclesia Laudensi, quoniam serenissimus frater noster instat ne ulterius prosequamur restitucionem Octaviani Sforcie ad ecclesiam Laudensem [2], sicuti conventum erat, nos, qui nichil magis desideramus quam in omnibus serenissimo fratri

---

[1] Nicolas de Ruistre, mort le 19 novembre 1509.

[2] Octavien Sforce, fils du duc Galéas·

Marie, avait été expulsé du siége de Lodi par Louis XII.

nostro satisfacere, contenti sumus quod eidem Octaviano detur re compensa et in bonis beneficiis pro media parte, sicuti convenimus, cum magnifico Reginaldo, oratore sue serenitatis.

Instabunt præterea iidem oratores nostri apud magnificos oratores serenissimi regis Aragonum, fratris nostri charissimi, ut sua serenitas velit nobis transmittere duo millia bonorum peditum Hispanorum pro pecuniis nostris, qui sint noti sue serenitati et experti in re militari; in eo nobis plurimum satisfaciet sua serenitas.

Honorabilis Petrus de Motta, doctor, consiliarius noster devotus et dilectus, jam longo tempore serviit nobis diligenter, fideliter et cum omni prudentia et dexteritate, et sua servicia nobis sunt plurimum proficua. Ideo cupimus esse sibi honori, commodo et adjumento in omnibus rebus suis, exigentibus ita meritis suis. Itaque iidem oratores nostri debebunt ipsum in omnibus rebus suis in peculiari commendatione habere. Quicquid sibi honoris et commodi acceserit, preter quod accedet viro bono et omni parte laudando, nobis supramodum in ea re satisfiet, sicuti tu, Andrea, ex memoriale dicti doctoris ad te misso intelligere poteris.

Serenissimam reginam, sororem nostram charissimam, omni affectu et reverentia prosequamini; frequenter ipsam nostro nomine convenietis et visitabitis, itidem serenissimam filiam suam, quam eodem amoris vinculo complectimur quam nostros proprios.

Scripsimus oratoribus nostris Mercurino et Andree ut agerentur gratie serenissimo regi fratri nostro de auxilio quingentarum lancearum quas nobis cum domino de la Palice et aliis suis capitaneis transmisit in hoc bello, qui nobis fideliter et strenue operam navarunt, nec plus potuissent fidei et observantie sue serenitati prestare quam nobis prestiterunt. Ideo debemus serenitati sue, et ipsi domino de la Palice et ceteris suis et nostris commilitonibus qui cum eo apud nos fuerunt; ideo et ipsi oratores omnes agent sue serenitati quas par est pro tanto suo in nos officio gracias, offerentque sue serenitati vires, statum et ipsam personam nostram ad omne commodum et incrementum status, condicionis et.persone sue et suorum serenissimorum conjugis, filie et generi.

Instabunt preterea iidem oratores nostri apud serenissimum regem Francie, fratrem nostrum, et re ipsa omnino efficient quod extorres status Mediolani juxta conventa in Cameraco restituantur tandem, sicuti nobis pollicita est serenitas sua se facturum, quod non dubitamus fuisset factum, si misisset commissarios suos quos jam destinavit. Ideo efficient omnino ut restituantur et consequantur etiam fructus istius anni qui iis debentur juxta tractatum Cameraci, et pro hac eorum restitutione mittent, post ipsos oratores, dicti exules commissarios eorum qui negotium hoc apud ipsos sollicitabunt, nec in hoc, nisi re ex sententia nostra perfecta desistatis, desistent iidem oratores nostri.

Concessit nobis serenissimus rex, frater noster, per magnum magistrum ducentum tunelos pulverum. Instabunt iidem oratores nostri apud serenissimum regem, fratrem nostrum charissimum, ut mandet magnifico consanguineo nostro charissimo magno magistro quod ea nobis deliberet, ut possimus nos de eis prevalere pro recuperatione rerum nostrarum et prosecutione hostium.

Agent preterea iidem oratores nostri gracias serenissimo regi, fratri nostro charissimo, de optimis provisionibus quas fecit magnus magister consanguineus noster charissimus, super comercio subditorum status Mediolani cum Venetis nostris hostibus, quod sub gravissimis penis inhibuit. Illud cedit et in grave prejudicium hostium; et si identidem ceteri fecissent circumjunctim, gravi charitate annone hostes premerentur. Ideo rogabunt serenitatem suam ut, comprobatis hiis provisionibus, per ipsum magnum magistrum faciat ea etiam in posterum observare quod cedet in perniciem hostium.

Quum etiam status Mediolani potest habere sal in magna copia, et plus quam ideo sumere potest ex dominiis pontificiis, ex comitatu nostro Tyrolis, a ducatu Ferrarie et longe melioribus condicionibus quam ex Venetiis, ideo nec in eo quicquam videtur agendum nec commercandum cum eisdem Venetis; ideo enim ipsi hostes exhauriunt magnum thesaurum, quod cedit in prejudicium nostrum et reliquorum confederatorum.

Sopivimus differentias quas habemus cum illustrissimo Alfonso, duce Ferrarie, consanguineo nostro charissimo, et decisionem ejus, de communi consensu, reposuimus ad sanctissimum dominum nostrum papam et serenissimum regem Francie, fratrem nostrum charissimum; sed nos jam et ipse contenti sumus rem ad solam suam serenitatem reponcre, ut ipse inter nos finaliter determinet. Petetis igitur ut statuat nobis certam diem qua quisque jura et rationes suas producat et exponat, et det inter nos determinationem.

Decidatur etiam per serenitatem suam causa magnifici Alberti Pii, domini Carpi, quam habet cum eodem duce Ferrarie, et idem Albertus consequatur integre dominium totius oppidi, et omnium ad id pertinentium, sicuti justum et debitum est, et omnino reintegretur idem Albertus ad dominium suum, prout antea fuerunt sui predecessores, et sicuti per nos investitus existit.

Et quoniam magnificus Reginaldus de Villa-Nova, sue serenitatis apud nos orator, prudenter, diligenter et fideliter in omnibus se gessit conservando et augendo fraternum nostrum mutuum amorem ad invicem, et non minorem affectum ad nos quam fidem ad serenissimum fratrem nostrum in omnibus actionibus comprobavit, plurimum nobis satisfecit et multum apud nos promeruit, ideo ipsum omni benignitate et mansuetudine complectimur, et habemus eidem serenissimo regi fratri nostro gracias maximas quod ad nos destinaverit talem virum et sibi fidum et de nobis bene meritum, qui, cum de omnibus sit optime instructus, rogavimus et requisivimus ipsum ut rediret ad ipsum serenissimum fratrem nostrum, non minus pro satisfactione nostra quam servitio utriusque nostrum et totius sancte lige, de quo in hac sua profectione plurimum agitur; forma compulimus ipsum ad profectionem, ipso nolente, inscio serenissimo fratre nostro; ideo ipsum excusabitis apud eumdem regem et magnopere commendabitis ipsum omni clementie et mansuetudine sui, cum ob merita ipsius in eum tum intuitu nostro, complectetur, dignetur et ipsum bene et votive expeditum potius quam quempiam alium ad nos remittat; virum enim bonum comperimus et zelatorem fraterne unionis nostre.

Hec autem supra scripta, et alia que nos in posterum contigerit eis injungi, volumus quod omnia prius communicent cum reverendissimo domino cardinali Rothomagensi legato, consanguineo nostro charissimo, et cum consilio, directione et auxilio suo, et non aliter alia agent et tractabunt augendo et diminuendo, etiam, si opus fuerit, mutando, prout consultum videbitur dominationi sue reverendissime, in quo de omnibus rebus nostris bene conquiescimus, sicuti in nobis ipsis, ob singularem amorem et affectum quem ad nos habet. Et in omnibus predictis volumus quod predicti consiliarii nostri faciant extremam diligentiam, sicuti in eis confidimus; in eo nostram adimplebunt voluntatem. Ex castro nostro Stain, die XXVI novembris, anno nono.

ADDITION À L'INSTRUCTION PRÉCÉDENTE.

Articuli.

Primo, quia rex Francie, vigore tractatus Camaracensis, tenetur adjuvare magestatem cesaream pro integra et totali omnium rerum suarum recuperatione contra Venetos, magestas prefata est contenta de presenti, in vim dicte obligationis Camaracensis, ut rex Francie unum ex illis faciat : aut expensis suis propriis adjuvet magestatem cesaream cum XII^c lanceis ex ordonnantia sua et cum VIII^m peditibus ac sufficienti artillaria expensis sue magestatis cesaree; pro quibus expensis peditum et artillarie magestas prefata similiter contentabitur ut rex Francie omnia et singula oppida, castra, villagia et possessiones quas ex hostibus auferet et recuperabit et alias ad manus suas recipiat, excepto quarterio et toto districtu Veronensi et....

....., redditus, fructus, proventus et emolumenta illorum perci-

piat etiam tempore pacis, quousque de illis expensis quas supradicti viii^m pedites et artillaria hoc tempore belli facient integre fuerit
solutus et satisfactus, tamen ut rex Francie in istis locis sic per eum
tenendis ponat guardiam quam interteneat et solvat; sed numerus
guardie sit ad placitum Cesaris.

Et si, ante future hyemis et nunc instantis asperitatem, Cesar
forte omnium rerum suarum recuperationem consequi non poterit,
et necessarium sit etiam hac hyeme hostibus resistere et parta tueri,
idcirco magestas sua vellet ut ista ordinentia xii^c lancearum et viii^m
peditum una cum lanceis Hyspanis et aliis magestatis sue gentibus
hybernarent et castra firma ponerent in Novala[1], in quo loco Padue,
Tervisio et Veneciis comeatum prohibere et ad inediam urgere possent.

Aut quod rex Francie, ultra illas iiii^c lanceas promissas mittat de
ordinentia sua, adhuc alias ii^c lanceas in auxilium magestatis cesaree,
et nuntiet magestati sue centum mille carones super territorio Vincentino, Montsilicis et Lurrigi, exceptis tamen montibus Vincentinis,
Bassano et Marrostica, et omnia loca prefata in pignus accipiat, om-
nimodo tamen redditus, proventus et emolumenta istorum locorum
in defalcationem istius mutui i^c m. coronatorum percipiat, attento
quod in illis nullo presidio indigebit.

Tamen si interrogaret rex Francie et vellet habere redditus et
emolumenta pro se et non in defalcationem summe impignorate,
dicatur quod Cesar ordinavit omnia fortilicia in districtu Vincentino
demoliri, et non opus esse ibidem presidiis; quia in Verona Cesar
fuit contentus quod rex Francie posset habere redditus Verone, propter expensas quas ordinare tenebit pro securitate civitatis.

Item, quod rex Francie etiam adjuvet Cesarem per mare, quod tamen relinquit omnino ad placitum ipsius regis, et ista classis maritima cum x galeis et contingerit se, cum duce Ferrarie qui dat suas,
et rex Arragonie etiam sex mittit.

---

[1] Novale, Noale, *Nobiliacum,* au sud de Trévise, au nord de Padoue et à l'ouest de
Venise.

Et quod mittatur mandatum oratori Francie 'in Hungariam ad concludendam rem istam Hungaricam pro consequenda Dalmacia, et per hoc haberetur non solum terra sed et Venitie, quia nullo modo durare possunt armata existente in Noala et classe in mari, et rege Hungarie irruente in Dalmaciam, quin immo undique erunt obsessi et perirent inedia.

Item, si rex Francie fuerit contentus facere hoc modo, sicut tenetur in virtutem tractatus Cameracensis, Cesar appropinquabit in persona versus eum in Burgundiam, et concordabit cum eo de ulteriori confederatione inter se pro deffensione et conservatione rerum communium.

Item, fiat una specialis intelligentia et confederatio inter prefatas magestates, tanquam comitem Tyrolis et ducem Mediolani, etiam inter ipsas provincias et subditos, deffensiva et conservativa, juxta capitula et articulos superiori anno propositos, et hujusmodi confederatio per subditos utriusque loci ratificaretur, approbaretur et juraretur.

Et quod rex Francie in adventu domini Gurcensis velit se etiam de aliis rebus accommodare ad rationabilia et honesta quod et Cesar faciet, qui cuperet non ista celeriter fieri ut attingere possit dietam imperialem quam decrevit abremare[1] ad diem Sancti-Martini, ubi sperat habere bonum subsidium, et propterea hoc anno tanto minus accipere fuit contenta ut in proximo possit habere plus.

---

[1] Peut-être faut-il lire *adremare*, qui serait en ce cas l'une des variantes du mot *adramire*, *aframire*. (V. du Cange.) On lit dans un capitulaire de Charlemagne, *De partibus Saxaniæ*, cap. 32 : *Si cuilibet homini sacramentum debet*, aframeat *illam ad ecclesiam sacramento ad diem statutum*. Baluze, I, 256 ; 448.

LXXXI.

MERCURIN DE GATTINARE À MARGUERITE D'AUTRICHE.

Rien n'est statué sur l'affaire de Venise. L'empereur voudrait toujours tenir un congrès
à Mantoue. Protestations itératives du dévouement de l'évêque de Gurce pour Marguerite. Nécessité d'un arrangement sur l'affaire de Gueldre. Le roi est décidé à
rentrer en Italie, au printemps prochain, avec des forces plus considérables que
jamais. Gattinare manque tellement d'argent qu'il se prépare à faire fondre une
chaîne dont il est porteur. (*Original.*)

8 décembre, à Blois.

Ma très-redoubtée dame, tant et si très-humblement que faire
puys, à vostre bone grace me recommande.

Madame, j'hay receu deux de vous lettres par les deux messagiers; et, quant à la premiere, je me tiens satisfaict de ce que m'escripvés franchemant vostre intention sur cestuy affere d'Espagne, et
suys bien ayse de ce que dictes avoir ceste confidence en moy que
je y feray mon teul debvoir celon que j'hay de chargie, ce que je
m'efforceray fere de tout mon povoir, et Dieu ne me face jamays
pardon si je ne fays beaucop mieulx que ma chargie me porte, et le
cogneistrés par effect quand je seray devers vous.

Au regard de ce que desirés entendre quelle conclusion est prinse
entre l'empereur et le roy très-chrestien, sur l'affere des Veniciens et
aultres, je vous advertys que jusques à present il n'y a nulle aultre
conclusion que le traictié de Cambray; et ne sçay que chosse porte
Roquendorf[1], qui vient icy, et ne croy pas qu'il appourte l'entiere resolucion de ceste matiere, car l'empereur est encores en celle fantaisie de tenir la journée à Mantua[2], et que tous les alliés y envoient

---

[1] Guillaume de Rogendorff fut envoyé
par Maximilien à la cour de France comme
adjoint à l'ambassade, et chargé spécialement d'instructions pour l'appointement
d'Espagne.

[2] Le 4 janvier 1510, l'empereur insis-
tait encore pour la tenue de ce congrès.
(*Corresp. de Maximilien et de Marguerite,*
I, 469; et *Lettres de Louis XII,* II, 97.)
L'assemblée eut lieu le 16 février suivant.

leurs ambassadeurs. Si je demeure jusques à sa venue, je vous advertiray de tout ce qu'il apportera, sinon j'en laisseray la chargie à messire Andrea, combien que j'entends que nous summes touts deux nommés en ses instructions.

Et quant aux lettres de recommandacion pour monsieur de Rye, ce n'est pas honeste à moy à poursuyvir tielle matiere, attendu mesmemant que les parties ont ung aultre procès pendant en vostre parlemant à Dole, dont je suis chief.

Touchant l'assiette des postes, et du faict de Gheldres, et aussy des novelles que courrent icy, nous vous en escripvons largiement par nous lettres communes[1].

Mays de une chiose vous veuil advertir que avant que monsieur de Gurce soit parti pour aller à Ausborg à mettre ordre en ses afferes, pour la mort de son frere, il m'ha faict response de ce que je luy avoye escript touchant le faict de Gheldres, pour induyre l'empereur à condescendre à quelque apoinctemant, et m'escript que, combien qu'il ne soyt pas en vostre bonne grace, toutesfoys il ne veult pas cesser de vous servir en tout ce qu'il pourra, et qu'il avoit parlé de ceste matiere à l'empereur, despuys que Pingion estoit arrivé et qu'il trovoyt bien assez disposé à prendre la journée, mays qu'il ne le trovoyt pas encores enclin de bailler le povoir pour apoincter; neantmeyns, il presseroit plus avant quant il verroit l'opportunité du temps. Toutesfoys, celon mon petit advis, il me semble, si vous havés quelque bone overture, vous ne povez faillir à traicter; car nous troverons tout jour quelque moyen pour fere qu'il y soit agreable, et nous troverons bien des coleurs assés.

Touchiant de fere dresser le poyemant de mon voyagie, je vous asseure, madame, que j'en ay bien mestier; et sy je ne pars d'icy

---

[1] Le 7 décembre, Gattinare, Burgo et Dales avaient adressé à Marguerite une lettre dont voici le sommaire : Consentement du roi Louis XII à l'établissement des postes de Flandre jusqu'à Blois. On travaille à la prolongation de la trève pour le pays de Gueldre. Récit des noces de M. d'Alençon et de mademoiselle d'Angoulême. Question de préséance. On est en voie de conclure l'appointement d'Aragon. Nouvelles de l'armée d'Italie. (*Lettres de Louis XII*, I, 203.)

avant Noel, il est impossible que je la puisse endurer sans argent, si je ne veult fondre une cheyne que j'ay.' Et pour ce, madame, je vous supplie y havoir du regard, et troverés qu'il ne sera pas argent si mal employé que celluy de Claude de Cilly, et espere que à la fin haurés cause de vous contenter de moy.

J'ay parlé à monsieur le legat ainsy que m'escripvés, et se monstre bien affectioné à vouloir entretenyr l'amytié entre l'empereur et le roy, et dit les mellieurs mots du monde.

Le roy se monstre deliberé à passer les montz non mains accompagnié que l'année passée, ayns beaucop mieulx; et, combien que les Suizes eussent refusé de continuer la ligue aveque luy et de prendre de son argent, neantmeyns il y envoye maintenant le bailly de Troye pour en avoyr, et ne faict poinct de doubte d'en havoir. Il envoye aussy le mareschal des logis d'Arizoles devers le roy d'Angleterre, et entends qu'il y doibt aller après un aultre grosse ambassade.

Madame, tant que je suys icy je vous advertiray de tout ; et ce pendant me manderés et commanderés vous bons plaisirs, pour iceulx accomplir de tout mon povoir, aydant Nostre Seigneur, qui, ma très-redoubtée dame, vous doint l'entier accomplissement de vous desirs. Escript à Bloys, ce viiie jour de decembre 1509.

Vostre très-humble et très-obeissant serviteur,

MERCURIN DE GATTINARA.

LXXXII.

L'EMPEREUR MAXIMILIEN À SES AMBASSADEURS AUPRÈS DU ROI DE FRANCE.

Question de l'absolution des Vénitiens par le pape. Justification auprès du pape de l'entrevue de Maximilien avec le grand maître de France. Désaveu d'un propos qui aurait été tenu contre le roi de France par un délégué de l'empereur. Celui-ci est reconnaissant des bons offices de Louis XII et désire conserver son amitié. Appointement avec les Florentins. Condoléances à M. le légat sur sa mauvaise santé. Explications au sujet de la perte de Vicence. Urgence des secours réclamés auprès du roi. Défense de Vérone. Espoir d'un subside de la part des princes de l'empire. L'empereur veut que le roi soit le chef de l'expédition. Maximilien, forcé par les circonstances, s'est décidé à faire ouvrir une conférence à Feltre, où serait admis un député vénitien, pour le rachat des prisonniers, et, au besoin, pour la conclusion d'une trêve. Il serait bon que le roi envoyât un député à la journée impériale d'Augsbourg. Mais les grandes résolutions qui doivent y être prises ne peuvent réussir qu'après la ruine des Vénitiens maudits et ennemis de toute aristocratie. Ce sont eux qui ont fait échouer les expéditions contre les infidèles. Pour donner satisfaction au roi, Maximilien éloigne de son service le seigneur Constantin. (*Copie du temps.*)

9 décembre, à Bolzane.

Maximilianus, divina favente clementia, Romanorum imperator semper augustus, etc.

Honorabiles fideles nobis dilecti, fere eodem tempore accepimus binas vestras, sed priorem posterius ex Brabantia, posteriorem anterius per Mediolanum. Ex quibus intelleximus hactenus per vos ibidem agitata, et magnopere comprobamus studium et sollicitudinem vestram in omnibus. Et in primis prioribus respondemus.

De hiis que egistis cum oratore pontificis et postea jussu serenissimi regis fratris nostri cum ceteris oratoribus apud cancellarium Francie super absolutione Venetorum, communium hostium, a censuris quibus innodati existunt [1], de quo frequenter admoniti sumus ab hiis qui agunt negotia nostra in Urbe, et nos pluries super ea

[1] Cette absolution ne fut prononcée que le 25 février suivant. Voir *Histoire de la Ligue de Cambray,* par l'abbé Dubos, livre II.

rescripsimus et rogavimus beatitudinem pontificis ut, sicuti conventum in Cameraco et nobis pluries pollicita est beatitudo sua, presertim per cardinalem Sancte-Crucis, nullatenus velle absolvere predictos Venetos, cum id cedat in grave prejudicium totius sancte lige et imprimis nostrum, cum nobis solis restant recuperanda nostra; et ipsi omnes confederati non debent desistere a bello nisi quisque prius sua recuperet. Et tanto minus sunt absolvendi et minime per sanctitatem suam erant admittendi oratores Venetorum, ex qua admissione tanta rebellio et tanta sanguinis christiani effusio, rapine et incendia secuta sunt, et longe plura ex hac absolutione sequentur; nec audiendi ideo quia restituerunt pertinentia sedi apostolice, id non sponte sed vi coacti illi populi ad subjectionem sedis apostolice devenerunt, et ideo Veneti non paruerunt. In eodem preterea monitorio excommunicantur omnes populi Venetis subjecti, nisi eximant se a jurisdicione Venetorum et adhereant quibus debeant. Et magna pars, que nobis debetur, nedum se exemit, sed multi qui in potestatem nostram venerant fraude hostium ad hostes defecerunt, et jam etiam pertinentia sancte Romane ecclesie denuo invaserunt subjecta Ferrarie et ipsam Ferrariam que est sedis apostolice. Ideo nullo modo eos potest absolvere, nisi in damnum et injuriam nostram et totius sancte lige, que hoc non meruit a sede apostolica, et cujus umbra, auxilio et viribus pontifex est consecutus pertinentia sedi apostolice. Ideo non sunt he gracie eidem lige et nobis per sanctitatem suam referende, de quo bene instruendus est serenissimus rex et reverendissimus dominus legatus, ut efficaciter agant et protestari faciant beatitudini pontificis ne ad hoc procedat aliquo modo; imo quod denuo declaret Venetos esse excommunicatos per novas litteras. Quod autem suspicetur beatitudo pontificis sinistra de conventu nostro cum magno magistro, scit ipse serenissimus rex frater noster nihil nisi pertinentia ad presentem expeditionem prolocuta vel cogitata esse. Ideo nescimus cur ita suspicetur; conscia mens recti nullos conventus et nulla colloquia nec aliquas machinationes timere consuevit.

Que nobis scripsistis de quodam qui dixerit in partibus inferiori-
bus, quem destinavimus pro exigendis pecuniis, et ad principes elec-
tores, nos fuisse deceptos a Gallis et per eos stetisse quin Patavium
recuperaverimus, profecto nescimus quicquam de hac re, dum nemi-
nem ad partes inferiores pro pecuniis exigendis aut'ad principes des-
tinaverimus. Bene quidam commissarii apostolici destinati fuerunt
ad exigendas pecunias colligendas Jobilei; nescimus si quid ipsi vel
aliquis eorum oblatraverit; quod profecto est omnino contra mentem
nostram, quum auxilia ipsius serenissimi regis ita nobis fideliter et
diligenter astiterunt, quod non potuissemus magis desiderare a quo-
piam, et habemus eidem fratri nostro immortales gracias, re ipsa relaturi cum se occasio obtulerit; et nisi faceremus, essemus ingrati.
Ideo rogabitis serenitatem suam ut potius nobis et sincero affectui
nostro erga serenitatem suam credat quam malivolorum suggestioni-
bus qui inter nos dissidium querunt. Et adnitendum est vobis omni
studio ne detur locus susurronibus de nobis apud eundem regem;
quoniam scimus Venetos communes hostes nostros nihil inexpertum
relicturos ut fraternum nostrum amorem in odium convertant; in
quo nunquam apud nos proficient. Idem rogamus ut faciat serenitas
sua nobiscum, quandoquidem animi et firme sententie nostre sunt
secum congrediendi in omnibus sincero et fraterno animo, et ita
libere sibi de nobis persuadeat; et non aliud rogamus. Que vobiscum
prolocutus est Robertetus de re Florentina placuerunt nobis, et libere credat nobis serenissimus rex frater noster animi nostri esse
sibi in omnibus corresponderi nec in aliqua re dissidere. Ideo libentius cum eisdem Florentinis convenimus, et que nobiscum locutus
Robertetus de auxilio eorumdem Florentinorum, velimus ut nobis
melius declaret ut possimus sibi respondere.

De reincidentia R^{mi} D. legati plurimum indoluimus, cum propter
molestiam ipsius, tum serenissimi regis fratris nostri et nostram ac totius sancte lige, quam patimur ex hac sua adversa valitudine, sed speramus ipsum, Deo dante, brevi pristinam valitudinem recuperaturum,

quod summopere desideramus, et omne incrementum et prosperitatem suam.

Que autem scribitis in secundis litteris, respondendo ad ea que vobis scripsimus super amissione civitatis Vincentie, et quod id serenissimo regi fratri nostro displicuerit, de quo profecto certi sumus, quum jactura sit communis et cedit id in grave prejudicium totius sancte lige, que profecto considerare debet in solos nos vires suas exercere hostes, pari odio in omnes ardere, et si poterunt, non parcent ceteris. Ideo accurrendum est ab omnibus ad opprimendam hanc hostium rabiem. Et placet nobis plurimum deliberatio serenissimi fratris nostri ut que sunt facienda quanto citius fiant. Prospiciens enim periculo in quo res nostre sunt, prospicit etiam suo, quoniam, si nos extruderemur ex Italia, idem hostes contra eum molirentur quod jam contra nos faciunt. Ideo nullatenus in ea re est morandum; et quum misimus oratorem nostrum, de Rochendorf dominum, et remisimus suum, non ut super deliberatione et executione presentium rerum expectetur adventus eorum vel conventus Mantuanus, sed ut ipsi clarius informent serenitatem suam, et si executio differretur, ipsi eam urgeant.

Et licet, ut arbitramur, sit bene provisum Verone habeamusque interius equitum duo milia et duo alia milia peditum Hispanorum et quattuor milia peditum Germanorum, nihilominus in hoc presidio non conquiescemus nec sumus securi, nisi etiam nobis per suam serenitatem in eadem civitate Verone dimittantur ducente lancee, vel, quod potius vellemus, duo milia peditum Grisanorum vel Helvetiorum, nisi vellet quod continuetur bellum, quod potius vellemus; aliter non confidimus posse urbem illam retinere. Distrahimur enim diversis et valde remotis presidiis; ideo non possumus esse tam fortes in uno loco sine auxilio sue serenitatis, fluctuante populo. Quod autem nos proficiscamur Veronam, jam de presenti non videmus ad quid proficiat, cum nec castra metari extra urbes possimus ob aeris intemperiem, nec illam civitatem relinquere sine periculo possumus. Et mora nostra ibi in loco esset frustra et reliquis rebus nostris valde pernitiosa. Ideo pro disponendis rebus nostris necessaria est profectio nostra usque ad dietam imperialem in Augusta que erit decima quarta januarii, in qua tamen non multis diebus immorabimur. Habemus enim spem, immo quodam modo certum promissum à principibus et statibus imperii, si ad eos proficiscemur, subvenient nobis de duodecim millibus hominum jam de presenti; identidem facient patrie et provincie nostre que nobis omnino conveniende sunt.

Interim, sicuti diximus, firmavimus Veronam cum sex millibus pugnatorum Valsigarium cum aliis quattuor millibus, et alias patrias et provincias nostras versus Forum Julii cum aliis quattuor millibus. Et hiis copiis jam de presenti et nostra tuemur et hostes impetimus, et hec de presenti tenemus et hiis copiis fulciti sumus.

Ad ver autem futurum vel potius infra mensem, sicuti diximus, speramus certo nos ab imperio habituros et patriis nostris bonum auxilium, preter id quod jam tenemus, et omnes copie iste auxiliares erunt parate ad kalendas januarias proximas. Ideo nec nobis videtur expectandus conventus Mantuanus, sed quam primum admonendi sunt per serenitatem suam confederati reliqui ut que facturi sunt jam de presenti faciant.

Consilium autem serenissimi regis fratris nostri, quod hujusmodi expeditionis caput unum esse debeat, nos vel serenitas sua, magnopere comprobamus : et pro nostro fraterno amore et observantia quam ad eum habemus, sibi hunc honorem deferimus et volumus quod sit ipse caput, et que tractanda erant in dieta Mantuana tractentur in castris hujusmodi expeditionis. Scimus et experimento cognoscimus quod sua serenitas amicabiliter et fraterne nobiscum aget, et honorem nostrum sicut suum conservabit. Nos autem adsistemus sue serenitati cum predictis copiis et omnibus aliis viribus nostris et persona nostra propria, si opus fuerit, et non dubitamus quin Omnipotens dabit sibi gloriosum triumphum ex communibus hostibus, ad perpetuam laudem sue serenitatis et perennem gloriam. Idem et speramus reliquos confederatos facturos et sue serenitati cum viribus eorum adsisturos. Quod si tamen cessarent, quod non credimus, nos, ut diximus, nunquam deerimus pro viribus nostris; et hoc sibi de nobis libere persuadeat serenitas sua, et qué pollicemur infallanter observabimus usque ad animam. Requirendi tamen de presenti sunt universi confederati ut in executionem conventorum in Cameraco, et sicut conventum est, ita adsistant vigore federis.

Et quia cum Venetis hostibus nostris tenemus confinia per sexaginta integra miliaria Germanica, nosque iidem hostes undequaque terra et mari tanto furore aggressi sunt, quod non possumus bene resistere, nisi cum displicentia populi nostri et tirannizando ipsum, cum etiam pontifex revocaverit suos armigeros et auxilium quod nobis transmiserat, non sine magna admiratione nostra, protesteturque non posse aliud facere quam eosdem Venetos absolvere et penes se habeat et cardinales et oratores hostium nostrum, et continue ex Flaminia et Piceno, provinciis sedis apostolice, fuerunt victualia omnis generis et homines hostibus subministrati, iidemque hostes continue apud nos institerint audiri quod nunquam hactenus impetraverunt, et moles totius belli solis humeris nostris concubuerit, idemque serenissimus frater noster consuluerit nobis usque inducias cum eisdem hostibus ad trimestre faciendas, donec sua serenitas et reliqui confederati erunt bene in ordine, consensimus de presenti, exigente ita necessitate rerum nostrarum, admittere unum hominem ex hostibus Feltre, et ibi mittemus ad audiendum ipsum et tractandum super redemptione captivorum, et si opus fuerit et urgebit necessitas et fieri poterit, de ineundis treuguis ad duos vel tres menses cum omnibus confederatis, donec idem serenissimus rex Francie frater noster et reliqui confederati sint in ordine, ut possimus eosdem hostes invadere. Si tamen idem serenissimus rex frater noster charissimus vult facere sicuti pollicitus est nobis et per vos nobis significavit, omnino refutabimus omnem praticam, et continuabimus bellum, et rejiciemus treuguam que est in pratica, et nihil tamen aliud agemus vel tractabimus, ut eo interim melius possimus expectare auxilium sue serenitatis et reliquorum confederatorum et nos ipsos preparare; quod voluimus vobis significare ut cum bono nostro declaretis sue serenitati ne, si quid aliud suggeretur sibi a malivolis, credat. Intentionis enim nostre est nihil agere nisi quod sit ad commune decus et utilitatem utriusque nostrum et cum scitu et consilio suo.

Et quoniam, ut diximus, conventuri sumus principes imperii Auguste, videretur nobis valde expediens quod serenissimus rex frater noster destinaret etiam unum oratorem suum, non magne condicionis, sed qui cito adveniret, ut in tempore adesse posset, et qui, post propositionem nostram, nomine serenitatis sue eisdem principibus proponeret quod isthec nostra sancta confederatio fuit facta pro conservatione et reintegratione dignitatis et status S. R. Ecclesie et sacri imperii romani, et restituenda ei pristina dignitate et reintegratione status sui, et demum pro expeditione contra infideles, ad quam tenentur omnes principes totis viribus accurrere, et que profecto fieri non potest nisi prius fuisset sumpta expeditio contra Venetos excommunicatos et maledictos, usurpatores omnium dominiorum et omnium principum ac totius aristocratie perennes hostes, et qui semper omnibus temporibus postquam esse inceperunt, impediverunt et turbarunt omnes expeditiones contra infideles, nisi quantum in eorum peculiare commodum cederet. Et ipsorum culpa et Hierosolyma primum et Egiptus et demum imperium Constantinopolitanum corruit, ipsis vel impedientibus vel invidentibus oculis respicientibus. Ideo hortetur principes ut ad tam sanctam et tam preclaram expeditionem et gloriosam nationi Germanice ac necessariam sacro imperio, sicuti par est, accurrant. Non dubitamus eosdem principes ex hac sue serenitatis admonitione omni conatu suo nobis adsisturos.

Rediit orator serenissimi regis fratris nostri ex Hungaria; redierunt et nostri. Uterque idem responsum attulit valde ambiguum et dispar priori, de quo plurimum admirati sumus. Significavit enim se intellexisse ligam dissolutam, Venetos a pontifice absolutos, et ipsos, recuperatis eorum rebus, cum omnibus confederatis agi de concordia, et, rebus sic stantibus, frustra ipsum sumere expeditionem contra eosdem Venetos cum quibus alias habet fedus. Si tamen durat isthec confederatio inter nos et eundem fratrem nostrum, libenter sumet expeditionem. Ideo curabitis ut quanto citius scribatur per serenissimum regem fratrem nostrum eidem regi Hungarie confederationem nostram integre stare, bellum geri communibus viribus contra hostes Venetos excommunicatos et maledictos et extra gremium Ecclesie rejectos; nec cum eisdem agi de concordia nec cum ipsis posse concordare, quoniam, stantibus ipsis, nec ipse nec aliquis princeps christianus vivens aut successores ipsorum tuti aut securi esse possunt a Venetis; et propediem classem maritimam sue serenitatis et aliorum confederatorum affuturam in mari Adriatico, que erit auxilio sue serenitati in recuperanda sua Dalmatia; et ab alio latere opprimemus eos terra adeo quod nullus labor erit serenitati sue in recuperando illo suo pulcherrimo regno. Et confestim nobis dictas litteras transmittetis cum earumdem copiis, ut etiam nos in consonantiam scribamus. Et poterit etiam serenissimus rex in predictis suis litteris remittere se ad nostras, et curabitis ut predicte littere scribantur latine, quoniam Gallice lingue omnino expers rex ille, et, ut diximus, mox nobis transmittantur. De concordia cum serenissimo rege Aragonum, fratre nostro charissimo, prioribus nostris admonuimus vos quid in ea re agere debeatis, et ita sicuti injunximus exequamini et omnino concludatis. Et quanto citius pecunias constitutas ad nos transmitti curetis, quas exponemus pro conservatione rerum nostrarum et ipsius serenissimi regis Francorum, fratris nostri charissimi.

De illustri Constantino Comminato [1] profecto credimus ipsum nobis integre servivisse, et que scripsit is potius ex servitute quam habet cum pontifice, quam quod aliquid sinistri machinatus fuerit vel in nos vel in serenissimum fratrem nostrum; immo semper suasit unio-

---

[1] Ce Constantin, en qui l'empereur avait placé toute sa confiance, et qu'il avait fait son lieutenant général, paraît avoir eu des intelligences secrètes avec les Vénitiens. M. de Chabannes le lui reprocha publiquement et le défia en duel, sans que ce Grec osât relever le gant. Voir ci-dessus, page 272, et *Histoire du xvi* siècle* (Louis XII), par M. Paul Lacroix, IV, 102.

nem cum eo, nec quicquam indignum aut egit aut prolocutus est de serenitate sua nisi quod conveniat de tanto principe. Nihilominus, pro satisfactione sue serenitatis, misimus ipsum ad urbem, et arbitramur ipsum potius bene quam perperam operaturum; tamen, pro satisfactione sue serenitatis, eum ulterius ad hanc expeditionem non vocabimus. Datum in oppido nostro Bulsani[1] die VIIII mensis decembris, anno Domini M. D. VIIII, regni nostri Romani vigesimo quarto. Subsignatum PER REGEM proprium. Ad mandatum cesaree majestatis proprium, et in pede : *Ja. de Bannissis.*

LXXXIII.

MERCURIN DE GATTINARE, ANDRÉ DE BURGO ET PHILIPPE DALLES, À MARGUERITE D'AUTRICHE.

Conclusion de l'appointement d'Espagne. Ligue entre l'empereur et le roi d'Aragon, avec adjonction du pape, du roi très-chrétien, du roi d'Angleterre, du roi de Portugal, etc. Analyse de ce traité. L'empereur est aux environs de Bolzano; les affaires vont très-mal. Mercurin partira décidément sous peu de jours. (*Original de la main de Gattinare.*)

15 décembre, à Blois.

Madame, despuys nous dernieres lettres, par les persuasions de mons[r] le legat et pour satisfere à ce que l'empereur nous havoit escript, voyantz ne povoir riens aultre gaignier sur les particularités qu'havions mises en avant, doubtant par pluseurs coulorées raisons de la rompture de cestuy affere, et à fin que cela ne tourna sur nous doz, cogneissantz mesmement la evidente necessité de l'empereur vostre pere, et entendans beaucop de chosses de son cas, summes condescenduz à la conclusion de cestuy benoist apoinctemant; duquel vous eussions voluntiers envoyé le double maintenant; mays il n'ha esté possible; car toutz nous clercz ont esté et sont tant empeschiés de mettre à net le tout, et de despechier les lettres

---

[1] Bolzano ou Botzen, *Bocenum,* ville du Tyrol, sur la rivière d'Eisach, près l'Adige.

necessaires, et aussy pour en fere deux doubles que nous envoyons
à l'empereur, l'un par dezà et l'autre par delà, à fin que aulmeyns l'un
desdits doubles ailleit à bon port pour y fere la ratificacion dessus et
envoyer querir l'argent qu'est à Lion, que pour ceste heure nous ne
vous povons envoyer ledit double; mays à la venue de moy president et de moy Phelipe Dalles, qui partirons d'icy lundy prouchain,
havoir acomply toutz les lettragies necessaires, vous apporterons
l'original mesme et entendrés le tout entierement. Toutesfoys,
pour non vous laisser en soucy, nous vous escriprons briefvement
la substance dudit traictié. C'est que l'empereur et le roy d'Aragon
font vraye amityé, ligue et inteligence ensemble, en laquelle seront
comprins le pape, le roy très-chrestien, le roy d'Angleterre, et le
roy de Portugal et aultres alliés, d'ung cousté et de l'aultre, qui seront
denommez dedans quatre moys. Et pardone ledit roy d'Aragon à
toutz ceulx qui ont tenu le party de l'empereur et du prince et les
prend en sa grace, les restituant à leurs biens propres et heritagies.
Ledit roy d'Aragon demeure governeur des royaulmes de Castillie,
Leon et Granate durant la vie de la reyne sa fillie, et jusques à ce
que mons' vostre nepveur sera en eagie de xx ans; et jurera ledit
roy fere tout ce que apertient à bon tuteur et administrateur, et fera
que les subjectz jureront en la presence des ambassadeurs qui yront
là, que, dès maintenant, durant la vie de ladite reyne, ilz tiendront
mons' l'archiduc pour leur prince, et, après la mort de ladite reyne,
le tiendront pour leur roy. Et aveque ce, pour l'entretenement de
l'estat de mondit seigneur et de mesdames ses seurs, l'hon quitte
le douhaire de la reyne montant à xx^m escuz par an; et, oultre ce,
ledit roy d'Aragon poyera toutz les ans en deux termes, aux deux
foires d'Anvers, à monseigneur ou à son tresourier, la summe de
xx^m escuz par an, jusques à ce qu'il sera en eagie de consumer ma-
riaigie; lequel consumé, poyera ancores aultres x^m escuz toutz les
ans ès termes dessusdits, qui seront xxx^m escuz par an sans la des-
chargie dudit douhaire; luy reservant aussy, quant il yra en Castillie,
le droict de la principaulté et de le traictier tout ainsy qu'estoyt

traictié en son vivant le feu prince vostre mary. Et aveque ce, quant ledit prince vouldra aller en Castillie, ledit roy d'Aragon sera tenu y envoyer bone armée de mer à ses despens, et tant et quant envoyer en un port de Flandres ou des pays de par delà l'infante don Fernande et le remettre en la main de l'empereur ou de ses commis, et aveque la mesme armée conduyre à ses despens mons^r le prince en Espagnie. Lequel neantmeyns pourra amener aveque luy ses chivaliers, officiers et serviteurs domestiques; et poyera ledit roy d'Aragon à l'empereur L^m escuz comptantz dedans Leon : la moytié dès maintenant, et l'aultre moytié à la foyre de Pasques. Et poyera aussy toutz les mariagies de mesdames les seurs du prince, pourveu qu'elles soyent mariées de comun consentement de l'empereur et de luy; et poyera semblablemant toutes les debtes que le feu roy de Castillie debvoit en Espagne; et, quant à vostre douhaire, l'article est couchié tout aynsi que l'havons sceu deviser sans y rien changier. Et avec ce, ledit roy d'Aragon se obligie de noveau d'entretenir le traictié de Cambray et de ayder l'empereur contre les Veniciens, celon la forme dudit traictié qu'est jusques à ce qu'il haura recovert tout le sien. Et disent ses ambassadeurs qu'il fera beaucoup mieulx, et par mer et par terre, et sont le pape et le roy de France conservateurs et plegies, en cas qu'il eust enfantz masles et qu'il voulsist attempter contre la succession de mons^r, qu'ilz assisteront entierement lesdits empereur et prince contre ledit roy d'Aragon, l'un à main armée et l'aultre par censures appostoliques. Et de ce, ledit roy très-chrestien baillie dès maintenant ces lettres et seaux; et aussy fera le pape. Et des aultres particularités, desquelles vous escripvismes l'aultre jour, l'hon nous en despechie lettres à part, et tenés-vous asseurée, madame, que nous y havons faict le mieulx que nous ha esté possible, et qu'il estoit plus que necessaire d'y fere ainsy.

Au regard des novelles de l'empereur, nous ne vous sçaurions aultre chosse escripre fors qu'il est envers Bolzan, et ses afferes d'Italye vont de pys en pys. Toutesfoys, mons^r le grand maistre, au

nom du roy, ha poyé VIII^m escuz pour fere le poyemant aux Espa-
gnarz et Allemans qui sont dedans Verone. Et luy ha l'hon mys
dedans six cents lances françoyses. Et pour ledit argient desboursé,
l'empereur luy ha baillié en gagie Valegie. Et vous asseurons, madame, que les Veniciens n'ont garde maintenant de venir à Verone.
Le surplus entendrés à la venue de nous president et Philippe Dalles;
et fusse desjà moy Philippe Dalles party d'icy, n'eust esté que l'hon
n'ha voulsu fere les despechies de Gheldres jusques à la venue du
president Olivier, qui doibt estre icy aujourd'huy. Toutesfoys, havons conclu partir lungdy, à l'aide de Dieu qui, nostre très-redoubtée dame, vous doint l'entier acomplissement de vous très-haultz
et très-vertueulx desirs. Escript à Bloys, ce XVe jour de decembre
1509.

Vous très-humbles et très-obeissantz serviteurs,

MERCURIN DE GATTINARA et PHILIPPE DALES.

P. S. — Nous escripvons à l'empereur et luy envoyons le double
des articles, et ferés bien de despechier la poste incontinent. De quoy
vous supplions qu'il alliet à toute diligence, car il y ha d'aultres
chosses qui emportent trop.

Sur une demi-feuille détachée, de la main de Gattinare :

Madame, vous verrés par les lettres communes nostre besogner
en cestuy afferes d'Espagne, mays tenés-vous asseuré, madame, que,
au temps qui court, il n'estoit possible de mieulx fere, et que nous
y havons mis tous les cinq sens de nature, et ne ont pas esté oubliés
les poincts secrets que je vous havoye piezà escript qu'estoient dedans mon cerveau, comant vous feray cogneistre plus clerement à
ma venue, et espere que vous vous troverés bien contente que cecy
soit appaisé; car ce trouble estoit cause de la toutelle ruyne de l'empereur vostre pere, lequel estoit desjà en pires termes qu'il n'estoit
devant l'apoinctement de Cambray. Et vous asseure, madame, qu'il

ne fust onques si bas ny en si petite reputacion, ny ses afferes en plus grand azar. Mays, madame, il est maintenant temps que vous prendés cueur et que vous vous aydés à dresser les afferes de l'empereur et de le bien conseiller; car, s'il veult croire conseil, il y aura encores remede en son affere, et ne le fault pas laisser desesperer, mays l'ayder malgré luy, car, quant luy seroit perdu, ce ne seroit riens de vous. Et quelque bas qu'il soyt, vous estes bien dessoubs ses elles. Je viens pour vous informer de toutes chosses desquelles sçay serés bien esbaye, et de mon povoir vous conseillieray et diray mon petit advis de ce que me semble havez à fere et de quelle sorte vous debvés conduyre, et, comme fist Mr de Gurce à Nostre-Dame d'Aix, vous feray mon testamant, et après vous en ferés vostre bon plesir; et cependant, madame, ne laissés pas de fere bonne chiere, car en tout y ha remede fors que à la mort. S'il vous plaist, vous ne monstrerés poinct ce billet ny parlerés des points secrets, et pour cause.

Je laisray à M^r l'ambassadeur de Burgo le double de la chiffre que je vous ay envoyé, lequel, en nostre absence, despechiera les postes et vous advertira continuelemant de toutes novelles comme moy-mesme.

LXXXIV.

MERCURIN DE GATTINARA À MARGUERITE D'AUTRICHE.

Récit d'un entretien avec le chancelier de France et le président Olivier, au sujet d'une conférence à Liége, sur les affaires de Gueldre. Nécessité de prendre courage pour remettre les affaires de l'empereur en bon état. (*Original.*)

19 décembre, à Saint-Laurent des Eaux.

Ma très-redoubtée dame, tant et si très-humblemant que fere puys, à vostre bonne grace me recommande.

Madame, nous escripvismes par nous dernieres lettres que

M^r le maistre et moy ne povions estre despechiés jusques à la venue
du president Olivier, lequel arriva seulement lundy dernier bien
tard; et ce mesme soir après soupper alasmes devers M^r le chancelier
pour soliciter la despechie, et y trouvasmes ledict president Olivier
qui havoit soupé aveque luy, et eusmes beaucoup de disputes sur
ledict affere, et finablement M^r le chancelier bailla les minutes de
nostredicte despechie au president Olivier, et nous convoya à venir
le lendemain disner aveque luy, et que après disner nous enten-
drions ce que ledict president Olivier en diroit et prendrions resolucion en cestuy affere, et par aynsy nous fusmes hier au disner. Nous
començasmes à parler de ceste matiere, et dict ledict president
qu'il havoit vehu nous minutes, et que, quant à la prorogacion du
temps, le tout estoit bien, et, quant à la journée, il y havoit deux
poincts que ne luy plaisoient gueyres : l'ung du lieu, car il n'alloit
pas volontiers à Liegie et eust bien voulsu que ce eust esté à Tournay
ou Cambray; mays les Gheldroys ne veuillient ny l'ung ny l'aultre,
et aussy il sembloit que, pour conduyre les tesmoings à depouser
du possessoire, le lieu de Liegie estoit plus voysin et plus propice;
et pour ce, la resolucion sur ce poinct ha demouré ferme que ce
soit en Liegie. L'aultre poinct estoit du jour; car il estoit prins en
my-fevrier et eust bien voulsu que l'hon eust deslayé jusques en
my-mars. Mays sur cecy ha esté moyenné que ce soyt au premier jour
de mars, à quoy nous summes condescendus. Pour ce que touchant
les jugies, le president Olivier nous dict que, si nous laissons ceste
clausule de vouloir mettre jugies des pays de par delà subjects à
monseigneur l'archeduc, qu'il sçavoit que monsieur de Gueldres ne
l'accepteroit jamays et que ce seroit une chosse frustratoire d'y envoyer. Et combien que nous voulsissions aulmeyns que l'hon declairast que vous puissiés envoyer des gens de la conté de Bourgongne,
que n'estoient plus subjects de monseigneur, mays de vous, il nous
respondirent que vous n'estiés que usufructuaire à vostre vie, et que
la propriété demouroit à monseigneur; et par conclusion il ha esté
force laisser ceste clausule et laisser la qualité des jugies celon la

disposition du traicté, pourveu neantmeyns que l'empereur pourra commettre des subjects de l'empire et des conseilliers propres, ainsy que le roy faict des siens. Et me semble, madame, que, pour ouster toutes exceptions, vous devés fere regarder s'il y ha, ou à Cambray ou à Besançon, quelque personagies souffisants pour vous servir en cestuy affere, et luy pourriés bailler des advocats de par delà qui soyent bien instruicts de la matiere pour bien informer les jugies, et commant plus à plein entendrés à la venue de monsieur le maistre et de moy, qui summes ce matin party de Bloys et venu à disner icy et yrons au gitte à Clerieux.

Madame, j'hay receu des lettres qui viegnent de Romme, adressantes à vous, lesquelles je vous envoye.

J'hay entendu en ce villagie, par ung courrier qui vient d'Espagne, que l'argent de Marnix est retrové et que l'hoste mesme l'havoit desroubé. Escript à haste à Sainct-Laurent des Eaulx, ce xviiie jour de decembre.

Vostre très-humble et très-obeissant serviteur,

MERCURIN DE GATTINARA.

LXXXV.

G. ROGENDORF ET ANDRÉ DE BURGO À MARGUERITE.

Projet de l'empereur de faire une trêve avec les Vénitiens. Difficultés et objections à ce sujet. (*Original.*)

29 décembre, à Blois.

Nostre très-redoubtée dame, si très-humblement que faire povons, à vostre bonne grace nous recommandons.

Madame, je André de Burgo, par la derniere poste expediée le xxviiie jour de ce present mois, entre autres choses vous ay advertye de la venue de monsieur Rogendorf, et avec ce envoyé la copie des lettres que l'empereur vostre pere a escrite à monsieur le grand maistre, sur la practique de la tresve, ensemble la response qu'a fait sur ce ledit seigneur grand maistre à vostredit pere, et vous ay signifié pour fidele servitute les choses qui me occurroient, pour eviter à tel mal et dommaige.

En après, nostre très-redoubtée dame, avons leues les instructions de l'empereur vostredit pere, et autres lettres escriptes depuis le partement de moy Rogendorf et de l'ambassadeur du roy très-chrestien, monsieur de Villeneufve, esquelles lettres nous avons trouvé beaucoup de bonnes choses et ung article touchant le fait de laditte tresve, assez bon et honneste; et pour ce que ledit seigneur roy estoit fort troublé pour les choses que contenoient les lettres de vostredit pere audit seigneur grand maistre, et des nouvelles qu'il avoit heues d'autre cousté où estoit souspicion de faire laditte tresve, hier au matin, pour mitiguer le trouble et couraige dudit seigneur roy, et afin que monsieur le legat puist mieulx disposer la chose, nous declarasmes à mondit seigneur le legat de bonne maniere le contenu esdittes lettres de vostredit pere, principalement touchant le fait de la tresve qu'il eust fort aggreable, et promist faire bon office avec ledit seigneur roy, lequel sans doute n'estoit pas peu esmeu ne courroucé pour laditte nouvelle, faisant ledit seigneur legat discours pour demonstrer quant seroit pernicieuse et pleine de ruyne laditte tresve, et mesmement pour l'empereur vostre pere, et que les Veniciens estoient pour ceste heure si fort ambas et travaillé que d'eux-mesmes ils tirent à la mort, et qu'il ne deffault aultre qui ne les veuille tenir vif, mais briesvement ils morront si l'empereur vostre pere fait, non tout ce qu'il escript, mais seulement une partie, et que soit une chose ferme qu'il signifie par luy estre fait, concluant ledit seigneur legat que le roy très-chrestien veut bien faire pour l'empereur, mays qu'il ne doibt pas soustenir toute la despense; et si, pour la partie que doibt faire icelluy vostre pere, il n'ayt moyen d'avoir argent, et qu'il en veuille avoir en prest, ledit seigneur roy l'aydera, pourveu qu'il soit seur de la restitucion. Enfin, après aulcunes devises, dit ledit seigneur legat que puis

après il verroit ce que je, Rogendorf, avoye apporté, et, après en
avoir faite la premiere exposition au roy, serions par ensemble, et
cependant iroit audit seigneur roy pour l'informer du bon couraige
de vostredit pere, demonstrant ledit seigneur legat que, pourveu que
l'empereur et le roy soient par ensemble, les autres ensuyvront, et
si aulcuns refusent, pour ce ne se delaisseront les choses venir à
bonne fin, pourveu aussi que icelluy vostre pere s'ayde aucunement
de sa part avec fondement qu'il signifiera que par luy ainsi sera fait.

Ce matin, mondit seigneur le legat nous a heu au digné, et, après
digné nous luy avons presenté les lettres de credence de vostredit pere,
luy disant aulcunes choses generalles, en presence de M. le chancellier,
qui aussi estoit au digné. Lequel seigneur legat parlit en general sur les
matieres, principalement de ladite tresve, laquelle jamais ne fut, de
son sceu ni consentement, ne fust persuasée à vostredit pere ne que
icelle il fist; et beaucoup mains ceste heure seroit bonne, ains seroit
très-malvaise, et que aussi souventes foys avoit esté instamment requeru ledit seigneur roy par lesdits Veniciens à faire tresves et appoinctement, mays que jamais il n'avoit voulu prester les ourailles ne en oyr
parler. En après summes alés par devers le roy, et, en presence dudit
seigneur le legat, luy avons presenté les lettres de vostredit pere, et
luy avons exposé les choses generales plaines de la fraternelle amour
de l'empereur envers sa christianissime majesté, et que, si plaisoit
à saditte magesté, nos exposerions nos commissions en la presence
de luy et d'aucuns ses privez; et si aussi, pour ce qu'il y a beaucoup
d'articles, luy plaisoit deputer quelc'uns avec lesquels nous traicterions, voulions obeyr à saditte magesté en ce et toutes aultres
choses, ainsi que nous avions de commission. Madame, ledit seigneur roy n'eut sceu plus amoureusement ne fraternellement respondre, declarant son mutuel couraige envers vostredit pere, disant
que la chose yroit très-bien, pourveu que bien y fust procedé. Et touchant les choses particulieres, dit que irions à mondit seigneur le
legat avec lequel les traicterions, et, pour la resolucion, nous re-
tournerions derechief devers sa magesté. Mondit seigneur le legat

se print à parler comme il avoit fait par avant, principalement touchant le fait de laditte tresve, laquelle ne se doit faire ny aussy peult
vostre pere icelle fere, selon le traicté de Cambray, et ainsi espere
que non fera-il; et à ce propos, dit ledit seigneur roy que lesdits
Veniciens volurent aussi, le temps passé, faire tresve avec l'empereur vostre pere, sans son consentement, et il s'estoit alié avec luy,
et que si vostredit pere faisoit ladite tresve à ceste heure sans la volunté des autres confederés, pourroit estre que lesdits Veniciens
d'austre cousté recourront à sa christianissime magesté pour com-
poser les autres choses avec luy et lesdits autres confederés, et que
ung chascun penseroit à ses affaires, disant toutesfoys qu'il espere
vostredit pere fera bien et ne condescendra à laditte tresve, laquelle,
sans très-grant dommaige et grant vitupere, ne se pourroit faire.
Après ce, mondit seigneur le legat dit que, sans doubte, que les
lettres escriptes à nous par vostredit pere estoient très-bonnes, et
en esperoit bien. Desquelles lettres en leusmes aucuns petits mots
audit seigneur roy que luy furent bien aggreables; et ledit seigneur
roy illec reprint à reconformer son bon couraige envers vostredit
pere, disant que, si les autres confederés eussent fait leurs devoirs,
que la chose fust desjà finie. Toutesfois que aussi se finiroit en
brief, pourveu que diligentment fussent conclues les choses à faire,
et qu'elles soient ferme. Et dit mondit seigneur le legat qu'il est
meilleur que se assignast ung terme plus long pour commencer que
le prendre brief, et puis après ne soient preparé avec effect les choses
que se dient et s'escripvent, qu'il est aussy meilleur mectre avant
plus petit nombre de gens qui prest et empoinct soient à temps que
plus grand de xx et xxiii mille, et depuis soit trouvé moindre et plus
petit, et encoires si tard que ne soient venus à temps, et en après en
parlerions plus especialement. Nous respondismes comme il convenoit et en bonne maniere. Ledit seigneur roy promet aussy envoyer
son ambassadeur à la journée imperiale incontinant, ainsi que vostredit pere l'avoit requeru. Et, ce fait, partismes de sa christianissime
magesté et alismes devers la roynne, à laquelle je, Rogendorf, pre-

sentis les lettres escriptes de la main de vostredit pere, et luy dismes les paroles convenantes. Sa responce fust prudente, bonne et sage.

Nostre très-redoubtée dame, pour aujourd'huy aultre chose ne se fera; nous actendrons que l'on nous appelle, que nous croyons estre demain, et que, en dedans trois jours, nous aurons la responce à tout; de quoy nous vous advertirons. Cependant nous avons voulu ceste escriptre, afin qu'il vous plaise nous mander vostre bon advis sur ces choses, et afin que puissiez continuer euvre envers l'empereur vostre pere, à entretenir ceste amityé et union, et que riens n'ensuyve qui puisse icelle aliener; car, s'il se fait un principe d'alienation, certes il s'en pourroit ensuyr aultres mal que par adventure ne se croient.

Madame, je, Rogendorf, ay apporté trois mandements : deux touchant les choses de Gheldres et pour la concorde d'Espaigne; mais jà sont expediés ces affaires, de quoy l'empereur sera bien content; l'autre mandement est pour la confederation contre lesdits Veniciens et aultres terres qui tiennent ceulx Veniciens non comprinses ou traictié de Cambray, lequel nous estimons non estre necessaire pour ceste heure. Les autres choses nous ferons ainsi que mieulx pourrons.

L'ambassadeur dudit roy très-chrestien, qui est venu avec moy, ledit Rogendorf, fait ung très-bon office envers ledit seigneur roy son maistre, pour l'empereur vostre pere.

Au surplus, madame, il est venue nouvelle plus particuliere de ce qu'a fait le duc de Ferraire, son frere le cardinal, et messire Julio, frere du grant escuyer du roy avec les gens dudit seigneur roy, contre les navires des Veniciens, desquelles ils en ont prinse quinze galeres grandes et plusieurs autres galiots, et le demeurant rompu et perdu, qui est une grande victoire contre les parties infideles[1].

Nostre très-redoubtée dame, il vous plaira nous mander, etc.

---

[1] Une flotte vénitienne, commandée par l'amiral Trévisani, et dirigée contre Ferrare, avait remonté le Pô jusqu'à trois milles environ de cette ville. Le 21 décembre, l'artillerie du duc foudroya une partie de cette flotte.

Madame, mondit seigneur le legat nous a fait assigner heure pour encommencer à besoigner des affaires avec luy et monsieur le chancellier, à demain, heure de huyt heures, vous priant, madame, que incontinant faites despecher la poste à vostre pere.

Vos très-humbles et très-obeissans serviteurs,

G. DE ROGENDORFF, ANDREA DA BORGO.

Sur un billet séparé :

Madame, nous vous envoyons les copies des instructions et lectres que vostredit pere nous a envoyées depuis le partement de moy ledit Rogendorff : de quoy croyons icelluy vostre pere ne sera mal content; neantmoings, madame, il nous semble bon que icelles copies soient par vous tenues secretes, et que de nul autre soit sceu le contenu [1].

LXXXVI.

ROGENDORF ET ANDRÉ DE BURGO À MARGUERITE D'AUTRICHE.

Il est question que le roi de France se mette à la tête d'une entreprise nouvelle. Rogendorf regrette que l'empereur ait reçu les ambassadeurs vénitiens. Il craint pour Maximilien des revers et du déshonneur. (*Original.*)

2 janvier, à Blois.

Nostre très-redoubtée dame, si très-humblement que faire povons, à vostre bonne grace nous recommandons.

Nostre très-redoubtée dame, par la derniere poste vous avons advertye bien et au long de notre premiere instance au roy et à monseigneur le legat sur les instructions et lettres que l'empereur

[1] Il s'agit sans doute de l'instruction et de la lettre insérées ci-dessus, pages 277 et 295.

votre pere nous avoit envoyé depuis le partement de moy Rogendorf; de quoy vous avons envoyé le double par lequel avez peu entendre le tout, vous faisant sçavoir par noz dernieres lettres que vous advertirions nous estre appellé par mondit sieur le legat, du surplus de la resolucion, conclusion et responce sur toutes choses et de tout ce qui se besoigneroit en cest affere; et pour mieulx vous en advertir, vous envoyons cy-enclose la lettre ouverte que escripvons à vostredit pere, par laquelle entendrez semblablement tout ce qu'a esté besoigné. Et vous supplions, madame, si très-humblement que faire povons, que ladite lettre que escripvons à vostredit pere soit tenue tant que pourrez par vous secrete; car icelle estre divulgée peult-estre pourroit porter grant domaige à icelluy vostre pere et especialement à cest affaire. Et en especial soit tenu secret « que vostre pere est contant que le roi de France soit chief de ceste entreprise, car il ne veult qui soit divulgué, ains le veulent tenir secret[1]. » Au surplus, madame, le mandement de la prorogacion de Gheldres est expedié, lequel nous vous envoyerons incontinant le plus seurement qu'il nous sera possible. Vous suppliant nous mander et commander vostre bon plaisir, que accomplirons comme sumes tenuz et de nostre povoir, aydant Dieu, auquel prions qui, nostre très-redoubtée dame, vous veulle donner l'entier de voz très-haulx et nobles desirs avec très-bonne vie et longue. A Bloys, ce iie jour de janvier.

Voz très-humbles et très-obeissans serviteurs,

Rogendorf, Andrea da Burgo.

Postscriptum chiffré. — Il fust esté meillieur que jamais les ambassadeurs des Veniciens ne fussent esté admis par l'empereur. Nous ne faisons, ensuyvant nostre maleur, que perdre reputacion et destruyre nostre cas. Aussi je croy que ainsi sera d'un fol bruit quy court de presant des nouvelles ligues quy se traictent sans aucuns

---

[1] Ces lignes sont en chiffre dans l'original.

fondement, lesquelles, selong mon petit avis, ne sont que pratiques et harts pour tromper ung chescun son compaignon. Prie à Dieu que son bon plesir soit d'eviter que ensuivant nostredicte maleur au derrier, le tout ne viegne tumber sur nous. Je croy que le presidant de Bourgongne vous ara aporté la verité des chosses en quel maniere y s'i doit pourveoir [1].

LXXXVII.

ROGENDORF ET ANDRÉ DE BURGO À MARGUERITE D'AUTRICHE.

Le pape paraît vouloir s'accommoder avec les Vénitiens. On croit que le roi d'Angleterre et le roi d'Aragon entrent dans cette nouvelle intrigue. On accuse l'empereur lui-même de s'y prêter. Pourparlers avec l'ambassadeur d'Aragon. (*Original.*)

14 janvier, à Blois.

Madame, sont venues nouvelles de divers coustez que les Veniciens traictent pratique avec le pape pour s'appoincter ensemble, et que le pape ne va point droictemant. Aussi le roy très-chrestien en a eu semblables nouvelles et que tous deux tiennent pratique en Suisse, et que semblablemant se fait et traicte praticque entre le roy d'Angleterre et le pape, et que ledit roy d'Angleterre fait quelque demonstracion d'armée, afin de à ce moyen obvier que ledit roy très-chrestien ne s'employe du tout contre lesdits Veniciens, ains ayt occasion faire retourner une partie de ses gens d'armes deçà les mons. Et publicquement à Rome, l'ambassadeur dudit roy d'Angleterre preste toute faveur ausdits Veniciens, « et le legat nous a dit le semblable [2], » en disant touteffois que aucuns serviteurs d'icellui roi d'Angleterre luy ont escript toutes bonnes paroles du bon vou-

---

[1] La lettre contient en outre le billet suivant : « Madame, mondit serviteur m'a escript que vostredit pere se doit trouver, au quinzieme du mois qui vient, à Hasbourg (Ausbourg), pour tenir la journée de l'empire. »

[2] Tout ce qui est entre guillemets est en chiffre dans l'original.

loir de leur roy de continuer l'amytié envers ledit seigneur roy très-
chrestien, et que sa majesté luy avoit envoyé son ambassadeur pour
en estre certifié, et bien entretenir ledit roy. Et nous escripvons à
vostredit pere qu'il seroit bon faire le semblable et pour aussi entretenir icellui roy. Il est encoires bruit et quelques suspicions que les
choses dessusdites se font et traictent secretement « avec intelligence
« secrete du roy d'Aragon, lequel ne vouldroit pas que les Veniciens
« fussent destruictz. Les ambassadeurs du pape et du roy d'Aragon
« ont demonstré à mondit seigneur le legat et à nous tout plain de
« bonnes paroles de leurs maistres. »

D'autre cousté, se parle que entre les dessusdits se fait une nouvelle ligue de laquelle se dit l'empereur vostre pere estre chief, mais
de ce mondit seigneur le legat ne nous a point parlé. Il nous a bien
dit que lesdits Veniciens font tout pour les gaigner et havons heu
le semblable de vostredit pere comme luy avons communiqué, mais
qu'il ne le fera point, si ledit seigneur roy très-chrestien veult faire
ainsi qu'il a promis et qu'il dit continuellement vouloir faire, et
que l'empereur ne desire aultre que d'estre tous deux bien unys
ensemble, comme hier amplement declarasmes audit seigneur legat.
La resolucion fust telle qu'il se actend la conclusion d'icellui vostre
pere sur ce que dernierement nous fut respondu par le roy sur
toutes les choses pourtées par moy ledit Rogendorf, et que ledit
seigneur roy ne fauldroit à faire son debvoir, nous disant tout plain
de bonnes paroles et que le temps de tous coustez se pert à riens
faire, synon de pratiques sans aulcune conclusion ny fondement.
Nous luy avons remonstré que n'a esté ne n'est la faulte de l'em-
percur vostre pere, et en deans peu de jours nous esperons en avoir
la toutelle resolucion.

Ce matin, expediant cestes, est venu par devers nous l'ambassadeur
dudit roy d'Arragon, avec lequel avons esté en divers pourparlers en
general, à la fin desquelz se voulant partir, dit et nous interrogua,
si sçavions aucune chose d'une ligue qu'il se disoit traicter entre le
pape, l'empereur vostre pere et le roy d'Angleterre, les Veniciens et

autres, nous respondismes riens en avoir ouyr parler, fors que le
bruit estoit que « aucuns en secret desiroient que les Veniciens ne
« fussent destruict, et, entre les aultre, le pape non aler droictement
« pour les pratiques que les Veniciens avoient avec luy. » Il respondit
estre une nouvelle vulgaire, toutesfois qu'il avoit entendu ce qu'il
nous en avoit dit; nous replicasmes n'en sçavoir riens, mais que l'empereur vostre pere ne fera aucune chose contre ce qu'il doit et devra
faire, et que avions lettres de sa majesté, ainsi que nous avons communiqué au roy, à mondit seigneur le legat et à luy; il repliquit
que ledit sieur legat luy avoit parlé de ces choses et luy en avoit fait
ung sermon empraingt, disant que ledit roy très-chrestien droictement
et clerement aloit en la confederation, mais que aucuns aloient aultrement; et ledit ambassadeur luy avoit respondu sçavoir certainement le roy son maistre y aller droictement, et ledit seigneur legat
luy avoit respondu qu'il ne se doubtoit dudit seigneur roy d'Arragon
sondit maistre; et adhonc icellui ambassadeur n'en voulut plus parler. Nous dismes derechief riens ne sçavoir de ces choses; vray estoit
qu'il estoit bruit qui confirme la pratique avec le pape, et que avec
luy il estoit quelc'un qui avoit avec eulx secrete intelligence, mais
nous sçavions bien que ce n'estoit pas l'empereur.

Madame, c'est la substance des choses que escripvons à l'empereur vostre pere et des devises que avons heues avec monseigneur
le legat, vous suppliant, madame, que incontinant luy envoyez à
toute diligence par la poste le pacquet que vous envoyons qui s'a-
dresse à monseigneur de Gurce et, à son absence, à messire Jaques
de Banisis. A Bloys, ce xiiiie jour de janvier.

Rogendorff, Andrea da Burgo.

LXXXVIII.

ANDRÉ DE BURGO À MARGUERITE D'AUTRICHE.

Affaire de Gueldre. Évêché d'Arras. Information à faire sur les excès commis par les officiers royaux en Artois. Renouvellement de la garnison de Vérone. Le pape et le roi d'Aragon paraissent bien disposés. Néanmoins le pape, qui a blâmé l'admission des ambassadeurs de Venise auprès de l'empereur, les a accueillis lui-même. Burgo déplore le peu de foi des alliés de l'empereur. Il désirerait que l'on traitât les Vénitiens selon toute la rigueur du traité de Cambray. (*Original.*)

24 janvier, à Blois.

Ma très-redoubtée dame, se très-humblement que faire puis, à vostre bonne grace me recommande.

Madame, j'ay receu deux vos lectres : l'une du xve jour de ce present moys, faisant mencion des choses de Gheldres, et l'autre du xixe de cedit moys, faisant mencion de l'evesché d'Arras.

Et touchant les choses de Gheldres, madame, j'en ay cejourd'huy parlé au roy, luy remonstrant les nouvelletez que, de jour en jour, fait messire Charles de Gheldres, selon que m'avez escript, toutellement contre le traictié de Cambrai; il m'a respondu que de ce j'en parlisse à monseigneur le legat, auquel j'en ay derechef parlé, luy faisant instance que à diligence fust envoyé un homme à messire Charles de Gheldres, à fin que de par le roy luy fust ordonné cesser telles nouvelletez; lequel seigneur legat m'a dit que, quant mondit seigneur le chancelier seroit avec luy, qu'ils adviseront sur l'expedicion de ceste affaire; auquel seigneur chancellier j'ay parlé par deux fois de ceste matiere, et m'a fait tousjours responce que me devoye recourder de ce qu'il avoit dit autrefois à monsieur le president, à monsieur le maistre Philippe Dalle, et à moy, assavoir que ledit messire Charles pretendoit le droit possessoire des choses contencieuses luy appartenir comme monseigneur vostre nepveur, et que, jusques à ce qu'il soit decidé d'icelle

chose contencieuse, il sera bien difficile d'evicter que ledit messire
Charles cesse à faire lesdites nouvelletez, et pour ceste cause qu'il
avoit proposé par plusieurs fois aux dessusdits president, Philippe
Dalle et à moy qu'il se devoit prandre quelque bon appoinctement
entre mondit seigneur votre nepveur et ledit messire Charles de
Gueldres, pendant que seroit decidée et appaisée ladite matiere contencieuse, mais que l'on n'avoit fait compte de son advis. Je luy ay
respondu par les mesmes raisons que lui a fait mondit sieur le
maistre, et enfin m'a dit que quant mondit seigneur le legat seroit
ung peu mieulx disposé, qu'il luy en parleroit; je solliciteray que
ainsy soit fait et l'expedicion de l'homme que l'on doit envoyer.

Madame, quant à l'evesché d'Arras, j'ay presenté les lettres que
l'empereur vostre pere a escript au roy touchant ledit evesché, lequel les leut à mytié tant seulement, et prenant autres lettres de
vostredit pere, bailla lesdittes lettres de ladite evesché à monsieur le
tresorier Robertet, luy disant ces paroles : Faites-m'en souvenir. Je
solliciteray envers ledit Robertet que ainsi le face, luy remonstrant
bien et au long les articles que par cestes m'avez envoyez.

Semblablement, madame, je vous ay escript par les autres postes
comme j'avoye baillé une memoire à mondit sieur le tresorier, touchant de bailler commission à monsieur le president Olivier, quant
il yroit à la journée de Liege, de s'informer des abbus et excès
commis par les officiers royaulx ès pays d'Artois et de Flandres ;
ce que mondit seigneur le chancellier et ledit Robertet m'avoient
promis. Je poursuyvray encoires et derechief envers eulx que, à l'expedicion dudit president Olivier que, comme je croy, ne sera que
jusques à ce que le roy sera à Paris, luy soit donné expresse commission de ces choses. Ledit seigneur roy m'a dit que incontinent
que mondit seigneur le legat seroit ung peu disposé, qu'il partiroit
pour aller à Paris, et aussy m'a dit mondit seigneur le legat qu'il
estoit prest deans deux ou trois jours pour partir, si autre chose ne
detenoit le roy. L'opinion d'aucuns est qu'il ne partira pas devant
le premier jour de karesme.

Ledit seigneur roy m'a fait en partie responce aux choses que l'empereur vostre pere m'a escript. Du demeurant je l'atends; il se monstre tout bien disposé; il actend aucune responce de vostredit pere et d'ailleurs.

Il a heu nouvelle comme les ambassadeurs veniciens qui estoient devers vostredit pere pour traicter appoinctement sont partis discords, et moy j'en ay heu les semblables.

Au surplus, madame, le roy a heu nouvelles que, selon son ordonnance, le grand maistre a envoyé quatre cents lances nouvelles dedans Veronne, et a osté les autres quatre cens qui estoient par advant pour les refrescher, et semblablement il y a laisser ses gens à pied pour plus grant seurté de la cité; et après il a heu aussi nouvelles comme les gens estans en laditte cité sont partis hors à l'encontre d'aucuns Veniciens, lesquels ils ont prins et tuez et fait une bonne emplecte sur eulx.

Aussy m'a dit ledit seigneur, entre autres choses, que le roy d'Arragon l'avoit asseuré derechief de faire son devoir.

Le pape a escript bref par deçà, par la poste que vint hier, tout plain de bonnes paroles et qu'il ne veult point absoldre les Veniciens.

Et de Rome et d'Allemagne et d'ailleurs sont nouvelles fresches que ledit pape a monstré estre le plus grand desplaisir du monde que l'empereur vostre pere ayt admis ladite ambassade de Venise; et toutesfois le bon nostre saint-pere, y a tant de temps, au depit de tous les autres, a voulu entretenir l'ambassade de Venise à Rome. Je ne sçay quel maleur est la nostre; l'on ne veult faire son devoir devers l'empereur synon de paroles, et l'on le veult tenir oppresser. J'espere en Dieu et à la justice; il est très-bon que ces meschants ne soient estés ouyz; et tousjours je suys esté de cest advis que l'on persiste à l'encontre d'eulx selon le traicté de Cambray; mays aussy l'on se devroit conduire et user de tous moyens, tant directs que indirects, que les choses fussent bien adressées et mises à execution. Et, madame, de tout vostre conseil et force-devez adresser les matieres;

et si ne me voulez riens particulierement respondre à ce que je vous escrips, pour me mander comme mieulx je puisse faire à conduyre lesdittes matieres, au moyngs, madame, j'espere que par autres moyens, avec vostre prudence, prendrez la peine de adresser les matieres de vostre maison qui en ont necessité.

Madame, je vous prie très-humblement à prendre à bonne part ce que je vous escrips; car je le fais comme fidele et bon serviteur de vostreditte maison. Et à tant, etc. A Bloys, ce xxiiiie jour de janvier.

Vostre très-humble et très-obeissant serviteur,

ANDREA DA BURGO.

LXXXIX.

ANDRÉ DE BURGO À MARGUERITE D'AUTRICHE.

Affaire de Gueldre. Journée de Liége. Bonnes dispositions du roi à aider l'empereur contre les Vénitiens. Le roi d'Aragon promet aussi son active intervention. Démarches faites auprès du pape, qui devra inviter les Vénitiens à restituer les pays appartenant à l'empereur. (*Original.*)

4 février, à Blois.

Ma très-redoubtée dame, si très-humblement que faire puis, à vostre bonne grace me recommande.

Madame, par la derniere poste je vous ay adverty de mon besoigné touchant les choses de Gueldres, aussy des nouvelles occurrantes, comme avez veu; et combien, madame, monsieur le legat ne bouge encoires du lict, neantmoings qu'il soit ung peu mieulx disposé que par avant, je luy ay parlé deux ou trois mots des affaires de Gueldres; lequel m'a respondu que l'on y entendoit et que sans nulle faulte il y seroit envoyé ung homme à messire Charles de Gueldres; semblablement j'en ay parlé à monsieur le chancellier et à monsieur le tresorier Robertet, leur faisant instance tant que j'ay peu que l'homme fust envoyé; ils m'ont respondu, comme mondit seigneur le legat, qu'ils entendoient et besoignoient sur laditte affaire et pour l'expediction dudit homme, laquelle je solliciteray de tout mon pouvoir.

J'ay parlé aussy à mondict seigneur le legat du contenu de vos dernieres lettres que desireriez bien que aucuns subjects de par delà de monseigneur vostre nepveur fucent commis et entendissent à la journée de Liege, pour ce qu'ils sont mieulx informé des affaires dudit Gheldre que autres etrangers; il m'a respondu que je disputisse de ces choses avec mondit seigneur le chancellier, ce que je feray; toutesfois que je doubte en ce bien peu besoigner avec luy; mays neantmoings j'en feray mon devoir et du tout vous advertiray.

Madame, le roy n'atend autre pour son partement fors que mondit seigneur le legat soit en estat de pouvoir partir, et m'a sa christianissime magesté derechef declairé sa bonne intencion, volunté et affection de ayder l'empereur vostre pere à l'encontre des Veniciens, me disant qu'il auroit à l'entreprinse mil et cinq cens lances et environ huit ou neuf mil pietons des pays de par deçà, et une bonne quantité d'artillerie, oultre l'armée de l'empereur vostredit pere et le nombre des gens d'armes du pape et du roy d'Arragon; et que saditte christianissime magesté ne me vouloit asseurer du tout de passer les mouts, mais qu'il iroyt à Lyon, et avant qu'il soit là arrivé, selon que les affaires et nouvelles surviendront, il se determinera de passer; et au cas qu'il passe, il m'a certiffié qu'il n'aura pas moindre armée qu'il avoit l'autre année.

L'ambassadeur du roy d'Arragon a heu lettres et responce dudit roy son maistre sur la requeste que fut faite de la part de l'empereur vostre pere à luy et aux autres ambassadeurs de la ligue par monsieur le legat; la resolucion de laquelle lettre et responce est toute plaine de bonnes paroles : que sa catholique magesté est deliberée de assister et ayder à ses despens l'empereur vostredit pere contre les Veniciens pour la toutelle recouvrance de tous ses pays, et que à ceste fin il apreste et luy envoyera gens d'armes par terre,

41.

et par mer bon nombre de galeres, exhortant et priant ledit seigneur roy très-chrestien à faire le semblable de son cousté.

Et pareillement a escript le semblable bien favorablement à nostre sainct-pere le pape et à l'ambassadeur de sa catholique magesté estant riere luy, declairant en oultre à nostredit sainct-pere la concorde faite entre vostredit pere et luy; l'affaire duquel vostre pere il tient et represente comme le sien propre.

Et après il a declairé son advis estre que, cependant que l'on s'appreste, nostredit saint-pere et les ambassadeurs de la ligue residens emprès luy doivent avoir devant sa saincteté les ambassadeurs veniciens estant à Rome; auxquels ambassadeurs veniciens ledit saint pere doit proposer avec paroles convenables d'escripre à la seignorie de Venise leurs maistres qu'ils ayent à rendre et restituer, sans guerre et effusion de sang, tous les pays appartenant à l'empereur vostredit pere, et pour ce faire, leur soit assigné (*quelques mots lacérés*); autrement tous les alliés par mer et par terre procederont à l'encontre d'eulx.

Demain ou après-demain devons estre pardevers mondit sieur le legat entre nos ambassadeurs, pour adviser par quel termes se devra faire laditte proposition convenable à telz et si grands et puissans confederez que sont ceulx de la très-sainte ligue de Cambray.

Nouvelles sont venues comme le comte de Petillain, capitaine general des Veniciens, est trespassé; toutesfoys la chose n'est pas du tout adseurée.

Au surplus, madame, aultre n'est de nouveaul; et si riens survient, je vous en advertiray, vous suppliant derechief vouloir donner briesve expedicion à mon serviteur estant par delà, à fin qu'il puisse retourner devers moy et faire comme ma urgente necessité requiert et que j'ay parfaite confidence en vostre benignité. A tant, ma très-redoubtée dame, je prie à Dieu vous donner très-bonne vie et longue avec l'entier accomplissement de vos très-nobles et très-haulx desirs. A Bloys, ce IIIIe jour de fevrier.

Madame, monsieur le chancelier m'a fait sçavoir le nom du personage quil doit aler en Gheldres, et s'appelle Anthoine le Veste, et aultrement, monsieur le rapporteur; et m'a promis cejourd'huy venir parler à moy, pour quoy retarderay ceste poste, combien qu'elle ayt grant hatte, jusques à la nuyt.

Vostre très-humble et très-obeissant serviteur,

Andréa da Burgo.

XC.

ANDRÉ DE BURGO À MARGUERITE D'AUTRICHE.

Affaires de Gueldre. Envoi d'un député vers Charles de Gueldre. Utilité de commettre quelques sujets du prince Charles à la journée de Liége. Le duc de Gueldre refuse de ratifier la prorogation du traité. Démarches à Rome pour forcer les Vénitiens à restituer à l'empereur ce qui lui appartient. Bruit de la mort du comte de Pitigliano. Succès du duc de Ferrare contre les Vénitiens. (*Original.*)

10 février, à Blois.

Ma très-redoubtée dame, si très-humblemant que faire puis, à votre bonne grace me recommande.

Madame, par la derniere poste, je vous ay advertye de ce qu'a esté besoigné pour les choses de Gueldres et de l'expedicion de celluy qui doit aller devers messire Charles de Gheldres, et d'autres nouvelles occurrantes.

Madame, despuis, veant monsieur le legat estre ung peu mieulx disposé, je me tiray par devers luy pour luy parler dereechief desdites choses de Gueldres; ce que je feis en presence de monsieur le chancellier, luy faisant instance le plus qu'il m'estoit possible à l'expedicion de cellui qui estoit commis pour aler en Gueldres. Il me respondit qu'ils besoignoient sur son expedicion et que sans nulle faulte il partiroit incontinant. Et luy repliquant qu'il lui fust donné commission telle que ledit messire Charles feit autrement qu'il n'a fait jusques à hoires, il me dit que aussi il vouldroit bien

que, de vostre cousté, se print quelque expedient, principalement à
ce fait du possessoire avec moyen d'appoinctemant, et que aucunes
fois une telle chose est cause en après d'ung très-grant mal et qu'il
s'y devroit donner remede. Luy parlant semblablement derechief
que desireriez bien aucuns subgectz de par delà de monsieur votre
neveu non suspectz fussent commis pour entendre à la journée de
Liege, pour raison qu'ilz sont mieulx informé des choses de Gheldres
que les estrangiers, etc., et luy remonstrant tout ce qu'il venoit à
propos, il me respondit que l'on estoit tousjours à recommancer et
que l'on ne cerche synon que d'y mectre gens qui n'ont aultre desir
fors que de tenir la chose en suspencion et delay; et que, par sa foy,
si l'empereur et vous, madame, y advisez bien, riens n'est à votre
adventagie ne de monsieur votre nepveu. Je luy respondis briefvemant comme il appartenoit; il ne me repplicqua aultre chose synon
qu'il m'avoit dit la verité.

Madame, hier à nuyt vint la poste avec voz lettres du vi^e jour de
ce mois, faisant mencion desdites choses de Gueldres; et cejour-
d'huy après disné suis esté devers mondit sieur le legat, et, present
mondit sieur le chancellier, je luy ay leu de mot en mot les articles de vosdites lettres, ensemble la copie de celles dudit messire
Charles, luy disant en oultre ce qui estoit au propoz de la matiere;
il me respondit que la cause pourquoy messire Charles de Gueldres
ne aggreoit ne vouloit ratiffier la prolungacion dudit traicté, c'estoit
pour les nouvelletez qu'il disoit que l'on luy fait de jour en jour.
Et luy repplicquant le contraire, ainsi qu'il appartenoit et clerement, et comme ledit messire Charles povoit si ouvertement mentir
avec si grant charge du roy qu'il fut jamais adverty de ladite prorogacion ne de ladite journée, il me respondit que l'on despechoit
avec bonne charge ledit commis pour aller devers messire Charles;
et ledit chancellier me demandit de quel date estoient les lettres
dudit messire Charles, car par adventure despuis icelles escriptes il
auroit faicte aultre deliberacion; je luy respondis que ou double
qu'il m'estoit envoyé il n'y avoit point de date, mais estre tant de

temps que ladite prorogacion est faicte, que dix fois il en povoit estre adverti quant hoires il fust esté à Rome.

Parlant pareillemant à mondit sieur le legat et luy demandant assavoir si dedans Cambray, pour estre ville imperiale, ou aultrement par l'autre moyen de ceulx qui sont natif des villes de monsieur votre nepveur, gens d'esglises ou aultre qui sont demeurant hors la subgection de mondit sieur votre nepveur, se povoient prandre et eslire à estre commis et entendre à ladite journée, et le persuadant de tout mon possible à en estre contant, mondit sieur le legat me respondit qu'il le trouvoit raisonnable; et mondit sieur le chancellier dit le semblable, disant que pourriez eslire ou de l'ung ou de l'autre, me interrogeant si je savoye le nom de ceulx que veullez eslire; et luy respondant que nom, il dit que vous deussiez bien garder que fussent gens de bien; et à ceste fin je procureray avec bonne façon afin que l'on induise les gens de messire Charles estant de par deçà, à le consentir, afin que ledit messire Charles, quant viendra au point, n'ayt occasion de les reffuser; et me samble que par la premiere poste ne sera que bien que me veilliez advertir des noms de ceulx que voullez eslire, afin d'en advertir icy le maistre d'ostel de messire Charles qui estoit icy quant monsieur le maistre Philippe Dalla y estoit, et qui s'en ala adonc que luy est de retour; et pancez, madame, qui fait son debvoir. Je n'en seroye faire aultre ne pourroye oultre ce que j'en fait.

Et quant aux abbuz et excès commis par les officiers royaulx ès pays de Flandres et Artois, dont m'avez escript, j'en ai parlé derechief à monsieur le chancellier, lequel m'a respondu qu'il avoit fait comme desjà vous ay escript.

Des nouvelles de par deçà je vous envoye cy-encloz le double des lettres que a escript le roy d'Arragon à son ambassadeur estant par deçà, touchant la proposition qui se doit faire à Rome pour induire les Veniciens à fere la restitucion à l'empereur vostre pere de tout ce qui luy appartiendra.

Je vous envoye pareillement ung double de la resolution que le roy très-chrestien a faicte sur ceste matiere, selon laquelle il a escript à Rome à son ambassadeur. Et l'ambassadeur du pape en a adverty son maistre, et moy le mien, et l'ambassadeur d'Arragon le sien, afin que à toute diligence ils declairent à Rome leurs voluntez. Et pour ce, madame, que je ne sçay touteffois ce qu'il en sera, à ceste cause je vous prie que la chose ne soit divulgée.

Le roy m'a dit à son partemant, qui fut hier qui se partit d'icy pour aler voler, qu'il envoye maintenant deux cens bonnes lances nouvelles et trois milles pietons delà les montz.

Sa christianissime majesté a heu derechief nouvelles freches comme lesdits Veniciens ont fait alienͻe avec les Turcs.

Semblablemant est venu nouvelle confirmatoire aux autres de la mort du comte de Petillien, et qu'il est enterré à Padua [1].

Ledit seigneur roy envoye nouvelle ambassade en Angleterre, assavoir l'abbé de Can, frere du general de Normendie, avec ung aultre bon personnaige.

De Ferraire sont nouvelles que les gens du duc ont prinses cinquante barcques petites des Veniciens, et des prisonniers et butins pour huit mil ducatz, et que lesdits Veniciens pour craincte se sont enfuy, et ont habandonnez le chasteau appellé Adri, et ont les gens dudit duc prins ung bon bolvart avec ung bon petit nombre d'artillerie.

Madame, mon homme m'a rescript la bonne responce que lui avez donnée touchant mon affere, et de ce que avez fait pour sa bonne et briesve expediction: de quoy je vous remercye très-humblement, vous suppliant que, si quelque contrarieté luy intervient touchant le payement, que vostre bon plaisir soit y pourveoir afin que s'en puisse retourner en brief avec bonne et briefve expedition.

L'empereur vostre pere m'a escript qu'il ne m'avoit point envoyé de ratifficacion de la prorogation de Gheldres pour ce que monsieur le president ne luy avoit point envoyé de forme de ladite prorogation;

---

[1] Le comte de Pitigliano, ce vaillant défenseur de Padoue, avait fait jurer aux habitants, sur un autel élevé au milieu de la ville, de périr tous plutôt que de se rendre. Du reste, le bruit de sa mort n'était pas fondé.

par quoy, madame, il me semble qu'il seroit bien que incontinant envoyez à vostredit pere une copie de ladite prorogacion, afin qu'il puisse faire ladite ratifficacion pour la m'envoyer.

Madame, je prie Nostre-Seigneur vous donner l'entier de voz très-haulx et nobles desirs. A Bloys, ce x^e jour de fevrier.

Votre très-humble et très-obeissant serviteur,

ANDREA DA BURGO.

Monsieur le legat s'est cejourd'huy party pour aller aux champs, et retournera mercredi, et deans quatre jours se partira pour aler à Paris.

XCI.

ANDRÉ DE BURGO À MARGUERITE D'AUTRICHE.

Le comte de Nassau accusé d'avoir tenu de mauvais propos contre le roi de France. Explications à cet égard. Dispositions du roi pour entrer en campagne. Le pape veut absoudre les Vénitiens. (*Original.*)

19 février, à Blois.

Madame, depuis la derniere poste par moy expediée le xie jour de ce present mois, j'ay receu deux vos lettres par les postes, l'une du iiiie de cedit mois, et l'autre du viiie. La premiere faisant mencion de monsieur de Nasouw [1], et la derniere touchant l'execucion de l'arrest obtenu en parlement à Paris par Jehan de la Grache, contre les tuteurs des enffans de feu Josse de Baenst [2].

Madame, quant au fait de mondit sieur de Nassouw, à l'heure que je receu voz lettres, le roy et monsieur le legat estoient absens;

---

[1] Henri, comte de Nassau, seigneur de Vianden et de Breda.

[2] Sur cette affaire de Jehan de la Gracht contre les tuteurs et curateurs des mineurs Baenst, voyez *Lettres de Louis XII*, I, 137.

et à ceste fin, et pour mieulx sçavoir comme conduire les choses
envers ledit seigneur roy et mondit sieur le legat à leur retour,
j'en parlis à monsieur le tresorier Robertet de la façon que mieulx
me sembloit. Et à la premiere parole que je luy ouvris de ce fait,
il me dit que vrayment il estoit esté rapporté au roy aucunes malvaises paroles avoir esté proferées par mondit sieur de Nasou, monstrant desir de sçavoir et entendre comme estoit ceste chose ; et après
luy avoir declaré le contenu des lettres que pour ce icellui sieur de
Nasou m'en escript, il me dit qu'il me conseilloit que je ne decla-
risse au roy aucuns motz qu'ilz sont specifiez ès lettres dudit sieur de
Nasou, mais bien qu'il avoit entendu que l'on luy avoit rapporté ledit sieur de Nasouw avoir dictes aucunes malvaises paroles de luy, et
aussi, avant que en parler audit seigneur roy, que je me conseillaisse
audit sieur legat, comme je suis accoustumé faire de toutes choses,
et luy remonstrant la noble condicion et bonne nature de monsieur
de Nasouv, lequel, pour chose du monde, ne vouldroit profferer aucunes paroles malvaises de prince du monde, en especial du roy ; il
me respondit qu'il povoit estre que, quant ung nombre de jeunes
gens sont en compagnie, et après avoir fait bonne chiere, ils parlent
assez legierement, et me dit en oultre que mondit sieur de Nasou
auroit bien fait de venir par deçà, premierement pour se deculper
envers le roy et luy monstrer que le contraire est verité de ce que
l'on luy a imputé. Je luy respondis ainsi qu'il appartient, et me
samble qu'il print à bien la chose, et dit non estre verité que ledit
seigneur roy ait usé de telles paroles contre ledit sieur de Nasou,
comme vous m'escripvez.

Tout incontinant que ledit seigneur roy et monsieur le legat
furent de retour, j'en vouloye parler à mondit seigneur le legat ;
mais pour autres grandes choses de quoy nous estions à parler, il
me dit que nous en parlerions une autre fois. Madame, hier je luy
en parlay, et après avoir ouy le tout et ce que oultre je luy dis des
bonnes vertus et grande noblesse que j'avoye congneu, et tant en
Espaigne que en Flandres, estre audit sieur de Nasou, lequel ne

vouldroyt jamais, en ensuivant sa noble nature, profferer aulcune
malvaise parole, il me dit en substance quasi ce que mondit sieur
le tresorier, et que l'oncle de mondit sieur de Nasou estoit esté
homme de bien, et que, ensuyvant ses vestiges, il devoit estre tel,
et dit qu'il en parleroit au roy, et que ainsi je devoye faire. Ce que
je feray la premiere fois que j'yray devers le roy, et ay espoir que
tout yra bien. Ce pendant par ceste poste je vous advertis de ce que
j'en ay fait.

Touchant l'execucion de l'arrest obtenu par Jehan de la Grache,
monsieur le chancellier a heue et veue votre lettre que pour ce luy
en escripvez; et pour les grandes occupacions en quoy je suis esté
envers mondit sieur le legat depuis sondit retour pour les affaires
de l'empereur vostre pere, il ne m'a esté possible d'y entendre ne
besognier; mais incontinant avoir despeché ceste poste, j'y entendray
toutellemant et de ce qui se ensuyvra vous advertiray par l'autre
poste.

Madame, des nouvelles de par deçà, je vous advertis que le roy,
continuant, comme je vous ay escript, de plus en plus à l'entreprinse
contre les Veniciens, jà a pourveu et expedié pour ladite entreprinse le tout, et se prendent les maistres canoniers et les chevaux
et autres choses necessaires pour l'artillerie. Et semblablemant ces
jours passez ont esté expediez les capitaines des gens de pieds pour
les faire incontinant passer les montz, oultre les autres de cheval et
de pied qui desjà sont partis. Et le roy me dit-il hier merveilles, et
le semblable mondit sieur le legat, et que, sans faulte, au premier
jour d'avril, tout seroit prest pour invahir avec les gens de l'empereur votre pere les ennemys. Et m'ont dit lesdits seigneurs roy et
legat qu'ilz se partiroient lundi prochain, et que, quant la majesté
du roy sera à Lion, comme elle m'a dit, et qu'il sera mestier passer
les montz, il sera tout prest.

Le roy a heu nouvelle comme le pape de sa bouche avoit proposé,
en publique consistoire, la cause de l'absolucion des Veniciens, et
que seulemant le cardinal de Saincte-Croix pour l'empereur vostre

pere, et le cardinal françois pour le roy, s'estoient opposé. Et tout le demeurant s'estoient consenti à ladite absolucion, et que le pape avoit determiné de les absoldre moyennant deux condicions : l'une, que les subjectz de l'Eglise puissent franchement naviger par le goulfre de Venise ; l'autre que lesdits Veniciens ne puissent cy-emprès tenir en la cité de Ferraire leur vicedomo. Toutesfois l'on avoit supplié au pape de s'abstenir faire ladite absolucion jusques à la venue par devers luy de monsieur le comte de Carpe[1], lequel devoit arriver deans deux ou trois jours. Je ne sçay qu'il en sera ; mais, si elle est faicte, sera très-malvaise chose pour l'empereur vostre pere pour beaucop de raisons. Le roy et tous de par deçà en sont bien mal content, et vous promect que, pour evicter ladite absolucion, j'en ay fait mon devoir pour vostredit pere. Ledit seigneur roy en a escript bien à certe à Rome et remonstré à l'ambassadeur dudit pape estant par deçà. Et combien qu'elle soit faicte, neanmoins en ce cas l'on est d'advis que le moindre mal estre qu'il ne rompe du tout avec le pape, mais se voye si ou temporel il veult faire son debvoir.

Sont cinq ou six jours qu'il passa à six lieues d'icy ung ambassadeur du roy d'Arragon qui va en Angleterre.

Au surplus, madame, je vous advertiray continuellemant de tout ce que je besoigneray et de toutes nouvelles qui surviendront, vous suppliant mander et commander tousiours vouz bons plaisirs que j'accompliray de tout mon povoir, aydant Nostre-Seigneur, auquel je prie vous donner l'entier accomplissement de voz très-nobles et haulx desirs. A Bloys, ce XIXᵉ jour de fevrier.

Madame la royenne demeura icy ; pour quoy le roy fera son chemin plus legierement.

Votre très-humble et très-obeissant serviteur,

Andrea da Burgo.

---

[1] Alberto Pio, comte de Carpi.

XCII.

ANDRÉ DE BURGO À MARGUERITE.

Désignation de députés pour la journée de Liége. Excellentes dispositions du roi envers l'empereur. Nouvelles d'Italie. (*Original.*)

20 mars, à Paris.

Madame, j'ay receu vos lettres du xie jour de ce mois, par lesquelles m'avez envoyez les noms des commissaires que avez esleuz et choisis pour la journée de Liege [1], lesquels j'ay nommé à monseigneur le legat et à monsieur le chambellan, non monstrant de savoir d'eulx si les vouloient aggreer ou non, et ne m'en ont aultre chose respondu : pour quoy semble qu'ils les ont pour aggreable. Je leur ay aussy fait instance pour la despesche de monsieur le president Olivier pour ladite journée; lesquels m'ont respondu qu'ils le despescheroient incontinent, me disant toutesfois mondit seigneur le chancellier, que oires que monseigneur de Gheldres fust prest à morir, que le moyen d'appoinctement ne seroit que bon ; car peultestre après sa mort la difficulté seroit plus grande qu'elle n'est à present ; et derechef luy parlant de la despeche dudit Olivier, il me dit que j'en parlisse encoire un mot à monsieur le legat ; ce que je feray, avoir ceste poste despechiée.

Des autres affaires dont m'avez escript, pour ce que mondit sieur le legat a esté ces deux jours passés ung peu mal disposé, je ne les ay peu solliciter. Neantmoins je ferai mon debvoir en ce et autres affaires de l'empereur et de monseigneur votre nepveur en ce temps que j'y ay à demeurer et comme bon serviteur doit faire, ce que je suis et seray jusques à la mort. Madame, j'ay aussi

---

[1] Par lettre du 14 février, l'empereur mande à sa fille qu'il a choisi pour ses députés à la journée de Liége le comte Adolphe de Nassau et trois conseillers de la chambre impériale. (*Corresp. de Max. et de Marg.* I, 236.)

receu une vostre lettre du xvie de cedit mois, par laquelle vous m'escripvez vous advertir quant le roy se partira pour venir en ceste ville; je vous ay escript de Bloys, par mes lettres du viie de cedit mois, le jour de son partement, et pareillemant dès Gaillon, et croy que avez receu mesdites lettres. Samedy le roy arriva en ceste-dite ville, et hier fut à Saint-Denys pour accomplir son vot et re-monter les chasses[1]. Il est de present icy et fera ses Pasques au bois de Vincene, et la court restera icy. Après Pasques, incontinant il se partira pour aller à Lyon. Madame, je ne vous seroye tant es-cripre de sa bonne amitié et affection que encoires ne l'a-il meilleur envers l'empereur vostre pere; et d'ung très-grand couraige il va pour ayder à recouvrer ce qui appartient à vostredit pere, tellemant que, au milieu du mois d'avril, il y aura une bonne et grosse armée pour proceder à l'encontre des Veniciens. Et espere, à l'ayde de Dieu, que quelque bonne chose se fera. Le pape est tout veniciens; mais pour ce ne restera, ne pour leur absolucion, à mectre à exe-cucion l'entreprinse à l'encontre d'eulx.

Madame, mon homme arriva hier icy, par lequel j'ay receu voz lettres faisant mencion de sa despesche, de laquelle très-humble-ment je vous remercye; et vous supplie que quant monsieur le tresorier sera de retour, qu'il vous plaise ordonner pour le payement de la reste.

Des nouvelles d'Ytalie n'a aultre, synon que, par cas d'adventure, les estradiotz des Veniciens ont prins ung capitaine des François estans à Veronne; et les gens d'armes estans audit Veronne, alant faire une course sur les Veniciens, ont prins environ quarante estra-diotz desdits Veniciens.

A Paris, ce xxe de mars.

Vostre très-humble et très-obeissant serviteur,

ANDREA DA BURGO.

---

[1] Voyez Claude de Seyssel, 168 et 293, et *Histoire du xvie siècle*, par M. Paul La-croix, IV, 135.

1510.

Cette année a commencé à Pâques, 31 mars.

XCIII.

ANDRÉ DE BURGO À MARGUERITE D'AUTRICHE.

Le roi ne compte pas aller en Italie pour la campagne prochaine, mais il n'en poursuivra pas avec moins de zèle la guerre contre Venise. Bien que le pape soit mal disposé, il n'osera pas se déclarer ouvertement contre l'empereur. État des forces ennemies. Les Vénitiens se résignent à ne défendre que Padoue et Mestre qui est près de Venise. Le roi demande qu'on lui livre le Grec Constantin pour le punir. Absolution des Vénitiens par le pape. Conseils du roi à l'empereur pour la disposition de ses troupes. Il voudrait que l'on réservât le siége de Padoue, pour le faire avec lui, et en dernier lieu. (*Original.*)

5 avril, à Melun.

Madame, par la derniere poste je ne vous ay riens escript pour la cause dont j'ay adverty vostre secretaire.

Quant aux choses que touchent messieurs vos ambassadeurs, je ne vous en escript riens pour le present, me remectant du tout à eulx.

Touchant les autres choses, je vous advertis comme le roy est icy ung peu malade de sa goutte. Toutesfois il m'a dit que, en deans quatre jours, il espere estre guary et partira pour continuer son chemin à Lyon pour donner toute faveur à l'entreprinse d'Ytalye; mais si n'intervient une necessité plus grande, que l'on espere avec la grace de Dieu ne viendra, il ne passera point les monts pour ceste année; ayns, comme je croy, après qu'il aura nouvelles que les choses sont hors de danger et adressées à bonne seurté, il retournera le plus tost qu'il pourra à Bloys devers sa femme, à cause de ce qu'elle est empraincte [1], qu'est la chose que plus il de-

---

[1] *Impregnata*, enceinte.

siroit en ce monde. Et cependant, il m'a certiffié et promis qu'il fera fere par delà par ses gens si bonne assistance à l'empereur vostre pere qu'il espere que tout yra bien. Toutesfoys, de non passer les monts pour ledit roy, je vous prie à le tenir secret.

Le pape a esté content que les gens d'armes du roy catholique passassent par son pays pour aller ayder à vostredit pere. Et combien il a refusé jusques icy de fere ce qu'il devroit pour vostredit pere et ayt donné absolucion aux Veniciens, neantmoyngs ne se osera declarer ouvertement encoires.

Ledit roy catholique semblablement en autres choses tousjours se demonstre de bien en mieulx pour l'empereur vostredit pere.

L'on actent que au xve ou xviiie jour de ce moys il se fera quelque chose bonne à laditte entreprinse; et tant plus que vostredit pere se diligentera avec ceulx de l'empire, tant plus tost il fera son cas.

Des ennemys, par la derniere poste que vint de Veronne, l'on est adverty qu'il ont encoires de seze à quinze mil combatans, et·que, à Vicence, les gens conmencent desjà à fuyr leurs biens, et samble que la veullent abandonner; et pour toute resolucion lesdits ennemys font fondement de garder seulement Padue et Mestre qui est près de Venise, et laquelle Padue ils ont fortiffiée et fortiffient à merveilles, combien la pluspart de leurs gens d'armes font grant difficulté de leur enfermer dedans.

L'empereur vostre pere a fait sçavoir au roy comme le bruit estoit que le seigneur Constantin aloit devers ly pour chose d'importance. Il certiffioit sa christianissime magesté que, après qu'il auroit ouy, il m'escriproit le tout, et que son imperiale magesté ne se laisseroit persuader en aulcune maulvaise chose. Ledit seigneur roy a cejourd'huy receu lettres de Rome venue à grande diligence de l'allée dudit Constantin, et que le pape a dit à son ambassadeur qui ne luy envoye point; et à ceste cause ledit seigneur roy m'a fait cejourd'huy requerir par mondit seigneur le legat vouloir escripre à l'empereur vostre pere qu'il fasse delivrer aux mains dudit seigneur roy icelluy seigneur Constantin, pour beaucop de causes et raisons, et afin qu'il en face la punicion telle qu'il appartient, ou du moings que vostre-dit pere le face rebouter hors de son pays et ne permecte sa venue et ne le veuille nullement ouyr.

Madame, je vous envoye cy-enclose une copie de la solempnelle absolucion que a donné le pape auxdits Veniciens[1], par laquelle verrez de quel bon couraige il l'a donnée. Et pareillement je vous envoye un petit sommaire des chapitres qu'il a fait avec lesdits Veniciens, lesquels, contre ladite capitulation, desjà ont imposé deux dismes et ont fait inventoire de tous les calices, croix et reliquaires et autres meubles d'esglise, pour iceulx fere fondre et en avoir argent.

Madame, autre chose n'y est de nouveaul pour le present, et de tout ce que surviendra cy-après je vous en advertiray. A tant, ma très-redoubtée dame, je prie Nostre-Seigneur vous donner l'entier de vos très-haults et nobles desirs. A Meleun, ce cinquiesme jour d'avril.

J'envoye ung pacquet au maistre des postes qui va à l'empereur vostre pere. Pour quoy vous prie que vous luy ordonniez que incontinant et sans le fere sejourner une heure, il envoye; car c'est chose de très-grande importance, et une response à vostredit pere. Et semble au roy que icelluy vostre pere devroit dresser son armée par Friole et sa personne aussy, et que les gens d'armes seulemant, qui sont presentement, tant à pied qu'à cheval, à Veronne, demeurassent ensemble avec ses gens pour fere la guerre de ce cousté, et que le siegie de Padue soit la derniere entreprinse auquel despuis tout ensemble l'on entende.

Vostre très-humble et très-obeissant serviteur,

Andrea da Burgo.

---

[1] Cette absolution avait eu lieu le 24 février précédent.

XCIV.

ANDRÉ DE BURGO À MARGUERITE.

Le légat est toujours malade. Le roi, qui est à Dijon, se dispose à visiter les places fortes du pays, pour se rendre ensuite à Lyon. Départ de M. de Foix pour l'Italie. On ne peut se passer des troupes de l'empereur pour investir Padoue. On se plaint des retards de l'empereur. (*Original.*)

8 mai, à Dijon.

Madame, par mes dernieres lettres que je vous ay escriptes de Troye, le xxviie du mois passé, s'en retournant vostre messagier expedié, avez esté adverty des nouvelles occurantes. Despuis n'est autre survenu de nouveau, synon que le roy est arrivé dès hyer en ceste ville, et monsieur le legat demeure à cinq lieues d'icy, pour quelque peu de indisposition que luy est survenue. Toutesfois il sera, comme l'on espere, en brief en ceste ville[1].

Ledit seigneur roy se partira lundi ou mardi de l'autre sepmaine, et yra voir ses places fortes à l'entor d'icy, comme Auxonne et ailleurs, et desjà se tirera son droit chemin à Lyon.

Il a envoyé monsieur de Foix[2] delà les montz, qui maine avec luy environ six-vins hommes d'armes; et eust hier nouvelle comme monsieur le grant maistre s'est party de Millan, pour tirer avant au chemin de l'entreprinse; laquelle l'on a bon espoir venir à bon effect, au moings du tout, fors que de Padue, laquelle l'on ne peult envahir sans l'armée de vostre pere, de laquelle il n'est encoires nouvelles certaines. Vrai est qu'il y a des gens à Veronne, mais ils ne se peulent joindre avec l'armée du roy pour ceste heure, laquelle

---

[1] Le cardinal Georges d'Amboise, légat du saint-siége et principal ministre de Louis XII, mourut le 25 de ce même mois de mai, à Lyon, dans le couvent des Célestins.

[2] Gaston de Foix, fils de Jean, vicomte de Narbonne, et de Marie d'Orléans, sœur de Louis XII, tué en 1512, à la bataille de Ravenne.

s'en va au pays de Ferraire. Mais cependant fault qu'ils gardent la ville, et, ainsi que m'a dit ledit seigneur roy, il n'entend point que les quatre cents lances quils sont audit Veronne se bougent, et y aura encoires huit ou neuf mille Allemands.

Madame, comme desjà je vous ay par plusieurs foys escript, la tardité de vostredit pere ne peult nullement profiter; ains, au contraire, fust esté bon qu'il se fust avancé d'un mois et demi.

Aultre chose n'est des Veniciens, fors qu'ils sont tousjours au champ. Moy estant à Lyon, de ce que surviendra, si j'ay moyen vous escripre, je vous en advertiray par ce present pourteur que s'en retourne par delà, et lequel j'ay fait rester trois jours pour actendre la venue du roy. Je vous escrit cestes, priant Nostre-Seigneur qui, ma très-redoubtée dame, vous veuille donner, etc. A Dijon, ce viiie jour de may.

> Vostre très-humble et très-obeissant serviteur,
>
> ANDREA DA BURGO.

XCV.

ANDRÉ DE BURGO À MARGUERITE D'AUTRICHE.

Secret à garder au sujet de Vicence. Le roi, qui montre les meilleures dispositions envers l'empereur et Marguerite, se rendra prochainement à Blois. (*Original.*)

3 juin, à Lyon.

Despuis mes dernieres lettres à vos escriptes datées du premier de ce present moys[1], par lesquelles avez entendu des nouvelles occurantes, n'est aultre survenu, synon ce que verrez par les lettres que je

---

[1] La lettre du 1er juin est imprimée dans les Lettres de Louis XII, I, 237. André y raconte la cérémonie des obsèques du cardinal d'Amboise; puis il entretient la princesse des progrès de l'armée du roi en Italie, de l'accord conclu pour la reddition de Vicence, du siége de Li- gnago, de la réduction de plusieurs lieux du Véronais et du Vicentin, des retards de l'empereur, de la marche des troupes espagnoles vers Vérone, et du choix que le roi a fait de quatre personnages pour diriger les affaires publiques avec le chancelier.

vous envoye icy enclose, desquelles je vous supplie tenir secret riere vous ce que parle de Vincence. A tant, ma très-redoubtée dame, je prie Nostre-Seigneur vous donner très-bonne vie et longue avec l'entier de voz très-haults et nobles desirs. A Lyon, ce iii\e jour de juin.

Madame, comme je vous avoye escript, j'avoys deliberé d'aller en court devers le roys; mays pour quelque indisposition que m'est survenu, je n'y suys plus allé, ayns y ay envoyé mon secretaire; et sont esté presentées vos lettres audit seigneur roy, desquelles il a esté très-content et joyeulx; et, en particulier, des lettres que escripviez à la royenne, et a dictes toutes bonnes parolles de vous, et semblablement de sa bonne volunté à l'entretenement de l'amytié avec l'empereur vostre pere, et n'estre mestier d'aultre chose, synon qu'il s'ayde de soy-mesme. Ledit seigneur roy fait compte d'estre à la Sainct-Jehan à Blois.

Le president[1] et son compagnon seront icy samedi. Du parler qu'ils feront au roy en serez advertie.

Votre très-humble et très-obeissant serviteur,

Andrea da Burgo.

XCVI.

ANDRÉ DE BURGO À MARGUERITE.

Prise de la ville de Lignago. On espère s'emparer aussi du château. On n'ose parler au roi de l'évêché d'Arras. Si le légat n'était pas mort, cette affaire et beaucoup d'autres se seraient arrangées. Le moment n'est pas propice pour faire la guerre au duc de Gueldre. Protestations de dévouement. (*Original.*)

6 juin, à Lyon.

Madame, par mes precedentes lettres ci-jointes, et celles y encloses, serez advertye des nouvelles qui sont; depuis n'est autre sur-

---

[1] Mercurin de Gattinare se rendait en Espagne comme ambassadeur de Maximilien et de Marguerite; son compagnon était le beau-frère de l'évêque de Gurce.

venu, synon ce que verrez par les lettres en cestes encloses, fors que cejourd'hui matin est survenue nouvelle certaine comme la ville de Luygnago est esté prinse par force, et ne restoit que le chastel, lequel n'estoit riens, car l'on esperoit estre incontinent prins avec grande occision des gens estans deans.

Le roy retournera demain icy; lequel n'y demeurera riens, ains, après avoir nouvelle certaine de la prinse dudit chastel de Luygnago, s'en ira à Bloys devers la royenne.

Madame, j'ai receu vos lettres du xxᵉ du mois de may passé, faisans mencion du fait de monsieur l'esleu d'Arras. Aussi ay receu celles que pour ceste cause escripvez au roy; lesquelles je luy presenteray et y feray tout mon possible, comme j'ay fait jusques icy; combien je n'ay encoires veu l'opportunité de parler au roy, et actendoye tousjours quelques bonnes nouvelles de l'empereur vostre pere; lesquelles sont si petites que je n'ose toucher de ceste affaire. Toutefois je persevereray à y faire tout mon povoir; et, comme j'en escrips à vostredit pere, mon advis est qu'il seroit bon qu'il en parlist à l'ambassadeur du roy, qui est allé par devers luy; lequel en escripra audit seigneur roy son maistre, qui pourroit-estre se consentiroit à la chose par quelque moyen. Et, sans la mort de monsieur le legat, lequel, comme il estoit determiné, devoit passer les monts, lui estre là, tout fust esté fait, et d'autres choses plus grandes à l'honneur et prouffit de l'empereur vostredit pere. Il a pleu aynsy à Dieu : patience!

Touchant Denysot Baudogny, sommeiller de cave de monseigneur vostre nepveur, je n'ay point receu les lettres à feu monsieur le legat, dont m'escripvez par vos precedentes lettres, et ne sait quel matiere c'est; et, si je l'entendoye et m'en advertissiez, en parleray très-voulentiers là où il appartiendra, et en feray mon debvoir.

Madame, l'on parle et ay entendu quelque chose par deçà, que l'empereur a commis monsieur de Sistain[1] pour ayder à monsieur d'Utrecht, à l'encontre de messire Charles de Gheldres; ce que je ne crois, et, comme je l'escrips à vostredit pere, s'ainsy estoit, ce ne se-

---

[1] Floris d'Egmond, seigneur d'Iselstain.

roit point bonne chose; car, madame, je ne vois point le temps à
ceste heure de faire guerre à monsieur de Gheldres, et l'on y pourra
riens prouffiter; et je suys sur que, quand le roy le sçaura, j'en auray
ung discours et en seray assailli. Vous cognoissez le temps en quoy
nous fusmes : je vous en advertys voulentiers, madame, afin que
vostre discretion y pourvoye.

Au surplus, madame, je vous remercye très-humblement de vostre
bon contentement de moy, pour le bon rapport de monsieur de Melun ; et je vous promets, madame, que quant à la fidelité, bon couraige et affection de ma petite servitute à vostre maison et à vous, je
n'en seray jamays reprins de vostre pere et de vous jusqu'à la mort.
Et, oultre le service que je dois à vostredit pere, je me tiens et tiendray à tousjours pour vostre très-humble et très-obeissant serviteur,
vous suppliant me vouloir pour tel tenir.

Madame, j'ay prins moyen vous envoyer mes lettres par les mains
de Panchiati[1], avant que le m'ayez escript. Et pour ce, madame,
que le roy s'en retourne à Bloys, et que je n'auray moyen vous envoyer mes lettres, il me semble qu'il sera bon que j'ay riere moy
ung de vos courriers, par lequel je vous advertiray continuellement
et souvent des nouvelles.

A tant, ma très-redoubtée dame, je prie Nostre-Seigneur vous
donner très-bonne vie et longue. A Lyon, ce vi[e] jour de juing.

Madame, pour ce que mon argent se decline et suys près de la fin,
je vous supplie à me vouloir faire envoyer les deux cens francs que
restoient de mon payement, afin que je me puisse entretenir ce pendant que aultre provision me sera faite.

Madame, monsieur le president sera cy demain avec son compagnon, qui passent en leur ambassade d'Espagne.

Vostre très-humble et très-obeissant serviteur,

ANDREA DA BURGO.

---

[1] Bartholomeo Panchiati, banquier florentin, qui servait quelquefois d'intermé-
diaire pour la correspondance des ambassadeurs avec Marguerite d'Autriche.

XCVII.

ANDRÉ DE BURGO À MARGUERITE D'AUTRICHE.

Prise du château de Lignago. Le roi prolonge son séjour à Lyon, jusqu'à ce qu'il ait des nouvelles de l'empereur ou d'Italie. Il ne veut pas accepter le protonotaire de Melun pour évêque d'Arras. (*Original.*)

9 juin, à Lyon.

Madame, par mes precedentes lettres, je vous ay advertye de la prinse de la ville de Lugnago. A ceste heure, je vous fais sçavoir comme le chasteau est rendu à discretion du roy.

Le roy, pour demonstrer la bonne amytié et fraternité qu'il a avec l'empereur vostre pere, a determiné demeurer icy encoires une espace de jours jusques à tant qu'il ayt nouvelles d'icelluy vostre pere ou au moings autre delà les monts. De sa determination qu'il m'a dite sont deux jours, et aujourd'huy recomfermée à nous ambassadeurs l'entendrez par les lettres communes que par ensemble vous escripvons, laquelle determination est toute bonne et desjà escript a ès capitaines premierement qu'il soit venu icy.

Touchant de l'evesché d'Arras, nous avons presenté vos lettres au roy et luy avons parlé comme il estoit necessaire de la part de vostredit pere. Sa responce semblablement l'entendrez par nosdittes lettres communes. A tant, madame, je prie Nostre-Seigneur vous donner très-bonne vie et longue, avec l'entier accomplissement de vos très-haulx et nobles desirs. A Lyon, ce ixe jour de juin.

Madame, nosdittes lettres communes vous seront envoyées par les mains de l'homme de monsieur de Melun. Cependant je vous envoye cestes par la poste; et la resolucion du roy de l'evesché d'Arras est qu'il ne veult point changer propos, et n'y a point d'espoir; et vous prie et à l'empereur vostre pere ne luy en vouloir plus escripre.

Vostre très-humble et très-obeissant serviteur,

ANDREA DA BURGO.

XCVIII.

ANDRÉ DE BURGO À MARGUERITE D'AUTRICHE.

Témoignages d'affection et de gratitude de la part du roi envers l'empereur. Bonnes résolutions de ce dernier. Lettre de la reine. Le roi, dans l'intérêt de l'entreprise, prolonge son séjour à Lyon. (*Original.*)

11 juin, à Lyon.

Madame, par mes autres lettres, je vous ay advertye de la prinse de Luignago. Despuis le roy a heu nouvelles et lettres de son ambassadeur estant allé devers l'empereur vostre pere, par lesquels il a esté adverty de la bonne amytié et fraternité et affection d'icelluy vostre pere envers luy, et du desir qu'il a à l'accomplissement de l'entreprinse, luy remercyant grandement ce qu'il a fait pour luy en Italie, et que, dans le XIIe ou XVe de ce present moys, vostredit pere se debvoit partir pour aller à laditte entreprinse. De quoy ledit seigneur a esté assez contant, mays que aynsy se face. Et à monsieur le president de Dole [1] et monsieur le docteur, beau-frere de monsieur de Gurce, passant par cy pour aller en leur ambassade d'Espaigne, a declaré la determination qu'il avoit faite touchant l'affaire d'Italie, oultre ce que desjà il m'en avoit dit; laquelle determination est très-bonne, comme verrez par les lettres de mondit sieur le president, auxquelles je me remects.

Madame, je vous envoye cy-encloses les lettres que la royenne m'a envoyé escriptes de sa main, responcives aux vostres aussi escriptes de la vostre, et m'a escript et prié les vous envoyer et faire tenir. Elle a envoyé celles que luy avez escriptes au roy, de quoy il a esté très-joyeulx et contant, et en a heu très-grant plaisir; et m'a dit qu'il vous eust escript vous remercyer vosdictes lettres, mays que celles de la royenne sa femme suppleeront pour eulx deux, me mandant toutesfoys les vous remercyer de sa part.

[1] Mercurin de Gattinara.

Madame, du demeurant, ensemble de vos afferes, en serés advertye bien amplement par monsieur le president et par nos lettres
communes que vous escripvons. Pour quoy je ne vous fais plus
longue lettre pour le present, fors que je vous supplie très-humblement me tenir tousjours en vostre bonne grace, et au surplus me
mander et commander vos bons plaisirs, etc., que j'accompliray,
comme suys tenu, de tout mon povoir, aydant Nostre-Seigneur, auquel je prie vous donner très-bonne vie et longue avec l'entier accomplissement de vos très-haulx et nobles desirs. A Lyon, ce xie jour
de juing.

Madame, le roy, pour donner plus de faveur à l'entreprinse,
demeurera encoires icy vingt-huit jours, et depuis s'en ira devers la
royenne.

Vostre très-humble et très-obeissant serviteur,

ANDREA DA BORGO.

XCIX.

ANDRÉ DE BURGO À MARGUERITE D'AUTRICHE.

Plainte au sujet des retards de l'empereur. Le roi est disposé à lui donner un secours
de huit mille hommes. Prochain départ de Louis XII pour Blois. (*Original.*)

14 juin, à Lyon.

Madame, par mes lettres particulieres et autres nostres communes,
envoyées par l'homme de monsieur de Melun, avez esté advertye de
toutes choses occurantes; et combien j'envoie par delà mon secretaire pour solliciter mes affaires et pour luy entendre des nouvelles,
toutesfoys, ayant l'occasion vous escripre par ung courrier des marchans y alant à diligence, je vous ay bien voulu advertyr que, combien il soit nouvelle de la longue tardité de l'allée de vostre pere
à l'emprinse, tantmoyngs il n'est nouvelle qu'il y voyse ne qu'il
face nul aprest pour ce faire. Je ne sçay quel chose ce peult estre.

Le roy m'a dit que, si l'empereur vostre pere vient, qu'il l'aydera et luy donrra huit mil pietons. Le demeurant l'entendrez par mondit secretaire et au surplus comme les affaires sont.

Ledit seigneur roy se partira, dans deux ou trois jours, pour se trover à Blois, après avoir heu certaine nouvelle qu'il actend. Il seroit bon, madame, que là m'envoyissiez ung courrier : car j'actends avoir audit Bloys la resolution de vostredit pere ; et pareillement je vous en advertiray bien et au long. A tant, ma très-redoubtée dame, je prie Nostre-Seigneur vous donner très-bonne vie et longue, avec l'entier de vos très-haultz et nobles desirs. A Lyon, ce xiiiie jour de juing.

> Vostre très-humble et très-obeissant serviteur,
>
> ANDREA DA BORGO.

C.

ANNE DE BRETAGNE À MARGUERITE D'AUTRICHE.

Le roi, à qui elle a proposé de ratifier l'élection du protonotaire de Melun en qualité d'évêque d'Arras, a déclaré n'y pas consentir. (*Original.*)

4 juillet, à Bruxelles.

Ma cousine, j'ay receu les lettres que m'avez escriptes, dont j'ay esté bien joieuse pour le desir que j'ay de tousjours savoir de voz bonnes nouvelles. Touchant l'evesché d'Arras, de quoy m'escripvez en faveur de celuy qui y pretend droit et qui est, comme vous dictes, de bonne maison, homme savant et bien condicionné, ma cousine, j'en ay parlé au roy ; mais, en luy en parlant, j'ay congneu qu'il avoit la matiere fort à cueur : qui m'a gardée de plus avant luy en parler, et aussi pour ce qu'il m'a dit qu'il vous en avoit fait savoir son vouloir et intencion, qui est tel que avez peu savoir[1]. Mais, ma

---

[1] Les compétiteurs de François de Melun pour l'évêché d'Arras étaient Jean Bontemps et Jean Habarcq.

cousine, si en autre chose vous voiez et congnoissez que je puisse faire pour vous, en le me faisant savoir, povez estre seure que je le feray très-volontiers et de bon cueur. En vous disant à Dieu, ma cousine, auquel je prie qu'il vous ait en sa saincte garde. Escript à Bloys, le quart jour de juillet.

Vostre bonne cousine, ANNE.

Et plus bas, E. C. NORMANT.

CI.

ANDRÉ DE BURGO À MARGUERITE D'AUTRICHE.

Prise de Bassano. Fuite de l'ennemi vers Padoue. Le roi est disposé à prêter des capitaux à l'empereur, mais pour sa garantie il demande Vérone. Discussions à ce sujet. Maximilien, qui ne veut pas donner Vérone, offre Padoue et tout le Padouan. Arrivée du docteur Mota. Éloge de ce personnage. Arrestation du cardinal d'Auch, par ordre du pape. André de Burgo demande de l'argent afin de se faire faire des habits de fête pour l'époque de l'accouchement de la reine. (*Original.*)

6 juillet, à Blois.

Serenissima et excellentissima domina mea observantissima. A dì xxvi del passato, partì de qui el correro de V. S., per el quale rispose a sue lettere e l'avisai de le occurentie e nove che li erano.

Quello che dopoi si è successo, non me par meglio poterli scrivere ch'a mandarli li doi inclosi exempli de lettere scripte al christianissimo re, per le quale V. S. intenderà le bone nove e la speranza de meglior. Ultra le quale, questa matina, è arrivata un altra posta, con aviso de la prehesa de Bassano, e che el resto li vicino faria el medemo; et che havendo li nostri facto uno ponte sopra la rivera per passar contra l'exercito de li inimici, epsi cum tanta paura se erano posti in fuga che forno constretti, no potendo condur tutta la artillaria, lassarne alcuni pezzi. E se li nostri havesseno in tempo potuto passar la rivera, li inimici erano in tutto perduti; li quali

44.

se retirorno in Padua. Piacesse a Dio che dal canto nostro gli fosse quello saria mestero che presto seria facto. Se domanda dal canto nostro non solo l'aiuto de la parte che debbe far el re di Franza ; ma se prega ne presti dinari per potersi più galiardamente et più tosto finir la guerra : e la cesarea maestà li offere securitate et recompensa de dicti dinari et spese extraordinarie che farà per dicta recuperatione de cose nostre. La difficultà è nel modo de la securitate et recompensa. El christianissimo re vorria Verona et nissuna altra cosa, e obligarsi de renderla ogni volta li sarà restituto el suo dinaro; et dice molte cause per le quale lo imperator lo debbe far, e in particular havendo bono animo di continuar l'amicitia cum Franza. Tuttavolta, che se lo imperator nò li domanda dinari, nè sua christianissima maestà li domanda cosa alcuna e haverà piacer che lo imperator possi conservarsi Verona e le altre cose già recuperate. E per le altre quale se hano da recuperar, dice che observarà el tractato de Cambrai, e che venendo vestro patre, o havendo exercito potente per la parte sua, ancora sua christianissima maestà nò li mancharà di quello sii obligata : ma che li convene ancora provedersi e star securo alla conservatione de le cose sue contra le preparatione e movimenti de Suiseri et del papa. Lo imperator li ha declarato ch'el ha in campo vii^m santi et circa iii^m cavalli, computati alcuni pochi quali sono in Verona, et che, ad uno bisogno per alcuni pochi dì, per la obsidione de Padua, se li mandariano dal contato da Tyrolo iii o iiii^m fanti. Item che ha conducto 600^c da cavallo italiani. Item che de presente vene el marchese de Brandeburgo cum bono numero de gentilhomini allamani bene in ordine. Item che ha in Frivoli ii^m cavalli e ii^m fanti, quali sono in Goritia; ma che questi no possono venir a unirse alle altre gente de sua cesarea maestà, nè a recuperar el resto del Frivoli, se le dicte gente, cioè el principe de Analt, cum suo exercito nò va verso el Frivoli per aprir el camino, quale li Venetiani li tengono per diversi loci quali sono in mano sua, sin alla rivera de Linquenza. E declara lo imperator che in molti pochi dì tutto saria facto con recuperatione del Frivoli; e dopoi, tutti dui li exerciti potenti, l'uno de la cesarea maestà, con le 400ᵉ lancee spagnole, et l'altro exercito del christianissimo re, poteriano molto bene e presto expugnar Padua, e dopoi Tervisio, overo prima Tervisio e dopoi Padua, secundo che meglio paresse; che sono le due civite, in le qualè Venetiani fano tutto el suo fundamento. E dice lo imperator che in questi pochi dì che le gente de sua cesarea maestà andarano a far l'effecto sopradicto in Frivoli, l'exercito del christianissimo poteria restar tra Padua e Tervisio, far spalle alle gente cesaree. E perchè la voluntate de lo imperator è de satisfar al christianissimo re de li dinari che se li recercano in prestito, e de spese extraordinarie che farà sua christianissima maestà per lo imperator, sua cesarea maestà li offere dar Padua e tutto il Paduano e le possessione quale Venetiani tengono in dicto territorio e alcuni altri castelli, quali sono de intrata, ogni anno, de dui cento milia, quali el dicto re di Franza habia a tener tanto tempo che haverà recuperato tutto quello haverà prestato e la spesa fatta sin alla integra recuperatione de le cose de lo imperator. Et se il christianissimo re nò vole esser contento, li offere la electione o de Vincentia o de ogni altra cosa che tenga in Italia ch'el possi far, excepto Verona, la quale sua cesarea maestà ha demonstrato per molte rasone non poterli in alcuno modo dar; ma, como è sopra dicto, el christianissimo re demonstra nò doversi contentar se nò de Verona.

Ultra di questo, offere lo imperator, se Suiceri et il Papa se declarano contra el re di Franza, che sua cesarea maestà, con bono numero da cavallo e da pede e con la propria persona, se declararà le loro insieme col re di Franza.

Apresso ha dimandato sua cesarea maestà che se facia la ratificatione del tractato de Cambrai et declaratione de li puncti che fossero dubiosi; e ancora se facii nova confederatione *ad mutuam conservationem;* e se li altri confederati nò la volono far, offere de farla col christianissimo re solo; e che questa materia se tracti per medio de quelle persone, e in lo loco quale più piacerà a sua christianissima maestà.

Ho facto quella opera ch'ho possuto circa le sopradicte materie,
e essendo accaduto ch'el gran maestro de novo era in opinione che
lo exercito suo tutto nò posse star per alcune cause, e non essen-
dosi ancora sopra le sopradicte materie facta resolutione per le diffi-
cultate li sono, arrivò quì, alli tri dì del presente, el doctor Motta
venuto in posta, primo per che el christianissimo re nò lassi dissol-
ver suo exercito, et per che sua christianissima maestà declari
l'animo suo circa le cose sopradicte et circa alcune altre per maior
declaratione, che lo imperator vole star perpetuamente unito al
christianissimo re; e significa sua cesarea maestà che mandava
dretto al dicto Motta alcuni ambassatori con amplo mandato de
concluder ogni cosa, quando el christianissimo re vogli esser contento de quello sii conveniente.

E per che lo imperator se remetteva nel tutto a me et che uni-
tamente exequessemo la instructione, secundo ne pareria meglio,
doppo haverli declarato in che termino stano le cose, el dicto
Motta ha facto la expositione molto bene et molto saviamente. El
christianissimo re lo ha visto molto voluntera e demonstrò subito
haverlo cognosciuto a Parisio, laudando sua persona; et che dal suo
ambassatore apresso lo imperator haveva havuto ogni bona informatione, e ch'era desideroso de la continuatione de la bona ami-
cicia. E io ancora per la veritate, inanzi sua venuta, haveva facto
quello doveva con sua maestà, la quale demonstrò molto piacer de
dicta expositione, tutta piena del bono animo de lo imperator. Havemo tractato questo dui dì de le cose sopradicte con li cinque del
consilio secreto; dentro dui dì haveremo resposta : ma credo nò
star de molta conclusione, perchè vorrano expectar l'ambasciata che
venerà; ma una cosa ne declarò heri sera el re : cioè che haveva
scritto al gran maestro che ancora per tutto il mese presente non
rumpesse l'exercito, e in questo mezo veneria l'ambasciata e se
concluderia el tutto, demonstrando sua maestà bono animo. Per
quello havemo compreso in le disputatione havuta col consilio,
stavo in sua opinione de Verona, e che altra cosa non sia bona per

sua recompensa; e lo imperator ne ha advertito non volerla dar. Non
scio quello ne serà. Dice el re che per la ultima posta li suoi del
campo li hanno scripto che li capitanei et commissarii de la cesarea
maestà li hano offerto darli el castello vecchio de Verona in pegno
per certa somma de dinari che li hano domandato; e el re subito li
ha resposto se facia; ne expecta resposta de quello serà seguito se
li cesarei sarano stati in proposito.

Expediendo questo, havemo havuto una posta de lo imperator
de xxvii del passato, per la quale ne scrive che manda mons^r de
Gurce et Rigault[1]: del che el re ha havuto piacer: nondimeno io
sono avisato che mons^r de Gurce non è sano e non voria venir; e
credo nò partiremo sin che nò habiamo resposta de l'animo del re
circa le cose predicte.

Lo imperator partivi alli xxviiii del passato per andar a Hispruc,
e li expectaria la resposta de quello ha portato el doctor Motta e
secundo quella se governaria. E epso Motta expectarà qui la venuta
de li ambassatori, e in questo mezo faremo al meglio poteremo.
E vi prometto, madama, che la venuta sua è stata bona, et è persona digna, de la quale la cesarea maestà e V. S. debeno tener bono
cunto et farne existimatione, e como bono servitor de V. S. li re-
cordo e supplico a farlo e ch'el sii ben tractato in le cose sue de là,
e in particular che sii pagato de sua provisione, como ne ha bisogno, per che lo imperator, per le gran spese ha de la guerra, li ha
provisto nò secundo el bisogno.

Se haverò messo fedato, aviserò V. S. de la resposta del re e de
quanto succedere, ma nò sono cose da metter alle aventure, e per
questo non havendo io al presente altro modo de mandar questa
lettera, l'adricio a mons^r lo electo de Aras, pregandolo la vogli
mandar subito per messo fidato. El come tante volte ho scripto a
V. S. no faria se nò bene che ogni septimana havesse uno correro
de V. S. col quale securamente potesse mandar lettere.

_____

[1] Rigault _d'Oreilles_ ou _d'Aureille_, maître d'hôtel du roi et son ambassadeur auprès de
Maximilien.

Sono venute in questo puncto nove che havendo el papa concesso
licentia al cardinale de Aus[1], nepote del quondam reverendissimo
legato de Franza, de retornar in Franza, dopoi fece commandamento
che nessuno cardinale se partesse de Roma; et mons^r d'Aus, usando
de la licentia quale li era concessa, se mise per correr la posta stra-
vestito. Ma el papa haveva messo tale ordine che nessuno se partesse
ch'el dicto cardinale fuoe preheso; e sua (santità) lo tene guardato
como in presone in castello[2]. Del che el christianissimo re ha sentito
quello dispiacer che V. S. poe pensar[3].

Madama, receveti vestre lettere con l'alligata al christianissimo
re circa al vescovato de Aras. Nò me parse de presentarla per quella
medesima causa per la quale nò presentai la lettera de la cesarea
maestà, secundo che scripsi a V. S. : ma el nuncio, secundo mio
consilio, presente alla regina la lettera a lei directiva : quale sia
stata la resposta, dicto nuncio la riferirà a V. S. E.; e mi pare che in
la venuta de mons^{re} de Gurce, se ne poterà far l'ultima forza : e
ancora dubito de la cosa. Per questo V. S. deve mandar con resolutione de quello che in tutti li cosi si haverà a far.

Madama, perchè al fine de septembre sarà el parto de la regina,
et essendo prospero, como si spera, se farà el triumpho che V. S.
poe pensar. E già ognuno se apparecchia; e tutti le ambassatori
hano mandato per farse vestimente de colore honorevole; e io nò
ne ho se non de negre, ne ho il modo comprarne de colore. Biso-
gnavelome spender el dinaro che me mandava V. S. nel viver e

---

[1] François-Guillaume de Clermont, fils
de Tristan, baron de Clermont-Lodève,
et de Catherine d'Amboise, fut transféré
du siège de Narbonne à celui d'Auch, et
fait cardinal en 1507. Dans une lettre du
31 de ce même mois de juillet, A. de
Burgo et P. de la Mota font connaître à
Marguerite que le cardinal d'Auch est
toujours détenu, et qu'on a donné la tor-
ture à l'un de ses serviteurs, qui n'a rien
déclaré de préjudiciable au cardinal. Il est
dit aussi dans cette lettre que les envoyés
français ne peuvent plus écrire sans faire
voir leurs lettres à sa sainteté ou plutôt
sa malignité. (Lettres de Louis XII, I, 259.)

[2] Le château Saint-Ange.

[3] Le pape chargea Angelo Leonino,
évêque de Tivoli, de se rendre à la cour
de France, pour tâcher de justifier auprès
de Louis XII cette arrestation du cardinal
d'Auch.

altre cose necessarie; e lo imperator vestro patre è al presente sopra la guerra. Recorro ad epsa supplicandola, non per alcuno mio merito, ma de sua gratia, e per honor d'epsa et suo nepote et de la cesarea maestà, voglia provedermi de qualche vestimente de color : del che li restarò perpetuo obligato, ben che senza questo gli li sii; pregandola, se degni quello, li piacerà che mons^re suo nepote e epsa me dovino mandarmelo in la venuta del mio secretario, el quale expecto con desiderio per la necessitate ho del dinaro e de la persona de epso secretario, quale supplico a V. S. vogli far expedir presto et bene. E in sua bona gracia humelmente me recommando. Datum Blesis, die vi julii 1510.

Post scripta. — El re ne ha facto questa resolutione che non imprestarà dinari se non col pegno de Verona, e che sopra epsa è contento prestar la somma del dinaro de la quale se farà conventione.

Et quando lo imperator non lo vogli far, nondimeno el re è contento tener suo exercito ancora per questo mese, et dopoi la farà retornar alle stantie, no havendo vestro patre exercito sufficiente per quello debe far per la parte sua a prosequir la guerra. E senza questo le gente de sua christianissima maestà senza fructo se perdavano et se guastavano. . . . .

CII.

LOUIS XII À CHARLES D'AMBOISE, GRAND MAÎTRE DE FRANCE.

Il lui mande de se retirer, avec une partie de son armée, dans le duché de Milan, tandis que le reste des troupes, commandées par le maréchal de Trivulce, demeurera avec l'armée de l'empereur. Le grand maître fera connaître au prince d'Anhalt et autres chefs impériaux les motifs de cette résolution. (*Copie.*)

21 juillet, à Blois.

Mon cousin, j'ay ce matin receu lettres de monsieur d'Allegre et du gouverneur de Gennes, par lesquelles ils m'escripvent et font sçavoir que Marc-Antoine Coulonne [1] et Octovien de Campfrogose [2] sont venus au Bourguet [3], et qu'ils s'en venoient à Septre [4], qui est à trois lieues de Rapalle [5], actendant leur armée de mer, de laquelle s'est monstré en descouvert douze galleres venissiennes, m'advertissant, en outre, que le pape avoit dressé tout plain d'autres praticques contre moy en ma duché de Millan. A ceste cause, et que je voy clerement la declaration qu'il fait ouvertement contre moy et qu'il est besoin y remedier et promptement pourveoir, j'ay advisé que, oultre les provisions que j'ay données au fait dudit Gennes, qu'il fault que vous vous retirez en ma duché de Millan avecques cinq ou six cens hommes d'armes ou tel autre nombre que pourrez retirer, et que mon cousin, le marechal de Trevoulx [6], demeure avecques le reste de mon armée pour tout ce mois avecques les gens de l'empereur, ainsy que je le luy escripts et mande presentement. Et pour ce, mon cousin, je vous prie que, incontinant ces lettres veues, vous faictes entendre au prince de Hannault [7] et autres gens dudit empereur les causes pour lesquelles je vous escripts et mande vous en venir en madite duché de Millan avecques lesdits six cens hommes d'armes, qui est sy juste et raisonnable qu'elle ne pourroit plus, comme j'ai fait amplement entendre aux embassadeurs dudit empereur estans icy devers moy pour l'en advertir. Et me semble, mon cousin, que, pour preparer et donner ordre à tout ce qui est requis et necessaire, que vous ferez bien de vous mettre devant avecques vostre treing et vous rendre le plus tost et le plus diligemment que pourrez audit lieu de Millan, pour de là pourveoir à tout ce que verrez et congnoistrez qu'il fera besoing pour le bien et seurté

---

[1] Marc-Antonio Colonna, qui était passé du service de Florence à celui du pape, avait cherché à soulever Gênes contre la France, qui occupait cette ville. Il échoua.

[2] Octavien Fregoso, banni génois, était l'un des chefs du mouvement médité sur Gênes par Colonna.

[3] Sans doute Burga, entre Pistoia et Massa.

[4] Sestri, à l'est de Gênes.

[5] Rapallo, sur le petit golfe du même nom.

[6] Jean-Jacques Trivulzio, maréchal de France.

[7] Rodolphe, prince d'Anhalt.

dudit estat de Gennes, que aussy pour celuy dudit Millan, en sorte que aucun inconvenient n'en adviengne ; et en ce faisant pourrez laisser les capitaines qui seront desdits six cens hommes d'armes derriere avecques les compaignies pour les mener et conduire jusques au lieu que leur ordonnerez, en bonne pollice et sans fouller le pouvre peuple.

Mon cousin, vous voyez comme les choses sont du cousté dudit pape ; par quoy mectez paine de retirer les Bentivoilles pour vous en aider à temps et à heure, puisque ainsy est qu'il y va de cette sorte ; et sy vous prie que vous advisez tous les moyens que pourrez pour l'empescher et troubler en son estat comme il fait au myen ; car pour ce faire je ne vueil espargner ne ma personne ne chose que j'aye. Et surtout, avant vostre partement de l'armée, faictes sy bien entendre audit prince de Hanault et à tous les gens de bien dudit empereur qui sont là que, pour tenir mes estats et de Millan et de Gennes en seureté, qu'il fault necessairement que vous vous retirez audit lieu de Millan avecques le nombre de gens d'armes dessus dits ; et en ce faisant ils n'auront cause d'eulx plaindre ne murmurer, et mesmement qu'ils ont veu ce que j'ay fait pour le fait dudit empereur, et aussy qu'il est besoing resister promptement aux entreprises et pratiques dudit pape, lesquelles ne touchent pas seulement à moy seul, mais audit empereur et à ses presens affaires, autant qu'il est possible [1].

---

[1] Le jour même de la date de cette lettre, André de Burgo et P. de la Moia écrivaient à Marguerite : « Rex habuit alia nova, per litteras datas die XVI presentis, quod Columna et Fregosius cum gentibus suis, que sunt 400 equites et circa 700 pedites, post captam Spediam extroiverunt ad Rapillum, prosequentes expeditionem inceptam et laborantes ut Genua faciat rebellionem, et expectabant classem Venetorum venturam in Portu-Veneris, et quod jam visæ erant XII triremes. Gubernator et boni pro rege Franciæ faciebant provisiones cum omni celeritate ad munienda castra et alia. Et christianissimus rex magna celeritate providet de bono numero peditum quinque millium. Et scripsit D. magno magistro ut veniat Mediolanum cum 600 lanceis, et aliæ lanceæ et gentes Galliæ equestres et pedestres remaneant in castris contra Venetos, et D. J. J. Trivultius et D. de la Palliza, capitanei cum eis..... Domina nostra, non est periculum quod gentes Columne et Fregosii tri-

Au demourant, dès ce que vous serez parti, et que ceste poste sera arrivée devers vous, faictes-moy savoir de vos nouvelles et comme toutes ces choses seront, et vous me ferez plaisir; car vous savez que depuis le VIII de ce mois je n'ai sceu que vous avez fait ne faictes. Et à Dieu, mon cousin, qui vous ayt en sa garde. Escript à Bloys, le XXIe jour de juillet.

Signé Loys. *Et plus bas :* Robertet.

CIII.

P. DE LA MOTA ET ANDRÉ DE BURGO À MARGUERITE D'AUTRICHE.

Défaite de la flotte du pape et des Vénitiens devant le port de Gênes. Échec des Suisses à Côme. Prochaine arrivée de l'évêque de Gurce. Dispositions prescrites par le roi pour le recevoir. Intrigues de Jules II auprès du duc de Ferrare et du marquis de Mantoue. Arrivée d'un ambassadeur de Florence. Pas de nouvelles de l'empereur. Envoi de pêches et de raisins à la princesse. On dit que Maximilien fait des joutes à Augsbourg. (*Original.*)

15 septembre, à Tours.

Madame, par nos lettres du XIII de ce mois vous advertismes des nouvelles qu'estoient. Despuis celles, sont venues si bonnes qu'il nous a semblé à non delayer la poste pour vous en advertyr, et sont telles que l'armée de mer du pape et des Veniciens derechief estoit retournée devant le port de Gennes, et s'approuchoit l'armée de mer du roy à elle, de maniere que, avec grant nombre de cops d'artillerie tirez, l'une armée, à l'encontre de l'autre, combatirent une

remes Venetorum possint multa facere; sed est periculum de rebellione Genuæ; sed si provisiones christianissimi regis possint esse in tempore, bene speramus, parum proderunt hostes; sed si Genua rebellaret, forte aliquis qui secrete nocent aperte alia facerent. » (*Lett. de Louis XII,* I, 267.) Le même jour encore, 21 juillet,

Machiavel, envoyé de Florence auprès de Louis XII, annonçait ces nouvelles aux magistrats de la république, et leur disait comment il avait justifié auprès du roi et de Robertet le congé donné à Marc-Antoine Colomna pour aller trouver le pape. (*OEuvres complètes de Machiavel,* IX, 274.)

grande piece, et tellement que ladite armée du roy demeura saulve
et celle du pape et desdits Veniciens avec grand dommaige, et en
particulier trois galeres des leurs furent devyées, rompues à force
de cops d'artillerie et se retirarent; desquelles bonnes nouvelles ledit
seigneur roy et toute la court en sont esté très-joyeulx.

Après sont venues nouvelles d'Italye comme les Suyches, en estant
en nombre de dix mil, estoient venuz pour passer à Come, et desjà
une grande partye estoient entrez à ung faubourg de la ville, cuydant le lendemain matin entrer en la ville par force. Mays, oultre
les bonnes provisions que monsieur le grand maistre y avoit faite
pour la garde de ladite ville, monsieur de Fois, avec cent et cinquante lances et mil bons pietons, entra à l'heure de mynuit à laditte ville, et le matin avant jour, avec force d'artillerie, firent de
sorte que beaucop desdits Suiches fussent morts, et ledit sieur de
Fois tuyt audit faulxbourg un capitaine desdits Suyches et se pourtit
très-vertueusement. Et iceulx Suiches ce veant, et qu'ils n'avoient et
ne veoient aucun espoir de pouvoir passer, ne plus povoir là demeurer par faute de vivre, se sont reculez prenant le chemin de retourner à Bellinson et en leur pays, comme l'on extime. De laquelle
chose il est impossible que ledit seigneur roy et ceulx de par deçà
soient plus joyeulx de ce qu'ils sont : et la verité, s'ils fussent passez,
la chose fust esté si malvaise que riens plus.

L'on a nouvelle que le pape s'en vouloit venir à Boulongne. Ung
des messagers que avons envoyé à monsieur de Gurce est retourné
devers nous avec lettres de luy, datées à Frisbourg le cinq mesme de
ce mois, et qu'il seroit à Besançon le viiie ou ixe jour de cedit mois,
actendant aucune response, laquelle desjà luy avons envoyée, et ac-
tendant semblablement aucunes autres instructions de l'empereur.

Le roy l'actend avec très-grand desir et encoires derechief nous
a dit ce matin beaucop de bonnes choses, et que ladite venue de
mondit sieur de Gurce sera un voyaige bien bon; et a escript par
toutes les villes et lieux par où aura de passer ledit sieur de Gurce
qu'il luy soit fait de plus grand recueil que sera possible. Et icy

sont faictes les provisions pour luy faire la despense et à toute la compagnie, que seront quatre-vingt et six chevaulx.

Le pape, par tous les moyens qu'il a peu, et en particulier par le moyen du marquis de Manthue, s'est perforcé de induire ledict duc de Ferraire de s'appoincter avec luy et en faveur des Veniciens; mays le duc, combien il soit en l'estat qu'il est, demeure en bon propoz de non se partir de l'empereur ni du roy de France.

Ledit marquis de Manthue, jusques à oires, s'est entretenu en sa maison; mais en secret il escript des lettres et fait des practiques non bonnes.

De Lyon se partist l'ambassadeur de Florance resident en cest court[1]. A ceste heure en est venu ung nouveau, lequel a apporté très-bonne resolution des Florantins, que demeurent ferme avec ledit empereur et le roy.

Madame, de l'empereur vostre pere n'en n'avons autres nouvelles, et croyons que, jusques à tant que monsieur de Gurce sera venu, il ne nous escripra riens. Toutesfois, pendant qu'il viendra, si vous en avez aucunes et nous en advertirez, vous ferez grand plaisir au roy.

Madame, cuydant que l'aurez agreable et pour ce que n'y en a par delà, comme l'on nous a dit, nous vous envoyons des pesches et des roisins muscads; et, s'il vous plaist autre chose nous mander ny commander et sçaurions aultre meilleur vous envoyer, le ferions de très-bon, ne desirant aultre chose en ce monde que de vous faire service, comme tenuz y sommes. A tant, prions Nostre-Seigneur vous donner l'entier accomplissement de vos très-haults et très-nobles desirs. A Tours, ce xve jour de septembre.

---

[1] Cet ambassadeur de Florence n'était autre que le fameux Nicolas Machiavel. La république, craignant de se compromettre dans la guerre qui était près d'éclater entre Jules II et Louis XII, avait chargé Machiavel de venir justifier auprès du roi la conduite du gouvernement florentin, qui désirait être dispensé de fournir au roi des secours ostensibles. Cette mission de Machiavel dura depuis le commencement de juillet 1510 jusqu'au 10 ou 12 septembre suivant. Il fut remplacé par Robert Acciajuoli. (Voir *Œuvres complètes de Machiavel*, traduites par J. V. Périès, I, 137-141; IX, 265-366.)

Nous avons derechief renvoyé ledit messagier audit monsieur de Gurce l'attant (le hâtant) à venir; car le delay de jour en jour est pire pour nous; et, comme dit le roy, ledit delay est tout ce que desirent les ennemys de l'empereur et de luy [1].

Madame, je, de Burgo, je vous supplie avoir souvenance de mon cas, afin que je soye pourveu à temps; car ma necessité est si grande qu'elle ne seroit estre plus.

Vos très-humbles et très-obeissants serviteurs,

ANDREA DA BORGO. P. DE LA MOTE.

Sur un billet séparé :

Madame, l'on ne sçait nouvelle de l'empereur vostre pere, sy vient ou sy va, synon que l'on dit qu'il fait des joustes à Hasburg. Je ne sçay moy que c'est.

L'ambassadeur d'Espaigne me dit l'autre jour que les quatre cents lances que son maistre envoyoit à vostre dit pere estoient parties et debvoient estre de ceste heure à Veronne. Par aultre est venu que l'on n'en sçait nouvelle; je ne sçay la cause de leur retardement.

---

[1] J. Caulier écrit d'Orléans, le 26 septembre : « Hier, à une heure après midi, arriva M. de Gurce en ceste ville, par eaue, et avec luy ung maistre d'ostel du roy, nommé Rigault; et vindrent au-devant dudict seigneur tous les officiers de la ville jusques au batiau, et le convoierent jusques à son logis, quy est le logis du roy, au cloistre de Sainct-Agniant. En laquelle maison luy feirent une proposition belle et honneste, en louant amittié et confederation estant entre l'empereur et le roy, en tant meismement que les Franchois sont descendus des Allemans; par quoy doibvent estre unys ensemble, et que par cy-devant y a eu toute bonne intelligence. Et tel honneur et recoeul luy a esté faict par tout le royaulme; et oultre, icelluy seigneur sera partout deffraié. »

CIV.

LOUIS XII À M. DU BOUCHAGE.

Les Vénitiens attaquent le château Saint-Félix et menacent Vérone. Dispositions de défense. Arrivée de l'évêque de Gurce en France. (*Orig. Biblioth. du Roi, fonds de Béthune,* 8465.)

24 septembre, au Plessis-lez-Tours.

Monsieur du Bouchaige, depuis vostre partement, j'ai eu nouvelles que les Venissiens ont levé leur camp de Saint-Martin, et se sont approuchez de Veronne, du costé du bourg de Vincence, et ont fait quelques aprouches et batent le chasteau Saint-Felix; mais, par ce qui est venu dudit Veronne, ceulx qui sont dedans se deffendent bien et sont bien deliberez de le garder, comme vous voyrez par le double d'une lettre que le sieur Julio de Saint-Seurin escript au sieur de Conty, que je vous envoye cy-dedans enclos, vous advertissant au demourant que ledit Conty et sa compaignie, et pareillement le sieur d'Aubigny et la sienne, et aussi Molart avecques sa bende, se vont gecter dedans ledit Veronne, qui leur sera bon et grant renfort; et mon cousin le grant maistre, avecques le reste des gens d'armes et l'artillerie s'en vient droyt à Bresse et Pesquiere, pour leur faire faveur et aide de ce qu'il pourra.

Au demourant, j'ay eu nouvelles de l'arrivée de M. de Gurce à Nevers, et qu'il sera demain à Orleans et vendredy icy. Et pour ce que je faitz mon compte partyr ce jour-là pour m'en retourner à . . . . (*illisible*), je ne vous mande point vous en venyr icy, mais. . . . . . . (*illisible*) de mon partement, je vous feray savoir ce que vous aurez à faire. Cependant donnez ordre en vos afferes, et vous tenez prest pour partyr quand je vous le manderay. Et à Dieu, monsieur du Bouchaige, qui vous ayt en sa garde. Escript au Plessis-lez-Tours, le xxIIII^e jour de septembre.

Loys. *Et plus bas :* ROBERTET.

CV.

P. DE MOTA À MARGUERITE D'AUTRICHE.

Motifs pour lesquels l'empereur n'est plus déterminé à avoir une entrevue avec Louis XII. (*Original.*)

12 octobre, à Constance.

Serenissima princeps et domina mea observandissima, post humilimam commendacionem. Per ultimas litteras quas scripsimus, D. Andreas et ego, ex civitate Aurelianensi [1], monuimus serenitatem vestram de decessu meo ex curia regis Francie. Veni cum omni diligentia, et tandem applicui huc. Hesterna die de mane retuli cæsaree majestati omnia que christianissimus rex mihi commiserat per suas litteras credentiales; retuli etiam que D. Gurcencis commiserat, et dixi ea de quibus D. Gurcensis cupiebat habere resolutionem. Cæsarea majestas jam de multis articulis maximis resolverat se; quos particulariter nunc non scribo serenitati vestre, quia habeo in capsis meis cifaram quam alias dedi domino Marnix in Colonia; sed intelliget omnia, ut opinor, a D. Andrea de Burgo. Nunc mitto resolutionem aliorum articulorum.

Sunt fere octo dies quod Cæsar misit unum amplissimum mandatum domino Gurcensi in hanc fere formam quod, postquam ipse discesserat ex curia, res publice erant mutate et in dies mutabantur; iccirco non poterat majestas sua dare sibi certam instructionem, et quod propterea per illas litteras dabat ei amplissimam potestatem et auctoritatem concludendi omnia pro arbitrio suo et prout sibi videretur conveniens rebus publicis, etiam si essent contra illa que habebat in instructionibus suis et quod promittebat in verbo cæsareo habere omnia rata, etc.

In recessu meo ex Francia dixerat mihi dominus Gurcensis quod

---

[1] La lettre du 19 septembre, par laquelle les deux ambassadeurs informent la princesse du départ du docteur Mota, n'est pas datée d'Orléans, mais d'Amboise.

Cæsar mutaverat consilium de conventu cum rege Francie; iccirco
dixi Cæsari inconvenientia si dissolveretur iste conventus, et quantam
suspicionem daret toti christianitati de diffidentia inter eos, et quod
majestas sua deberet considerare quod rex Francie hoc non propo-
suit, sed quod majestas sua cæsarea proposuerat et scripserat magno
magistro et dixerat duci Albanie et dederat sibi in instructionibus
quod vellet aproximare ad Burgundiam ut ibidem conveniret regem
Francie. Majestas sua respondit mihi quod sperabat adhuc litteras a
D. Gurcénse, et quod tunc vellet omnino determinare de hac re et
me remittere in Franciam, et quod deberem loqui de omnibus istis
magnis articulis cum Villinger[1], qui erat secretarius hujus expeditionis. Interrogavi Villinger que esset causa quare Cæsar fugeret istum
conventum; si erant aliqui qui impedirent. Respondit quod adhuc
nullus impediebat, sed quod rex Francie habebat magnam curiam,
et quod imperator bene poterat habere multos principes secum, sed
hoc cum maxima impensa, et quod Cæsar erat exhaustus et non poterat ferre istas impensas. Respondi duo : primum quod rex Francie
volebat venire cum ea comitiva que placebat Cæsari; preterea quod
si S. V. veniret, sicuti rex Francie maxime cupiebat, quod cum ea
venirent omnes domini de Brabantia et nobiles Burgundie, et quod
S. V. habebat familiam ornatissimam, et sic Cæsar posset habere
unam magnam curiam sine impensa, preterea quod deberet habere
respectum ad honorem domini Gurcensis; quod videretur quod ipse
fuerit causa illius dissolutionis, cum ante adventum suum semper
Cæsar fuerit deliberatus convenire regem Francie. Accepit bene responsum meum, et voluit quod hesterna nocte dicerem imperatori
omnia, et ita dixi. Majestas sua audivit omnia libenter, et interroga-
bat me si ego scirem causam quare rex Francie cupiret quod S. V. in-
teresset in isto conventu; respondi quod ego nesciebam, sed crede-
bam quod faciebat propter tria : primum, quod res essent firmiores
quas stabilirent pater et filia; secundum, ut S. V. que fecerat trac-

---

[1] Jacques de Villinger ou Willinger, chevalier, seigneur de Sainte-Croix, con-seiller et trésorier général de l'empereur.

tatum Cameracensem, concluderet unam concordiam perpetuam et stabilem inter ambas majestates; tertium, quod faciebat propter reputationem ut totus mundus intelligeret confidentiam et maximam unionem inter ambas majestates. Cæsar nihil respondit. Tamen omnino credo quod fiet conventus, quia D. Gurcensis habet auctoritatem concludendi illum prout sibi videbitur. Nunc Cæsar mittit domino Gurcensi copiam tractatus quem fecit papa cum Elveciis, et resolucionem reliquorum articulorum et copiam litterarum quas scripsit orator noster ex Bononia, quibus scribit bullas investiture regni Neapolitani fuisse expeditas, sed nondum consignatas ad manus oratoris regis Aragonum, et quod veniunt trecentum lancee ex Neapoli in auxilium pape, et quod marchio Mantue erat factus confalonerius Ecclesie, hoc est capitaneus Venetorum; sed dant ei illud nomen. Volui hec scribere serenitati vestre pro debito meo, et scribam in posterum si intellexero litteras meas esse gratas serenitati vestre. Commendo me humilime in bonam graciam vestre serenitatis que diu et feliciter valeat. Ex Constantia, xii die octobris.

E. S. V.

Minimus servitor,

P. DE MOTA.

CVI.

MATHIEU LANG, ÉVÊQUE DE GURCE, À MARGUERITE D'AUTRICHE.

Préliminaires d'arrangement avec le roi de France. Réception d'argent. Réclamation d'une autre somme due. (*Original.*)

15 octobre, à Blois.

Serenissima princeps et domina domina observantissima, post humillimam commendacionem. Post ea quæ ante paucos dies ad serenitatem vestram perscripsi, significo illi quod devenimus tandem ad aliquas resoluciones cum christianissimo rege, quamvis adhuc nihil sit plene conclusum, sicut latius ex litteris doctoris Caulier in-

telliget, ad cujus litteras me refero [1], et cui imposui ut de hiis serenitatem vestram que hic acta sunt et aguntur continuo clare informet.

Ceterum significavit mihi servitor meus Gerhardus quod habue-
rit jam istos mille florenos parvos currentes auctoritate et patrocinio
serenitatis vestræ, de quo illi plurimas ago gratias. Sed quia majestas cesarea ordinavit mihi illos pro solucione cujusdam debiti mei, et
ultra illos adhuc alios vii centum florenos parvos pro expensis meis,
que cum priori summa faciunt in totum circa xii^c florenos Renenses
aureos, idcirco serenitatem vestram summo studio rogo dignetur ex
solita sua in me clementia etiam efficere ut istos vii^c florenos parvos
ipse servitor meus Gerardus statim habere possit. Expectavi enim
jamdiu istos vii^c parvos currentes quos majestas cesarea scripserat se
mihi ex curia suæ majestatis missurum; sed postquam illos postea
etiam apud serenitatem vestram ordinavit, dignetur illa curare et ordinare ut habeam, quia illis multum indigeo. Non enim isti mille
et vii^c currentes floreni simul pro expensis mihi sufficiunt; et opus
est ut majestas cesarea de aliis mihi provideat, sicuti jam ad suam
majestatem scripsi. Cognoscit enim vestra serenitas quantum impor-
tet in tali legatione non esse provisum de expensis. Idcirco agat,
prout in illam est mea spes et summa confidencia, cui me tanquam
deditissimum servitorem semper commendo. Datum Blesis, xv^a octobris M D X.

Post scriptum. — Dixi Andreæ domino de Burgo quod scriberem
alias serenitati vestræ, his tractatis. Rogo dignetur illa tenere secre-
tissima quousque intellexerit. Commendo me humillime serenitati
vestræ. Gurcensis.

---

[1] Voir *Lettres de Louis XII*, II, 61.
Dans une lettre du 16 octobre, *ibid.* 67,
André de Burgo donne avec plus de détails, 1° les propositions de l'empereur
apportées par l'évêque de Gurce; 2° les
réponses faites par le roi. Le traité conclu
par suite de ces conférences porte la date
du 17 novembre 1810. Il a été inséré par
Dumont dans le *Corps diplomatique du
droit des gens*, IV, 1ʳᵉ partie, p. 132. J. de
Bannissis, secrétaire de l'empereur, y est
mal à propos nommé *Ramussis*.

CVII.

JEAN CAULIER À MARGUERITE D'AUTRICHE.

L'évêque de Gurce ne peut parvenir à obtenir de l'argent. Défaite des Vénitiens sur le Pô. Affaires spéciales du comté de Bourgogne et d'Artois. Nécessité de faire un présent à Robertet. Le roi s'oppose au mariage du duc de Lorraine avec la jeune Léonore d'Autriche. Préludes de l'accouchement de la reine. (*Original.*)

23 octobre, à Blois.

Madame, depuis mes dernieres lettres n'y a quelque chose de nouveau, sinon que M. de Gurce, en attendant les nouvelles de l'empereur vostre pere, dilligente toujours, autant que posible lui est, pour recouvrer finances, dont il ne scet venir à chief.

Avant-hier vindrent nouvelles que M. le grand maistre avoit rompu un pont que les Veniciens avoient fait sur la riviere du Pau, où il y eust quelque baterie, et s'y furent tués cent et cinquante hommes de pied desdits Veniciens, trois capitaines de stradios prins, et toutes leurs navires rompues et effondrées, sauf huit ou dix; et se y eust aucuns Franchois en petit nombre tués et un gentilhomme blechié au bras d'une pieche d'artillerie, qui est plaint de chascun qui le congnoit.

Journellement je suis après MM. les chancellier et aultres du conseil privé pour vos matieres, mais je ne say finer que vos grenetiers puissent rendre compte devant vos commis et non en la chambre des comptes à Digon, quelque remonstrance que leur sache faire. Et sy ne puis obtenir que ayés l'institution desdits offices, combien qu'ils vous accordent la nominacion. Touteffoys je ne cesseray ancoires les solliciter, et ne tiendra à ma paine, ne aussy à M. de Gurce qui en faict très-bien son debvoir. Au regard des aultres poincts, j'espere que en aurés bonne expedicion.

A ce matin, la femme de M. le tresorier Robertet est acouché d'ung fils; et samble à MM. de Gurce et de Burgo, qu'ils se recommandent très-humblement à vostre bonne grace, qu'il seroit heure de luy envoyer ce qui a esté conclud tant pour lever les lettres de la composition d'Artois, comme pour les autres matieres.

Je fus hier adverti que le roy envoioit M. d'Orval [1], gouverneur de Champagne, et M. de Monmor, grant escuyer de la royne, vers M. le duc de Lorraine, pour empescher le mariage de luy et de mademoiselle Alienor vostre niepce; et, pour ce faire, luy promect faire avoir, ou lieu de mademoiselle d'Angoulesme qui lui avoit promis, mademoiselle la sœur de M. de Bourbon, ou la fille de deffunct M. le prince d'Orenge [2].

A ce matin, ledit seigneur grant maistre a escript qu'il a mis le siege devant ung chasteau nommé Speldbret [3], près de Modene, qui est bien fort; et en faisant les aproches, une pieche d'artillerie dudict chasteau a emporté la teste de la mule sur quoy estoit M. de Sepy, grant maistre de l'artillerie du roy. Ledit grant maistre a renforché la garnison de Lignano, afin de tenir en plus grande subjection les Veniciens.

Le roy, puis dimenche, n'est bougié de sa chambre et de celle de la royne, pour ce que, entre samendi et dimenche, elle eust aucunes doleurs, esperant qu'elle deuist faire ung enffant. Mais hier, après digner, il mena M. de Gurce à la chache où furent prins deux pourceaux et un chevret qu'il envoia à mondit sieur de Gurce.

De Bloys, le XXIIIe d'octobre.

Vostre très-humble et très-obeissant serviteur,

J. CAULIER.

---

[1] Jean d'Albret, comte de Rethel, sire d'Orval, gouverneur de Champagne et de Brie, mort en 1524.

[2] Antoine, duc de Lorraine, épousa, en 1515, le 15 mai, Renée, fille de Gilbert de Bourbon, comte de Montpensier.

[3] Spilimbergio, au sud-est de Modène. Voyez ci-après, page 368.

CVIII.

JEAN CAULIER À MARGUERITE D'AUTRICHE.

Accouchement de la reine. Affaires particulières de Marguerite. Prise de Spellinbergh et de Castel-Franco. Le grand maître se dirige sur Boulogne. (*Copie.*)

25 octobre, à Blois.

Madame, cejourd'huy au matin, entre quatre et cinq, la royne est entrée en mal de traveil, et entre neuf et dix ensuivant est accouchée d'une fille belle et grande[1], et, oultre, est la royne, selon l'estat où elle est, en bonne disposition. Le baptesme n'est encoires faict, por quoy ne vous en puis escripre plus avant[2]. M. de Gurce se recommande à vostre bonne grace et vous escripra responce, par la première poste, aux lettres qu'il vous a plue luy escripre.

Il estoit hier à l'esbat à Madon, deux lieues d'icy; mais aujourd'huy, incontinent qu'il a sceu le traveil de la royne, il est retourné.

M. l'ambassadeur de Burgo se recommande humblement à vostre bonne grace. Lequel et moy n'avons cessé chascun jour solliciter vos affaires, dont jusques ores n'avons peu avoir quelque bonne expe-

---

[1] Renée de France, née le 25 octobre 1510, épousa, le 28 juin 1528, Hercule d'Est, depuis duc de Ferrare.

[2] Voici une espèce de relation du baptême, envoyée à Marguerite par J. Caulier :

« S'ensieult l'ordre du baptesme de madame Renée, fille du roy Loys XIIe et de la royne Anne, ducesse de Bretaigne, qui fust faict et chelebré en la chapelle Saint-Pelet, estant ou chastel de Blois, laquelle fust baptisiée par M. le cardinal Fisnal; et fust le seigneur Jehan Jacques Trivulchius, mareschal de Franche, son parin, madame la ducesse douaigiere de Bour-

bon et mesdames du Boschaige ses marines.

« Pour la solemnité duquel baptesme fut toute la terache du chastel, depuis l'huys par lequel ladite dame debvoit sortir, et tout le chemin par lequel l'on debvoit aller à ladite cappelle, ensemble ladite cappelle, tendue de belle tapisserie.

« Ou long de laquelle terasse et de tout le chemin par lequel l'on debvoit passer jusques à ladite cappelle, estoient, de deux costés, les archés et Suysses de la garde du roy, ayans chascun une torse.

« Auprès du grant hostel de laquelle cappelle y avoit ung eschafault couvert de

dition, et ne cesserons de dilligenter jusques enfin ce que ayons le pluspart de ce que desirés. Mais, par les responces que vous ay envoyé, pouvés entendre la fin où MM. les canchellier et gens du conseil tendent, dont ne nous sommes contentés et ne contenterons.

Hier vindrent nouvelles que le chastel de Spellinbergh s'estoit rendu par composition et appointement, et que trois des capitaines estoient delivrés à la volonté de M. le grant maistre.

Aujourd'huy sont venues aussy lettres que une ville nommée Castel-Franc, à xv milles de Boulogne, s'est rendue audit grant maistre, lequel y a mis incontinent les Benevol; et puis et ledit sieur grant maistre, avec l'armée du roy, a thiré plus avant et aprouchée Boulongne de huit milles, et ne scet-l'on sa volonté.

Et se portent lesdites lettres qu'il est bruit que le pape se veult retirer à Romme.

De Bloys, ce vendredy xxve d'octobre.

Vostre, etc.   J. CAULIER.

tapisserie armoié de fleurs de lys. Au milieu duquel eschafault y avoit une chose ronde, couverte de damas blancq ou estoient les fons; au-dessus desquels fons y avoit un pavillon rond de damas blancq; et auprès du grant hostel y avoit un lieu clos aussy de damas blancq, pour deffachiner et refachiner ladite dame.

« En allant auquel batesme fust gardé l'ordre qui s'ensuilt : primes, les trompettes du roy, les heraulx, les roys d'armes, les huissiers de salle et de chambres, quatre varlés servans portant chascun ung torsin de chire vierge; M. le conte de Saint-Pol portant les bachins; M. le duc de Bourbon portant l'esghiere; M. le duc d'Alenchon portant le chierge benit; monseigneur portant le sel; le seigneur Jehan Jacques, parin, portant ladite dame,

que assistoit Madame, fille aisnée du roy et de la royne; mademoiselle de Stoof portant la queue d'icelle dame; madame la ducesse douaigiere de Bourbon et madame du Boschaige, marines; mademoiselle de Bourbon, sœur de M. le duc de Bourbon, portant la queue du drap damas estant sur ladicte dame, adextrée de mademoiselle la princesse d'Orenge, qui portoit le vesvuyau, et de madame de Nevers, qui portoit l'oreiller; MM. les ambassadeurs de l'empereur, du roy catolicque, de M. l'archeduc, de la seigneurie de Florence, du duc de Ferrare, du marquis de Mantua, de la communaulté de Lucques; et après, toutes les dames et demoiselles de la royne, de Madame, de madame de Bourbon, deux et deux... »

(*Le reste manque.*)

CIX.

JEAN CAULIER À MARGUERITE D'AUTRICHE.

On espère que l'arrangement sera conclu avant deux jours. On obtient de Robertet, moyennant mille écus d'or, la surséance du procès de Nevers. Le pape, tout malade qu'il est, fait marcher ses troupes contre le duc de Ferrare. (*Original.*)

15 novembre, à Blois.

Madame, tous ces jours passés l'on a esté en grandes difficultés et desputations touchant aucuns poincts et articles dont les aucuns sont appoinctés tellement, que M. de Gurse espere aujourd'hui ou demain y prendre une fin. Dieu veuille qu'elle soit bonne[1]!

En ensuivant les lettres qu'il vous a pleu m'escrire, et aussi ce que M. le tresorier m'a escript, M. de Burgo et moy sommes approchés de M. le tresorier Robertet, auquel avons promis mil escus d'or s'il pouvoit tellement faire que la cause de Nevers surseist quatre ans. Au moyen de quoy ledit sieur Robertet a tellement procuré et sollicité, que ladite surseance nous a esté accordée, et à très-grande difficulté, comme avons bien sceu. Et a le roy envoyé M. de Nevers vers madame sa mere pour la consentir; et ainsi, madame, je vous suplie que vostre plaisir soit, pour acquitter nostre promesse, dire à M. le tresorier qu'il envoie à M. de Burgo lesdits mil escus d'or; et en ce faisant qu'il vous plaise escripre unes bonnes lettres audit sieur Robertet, afin que cy-après il ait toujours en bonne recommandation les affaires de M. vostre nepveur et les vostres.

Je ne puis avoir expedicion de tous vos affaires, et n'y veult M. le chancelier entendre jusques les matieres principales soient conclutes, quelque diligence que en aie peu faire, combien que M. de Gurse en ait parlé par plusieurs fois, que ne me semble pas bon signe.

---

[1] Comme nous l'avons dit plus haut, ce traité fut conclu et signé le 17 novembre.

Nouvelles viendrent hier que le pape est encoires malade ; mais, ce non obstant, son armée est aux champs à intencion d'aler mettre le siege devant quelque place du duc de Ferraire.

Madame, commandés-moy, etc. De Bloys, le xve de novembre.

Vostre, etc.

J. CAULIER.

CX.

ANDRÉ DE BURGO À MARGUERITE D'AUTRICHE.

Le roi d'Aragon proteste qu'il veut observer le traité de Cambray, mais il doit défendre les droits de l'Église dont il est feudataire. Malgré ces assurances, les troupes espagnoles ont quitté Vérone ; ce qui excite les plaintes de l'empereur et du roi. Louis XII s'apprête vigoureusement à la guerre. Présence de l'armée du pape devant Modène. L'empereur cherche à faire appointement avec le pape, qui veut toujours se rendre maître de Ferrare. Les Vénitiens se sont retirés de devant Vérone, dont le roi de France avait renforcé la garnison. Jules II, voulant, en cas de mort, assurer l'élection d'un pape *aussi mauvais* que lui, se propose de créer prochainement douze cardinaux ; ce à quoi Louis XII tâchera d'obvier. Efforts des cinq cardinaux qui sont à Pavie. (*Original.*)

7 décembre, à Blois.

Madame, despuys mes dernieres lettres escriptes que j'envoyay à Paris à maistre Jehan Caulier, pour les envoyer par la poste avec les lettres de M. de Gurce, sont survenues les choses que s'ensuyvent.

L'ambassadeur du roy d'Aragon a heu nouvelle poste avec longues lettres du roy son maistre, par lesquelles il repond et remonstre le contraire de ce que luy a esté imputé avoir fait à l'encontre du traicté de Cambray, ramenant beaucop de raisons pour son excuse, et enfin se resolve que il veult garder et observer ledit traicté de Cambray et estre bon alié, frere et parent à l'empereur, et que, pour la deffense des royaulmes et pays du roy de France, il employera du tout ; mays que aussi il est tenu de deffendre l'Eglise ; ce qu'il fera comme feudataire d'icelle pour le royaulme de Naples et comme bon prince chrestien. Toutesfoys il a esté respondu par ledit roy beaucoup de choses, et que on ne fait point de guerre à l'Eglise; mais le pape la fait injustement aux autres et soubstient les Veniciens.

Cependant sont venues nouvelles par lettres de l'empereur vostre pere du departement des gens d'armes espagnoz de Verone, et fait vostredit pere la plus grande plaincte du monde dudit roy d'Arragon, et non maindre la fait ledit roy de France. Neantmoings l'on met penne pour radresser les affaires, et actend l'on la resolucion dudit roy d'Aragon sur ce que lui a esté escript de la resolucion faite entre l'empereur et le roy de France; laquelle responce ledict ambassadeur d'Arragon dit tenir pour certe sera bonne et telle que l'on s'en contentera. Et de la partie desdits gens d'armes arragonois de Veronne, il dit n'en avoir aucune chose pour ceste heure dudit roy son maistre; mais la cause estre pour les grans mouvemens que sont esté ou royalme de Naples, d'environ vingt mille personnes armées disans non vouloir souffrir l'inquisicion qu'y veult mectre ledit roy d'Arragon; mais que, d'autre maniere, il ne fauldra à l'empereur selon ledit traicté de Cambrai; et en conclusion, madame, il vouldroit que vostre pere feist la paix en laissant aucunes pieces des syennes aux Veniciens, et que du demeurant l'empereur encoires seroit bien, remonstrant beaucop de raisons pourquoy elle se doit fere.

Ledit roy de France continuellement s'apreste à la guerre, à fin que, si le pape et lesdits Veniciens ne se veullent incliner à paix convenable, l'empereur et luy puissent continuer leur juste entre prinse; et derechief m'a certiffié que, s'il n'est la faulte du cousté de l'empereur, il fera tellement que l'on en aura bonne fin, mais qu'il ne vouldroit pas estre laissé seulet à l'entreprinse; et m'a dit que, peu de jours après nous, il se partira pour se tirer à Lyon et s'aprester pour passer les mons, s'il est mestier; et vrayement de jour en jour il est plus deliberé. Toutesfois, si l'on povoit avoir une bonne paix, de laquelle l'empereur vostre pere se contantit, il en seroit bien content.

L'armée du pape est unie dedans Modene et à l'environ bien grosse; mais, pour cause de l'hyver et des bonnes provisions du roy de France, ils ne peulent faire leur desir.

Ledit pape continue en sa malvaise volunté, et vouldroit avoir Ferraire; mais il ne sera point souffert.

L'empereur traicte tant qu'il peult pour l'induire à appoinctement raisonnable; je ne sçay qu'il en sera.

L'armée des Veniciens qui estoit venue près de Verone cinq mille pour l'assegier, veant ne povoir riens fere, s'est retirée bien loing de maniere que à ceste heure la cité est en toute seurté. Lesdits Veniciens, mal content que leur capitaine, nommé messire Lucio Malvesio, ayt fait retirer leurdite armée, et disant l'avoir fait à maulvaise fin, l'ont constitué prisonnier.

Ledit roy de France avoit envoyé soudainement bon nombre de gens à Verone, et aussy l'empereur de gens de pied.

Ledit pape, selon l'advis qu'ils sont, a deliberé de faire une douzaine de cardinal à ces quatre temps avant Noué (Noël), à fin que, se aloit de vie à trespas, il puisse être ung pape aussy maulvais comme luy. Le roy de France fait tout pour obvier qu'il ne se fassent, mais que consille general soit convoqué, et a envoyé ample povoir en Italie pour ce fere, experant que l'empereur fera faire le semblable de son coustet, auquel pour ceste cause j'en ay escript bien longuement de la part du roy de France.

Les cinq cardinaulx que sont à Pavie procurent par tous moyens le semblable, et ont envoyé ung messagier à l'empereur; et ung autre en est venu aujourd'huy audit roy de France, lequel s'en va par delà devers vous et de là passer en Angleterre à la fin dessusditte. Bloys, ce VIIᵉ jour de decembre.

Vostre très-humble et très-obeissant serviteur,

ANDREA DA BORGO.

CXI.

ANDRÉ DE BURGO À MARGUERITE D'AUTRICHE.

Prise de Concordia. Bruit de la reddition de la Mirandole. Le pape et les Vénitiens vont assiéger Ferrare. Conjectures sur l'issue de ce siège. Les Suisses menacent de faire la guerre au duc de Savoie. Propositions faites au roi de France par le roi d'Aragon. L'ambassadeur d'Écosse se rend auprès du pape pour travailler à la paix universelle, et proposer contre les infidèles une guerre dont le roi d'Écosse serait le chef maritime. Le pape attend M. de Gurce à Bologne. Le comte de Carpi s'est arrangé avec le duc de Ferrare. Lucio Malvesio, déclaré innocent par les Vénitiens, reprend le commandement de leur armée. (*Original.*)

29 décembre, à Blois.

Madame, par mes dernieres lettres du xxiie jour de ce present mois, je vous advertis de nouvelles occurantes; despuis sont survenues autres nouvelles que, non obstant l'yver plain de malvaix temps, tel que le veez, et aussi les bonnes provisions faictes par le roy de France, le pape deliberoit se hatter à ensuyr et mectre à fin son entreprinse, pour non actendre plus grandes provisions de l'empereur et dudit roy; et à ceste cause ayant envoyé son armée à la Concordia, ville du conté de la Myrandula, icelle ont prinse par force; mais ladite ville n'estoit forte et estoient peu de gens dedans.

Après, ladite armée et les gens des Veniciens sont allé à la Myrandula, et l'ont prinse par composition [1]. Dedans estoit la fille du seigneur Jehan-Jaques de Tryvulcio, femme du feu sieur Ludovic de la Myrandula [2]. Et le sieur Fabrice Colonne a esté le moyen de ladite composicion : de quoy ledit seigneur roy de plus en plus est mal contant du roy d'Arragon, que si ouvertement en terre d'em-

---

[1] Cette nouvelle de la prise de la Mirandole était prématurée. Ce fut au mois de janvier seulement que Jules II s'empara de cette ville, où il fit son entrée par la brèche.

[2] Ludovic de la Mirandole, frère puîné du duc régnant, fut tué l'an 1509, en combattant contre les Vénitiens, à la tête des troupes pontificales.

pire, et où estoit tant d'importance pour l'empereur et pour ledit seigneur roy, ledit Fabrice s'employa sans aucun regard. Ladite Amyrandula est une ville où il y a ung fort chastel, et ne sçay comme elle s'est rendu si facilement sans artillerie, et aussi estoit ung passaige par lequel l'on povoit envoyer secours à Ferraire.

A ceste heure, ladite armée du pape et quasi toute la puissance des Veniciens s'en vont assieger Ferraire de deux coustez, et, pour estre perdu ledit passaige de l'Amyrandula, ne s'i puet envoyer plus secours, synon par forme de diversions; et à ceste cause le roy a envoyé ung poste pour faire assembler ses gens d'armes et faire de nouveau bon nombre de gens de pied à toute diligence pour faire le mieulx que l'on pourra pour ayder Ferraire, en laquelle est le duc avec cent et cinquante lances françoises et aucunes itallianes et environ deux mil pietons; et si le peuple tient bon, il n'y a point de danger; mais, si le peuple ne veult souffrir le siege, il y sera non petit danger de la perdre, que ce seroit une très-grande perte. Et Verone et les autres choses de l'empereur et du roy seront en termes qu'il conviendra bien les garder; et ainsi la pratique de paix sera plus dure, et au contraire sera plus facile, si Ferraire se tient; que Dieu vuille.

Les journées des Suisses sont dilayées; celle de l'empereur vostre pere jusques aux trois Roys, et celle pour le roy de France au xxvᵉ jour de janvier; ledit roy espere bien de la syenne.

Lesdits Suisses menassent de vouloir faire la guerre au duc de Savoye pour la querelle qu'ils ont à l'encontre de luy, comme vous sçavez : ledit duc a envoyé derechief ung syen homme au marquis de Rothelin, afin qu'il voye s'il est possible d'y trouver quelque moyen d'appoinctement.

Le roy d'Arragon a fait declarer au roy de France, comme il a expedié ung des ambassadeurs de l'empereur, le beau-frere de monsieur de Gurce, avec la resolucion qui s'ensuyt qui lui semble bonne et raisonnable, combien le president et autres ambassadeurs ne s'en sont voulu contenter, et prie le roy à tenir la main que l'empereur

s'en contante; mais je vous promets, madame, qu'il en est autant
malcontent qu'en sera l'empereur. Touteffois je luy escrips afin
qu'il ne rompe point contre ledit roy d'Arragon, duquel il n'est
point contant; mais mon advis est qu'il praigne ce qu'il en pourra
avoir.

La resolucion dudit roy d'Arragon est telle que il n'entend faire
aucun nouvel traicté avec l'empereur, mais qu'il gardera le traicté
de Cambray.

Que pour cest yver il ne peut riens donner.

Que à l'esté quil vient, il donra à vostre dit pere cinq cent lances
et deux mil pietons, avec les condicions soubscrites :

Premierement, que l'empereur ne fera point de guerre à l'Eglise.

Item, que l'empereur tiendra dix mil pietons et quatre mil chevaulx de son patrimone et de l'empire.

Item, que ledit roy d'Arragon donnera le dessusdit ayde en cas
qu'il n'y ayt point de guerre en son pays, ou vrayment suspicion de
guerre en son royalme de Naples, laquelle suspicion s'entend si prouchain dudit royalme de Naples vint une grosse armée du Turcq.

L'ambassadeur d'Escosse s'en est alé pour tirer devers le pape,
afin de procurer la paix universelle en nom du roy son maistre et
du roy d'Angleterre, et de proposer la guerre contre les infideles,
en laquelle vouldroit ledit roy d'Escosse estre chief de l'armée de
mer; et, si la faulte sera dudit pape à non vouloir entendre à ladite
paix, ledit ambassadeur a charge de luy protester, etc.

Hier vindrent nouvelles fresches de Boulongne, comme ledit pape
actendoit avec grant desir monsieur de Gurce; et semblablement,
j'ay advertissement de la court de l'empereur que ledit pape sollicite merveilleusement ladite alée; l'on actend icy la resolucion de
l'empereur vostredit pere touchant ladite allée et tous autres affaires.
L'empereur vostre pere, par lettres que j'ay receu du xxe jour de
cedit mois, m'a escript avec les plus gracieuses paroles du monde
qu'il avoit ouy tout le rapport de mondit sieur de Gurce, se monstrant très-joyeulx et très-contant dudit rapport, et que deans quatre

jours m'envoyeroit la poste avec resolucion du tout. Le roy et tout son conseil sont esté très-joyeulx de ses lettres, veant si bon vouloir audit empereur.

Madame, quant monsieur de Carpy fut en Flandres, l'empereur luy donnit l'investiture de l'autre mytié de la seigneurie de Carpy, laquelle mityé tenoit le duc de Ferraire. A cest heure ledit sieur de Carpy a fait appoinctement avec ledit duc, luy payant xxv mil ducas, et ledit duc luy a donné et quicté ladite mitié de Carpy[1].

Madame, j'escrips à l'empereur vostre pere des nouvelles de par deçà et des choses que m'a chargé le roy de France sur les matieres occurantes; je vous supplie ordonner que la poste soit envoyée tout incontinant.

Les Veniciens ont trouvé inocent le sieur Lucio Malvesio et l'ont renvoyé capitaine general de leur armée.

Madame, en parlant dernierement à la royenne de vous, elle me dit que, quant vous escriproye, qu'elle se recommandoit bien fort à vous, et estoit preste à vous faire plaisir.

Ma très-redoubtée dame, quand surviendront autres nouvelles, je vous en advertiray. A tant, je prie Nostre Seigneur vous donner très-bonne vie et longue, avec l'entier de voz très-haulx et nobles desirs. A Bloys, ce xxixe jour de decembre.

Votre très-humble, etc.

ANDREA DA BORGO.

---

[1] Dans une lettre datée d'Amboise, le 16 septembre 1510, André de Burgo avait déjà annoncé cette transaction du comte de Carpi avec le duc de Ferrare. Il s'exprimait ainsi : « D. Carpensis, qua hora recessimus ex Turono, recessit etiam ipse, iturus per postas Mediolanum, reversurus, ut nobis dixit, intra viginti dies. Declaravit nobis causam profectionis sue esse ob particularem causam suam cum duce Ferrarie, qui vult restituere sibi alteram medietatem Carpi de qua imperator dedit investituram dicto Carpensi. »

CXII.

ANDRÉ DE BURGO À MARGUERITE D'AUTRICHE.

Plaintes adressées au roi par le duc de Gueldre contre les voies de fait des troupes autrichiennes. Entretien à ce sujet avec le roi et ensuite avec le chancelier. Secours promis par Louis XII au duc de Savoie. Nouvelles de Modène. Marche et progrès de l'armée du roi en Italie. Situation des troupes du pape et de celles du roi d'Aragon. On a quelque espoir de paix. Obsèques de l'impératrice Blanche Marie. Le duc de Gueldre désavoue la surprise de Hardewick. (*Original.*)

21 et 22 février, à Blois.

Madame, j'ay receu deux voz lettres, la première du vi^e jour de ce present mois et l'autre du xiiiie; ladite premiere faisant mencion touchant la cause qui pend par-devant l'official de Rains et ay receu le double de la lettre que luy avez escriptes, de laquelle j'en ay fait memoire pour en parler à monsieur le chancellier; ce que n'ay peu faire ces jours passés, obstant l'infermeté et indisposition en quoy je suys esté par quatre ou cinq jours; et à cest heure que je suys ung petit mieulx, je solliciteray la chose comme m'escripvez.

Quant à l'autre lettre du xiiiie de cedit mois, faisant mencion des choses de Gheldres, au mesme temps de la reception, vint devers moy monsieur le tresorier Robertet, lequel me dit que le roy avoit donné charge à monsieur de Bouchaille et au bailly d'Amyens se tirer par devers moy pour me parler des grandes nouvelletés que le seigneur de Sistain [1] faisoit journellement à monsieur de Gheldres, et desrompant apertement la paix, et dont ledit sieur de Gheldres se plaignoit et faisoit remonstrer ces choses audit seigneur roy, lui priant y vouloir mectre provision. Et me dit toutesfois que, pour madite infirmeté, lesdits sieurs de Bouchaille et bailly d'Amyens ne viendroient jà parler à moy. Madame, je luy respondis comme il me

---

[1] Floris d'Egmond, seigneur d'Isselstein, comte de Buren, commandant les troupes impériales en Gueldre.

sembloit estre opportun et necessaire, et pour ce que, par les derre-
niers deux articles de vosdittes lettres, m'avez escript que ne feisse
aucun semblant de l'affaire, mesmement de la ville que a esté surprinse, se premier ne m'en estoit touché, à ceste cause n'en feis plus
grande ouverture.

Madame, par la poste venue cejourd'huy, j'ay heu lettres de l'empereur vostre pere; pourquoy me suis tiré devers le roy à grant
penne; car je me sentoys encoires pesant, et après lui avoir parlé et
communiqué d'autres affaires de vostredit pere dont j'avoys charge et
avoir le tout fait, et veant le temps non estre à ceste heure à dissimuler, je suys entré en la matiere de Gheldres, et, oyant en parler,
m'a dit si son chancellier avoit point parlé à moy touchant ceste
affaire des plaintes de monsieur de Gheldres, des nouvelletés qu'il
luy a fait remonstrer que journellement l'on luy faisoit. Je dis que
non; mais incontinent luy monstris les lettres que vous m'avez escriptes, ensemble les memoires et instructions que avez donné à
vostre maistre d'ostel, vous mectant à tout bon devoir, dont il fut
fort esbay, mesment de la surprinse de la ville d'Arduich, dont il
estoit ignorant, ensamble des choses dessusdittes, et dit qu'il n'entendoit aucunement que ledit sieur de Gheldres feist aucunes entreprinses contre le traictié de paix, mais desiroit bien que toutes
choses fussent pacifiées et qu'il n'estoit temps à ceste heure à faire
guerre, que de sa part il s'employroit à la paciffication et à y mectre
provision, et si aucune chose estoit faicte, la faire remectre à son
premier estat : car tel est son vouloir, et le feroit bien et à certes
sçavoir audit de Gheldres, ne le voulant soubstenir aucunement en
tels actes; vous priant, madame, que aussi de vostre costé veullez
mectre ordre et fere que tout soit paciffié. Et à la verité je parlis
bien hardiment, car je dis que, si l'on avoit le cueur au fait de Na-
verrere, l'on l'auroit plus grand à Gheldres; que c'estoit de plus
grande importance, et que l'on entendoit bien se deffendre, se ledit
seigneur vouloit persister plus avant en resolucion. Il me dit que
j'en parlisse encoires à sondit chancellier et de sa part, comme dit

est. Il veult et entend que tout soit paciffié sans mectre de guerre, ainsi qu'il vous prie tenir main de vostre part.

Madame, incontinent estre de retour du roy, suys allé devers mondit seigneur le chancellier et luy ay parlé desdites choses de Gheldres, comme j'ay fait au roy, luy monstrant et faisant entendre vosdites lettres, et luy ay mis ès mains le double des instructions de vostredit maistre d'ostel, dont il a esté semblablement fort esbay, et a mandé incontinent aucunes gens qui sont icy pour ledit seigneur de Gheldres, et m'a dit qu'ils font les plus grandes plainctes du monde des nouvellités que journellement monsieur de Sestain fait à leurdit maistre, et que sont desjà sept ou huit jours qu'ils sont après le roy et luy leur remonstrant ces choses. Je luy ay respondu que à ceste heure l'on pourroit congnoistre la trayson dudit seigneur de Gheldres, lequel, soubs umbre de caritade, ayant fait luy-mèsme le mal, vouloit, comme il a de coustume, parvenir à se plaindre sans cause ny raison et avant que nous qui avons eu dommaige. Et plusieurs autres choses luy dis servant à la matiere; il me dit en conclusion qu'il se trouveroient par ensemble et parleroit ausdits de Gheldres, et y seroit faite bonne resolution, laquelle j'actendray, et icelle entendue incontinent vous en advertyray.

Madame, j'ay monstré aussy au roy l'article de vosdites lettres faisant mencion de monsieur de Savoye, dont il a esté joyeulx, et m'a dit que fesiez très-bien, et est venu bien à temps; car ledit seigneur roy a heu lettres de l'empereur vostre pere, par lesquelles il le prie vouloir ayder audit duc de Savoye dont ledit seigneur roy, encoires d'abondant, a esté plus que content, et m'a dit qu'il estoit deliberé de ayder mondit seigneur de Savoye de tout le sien au mieulx qu'il pourra, combien il soit grandement occupé ailleurs, et qu'il ne le laissera, et que, si les Suysses vouloient persister à leur entreprinse, que l'on se deffendroit très-bien; et quant à l'assistance que entendoit luy bailler ledit seigneur roy, que l'on entendroit se par bon moyen ils se vouloient paciffier, ou synon que, comme dit est, il le deffendroit et l'aideroit de tout le sien, vous priant tenir la main envers vostredit pere qu'il se veuille semblablement emploier à son serement, et semblablement vous, madame, de vostre costé, et jà ledit seigneur de Savoye entendt à aprester gens d'armes à pied et à cheval pour employer s'il estoit necessaire. Et j'ay entendu d'aulcun que le pays de Piemont avoit accordé audit seigneur de Savoye iiii[m] pictons et cens hommes d'armes, sans ce qu'il aura de son pays deçà les monts, et m'a dit l'evesque de Marsaille qui est savoyen et con-seillier du roy [1], qu'il seroit bon, madame, que semblablement de vos gens luy donnissiez aussi secours. Après ce, j'ay parlé aussi de ces choses à monsieur d'Angoulesme, lequel vous en remercye et m'a dit que ce qu'estoit fait à monsieur de Savoye il le tenoit comme à lui.

Madame, de vostre affere les lettres sont expediées en bonne forme, comme vous ay escript; je vous envoye à ceste heure la lettre missive adressant à messieurs des comptes; ne reste que la lettre patente que desjà, sont trois ou quatre jours, est devant monsieur le treso-rier pour la signer. Je l'ay envoyé prier de la signer; il m'a renvoyé responce qu'il me prioit avoir ung petit de patience jusques à tant qu'il fust ung peu disposé; il a mal aux yeux. Je ne sçay la cause pourquoy il a différé : je la solliciteray de tout mon povoir, et l'avoir recouvré et du tout expedié, la vous envoyray. Despuis, ainsi indis-posé comme je suis, me suis tiré devers luy en son logis pour avoir la cause que ne l'expedioit; il me dit qu'elle estoit par luy faite si favorable pour vous qu'il ne l'oseroit expedier, sans premierement la monstrer à monsieur le chancellier, à fin que sy après il ne luy puist reproucher.

Madame, de mon affaire j'ay entendu que aviez eu response de monsieur le tresorier, lequel escript pour me fere avoir argent. Je vous supplie, madame, le plus brief que fere se pourra, que me faites pourveoir d'argent, et le fere bailler au maistre des postes pour le m'envoyer pour la premiere bougette, à fin que je puisse satisfere

---

[1] Claude de Seyssel, nommé à l'évêché de Marseille en 1509, mort en 1520, auteur de plusieurs ouvrages, et entre autres d'une *Histoire singuliere du roy Loys XII, Pere du peuple*, in-8°, Paris, 1558.

mes credanciers, et du demeurant m'ayder à entretenir jusques à ce
que une plus grande provision me sera faicte, et que seray payé du
demeurant que m'est deu, comme raison veult.

Madame, il est venu ung courrier d'Espaigne à l'ambassadeur d'A-
ragon, qui a appourté la lettre avec ceste enclose que vous envoye.

Madame, je vous envoie une lettre du pape escripte à ceulx de
Modene, par laquelle congnoistrez que en ces pays de Modene sa fin
n'est pas bonne pour l'empereur, et le roy actend avec grand desir
sçavoir que vostredit pere y ayt donné bonne provision.

L'armée du roy a passé au lieu de Sarmete avec intencion de passer à Boudayn, et de là faire ung autre logis prouchain des ennemys
à deux lieues pour les combattre ou constraindre à eux retirer; mays
jusques icy, il n'y sont peu alé, à cause que audit Boudayn il n'y a
point de vivres. Mais ont envoyé au duc de Ferraire, afin que par la
riviere du Pau envoye des vivres audit Boudayn pour trois ou quatre
jours. L'on ne sçay si ledit duc de Ferraire le pourra faire, car il en
a semblablement necessité pour son armée.

Les Françoys sont à ceste heure seigneur de toute la riviere du
Pau et ont separé les Veniciens, assavoir que la plus grant partie
d'eulx se sont retirés en ung lieu appelé l'Abbaydie, et aucune bande
des gens desdits Veniciens, tant à cheval comme à pied, sont demeurés avec les gens dudit pape.

Le pape, selon les divers avertissements que sont venus, est à
Imola, actendant à la provision de nouvelles gens de pied pour ren-
forcer son armée. Il semble impossible que les deux armées puissent
demeurer ou lieu où elles sont par faulte de vivre.

Les gens d'armes du roy d'Arragon s'entretiennent continuellement avec le pape, et sont venues nouvelles que son capitaine a heu
commandement de non s'en partir.

Sont venues nouvelles que monseigneur de Savoye estoit desjà à
Veronne et s'en alloit à Mantue, et que monsieur de Paris, sans
faulte, seroit demain à Millan, et en autres deux jours seroit audit
Mantue.

L'on verra en peu de jours si la paix se devra faire, comme j'ay espoir et la desire, et prie le Createur que ainsi se face; car vostre maison en a mestier pour le present, et si la maleur (veut) que la paix ne se face, je vous promects, madame, qu'il sera de la guerre plus que l'on ne vouldra selon la disposition où sont les afferes de tous coustés; mays j'ay espoir, comme dit est, que les choses s'appoincteront ou d'une maniere ou d'autre.

Madame, le xviiie jour de ce mois fut celebré et fait en la grant eglise de ceste ville l'obsequc de la femme[1] de l'empereur vostre pere, où fust M. d'Angolesme pourtant le deul, et aussi M. de Longueville et M. de Nevers; mondit sieur d'Angoulesme, accompagné de M. de la Trimoille, mondit sieur de Longueville, de M. le chancellier et mondit sieur de Nevers, d'un chevalier de l'ordre. Il fut dites trois haultes messes : les deux premieres par deux evesques et la derniere par le cardinal de Prye[2]. Et au milieu de laditte derniere messe fust faicte une briesve collation par le confesseur du roy à la louange de l'empereur, de la trespassée et de leur parentelle. Je n'y fus point, obstant mon indisposicion, ny aussy les autres ambassadeurs; car celluy qui avoit la charge de les inviter l'oblya.

L'escusson de laditte emperyere fut blasonné qu'il estoit party par le milieu, et à la premiere partye les armes de l'empereur vostre pere, et au milieu de l'aigle ung petit escusson d'Austrice, et l'autre partye les armes de la duché de Millan.

Le partement du roy sera, comme il afferme, tout certain dans le premier jour de caresme. Madame, je prie Nostre-Seigneur, etc. A Bloys, le xxie jour de fevrier.

Madame, despuis cestes escriptes je suys esté devers monsieur le

---

[1] Blanche Marie Sforce, seconde femme de l'empereur Maximilien, mourut le 31 décembre 1510. Elle avait épousé en premières noces Philibert Ier, dit le Chasseur, duc de Savoie. Cette princesse n'a jamais été reconnue en qualité d'impératrice.

Voyez, sur sa dernière maladie et sur sa mort, Corresp. de Maximilien et de Marguerite, I, 367, 466; II, 399.

[2] René de Prie, évêque de Bayeux, cardinal du titre de Sainte-Sabine.

chancellier, lequel m'a dit que des choses de Gheldres il en avoit
bien au long parlé à l'homme de monsieur de Gheldres qui est icy;
lequel luy a respondu que de la ville d'Arduich qui a esté surprinse,
son maistre, monsieur de Gheldres, n'en sçait riens; et ce n'a esté
aucunement par son adveu ne commendement, et desavoue les gens
qui ont ce fait et ne les congnoissoit. Je luy ai respondu qu'il ne
souffisoit de cela, que ce n'estoit que belle tromperie, et que, quant
monsieur l'archiduc vouldroit user du semblable de sa part, il trouveroit assez tels gens qui feroient aussy les amplectes sur luy, et
auroit beaucop d'autres moyens de fere à l'encontre de luy, et qu'il
n'est vraisemblable que ladite ville soit esté prinse, synon par le
commendement, intelligence et adveu dudit seigneur de Gheldres,
le priant qu'il y veuille mectre provision. Il m'a dit qu'il n'en seroit
autre fere; toutesfois il a chargé à l'homme dudit de Gheldres de
l'escripre à son maistre, qu'il prie pareillement fere de vostre cousté,
que l'on entende à la charge et instruction de vostre maistre d'ostel,
et que de toute part l'on se veuille abstenir de guerre. A Bloys, ce XIIe
(XXIIe) jour de fevrier.

Vostre très-humble et obeissant serviteur,

ANDREA DA BORGO.

CXIII.

L'EMPEREUR MAXIMILIEN AU ROI LOUIS XII.

Il le prie d'intervenir pour que Charles de Gueldre restitue la ville de Hardewick, prise
par lui, au mépris du traité de Cambray. Il demande en outre que les difficultés survenues en Gueldre depuis ledit traité de Cambray soient jugées par arbitres.

(Copie du temps.)

17 mars, à Colombier.

Très-hault, très-excellant et très-puissant prince, très-chier et
très-amé frere et cousin, nous nous recommandons à vous tant af-

fectueusement et de cueur que povons. Ayant receu voz lettres du
VIIᵉ de ce mois, responsives à ce que vous avions escript et fait dire
par nostre ambassadeur messire Andrea de Burgo, touchant la prinse
de nostre ville de Hardewyck et autres œuvres de fait que messire
Charles de Gheldres s'est adez perforcé et perforce faire au contraire
du traictié de Cambray [1].

Sur quoy, très-hault, très-excellant et très-puissant prince, très-
chier et très-amé frere et cousin, en tant que touche vostre bon vouloir et le desir que avez tousjours eu de entierement accomplir, garder, entretenir et observer le contenu audict traictié de Cambray,
nous et les nostres le cognoissons bien, et de nostre part n'avons
jamais esté d'autre vouloir, ne faire chose au contraire d'icelluy,
mais le tout garder, entretenir et observer de point en point, sans y
faillir.

Et pour ce que, au moyen de la dicte prinse de Hardewyck et de
la maniere de faire que tient ledict messire Charles à l'encontre
de nous, nos très-chiers et très-amez enffans, et dudict traictié de
Cambray, se peut mouvoir aucune chose qui pourroit estre contre
nosdicts bons vouloirs, nous desirans que ordre y soit mise comme
est necessaire, vous requerons très-affectueusement que incontinent
veuilliez commander audict messire Charles de rendre nostre ville

---

[1] Par cette lettre du 7 mars, Louis XII
exprime à l'empereur son déplaisir de la
prise de Hardewick, lui mande qu'il va signifier au duc de Gueldre de réparer cette
voie de fait. Il lui déclare en outre qu'il se
portera défenseur des jeunes princes d'Autriche, si Charles de Gueldre continue à
les attaquer. (*Lett. de Louis XII*, II, 122.)
Du reste, voici comment s'exprime à ce sujet Marguerite d'Autriche dans une lettre
écrite de Gand, le 15 avril, même année :
« Il n'y a point d'apparence de se actendre
à rendre ladite ville de Ardewichs, si ce
n'est par force. Et quoy que ledit seigneur
roy de France vous face, quant à ce, dire
ou escripre, je scay et congnois assez qu'il
assiste et favorise ledit messire Charles,
et n'est pour rien deliberé de l'abandonner, quoy qu'il lui doi-je couster. » (*Corres-*
pondance de Maximilien et de Marguerite,
I, 390.) Marguerite, écrivant le 30 mars
à André de Burgo, l'informait que Pierre
Guernadon, envoyé par Louis XII vers le
duc de Gueldre, lui avait déclaré à elle-
même, en passant à Gand, qu'il n'était
pas chargé d'exiger la restitution d'Hardewick.

de Hardewyck et de reparer et remectre en son entier tout ce qui a
esté fait contre la teneur dudict Cambray (*sic*), et donner congié à tout
ses gens d'armes, tant à cheval comme à pied, qu'il a retenu de nouveau, et nous ferons le semblable de nostre couté. Et au cas que ledict messire Charles ne le veuille ainsi faire, mais ce vous reffuser
ou mectre en delay, que en ce cas vous lui vueilliez eschoper et
mectre à neant la pension et l'estat des gens d'armes de voz ordonnances qu'il a de vous, et non plus le favoriser, ne luy faire aucune
ayde ou assistence, ains du tout l'abandonner, car en son reffuz
sommes deliberez pour nostre honneur y pourveoir comme trouve-
rons par conseil.

Et affin que les differends qui sont survenus depuis ledict traictié
de Cambray oudict pays de Gheldres, et qui encores pourroient survenir avec le fait principal, puissent estre esclairez et vuidez selon
ledict traictié de Cambray, nous vous requerons aussi que veuilliez
envoyer vos desputez ayans povoir souffisant pour, avec les nostres,
decider et determiner les choses dessusdictes, et en suivant icellui
traictié proceder jusques à la fin, à celle fin que nous et vous et les
autres arbitres puissions vuyder ledict affaire, et que, pour les choses
dessusdictes, la bonne amour et intelligence qui est entre nous deux
ne soit aucunement empeschée ne diminuée, ains que le tout se
puisse tousjours conduire de bonne sorte et à la raison, comme
nostredit ambassadeur du tout et au long vous advertira plus à
plain. A tant, très-hault, très-excellent et très-puissant prince, très-
cher et très-amé frere et cousin, Nostre-Seigneur soit garde de vous.
Escript en nostre ville de Coulumbier, le xviie jour de mars l'an xv^c x.

CXIV.

ANDRÉ DE BURGO À MARGUERITE D'AUTRICHE.

Affaire de Gueldre. Explications à ce sujet avec le roi. Arrivée de l'évêque de Gurce à
Mantoue. Celui-ci a bon espoir de paix; mais il voudrait qu'au préalable on suspendît
toute hostilité. Le roi se plaint du départ des troupes allemandes. Elles reviendront
sur leurs pas, pourvu que le roi veuille faire l'avance de leur solde. L'évêque de
Paris et l'ambassadeur d'Aragon vont se rendre aussi à Mantoue. On s'attend à une
bataille prochaine. La maison d'Autriche aurait grand besoin de la paix. Création de
neuf cardinaux. L'évêque de Gurce refuse d'accepter cette dignité avant la conclusion
de la paix. Disposition de l'armée du pape. (*Original.*)

23 mars, à Bourges.

Madame, par la derniere poste par moy expediée à Bloys, le
xviie jour du present moys, avez esté advertye de toutes nouvelles,
depuys le jour ensuyvant....., et après que le roi fust party, je receu
la poste ensemble vos lettres données à Malines le xve jour de cedit
mois, faisant mencion des choses de Gheldres; lesquelles vos lettres
vindrent bien à propos; car, par la mesme poste, j'eus aussy lettres
de l'empereur vostre pere, par lesquelles il m'escripvoit aussi desdittes choses de Gheldres. Et pour la cause me tiray incontinent devers monsieur le chancellier, pour luy faire entendre le contenu tant
des lettres de vostredit pere que des vostres; et le lendemain me
tiray devers ledit seigneur roy ensemble ledit seigneur chancellier
en une maison en ung bois, où estoit sadicte magesté; et moy estre
là, luy remonstris le contenu desdittes lettres venues par laditte
poste, et aussi l'assemblée de gens que fesoit monsieur de Gheldres
et de ses nouvelletés. De quoy ledict seigneur roy demonstrit estre
bien fort courroucé. Toutesfois il me dit que pouvoit estre que le
seigneur de Gheldres faisoit ceste assemblée pour les mille et cinq
cens lansknechs que vous avez mis sus; à quoy je respondis, au
contraire, que, avant qu'il fust question desdits lansknechs, ledit
seigneur de Gheldres encommençoit desjà faire laditte assemblée,

et tout incontinent qu'il eust amblée la ville d'Arduich, et que la cause desdits mille et cinq cens lansknechs n'estoit seulement que pour obvier aux apparantes entreprinses que icelluy messire Charles pourroit faire pour garder le pays, et non point pour luy courir sur ses terres. En resolucion, ledit seigneur roy conclud qu'il escriproit audit de Gheldres, affin qu'il se abstint à faire telle assemblée ne autre nouvelleté, et semblablement à son secretaire qu'il a par delà. Je n'ay peu recouvrer les lettres, quelque poursuite que j'ay peu faire jusques à ce matin; je les vous envoye, ne en autre sorte fors comme les verrez, si bon semble, vous les envoyrez, ou autrement les retiendrez.

Madame, des nouvelles : en chemin j'ay receu lettres de monsieur de Gurce, dattée du xiiie jour dudit present mois, par lesquelles il me fait sçavoir son entrée le jour avant à Mantue avec sa compaignie, qu'est de ii^c chevaulx, tous vestus de noir, et que le marquis dudit Mantue luy estoit allé devant bien trois mille italyens, et luy avoit esté fait le plus grant recueil qu'il est au monde possible, et avoit esté lougé sa personne au palays dudit marquis, et l'ambassadeur d'Arragon qui estoit venu avec luy dedans la ville.

Ledit sieur de Gurce m'escript beaucop de bonnes choses pour lesquelles il tient pour tout certain que la paix se fera; mays que cependant l'on ne vienne à combattre; à quoy les François estoient deliberés et non point mains le pape et les Veniciens, et procuroit ledit sieur de Gurce de tout son possible envers une partie et autre, afin que l'on surceat à livrer la bataille. De ma part j'en ay bien besoigné icy; et se playgnent cy du partement des Allemands que avoit envoyé l'empereur vostredit pere; mays je les ay contanté le mieulx que j'ay peu, leur promectant qu'ils retourneroient incontinent, mays que le roy, sur le credit de l'empereur, les pourvoyast d'argent : et le roy a esté très-contant de l'empereur pour plusieurs choses que mondit sieur de Gurce a escript, lequel n'attendoit autre chose que l'arrivée de monsieur de Paris à Manthue, lequel monsieur de Paris estoit encoires malade à Cremone. Despuis, ledit sei-

gneur roy a heu lettres du xvᵉ jour de cedit moys de Manthue, contenant ce que dessus, et que ledit sieur de Paris, combien il eust
les fievres, se avoit fait mener par la riviere du Pau jusques audit
Manthue, où il devoit arriver le xvᵉ jour; et semblablement cedit
jour y devoit arriver l'ambassadeur d'Arragon, qui estoit emprès le
pape, et avec luy ung homme secret dudit pape, et bien son mi-
gnon, avec bien ample povoir de sa sainctité touchant le traicté de
paix, laquelle ledit seigneur de Gurce affermoit de plus en plus se
feroit, ainsi que je prie Dieu se face, combien tous les autres avertissements sont au contraire; mais je veulx plus croire audit sieur de
Gurce.

Le roy aussy a heu nouvelles du xvɪᵉ jour de cedit moys de son
armée, comme icelle se mectoit à l'escalate; et l'armée dudit pape
et des Veniciens estoit desjà prouchain à cinq mille italyens, et que
tout incontinent l'on auroit nouvelle ou de la bataille faicte ou de
l'appoinctement, synon bien prouchain de le faire. A mon advis, madame, je croy que l'une des parties et l'autre sera saige, et qu'ils se
laisseront de partir, et que la paix se fera. Aultrement il se ensuyvra une guerre qu'il ne sera point petite; laquelle je doubte mal-
vayse pour nous, consideré la necessité de nostre maison.

L'hon a heu nouvelles que le pape a fait neuf cardinaulx et que
monsieur de Gurce estoit le premier, mais que bien noblement il a
refusé d'accepter synon après laditte paix faicte, et que ledit pape
l'avoit reservé *in pectore suo*; les aultres cardinaulx sont l'ambassadeur d'Angleterre, l'evesque de Syon en Suysse, messieurs Aguille
de Grassis, boulonnois, un fils de Pandolf, qui gouverne Seine, et
el Datario et un Venicien, et aucuns autres, et n'y a aucun Espai-
gnol, mays l'on est adverty qu'il en fera brief aucun autre nombre.

L'on a escript que le pape avoit ordonné son armée pour combattre en la maniere que s'ensuyt : assavoir que le sieur Fabrice
Couloigne, capitaine des gens du roy d'Arragon, avec sesdits gens
et autres gens d'armes dudit pape, seroient advant-garde, et le duc
d'Urbin à la bataille, et les Veniciens à l'arriere-garde.

Et les François à grant hatte avoient envoyé à Veronne querir mille lanskenechs, lesquels monsieur de Gurce leur avoit accordé.

Madame, il est arrivé, sont deux jours, l'escuyer Bonnet avec charge de l'empereur pour l'evesché d'Arras; j'en feray de ma part tout ce que possible me sera.

Le roy demeurra icy ces trois jours suyvant, et après la feste de Nostre-Dame se partira pour aler son chemin.

Madame, je vous advertyray de tout ce que surviendra, vous suppliant, etc. A Bourges, ce XIIIe jour de mars.

Vostre très-humble et très-obeissant serviteur,

ANDREA DA BORGO.

CXV.

ANDRÉ DE BORGO À MARGUERITE D'AUTRICHE.

Arrivée des ambassadeurs au congrès de Mantoue. Pourparlers entre eux. Le pape voudrait que l'évêque de Gurce quittât Mantoue et allât le trouver pour traiter avec lui de la paix universelle. Les envoyés d'Espagne sont du même avis, de sorte qu'il va se rendre auprès du pape. Si cette démarche ne réussit pas, Mathieu Lang reviendra à Mantoue. Quant à l'évêque de Paris, il se retirera à Crémone ou à Milan, pour attendre les ordres du roi. L'évêque de Gurce n'acceptera pas le chapeau de cardinal, quand même la paix se ferait. Nouvelles pertes essuyées par les Vénitiens. (*Original.*)

3 avril, à Moulins.

Madame, de Bourges, par mes lettres du XXIIe jour du moys passé, avez esté advertye des nouvelles que pour lors couroient, et despuis, je vous ay escript par M. l'escuyer de Boudesne, qui se partist dudit Bourges le XXVIe dudit mois......

Madame, le jour ensuivant me partis dudict Bourges pour suyvre tousjours le roy de près, qui venoit son chemin en voulant [1] et prenant passetemps, afin que si survenoit quelque nouvelle de l'empe-

---

[1] Volant, chassant au vol.

reur vostre pere, de vous ou d'Itallye, fusse incontinent devers luy pour besoigner comme de besoing seroit; mays aucune chose ne m'est survenue jusques en ceste ville, où ledit seigneur roy arriva le penultieme dudit moys passé, et moy le dernier.

Les nouvelles que sa magesté a heues d'Itallye, et moy de monsieur de Gurce, en ceste ville, sont telles :

Assavoir que, despuis l'entrée de mondit sieur de Gurce à Mantue, que fust le xiie dudit moys, actendit les autres ambassadeurs audit Mantue jusques au xviie d'icelluy mois; lequel jour monsieur de Paris y arriva, qui n'y peult plus tost estre pour cause de sa maladie; et le mesme jour aussi y arriva l'ambassadeur d'Arragon, messire Jherome Wict, resident emprès le pape, et avec luy un cubiculaire du pape appellé l'archidiacre de Mantue, et semblablement y arrivarent les ambassadeurs de Florence et de Ferraire.

Ledit jour, mondit sieur de Gurce, deux heures après que fut venu mondit sieur de Paris, alit premierement en son logis le visiter, pour cause qu'il estoit malade; et l'autre jour ensuyvant, ledit de Paris alit au logis dudit de Gurce, et furent bien au long ensemble; et après les deux ambassadeurs d'Espaigne furent au long avec icelluy monsieur de Gurce, et pareillement despuis avec mondit sieur de Paris, et ledit archidiacre aussi fut avec ledit de Gurce; et despuis icelluy de Gurce, ledit de Paris, lesdits ambassadeurs d'Espaigne furent ensemble aucunes fois. Beaucop de discords, divises et communications sont esté entre eulx pour le fait de la paix; mais pour venir au point de la matiere, que en effect ledit archidiacre cubiculaire du pape a demonstré estre envoyé seulement pour prier mondit sieur de Gurce que, sans sejourner audit Mantue, se voulsit tirer devers sa sainctité, le certiffiant que en toute matiere, sadicte sainctité estoit deliberée à faire une paix universale, et de attribuer l'onneur d'icelle audit sieur de Gurce, et n'entendoit icelle sa sainctité besoigner aucunement en quelque maniere que ce fut en ce traicté de paix, synon riere luy et en sa court, et que mondit sieur de Gurce perdroit tout son temps sans prouffit s'il vouloit traicter autrement.

Les ambassadeurs d'Espaigne firent entendre le semblable audit
sieur de Gurce et audit sieur de Paris, et eurent ensemble plusieurs divises et pratiques sur les matieres occurrantes, sur le fait
de la paix, sans dire toutesfois aucune particularité que vuille faire
le pape, mays donnant ferme espoir audit de Gurce que, en toute
façon, laditte paix se feroit, mais qu'il alit devers ledit pape, et promectant que si, par faulte de sa sanctité, ne se fesoit laditte paix,
que le roy catholique ayderoit à l'empereur plus avant que ce qu'il
luy a promis. Et enfin, par commung consentement de tous quatre,
fut deliberé que mondit sieur de Gurce devoit se tirer devers ledit
pape pour beaucop de bonnes causes et raisons qui seroient bien
longues à escripre.

Et pour faire la chose avec plus grant fondement, ledit ambassadeur d'Espaigne, messire Jherosme Vict, s'en retournit en poste devers ledit pape le xxiiiᵉ dudit mois passé : premierement, pour entendre encoires de sa sanctité plus deliberement s'il est pour venir
à la paix universelle, et aussi à fin d'avoir sauf-conduit pour l'alée
et retour de mondit sieur de Gurce, lequel se partit le xxviᵉ dudit
Mantue, et le xxviiᵉ estoit à Correge, et le xxviiiᵉ devoit estre à Modene, où il devoit actendre la responce dudit ambassadeur d'Espaigne,
et si elle estoit bonne, comme estoit d'espoir, tout incontinent se
partiroit pour aller à Raveine devers ledit pape, et luy, demeuré là
quatre ou cinq jours, et veant ledit pape n'estre enclin à laditte paix,
s'en devoit revenir audit Mantue pour faire à l'encontre de sa sanctité comme il a esté traicté[1]; mais en cas qu'il y ait fondement de
paix, il envoyeroit tout incontinent querir mondit sieur de Paris pour
là traicter tous deux ensemble avec saditte sanctité; lequel monsieur
de Paris n'estoit voulu aller avec mondit sieur de Gurce, pour non
avoir tel charge du roy son maistre, mais devoit retourner à Cremona ou à Millan pour actendre la commission que luy envoyeroit

---

[1] Mathieu Lang eut une audience du pape à Bologne; mais il le trouva peu disposé à faire la paix avec Louis XII. Voir *Lettres de Louis XII*, II, 139.

ledit seigneur roy, lequel luy a escript que, si mondit sieur de Gurce
luy escript, qu'il voise que il y doit aler.

Le marquis dudit Mantua, par ordonnance de l'empereur, est alé
avec ledit sieur de Gurce.

Les ambassadeurs de Florence et de Ferraire se sont retiré ailleurs,
actendant ce que leur mandera mondit sieur de Gurce.

Ledit sieur de Gurce m'escript qu'il n'a autre fondement de la
paix, synon le dessusdit grant espoir donné par le roy d'Arragon,
sesdits ambassadeurs et par l'homme dudit pape.

Et le second, et plus tost le vray et premier fondement, que l'empereur et le roy se hatent le plus qu'il pourront à faire leurs preparations de la guerre. Et, si laditte paix ne se peult faire, il s'entendra à prosequir laditte guerre. Toutesfoys l'on a espoir à laditte
paix.

Ledit sieur de Gurce devoit estre à Raveine le cinquiesme jour du
present mois.

Ledit sieur de Gurce m'escript aussy que, combien se feit laditte
paix, encoires n'avoit deliberé de prendre le chappel de cardinal.

Les armées du pape et du roy sont tousjours où elles estoient. Et
les gens du roy ont deffait bien trois cents chevaux estradiots des
Veniciens, et ont tué leur capitaine qu'estoit le meilleur que eussent
lesdits Veniciens. Et le duc de Ferraire a prins vingt petites navieres
desdits Veniciens, et ledit duc entendoit à armer ses galleres.

L'ambassadeur d'Arragon a heues lettres d'Espaigne du xxe du
passé : le roy estoit à Siville et entendoit à diligence à faire son armée de mer, et escript que, sans nulle faute, il est deliberé d'aller en son entreprinse personnement contre les Maures, et escript
aussi tout plain de bonnes paroles au roy, luy priant à vouloir en
toute façon faire la paix.

Madame, des autres choses que surviendront je vous en advertyray.

Le roy se part à ceste heure avant disné pour tirer son chemin
de Lyon ; je m'en iray après luy demain. Aultre, ma très-redoubtée

dame, synon que je prie le Createur vous donner l'entier de vos très-haulx desirs avec bonne et longue vie. A Molins, ce matin iiie jour d'avril.

Madame, voulant fermer ceste est venue la poste avec vos lettres du dernier du mois passé, et celles de l'empereur touchant les choses de Gheldres, sur lesquelles semblablement l'ambassadeur de France despeche une lettre au roy, qui est venue en six jours; mais le roy n'a encoires veu les lettres. Demain au matin me tireray devers ledit seigneur roy et feray le mieulx que pourray, et ne restera de ma part à bien remonstrer la chose.

Vostre très-humble et très-obeissant serviteur,

ANDREA DA BORGO.

Madame, par les lettres que monsieur de Paris a escript par deçà, et autres, et aussy par celles que mondit seigneur de Savoye m'a escript, le roy a esté très-content du bon pourtement dudit sieur de Gurce en ces affaires, louant tout ce que fait y a, et combien il eust desiré que ledit sieur de Paris fust alé avec mondit sieur de Gurce, toutesfoys, pour la bonne fidelité qu'il cognoit estre en icelluy sieur de Gurce, il a esté bien contant de son besoigné et de son alée.

1511.

Cette année a commencé à Pâques, 20 avril.

CXVI.

ANDRÉ DE BURGO À MARGUERITE D'AUTRICHE.

Rupture des négociations pour la paix. Vigoureux préparatifs du roi pour la guerre. L'empereur envoie des troupes à Vérone. Les évêques de Gurce et de Paris doivent conférer ensemble à Modène. Embarras et demande d'argent. (*Original.*)

31 avril, à la Héronnière.

Madame, par la derreniere poste par moy expediée le xxviie du present mois[1], avez esté advertye des nouvelles occurrantes. Despuïs le jour d'yer, je receu lettre de monsieur de Gurce, du xxiiie de cedit mois, contenant bon espoir de paix, sans escripre autres particularitez des poincts où estoit ledit espoir, ne où estoit la difficulté; mais m'escripvoit beaucoup d'autres chapitres demonstrant la grant sincerité avec laquelle il procedoit, tant pour l'empereur que pour le roy de France, et que l'on tachoit à les desunir. Et m'escripvoit oultre que les ambassadeurs d'Espaigne avoient fait et fesoient tous debvoirs à conduire ladite paix, et y procedoient droictement.

Le mesme jour, le roy eust plus fresches nouvelles de monsieur de Paris, par lettres que luy avoit escript mondit sieur de Gurce; que le pape estoit retourné à son malvais vouloir de non fere ladite paix, et mondit seigneur de Gurce m'escripvoit en ung mot que dedans ung jour il m'advertiroit de la resolution ou de la paix ou de la guerre.

Madame, cejourduy est venue autre poste par laquelle sont ve-

---

[1] Par cette lettre du 27, A. de Burgo rend compte de ses débats avec le roi et son conseil, au sujet des affaires de Guel- dre et du refus que faisait le clergé des Pays-Bas de se rendre au concile de Lyon. (*Lettres de Louis XII*, II, 187.)

nues nouvelles de la entiere rupture de paix, laquelle ne vous seroye mieulx faire sçavoir, synon de vous envoyer les lettres que j'en
ay heues. Ainsy vont les choses de ce monde; il fault prendre ce
qu'il plait à Dieu pour le meilleur. Toutefois je voudroye bien que
Dieu nous heust donné la guerre, que une paix se fut faicte; mais
si chacun fait son debvoir, j'espere qu'il en succedera mieulx.

Le roy, messieurs du conseil et moy sommes esté ensemble. L'on
a confirmé beaucop de choses, que desjà les jours passez sont esté
escriptes (lettres) à l'empereur et à monsieur de Gurce pour l'execution de la guerre, tant en temporel comme au spirituel.

Demain s'en vont à Lyon, monsieur de Longueville, messieurs de
Borbon, marquis de Rothelin et beaucop d'autres seigneurs, pour
faire partir les gentilzhommes et pancionnaires tout incontinant et
sans aucun delay, pour, et lesdits seigneurs ensamble, passer les
montz; et a ledit seigneur roy donné la conduicte de cent lances
à mondit seigneur de Borbon, desquelles à grant hatte fera une
partir à ceste heure.

En après il a envoyé à toute diligence pour faire partir les trois
mil Grisons pour se hatter à estre à l'armée.

Semblablement il fait partir à grante (hatte) le demeurant des
chevaulx de l'artillerie, et fait touts aultres appareils de guerre.

Et deans deux jours envoyera les chevaulx de sa personne de là
lesdits montz.

Ledit seigneur roy se partira samedy d'icy pour se tirer à Grenoble, actendant le passaige de ses gens d'armes; et ce pendant
son armée qu'il a en Italye fera le pis qu'elle pourra contre les ennemys.

Ledit seigneur roy a heu nouvelles que l'empereur a envoyé à Veronne quatre mille pietons qui sont jà arrivez; dont ledit seigneur
roy a heu grant plaisir, me priant vouloir escripre audit empereur
qu'il se veuille hatter et se approucher le plus tost qu'il pourra, luy
et ses gens, d'Italye.

Madame, a aussi heu nouvelles que mondit sieur de Gurce estoit

jà à Modena, où se devoit trouver monsieur de Paris, pour parler ensemble.

L'on actend nouvelles deans deux jours de ce que auront fait et
parlé mondit sieur de Gurce et mondit sieur de Paris; de ce que surviendra, je vous en advertiray.

Madame, je vous ay par plusieurs fois escript de mon cas et
l'extremité en quoy je suis; et encoires la necessité en quoy je me
sens me constrainct à vous escripre, et si vous n'y pourvoyez, je ne
sçay où j'en suis; pour quoy je vous supplie, madame, que tant
pour estre bon serviteur de l'empereur vostre pere, de la maison
et aussi le vostre, me vuillez secourir, et faire tellement que ne
soye contrainct à faire emprumpt, que ne sera l'honneur de vostredit pere ne le vostre. Il me fault aller à Lyon, où j'ay grant peur de
demeurer par faulte d'argent, ou faire emprunt et me pourveoir par
quelque moyen que ne sera ledit honneur de vostredit pere. Madame, je suis contrainct le vous escripre, et me pardonner, s'il vous
plait. C'est une grant pitié que pour estre si bon et leal serviteur
de vostre maison et dès longtemps, il me faille si souvent prier et
requerir le vivre, comme font les povres pour Dieu, pour avoir la
sueur et labeur de mon corps et le myen. Et je vous promectz que,
tout ce que j'ay gagné à mon service, je n'en ay ung denier, ne acquis
ne four, ne molins, mais l'ay despendue à l'onneur de mes maitres.
Et pourtant je vous supplie très-humblement, madame, vous y avoir
regard et y fere pourveoir comme je faiz à bien servir. Et si c'est
vostre bon plaisir, envoyerez incontinent et par la·premiere poste,
si desjà fait ne l'avez, une lettre de change icy à messire Bartholomey
Panchati, pour que il me delivre argent pour me povoir oster d'icy,
où je suis grant debteur et demeurant me povoir entretenir jusques
autre provision me sera faicte du demeurant de ce que m'est deu.
Et ainsi, madame, je vous supplie derechef le fere, afin que ne demeure perdu ne deshonoré; car c'est ung malvais exemple aux autres
bons serviteurs.

Madame, je vous supplie très-humblement me pardonner si j'es·

criptz plus avant que je ne dois, car vous povez congnoistre que la grant necessité et desperation en quoy je suis le me fait fere.

Ma très-redoubtée dame, je prie Nostre-Seigneur, etc..... A la Heronniere, ce derrenier jour d'avril.

Vostre très-humble et très-obeissant serviteur,

ANDREA DA BURGO.

CXVII.

LE CLERGÉ DU COMTÉ DE FLANDRE

S'EXCUSE DE NE POINT ASSISTER À L'ASSEMBLÉE DE L'ÉGLISE GALLICANE QUI DOIT SE TENIR À LYON.

(*Copie authentique.*)

16 mai, à Bruges.

Illustrissima, metuendissima et virtuosa domina, rectrix et gubernatrix illustrissimi et metuendissimi principis nostri, prelati capitulantes et alii clerum comitatus Flandrie representantes, ut excellentie vestre satisfaciant, et a non comparitione in dieta per regem Francie Lugduni indicta ad illic certa negocia ecclesiam Gallicanam, ut asserebatur, concernentia pertractandum, se pro viribus excusent, respondent, cum omni humilitate, qualiter ipsi comperiunt quod a similibus congregationibus omnino liberi sunt et immunes, quodque, tam ex suis archiviis ad hunc finem visitatis quam ex seniorum informatione, nullatenus repererunt aut reperire possunt quod aliquando, precedentibus temporibus, ad consimiles congregationes que ecclesiam ipsam Gallicanam solam respiciebant comparuerunt, seu ad eas vocati fuerint, sicuti in illa solemni congregatione ecclesie Gallicane Bituris habita et aliis forsan posthabitis congregationibus, ad quam et quas ipsi nunquam se vocatos comperiunt. Precantur igitur illustrissimum principem suum et excellentiam vestram ut ipsos in suis usu et libertate conservare et tueri dignentur et velint, et apud dominum regem

Francie, prout optime poterunt et scient, clerum ipsum excusatum faciant. Et altissimum Deum pro ipsius illustrissimi domini et principis nostri et vestre excellentie prospero et felici successu deprecabitur[1]. Actum Brugis, in congregatione predicti cleri, die decima sexta mensis maii, anno Domini millesimo quingentesimo undecimo. Sic signatum: *De mandato prefatorum dominorum*, BERTIN. Presens copia collationata cum suo originali per me, HANETON.

CXVIII.

ANDRÉ DE BURGO À MARGUERITE D'AUTRICHE.

Le peuple de Bologne a démoli le château et les fortifications de cette ville. Élection de Galéas Bentivoglio comme évêque de Bologne. L'armée du roi, qui a reconquis tout le Ferrarais, se porte sur la Mirandole. Quand cette ville sera prise, le roi enverra un nouveau secours à l'empereur, qui devrait bien se hâter aussi. On cherche à réconcilier le roi avec le pape. Celui-ci est désespéré de la perte de Bologne. L'armée vénitienne est en déroute complète. (*Original.*)

1er juin, à Grenoble.

Madame, despuis la derniere poste à vous par moy expediée, qui fut avant-hier, sont venues nouvelles comme le peuple de Boulongne a mis par terre tout entierement en deux jours le chastel et forteresse de Boulongne.

[1] Marguerite ayant transmis cette pièce à son père, l'empereur lui répondit de Rotembourg, le 10 juin : « Puisque ainsy est que lesdits du clergé ont previlege et de tout temps accoustumé estre francs et exemps de eulx trouver à telles et semblables congregations de ladite eglise gallicane, et que ce seroit chose de très-dangereuse consequence pour nostredit pays de Flandres, avez très-bien fait de les avoir conseillié et assisté; et ne verrions aussy voluntiers que, contre leur anchienne coustume....., ils feussent molestez et travailliez : ains les vouldrions en iceux maintenir et soustenir. Toutefois, pour ce que nous sommes presentement en toute bonne amitié et alliance avec nostredit frere le roy de France, et que par ensemble dressons ung concile pour le bien de l'universelle eglise, et que la chose en cest endroit touche aussy lesdits de clergié de Flandres, nous desirons bien que, s'il est plus necessaire de l'assemblée de ladite eglise gallicane, que

Item, que, vacquant l'evesché de Boulongne par la mort du cardinal de Pavye[1], les chanoines et autres de l'eglise dudit Boulongne ont esleu pour leur evesque le frere des Bentivoilles[2].

Item, que l'armée du roy, ayant recouvré toutes les villes du duc de Ferraire, s'estoit partie et s'en venoit à l'Admirandula; et le roy m'a dit ce matin que, après qu'elle sera recouvrée, qu'il envoyera ung plus grant nombre de gens à l'empereur, mais il vouldroit bien qu'il se hattit de son cousté.

Le cardinal de Nantes[3] et autres ont voulu commancer pratiques de paix entre le pape et le roy de France; mais le pape a respondu qu'il attend la resolucion qui sera donnée à l'embassadeur d'Escosse[4] qu'il a envoyé icy. Le roy m'a fait communiquer ladite resolucion, de laquelle je vous envoye le double icy encloz. Il n'est mancion de Boulongne, comme vous verrez; car ledit ambassadeur fust expedié premierement que ledit Boulongne fust prins, et le roy dit que ledit Boulongne n'est pas en ses mains, mais ès mains desdits Bantivoilles. Le roy a respondu aux instructions dudit pape la meilleure responce du monde et qu'il ne desire autre que paix et estre son bon filz.

L'armée du roy est retiré hors de terres de l'eglise, et le deuxieme ou IIIe de ce mois doit estre au camp devant l'Admirandula et recouvrer ladite Admyrandula; l'on entendra à l'entreprinse de votre pere si de son cousté il est prest.

Le pape jà estoit à Ravenne, et s'en va droit à Rome desesperé.

vous leur commandez d'eulx y trouver, pour autant qu'il leur touche, comme à ce enjoints et commandez de vostre part, en nostre nom, et non comme à la semonce et avocation dudit roi de France. » (Correspondance de l'empereur Maximilien et de Marguerite sa fille, I, 407.) Du reste, Louis XII, qui soupçonnait avec raison que cette résistance du clergé flamand avait été suggérée par Marguerite elle-même, lui en fit témoigner tout son déplaisir, et demanda énergiquement que cet acte d'in-

subordination fût réparé. Voyez Lettres de Louis XII, II, 195.

[1] François Alidosio, cardinal, évêque de Pavie, administrateur de l'évêché de Bologne, fut massacré par le duc d'Urbin sur le marché de Ravenne.

[2] Galéas Bentivoglio fut élu par le clergé et le peuple; mais le pape ne l'admit point.

[3] Robert Guibé, mort en 1513.

[4] André, évêque de Murray, ou plutôt d'Elgin, capitale de cette province d'Écosse.

De toute l'armée dudit pape, le peu qu'en est demeuré s'est tout dispart et dissolu, et le duc d'Urbin s'en retourna en sa maison.

L'armée des Veniciens toutellement destruicte et a heu beaucoup plus grant dommaige que celle du pape, et de tous leurs gens d'armes, tant gens à cheval, pietons que estradiots, n'est demouré que cinq cens chevaulx legiers que sont passé pour eulx retirer à Venise.

Hier je receuz vous lettres du xxie du mois passé; demain j'en parleray au roy, et de ce qui en surviendra vous en advertiray. Touteffois l'on ne se hatte pas fort à ce fait du consille; mais, si la paix se fait avec le pape, comme l'on actant, de tout ne sera riens.

Madame, mon homme m'a envoyé le double des lettres que avez escript au tresorier general touchant mon cas, dont je vous remercye. J'actends continuellemant l'effect soubz l'espoir duquel j'ay toujours icy attendu, et sans cela me fusse party; et de tant plus que delayez et que la chose soit entretenue si longuement jusques à present, est meilleur pour moy à me justiffier que ce n'est point pour ma faulte, mais pour faulte de votre maison, que ne me veult donner à vivre; touteffois ce seroit à mon grant regret. J'actens mon homme avec bonne expedicion ou malvaise, et vous supplie, madame, à le vouloir expedier ou d'une façon ou d'autre, car il m'est plus que impossible que je demeure en cet estat.

Ma très-redoubtée dame, il vous plaira me commander voz bons plaisirs pour les accomplir de tout mon povoir. Ce sçait Dieu, auquel je prie vous donner très-bonne vie et longue, avec l'entier de voz très-nobles desirs. A Grenoble, ce premier jour de juing.

Votre très-humble et très-obeissant serviteur,

ANDREA DA BURGO.

CXIX.

ANDRÉ DE BURGO À MARGUERITE D'AUTRICHE.

Félicitations de Marguerite au sujet de la victoire remportée par les troupes du roi. Sortie de la garnison de Vérone et prise de Soave. Le roi est disposé à envoyer à l'empereur les secours promis, aussitôt que celui-ci sera en campagne. Louis XII se réjouit de la levée du siége d'Iselstein, et désire bien que le duc de Gueldre soit mis à la raison. Il va envoyer un député pour la restitution des villes prises et des marchands arrêtés. Besoin d'argent. Il est bon que le roi ne passe pas les monts cette année. L'empereur va dans le Tyrol, et de là en Italie. L'appointement entre la Savoie et les Suisses n'est pas encore conclu, etc. (*Original non signé.*)

12 juin, à Grenoble.

Madame, j'ay receu voz lettres du ve jour de ce present mois par lesquelles m'advertissez de la reception des myennes du xxve et derrenier jour du mois passé, despuis lesquelles je vous ay expediée deux postes du iie jour de ce present mois, et l'autre du viie, que je croy aurez receues.

Madame, j'ay faicte au roy, de vostre part, la bonne congratulacion contenue en voz lettres de la bonne victoire dudit seigneur roi contre l'armée du pape et dés Veniciens[1], et luy ay leute vostredite congratulacion, selon qu'elle est escripte en vosdites lettres, qui m'a semblée très-bonne et dont ledit seigneur roy a heu plaisir et bien pensé, me disant vous en remercyer grandement, et que de sa part il est deliberé fere, pour les affaires de l'empereur et pour le recouvrement de ses terres, comme des siennes propres; et ne reste autre chose synon que l'empereur vostre pere se hatte le plus qu'il pourra; car de present est le temps de besoingner, et que de sa part ne luy fauldra, me disant aussi que luy devez escripre et inciter à soy hatter. Et m'a dit ce matin ledit seigneur roy avoir heu nouvelles comme les gens de Veronne estoient sortiz hors, et avoient prins une ville et chastel appelé Suave,

[1] Il s'agit de la prise de Bologne et de la défaite des Vénitiens, par le maréchal Trivulce. Voyez ci-dessus la lettre du 1er juin.

et avoient bien prins et tuez ɪɪ^c chevaulx-legiers des Veniciens estans dedans.

Madame, le roy m'a dit en oultre qu'il est contant de bailler à l'empereur, pour capitaine, le seigneur Jehan-Jaques Troultio[1]; et que monsieur de la Palice et monseigneur de Foix s'en viennent à Millan, et que pour cest heure il n'a encoires envoyé que cinq cens lances; mais que incontinant qu'il sçaura l'empereur estre prest, il envoyra la reste de ces gens, selon qu'il a promis, comme ces jours passez vous ay escript, assavoir le nombre de xɪɪ^c lances et les huit mille pietons pour employer au siege de Padue, si vostredit pere y est en personne, et à l'execution finelle de l'entreprinse, ou vrayement si son imperiale magesté y a le nombre de gens qu'elle a promis par le traicté de Bloys. Autres nouvelles ne sont venues de par delà, synon que l'Admirandola s'est rendue.

Madame, j'ay dict une partie au roy de ce que m'escripvez touchant le levement du siege de messire Charles de Gheldres de devant Sestain, et de la sorte que ce a esté. De quoy il a demonstré avoir grant plaisir et bien joyeulx, et m'a dit de ceste sorte que pleust à Dieu que voz gens eussent bien rompu la teste à ceulx dudit de Gheldres, afin qu'ils fussent plus contrainct de eulx incliner à appointement et à ceulx qui broullent ainsi le parchemin. Et m'a dit oultre que de present devez besoingner pour gaigner les gens de la cité d'Ustrecht, afin qu'il ne face plus pour ledit messire Charles de Gheldres et qu'ilz ne l'entretiennent non plus en ses follyes; et a bien prins ung poinct contenu en vosdites lettres, où escripvez que ledit messire Charles continue de pis en pis et ne se soulcye ne du roy ne d'autre. Par quoy, il semble que vous congnoissiez que ce n'est la faulte dudit seigneur roy et le debvoir qu'il en a faict. Et encoires cejourduy matin a ordonné à monsieur le chancelier, en ma presence, de eslire sans plus de delay ung homme de bien pour envoyer par delà, qui ne demeure pour autre sinon pour en trouver ung qui semble estre bon, lequel partira tout incontinant; et si ne peult besoingner à la restitution desdites

---

[1] Le maréchal de Trivulce.

villes et des marchans, que ledit de Gheldres demeure obstiné à non vouloir rendre lesdites villes, se pourra regarder si, par le moyen dudit homme de bien que ledit seigneur roy envoyra et des commis de l'empereur et dudit de Gheldres, l'on pourra besoingner et appoincter le different du plain pays. A quoy il vous prie, madame, vouloir tenir main que d'une maniere ou d'autre ledit appoinctement se face. Et tout ensemble, pendant que son homme sera par delà, l'on pourra adviser le moien, tant sur ladite restitution desdites villes et marchans que sur ledit different du plain pays. Touteffois, si avant, ladite restitution se povoit faire, il seroit très-contant; et cependant, madame, vous pourrez adviser et consulter, avant la venue dudit homme du roy, quel moyen se pourra prendre; car de ladite restitucion je n'ay point d'espoir, si ce n'est par force d'armes ou par appoinctement du different dudit plain pays.

J'ay aussi monstré à mondit sieur le chancellier et à monsieur le tresorier Robertet les nouvelles dudit siege levé de Gheldres, monstrans en estre joyeulx, lesquels m'ont promis de mectre cejourduy en ung billet cinq ou six personnaiges, afin que le roy en eslise ung tel qu'il lui plaira. Et ont monstré semblablement estre joyeulx de ce qui est advenu contre ledit de Gheldres; et mondit sieur le tresorier m'a dit que maintenant devez prendre toute peinne de separer ceulx dudit d'Utrecht d'avec ledit de Gheldres, disant que, puisqu'il est habandonné et delaissé du roy, il sera bien contant de venir à la raison.

Madame, touchant mon cas, je vous remercye très-humblement ce qu'il vous a pleu y fere, et prie Dieu le vous vouloir rendre. J'actends avec grand desir ce peu de provision. Au demeurant, madame, je vous prie, pour l'amour de Dieu, y vouloir trouver quelque bon et brief expedient, comme la raison le veult, et vous verrez ce que cejourduy m'en a escript l'empereur par ung article de ses lettres cyencloz; lequel article, sil c'est vostre bon plaisir, pourriez fere monstrer à messieurs des finences.

Madame, le serviteur du maistre des postes m'a dit qu'il a heu commission de son maistre de mectre trois postes entre cy et Lyon. Et par ainsi je vous escripray à ceste heure continuellement de toutes nouvelles que surviendront.

L'empereur m'a escript par lettres que sont venues par la poste, que cejourduy j'ay heue de luy par lettres du derrenier jour du mois passé, données à Graulme, loingtain d'Ysprouch trois journées, comme il estoit adverty de la prinse de Boulogne, et de la deffaicte des gens d'armes du pape et des Veniciens. De quoy il estoit très-joyeulx, et qu'il actendoit en deans trois ou quatre heures monsieur de Gurce; et après qu'il auroit ouy, il me envoyroit sa resolucion de toutes choses, tant sur le fait de la guerre que de la paix. Le roy l'actend de heure en heure avec grant desir.

J'ay escript à l'empereur, jà sont aucuns jours, pour beaucop de raisons, qu'il ne donne jà la peine au roy de passer les montz, mais qu'il le prye à demeurer; j'en actend la resolucion en brief, et que la veue de eux deulx se delaye, après avoir finye l'emprinse, de venir en Bourgogne à laquelle, madame, vous pourrez trouver. Et j'espere qu'il aura trouvé bon mon advis, et sera encoires chose bien agreable à la royne et à toute France et non point desplaisante au roy, selon mon petit avis, et de quoy, entre les autres princes chrestiens, le roy catholique sera très-joyeulx. Et par ainsi je suis quasi comme certain que pour ceste année il ne passera les montz. Quant sera venue la resolucion de l'empereur, je vous advertiray de la deliberacion du roy, s'il vouldra encoires sejourner icy pour aucuns jours, ce que je ne croy pour y estre grant chierté de vivres, ou s'il se vouldra retirer en aulcune ville à ceste prouchainne, ou s'il se vouldra se retirer à Lyon et de là à Blois.

L'empereur par les susdites lettres m'escripvoit comme il se par-toit pour aller en la conté de Tyrolle et despuis passer en Itallye, et qu'il se hattoit tant qu'il povoit pour fere provision de gens d'armes pour l'execucion de ladite entreprinse.

Ledit empereur m'advertit que, tout incontinant qu'il sera en Ty-role, il fera mectre les postes jusques à Bresse pour m'envoyer ses lettres, et que le roy feit mectre les syennes jusques audit Bresse, pour porter les lettres de vostredit pere et les myennes.

Madame, je prie Nostre-Seigneur vous donner, etc. A Grenoble, ce xiie jour de juing.

Madame, touchant ce que je vous ay escript par l'autre poste de l'appoinctement d'entre Savoye et les Suysses, le roy le me dit de sa bouche et aussy à l'ambassadeur d'Espaigne. Touttefois monsieur de Marsaille, messire Claude d'Es[1], m'a dit que la conclusion dudit appoinctement n'estoit pas du tout conclue, mais que les cantons desdits Suysses l'avoient comme demy-accordé, disant qu'ilz en parleroient premierement à leurs villes, « et postea in una alia dieta reverterentur cum illa conclusione quam majores sui fecissent. »

Touchant Nevers, madame, je vous ay escript par les autres postes comme l'advocat de monsieur de Nevers estoit party pour aller à Paris afin de faire passer la chose. Je croy l'aurez veu, et que vostre advocat vous advertira de ce que fait y sera. « Serenitas vestra debet scribere predicto suo advocato ut sollicitet negocia et scribat mihi quod sequetur[2]. »

Madame, j'ay delayé expedier ceste poste suractendant s'il viendroit quelques nouvelles d'Itallie, et pour sçavoir celluy qui se doit envoyer de la part du roy en Gueldres, et laquelle je retiendroye encoires voluntiers ung jour ou deux; mais le serviteur du maistre des postes est contrainct de retourner à Lyon.

Quant à l'homme qui se doit envoyer en Gueldres, je n'ay encoires peu tant fere que l'election en soit esté faicte, mais ilz m'ont promis que en toute façon demain elle se fera.

Quant aux nouvelles, j'ay receu la poste de monsieur de Gurce avec lettres de luy du iiie de ce mois, contenans comme il estoit esté avec l'empereur, lequel, ayant ouy son rapport, estoit très-contant de la façon qu'il avoit besoigné.

---

[1] C'est-à-dire Claude de Seyssel, nommé aussi Claude d'Aix, à cause du lieu de sa naissance.

[2] Ces phrases latines sont écrites de la main d'André de Burgo.

Item, que, puisque le pape et les Veniciens n'avoient voulu la paix, que son imperiale majesté estoit toute deliberée à la guerre, et qu'il s'apprestoit et se hattoit le plus que luy estoit possible et tiroit devers Hisprouch et despuis tireroit en Itallye, croyant que au mains il y auroit quatorze mille combatans. Plust à Dieu que à ceste heure en y fut desjà huit ou dix mille, qui prouffiteroient plus de present que plus grant nombre plus tard.

Ledit seigneur de Gurce s'estoit parti de l'empereur pour venir devant audit Hisprouch, pour illec estre ensemble avec les conseillers de l'empereur pour entendre aux provisions de la guerre, et pour l'assemblée que devoient ferre les gens du pays de Tyrolle à ceste Pentecoste pour l'aide qu'ilz doivent donner à l'empereur; et ce pendant à grant hatte l'empereur envoyoit à Veronne autre deux mille pietons, et se parforceroit continuellement d'envoyer après d'autres gens, et sa majesté estoit deliberée de venir après incontinant pour entrer en Itallye.

La dessusdite n'est pas la resolucion que actendoit le roy; je croy que j'auray autre deans cinq ou six jours; et de que s'ensuyvra je vous en advertiray. Cependant le roy demeure icy en suspencion, car luy ne sa court ne sont point bien icy, et croy qu'il s'en retournera bientost. Pleust à Dieu que l'empereur fut esté prest en Itallye premierement qu'il s'en fut retourné; car sondit retour, demeurant les affaires ès termes qu'ilz sont, ne sera point au propoz. Touteffois, si l'empereur fut puissant en Itallye avec l'ayde du roy, tout se pourteroit bien.

Du pape l'on a nouvelle qu'il devoit (passer) ces festes de Pentecoste à Orbin, et qu'il faisoit mectre en point ses gens d'armes qui estoient en partye destruictz de chevaulx et autres biens.

Madame, je n'ay autres nouvelles; s'il en survient autres, je vous en advertiray. A tant, je prie Notre-Seigneur, etc. A Grenoble, ce xiie jour de juing.

Vostre très-humble, etc.

CXX.

ANDRÉ DE BURGO À MARGUERITE D'AUTRICHE.

Le duc de Gueldre fait justifier auprès du roi la prise de certaines villes et de quelques
marchands. Le roi lui envoie un député pour l'engager à être fidèle au traité de
Cambray. En attendant, la princesse fera bien de tâcher de recouvrer par la force
des armes ce qui lui est dû. Remontrance du chancelier à l'envoyé du duc de
Gueldre. Plaintes de l'évêque de Liége au sujet des projets hostiles de Marguerite
contre lui. (*Original.*)

18 juin, à Grenoble.

Madame, j'ay receu vos lettres du xme jour de ce present moys et
entendu tout ce que par icelles m'escripvez touchant messire Charles
de Gheldres. Madame, pour ce que, ces cinq jours passés, le roy a
esté en chambre, que gueres de gens ne luy ont parlé, obstant sa
goutte que l'a ung peu molesté, et de laquelle à ceste heure il n'est
du tout delivré, je ne luy ay parlé du contenu de vosdittes lettres,
actendant qu'il soit ung petit meilleur, ce que je feray. Toutesfoys,
j'en ay parlé à monsieur le chancelier et à ceux du conseil, lesquels m'ont respondu de mesmes, comme jà plusieurs fois vous ay
escript; et outre, que Hesdart, l'homme dedict messire Charles de
Gheldres, estoit arrivé qui avoit apporté lettres d'icelluy messire
Charles escriptes de sa main au roy, et plusieurs autres choses à la
justifficacion de son maistre, lequel, comme il disoit, n'avoit esté le
premier à enffraindre la paix ne le traictié de Cambray, mays que,
veant messire Charles icelluy traictié estre esté rompu premierement
de vostre part que de la syenne, luy estoit esté chose convenable et
necessaire, pour son bien et honneur; de faire ce qu'il avoit fait de
la prinse desdittes villes, lesquelles s'estoient rendues à luy; et quant
à la prinse des marchans[1], il m'ont dit que ledit Hesdart ramenoit

[1] Voici comment Marguerite d'Autriche
annonce à son père la prise de ces marchands : «En oultre, je vous advertiz
comme puis nagueres, estans les mar-

beaucoup de raisons pour justiffier sa cause, et que pourroye en parler au roy, mais que l'on ne sçait que y faire plus. Je luy parleray, si Dieu plait, demain. A quoy, madame, j'ay respondu comme il appartenoit, au contraire desdittes lettres dudit messire Charles de Gueldres et autres paroles rappourtées par ledit Hesdart. Et pour conclusion, madame, il me semble que autre provision n'y sera faicte synon ce qu'est d'envoyer l'homme du roy devers icelluy messire Charles pour l'exhorter à vouloir faire laditte restitucion, lequel partira demain. Et à ceste cause, mon advis est, considéré que ledit de Gheldres fera bien grande difficulté à rendre lesdittes villes, veu la response qu'il a faicte de sa main[1] audit seigneur roy, de laquelle je vous envoye une copie, mon advis est et me semble que, en toute façon, que devez faire par armes tout vostre possible à l'encontre dudit messire Charles de Gheldres, pour le recouvrement de vosdites villes et marchans, et afin de l'incliner à la restitucion et à prendre quelque appoinctement, ou, si ne le povez faire, que vous devez entretenir tellement que ne perdez riens, et bien garder le vostre pendant que l'homme dudit seigneur roy yra pardelà, par le moyen duquel pourrez et devez adviser, s'il se pourra trouver quelque bon expedient d'appoinctement, que sera une bonne chose, ou jusques à tant que l'empereur pourra avoir finye ceste syenne entreprinse, que sera à la fin de ceste hesté, et alors il vous pourra secourir et l'ayder.

Madame, je parleray du contenu de vosdittes lettres audit seigneur

---

chans de par deçà, au nombre de plus de quatre-vingts, en chemin pour aller à Francfort, et ayant avec eulx un ghelay de M. de Julliers, assez près de Coulogne, y sont survenus cent chevaux gueldrois qui ont rué sus lesdits povres marchans, et d'iceulx tué deux ou trois et blessé aucuns et prins et mené les autres en forte et estroite prison. » (*Correspondance de Maximilien et de Marguerite*, I, 391.) Déjà, par une lettre du 24 avril, Louis XII

avait mandé au duc de Gueldre de restituer lesdits marchans ainsi que la ville de Hardewick. (*Lettres de Louis XII*, II, 185.)

[1] Dans cette lettre, qui est du 23 mai 1511, le duc de Gueldre rappelle au roi que, sur sa demande, il a déjà rendu la ville de Wesep et le château de Mue, mais qu'il est déterminé à ne plus céder Hardewick, attendu qu'il est « trop povre et qu'il lui seroit plus besoin de ravoir le demourant que d'en oster de ses mains. »

roy incontinent que se pourra aler devers luy; mais je sçay que en effect sa resolucion et response sera telle que je vous escrips : assavoir d'envoyer son homme devers ledit de Gheldres, et l'exhorter ad ce que dessus, et que, d'autre cousté, son advis seroit que entendissiez à quelque bonne proposition.

Monsieur le chancelier m'a dit qu'il avoit parlé bien aigrement audit Hesdart, et dit tout à certe que son maistre n'estoit pas saige ne ceulx de son conseil, à faire ce qu'il faisoit à non rendre laditte ville, et après trouver quelque bon appoinctement à son cas, à quoy le roy s'inclineroit voluntiers, et que sondit maistre devoit estre seur, et hardiement luy povoit escripre que le roy ne vouldroit point perdre l'amytié de l'empereur pour soubstenir ledit de Gheldres, mays qu'il l'abandonnera, et de ceste heure l'abandonner sans à jamais avoir de luy ayde ne faveur quelconque.

Madame, l'empereur a escript à monseigneur de Lyege une bonne lettre très-credenciale sur moy, le remercyant de ses offices qu'il fait par deçà pour l'empereur vostre pere, et le priant y vouloir continuer, et faire tant en ces choses de Gheldres que en autres, comme bon prince d'empire doit faire. Après luy avoir presenté lesdittes lettres et dicte ma credence contenant ce que dessus, et par luy m'avoir esté respondu toutes bonnes paroles se offrant; et il me dit que lesdittes lettres de vostredit pere estoient venues bien à temps; car ces jours passez il avoit heu deux malvaises nouvelles de son pays : l'une, que de vostre court il avoit esté escript en sondit pays et evesché de Liege comme il estoit pour esmouvoir lesdits de Lyege à eslire ung autre evesque quil fut plus au propos de vostre maison, et quil ne fut si françois; l'autre nouvelle, que vous, madame, naguaires avez donné ung mandemant, à requeste de monsieur de Ravestin, à l'encontre de ses subjects, que estoit de forte execution, me disant que d'icelluy bien brief l'on luy devoit envoyer ung double, lequel il me bailleroit; que si, madame, l'on vouloit user de ses termes devers luy que n'estoient correspondant, à ce que luy escripvoit vostredit pere, il seroit contrainct de mectre ès mains de messire Robert de la Marche son frere toutes ces villes et chasteaulx pour les deffendre, et qu'il sçavoit bien que ce ne seroit sans estre endommagé et bruslé de sondit pays, mays que aussy il en seroit bruslé de l'autre et ne sçavoit que plus y perdroit. De quoy il luy desplairoit, me priant, madame, vous vouloir escripre que l'on s'abstienne de faire telle execution, ne user de tels termes devant les siens, mais les vouloir bien traicter et avoir le regard qu'il convient à ces choses; car autrement il seroit contraint de faire comme dit est; de quoy il ne pourroit venir que tout dommaige, et aultant à aultre comme à luy. Je luy ay respondu comme il me sembloit appartenir, et que je vous advertiray de ces choses, et estoye seur que vous en estant advertye, et aucune male chose avoir esté faicte à l'encontre de luy, trouveriez moyen d'y remedier. De quoy, madame, je vous advertys pour mon debvoir, et me semble que, pour ceste heure, il n'est point temps de desesperer nully, ne de faire des ennemys, ne iceulx provocquer [1].

Madame, je prie Nostre-Seigneur vous donner très-bonne vie et longue avec l'entier de vos très-nobles et haults desirs. A Grenoble, ce xviiie jour de juing.

Vostre très-humble et très-obeissant serviteur,

ANDREA DA BORGO.

---

[1] Nous voyons, par une lettre du 12 juillet, que Marguerite s'était empressée d'écrire à l'évêque de Liége, afin de détruire ces impressions fâcheuses; mais lorsque André de Burgo reçut la lettre, il dut la renvoyer à la princesse, attendu qu'Érard de la Marck n'était plus à la cour de France.

CXXI.

ANDRÉ DE BURGO À MARGUERITE D'AUTRICHE.

Il justifie la princesse au sujet de propos offensants qu'on aurait tenus de sa part en Angleterre contre le roi Louis XII. Celui-ci proteste de son affection pour l'empereur et pour le jeune Charles d'Autriche, qu'il aime comme son propre fils. Il ne serait pas fâché que l'opiniâtre duc de Gueldre fût un peu châtié; mais il espère que l'on en viendra avec lui à un bon appointement. Délais continuels de l'empereur. Secours que lui accorde le roi. Quant aux troupes qu'il doit lui envoyer, suivant le traité de Blois, il attendra que, conformément au même traité, l'empereur soit présent à l'armée. Les Vénitiens comptent beaucoup sur les lenteurs de Maximilien. L'aide du roi d'Aragon n'arrive pas. Le pape persiste en son mauvais propos. On croit que la reine est grosse. (*Original.*)

6 juillet, à Valence.

Madame, la vigille Sainct-Jehan, xxiiie jour du mois passé, vous ay expediée la poste par laquelle avez esté advertye de toutes choses occurantes. Despuis, j'ay receu la poste venant de vous avec vos lettres du xxe dudit mois, ausquelles n'ay heu le temps de povoir respondre jusques à oires pour le departement du roy de Grenoble, qui est arrivé en ceste ville le premier jour du mois present; et despuis les occupacions sont esté si grandes, tant du roy que myenne, et aussy ung peu de indisposition que j'ay, qu'il ne m'a esté possible despecher plustost. Madame, ayant veu vosdites lettres et la copie des titres que escripvez au roy de vostre main, pour ce qu'elles me semblent estre bonnes et bien à propos, incontinent me tiray devers ledit seigneur roy; et, en presentant vosdittes lettres à sa majesté, me dit telles paroles comme ce : « Je suys esté adverty que ma cousine m'a fort picqué en Angleterre; » et dictes de sa majesté beaucop d'autres paroles, comme il me monstreroit si je voulois par lettres. Je luy respondis que s'estoient toutes menteryes, et qu'il ne debvoit adjouster foy à tels non veritables advertissemens, et qu'il povoit veoir le contraire par vosdittes lettres que luy avoye presentées, et,

ouy ce que luy diroye sur la credence de vosdittes lettres, il congnoistroit que vous, madame, vous estes toujours tenue pour sa
bonne cousine, et que ne vouldryés dire chose de sa magesté synon
à tel honneur que vouldryés que de l'empereur vostre pere. Et derechief luy dis, comme autrefois j'avoye fait, que si estiés aussi bien
ung homme comme une femme, vouldriez combattre ceulx qui escripvent et rappourtent telles choses. Enfin, il leust tout au long
vostreditte lettre, et icelle leute, feist meilleur visage que par avant
et demonstrit l'avoir pour bien agreable; après entendu beaucop de
choses que luy dis bien et au long bien au propoz de vostre part,
me dit qu'il ne povoit croire de vous ce que l'on luy rapportoit; car
vosdites lettres et lesdits rapports et advertissements estoient choses
bien differantes, et estoit bien esbay que fussiez de present changée;
car il vous a toujours tenue pour sa bonne cousine et aymée austant,
après la royne, que femme du monde, me disant en conclusion les
bonnes paroles de vous comme les autres fois, et demeuroit bien
content de vous, après luy avoir esté reppliqué par moy comme il
appartenoit. Et certes, madame, vosdittes lettres sont venues bien à
point, et ont bien reconsilié le roy envers vous. Il m'a dit qu'il vous
feroit response[1], laquelle j'ay sollicité, mais elle n'est encoires expediée. Quant je l'auray, incontinent la vous envoyray, et cependant
j'ay voulu vous escripre ceste sans plus actendre, car il y a longtemps
que ne vous ay escript pour les causes dessusdittes; mais, d'icy en
avant, continueray de quatre ou cinq jours vous expedier la poste
pour vous advertyr des nouvelles.

---

[1] Le 25 juillet, le roi mandait à Marguerite qu'il avait chargé le sieur du Chillon d'inviter les villes de Hardewick et de
Bommel à se remettre sous l'obéissance
de Charles d'Autriche. Dans cette même
lettre, il déclarait ne plus songer aux propos offensants dont on lui avait parlé :
« Je vous respons sur ce, ma cousine, que
ce qui est entré en mon entendement est
si petit qu'il est bien aisé à en oster; et
mesmement que je sçay que non-seule-
mant de moy, mais du moindre gentilhomme du monde, vous ne vouldriez porter malvaises ny meschantes paroles. Et à
la verité, je vous tiens et repute si bonne,
si sage et si vertueuse, que de moy en
ceste sorte vous ne vouldriez parler..... »
(*Lettres de Louis XII*, II, 290.)

Le roy m'a respondu semblablement, quant à ce que luy escripviez de l'empereur vostre pere, qu'il y avoit aydé et ayderoit cy-après de tout son povoir, comme son bon frere, ce qu'il seroit à jamays, et que monsieur vostre nepveur il aimoit et tenoit comme pour son fils ; et quant au fait de Gheldres, il demeuroit au ferme propos qu'il vous avoit fait escripre de faire instance de bonne maniere, afin que en la response que vous fait ledit seigneur roy il mecte la substance de ce que autrefois il m'a dit touchant ledit messire Charles, et ce que par plusieurs fois il m'a dit d'escripre à l'empereur.

Madame, je vous remercye très-humblement de ce qu'avez fait en mon cas ; je suis toujours actendant que la provision que avez or-donnée vienne afin que je me puisse resoudre ; car, madame, je suys icy engagé jusques à la vye, et crains qu'il ne me advienne comme à Claude de Cilly, que je ne puysse ne demourer ne sortyr. Toutes-foys, madame, je vous prie y avoyr regard, et que, oultre ce qu'avez fait de present, veuillez pour le demeurant donner telle provision que je soye satisfait par quelque moyen ; car aultrement je ne sçay comme j'en suys, et est pitié de mon fait.

Madame, comme je vouloye commencer parler au roy, ouvrant la bouche de ce qu'a fait le roy d'Angleterre pour monsieur vostre nep-veur, il me dit incontinent qu'il le sçavoit, et qu'ils estoient treize cens, me disant que, puisque messire Charles de Gheldres ne veult venir en appoinctement, n'y a raison qu'il ne seroit point mercy s'il estoit chastié, et que l'on luy feit quelque bonne venue, afin qu'il fust contraint et eut cause de soy incliner ; toutesfoys qu'il esperoit que son commissaire qu'il a envoyé devers ledit messire Charles pourra faire quelque chose, et que de present qu'il est par delà est le temps pour trouver quelque moyen d'appoinctement et composition.

Madame, des nouvelles, l'empereur vostre pere est toujours à Hysbrouk ; le roy le fait continuellement solliciter à apprester son cas, et que le temps se passe. Il m'a escript jà par trois postes qu'il seroit personnellement à l'entreprinse, et requeroit que le roy luy envoyast de present toute l'ayde qu'il luy a promis, assavoir les xii^c lances, les huit mille pietons et la bande d'artyllerie. Ledit seigneur roy s'est resolu que pour ceste heure luy envoyroit, selon qu'il fait, six cens lances et le capitaine Molard avec II^m pietons françois, qu'il a eu la duché de Millan, et le capitaine Jacob, serviteur de l'empereur, avec les XIII^c lanskenecks que sont esté jà ces trois mois passés, et encoires sont de present à la souldée du roy, et une bonne bande d'artillerye, et pour capitaine general surtout monsieur de la Palice. Et ainsy aujourd'huy envoye à Milan l'expedition pour les choses dessusdittes, afin que, cependant que l'empereur sera prest avec toute son armée, les gens d'arme dessusdits, avec ceulx qu'a de present l'empereur, puissent obvier que les Veniciens ne puissent adomager les biens que sont à ceste heure à l'entour de Veronne, mays plustost eulx entrer sur le pays desdits Veniciens, et faire quelque bon explet de guerre sur les-dits Veniciens et leurdit pays.

Quant aux autres six cens lances et quatre mille sept cent pietons que ledit seigneur roy est tenu donner à l'empereur, selon le traicté de Bloys, ledit seigneur roy s'est resolu que tout incontinent les envoyroit que l'empereur sera personnellement en l'armée au moins avec huit mille pietons, et que si l'empereur ne veult estre personnelle-ment, que au moyns il ayt en laditte armée huit mille pietons, deux mille chevaux et sa bande d'artillerye, nonobstant que, par le traicté de Bloys, ledit empereur soit tenu y avoir quatre mille chevaulx et dix mille pietons.

Les Veniciens se renforcent de gens de cheval et de pied, avec de-liberacion de garder surtout Padua et Trevisio, et que, combien l'empereur au peu de temps que demeurast-il cest hesté, gaignasse quelque ville et pays sur lesdits Veniciens, iceulx Veniciens s'acten-dent cest hiver de recouvrer le tout comme ils ont fait autres fois; la tardité nous a fait et fait continuellement un grand mal.

De l'ayde que devoit envoyer le roy d'Arragon, ne s'en est sceu jusques à oires autres nouvelles oultre ce que vous en ay escript par l'autre poste.

Le pape demeure en son malvais propos, et l'on a heu advertissement que le cardinal Regin[1], legat dudit pape en la Romaigne, fait assemblée de gens de guerre pour gaster le pays de Boulenoys; et le roy envoye de present à Boulogne deux cent cinquante lances.

Monsieur de Longueville, monsieur de Borbon, le grand escuier et autres seigneurs et gentilshommes, s'en retournent en France, et les gens d'armes demeurent en Itallye, reservé que les personnes de Baviere, et pensionnaires et gentilshommes s'en reviennent.

Le bruit est que la royenne est grosse; je luy ay demandé, mays elle ne me l'a pas confessé : et sa coustume aussy est à non le dire jamays jusques l'on le voit; mays le roy m'a dit qu'il le croit et quasy a demi confessé.

Madame, de ce que s'ensuyvra en serez continuellement par moy advertye, priant Dieu vous donner très-bonne vie et longue avec l'entier de vos très-haults desirs. A Valence, ce vi[e] jour de juillet.

Madame, en expediant ces presentes lettres, j'ay rescue cejourd'huy la poste avec vos lettres données le dernier jour du moys passé, et vous remercye, madame, très-humblement des bonnes nouvelles que m'escripviez, desquelles je useray quant il m'en sera parlé et viendra à propos, et non autrement besoigner, madame, car c'est le temps propice. Je suys esté très-joyeulx de la response que me faictes sur la plaincte de monsieur de Liege, laquelle je feray entendre au roy et aux autres.

Madame, j'ay receu la lettre de change des mille et cinq cens florins que m'avez envoyés, de quoy je vous remercye très-humblement et aussy à messieurs des finances. Et certes, madame, cella est bien à poinct, car j'estois à l'extremité, et n'avoys mains de honte de satisfaire mes credenciers que de la necessité en quoy j'estoye. Je vous supplie, madame, au demeurant, vouloir faire comme dessus vous escrips. Vostre très-humble et très-obeissant serviteur,

Andrea da Borgo.

[1] Pierre Isuales ou Isuaglies, cardinal-archevêque de Reggio, puis archevêque de Messine, mourut à Césène en septembre 1511. (Voir *Lettres de Louis XII*, III, 78, 83.) Avant d'être légat à Bologne et dans la Romagne, il l'avait été en Hongrie.

CXXII.

MERCURIN DE GATTINARA À MARGUERITE D'AUTRICHE.

Nouvelle audience de l'empereur qui, pour le mieux de ses affaires, est décidé à entretenir l'amitié des rois. L'empereur est très-satisfait de la manière dont les affaires
de Gueldre sont conduites par sa fille, qui montre un courage d'homme, non de
femme. Arrivée à Inspruck d'un envoyé du roi d'Aragon, qui exhorte l'empereur à
la paix. Projet d'un concile général pour la réformation de l'église. Choix du lieu où
il doit se tenir. (*Original.*)

7 juillet, à Inspruck.

Madame, despuys mes dernieres lettres ay eu éntiere audience de
l'empereur, lequel a vheu tous mes memoires bien au long et a
esté bien content de mon besogné, et le tout luy a esté très-agreable;
et c'est resolu de me depechier pour m'en revenir devers vous, et
desjà toute ma despeche est ordonnée et est en la main des secretaires, et ne reste que les faire signer et sceller, tiellement que
j'espere party dedans troys ou quatre jours au plus tard; car aussi
bien sa majesté partira d'icy dedans ledict temps pour tirer contre
Trento.

Sadicte majesté me vouloit baillée aulcune autre charge, mais je
ne l'ay pas voulsu accepter sans vostre sceu et contentemant. Et
pour ce croys qu'il vous en escripra pour avoir vostredict contentemant. Toutesfoys il a esté content que je m'en retourneray devers
vous pour vous rendre compte de toutes chosses et pour vous communiquer tout mon besongner, ensemble les memoires que je luy
avoys baillé, desquels il a voulsu retenir le double pour dresser les
afferes selon icelluy. Et pour ceste heure, sa majesté considerant
l'estat de ses affaires, et pour le bien de luy et de monseigneur
vostre nepveur, est deliberé d'entretenir l'amytié de tous ces rois et
se ayder d'eulx, chascun en son endroit, affin que ce pendant luy
puisse par ung moyen ou aultre achever ses afferes d'Itaillie, et vous,

à l'aide de ceulx de pardelà, puissés mectre une bonne fin à cestuy affaire de Gheldres, vous advertissant, madame, que sa majesté est très-contente de vostre besogner en ceste matiere, et a heu très-agreable les lettres que, par les deux dernieres postes, luy avez escriptes, èsquelles vous monstrés avoir couraige d'homme et non pas de femme; et m'a dict sadicte majesté que, par une voye ou aultre, il espere avoir bientost la fin de ceste guerre d'Itaillie, et que, incontinent après, il est deliberé s'en venir devers vous pour prendre quelque bonne resolucion en tous ses aultres afferes, et pour vous ayder à achever cestuy affere de Gheldres si plus tost vous ne l'achevez. Et me vouloit sa majesté commettre plusieurs aultres choses pour vous communiquer; mais, considerant que je ne retourneray pas en poste, et que seroit trop grande retardacion de les deslayer jusques à ma venue, actendu que je m'en retourneray par Piemont et de là m'en iray en Bourgongne pour retrouver mes gens, il luy a semblé meilleur de vous advertir par les postes.

Le roy d'Aragon a icy envoyé Haro qu'estoit en Espagne avecque moy et qui est demouré au service dudict roy d'Aragon, et est venu en poste, et sollicite l'empereur de vouloir encore entendre à la paix et de vouloir bailler povoir à quelqu'un devers le pape, asseurant que la paix se fera; mais l'empereur, qui desjà a esté trompé par deux fois, sous tielles promesses et assurances, n'est pas encores resolu de le fere, et croy qu'il n'entendra en nul traicté sans le roy de France, affin que, se paix doit estre, qu'elle soit universelle en toute la chrestienté.

Hier fust tenu conseil sur la matiere de la congregation du concile general pour la refformacion de l'eglise, à laquelle convocation dudict concile l'empereur consent, comme premier prince de la chrestienté et advocat de l'eglise; mays il y a aulcun discort du lieu, car l'empereur vouldroit qu'il fust à Veronne, et le roy de France et les cardinaux vouldroient qu'il fust à Pise : à quoy l'empereur ne se veult aulcunement condescendre; car il entend avoir ung lieu qui soit nuement subjet à luy ou à l'empire; et pour ce que en Veronne

y a faulte de vivres et grand multitude de gens d'arme qui ne sont
pas bien convenables en telles matieres, je me doubte que l'inthi-
macion dudict concile, qu'estoit faicte ou mois de septembre prouchain, sera interrompu ou dislaié, car je ne vois pas que la congre-
gacion se puist fere si tost.

Madame, moy estre arrivé en Bourgongne, je n'y feray point de
sejour que pour deux ou troys jours, et m'en viendray incontinent
devers vous, sans conduyre aulcun bagaige et à la moindre compaignie que je pourray, à fin de m'en retourner bientost à fere ma
residence à l'exercice de mon office, qu'est la chose que je desire
le plus. Et ce pendant, madame, vous me manderez et commanderez
voz bons plaisirs, etc. Escript à Yspruch, ce vii° jour de juillet.

Votre très-humble et très-obeissant serviteur,

MERCURIN DE GATTINARA.

CXXIII.

ANDRÉ DE BORGO À MARGUERITE D'AUTRICHE.

Le roi se montre très-satisfait des explications qui lui ont été données au sujet des propos tenus en Angleterre. Il désire que la princesse continue à entretenir une bonne
intelligence entre lui et l'empereur, en l'empêchant surtout de se liguer avec le pape.
On va inviter les villes de Bommel et d'Hardewick à rentrer sous l'obéissance de la
maison d'Autriche. Nouvelles d'Italie. La grossesse de la reine se confirme. MM. de
Longueville et de Bourbon sont revenus de l'armée. (*Original.*)

19 juillet, à Valence.

Madame, par mes dernieres lettres du xii° de ce moys present
avez esté advertye de toutes nouvelles occurantes[1]. Despuis j'ai

---

[1] Dans cette lettre du 12 juillet, A. de
Burgo mande que le pape n'a nulle inclination à la paix; que le roi et son conseil
ont été satisfaits des explications données
par la princesse à l'évêque de Liége, qui
n'est plus à la cour. Insistances sur la nécessité d'un bon accommodement avec le
duc de Gueldre. (*Lettres de Louis XII,*
II, 279.)

reçeu vos lettres du xɪɪɪ^e jour de cedit present mois, aussy celles que escripvez au roy, lesquelles je luy ay incontinent presentées, ensemble celles que son ambassadeur estant pardelà luy escript, que fust hier matin. Il leust tout au long lesdittes lettres et incontinent les me retourna, me disant que je partisse et monstrasse le tout à son conseil, et que puis après parleroit avec ceulx de son conseil et me seroit donné la resolucion : ce que j'ay fait. Ils m'ont respondu qu'ils verront le tout et après parleront audit seigneur de ce que se auroit à faire et me donner, comme dit est, resolucion : laquelle je n'ay encoires peu avoir jusques icy. J'en feray extreme poursuyte, et vous sera envoyée.

Madame, quant aux autres choses de ce qu'avez escript et au roy touchant les maulvays rapports, vostre lettre a esté très-bonne et avez fait très-sagement. Et le roy, avec ce que luy ay dist sur vosdittes lettres au propos, les a prinses à très-bonne part, tellement qu'il semble estre très-contant de vous, vous remercyant de vostre très-bonne volunté, comme il m'a prié de vous escripre, et qu'en icelle veuillez tousjours continuer ; et que, puisque estes esté le moyen de ceste grande amytié entre l'empereur vostre pere et luy, il vous prie seulement de non induire et enhorter l'empereur vostredit pere à rompre laditte amytié et prandre la part du pape, comme aucuns luy ont donné à entendre, comme il croit non estre vray par ce que luy escripvez et que je luy ay dit, mais mectre penne et tenir la main à toujours l'entretenir et augmenter, comme il est deliberé faire de son cousté.

Après cestes escriptes, je suys esté avec ceulx du conseil, lesquels m'ont fait resolucion qu'ils escriproient de bonnes lettres aux villes de Bommel et Harduic et aussy à l'ambassadeur du roy[1], que est de present devers vous, credentiales. Je les solliciteray et les vous en-

---

[1] Cet ambassadeur était Guyon Leroy, sieur du Chillon, vice-amiral des galères. Voyez, sur sa mission, *Lettres de Louis XII*, II, 283, 287, 288, 289. Nous avons in-séré dans la Correspondance de Maximilien et de Marguerite, I, 413, une lettre où la gouvernante fait savoir à son père comment elle a reçu cet envoyé, qui fut

voyray. Cependant je vous escrips ces presentes pour vous advertyr des nouvelles.

Ledit ambassadeur a escript par deçà de la bonne chere, honnete et bon traictement que vous, madame, et ceulx de vostre court luy avez faict et faictes, de quoy l'on est bien content.

Des nouvelles, madame, le roy est esté adverty, jà sont quatre jours, comme ung grand nombre de Veniciens, ayant passé la riviere du cousté de Lignago, pour venir courir et porter dommaige à Veronne, les gens de l'empereur vostredit pere et ceulx du roy estant dedans sortirent dehors sur lesdits Veniciens, tellement que desdits Veniciens fut bien, que tuez, que noyez et mors, cinq cens. Continuellement s'apprestent et se envoyent les gens d'armes que le roy doit envoyer pour le secours de l'empereur, du partement duquel de Hisprouc pour venir à Trante s'actend nouvelle avec grant desir.

Derechef sont venues autres nouvelles que conferent aux autres que vous ay escript par la derniere poste de l'apprest de guerre du pape et du roy d'Arragon. Et desjà les gens du pape à pied et à cheval se commencent approucher pour venir devers Boulongne : mays le roy très-chrestien y pourvoye très-bien, de façon que l'on n'a point de crainte ; mays tant y a qu'il pourroit estre aucunement cause de destourber l'emprinse de vostre pere contre les Veniciens.

De jour en jour se tient plus de certain que la royenne est grosse ; je prie Dieu qu'il luy doint l'accomplissement de ses desirs.

Madame de Bourbon[1] est arrivée icy en court. M. de Longueville, M. de Bourbon et le grant escuyer sont aussi retournés delà les monts. L'on tient que le roy ne partira d'icy ung mois et demi.

Ma très-redoubtée dame, je prie, etc. A Valence, ce xixᵉ jour de juillet.

obligé de revenir sans avoir accompli sa mission. Marguerite lui déclara positivement qu'elle ne ferait pas retirer son armée, quand même le duc de Gueldre restituerait les villes de Bommel et d'Hardewick.

[1] Susanne, héritière du duché de Bourbon, avait épousé, le 10 mai 1505, Charles, comte de Montpensier, qui fut depuis le trop fameux connétable.

Madame, il y a jà plus d'ung mois que le roy ne l'ambassadeur du roy catholique n'ont heu nouvelles d'Espaigne; de quoy l'on se donne merveilles, ne aussy des gens que le roy catholique doit envoyer à vostre pere. Vostre très-humble et très-obeissant serviteur,

ANDREA DA BORGO.

CXXIV.

MERCURIN DE GATTINARE À MARGUERITE D'AUTRICHE.

Dispositions de départ. Rencontre de la garnison de Vérone et des Vénitiens. Gattinare blâme les délais de l'empereur. Accord du duc de Savoie avec les Suisses. Le pape veut que le concile se tienne à Rome. (*Original.*)

20 juillet, à Mathan.

Madame, je vous escripvis dernieremant comant j'estoiz sur ma despechie et que j'esperoye partir dedans troys ou quatre jours, ce que j'eusse faict n'eust esté que, après mesdictes lettres, je fuz adverty par Marnix comant le tresourier general avoit retenu aulcuns deniers que l'empereur m'avoyt ordonné recepvoir en Espagne, et m'a esté force envoyer ung messager exprès à Felingher pour avoir de luy une lettre que lesdicts deniers me fussent delivrés, à fin que les finances de par delà ne fussent tant chargées; car je considere bien que je ne recevray pas sitost ce que m'est dehu, et cella me pourra secourir cependant; et attends le messagier qu'est allé à Ausbourg devers ledict Felingher que sera icy demain pour tout le jour; et incontinent sans nul deslay me partiray pour m'en revenir à vous rendre compte de toutes chosses, et ne arresteray que deux jours en ma maison et aultres deux ou troys jours en Bourgongne, et au demourant mettray la plus grande diligence que me sera possible pour estre bientost devers vous. Et combien que l'empereur voulsist que je passasse par la court de France, neantmeyns je me suys excusé

pour ce que je n'ay pas mon trein aveque moy et que je suys sans
serviteur et sans bestes, et que me seroit trop grande torse aller en
Bourgongne et après aller accomplir ladicte chargie, et aynsy m'en
suys deschargé.

Cependant que j'ay demouré à Yspruch et que l'empereur ha esté
à chasser entre ses montagnes, l'hon ha despeché deux postes, celon
que j'entends, par lesquelles n'ay riens escript; toutesfoys je croys
que l'hon vous ha adverty de toutes novelles et mesme du rencontre
que ont eu ceulx de la garnison de Veronne contre les Veniciens, où
sont demourés morts environ mil desdicts Veniciens, et rompu le pont
qu'ils avoient faict sur la riviere de l'Athesy (l'Adige). L'empereur
envoye toutjours ses gens et s'aprouchie contre Trente petit à petit;
et tout le monde crie de ce qu'il tarde tant, mais vous sçavez que
la coustume est tielle. Je me doute que la chosse sera si tarde qu'il
fauldra remettre à ung aultre année, si la paix ne s'ensuyt, laquelle
est solicitée de toutz coustés, vous advertissant que Haro est despechié devers le roy d'Aragon aveque la responce de ce qu'il ha
aporté, et l'empereur les entretient trestouts en bon espoir, et celon
le tems il besognera. L'ambassadeur d'Angleterre, qui estoit allé devant à Stercin, est aujourd'huy retourné devers l'empereur et ha eu
audience. Monsieur de Gurce, qu'estoit retourné à Yspruch, sera demain devers l'empereur, et est l'ambassadeur d'Aragon aveque luy
audict Yspruch, où a esté faicte la despechie dudict Haro; et luy estre
arrivé, je me partiray incontinent, car j'ai desjà prins congié de l'empereur. Je croys qu'estes desjà advertye coman monseigneur de Savoye ha desjà apoincté aveque les Suizes et leur donne cL^m florins
d'or. Le pape veult luy-mesme tenir le concile à Rome et est pour
rompre l'aultre; et ce fera la division de l'Eglise.

Madame, j'ay entendu de Philepot Lombard, fourier de l'empereur, comant sa majesté imperiale luy avoit accordé la premiere
prebende vaquante à Namur, et que vous la vouldriés doner à quelque
aultre de par delà; et pour ce, madame, que j'ay toutjour trové ledict Philipot Lombard prest à fere touts services à ceulx qui viegnent

icy de vostre part, et que pour vostre honeur il leur fet toute l'adresse à luy possible, et aussy qu'il me semble que l'empereur l'ayme et dict qu'il entend qu'il aye ladicte prebende, je vous en ay voulsu escripre en sa faveur, en vous suppliant de ma part que, pour les bons services qu'il m'a faicts, il vous plaise l'havoir pour recommandé et luy fere despechier son cas en bonne forme. Et au surplus, madame, vous me manderez, etc. Escript à Mathan, ce xxᵉ jour de juillet à minuict.

Vostre très-humble et très-obeissant serviteur,

Mercurin de Gattinara.

Le roy de France c'est excusé de l'assemblée pour ce que sa femme est grosse et luy goteux; et cela faict refroidir les chosses.

CXXV.

André de Burgo à Marguerite d'Autriche.

Le roi a reçu du pape un bref très-gracieux et sa réponse aux articles qui lui avaient été proposés. Il serait bien important de séparer le pape d'avec les Vénitiens. D'après les nouvelles d'Allemagne, il paraît que l'on fera peu de chose cette année contre les Vénitiens. La reine étant indisposée, on ne peut lui parler des affaires relatives à certains marchands de la Flandre. (*Original.*)

2 août, à Valence.

Madame, par mes dernieres lettres du xxv du mois passé, avez esté advertye de toutes nouvelles occurantes.

Madame, ce qu'est despuis survenu est que le gentilhomme de l'ambassadeur d'Escosse est venu de Rome en poste, lequel en partit le xxᵉ dudit mois passé, et a appourté au roy ung briefz du pape le plus gracieulx et humain du monde; en oultre a appourté les articles de la response dudit pape touchant la paix[1]. Et ledit gentilhomme

---

[1] Voyez cette réponse dans le recueil des Lettres de Louis XII, III, 2.

dit de bouche tout plain de bonnes parolles de grant desir du pape
à faire appoinctement. L'on actend demain monsieur de Tivoly, gouverneur d'Avignon, envoyé du pape, lequel par avant estoit icy son
ambassadeur, et a l'on de espoir que, touchant la paix de Ferraire,
se pourront accorder les difficultez que y sont, et semblablement
touchant l'appoinctement de Venise, quant les Venissiens ne se vouldroient incliner à faire appoinctement au contentement de l'empereur. Il semble à aucuns pardeçà que, en cas que le pape ne vuille
faire ainsi qu'il est tenu, de retourner toutellement au traicté de
Cambray, toutesfois, s'il est contant d'abandonner les Veniciens et ayder à l'empereur pour le recouvrement de Trevys, que l'empereur,
nonobstant se, devra incliner audit appoinctement, affin de separer
une fois le pape des Veniciens; lesquelz demeurans seullets, ledit empereur ou par force ou par accord pourroit venir au-dessus de sa
bonne intencion. Touteffois que monsieur de Tivoli sera venu, et
que j'auray entendu plus particulierement ce qu'il pourte, je vous en
advertiray, et cependant je vous ay voulu expedier la poste pour vous
advertir ce que dessus pour estre de l'importance qu'elle est, et je
prie Dieu nous vouloir donner bonne paix au contentement de l'empereur, car nous en avons bien mestier.

Le pape a romput toute son armée, et a donné congié à tous ses
gens de pied et à quatre compagnies de gens à chevaulx.

D'Aillemaigne vous devez sçavoir les nouvelles, et, à ceste fin, ne
vous en escript. L'empereur, par ses dernieres lettres, estoit par deçà
Hisprouk une journée, et puisque le temps est tant avant, l'on croit
que pour ceste année ne se pourra pas faire grant chose contre lesdits Venissiens par force d'armes. Et autres nouvelles ne sont d'Itallye,
synon que les Genois, par moyen du pape, rendront Montpulsan[1] aux

---

[1] Jules II interposa, en effet, sa médiation pour faire rentrer la ville de
Montepulciano sous le joug des Florentins. « Sa crainte des Français était si
grande, dit l'auteur de l'histoire de Machiavel, qu'il aima mieux suspendre son
ressentiment contre Florence, que la voir
appeler à son secours les forces de la
France. »

Florantins; pourquoy lesdits Florantins estoient prestz de commancer la guerre.

Madame, l'aultre hier, je receu la poste venant de vous, avec vos lettres touchant la naviere de certains marchans, comme contienent vosdites lettres; aussi pareillement la lettre que escripvez à la royne, laquelle, pour non estre sortye ces deux jours de chambre et ne luy povant parler, n'ay presenté vosdites lettres ne parlé de ce que m'escripvez, mais incontinant que l'on pourra parler à elle, qui sera raisonnablement deans deux ou trois jours, luy presenteray vosdites lettres, et solliciteray l'affaire et une bonne lettre d'elle, et icelle heue, la vous envoyray.

Le roy m'a dit qu'à la mityé de ce mois s'en retournera à Bloys, premierement qui luy vienne oppression de ses gouttes.

A monsieur d'Angoulesme sont venuz aucuns excés de fiebvres tierces, touteffois legiers, comme à chascune fois trois ou quatre heures, mais l'on espere, à l'ayde de Dieu, qu'il sera tost guary.

Madame, s'il survient quelque autre chose, je vous en advertiray. A tant, je prie Notre-Seigneur vous donner très-bonne et longue vye avec l'entier de voz très-haulx desirs. A Valence, ce IIe jour d'aoust.

Vray est, madame, que par les articles du pape ne de bouche n'est faicte aucune mencion de Boulongne; de quoy l'on se donne grant merveille.

Madame, je vous supplie avoir pour recommandé mon secretaire à luy faire donner quelque chose; vous sçavez la peinne qu'il prend avec moy pour votre service.

Vostre très-humble et très-obeissant serviteur,

ANDREA DA BORGO.

CXXVI.

ANDRÉ DE BURGO À MARGUERITE D'AUTRICHE.

Arrivée de l'empereur à Trente, puis à Roveredo. En conséquence, le roi s'est hâté de lui envoyer l'aide promise. On attend l'ambassadeur du pape, mais on n'a pas grande confiance dans le résultat de sa mission. L'empereur a rappelé son ambassade de Rome. (Original.)

3 août, à Valence.

Madame, le roy a heu ce matin nouvelles que l'empereur vostre pere estoit à Trante et faisoit marcher avant ses gens de pied et de cheval, et que le mesme jour il se partoit dudit Trante pour venir à Roverayt, et que ainsi l'avoit dit de bouche Rogandorff à M. de la Palice, desquelles nouvelles est impossible vous escripre la grant joye qu'en a heu le roy et toute la court. Et à ceste cause, ledit seigneur roy, incontinant avoir entendu ces nouvelles, a fait despecher la poste à Millan afin que tout incotinant, sans delay d'une heure, oultre les six cens lances et les troys milles pietons et l'artillerye que desjà est à Sainct-Martin, oultre Veronne ung mille, luy soit envoyé le demeurant de l'ayde qu'est tenu le roy de luy donner : c'est assavoir les autres cinq mille pietons et les autres six cens lances, et que en ce n'y eust point de faulte. Et l'on a des advertissements, et se panse quelque bonne entreprinse que peult-estre aydera le bon droit et la bonne querelle du bon empereur.

L'ambassadeur[1] du pape sera icy aujourd'huy. Touteffois l'on ne se fye pas grandement à sa pratique. De ce que s'en ensuyvra je vous en advertiray, et par tout moyen sera bien au propoz tirer avant à son entreprinse, comme le roy enhorte continuellement l'homme de l'ambassadeur d'Ecosse, qui est venu de Rome et a dit au roy que l'empereur avoit revocqué tout ceulx qu'il avoit à Rome, et que

---

[1] Angelo Leonino, évêque de Tivoli.

l'archidiacre [1] éstoit parti desjà et le secretaire devoit partir le
xxie jour du mois passé. De quoy le roy a esté très-contant, veant
que l'empereur ne pourroit aller plus droit.

Madame, je prie Nostre-Seigneur vous donner l'entier de voz
bons, haulx et très-nobles desirs. A Valence, ce iiie jour d'aout.

Madame, j'avoye differé expedier ceste poste, actendant resolucion
touchant les marchans et temps pour luy en povoir parler et presenter voz lettres; mais elle est ung peu mal disposée [2] et ne sort de
sa chambre. Quant je pourray parler à elle, je solliciteray la chose.

Vostre très-humble et obeissant serviteur,

Andrea da Borgo.

CXXVII.

ANDRÉ DE BURGO À MARGUERITE D'AUTRICHE.

Nouvelles d'Italie. Conquêtes de M. de Chabannes. Incertitude sur les projets de l'empereur. On ne sait à quoi est destinée la flotte du roi d'Aragon, qui s'est montrée en
vue de Gênes. Ferdinand dément les bruits qui ont couru au sujet de la descente
de Pierre de Navarre au royaume de Naples. Il proteste de son amitié pour le roi de
France; mais il a aussi, comme prince chrétien, des devoirs à remplir envers l'Église.
Il voudrait que Bologne fût remise au pape. Réponse du roi. Discussion entre le roi
et l'ambassadeur d'Aragon. (*Original.*)

12 août, à Valence.

Madame, le ixe jour de ce present mois fut par moy expediée la
poste par laquelle avez esté advertye de toutes nouvelles. Despuis
j'ay receu voz lettres du iiiie de cedit mois, et, pour estre responsives
aux myennes, ne vous seroye autre repplicquer sur icelles, synon,
madame, que en ces choses de Gheldres n'y vois autre remede pardeçà et devez faire votre cas, priant Dieu qui vous en donne bonne

---

[1] Ferry de Carondelet, archidiacre de
Besançon, ambassadeur de l'empereur près
du saint-siége.

[2] Il est sans doute question de la reine.
Voyez la lettre suivante.

fin à votre grant honneur et prouffit; et en parlant derechief au roy
de bonne maniere desdites choses de Gueldres, me dit qu'il n'y seroit plus faire qu'il y avoit fait, et qu'il ne se mesleroit aucunement
dudit de Gueldres, et que de ce deviez estre asseurée, et ainsi encoires de present le vous promectoit : je n'y sçay autre remede, synon
que comme dessus devez faire vostre cas.

Touchant le billet en ziffre que vous m'avez envoyé, pour estre
aussi responce à ce que je vous ay escrit, ne vous faiz autre repplique,
fors que, madame, avez très-bien besoigné d'avoir fait ce qu'avez fait.

Madame, des choses de Nevers, j'en ay derechief parlé, et n'est
sepmaine que je n'en parle, et n'ay pour responce autres que bonnes
paroles. Et dernierement m'a l'on respondu comme le roy ayant escript à madame de Nevers; et (elle) estre fort pressée de cette affaire,
avoit respondu que, quant le roy seroit à Bloys, qu'elle iroit par devers
luy et luy diroit sa resolucion; et aultre chose n'y puis.

Madame, des nouvelles, le roy a heu cejourd'huy la poste avec
lettres de monsieur de la Palice, données le cinquieme jour de ce
mois, à un villaige près de Padue, xx mille italiens, et escript les
nouvelles suigans : assavoir que, après recouvrée Suave, laquelle a
esté destruicte, pillée et bruslée, se tira avec la compaignie à Limigne, là où estoient aucuns gens d'armes de Veniciens, lesquelz,
sentans leur venue, s'enfuirent; et fut aussi prinse, pillée et bruslée
ladite ville de Limigne.

Item, que les gens desdits Veniciens, qui estoient semblablement
dedans Montaignane et Est et en autres villes, tous se sont retiré à Padue et Trevys, et se sont toutes lesdítes villes et pays, excepté ledit
Padue et Tryvis, renduz à l'empereur.

Item, que la ville de Vincence envoyst ses ambassadeurs pour se
rendre semblablement à l'empereur, mais les estradiotz des Veniciens
les prindrent.

Item, que ledit sieur de la Palice retournoit devers Vincence pour
l'avoir et avoir semblablement des vivres, et aussi pour ouvrir le chemin de l'Escalle à l'empereur.

Item, que l'on avoit nouvelles que l'empereur estoit à Ynan, comme je croy plus à plain en devez estre advertye de l'empereur votre pere. Touteffois je vous ay voulu escripre les dessusdites nouvelles, desquelles le roy a esté très-joyeulx.

Item, l'on a nouvelles comme l'empereur estoit en pansement de faire mectre le siege à Trivys, mais l'on ne sçait encoires s'il ira personnellement ou s'il y envoyra l'armée.

De Gennes sont venues nouvelles que l'on avoit veu soixante navires d'Espagne, lesquelles aloient à Naples; l'on cuide que ce soit l'ayde que le roy catholique doit envoyer à l'empereur, mais elle seroit esté plus tost à l'ayde de l'empereur s'il eust fait desbarquer audit Gennes ou à Plombin, portz plus prouchain que d'aller à Naples ne par là.

L'ambassadeur d'Arragon a heu une poste du roy son maistre, avec lettres du 11e jour de ce present moys, données à Voilledouliz, où estoient le roy et la royne, et à ceste heure doivent estre à Bourgos. Et je croy, madame, que devez avoir souvenance d'aucuns advertissemens que vous envoyay, où estoit contenu d'aucun apprest de gens que faisoit ledit roy catholique en faveur du pape, quant Pierre Navarre descendit à Naples avec quatre mille pietons. Ledit roy catholique respond à ceste heure qu'il n'est point vray, mais que la descente dudit Pierre Navarre audit royaume de Naples estoit seullemant pour mectre en point ses gens pour aller sur les Mores, ensuyvant le vot qu'il en a fait.

Item, escript tout plain de bonnes paroles envers le roy, lui offrant pour conservation de ses royaulmes et pays tous ses biens et sa personne, mais que aussi, pour conservation des biens de l'Eglise, ledit roy catholique ne peult faillir à ce qu'il est tenu comme prince chrestien et feudeutaire de l'Eglise. Sur quoy, l'ambassadeur dudit roy se parforce de persuader que Boulongne soit rendue au pape. A quoy le roy a respondu beaucop de raisons par lesquelles il feroit bien se depporter de telle instance, et que continuellement ledit roy catholique prie pour la paix, et que, d'austre cousté, il boute avant toutes difficultez pourquoy elle ne se face, et qu'il parle de Boulongne, et fait instance pour icelle, et aussi procurant que autres princes facent le semblable; et l'ambassadeur du pape, qui est envoyé icy à cest heure n'en a point parlé ung seul mot. Et quant oires il en parleroit, qu'il n'auroit point cause de se plaindre dudit seigneur roy; car Boulongne n'est pas à luy, et s'il a prins la protection d'elle, c'est pour beaucoup de raisons et sans prejudice de l'Eglise, et que ladite ville de Boulongne ne demande autre chose synon que leurs privileges soyent observez, comme ilz sont esté par le passé par dix papes ensuyvans, et confermez par le present pape, lesquels après les a rompuz, et ses lieutenans voulu tirannizer ladite ville. Et dit le roy que l'on a veu combien de mal a fait l'année passée ledit pape à l'empereur et à luy.

Après, ledit roy de France a fait grandes querelles avec ledit ambassadeur d'Arragon; ne envoye le secours à l'empereur, selon qu'il a promis, mais de tout cousté il mect empeschement. De quoy ledit ambassadeur s'est parforcé d'escuser son maistre.

Et, à la fin, ledit seigneur roy de France a remonstré audit ambassadeur qu'il escripvit audit roy d'Arragon son maistre ad ce qu'il se vuille abstenir de ces choses, que sont toutes pour indirectement soubstenir les Veniciens et au grant prejudice et dommage de l'empereur et de monseigneur.

Le roy partira d'icy le lendemain de Notre-Dame de ce mois et s'en ira par eaue, luy et la royne, d'icy à Lyon, faisans tous les jours deux lieux, de Lyon à Rouane, et dès là monsteront sur eaue, et font compte d'estre à Bloys environ la fin du mois de septembre.

Madame, etc. A Valance, ce xiie jour d'aoust.

Vostre, etc.

ANDREA DA BORGO.

L'on a heu, expediant ceste, la poste par laquelle l'on est adverti que l'empereur devoit estre de retour à Trante, pour deliberer avec son conseil sur l'entreprinse, le ixe de ce mois.

CXXVIII.

ANDRÉ DE BURGO À MARGUERITE D'AUTRICHE.

L'armée combinée de l'empereur et du roi est près de Padoue. L'empereur est en pourparlers avec les Vénitiens. Réponse du pape aux propositions du roi. Il n'y est fait aucune mention de l'empereur. On tient le pape pour mort. Arrivée d'un ambassadeur
anglais pour exhorter le roi à la paix. (*Original.*)

26 août, à Lyon.

Madame, par la derniere poste expediée par moy à Sainct-Valier,
le xixe jour de ce present mois, je vous envoyay deux doubles encloz
en mes lettres, par lesquelz fustes advertye des nouvelles occurrantes.
Celles qui sont despuis survenues sont telles que s'ensuyvent, assavoir :

Que l'armée de l'empereur et du roy, après avoir prins aucunes
petites villes, estoit prouchainne de Padue trois mille ytalliennes,
non point pour y mectre le siege, mais pour actendre autres entreprinses, selon qu'il seroit advisé, après avoir faicte l'unyon de tous
les gens.

Item, que l'empereur avoit pratique d'appoinctement avec les Venissiens, et estoit retourné le messager desdits Venissiens à Venise,
pour entendre la derniere resolucion, laquelle l'empereur actendoit
dans huit ou dix jours.

Item, le roy a eu la response du pape touchant la paix, de laquelle
je vous envoye le double cy-encloz. Vous verrez qu'il ne fait nulle
mencion de l'empereur, et que, au demeurant des articles, ilz sont
beaucop pires que les autres que apporta premierement l'embassadeur dudit pape quant il vint à Valance ; et, à ceste cause, le roy
luy a respondu que, puisque le pape ne fait nulle mencion touchant
l'empereur, qu'est le principal, qu'il ne peult ne veult entendre à
faire riens avec ledit pape sans ledit empereur, et que sil ledit pape
veult appoinctement, il est mestier qu'il responde ainsi qu'il appar-

tient aux responces que le roy luy fit à Valance. Ledit ambassadeur
du pape dit que, touchant le cas dudit empereur, le pape en traicte
avec luy,·et qu'il en fera bien. Il n'est encoires deliberé que se doit
faire dudit ambassadeur, s'il s'en doit retourner en Advignon, pour
non avoir apporté chose de fondemant, ou vrayement s'il demeurra
icy jusques il ayt autre responce : de ce que s'en determinera je vous
en advertiray.

En escripvant cestes, sont venues lettres de la segnorie de Florance
et de l'ambassadeur du roy residant là, datées du xxiiiᵉ jour de ce
mois au soir, contenant comme le pape avoit desjà heu trois jours la
fievre, et qu'il luy estoit advenu ung très-grant accidant, et que les
medicins le tenoient pour mort sans espoir. Pleust à Dieu qu'il eust
esté en paradis jà est ung an et demi[1] !

Il est venu, jà sont trois jours, icy devers le roy ung ambassadeur
d'Angleterre pour l'enhorter à la paix et avoir regard ; l'on luy a remonstré toutes les justifficacions quilz sont de la part de l'empereur
et du roy; je croy que de ceste ville il sera expedié pour s'en retourner.

Le roy se partira d'icy demain ou après-demain, pour s'en tirer à
Bloys.

Madame, j'ay cejourd'huy matin receu voz lettres du xxᵉ de ce
mois; je n'ay point voulu parler de ce que m'escripvez pour les nouvelles et choses occurrantes à present, car il ne seroit pas au propoz
jusques passé trois ou quatre jours.

Ma très-redoubtée dame, il vous plaira moy commander vos bons
plaisirs pour les accomplir de mon petit povoir, comme je suis tenu.
Priant à Dieu, ma très-redoubtée dame, vous donner très-bonne et
longue vye. A Lyon, ce xxviᵉ jour d'aoust.

Vostre très-humble, etc.

Andrea da Borgo.

---

[1] Le pape Jules II survécut à cette maladie, et ne mourut qu'en 1513, dans la nuit
du 20 au 21 février.

CXXIX.

ANDRÉ DE BURGO À MARGUERITE.

Nouvelles de la santé du pape, que l'on croit toujours mort et qui guérit toujours. Le roi d'Aragon approuve la conduite du pape à l'égard des cardinaux de Sainte-Croix et de Constance. L'empereur s'occupe d'un appointement avec les Vénitiens. (*Original.*)

4 septembre, à Lyon.

Madame, le roy eust hier nouvelles par lectres venues de Florance, datées du xxiiᵉ du mois passé, comme le pape estoit tenu pour mort. Despuis, survindrent autres lettres, tant de l'ambassadeur d'Escosse estant à Rome, que dudit Florance, du xxxᵉ dudit mois, comme ledit pape avoit esté si au bas jusques audit xxviiᵉ jour dudit mois que l'on le tenoit pour mort, et que, dez ledit xxviiᵉ jusques audit trantiesme, ledit pape estoit fort meillioré, tellement qu'il se tenoit pour guary et avoit perdu la fievre. Sur lesquelles nouvelles le roy s'est ce matin party, sans plus vouloir actendre. Encoires sont venues autres lettres d'ung marchant, du xxixᵉ du passé, lequel escripvoit que le pape n'estoit encoires guary. Desquelles choses, madame, il m'a semblé vous debvoir advertyr.

Entre autres nouvelles que sont venues d'Espagne, l'ambassadeur du roy estant devers le roy catholique, a escript comme ledit roy catholique luy avoit dit comme le pape faisoit très-bien de priver le cardinal de Saincte-Croix et de Constance, et que ainsi le pape le vouloit et entendoit faire. De quoy l'empereur et le roy ne sont pas contant, disant qu'ilz ne le souffreront pas, et que, en cas qui les vuille priver, qu'ils ne feront jamais appoinctement avec ledit pape; et ainsi leur ont promis par escript.

L'empereur a pratique d'appoinctement avec les Veniciens : je prie Nostre-Seigneur qui se face. Je croy en estes advertye par sa magesté, ensemble d'autres nouvelles.

Madame, pour ce que je vous ay advertye, par l'autre poste, de toutes choses occurantes, à ceste cause ne vous faiz plus longue lettre, fors que je prie le Createur, madame, qui vous doinne très-bonne et longue vye. A Lyon, ce IIIIe jour de septembre.

Vostre très-humble et très-obeissant serviteur,

Andrea da Borgo.

CXXX.

ANDRÉ DE BURGO À MARGUERITE D'AUTRICHE.

L'empereur, averti de la mort du pape, envoie M. de Gurce à Rome pour travailler à l'élection d'un meilleur; mais cet évêque, étant en chemin, a appris la guérison de Jules II. Prise de l'Escale, du Coblo et de Castel-Novo. L'armée se dirige sur Mestre. A. de Burgo se rend à Moulins, où est déjà le chancelier. (*Original.*)

8 septembre, à la Palize.

Madame, par la derniere poste expediée le ve de ce present mois, je vous ay advertye des nouvelles survenues; despuis je suis venu continuellement demyt-journée après monsieur le chancellier, pour que, s'il survenoit aucunes nouvelles j'en puisse estre adverty, et selon icelles me povoir conduyre.

Madame, hier me vindrent de l'empereur vostre pere lettres par lesquelles, ayant heu advertissement de la mort du pape, m'escript qu'il envoyoit monsieur de Gurce à Rome, afin de ayder à faire ung bon et sainct pape, quil n'eust plaisir de mectre discort en la chrestianté. Et après mondit seigneur de Gurce m'escript comme, ayant prins congié de l'empereur et se mectant au chemin, survindrent les nouvelles de la convalescence du pape; par quoy il n'ala plus oultre, et m'escript que, si la nouvelle continue de la guarison dudit pape, qu'il retourneroit devers l'empereur.

Item, il m'escript comme l'empereur se hastoit pour aller à l'armée.

Madame, pour ce que icy n'est venu autre nouvelle du pape despuis icellui que je vous ay dernierement escriptes, l'on croy qu'il voise toujours en amendement.

Mondit sieur le chancellier m'a adverty des nouvelles qui sont survenues d'Itallye par trois postes, despuis le partement de Lyon, et par la premiere, que l'Escalle et le Coblo avoient esté prins, qu'estoient passaiges bien importans, comme vous devez sçavoir. Item, par la seconde, que Castelnovo avoit esté prinse, qui estoit ung autre passage de très-grande importance, et que l'empereur desiroit grandement à avoir, et que tous les passaiges à cest heure sont ouvert à l'empereur. Par la derniere, ceste nuyt est venu nouvelles comme l'armée s'en aloit à Mestre, et que toutes choses aloient très-bien.

Madame, si Dieu plait, demain seray à Molins, où est ceste nuyt monsieur le chancellier qui s'en va à Paris; de là, je feray lever les postes jusques à Paris, pour les raseoir ou droit chemin de Bloys, où je seray pareillement, si Dieu plait, samedi prouchain; et jusque-là n'aurez plus de nouvelles de moy; mais incontinant que j'y seray, vous advertiray de ce qui sera survenu, et je croy, madame, que cependant devrez estre advertye d'Allemagne de tout.

Madame, je vous despeche ceste poste, tant pour vous adverty des nouvelles dessusdites, que pour envoyer ung pacquet de lettres alant à l'empereur, à messire Francisque [1], maistre des postes, afin qu'il envoye sans delay, et c'est la responce que je faicz aux dernieres lettres de votredit pere.

Madame, je prie Nostre-Seigneur vous donner très-bonne et longue vye. A la Palize, ce viiie jour de septembre.

Madame, l'ambassadeur d'Angleterre, avoir heu la responce dont je vous ay advertye, se partit le ve de cedit mois. A son partement je le visitis de la part de l'empereur, monsieur votre nepveu et vostre, et luy priay avoir tousjours pour recommandé les affaires de vous tous envers le roy son maistre, auxquelles il a bonne affection.

> Vostre très-humble, etc.   Andrea da Borgo.

[1] Francisque de Taxis, maître des postes de l'empire.

CXXXI.

ANDRÉ DE BORGO À MARGUERITE.

Situation de la santé du pape qui, au dire des médecins, ne peut guérir. Défaite de deux compagnies qui voulaient faire leur jonction avec M. de la Palice. (*Original.*)

10 septembre, à Moulins.

Ma très-redoubtée dame, si très-humblement que faire puis, à vostre boune grace me recommande.

Madame, moy estre arrivé en ceste ville, ay heu une lettre de monsieur le chancellier, par laquelle il m'escript, entre autres choses, ce qui s'ensuyt : « Aujourd'uy la poste venant de Gennes a passé icy. J'ay heu lettres de monsieur le cardinal de Sainct-Severin, qui est jà arrivé audit Gennes, et s'est là arresté quant il a sceu que le pape n'est point mort. Dudit Gennes, il a nouvelle que ung courrier espagnol, qui est à l'ambassadeur du roy catholique estant à Rome, arriva audit Gennes, le iiiie de ce mois, et partit de Rome le iie. Il dit que le pape n'est encoires du tout guary de sa febvre, et qu'il ne se sent de la saincture en bas, et ne s'ayde ne de piedz ne de jambes qu'il ay. Je m'arreste fort ausdites nouvelles, veu qu'elles sont si fresches, et aussi qu'elles confrontent à certains autres advertissemens venans de Rome, par lesquelx, à ce que l'on escript, le pape est encoires malade de sadite febvre, et dient les medecins qu'il n'en reschapera jamais.

« Monsieur l'orateur, j'ay differé à vous fere sçavoir les nouvelles de la poste de hier matin, que j'euz à Rouanne, pour ce qu'elles n'estoient pas fort bounes, mais ce sont des fortunes de guerre. Les nouvelles sont telles que les capitaines Mangeron et Richemont avecques leurs compaignies, et avec eulx estoient aucunes gens de l'empereur, veuillans passer de Vincence et aller trouver monsieur de la Palice, ont esté surprins par les Veniciens qui s'estoient mis en trois ambuches et estoient jusques à vııı^e chevaulx veniciens; et ont esté nosdits gens deffaiz. Vray est qu'il s'en est saulvé une partye, mais lesdits chappitaines sont demeurez prisonniers. »

Madame, s'en alant d'icy le serviteur du maistre des postes pour lever les postes jusques à Paris, je vous ay voulu adverty de ce que dessus cependant que je arriveray à Bloys. Priant à tant, madame, Nostre-Seigneur vous douner très-boune et longue vye. A Molins, ce x^e jour de septembre.

Vostre très-humble et très-obeissant serviteur,

André de Borgo.

CXXXII.

ANDRÉ DE BURGO À MARGUERITE D'AUTRICHE.

Expédition de quelques affaires particulières. Nouvelles du pape, du roi d'Aragon, de l'empereur. On compte peu sur la paix avec Venise et avec le pape. L'ambassadeur d'Aragon s'efforce de justifier la conduite de son maître à l'égard de l'empereur. M. de la Palisse a ordre de rester en campagne jusqu'au 18 octobre. (*Original.*)

24 septembre, à Blois.

Serenissima domina, etc. . . . . . Post expeditionem dicte poste, declaravi regi scripta serenitatis vestre in favorem domini de Bevres, et alia contenta in dictis litteris. Respondit rex oportere expectare adventum domini cancellarii; postea ego videns eum non venire, feci scribi a rege unas bonas litteras predicto cancellario cum copia litterarum serenitatis vestre, et ego misi originales domino Bouchard, advocato S. V. in Parisio; et direxi ei litteras regias et meas ad cancellarium. Preterea feci scribi a rege ipsi cancellario in bona forma pro causa Nivernensi, ut omnino taliter faciat quod que semel ordinata fuerunt habeant effectum, ita quod rex non sit amplius molestatus; et monui de eo dominum advocatum, ut solicitet et postea moneat S. V. de iis que fient.

De novis iste sunt quod :

Papa quasi totaliter convaluit; tamen dicunt quod non poterit diu durare. In ceteris nullus apparatus est belli ex latere pape.

Nova heri venerunt ex Hispania. Rex et regina Aragonum scribunt omnia bona erga regem Francie de optimo animo suo ad intertenendam amicitiam, et quod mentiuntur qui aliter divulgant; et quod illud quod rogavit pro facto Bononie, fecerit tanquam bonus princeps christianus, et hortatur pacem sicuti consuevit.

Ex castris nova sunt : quod continuo exercitus laborabat in recuperandis aliis locis, et erant proximi Tervisio; et Cesar dederat capitaneis suis et domino de la Paliza potestatem faciendi que sibi melius viderentur contra Venetos, et sua majestas ivit Bolzanum ubi sunt congregati status patrimonii.

De pace veneta spes non est, quia Veneti revocarunt suum oratorem, non volentes illam facere cum inclusione regis Francie. Est tamen quedam alia pratica cum Venetis, medio oratoris Aragonensis : nescio quid fiet; placeat Deo dare nobis bonam pacem, quia indigemus.

Circa pacem pontificiam nunquam orator pape habuit ullum responsum; nec est multa spes, precipue ob difficultatem de Bononia.

Orator Aragonensis dixit mihi multa bona ad demonstrandum quod, non obstante quod rex suus non miserit auxilia Cesari, de quo facit multas excusationes, vult tamen alio modo juvare Cesarem, et alia bona verba.

Rex Francie scripsit domino de la Paliza ut perseveret adhuc in castris usque ad diem xviii octobris.

Rex revertitur hoc vesperi huc cum filia domina Claudia. De iis que supervenient monebo S. V. ·

Dixit mihi Robertetus quod habent omnia bona ex Anglia, de quibus est bene letus. Commendo me humillime in bonam graciam S. V. Datum Blesis, die xxiiii septembris 1511.

E. S. V.   Humillimus servus,

ANDREA DA BORGO.

P. S. — Quia secretarius meus est infirmus [1], scripsi in lingua latina. De habenda Padua neque Tervisio fere nulla spes est.

CXXXIII.

ANDRÉ DE BURGO À MARGUERITE D'AUTRICHE.

Excommunication des Florentins par le pape, pour avoir permis que le concile se tînt à Pise. Séquestre de leurs biens. En retour, le roi fait séquestrer les biens que le pape et sa famille pourraient avoir dans la seigneurie de Gênes. Les cardinaux prient le pape de convoquer le concile en une autre ville neutre, si celle de Pise ne lui plaît pas. Négociations de l'évêque de Tivoli. L'empereur ne veut plus envoyer l'évêque de Gurce à Rome. On attend l'ambassadeur d'Écosse. Le roi soupçonne que, par ces pratiques, le pape et les Vénitiens veulent gagner du temps et empêcher la tenue du concile. On congédie à Naples une partie des troupes espagnoles. Le pape semble radouci à l'égard du duc de Ferrare. Presque tous les habitants d'un village voisin de Beaugency sont morts de la peste, qui a fait périr aussi deux enfants de la chapelle de la reine. (*Original.*)

15 octobre, à Baugency.

Madame, le xxviie jour du mois passé expediay la poste, vous advertissant des nouvelles que occurroient par deçà.

Despuis de l'empereur vostre pere ne de l'armée n'est survenue aucune nouvelle; de quoy le roy demeure bien esbay. Quant aucune chose en surviendra, je vous en advertiray tout incontinant.

De Florance et de Rome, le roy a heu les nouvelles que s'ensuyvent, assavoir :

Que ung commissaire du pape, qui estoit audit Florance, avoit declaré aux Florentins que, au cas qu'il voulsissent donner Pisa pour tenir le concile, sa saincteté feroit le mal qu'il pourroit à l'encontre

---

[1] Une lettre écrite le 4 avril 1511 (1512) par M. A. de Burgo à Louis Barangier s'exprime ainsi au sujet de la maladie de Jean le Veau : « Secretarius est in lecto in domo cujusdem mulieris que ipsum curat. Est totus infirmus ex illo *morbo gallico* quo jam diu laborat; et continuo est in medicinis : et male succedet ei res, si non cavet in cibo et potu, in quo non habet regulam, quamvis amice fuerit monitus..... »

d'eulx, leur declairant particulierement les maulx que leur feroit ledit pape. A quoy les Florantins respondirent que jà avoient accordé
ledit Pisa à l'empereur et au roy pour tenir ledit concile, leur remonstrant par bonnes raisons qu'ilz ne povoient ne devoient faire autrement.

Item, que ledit commissaire s'en alit de là à Gennes, où ils affixe-
rent les excommuniements contre lesdits Florantins, ne l'ayant ozé
fere en leurs terres et seigneuries.

Item, que le pape a fait sequestrer tous les biens desdits Florantins estans à Rome et Anconne, que sont extimez à grant valeur.

Le roy, après avoir entendu ces nouvelles, a mandé que semblablement soient sequestrez tous les biens qu'ont et pourroient avoir
les parens et autres gens dudit pape en la seigneurie de Gennes,
et a asseuré les Florantins que, si le pape leur veult courir sus ou
fere quelque autre dommaige, qu'il y emploira tout son royaume et
sa personne.

Les cardinaulx qu'estoient à Millan, ont envoyé à Rome declairer
au pape que, s'il ne luy plait le lieu de Pisa et sa saincteté vuille entendre au fait dudit concile, qu'elle-mesme le mecte en ville neutre,
seure et sans suspiction, et eulx sont contans de y aler.

Dudit Rome, nouvelles sont, par lettres du xxie jour du mois passé,
que, ayant le pape entendu la responce donnée à Lyon par le roy à
l'evesque de Tivoly son ambassadeur, de laquelle responce dez ledit
Lyon je vous advertys, sa saincteté a respondu à sondit ambassadeur
estant icy, et le semblable a heu le roy d'autre cousté, assavoir :

Que, puisque ledit seigneur roy avoit dit audit Lyon à sondit ambassadeur l'evesque de Tivoly, que il ne povoit ne vouloit aucunement entendre au fait de la paix, que premierement sa saincteté ne
fist responce touchant le fait de l'empereur, et que premierement ne
fust entendu à la satisfacion dudit empereur et à l'appoinctement d'entre sa sacrée magesté et les Venissiens, à ceste cause, sadite saincteté escript à sondit ambassadeur comme il a envoyé devers ledit
empereur avec chapitres souffisans et bons, touchant ledit appoinc-

tement des Veniciens, tellement que sadite imperiale magesté se pourra et devra contanter.

Ledit ambassadeur du pape et le roy ont encoires nouvelles qu'il avoit requis que monsieur de Gurce alit à Rome pour conclure toutes choses, et que l'empereur avoit respondu qu'il n'envoyeroit point mondit sieur de Gurce, que premierement les choses fussent bien asseurrées, afin que il ne luy intervinse comme à l'autre fois, et que sa saincteté avoit bon espoir que, en toute façon, l'empereur luy envoyroit ledit de Gurce.

En oultre, ledit ambassadeur a heu responce du pape, que sa saincteté avoit deliberé envoyer icy l'ambassadeur d'Escosse avec sa derniere resolucion de ce qu'il entend de fere avec ledit seigneur roy et le duc de Ferraire pour le traicté de la paix; et se devoit partir ledit ambassadeur d'Escosse le xxiiiie du mois passé. Il ne pourra estre icy que ne soit le xxe de ce present mois.

Le roy m'a dit encoires comme le pape vouldroit que monsieur de Paris alit à Rome pour le traicter de paix.

Ledit seigneur roy a craincte que ces pratiques d'appoinctement ne soit, synon que le pape et les Veniciens font ce pour empescher le fait du concille et de la guerre, pour tousjours passer temps et fere leur cas, comme a esté par cy-devant. Et, à ceste cause, il est d'advis d'entendre aux choses commancées et d'autre part à la paix, afin de incliner plus ledit pape et lesdits Veniciens aux choses raisonnables pour ladite paix, laquelle ledit seigneur roy desire, mais qu'elle soit seure et ferme.

L'on a advertissement du royaume de Naples, comme il a esté donné congié aux gens de pieds espagnolz qui estoient au royaulme, reservé deux mille qui s'entretiennent là, et que tout le demeurant s'en retournoit une partye en Affrique et une autre partye en Espaigne.

Le cardinal de Ferraire est allé en Ferraire avec congié du pape, lequel ne demonstre plus tant de hayne contre le duc de Ferraire ne ledit cardinal, comme il estoit acoustumé.

L'on a advis comme le cardinal de Sainct-Severin estoit jà passé le
lacq de Garde pour aller devers l'empereur, envoyé de par le roy;
la cause de son alée est pour prandre une bonne conclusion et deliberacion sur toutes choses, tant sur le fait de la paix que sur le fait
de la guerre, s'il la convenoit poursuyr, et que ladicte paix ne se
peust fere.

Madame, à ung village près d'icy cinq lieues, sont morts quasi
tous ceulx dudit village de peste, et en ceste ville deux enffans de
la chappelle de la royne. Pourquoy l'on fait la plus grant garde du
monde.

Aujourd'uy sera icy monsieur le chancellier. Je entendray de luy
ce qu'il aura fait touchant l'affaire de Nevers, et d'autres choses dont
je luy avoye escript, et, par la premiere poste, vous en advertiray ensamble d'autres nouvelles.

Madame, après mes lettres escriptes, et vuillant expedier la poste,
sont venues les nouvelles dont vous envoye la substance par escript
icy enclose [1]. Si aultre chose survient, en serez incontinant par moy
advertye.

Madame, le roy se partira samedi prouchain pour retourner à
Bloys.

Je prie, madame, Nostre-Seigneur, etc. A Baujency [2], ce xvᵉ jour
d'octobre, à la nuit bien tard.

Vostre, etc.

ANDREA DA BORGO.

---

[1] Cette annexe ne s'est pas retrouvée.

[2] Beaugency, sur la Loire, à quatre lieues ouest d'Orléans. Louis XII possédait cette terre à titre d'apanage de la maison d'Orléans; mais en 1544, Beaugency fut réuni au domaine de la couronne.

CXXXIV.

ANDRÉ DE BURGO À MARGUERITE D'AUTRICHE.

L'empereur espère s'emparer prochainement de Trévise et de Padoue. Mission de l'é-
vêque de Gurce à Rome. Embarras pécuniaires augmentés encore par le prochain
départ d'A. de Burgo. Le cardinal de Saint-Séverin négocie la paix. On attend sous
peu l'ambassadeur d'Écosse. A Naples, on se prépare à la guerre. Le roi est retenu
par la goutte à Notre-Dame de Cléry. (*Original.*)

20 octobre, à Baugency.

Madame, combien je croy soyez advertye de la part de l'empereur votre pere des nouvelles qui occurrent par delà en Itallye, touteffois je vous ay voulu envoyé le double cy-encloz des lettres de monsieur de la Palisse, que sont des nouvelles qui viennent icy au roy.

Madame, l'empereur m'escript encoires par lettres du neufiesme
de ce mois, comme il alloit mectre le siege devant . . . . . . , et avoit
envoyé dire à monsieur de la Palice qu'il mist le siege devant Trevys, et l'avoit fourni de tout ce qui estoit necessaire pour ledit siege,
et esperoit de l'avoir brief en ses mains, et non seulement ledit Trevys, mais encoires Padua; et m'escript de prier le roy de vouloir entretenir encoires ung peu de temps ses gens d'armes. Mais desjà le
roy a escript de les revocquer pour la nouvelle de ceste ligue. Toutefois on espere que, devant qu'ilz ayt les nouvelles, qu'il se aura fait
quelque chose.

Madame, l'empereur m'escript encoires comme il expedioit monsieur de Gurce pour se tirer en Itallye et à Rome, tant pour paciffier ces choses que fere appoinctement avec les Veniciens, et me
mande que je soye prest afin que, tout incontinant que seray mandé,
je me parte pour me tirer devers ledit sieur de Gurce; et m'escript
qu'il mectra ordre icy qu'il me fera sçavoir. De quoy je vous advertiray quant j'en sçauray quelque chose.

Madame, je me suis entretenu le plus longuement et mieulx que
j'ay peu de l'argent qui m'a esté par vous dernierement envoyé et

56.

d'autre que j'ay peu recouvrer. De quoy j'ay payé mes debtes, et du demeurant ay fait mon possible de m'entretenir jusques icy, et me suis abstenu de vous importuné, congnoissant les affaires de la guerre que menez de present; mais, pour ce que suis sur mon partement et n'atends autres synon que l'empereur vostre pere me mande de me partir, ce que ne pourroye fere sans vendre la mitié de ma vecelle ou mitié de mes autres meubles, que ne seroit mon honneur et mains celuy de l'empereur et de monseigneur....., et de mon alie à Rome il me fauldra grant argent, et d'en avoir de l'empereur il n'y a point d'espoir. Par quoy, madame, je vous supplie pour la quarte fois que ne me vuilliez faillir à chose si importante; et que ce soit tout incontinant, car je sçay que deans six jours j'auray le commandement de m'en aller, et le delay seroit la perdicion. Et, à ceste cause, j'envoye homme de messire Francisque de Taixis, qui tenoyt icy la poste, pour m'apporter ladite lettre de change, par lequel je vous prie la m'envoyer tout incontinant. Madame, je ne demande que partye de ce que m'est deu; et, quant riens ne me seroit deu, on me devroit pourveoir sur le temps advenir pour chose tant importante.

Le cardinal Sainct-Severin s'est party de l'empereur pour retourner en Itallye, et luy et mondit seigneur iront ensamble, et procure ledit cardinal par aucun bon moyen la paix, et en a l'on bon espoir.

L'ambassadeur d'Escosse est actendu icy dans six ou huit jours, et, selon les advertissemens que l'on a, le roy croit qu'il ne pourte pas chose de grant fondement par quoy se puisse fere la paix; mais l'on a plus d'espoir en la pratique de mondit sieur de Gurce et du cardinal. Touteffois l'on entend d'autre cousté à la persequution du concille, et en cas que le pape ne vuille qu'il soit tenu à Pise, l'on est contant que sa saincteté le face en ung lieu neutre, et non pas à Rome, que n'est lieu seur.

Le roy a heu nouvelles du royalme de Naples, que là ne sentent lors que à preparacion de guerre et à amasser gens de pied et de cheval, et que le semblable fait le pape. Et d'autre cousté le roy semblablement apreste tout son cas contre tous, et l'empereur fera aussi le semblable, afin que, sil le maulvais sort voulsist que la paix ne se fist, qu'il se puissent avec leur force fere tellement que les Veniciens et autres ennemys se mectent à la raison avec ledit empereur et le roy de France.

Le roy s'en seroit jà retourné à Bloys, mais il luy est survenu sa goutte, et demeurra encoires aucuns jours à Nostre-Dame de Clery.

Madame, vous pourrez pourvoir de fere lever les postes, ou, si voulez les laisser jusques veigne ung autre ambassadeur, lequel l'empereur vostre pere m'a escript d'envoyer jusques à ce qu'il me renvoye icy, et croy que, si la paix se faict, qu'il ne persuadera pas à y retourner, car j'y suis esté assez longuement.

Madame, quant je seray en Itallye avec monsieur de Gurce, je vous advertiray, par tous moyens que pourray, continuellement des nouvelles, et vous plaira me mander et commander, madame, si est service que je vous puisse fere par delà, car je seray toujours prest à le fere comme pour l'empereur vostre pere, vous suppliant me tenir continuellement en vostre bonne grace.

Madame, je prie Nostre-Seigneur, etc. A Beaujency, ce xxᵉ jour d'octobre.

Vostre, etc.   Andrea da Borgo.

CXXXV.

OUVERTURE DU CONCILE DE PISE.

(Copie ou original non signé.)

5 novembre, à Pise.

Des nouvelles, le mercredy, cinquiesme de ce mois de novembre[1], fust celebré la premiere cession de nostre sainct concile en la grande et principalle eglise de céste ville de Pise. Et, pour vous en faire sça-

---

[1] Il résulte de cette date, que Bonaccorsi et Guicciardini ont eu tort de fixer au 1ᵉʳ septembre l'ouverture du concile de Pise, à moins qu'ils n'aient voulu parler d'une séance purement préparatoire ; encore ne conçoit-on pas que cette assemblée ait pu avoir lieu dès le 1ᵉʳ septembre.

voir au vray et des grandes et *inauditis ceremoniis* que y furent : premier, au matin environ huit heures, monsieur le cardinal de Saincte-
Croix, accompaigné de certains evesques, alla le premier en ladite
grand eglise, et illec actendit messieurs les autres cardinaulx et prelatz. Quant ilz furent tous venuz, excepté monsieur le cardinal de Prye,
qui estoit malade, ledit monsieur de Saincte-Croix se prepara et ves-
tit d'ournemens precieulx pour dire la messe, laquelle fust commencée tost après par chantres ordonnez; et fust ladite messe finie, qui
dura longuement, et où il y eust de cerimonies telles qu'il appartenoit
au cas, lesquelles vous, monseigneur, povez sçavoir. La messe finie.
et la benediction faicte par mondit sieur de Saincte-Croix, fut commencé par les chantres les deprecations *Exaudi nos Domine* et beaucoup d'autres; après lesquelles dites par les chantres, le dyacre dit à
haulte voix *Orate;* et adonc tous les prelatz se inclinoient baissant les
testes, et, *orationibus finitis,* le dyacre dit alta voce : *Erigite vos;* et
le cardinal dit après l'oraison *iterum;* le dyacre dit *Orate,* sicut in
primo et fuit ter factum. Quibus orationibus et deprecationibus finitis, l'on commença la letanie. Et quant se vint après *Peccatores te
rogamus audi nos,* postea istis sic actis, l'on commença, c'est asçavoir
le cardinal, le dyacre et.le subdyacre, l'hymne *Veni creator Spiritus,*
cum antiphonis, responsoriis et versiculis; quibus durantibus, reverendissimus dóminus Baiocensis, qui in principio non adfuerat, supervenit; quare nos prelati et maxime nos Galli plurimum abletati sumus. Postremo, finitis orationibus, reverendissimus de Sancta-Cruce
sedit in cathedram, et cepit alta et intelligibili voce facere orationem
in modum exortacionis, in qua ipse multum ab omnibus gloriatus
fuit; et quasi omnes mirabantur, et erant, pro nimia leticia, stupe-
facti de hiis que procedebant ab ore ejus. Sed non sufficeret una dies
ad recitandas ipsius laudes et quam bene dicta et allegata. Qua finita,
que duravit fere per spacium unius hore, respondit episcopus Lu-
duviensis[1] : *Ascendite pulpitrum,* et incepit legere alta voce quinque
decreta proxime synodi; tenor quorum in paucis verbis fere habetur.

---

[1] Guillaume Briçonnet, évêque de Lodève, mort évêque de Meaux, le 24 janvier 1533.

Primo, sacrosancta synodus approbavit indictionem generalis concilii Pisani, litterasque pro ipsius invocatione a reverendissimis dominis cardinalibus emanatas, et declaravit ecclesiam universalem, in qua per tanti temporis spacium aliquod concilium generale non fuit celebratum, reformatione........ notorie indigere, et quod ipsa synodus, omnibus consideratis, fuit juste et rite et ex urgentissimis causis ad civitatem Pisarum convocata; et quam civitatem declaravit esse bene electam, nisi forsan illi per gentes domini pape impedimenta prestari contingeret; insuper irritavit et anullavit omnes censuras, excommunicationes, interdicta et protestationes desuper fulminatas per prefatum dominum Julium papam contra concilium et illi adherentes latas, declaratas et promulgatas, absolvens omnes in genere et specie a quibusvis excommunicationibus occasione predicti concilii et illius pretextu, etc.

Item, inhibuit dicto domino pape ne, durante hujusmodi concilio, aliquos de novo presumat creare, facere nec proclamare cardinales; quod si forsan fecerit, etc.

Item, ne prelati in dicto concilio congregati absque licentia recedant sub penis juris, etc.

Item, de fructibus percipiendis in absentia pro existentibus et qui pro tempore intererint consilio.

Item, ne aliquod impedimentum detur venientibus ad concilium in rebus et personis sub penis, etc.

Insuper, quod oblivioni demandaveram, deputavit concilium officiarios versus prefatum reverendissimum dominum cardinalem de Sancta-Cruce presidentem, qui totis viribus negavit onus; tamen, omnibus clamantibus et eum prefatam presidentiam assumere rogantibus, obmutuit et consentiit. Magnificum dominum de Albreto [1] custodem et protectorem concilii (nominavit), donec et quousque per principes aliter provideatur, multosque alios nominavit officiales vel notarios, in quorum numero ego indignus, quamvis mihi non de-

---

[1] Jean de Foix, seigneur de Lautrec, qui commandait les troupes françaises des-tinées à protéger le concile contre toute injure ou agression.

ceat. Quibus perlectis decretis et petitis per dyaconum, nomine dicti reverendissimi domini presidentis, singulorum votis, omnes insuper responderunt : *placet;* et illico tunc presidens erectus alta voce dixit : *placet.* De quibus omnibus procurator fiscalis et generalis concilii petiit instrumentum, accusans contumaciam pape et ceterorum vocatorum qui non interfuerunt. Postremo fuit inceptum *Te Deum laudamus;* quo finito et oratione per presidentem completa, fuit intimata secunda cessio concilii ad diem Veneris proximam, que erit dies septima novembris. Spero recuperare decreta in forma que in illis est magna scriptura.

J'ay oblyé vous fere sçavoir que il y avoit quatre cardinaulx, c'est assavoir : Saincte-Croix, Sainct-Malo, Bayeulx et d'Albret, et dix et sept evesques, et cinq abbés avec vingtz docteurs tant theologiens que autres[1]. J'ay esté si hasté pour la poste, que m'a fallu escripre à diligence très-mal; et aurez pour excusé.....................

CXXXVI.

PHILIPPE LE VASSEUR À MARGUERITE D'AUTRICHE.

Poursuite de la surséance du procès de Nevers. Le roi a ordonné de faire rentrer en garnison les troupes qu'il fait lever en Guyenne. Le roi de Navarre se dispose à assiéger Pampelune, avec le secours de la France. Réclamation d'un navire appartenant à Diégo de Haro. La reine se montre très-affectionnée envers Marguerite. (*Original.*)

8 ou 18 novembre, à Blois.

Madame, depuis que vous ai escript dernierement, je me suy trouvé plusieurs foys au conseil du roy pour avoir despesché de la surseance du procez de Nevers, dont oudit conseil a esté parlé plusirs foys, et dit que le roy a grant affection de faire entretenir ladite sur-

---

[1] On peut comparer avec cette relation celle qu'ont donnée les commissaires florentins, autres témoins oculaires. (*OEuvres compl. de Machiavel*, IX, 412) Voyez aussi *Collectio conciliorum* edente Labbe, XIII, col. 1485, et *Histoire du xi° siècle*, par M. Paul Lacroix, IV, 377

ceance comme il a promys, mais on n'en a point parlé ne escript à madame ne à monsieur de Nevers, qui sont absens. Neantmeyns, madame, ledit conseil m'a dit qu'il est bien seur que le procez ne se widera devant quatre ans, et que le roy y tiendra la main, quelque pourchaz que parties adverses y sacent faire.

Madame, on dist que le roy a mandé que on leve son armée qui est en Guyenne, et que l'on assiée les garnisons jusques au beau temps. MM. d'Angoulesme et de Bourbon s'en retournent, et M. de Longueville demeure illec gouverneur du pays.

Madame, on dist que le roy de Navarre doit assegier Pampelune, et que le roy de France luy baille quelque renfort de gens d'armes et artillerye.

Madame, j'ay nagueres presenté au roy et à la royne les lettres que leur avez escript, touchant ung navire appertenant à Dyego de Haro, qui a esté prins sur la mer par les gens du roy, dont j'ay eu gracieuse responce; et est allé le herault de Bretaigne au pays, chergié du roy et de la royne de faire bonne dilligence de recouvrer ledit navire, et après s'en doit retourner par delà.

Madame, j'ay eu ung petit de devises avec la royne, et me samble à oyr ses propos qu'elle a grant desir à vous faire plaisir, et dit que luy en avez fait par delà, et fait bonne despesche à ses gens et subgetz, dont elle se tient tenue à vous et a bonne affection de vous faire la pareille, et d'entretenir la bonne paix estant entre vous et monseigneur, vos pays et subgetz et la maison de France, et me samble que le roy se (*mot illisible*) de la guerre.

Madame, je prye Dieu , etc. A Bloys, ce xviiie jour de novembre.

> Vostre très-humble et très-obeissant subjet et serviteur,
>
> Philippe le Vasseur.

CXXXVII.

ANDRÉ DE BURGO À MARGUERITE D'AUTRICHE.

Dispositions faites par le roi et son conseil pour la campagne. Dégrèvement d'impôts, malgré l'importance de ces préparatifs. Le roi ne veut pas aggraver son peuple, mais le relever. Le pape prétend gagner les Florentins, qui restent fidèles à l'empereur et au roi. Les cantons suisses, à l'exception d'un seul, ne veulent plus faire la guerre à la France. Le roi d'Angleterre voudrait que la paix se conclût. Prise de M. de Rœux par les Vénitiens. Ouverture du concile à Pise. L'empereur a rappelé ses troupes de Vérone, dont il laisse la garde au roi de France. Le cardinal de Sainte-Croix a fait, au concile de Pise, une belle harangue qui a duré six heures. Nouvelles d'Italie. A. de Burgo, qui est mandé auprès de l'empereur, laisse à Blois ses deux secrétaires pour le remplacer. (*Original.*)

15 et 16 novembre, à Blois.

Madame, le vııı^e jour de ce present moys vous ay escript au long de toutes choses occurantes; celles que sont despuys survenues sont telles que s'ensuyvent, assavoir :

Le vııı^e jour du present mois, le roy a fait et tenu son grant conseil afin de conclure l'estat pour l'année advenir; ce qu'il a fait en la maniere soubscrite :

Que en Italie il tiendra deux mille lances et pareillement des extradiots et autres chevaulx legiers jusques au nombre de huit cens.

Item, xıı^m pietons. Item, bonne artillerie. Item, argent convenant pour les extraordinaires qui seront à faire et necessaire pour la susdite excercite.

Item, il a pourveu à tous les confins et villes limitrophes de France tant d'hommes d'arme pietons que d'artillerye, pour que, se aucun cas advenoit, etc. ; ce que toutes foys il ne peut croire.

Item, nonobstant toutes les provisions dessusdittes et autres ordinaires, ledit seigneur roy a remis à son peuple de France des tailles premieres imposées, trois cent mille francs.

Item, a desjà mis ordre et provision pour la despense des choses dessusdittes jusques pour tout le mois de juing prouchain venant.

Et se plus grande despense est necessaire que la dessusditte, les generaulx de France ont conclud avec ledit seigneur roy que briefment y pourvoyeroient. Neantmoings, pour maintenant, ledit seigneur roy ne veult aggraver sondit peuple, mays plustost le relever, aynsy que dessus est escript, sachant que, en cas de necessité, ces trois (cent) mille francs et plus grande somme ne luy deffauldra pour la conservation de ses royaumes et pays.

Le roy a heu nouvelle comme le pape avoit suspendu l'interdict qu'il avoit mis contre les Florentins, et que de present il use d'assez bons termes envers eux, cuydant les gaigner; mays ils demeurent toujours fermes pour l'empereur et pour le roy.

Item, a heu ledit seigneur roy bonnes nouvelles des Suysses, qu'est qu'ils sont contraincts de eulx abstenir et reposer, excepté ung canton nommé Suyt, que vouloient que la guerre se feit contre les François; mais les autres cantons n'y vouloient adherer. Ledit seigneur a envoyé à son commissaire estant là, afin qu'il face toute chose pour contanter ledit canton, et que tous ensemble puissent faire quelque appoinctement avec luy. L'on en actend nouvelle certaine dans sept ou huit jours.

Item, a heu ledit seigneur roy nouvelle d'Angleterre, qu'est la responce de ce qu'il avoit respondu à Lyon à l'ambassadeur d'Angleterre. De quoy, je vous advertys et l'adverty son ambassadeur de la bonne disposition dudit roy d'Angleterre et de son conseil, et que la ligue et confederation nouvellement faite a esté sans icelluy roy d'Angleterre et sans son sceu, et que encoires jusques icy il n'en sçayt riens et qu'il ne se veult mectre en ces broillis [1], mays entend de demeurer en paix avec tous. Vray est que ledit roy d'Angleterre desireroit bien qu'il se feit une bonne paix, ostée toutes ces differances, et très-voluntiers en seroit mediateur. Et dit ledit roy de

---

[1] Le roi d'Angleterre, *qui ne se vouloit mectre en ces broillis,* conclut cependant, le 20 décembre suivant, un traité de ligue contre Louis XII avec le roi d'Aragon. Cette ligue avait pour motif apparent la délivrance du pape Jules II, assiégé dans Bologne. Voir Dumont, *Corps diplomat.* IV, 1re part. 137.

France qu'il n'y aura faulte de sa part à faire une bonne paix, mays que avec ce le cas de l'empereur se feit touchant les Veniciens, sans lequel le roy persevere en son oppinion de non entendre à aucun appoinctement avec le pape, selon qu'il est tenu et pareillement l'empereur par le traicté de Bloys, mays que le pape pour les pratiques qu'il tient separement avec l'ung et avec l'autre ne tache à les disjoindre.

Item, a heu nouvelle ledit seigneur que monsieur du Reux[1], capitaine des Bourguignons, en partant de Veronne avec petite compagnie pour aller à certain chasteau que luy avoit donné l'empereur vostre pere, a esté prins ledit seigneur du Reux des extradiots Veniciens, de quoy le roy ne pourroit estre plus doulant ne marry; car il ayme ledit seigneur du Reux pour beaucop de biens et louanges que les François de icy luy ont escript. Et aussi c'est grant dommaige de si noble personnaige tant necessaire pour le temps.

Madame, ma maladie m'est aggravée de maniere qu'il m'a convenu prandre deux medecines, lesquelles, comme j'espere, avec l'ayde de Dieu, me donneront guarison et me seront une bonne purification pour mon voyaige. A cause de maditte maladye, n'ay peu solliciter les affaires dont m'avez escript, et aussy ay toujours differé vous expedier la poste, actendant de heure à autre nouvelle de l'empereur vostre pere; mais, veant qu'elles tardent tant, je n'ay voulu plus dilayer pour vous advertyr des nouvelles dessusdittes et des autres que s'en suyvent, c'est assavoir :

Comme le roy a heu lettres du cardinal Sainct-Severin contenant que l'empereur alloit à Hysbrouk, et que ledit cardinal luy alloit après et y seroit le second jour de ce moys, et luy donneroit mon pacquet, que sont les lettres desquelles j'actends la responce pour mon alée devers vostredit pere, selon que par autres vous ay escript, en cas que l'alée de monsieur de Gurce en Italye et à Rome fust dilayée. Madame, mon homme que j'avoys envoyé par delà m'a escript

---

[1] Ferry de Croy, seigneur de Rœux et d'Hangest-sur-Somme, chevalier de la Toison d'or, premier maître et maréchal de l'hôtel de Charles d'Autriche.

lettres du premier jour de ce moys, et m'adverty comme le jour en suyvant, sans nulle faulte, il devoit estre expedié. Despuys, je n'en ay heu autres nouvelles; pour quoy, madame, je vous supplie très-humblement que, s'il n'estoit encoires expedié, que le veuillez tout incontinent faire expedier sans plus de delay; car sy la responce de l'empereur vostre pere estoit venue, laquelle ne peut tarder plus de deux jours, je n'actendroye pour mon partement que le retour de mondit homme avec la provision d'argent qu'il appourtera, sans laquelle je ne puys partyr d'icy.

Madame, je prie Nostre-Seigneur, etc. A Bloys, ce xve jour de novembre.

Vostre très-humble et très-obeissant serviteur,

ANDREA DE BORGO.

Madame, despuys mes lettres escriptes, le roy a heu nouvelles comme, le cinquiesme jour de ce moys, le concile s'estoit commancé à Pisa, et que le cardinal de Saincte-Croix avoit, en la grant esglise dudit Pisa, sollempnellement chanté la grant messe et y estoient desjà quatre cardinaulx, et beaucoup d'archevesques, evesques et autres prelatz, et actendoit-l'on les autres.

Les gens du pape jà commencent à venir dedans la Romaigne, actendant les autres que restent tant dudit pape que du roy d'Arragon. L'on cuyde qu'ils ne pourront tous estre assemblés que ne soit prouchain à Nouvel (Noel).

Monsieur de Foix se devoit partir le xme de ce mois pour se tirer devers Boulogne, et envoyoit jà gens d'armes devant et atend avec toute diligence de faire bon nombre de gens à pied.

L'empereur a ordonné que ses gens de guerre ne demeurent que mille pietons et cinq cens lances pour la garde des portes et chasteaux dudict Veronne. Et ayant requis le roy très-chrestien que de ses gens de guerre y tinst trois mille pietons et cinq cents lances pour la garder, sa très-chrestienne magesté m'a fait remonstrer que combien elle soit chargée, tant, comme chascun sçait, de la guerre dudit pape et dudit roy d'Arragon et ailleurs; toutesfois, il a esté contant d'y tenir trois mille pietons et deux cens lances. Et l'empereur fait retirer tout ses gens, les adressant en Fryole pour garde de ses pays.

Madame, je vous envoye un double d'aucuns articles extraits d'une lettre que m'a escripte maistre Jehan Hannart, secretaire de l'empereur vostre pere, lequel est emprès monsieur de Foix, et s'en va avec luy par ordonnance de vostredit pere. S'il survient autre chose avant mon partement, en serez advertye.

Madame, demain, avec l'ayde de Dieu, yray parler au roy, et parleray à monsieur le chancellier, avec lequel solliciteray l'expedition des afferes dont m'avez escript, et de ce que s'y fera vous en advertyray par l'autre poste que je expedieray incontinent. A Bloys, ce xvie dudit mois.

Madame, l'on est adverty comme, à l'entrée dudit concile, ledit cardinal de Sainte-Croix feit une grande et belle erangue qui dura bien six heures de long[1], par laquelle il remonstrit la juste evidente cause pour laquelle il estoit besoing et necessaire tenir ledit concile, et avec ce l'injuste, desraisonnable et inique privation qu'avoit fait le pape tant de luy que d'aultres cardinaulx, et que tous princes chrestiens, pour le grant bien de l'esglise et de toute la chrestienté, devoient adherer audit concile.

Madame, l'on a nouvelles d'Itallye par lesquelles l'on est adverti que les Veniciens viennent mectre le siege devant Veronne. Le roy est adverty que messire de Foix y a mis quatre cens lances et quatre mille pietons, et mille pietons que l'empereur vostre pere y a; et dit le roy que en riens ne fauldra.

J'ay aussi nouvelle comme l'empereur vostre pere envoye son armée pour garder Friole, et y va en personne avec une grosse assamblée

---

[1] La relation semi-française semi-latine que nous avons insérée ci-dessus, p. 445, dit que cette harangue a duré une heure.

de gens. Madame, comme je vous ay escript, l'empereur m'a mandé
que je aille et laisse icy mes secretaires [1], selon qu'il m'a escript,
l'ung pour les choses de vostre pere, et l'autre pour les vostres. Et
sera necessaire que les postes demeurent actendant qu'il vienne ung
ambassadeur.

Vostre très-humble et très-obeissant serviteur,

ANDREA DA BORGO.

CXXXVIII.

JEAN LE VEAU À MARGUERITE D'AUTRICHE.

Il mande quelles sont les charges que l'ambassadeur a laissées à remplir. Surséance du
procès de Nevers. Octroi pour lever 7,000 francs en Artois. Renvoi au parlement de
Paris de la cause qui concerne l'évêché d'Arras. Démarches faites sur ces trois objets.
Nouvelles démonstrations de guerre de la part des Suisses. Préparatifs militaires du
pape. Réponse du roi d'Aragon sur sa ligue avec Jules II. Il se plaint qu'on arrête ses
courriers en France. Mort du cardinal de Cosenza. Peu d'espoir de paix. L'empereur est disposé à un accommodement avec le pape et les Vénitiens. Vérone est dé-
pourvue de garnison impériale. La maladie du duc de Terme va mettre obstacle aux
vues de la ligue. Situation des forces du roi d'Aragon à Naples. Délivrance du cardinal d'Auch. Il paraît que l'ambassadeur d'Aragon est mieux accueilli du roi de
France. (*Original.*)

3 décembre, à Blois.

Madame, monsieur l'ambassadeur mon maistre, à son partement,
que fut mardi dernier passé, me laissa charge de poursuyr et solliciter les choses qui restoient à expedier à sondit partement : assavoir la surceance de Nevers, le mandement d'octroy pour lever les
VII[m] francs accordez en Artois, et aussi le renvoy en la court de parlement à Paris, de la cause touchant l'evesché d'Arras qui estoit icy
evocquée au grant conseil, pour le tout vous envoyer. Et oultre m'a
laissé icy avec ung autre syen secretaire italien qui escript en latin,

---

[1] Jean le Veau, pour les affaires de Marguerite d'Autriche, et Paul de Laude, pour
celles de l'empereur.

pour poursuyr toutes choses qui nous seroient mandées, tant de la
part de l'empereur que vostre, et aussi pour vous advertyr bien et à
plain pendant son absence de toutes nouvelles qui occurroient.

Madame, despuis ledit partement de mondit sieur l'ambassadeur,
votre procureur de Charrolois et moy avons poursuy et sollicité les
expedicions dessusdites ; et, quelque diligence que ayons sceu faire,
n'avons riens peu avoir jusques à hoires, que avons obtenu le renvoy
touchant Arras, dont vous envoye une copie. Et aussi M. le tresorier Robertet nous a dit qu'il avoit expedié, touchant la surceance
de Nevers, lettres du roy à la court de parlement à Paris, creden-
ciales sur monsieur de Paris, lequel le roy envoyoit tout expretz
à ladite court pour ceste matiere, et qu'il n'y auroit point de faulte.
Mondit sieur de Paris partit hier, et a laissé icy ung homme pour
actendre lesdites lettres afin de les luy pourter et avec ce d'autres
lettres que fit escripre M. le chancellier à ladite court pour cestedite matiere, et partira demain ledit homme.

Madame, l'advis de vostredit de Charrelois est, et me samble aussi
estre bon, que devez envoyer incontinant ung tel qu'il vous plaira
devers mondit sieur de Paris, pour le solliciter à faire passer ladite
surceance selon qu'il en a charge du roy, et croyons que sans plus
de difficulté à ceste fois la chose se fera, comme nous a derechief
dit mondit sieur Robertet.

Quant au mandement d'octroy, nous en avons fait notre povoir,
vostredit procureur et moy ; et en la fin mondit sieur le tresorier
Robertet nous a dit que le feissions mectre en forme selon le dernier ouctroy, et qu'il estoit besoing en avoir la minute, car il n'avoit
fait les ouctroys precedans, ou que nous informissions ung secretaire
pour en faire une minute et la faire grosser, ce qu'avons fait ; et sera
demain expedié pour mectre au seau. Ne reste qu'il fault argent pour
celluy qui l'a fait et ne demeure pour autre chose. Quant à moy,
madame, je n'en ay point pour y fournir et mains vostredit procureur
de Charrelois, comme il dit. Par quoy, madame, sera besoing d'adviser comme le recouvrer et me mander sur ce vostre bon plaisir.

Madame, mondit seigneur l'ambassadeur mon maistre, à sondit partement, m'a dit qu'il avoit de rechief refreschée la promesse que savez à monsieur le tresorier Robertet pour la cause de Nevers[1], comme il me ordonna aussi de faire, quant il auroit expedié les lettres pour ledit affaire, et que vous en devoyt advertir afin que feissiez, ou cas que la chose se passast, que ladite promesse fust accomplye, car mondit sieur le tresorier s'y est bien employé.

Madame, les nouvelles qui sont survenues icy despuis le partement de mondit seigneur l'ambassadeur mon maistre sont telles que s'ensuyt, assavoir :

Comme aucuns quantons des Suisses perseverent toujours en demonstracion de faire aucunes entreprinses contre le roy; pour laquelle chose les Grisons, autre quanton desdits Suisses, ont envoyé devers les autres afin de les faire desister de ceste dite demonstracion d'entreprinse, et à estre bons amys du roy.

Ledit roy a nouvelle que l'empereur a escript ausdits Suisses qu'ilz n'ayent à faire aucune entreprinse contre sa très-chrestienne majesté, et que, s'ilz font autrement, il luy aydera à leur faire la guerre. De quoy le roy est très-joyeulx et contant de l'empereur, lequel, oultre ce que dessus, a envoyé son ambassadeur pour les fere desister, comme dit est, de leurdite entreprinse.

Ledit roy a aussi nouvelle que les preparations de la guerre, tant du cousté du pape que du roy d'Arragon, vont bien froidement.

Item, a nouvelle que, le XIXe jour du mois passé, le cardinal Saint-George chantit la grand messe à Rome, et, icelle chantée, benit l'estandart du pape qui fut baillié au duc de Terne (Terme), et fut constitué par le pape, lieutenant general de son armée.

L'homme que l'ambassadeur du roy d'Arragon avoit envoyé au roy son maistre, pour l'advertir des nouvelles qu'estoient icy venues de la ligue faicte entre le pape, ledit roy d'Arragon et les Veniciens,

---

[1] On lui avait promis mille écus d'or pour faire surseoir à quatre ans la décision du procès de Nevers. Voyez ci-dessus, page 369, une lettre du 15 novembre 1510.

et du maulvais contantemant du roy de France et de tous ceulx de
pardeçà, est retourné avec la responce dudit roy d'Arragon, qu'est
que il s'excuse qu'il ne s'est mis ne n'a esté faicte ladite ligue, synon
seulement pour le recouvrement des terres appartenans à l'eglise,
ainsi qu'il est tenu de faire comme prince chrestien, et non à aultre
fin; et se plainct ledit roy d'Arragon de ce que les François luy ont
detenu aucuns de ses courriers venans de Rome et tirant en Espaigne : dont il se donnoit grant merveille, veu qu'il ne s'estoit declaré
ennemi du roy ne des François, et que ce n'estoit bien fait, et n'a-
voit desservy que l'on luy traictast ainsi ses gens, et que, s'il vouloit
faire le semblable en son pays, qu'il le feroit aussi bien que eux;
mais il ne le veult faire, car il veult demeurer, et ainsi est son vouloir, en bonne amityé et fraternité avec le roy et ceux de par deçà,
priant que d'oires en avant l'on ne vuille plus donner tels empesche-
mentz à sesdits courriers.

Icy est nouvelle que le cardinal de Cousance[1] est mort de fievres
à Reige, venant au concille, et que le pape avoit donné ses benefices
au cardinal d'Arragon, dont le roy d'Arragon n'a esté contant, mais
a voulu qu'ilz seroient esté donnez à ung syen nepveu.

Icy, par ce que l'on peult entendre, il y a peu d'espoir à la paix,
et est l'on tout deliberé à la guerre, assavoir de soy deffendre. Touteffois j'ay entendu par quelqu'un que le roy avoit deffendu toutellement le combat à ses gens, si n'estoient bien pressez à ce faire.

Madame, despuis le partement de mondit sieur l'ambassadeur, est
venue la poste de l'empereur, et par icelle n'escript autre synon qu'il
actend mondit sieur l'ambassadeur et pour entendre ce qu'il porte.
En oultre, escript qu'il a receue la copie de la ligue dessusdite que
mondit sieur l'ambassadeur luy a envoyée, et par avant en avoit heut
une autre de Rome, où il y avoit ung article dadventage qu'en icelle
dudit sieur ambassadeur; assavoir que les Veniciens sont obligez par
ladite ligue à donner, pour l'expedicion d'icelle, mille hommes d'ar-

---

[1] Ce doit être le cardinal évêque de Cosenza, François Borgia, l'un des cinq pro-
moteurs du concile de Pise, qui mourut
effectivement en 1511.

mes, neuf mille pietons, trois mille chevaulx legiers et une bande d'artillerye, pour le tout joindre aux onze navires que doit donner le roy d'Arragon, et qu'il ne sçait laquelle copie soit plus veritable, ou la syenne ou celle dudit ambassadeur mon maistre.

Item, par ladite poste escrit l'empereur à l'ambassadeur d'Escosse estant icy, en responce de ses lettres qu'il luy avoit escriptes de Rome, l'advertissant de sa venue en France pour faire et traicter la paix entre le pape et le roy très-chrestien. A quoy l'empereur luy respond que, quant à luy, il est toujours prest d'entendre à ladite paix, et par luy ne fauldra, pourveu que le pape et les Veniciens vuille venir et eulx condescendre à appoinctement raisonnable.

Le tresorier Robertet a dit au secretaire de mondit sieur l'ambassadeur mon maistre, que Veronne estoit mal pourveut de vivres, et que les gens de l'empereur se retiroient peu à peu dudit Veronne et l'avoient quasi tous abandonné, et n'y estoit demeuré que les gens du roy; que n'estoit bien fait, disant qu'il deust escripre à l'empereur afin d'y faire mectre provision, tant desdits vivres que d'autres choses, et que inconveniant ne s'en ensuyvit.

L'on a icy nouvelle par lettres données à Florance, le xxme du mois passé, comme ledit duc de Terne est fort malade à Rome, que empeschera grandemant l'execution de l'entreprinse de ladite ligue, et que desjà luy estoit esté baillié l'argent pour la despence de deux mois de la guerre et encoires n'avoit esté riens fait.

Item, l'on a nouvelles par lettres du xxme que le pape estoit à Cividad-Veiche.

L'on dit icy que les gens du roy d'Arragon ont fait leur monstre à Naples, qu'estoit ladite monstre de cinq mille pietons assez mal accoustrez et sans argent, et de sept à huit cents lances assez bien accoustrées, et, avec ce, de six à sept cent chevaulx legiers.

Item, l'on a nouvelle comme le cardinal d'Aux, qui a esté prisonnier à Rome [1], vient icy et a son congié du pape. Les aucuns dient

---

[1] Voyez ci-dessus, p. 352.

qu'il est envoyé de par ledit pape; les autres, qu'il vient pour changer son aer. Il a laissé à Rome, pour hostaige, son frere.

Il samble que l'ambassadeur d'Arragon, puis peu de jours en çà, soit mieulx voulu du roy de France qui n'a esté par cy-devant despuis ladite ligue faicte, et fait samblant ledit ambassadeur de mener quelque pratique avec ledit roy de France; et, l'autre jour à mynuyt, fit partir ung de ses serviteurs pour aller en diligence devers le roy son maistre[1].

Madame, ce jourd'huy sont venues lettres de mondit seigneur l'ambassadeur mon maistre, données à Lyon le XXIX⁰ jour du mois passé, et escript qu'il arriva audit Lyon ledit jour à neuf heures du matin, et en partit à trois heures après midi; oultre escript qu'il fait diligence d'aler, et qu'il cuydoit estre audit Lyon plus tost d'un jour qu'il n'a esté, mais y treuve tel malvais chemin que c'est une pityé.

Madame, ce sont les nouvelles despuis le partement de monsieur l'ambassadeur mon maistre, survenues comme dit est. De tout ce qui surviendra cy-après en serez par moy incontinant advertye.

Ma très-redoubtée et souveraine dame, etc. A Bloys, ce III⁰ de décembre à x heures de nuyt.

Votre, etc.

JEHAN LE VEAU.

[1] En effet, Louis XII, averti de l'accord conclu entre l'empereur et les Vénitiens, négocia secrètement de son côté avec l'ambassadeur du roi d'Aragon. (*Lettres de Louis XII*, III, 120.) Nonobstant ces pourparlers clandestins, dont il sera encore question ci-après, p. 465, Ferdinand et Henri VIII conclurent, le 20 décembre, à Burgos, un traité d'alliance, dont le motif, au moins apparent, était la défense du pape et du saint-siége contre les attaques de la France. Voyez Dumont, *Corps diplom.* IV, 1ʳᵉ partie, 137; Rymer, *Fœdera*, XIII, 311.

CXXXIX.

JEAN LE VEAU À MARGUERITE D'AUTRICHE.

Le roi se montre satisfait des explications données par la princesse sur les plaintes qu'on avait faites. Descente des Suisses dans le duché de Milan. Ordre donné à M. de Nemours pour leur résister. On suppose que les Suisses voudraient aussi faire une tentative sur la Bourgogne. Du reste, on paraît croire que l'empereur s'entend avec eux. Nouvelles du concile de Pise. Réception des cardinaux à Milan. Le pape cherche à mutiner les Génois. Un capitaine romain est venu à Bologne se mettre au service du roi. Le roi et son conseil temporisent jusqu'au moment où l'empereur aura répondu aux demandes dont A. de Burgo est porteur. Dangers qu'a courus cet ambassadeur.

(*Original.*)

11 décembre, à Blois.

Madame, j'ay receu, despuis le partemant de monsieur l'ambassadeur mon maistre, deuz vos lettres s'adressant à luy lesquelles j'ay ouvertes ainsi qu'il m'avoit ordonné de faire à sondit partemant, et donné charge comme je m'y devroit conduire.

Madame, quant à la premiere de vosdites lettres qui est datée du xxvie du mois passé, et contient responce aux querelles et doleances qui furent baillées dernierement par le chancellier procureur et advocat du roy à Paris, à mondit sieur l'ambassadeur, pour vous envoyer, je me suis tiré incontinant devers ledit chancellier pour la luy communiquer, ainsi qu'il me sambloit estre necessaire, et comme je luy eusse monstré vostredite lettre et veant qu'elle estoit fort grande, me dit que lui en feisse copie afin de la povoir veoir plus amplement; ce que je feis et la luy pourtis; ce fait, me dit qu'il la verroit. Je l'ay toujours sollicité de ce faire, mais, pour les grandes affaires de cest guerre, en quoy il est continuellement embesoigné, il n'a peu, comme il m'a dit, encoires entendre à veoir ladite copie; mais il m'a dit que ce jourd'huy, sans nulle faulte, il la verroit et demain m'en donroit responce. J'eusse actendu de expedier ceste poste jusque avoir heue ladite responce, mais il est necessaire à l'autre secretaire, que mondit maistre a icy laissé, de expedier la poste à l'empereur pour ces nouvelles qui sont survenues, et lesquelles entendrez par ces presentes.

Madame, quant à vostre autre lettre datée du xx^c du mois passé, contenant responce à ce que mondit seigneur l'ambassadeur vous avoit cy-devant escript, touchant les divises que heu le roy avec luy d'aucuns rappors qui luy avoient esté faitz de vous, je me suis tiré devers monsieur le tresorier Robertet pour la luy monstrer, et en faire le rapport au roy; il leut au long vostredite et la trova très-bonne, et me dit que ledit seigneur roy en seroit bien joyeulx et contant, et qu'il convenoit que moy-mesme, le jour suyvant, la deusse monstrer au roy, et qu'il me presenteroit pour ce faire à sa magesté ledit jour suivant. Après que ledit seigneur roy eust dyné, me trouvis en sa chambre, et incontinant que mondit sieur le tresorier Robertet me vit, me fit venir parler audit seigneur roy, auquel je feis voz humbles recommandacions, et après luy avoir dit la charge de mondit sieur l'ambassadeur mon maistre, lui dis au long la substance de vosdites lettres, qu'il oyt très-voluntiers, et me dit ces paroles : « Escripvez à ma bonne cousine que je luy remercye ses bonnes lettres, et que je congnois qu'elle dit verité et jamais n'ay creu autrement de ce qu'elle escript, et la prye à vouloir continuer en sa bonne affection envers nous, et tenir toujours la main à la bonne amityé d'entre l'empereur et moy. »

Madame, les nouvelles qui sont survenues despuis la derniere poste qui vous fut par moy expediée sont telles que s'ensuyt :

Assavoir que le roy a heu nouvelle certaine comme les Suysses, jusques au nombre de six mille, sont descenduz en la duché de Millan, et sont desjà entrez bien avant et jusques à ung gros villaige appellé Varese qui est prouchain de la cité de Millan vingt petites lieues de ce pays, et que plus est en vient ung autre grant nombre après eux, qui sont bien tous ensamble, par commune extimacion, vingt-cinq mille qui desjà sont au pied de la montaigne, suyvant les premiers et menant avec eulx artillerye, eschielles et autres instruments de guerre à prandre villes et chasteaulx.

Le roy, pour y resister, a mandé à diligence à monsieur de Nemours son nepveu, qui estoit allé à Parme pour resister au pape,
de venir audevant et à l'encontre desdits Suysses, et conduyre avec
six cens lances, les IIe gentilz hommes et deux cens archiers du roy,
et qu'il face incontinant mectre sur pied six mille pietons pour mener
contre lesdits Suysses; et monstrent le roy et ceulx de pardeçà n'y
faire guerres de compte encoires qu'ilz gastassent le pays; mais a ordonné ledit seigneur roy que, incontinant qu'ilz seront au plain, qu'ilz
soient receus et combatus, et que l'on les face retirer par quelque
moyen que ce soit.

L'on dit encoires icy que lesdits Suysses vuillent faire quelque
nouvelletez du cousté de Bourgogne, mais l'on ne le tient pas pour
chose certaine.

L'on dit encoires que lesdits Suysses qui sont entrez en ladite duché
de Millan ne demandent rien à personne du pays, et payent paisiblement tout ce qu'ilz preignent et qu'ils ne demandent [fors] passaige.

Madame, icy est bruyt que l'empereur vostre pere a envoyé pro-
curation à Rome pour faire appointement avec les Veniciens, moyennant le pape qu'il a ad ce induict. Touteffois le roy dit ne le povoir
croyre et pareillement ceulx de son conseil; « toutesfoiz ilz ont tout
plain de suspection, touchant ces Suisses, que l'empereur n'ait quelque intelligence avec eulx [1]. »

Il est venu icy ung serviteur du cardinal Saincte-Croix, pour venir
rappourter au roy ce que ont fait les cardinaulx et autres prelatz à
ce concille de Pise, et ce qu'a esté deliberé de faire à Millan touchant ledit concille, et demonstrent ledit serviteur de Saincte-Croix
son maistre, et lesdits autres cardinaulx n'estre bien contans de ce
que l'empereur n'a envoyé les prelatz d'Allemaigne audit concille.

L'on a heu nouvelle que ledit cardinal Saincte-Croix, ensamble

---

[1] Il est certain que dès le 14 octobre,
ou même auparavant, Maximïlien avait
conclu un traité *héritable* d'alliance avec
les Suisses. Voyez-en les conditions dans
la Correspondance de Maximïlien et de
Marguerite, I, 434.

des autres ses compaignons, avoient esté receuz processionalement audit Millan, et devoit ledit cardinal Saincte-Croix chanter solempnellement la grant messe, et en pontificat au domo dudit Millan pour absoldre, comme priere dudit concille, ledit Millan, Bouloingne et autres villes, de l'interdict du pape[1].

L'on dit par deçà que les Veniciens ont recouvré une grant partye du Tyrol, et ne font semblant de tirer à Veronne.

Les gens que le roy d'Arragon donne pour ayde au pape, ont fait leur monstre à Naples, comme je vous ay escript par l'autre poste, et sont encoires au pays de Gayete et ne veulle marcher avant qu'ilz ne soient payez pour trois mois.

Les gens du pays ne se bougent, et n'en est nouvelle, synon d'aucun petit nombre qu'est à Favence, qui font quelque courre.

Aucuns nous ont dit que le pape a envoyé aux confins de Gennes quelque personnaige pour mener pratique avec les Genevois, pour les faire mutiner et faire emotion, et que ledit pape a toutellemant cœur à cela et plus qu'en autre chose.

L'embassadeur d'Arragon a despeché une poste à dilligence au roy son maistre, pour la responce que luy a fait le roy de France, qu'il ne veult aucunement que les courriers dudit roy d'Arragon

---

[1] Jean Hannart, dans une lettre écrite de Parme, le 17 novembre, à Marguerite d'Autriche, s'exprime ainsi : « MM. les cardinaulx assistans le concille, ensemble les prelats de l'Eglise de Germanie et gallicane estans avec eulx, après qu'ils ont eu tenu la iii⁰ cession dudit concille, se sont, puis brief jours, partis de Pize et s'en vont à Milan, deliberez d'illec tenir encores aucunes cessions, et si ont advisé et conclud envoyer quatre notables personnages devers nostre saint-pere le pape, affin qu'il choisisse l'une des dix citez cy-nommées, assavoir : Versay, Thurin, Cazal, Veronne, Constance, Geneve, Avignon, Lyon, Be-

sançon et Metz, pour y tenir et parfaire ledit concille, ou que S. S. denomme dix autres citez pour en estre choisy une... » Jean Hannart tenait ces nouvelles du duc de Nemours lui-même, qui était alors à Rome. Plus tard, c'est-à-dire le 21 décembre, il écrivait de Milan : « Le pape n'a voulu donner sauf-conduit aux deputez dudit concille qui estoient ordonnez pour aller vers luy, à celle fin qu'il choisist, de dix cités que l'on luy denommoit, une pour y parfaire et tenir ledit concille, ou qu'il denommast aultres dix citez, et ceulx du concille en choisiroient une. »

passent pendant ces dissensions par ses pays de Gennes alant à Rome ne autre part que ce soit en Italye.

L'on a nouvelle que ung gentilhomme romain appellé Troyllus Sabello, nepveu du sieur Silvio Sabello, s'est venu rendre au roy, en la cité de Boulongne, et a esté par cy-devant toujours capitaine en l'armée du pape et des Veniciens.

Madame, « le roy et ceulx de son conseil entretiennent le plus qu'ilz peulent ces ambassadeurs, tant du roy d'Arragon que du roy d'Angleterre, jusques à tant qu'ilz aient responce de l'empereur à ce que porte l'ambassadeur mon maistre, pour, selon icelle, eulx regir et conduire et faire leur prouffit où ilz pourront, et dient ne sçavoir quelles provisions faire à toutes ces choses jusques à ce' qu'ilz aient ladite responce. »

Madame, nous avons heues lettres de monsieur l'ambassadeur notre maistre, escriptes à la Noveleise [1] le mrᵉ jour de ce mois, par lesquelles il nous signifioit que celle nuyt il avoit passé le mont Seint (Cenis) avec si grañt dangier que, pour l'impetueux vent qu'il fesoit et la grant naige, il tumbit bien dix fois de son cheval entre lesdites naiges, et ne fut esté la compagnie des gens à pied qu'il conduisoit avec luy, il fut esté en peril d'y demeurer, mais Dieu mercy il n'avoit heu nul mal; escript oultre qu'il avoit laissé plusieurs de chevaulx par chemin qui estoient gastez; qu'il esperoit estre ce jour mesme à Turyn, et deans deux jours après à Millan.

Madame, il vous plaira, etc. A Bloys, ce xrᵉ de decembre.

Vostre, etc.

J. le Veau.

---

[1] Novalèse ou Novalaise, abbaye de l'ordre de Saint-Benoît en Piémont, au pied du Mont-Cenis, au midi de Suse.

CXL.

JEHAN LE VEAU À MARGUERITE D'AUTRICHE.

Arrivée et réception d'André de Burgo à Milan. Rencontre des Suisses avec M. de la
Palice, qui a eu son garde-bras emporté. Dispositions prises par le roi pour faire
retirer les Suisses du duché de Milan. Le pape se plaint du roi d'Aragon. On dit que
l'empereur a envoyé un ambassadeur à Venise. On a en France des doutes au sujet
de l'empereur, que le pape se vante d'avoir gagné. Motif présumé de la guerre que
les Suisses font au roi. (*Original.*)

16 décembre, à Blois.

Ma très-redoubtée dame, etc. . . . . . Madame, j'ay receu les lettres
qu'il vous a pleu de m'escripre, datées du neufieme jour de ce mois,
et avec ce, l'argent que m'a esté envoyé pour lever le mandement
d'octroy touchant l'ayde d'Artoys, lequel mandement j'ay incontinant
recouvré du secretaire et fait signé par monsieur le tresorier
Robertet; et le vous eusse envoyé dez le jour de la reception de vosdites lettres, ne fust que monsieur le chancellier n'a point scellé jusques à ce jourduy. Par quoy ne le vous ay peu envoyer plus tost.

Madame, mondit sieur le chancellier m'a fait responce, quant à
la copie de voz lettres que je luy est baillée, contenant responce aux
querelles et doleances qu'avoient esté baillées par ledit chancellier
à monsieur l'ambassadeur mon maistre, dont, par mes autres lettres,
je vous ay escript qu'il avoit envoyé ladite copie à messieurs de la
court de Parlement à Paris, et leur avoit escript veoir icelle et luy
en escripre leur advis, lequel il attendoit, et sans icelluy n'y povoit
autre chose faire. Et pour tant, madame, s'il est vostre plaisir, en
pourrez advertyr maistre Jehan Bouchard, et luy escripre solliciter
mesdits sieurs de ladite court de Paris de envoyer à mondit sieur
le chancelier leurdit advis et responce.

Madame, les nouvelles survenues despuis la derniere poste expediée sont telles que s'ensuyvent, assavoir:

Que monsieur l'ambassadeur nostre maistre arriva à Millan le cinquiesme jour de ce moys à neuf heures du matin et en devoit partir cedit jour environ la nuyt. Il a escript comme il a esté bien et grandement honnoré et festé audit Millan, tant des François y estans que des gentilz hommes de la ville, et que le filz du grant mareschal messire Jehan-Jacques de Triolsio luy avoit donné une acquée et ung courtault en prest jusques à Trante. Le roy et messieurs de son conseil sont bien joyeulx de sa bonne diligence et en sont esmerveillé, veu qu'il estoit esté si malade avant son partement. Ilz actendent avec grant desir nouvelle qu'il soit arrivé devers l'empereur, et croit l'on que desjà y soit sont passé quatre jours. L'on espere qu'il accomplira bien sa charge et conduira tellement les affaires d'entre l'empereur et le roy qu'elles yront très-bien, et avec ce restabiliera la bonne amityé et fraternité d'entre eulx deux.

Des Suysses l'on a nouvelle qu'ilz sont marchez jusques à Gularas, qui est prouchain de la cité de Millan XII lieues de cestuy pays, et que dès là avoient envoyez querir des vivres à ung autre villaige nommé Cardavo, prouchain, quatre ou cinq cens hommes de leur compaignie. Et à ceste cause monsieur de Nemours, doubtant qu'ilz ne voulsissent piller ledit villaige, y avoit envoyé monsieur de la Paliza avec aucunes compaignies entre lesquelles y estoit la compaignye du sieur Jehan-Jacques de Trioltio et du grant escuyer. Et fut faicte quelque escarmoche entre les François et lesdits Suysses, et en y eust beaucop de mors d'un cousté et d'autre, touteffois plus des Suysses que des François; et à mondit sieur de la Paliza, d'un tret d'arquebuche luy fut emporté une piece de son arnoys, qui est une piece sur l'espaule qui s'appelle le grant garde-bras, sans luy fere aultre dommaige. La reste desdits Suysses qui estoient audit Cardora se sont retirez audit Galares avec leur compaignie, qui sont, comme l'on dit, huit mille.

Pour resister ausdits Suysses et les fere retirer, le roy a fait les provisions suyvant, assavoir : a fait mectre sus six mille pietons du mont de Bryance, lesquelx il leur a envoyé à l'encontre avec les hommes d'armes que vous ay escript par l'autre poste, et aussi y envoie le

capitaine Jacob avec sa compaignie qu'il entretenoit à Veronne pour
sa portion de la garde dudit Veronne, qu'est d'environ de mil à quatre
cent lanskuenet et pareillement deux mille pietons françois, sans les
autres gens du pays, force artillerye et autres bonnes provisions, tellement que l'on espere icy que de brief par force l'on les fera retirer. Et pour la garde de ladite cité de Millan, le roy a fait mectre sus
des gens de ladite cité, environ six mille hommes, desquelx on en
a ordonné mille à la garde de chascune porte de ladite ville.

Icy sont quelque nouvelles que le pape se plaingt fort du roy
d'Arragon pour ce qu'il ne fait point marcher ses gens avant; et,
comme l'on est adverty, n'ent font gueres de semblant lesdits gens
du roy d'Arragon; et n'est aucune question qu'il se bougent, mais
demeurent toujours en ce pays de gayeté. « Quelc'un a dit par deçà,
touteffois l'on n'y adjouste aucune foy, et croions que ce soit menterie, que l'empereur a envoyé pour ambassadeur à Venise le conte
de Carpy, auquel a esté fait le plus grand honneur du monde.

« Les François, depuis certain temps en çà, ont beaucop doupté de
l'empereur. Mais quelc'un par deçà, qui est ami dudit empereur,
les a conforté sur ce, et tellement qu'ilz sont à demi hostez de suspiction, s'actendant nouvelles de monsieur l'ambassadeur, lesquelles
ilz esperent avoir bonnes[1]. »

Le roy a esté, la sepmaine passée, malade de ses gouttes, et à cest

---

[1] J. le Veau s'explique plus catégorique-
ment dans une lettre à Louis Barangier.
« Depuis que France est France, quelque
bonne mine que messieurs les François
tiennent de eulx bien deffendre, ils ne furent jamais si estonnés qu'ils sont à present; car ils doublent de leur destruction,
comme s'il estoit predestiné qu'ils deussent
perdre l'Italie, et ont une si grant craincte
que l'empereur ne les abandonne qu'ils en
pissent en leurs brayes.... Si l'empereur se
sçait conduire à ceste fois, ainsi que l'on
a bonne fiance en luy, il pourra avoir raison des François; mais il est necessaire
qu'il se garde des tromperies et que ses
choses soient asseurées, car messieurs de
par deçà sont si cauts, ainsi que savez, que
s'ils en sentent quelqu'etincelle, ils mectront toute peine du monde pour y doner empeschement. L'ambassadeur mon
maistre pourte beaucoup de promesses à
l'empereur pour le garder de rompre, et,
entr'autres choses, a charge de pourparler
du mariaige d'entre le seigneur infante
domp Fernando et madame Renée, seconde fille du roy de France..... »

heure s'en sent encoires ung petit ; mais l'on actend qu'il sera guary bien brief. « Icy il y a nouvelle que le pape se vente publiquement à Rome qu'il a gaigné l'empereur et qu'il est de present de sa bande. »

L'on n'entend aultre nouvelle icy des Veniciens qui facent aucune chose de present ne du cousté de Veronne ne du cousté de Friol ; mais l'on est adverty que l'empereur envoie audit Friol des gens tant à pied que à cheval et s'en va tenir sur les frontieres. L'on ne parle icy, pour le present, que des Suysses, et encoires le roy fait semblant de n'en fere gueres d'estime. La querelle desdits Suysses et la cause de leur guerre contre le roy et la duché de Millan est, comme ilz dyent, qui ne leur a esté faicte recompense ne satisfaction de la mort d'aucun leur messagier et d'autres de leurs pays, qu'ilz sont esté tuez en ladite duché de Millan par cy-devant. A Bloys, ce xvie jour de decembre.

Vostre, etc.   J. LE VEAU.

CXLI.

JEAN LE VEAU À MARGUERITE D'AUTRICHE.

Les Suisses se portent sur Milan, où l'on s'apprête à leur résister. Arrestation de deux personnages accusés d'avoir voulu livrer aux Suisses la ville de Côme. Des troupes napolitaines sont en route pour venir au siége de Bologne. Nouvelles levées en France. On parle de la création de douze cardinaux. On répand le bruit que l'empereur s'entend avec le pape. Le roi notifie à l'empereur que le moment est venu de déclarer ses véritables sentiments. (*Original.*)

21 décembre, à Blois.

Madame, despuis mes dernieres lettres à vous escriptes sont survenues les nouvelles suigans, assavoir :

Que messieurs les Suysses, suyvant ce que vous escrips par mesdites dernieres lettres, ont marché avant et sont de present, comme l'on a nouvelles, jusques aux portes de Millan, au moings à deux mille de celluy pays près. L'on a faictes les provisions pour leur resister, telles que par l'autre vous ai escript. Toutesfois l'on ne fait encoires semblant de frapper sur eulx, excepté que les gens du roy et les Milannoys gardent les faulbourgs dudit Millan du coustet de Cosme, actendant la compaignye de Molart de 11^m pietons françois qu'estoient à Carpy, lesquels le roy a mandé pour venir avec les autres contre lesdits Suysses.

L'on ne sçait quel chemin veulent tirer lesdits Suysses, ou si veullent prandre le chemin de Cosme et tiré à Bergama, à Bresse, de là à Mantue et passer à Boulongne, ou s'ilz se vuillent tenir où ilz sont, actandant de povoir mener quelque pratique en ladite cité de Millan pour y entrer ou quoy. L'on actend ce qu'ilz vouldront faire.

Le roy a escript par delà, tant à monsieur de Nemours que à ses autres capitaines, que l'on fasse tout tant qu'il sera possible pour resister ausdits Suysses, les faire retirer et garder de passer.

Icy est nouvelle comme les François ont prins dedans Cosme le referendaire dudit Cosme et deux autres gentilzhommes de la ville et fait mener au chasteau de Millan, lesquelz, que l'on dit, sont chargez d'avoir voulu rendre ladite ville de Cosme ausdits Suysses.

Item, l'on a nouvelles que le vice-roy du royaume de Naples a envoyé prandre les longis à Favance pour iiii^{xx} barons dudit royaulme de Naples, cinq cens hommes d'armes et ung nombre de gens de pied, lesquelz desjà peulent estre à Cesene et Pesar, ou pays de Romaigne, et viengnent à l'entreprise de Boulongne, où ilz pourront estre, comme l'on estime, icy à la fin de ce mois. Et a l'on aussi nouvelles comme le pape a amassé et amasse continuellement force de gens à pied et à cheval, et qu'il fait marché avant ce que desjà il a amassé contre ledit Boulongne. Le roy ne fait autre samblant de faire provision pour y resister, excepté seulement que de trois mille hommes à pied qu'il y doit envoyer, lesquelz seulement les Boulongnois ont demandé au roy, l'asseurant que avec iceulx trois mille pietons et les quatre cent et cinquante lances que sont audit Boulongne, desquelles les ii^c l^{te} sont françoises, ilz deffendront bien leur cité contre la puissance du pape.

L'on dit icy que le roy fait faire viii^m pietons tant gascons, picards que normands, pour envoyer incontinant delà les mons.

Semblablement l'on dit icy que quelc'un a heue nouvelles de Rome, que le pape doit creer le jour sainct Jehan, ne jour après ce Novel (Noël) quil vient, xii cardinaulx desquelz le premier doit estre « monsieur de Gurce, l'autre monsieur le conte de Carpy; » les autres, comme l'on dit, sont genesvois, veniciens, espagnolz; l'evesque de Turin[1], qui est chastellain du castel Saint-Ange et ung des Roverii de Lyon. Touteffois à ces choses l'on adjouste pas grant foy et pareillement à ce que l'on dit icy que l'empereur est d'accord avec le pape, et croyons que telles choses sont controvées et fictions faictes par les ennemys pour mectre defidence entre l'empereur et le roy[2].

Madame, tant sur ces nouvelles des Suysses et autres, messieurs du conseil du roy ont fait escripre par mon compaignon à l'empereur que si à ceste heure il estime et ayme le roy, qu'il le monstre par effect et face quelque chose de son cousté et luy vouloir ayder, priant ledit roy à l'empereur qu'il s'en vuille prestement ouvrir et declarer et sans interposicion de delay, le vouloir advertir de ce qu'il vouldra faire pour son ayde; car il est deliberé, en cas que l'empereur delaye, de pourveoir contre ses ennemis et en son affaire, lequel, consideré comme les choses de present vont, n'yroit pas bien si n'y estoit promptement pourveu.

L'on est actendant avec grant desir la responce de monsieur l'ambassadeur notre maistre, sans laquelle lesdits du conseil du roy dyent ne povoir pourveoir bonnement contre toutes les choses dictes; l'on espere que ladite responce viendra dans ii ou iii jours; icelle estre venut, en serez advertye et de ce qu'elle contiendra.

Madame, je ne vous seroye aultre escripre pour le present, fors que je vous supplie m'avoir pour très-humblement recommandé. Priant à tant Notre-Seigneur, ma très-redoubtée et souveraine dame, qui vous doint, etc. A Bloys, ce xxie jour de decembre.

Vostre très-humble, etc. JEHAN LE VEAU.

[1] Jean-François de Ruvère, mort en 1517.

[2] Cet hypocrite savait pourtant bien de quoi il s'agissait, comme on vient de le voir par la note ci-dessus, page 468.

CXLII.

JEAN LE VEAU À MARGUERITE D'AUTRICHE.

Le roi fait pratiquer les Suisses pour les décider à se retirer. Situation et évaluation des
forces combinées du pape et du roi d'Aragon. Défense de Bologne, où le pape a des
partisans. Le duc de Ferrare demande du secours. L'empereur sera bien disposé
envers le roi s'il en obtient de l'argent. Il se tient, dit-on, près de l'évêque de Salzbourg, qui est mort ou va mourir, laissant deux ou trois cent mille florins d'or.
Vaines tentatives des Vénitiens sur le Frioul. Prise d'un château par Rogendorff.
Conclusion de l'appointement du roi avec les Suisses. (*Original.*)

23 décembre, à Blois.

Madame, despuis mes dernieres lettres que vous ay escriptes ne
sont icy survenues autres nouvelles des Suysses, synon qu'ilz se sont
entretenuz près de Millan par trois ou quatre jours, sans autre chose
faire, et après ont tiré contre Cosme en ung villaige nommé Jussan,
loingtain dudit Millan quinze ou seze milles d'Itallye; et là le roy a
fait pratiquer avec eulx pour faire l'appoinctement d'entre luy et
eulx et les faire retirer en leurs pays.

Item, sont venues cejourduy nouvelles comme l'armée du pape
et celle du roy d'Arragon sont ensamble à Ymola et là environ prouchain de Boulongne, et sont bien lesdits deux armées en nombre
de xII^m pietons, mil et II cens lances, mil et cinq cens chevaulx legiers et une grande bande d'artillerye, et sont pour entrer en camp
à l'entreprinse dudit Boulongne, dedans laquelle cité le roy a envoyer à diligence trois cent lances oultre les quatre cent qui estoient
desjà, qui sont sept cent lances, et, avec ce, y a envoyé ung commissaire pour la pourveoir de tout ce qu'il sera necessaire. Et seront
dedans ledit Boulongne, pour la garde d'icelle, environ six mille
hommes de guerre, tant hommes d'armes que pietons; et est deliberé le roy mectre le tout pour la garder contre le pape, ainsi qu'il
est seur qu'il fera, car derechief ceulx dudit Boulongne l'ont asseuré

de eulx bien garder, et quelque puissance que puisse assembler le pape, qu'ilz se deffendront bien à l'encontre de luy; « mais je croy qu'il en ira tout autrement, car le pape a tout plain de partial dedans, quelque bonne mine qu'ils facent [1]. »

Madame, le duc de Ferraire, ayant entendu les nouvelles dessus dites, a envoyé icy au roy à diligence luy demander secours, « car il se panse qu'il en aura une estrapade. »

Ledit seigneur roy luy accorde les secours et qu'il aydera de tout son povoir.

Madame, sont venues lettres de monsieur l'ambassadeur nostre maistre, par lesquelles il escript qu'il estoit arrivé à Orme delà de Trante, le viiie de ce mois, avoit trouvé audit Trante le cardinal Adriano [2] et don Fernande Dispost qui luy avoient demandé quel commission il pourtoit, et s'il pourtoit aucune commission de ayder à l'empereur d'argent, car en ce cas trouveroit assez bien disposé l'empereur envers le roy, quelque promesse qui lui soit faicte de divers coustez, et combien il ayt heu desplaisir que monsieur de la Palice se soit levé de devers Trevys huit jours plus tost qu'il ne devoit, et lesquelz il estoit requis de demeurer par ledit empereur.

Item, escript qu'il estoit si las qu'il n'en povoit plus et ne savoit où bonnement trouver l'empereur.

Item, escript que lesdits cardinal et Dispost luy avoient dit que l'empereur estoit tiré devers certain chasteau où se tenoit l'evesque de Sasbourg qui estoit mort ou prouchain de mourir [3], et delaissoit bien environ deux ou trois cent mille florins d'or.

Item, escript comme les Veniciens avoient faictes quelque course en Friol; mais il n'y avoient peu riens faire ne prandre riens d'importance et qu'ilz s'en estoient retournés, et que messire Anthoine Salvrian, grant seigneur en Friol, estoit tousjours bon pour l'empereur.

---

[1] Nous rappelons, une fois pour toutes, que les lignes guillemetées sont en chiffres dans l'original.

[2] Adrien de Castel, cardinal de Cor-

neto, légat du saint-siége auprès de l'empereur.

[3] Léonard de Keutschach, archevêque de Salzbourg, ne mourut qu'en 1519.

Item, escript que monsieur de Rogandorff avoit prins ung fort chasteau et plaice audit Friol, qui tenoit assiegé alors que ledit sieur de la Palice se partit de devant ledit Trevys.

Madame, autre n'est venu de nouveau pour le present, car riens surviendra en serez incontinent par moy advertye. A tant, ma très-redoubtée dame, je prie Notre-Seigneur vous donner bonne vie et longue. A Bloys, ce xxiie jour de decembre.

Madame, despuis mes lettres de l'autre part escriptes et la nuyt passée, est venu la poste au roy de Millan, avec nouvelles que l'appoinctement d'entre luy et les Suysses estoit fait en la maniere suygant : assavoir que lesdits Suysses s'en devoient retourner pacifiquement sans plus faire de mal ne dommaige en la duché de Millan, et, moyennant ce, le roy leur donnoit quinze mille florins d'or, et mille florins à leur capitaine qui avoit fait ledit appoinctement, et soubz ceste condicion que, pour quelque querelle qu'ilz ayent contre ledit roy, ilz ne devoient point retourner en ladite duché ny ailleurs d'icy par tout le mois de mars prouchain, pendant lequel temps le roy doit envoyer ses ambassadeurs devers eux pour entendre leursdictes querelles, icelles paciffier et au demeurant faire une bonne aliance avec eulx; et en cas que tout ce ne se puisse faire deans le temps dessusdit, lesdits Suysses vouloient estre et demeurer en leur liberal arbitre comme par avant.

L'on a nouvelles fresches comme lesdits Veniciens ont haubandonné le pays de Friol et s'en vont à toute leur puissance contre Veronne, et ce font pour les Suysses qui sont venuz si avant en la duché de Millan et aussi ont fait les autres, tant le pape que le roy d'Arragon; mais ayant entendu l'appoinctement dessusdit se trouveront esbayz. A Bloys, ce xxiiie jour de decembre, à la nuyt.

Votre très-humble, etc.

J. LE VEAU.

CXLIII.

JEAN LE VEAU À MARGUERITE D'AUTRICHE.

Affaire du comté de Charolais. Surséance définitive du procès de Nevers. L'appointement avec les Suisses n'a pu se faire, à cause des conditions exorbitantes qu'ils y
mettaient. Désordres commis par eux dans le duché de Milan. Ils se retirent enfin,
faute de vivres, Situation des affaires de l'empereur, lors de l'arrivée d'André de
Burgo à Inspruck. Nouvelles de Bologne. Exploits des troupes du pape et du roi
d'Aragon. On soupçonne l'empereur de mener quelques pratiques avec le pape et les
Vénitiens. (*Original.*)

29 décembre, à Blois.

Madame, j'ay reçu voz lettres du xxᵉ de ce present mois, qu'il
vous a pleu de m'escripre, par lesquelles m'advertissez de la reception des myennes des xi et xviᵉ dudit mois, et pareillement de la
reception du mandement touchant l'ayde d'Artois que j'ay payé sur
les xliiii philippus qui me sont esté par vous envoyez, tant pour
payer ledit mandement que pour le recouvrement de l'expedicion
de votre procureur de Charrelois, dont ne vous ay riens escript.

Madame, je croy votredit procureur de Charrelois [1] vous aura adverty par ses lettres que vous envoiay avec les myennes, comme il
me dit qu'il fesoit bien, et au long de sadite expedicion. Je cuyde que
avez receu sesdites lettres et veu le conteneu; quant aux impetracions,
je n'en saiche nulles qu'il ayt obtenues, fors ung mandement d'appel
d'une appellacion par luy ou son substitut emise de ce que ceulx de
la chambre des comptes à Dijon vouloient constraindre les grenetiers et contreroleurs de Charrelois à leur payer aucuns deniers; lequel mandement il emportit avec luy quant il se partit d'icy, qui fut
le iiiᵉ jour de cedit mois, et me dit qu'il retourneroit deans quinze
jours après pour solliciter l'expedicion de la cause contre monsieur
de Cluny, touchant la proposition derniere; ce qu'il n'a fait, je l'attends de jour en jour; quant il sera venu, je forniray sur la reste

---

[1] Gilbert Saulnier.

desdits xliiii philippus; s'il a aucunes choses à impetrer et de ce que
me restera, je vous en advertiray et remercyeray.

. Madame, j'ay receu lettres de maistre Jehan Caulier estant à Paris, lequel m'escript que l'avez là envoyé pour l'affaire de Nevers, et
a trouvé que messieurs de Paris et premier president qui en avoient
charge du roy avoient fait leur debvoir à consentir la surceance pour
quatre ans estre passée en la court de parlement à Paris et revocquer
tout ce qu'a esté fait par cy-devant au prejudice de ladite surceance,
despuis qu'elle fut accordée par le roy; mais il n'y avoit voulu consentir sans premierement en avoir charge expresse de sa maistresse
et de son maistre, et qu'il n'y veoit nulle fin sans avoir lettres reite-
rées du roy à mesdits dame et sieur de Nevers, et pareillement à
mesdits sieurs de ladite court de parlement qu'il veult en toute maniere que ladite surceance soit passée; pourquoy me debvoye tirer
devers monsieur le chancellier et tresorier Robertet pour obtenir
lesdites lettres, ce que j'ai fait et lesquelles ilz m'ont accordées;
et, avec ce, mondit sieur le chancellier m'a dit qu'il escriproit une
bonne lettre à madite dame de Nevers, en conformité de celles du
roy et aussi à ladite court. Je suis après l'expedicion desdites lettres,
lesquelles j'espere avoir par tout cejourduy ou demain au matin, et
les envoyray incontinant audit maistre Jehan Caulier, comme il m'escript que je face.

Madame, « tant de cest affaire que d'autres l'on n'eust assez traictez, dissimulant malement jusques à tant que l'on saiche la volunté
de l'empereur. »

Madame, despuis mes autres lettres escriptes, par lesquelles je
vous advertys que l'appointement des Suysses estoit fait et qu'ilz s'en
devoient retourner, sont venues autres nouvelles que lesdits Suysses
monstroient de vouloir faire ledit appointement, veant que le roy as-
sembloit force gens pour leur courir sus, et aussi qu'ilz n'avoient nulz
vivres; mais qu'il n'avoit pas esté fait, pour ce qu'ilz demandoient
choses trop desraisonnables : assavoir ung fort chasteau prouchain
de Bellinsone, qui s'appelloit Loccarno; item, demandoient trois

ou quatre payes pour tous leurs gens, que monstoit à une grande somme. Item, vouloient avoir passaige pour aller devers le pape faire leur debvoir et l'obligacion qu'ils avoient envers luy, toutes lesquelles choses leur sont esté refusées par les gens du roy. Pour quoy ilz se sont tousjours entretenuz entre Millan et Cosme, faisant tous les maulz qui leur a esté possible, comme de brusler villaiges, prendre prisonniers, destrousser et tuer gens, et jusques au xxII^e jour de ce mois qu'ilz se sont partiz, comme sont venues nouvelles, pour la grande necessité de vivre qu'ils avoient, que les a contrainct à eulx retirer et s'en retournoient en leurs pays. Le roy leur a envoyé après IIII^c hommes d'armes pour leur donner sur la quehue et faire aucun dommaige s'ilz peulent; l'on doubte qu'ilz retourneront sur ce nouveau temps et qu'ilz ne se tiendront à tant.

Madame, nous avons heues lettres de monsieur l'ambassadeur nostre maistre, par lesquelles il escript que le vi^e jour il estoit arrivé à Hysprouc, et qu'il avoit trouvé là le chancellier et plusieurs conseillers de l'empereur vostre pere, et aussi tous les ambassadeurs suyvant vostredit pere : assavoir celluy du pape, du roy de France, d'Angleterre et de Navarre, et que celluy du roy d'Arragon estoit alé devers l'empereur pour lettres qu'il avoit heu du roy son maistre, et que l'empereur estoit en ces montaignes d'Autrice.

Item, escript mondit sieur l'ambassadeur qu'il avoit parlé ausdits chancellier et conseillers de l'empereur, et qu'il avoit esperance que tout se pourteroit bien, touteffois qu'il ayt trouvé que le pape et ledit roy d'Arragon sont tous plain de grandes promesses audit empereur, dont il cuydoit que l'empereur n'en feroit pas grant estime à la fin, pour ce qu'il n'a pas grande fience en eulx.

Item, escript que le xIII^e jour de cedit mois, luy et ledit ambassadeur du roy de France se devoient partir pour aller trouver l'empereur; dont le roy a esté bien joyeulx : mais il luy desplaict et ne sçait que imaginer que l'empereur se tire si loing en ce temps de guerre, et est toujours actendant avec grant desir nouvelle de mondit sieur l'ambassadeur nostre maistre, et la responce qu'il aura heue de

l'empereur sans laquelle, comme il dit, il ne seroit faire resolution
à riens qu'il soit, ne ne veult faire qu'il n'ayt nouvelle dudit empereur et de sa volunté.

Madame, sont venues nouvelles de Boulongne, que là estoit arrivé ung tresorier du roy pour fournir à toutes choses necessaires et
qu'il sera de besoing pour resister aux Arragonoys et papaulx, et
que, oultre ce, y estoient arrivez aucunes compaignies de gens
d'armes de ceulx du roy, oultre les aultres qui estoient jà par avant,
et que monsieur aussi y envoyoit deux mille pietons.

Item, que lesdits papaulx et Arragonoys estoient prouchain dudit
Boulongne à six milles itallyens, et qu'ilz avoient desjà prins ung
chastel nommé Baigne-Cheval (Bagna-Cavallo), et aucunes autres petites places en Rommaigne, qui estoient au duc de Ferraire et où
il n'y avoit point de garde.

Le roy monstre avoir volunté que, estre retirés les Suysses, envoyer
toute la puissance qu'il a de là les montz devers ledit Boulongne
pour resister à ses ennemys.

Le roy a envoyé pour secours au duc de Ferraire et pour fornyr
ledit Ferraire, que ne demeure despourveut de gens, aucun nombre
de gens d'armes et mille pietons.

Depuis quatre jours sont icy venues nouvelles comme le roy d'Arragon et le roy de Navarre ont assemblé ung grant nombre de gens
d'armes en leurs pays, et fait faire grandes provisions de vivres; et
ne sçay l'on à quelle fin, synon à tenir en craincte le roy de France
de ce cousté d'Espaigne.

L'abbé de Mormoustier, filz du duc Jehan Galeaz et beau-frere de
l'empereur, trespassa du mal d'apoplesye audit Mormoustier, le jour
de Sainct-Estienne, et ne fut malade que trois jours[1].

Madame, icy ne sont autres nouvelles, synon que, comme dit est,
l'on est toujours actendant nouvelle de monsieur l'ambassadeur
nostre maistre ayt parlé à l'empereur, et sa response et resolucion.

---

[1] François Sforce fut, après la mort de son père, envoyé par Isabelle de Naples sa mère au roi Louis XII, qui lui donna l'abbaye de Marmoutier au diocèse de Tours.

Madame, « pour les nouvelles qui continuent icy : que l'empereur a envoyé pour ambassadeur à Venise le conte de Carpy, l'on doubte par deçà que l'empereur ne mainne quelque praticque avec le pape et les Veneciens, et que desjà il en ait fait son appoinctement avec eulx [1]. »

Ma très-redoubtée et souveraine dame, je prie Notre-Seigneur, etc. A Bloys, ce xxix de decembre.

Vostre, etc.   JEHAN LE VEAU.

CXLIV.

PAUL DE LAUDE À MARGUERITE D'AUTRICHE.

Prise de Brescia par le duc de Nemours. Le roi pense que Maximilien pourrait en peu de temps, et avec peu de monde, recouvrer Padoue et Trévise. Le duc de Nemours va marcher au-devant des troupes du pape et du roi d'Aragon. Entretien avec le trésorier Robertet. Réjouissances publiques. (*Original.*)

26 février, à Blois.

Serenissima, etc. . . . . Hoc mane ante diem venerunt nova de capta per vim Bresia a Gallis. Quare subito post prandium regis christiani ivi ad magestatem suam ut ei, nomine imperialis magestatis et serenitatis vestre dominique mei gratularer de bonis novis, et ita feci subito quando fui in camera. S. M. Chr. habuit illud officium meum pergratum, dicens quod absque dubio credebat M. imp. et S. V. grata habituras ista nova de capta Brisia a dom. de Nemurs. In qua recuperatione et victoria etiam consistit fundamentum certe recuperationis locorum M. imp. predicte, que nunc, si vellet, parvo tempore et parvo

---

[1] Le même jour, J. le Veau écrivait à Barangier : « Vous pourrez dire à madame que par deçà l'on se doubte fort que l'empereur n'ait fait banqueroute du cousté de France, combien ils en fassent du bon compaignon ; car pour tout vrai, l'empereur a envoyé à Venise le comte de Carpy, pour faire appoinctement avec les Veneciens, et ce à la persuasion du pape et du roi d'Aragon, et dit l'on plus que M. de Gurce y doit alé, et desjà est prins son logis audict Venise, à Sainct-Paul. S'il est ainsi, les choses iront de terrible sorte ; et si l'empereur n'est trompé, le roi de France a fricassée sa duché de Milan ; car, l'empereur lui avoir tourné le dos, aussi fera toute l'Italie, qui desjà a perdu demi le couraige. »

numero gentium Paduam et Tervisium recuperaret, ob timorem in-
cussum illis populis et reputationem hujus victorie cum tanta strage
gentium Venetorum. Quare mandavit S. M. ut subito expedirem postam ad imp. Maj. cum istis novis, et ad S. V. et quod acciperem
exempla litterarum dom. de Nemurs a dom. Roberteto mittenda eis.
Concludens mihi S. M. quod in adventu huc magnifici D. mei et D.
Rigalt omnia bene fient. Egi gratias Maj. S. ch. de bono animo suo
erga cesaream maj.

Dixit preterea mihi S. M. quod Galli fecerunt multo plura mala in
Brisia quam dicat S. M.[1] Et dixit mihi quod recepit Bergomum in graciam[2], sed quod vult ab ea civitate aliquam quantitatem pecuniarum.

Item dixit mihi S. M. quod, stabilitis rebus Brisiensibus, D. de
Nemurs ibit cum exercitu iterum versus exercitum Aragonensium et
papalium, et quod habebit xiiii^m pedites, quorum erunt sex mille
lanzschnek, qui se strenue gesserunt in hac recuperatione Brisie, et
mille et octo centum lanceas, et unam bonam bandam artigliarie.

Dimisso rege, ivi ad D. Robertetum et accepi litteras D. de Ne-
murs. Quam copiam cum copia litterarum magni scutiferi habebit
S. V. in litteris magistri Joannis Vituli, cui omnia dedi. Prefatus
D. Robertetus dixit mihi quod Ces. M. facile poterit recuperare sua,
si vult, cum parvo numero gentium, et quod sperat quod res inter
Ces. M. et regem suum bene se habebunt.

Galli sunt incredibiliter leti de hac victoria; et ego spero etiam
quod erit optimum auxilium ad recuperationem rerum I. M. Rex, habitis istis novis, subito fecit fieri supplicationes et excitari ignes letitie.

Dans une lettre du 28 février, J. le
Veau s'exprime ainsi : « Madame, l'on a
nouvelles comme à Bresse les François
n'ont pas faict tant de mal que l'on cui-
doit et disoit mesmement, quant au pillage
des eglises et monasteres et aussi de toute
la ville, et pareillement d'avoir tué les
gens de ladite ville; ce qu'ils n'ont fait,
excepté ceulx qu'ils ont trouvé en armes,
et prins les gentilshommes qui s'estoient
retirez aux chasteaulx ou pays dudit Bresse,
lesquels lesdits François ont tous reprins
et recouvrez. » (Lettres de Louis XII, III,
183.)

[2] « Bergamo s'est rendu à la volunté et
misericorde du roy, lequel veult qu'elle ne
soit point pillée, mais seulement ceulx qui
auront mesfaict seront pugnis. » Ibid. 184.

D. Robertetus dixit mihi quod scripsit aliquas litteras S. V. nomine regis chr. super ista bona nova, et quod forte dabit mihi mittendas per postas nostras. Expectabo usque ad noctem, et postea expediam postam etiam quod non det illas quas forte mittet per cursorem proprium. Commendo me, etc. Datum Blesis, die xxvi februarii 1512 (*style de Rome*).

E. S. V.   Minimus servus,

Paulus de Laude.

CXLV.

JEAN LE VEAU À MARGUERITE D'AUTRICHE.

Défaite d'un grand convoi espagnol. Les deux armées s'avancent l'une vers l'autre. Le duc de Nemours est parti de Milan pour rejoindre son armée et livrer combat. André de Burgo revient, laissant derrière l'ambassadeur français Rigault. André de Burgo prie M. de Nemours de prêter assistance à l'empereur pour recouvrer Padoue et Trévise. Réponse de Gaston. Même demande faite au roi, qui s'excuse sur ce que l'empereur est en pourparler avec les Vénitiens. M. de Longueville se rend aux frontières de Calais, pour observer ce que vont faire les Anglais. (*Original.*)

5 mars, à Blois.

Madame, par l'aultre poste, que fut par nous expédiée le dernier jour du mois passé, avez peu veoir les nouvelles icy occurantes. Celles qui sont despuis survenues sont telles : assavoir que la compaignie du grant escuier, que monsieur de Nemours avoit laissé à Boulongne, avoit rué jus bien quatre-vings chariotz de vivres qui venoient au camp des Espaignolz, qui estoient passez deçà ledit Boulongne pour venir au secours des Venissiens, comme aurez veu par mes autres lettres; et avoit ladite compaignye deffaictz bien cent genetaires espaignolz, et environ cent pietons qui conduisoient lesdits chariotz.

Aussi sont venues nouvelles que lesdits Espaignolz sont à la plene prochain de Modena, et là au pays de Ferraire, et dit-on qu'ilz merchent tant qu'ilz peulent pour trouver les François, lesquelz se sont partiz de Bresse soubz espoir de les trouver, et s'approuchent tant qu'ilz peullent l'ung de l'autre. Touteffois les François ne doivent point combattre sans monsieur de Nemours qui estoit à Millan, lequel, comme l'on est adverty, s'est party dudit Millan le premier jour de keresme, pour aler à diligence devers sa bande pour combatre lesdits Espaignolz, et croit l'on qu'il y aura bataille, s'il ne tient auxdits Espagnolz.

Madame, mon compaignon a heu lettres de monsieur l'ambassadeur nostre maistre, données à Millan le xxve jour du mois passé, par lesquelles il escript que le xxviie dudit mois il partiroit pour venir le plus tost qu'il pourroit par deçà, et laisseroit derriere l'ambassadeur du roy, Rigalt, pour ce qu'il ne povoit si fort chevaulcher que luy, à cause qu'il estoit malade.

Mondit sieur l'ambassadeur escript que, luy estant à Millan, il pria et remonstra, de la part de l'empereur, comme son conseil, estant à Hisprouc, luy avoit escript à monsieur de Nemours que, puisque Dieu et la bonne fortune avoit voulu tellement adherer au roy, qu'il avoit recouvrée la cité de Bresse et deffaitz les Venissiens, dont ledit empereur et sondit conseil s'esjoyssoient grandement, il pleut audit sieur de Nemours, suyvant son heur et bonne fortune, et pour la toutelle destrucsion desdits Venissiens, qui estoit assez facile, et aussi que l'empereur peult recouvrer ce que luy appartenoit, envoyer incontinant une bonne compaignie de gens d'armes, et jusques à cinq lances et ung nombre de pietons devers Padoue et Trevysio, où ledit empereur semblablement envoyroit tout tant de gens qu'il pourroit finer en son pays de Tyrol et Fryol, pour parfaire et parachever l'entreprinse contre lesdits Veniciens. A quoy mondit sieur de Nemours respondit qu'il n'en avoit nulle charge du roy, sans le mandement duquel il n'oseroit rien entreprandre ne faire; toutesfois il en advertiroit; et, avec ce, il ne sçavoit encoires comme les choses aloient devers les Espaignolz, auxquelz il estoit premierement besoing de resister, et aussi l'on n'estoit encoires bien asseuré des Suysses, ne hors de danger de leur retour en la duché de Millan; et avec ce, toutes choses cessantes, il estoit premierement necessaire de sçavoir quelle armée vouldroit mectre l'empereur au camp, et qu'il fist premier son debvoir, et après le roy verroit ce qu'il auroit à faire [1].

Sur ceste responce, a escript mondit sieur l'ambassadeur à mondit compaignon vouloir faire incontinant samblable requeste et instance au roy et à son conseil, qu'il avoit à mondit sieur de Nemours. Ce qu'il a fait cejourd'huy ; et a esté la responce du roy telle et de mesme substance que celle dudit sieur de Nemours. « Et, oultre que l'empereur estoit encoires en praticque de traicter avec les Venessiens, et ne sçavoit encoires comme il en estoit envers luy, ne comme leurs affaires estoient, car l'empereur estoit tousjours sur ces demandes, concluant qu'il ne sçauroit autre respondre ne deliberer que mondit sieur nostre maistre ne fust arrivé, et qu'il eust entendu de luy la volanté dudit empereur. »

Madame, monsieur de Longueville, ayant entendu que les Anglois aloient assez froidement en leurs affaires, est retourné icy. Toutesfois le roy veult que, en touts advenements, il se tire aux frontieres de Calays ; et, comme l'on dit, il se part demain.

Madame, si je n'avoye doubte vous fastiguer, je vous recommanderoyt mon poure et petit affaire ; mais doubtant vous en importuner, ne vous en faiz plus longue lettre. A Bloys, ce v⁰ jour de mars.

Vostre, etc.

J. LE VEAU.

[1] Maximilien ne se tint pas pour battu par cette réponse du duc de Nemours. Voici ce que J. le Veau écrivait à la date du 8 mars : « Deux ou trois jours après que M. l'ambassadeur fust party de Millan, il y arriva ung gentilhomme de l'empereur, lequel sa majesté envoyoit devers M. de Nemours pour luy faire semblable instance et requeste de sa part que luy avoit fait M. l'ambassadeur, qu'estoit de vouloir envoyer gens devers Padoue et Trevisio..... ; et luy a faicte ledit sieur de Nemours là mesme response qu'il a faite à mondit sieur nostre maistre, et qu'il estoit seur que, quant M. l'ambassadeur auroit parlé au roy et conclutes ces choses, que incontinant sa majesté luy escriproit son bon plaisir, lequel il accompliroit ; et oultre dit audit gentilhomme qu'il ne luy sembloit, pour le present, chose convenable d'aller à l'entreprinse de Padoue et Trevisio, et laisser les autres ennemys. »

CXLVI.

A. DE BURGO À L. BARANGIER, SECRÉTAIRE DE MARGUERITE D'AUTRICHE.

Maladie dangereuse de la reine Anne de Bretagne. Nouvelles d'Italie.

(Original tout en chiffres.)

28 mars, à Blois.

Monsieur le secretaire, mon bon ami et frere, je me recommande à vous. Vous verrez ce que j'escript à madame, et oultre « vous prie luy dire les nouvelles suigvans, et que je luy pris que les mauvaises elle les vueille tenir bien secretes, et ne les divulger; car autrement les postes seroient ouvertes et peut-être interrompu.

« La royne, comme j'advertiz derrenierement madame, estoit quasy guarye[1]; mais hier, à la nuit, luy survint bien fort la fievre et autre accident tellement qu'elle fut en grand dangé de sa vie; aujourd'huy elle s'est trouvé assez bien; mais ce soir, derechief, la maladie luy est aggravée, de maniere qu'elle estoit en peril de mort; toutesfois j'espere en Dieu qu'il l'aydera, et ne seroit point au propos de nostre maison son trespas. L'on verra comme elle fera cette nuit, et en advertiray madite dame.

« J'ay tenue la poste jusques à ce matin, afin d'entendre myeux comme ce seroit pourtée la royne ceste nuyt.

« Demain je me suis parforcé d'en sçavoir la verité, mais je ne l'ay pas peu entendre : toutesfois m'a esté rapporté que, cestedite nuyt passée, elle avoit pardue la parole, et estoit oultre tout espoir de vie; mais, après qu'elle a receu Notre-Seigneur, elle s'est mieux trouvée cedit matin; j'ay entendu qu'elle labouroit à la fin de ses jours avec petit espoir : Notre-Seigneur luy vueille donner santé.

« Ceste chose soit secrete jusques vous advertiray de ce que sera ensuy : le roy est arrivé icy bien matin.

---

[1] Le 22 mars, A. de Burgo écrivait : « La royenne se porte mieulx qu'elle ne souloit, car la fiebvre qui la souloit tenir tous les vendredis l'a habbandonnée..... »

« Derrierement il est venu une poste d'Itallie avec lettre du xixe de ce mois, comme de vray les Espagnols estoient delogez ; toutesfois, par le premier logis qu'ils avoient fait, ne se povoit encore sçavoir quel chemin ils prendroient, ou devers Rome ou devers Favance, et que l'armée des François sans faulte le xxij^e delogoit de Final pour leur aller après, mais que l'on cuide qu'elle aura trop tardé.

« L'on est adverty aussy comme le cardinal de Syon, suisse, estoit à Venise avec grant somme d'argent, et que lesdits Suisses envoient encore audit Venise quatre ambassadeurs ; et a l'on grant crainte que lesdits Suisses ne accorderont pas avec le roy, mais que de rechief ils luy seront contraires. Toutesfois le roy n'a ces nouvelles que par lettres privées de Milan, et n'en a riens de ses ambassadeurs, estant riere lesdits Suisses, et en actend responce. Quand elle sera venue et que je entendray quelque chose, incontinant madite dame en sera advertye.

« L'on m'a certifié icy que le roy fera retourner par deçà ses deux cens gentilhommes qu'il a delà les monts, et des lances jusques au nombre de iii^c. En escripvant cestes, l'on m'a apporté nouvelle que la royne alloit toujours en empirant[1]. Je vous prie derechief tenir la main que ces nouvelles soient tenues secrettes, pour qu'il n'en puisse icy venir inconvenient ne scandalle. »

Monsieur le secretaire, je vous prie tenir la main pour la toutalle expedition de mon homme, priant à tant Notre-Seigneur vous donner ce que plus desirez. A Blois, ce xxviiie de mars.

---

[1] Le 3o mars, de Burgo annonce en ces termes une amélioration dans l'état de la reine : « Videtur quod Deus velit juvare bonam dominam miraculose ; recuperavit enim pulsum qui totaliter perditus erat ; febris multum declinavit. »

CXLVII.

ANDRÉ DE BURGO À MARGUERITE D'AUTRICHE.

Convalescence de la reine. Envoi de M. de la Guiche et de l'évêque de Marseille comme ambassadeurs vers Maximilien. Sommaire des propositions dont ces ambassadeurs sont chargés. (*Original.*)

4 avril, à Blois.

Serenissima et excellentissima domina, etc.

Per postam quam expedivi die penultima martii, monui S. V., inter cetera, de eo quod successerat in egritudine regine; deinde, quamvis continuo febri laboraverit et laboret, tamen est longe levior, et cessarunt cetera mala accidentia propter que fuerat in puncto mortis, adeo quod reputatur extra periculum, et speratur quod, cum auxilio Dei, convalescet. Condolui cum rege de egritudine ejus, et fui congratulatus nomine S. V., sicuti debui, quod convalescat.

Per supradictam postam scripsi etiam S. V. nova que occurrebant. Que autem postea venere ex Italia S. V. intelliget ex incluso summario.

Rex, ultra dominum de la Guiza, mittit etiam cum eo alium oratorem ad imperatorem, dominum Claudium de Ays[1], episcopum Massiliensem, et ambo recedent cras aut post cras. Rex et suum consilium dixerunt mihi quod sua christianissima magestas non potuerat adhuc videre instructiones totaliter propter egritudinem regine, quia nimis longe sint et multa sint magne importantie ; sed quod ipsi procedent, et intra tres dies mittet illas per unum cursorem. Sed ego credo quod sint repedite et dederit eis et velit quod ipsi sint qui illas conclusiones referant et tractent cum imperatore ; et si bone sint, quod ipsi habeant honorem et graciam, et mihi non aperiant magis quam hactenus fecerint totales conclusiones, quamvis istis tribus diebus multum laboraverim super illas. Sed per formam colloquii confirmavit prius dicta :

---

[1] Claude de Seyssel, nommé *d'Ays*, sans doute parce qu'il était né à Aix en Savoie.

Quod vult sincere et cordialiter esse unitus Cesari et domui sue.

Quod circa res Venetas pro bello satisfaciet plene Cesari in illis que per me petivit, et quod sua majestas erit optime contenta de resolucione ipsius regis. Et pro pace Veneta facienda, si magis placebit Cesari, erit contentus rex de eo quod velit sua cesarea majestas, dummodo et simul fiat illa pax cum rege Francie.

Quantum ad pacem papalem, dicit se fore contentum quod imperator sit mediator et arbiter, et quod per istos oratores suos significabit voluntatem suam particulariter circa omnia tali modo quod cognoscet quod ponit se ipse rex in omni ratione, et quod potius vult pacem per manum sue imperialis majestatis quam aliorum.

Quantum ad regem Aragonum pro tollendis ei suspictionibus, etc.... conclusit rex quod etiam in hoc satisfaciet in profectione dictorum oratorum.

Quantum ad Gheldriam, confirmavit denuo quod faciet omnes obligationes imperatori non juvare directe nec indirecte Gheldrensem, et permittere ut Cesar faciat facta sua, sed quod rex non potest juvare Cesarem contra eum, dicens mihi multa circa hoc; et ex alio latere consulit Cesari concordiam vel medio matrimonii, vel alio modo, et quod rex faciet omnia extrema pro ea concordia.

Quantum ad aliqua federa pro defensione acquisitorum et aliorum acquirendorum et patrimonialium dominiorum Cesaris, etiam dixit mihi quod satisfaciet in hoc plene cesaree majestati.

Et circa strictiorem et perpetuam unionem cum domo S. V., dicit se etiam daturum oratoribus suis tam particularem et bonam commissionem quod Cesar remanebit bene contentus.

Et quod in omnibus aliis ita tractabit et concludet cum sua imperiali majestate, quod cognoscet imperator ipsum regem sincere procedere.

Nec aliam particularem conclusionem mihi aperuit sua majestas. Habuimus quidem sepe multa colloquia; sed de resolutionibus remittit se ad illa que portabunt oratores sui.

Una pax universalis pro omnibus videretur mihi securior res pro omnibus. Placeat Deo illam dare! Commendo me, etc..... Datum Blesis, die IIII martii (*aprilis*)[1] MDXII (*style de Rome*).

ANDREAS DA BORGO.

P. S. — Circa rem Nivernensem, rex denuo dixit mihi quod faciet responderi Cesari sicut mihi dixit, sed sollicitabo quantum potero pro habendis expeditionibus, sicuti S. V. mihi scripsit.

Pro negocio Attrebatensi, rex ordinavit denuo scribi litteras Parisium pro administratione bone justicie. Cetera in illa causa intelliget S. V. ab homine domini Attrebatensis qui recedet hinc intra duos dies.

CXLVIII.

ANDRÉ DE BURGO À MARGUERITE D'AUTRICHE.

Mouvement des troupes du pape et du roi d'Aragon. Le duc de Nemours se met en mesure de leur couper le chemin et de les attaquer. Retour des ambassadeurs du roi. Il y a espoir mais non certitude d'arrangement avec les Suisses. En Angleterre, les préparatifs de guerre se refroidissent. Le pape fait négocier indirectement auprès du duc de Nemours pour obtenir une suspension d'armes. (*Original.*)

7 avril, à Blois.

Serenissima, etc..... Per postam quam expedivi ad serenitatem vestram die tertia aprilis, monui eam de his que successerant in rebus suis. Hac nocte recepi litteras S. V. de die quarta presentis cum litteris imperialis magestatis ad regem, quas ei presentabo, et faciam omnia extrema; et de his que sequentur monebo S. V. Quantum ad negocium illarum mille librarum, postquam cancellarius conclusit se facturum oportunas expeditiones, bonum esset quod S. V. mitteret mihi formam litterarum sicuti vult illas habere, et mihi mittat.

Post nova que significavi per aliam postam, venerunt illa que continentur in incluso exemplo. Et, ultra illa, heri vesperi habuit rex postam cum litteris datis die ultima martii, per que erat monitus

---

[1] Le texte porte *martii ;* ce qui est une erreur évidente, puisqu'au commencement de la lettre il est fait mention d'une autre missive expédiée le 3o mars.

exercitum pape et regis Aragonum recessisse ex Sancto Petro, et quod cum magna diligentia ibant per viam Immolensem, et quod subito dominus de Nemurs movebat castra ut iret ad Mordanum cum quanta' celeritate posset, ut intercideret iter hostibus, si posset, et illos aggrederetur. Sed aliqui sunt opinionis quod male fieri poterit, nec dominus de Nemurs poterit esse in tempore, et credunt multi quod retrocedent Faventiam. Expectantur hodie vel cras nova. De eo quod secutum erit monebo S. V.

Oratores regis ituri ad Cesarem heri mane recesserunt. Que potui scire de voluntate regis circa illa que portavi monui S. V., in cujus bonam graciam me humillime commendo. Datum Blesis, die vii aprilis MDXII (style de Rome).

Venit unus nuncius Marchionis Rotelini ex Helvetiis per postas. Dixit mihi rex Helvetios esse bene dispositos ad concordiam, nec controversiam esse nisi de pecuniis quarum magnam summam petunt, et quod si sua christianissima magestas vult, subito illos concordabit, tamen se nescire adhuc quid faciet et deliberabit. Aliunde intelligo quod est spes concordie, sed non certa.

Ex Anglia nova habent quod illi motus armorum sunt multum refrigerati, nec amplius fit sermo de bello.

Nova etiam sunt quod venerat ad dominum de Nemurs unus nuncius cardinalium Nanantensis [1] et Strigoniensis [2], missi (sic) indirecte a papa, sed aperte nomine ipsorum cardinalium, adhortantes abstinentiam armorum in utroque exercitu, et quod intenderetur ad pacem fiendam, et quod collegium cardinalium in illa laboraret. Sed illo medio non sperabatur aliquid boni posse fieri, et dubitabant Galli esse totas deceptiones.

Minimus servus,

ANDREA DA BORGO.

---

[1] Robert Guibé, d'abord évêque de Tréguier, puis de Rennes, puis de Nantes en 1506; mort en 1513. Il avait été fait cardinal par Jules II, en 1505.

[2] Thomas Bacoci, Hongrois, évêque de Gran, en latin *Strigonium*.

1512.

Cette année a commencé à Pâques, 11 avril.

CXLIX.

ANDRÉ DE BURGO À MARGUERITE D'AUTRICHE.

Retraite des Espagnols sur Faenza. Les Suisses ont prorogé leur journée pour attendre les propositions du roi de France. Le roi se plaint de ce qu'en Flandre on livre passage aux Allemands, auxiliaires des ennemis de la France. Louis XII, désirant faire droit aux réclamations de Marguerite, proteste qu'il observera fidèlement le traité de Cambray. Les Espagnols sont à Castel-Guelfo. (*Original.*)

9 et 11 avril, à Blois.

Serenissima, etc. Die VIIᵃ presentis scripsi serenitati vestre nova que erant habita ex Italia. Que autem deinde venerunt serenitas vestra intelliget ex incluso exemplo.

Et per alias litteras multas datas die secunda presentis [1], conclusio ista est : quod Hispani, audito novo quod Galli veniebant Mordanum, retraxerant se versus Faventiam, et ex illo itinere poterant vel ire Faventiam, et si ibi non volebant morari, poterant ulterius per iter rectum Romanum procedere, vel poterant dirigere iter suum versus Ravennam, et faciebant omnes demonstrationes quod magis inclinarent ire Ravennam. Et ideo Galli ibant Cotignolam ut interrumperent illud iter Hispanis. Expectantur nunc infra unum aut duos dies nova quid fecerint Hispani, secundum quod Galli se gubernaverint. Et subito quod habęam aliquid cum fundamento, monebo serenitatem vestram.

Dicunt quod Helvetii prorogarunt dietam usque post Pascha, expectantes resolutionem regis Francie. Dicunt quod rex illam misit

---

[1] Il s'agit probablement, entre autres, d'une lettre écrite de Mordan, le 1ᵉʳ avril, où l'on mande au roi la marche de son armée. (*Lettres de Louis XII*, III, 215.)

in majori parte satisfacturam petitionibus Helvetiorum; particularia scire non potui.

Dominus Robertetus dixit mihi regem habere nova quod per Flandriam multi pedites Almani transeunt aperte ad stipendia illorum qui ostendunt velle facere contra Franciam, et quod cum rex Francie fuerit et sit confederatus imperialis majestatis et serenissimi domini principis, et ob multas alias rationes videtur quod predicta imperialis majestas non deberet illud pati. Respondi me ista non credere.

Venit unus ex Hispania missus ab oratore gallico; nil potui intelligere quid attulerit, nisi res generales.

Venit etiam orator gallus qui erat in Anglia; nihil potui adhuc intelligere ob istos dies sanctos. Si aliquid potero scire, subito monebo serenitatem vestram.

Presentavi litteras imperialis majestatis regi Francie pro particularibus serenitatis vestre, et dixi que debui juxta contenta in exemplo quod mihi misit predicta majestas imperialis. Respondit mihi sua majestas christiana quod omnino vult intertenere tractatum Cameracensem et multa alia bona verba. Et in fine dedit mihi dictas litteras dandas domino cancellario, et remisit me ad eum. Sollicitabo igitur post Pascha predictum cancellarium, quia rogavit ut permitterem transire hos dies sanctos. Commendo me iterum humillime in bonam graciam serenitatis vestre. Datum Blesis, die VIIII aprilis 1512.

Post Scripta. — Sperans quod veniret alia posta cum novis de itinere quod cepissent Hispani ultra Castel-Ghelfum ubi erant, ex quo potuisset fieri indicium quid futurum erat, detinui postam de hora in hora usque nunc. Et vix possens credere quod aliquid non venisset, ivi ad regem, qui mihi affirmavit nil aliud venisse, quamvis consueverit singulis diebus habere postam, multum conquerens de domino de Foys et de aliis, quod nihil scripserint. Rationabiliter non potest tardari posta ex Italia; et si erunt res importantie, subito expediam aliam postam ad serenitatem vestram.

Rex volebat cras recedere ad venationem; sed febris cepit crescere regine, propter quod ipse rex non recedet amplius quousque viderit quomodo faciet regina. Datum Blesis, die xi aprilis 1512, hora iiii post meridiem.

E. S. V.

Minimus servus,

ANDREA DA BORGO.

CL.

ANDRÉ DE BURGO À MARGUERITE D'AUTRICHE.

Nouvelles d'Italie. Situation respective des Français et des Espagnols. On envoie des troupes sur Ravenne avec espoir que cette ville se rendra promptement. L'ennemi, qui compte que les forces françaises se diviseront pour résister aux Suisses, s'est retiré dans les faubourgs de Faenza. Les Florentins envoient des secours au roi de France pour la conservation du duché de Milan. Prise de trois places dans les environs d'Imola. Convalescence de la reine. Départ de M. de la Trémouille. On se met en mesure contre les Anglais. Les Français ont pris en une heure une ville que, l'an dernier, le pape a tenue assiégée pendant seize jours. Le duc d'Urbin s'est retiré. Le pape est plein de confiance. Comparaison entre les forces françaises et espagnoles, etc.

(Original.)

13 et 14 avril, à Blois.

Serenissima, etc..... Recepi litteras serenitatis vestre datas die nona presentis meis responsivas. Non opus est aliud respondeam, quia satisfeci per alias litteras meas. Que deinde nova supervenerint, sunt ista :

Rex habuit ex Italia quod exercitus suus erat Cottignole, et Hispani erant in loco qui appellatur Castrum Bononiense, et quod Hispani ceperant duas postas Gallorum cum litteris; et istam fuisse causam propter quam rex non habuerat nova proximis diebus.

Hoc autem mane venit alia posta cum litteris datis die quinta ex Cottignola, in quibus D. de Foys mittebat aliquem numerum bellatorum Ravennam, cum spe quasi certa quod faceret deditionem ob intelligentias quas intus habebant, et quod illam civitatem subito consignarent in manu concilii, et similiter omnia alia loca que caperent de bonis Ecclesie. Et si illi bellatores missi non possent capere, quod iret totus exercitus gallicus, et caperet per vim.

Item, quod hostes retraxerant se in suburbiis Faventie, ponentes totam spem quod, per rupturam Helvetiorum et aliorum, fieret diversio virium Gallorum, et sic hostes essent salvi. Aliquis autem ex capitaneis Gallorum scribit quod, capta Ravenna, que est sedes victualium hostium, exercitus ipsorum erit obsessus, et si velit recedere, ibit in perditionem; et scribit ille capitaneus sperare quod in paucis diebus rex habebit magna et bona nova.

Item, nova habent quod Florentini mittunt aliquas gentes suas in ducatum Mediolani pro conservatione illius ducatus, juxta obligationem quam habent erga regem Francie, que est de trecentum lanceis.

Item, nova habent quod exercitus Gallorum cepit per vim tria oppida in agro Imolensi sive Faventino, et quod, interfectis omnibus, illa combusserunt.

Regina, his duobus diebus, melius se habuit; et ideo rex hodie recessit, iturus procul hinc septem leucticas inter nemora in venatione et aucupiis, et, sicuti consuevit, duxit secum dominam Claudiam.

Expedivit dominum de la Tremolia qui heri recessit, et alias provisiones accellerat contra motus Anglorum, si volent rumpere. Nec vult rex quiescere in illa fama que proximis diebus fuit quod non ita sint calidi illi motus, sicuti prius erant.

Item, dicunt habere nova quod, quamvis ex Hispania vellent rumpere, non potest ita cito fieri, quia non sunt parati, et quod bene providebunt omnibus.

Nomen unius illorum oppidorum que ceperunt Galli per vim est Rosso cum arce, circa quod papa anno preterito fuit xvi diebus cum artellaria; et isti ceperunt in una hora, ut dicunt.

Item, nova habita sunt ex bono loco quod dux Urbini[1] recesserat

---

[1] François-Marie de la Rovère, neveu du pape Jules II, général des troupes de l'Église.

ex castris cum societate sua, iturus ad domum suam ; de quo papa stabat male contentus, et misit aliquem ad eum reducendum.

Item quod papa est bono animo, et quod maxime confidit in diversione virium Gallorum ex parte Anglie et Aragonie, et quod quottidie mittebat aliquam novam provisionem peditum.   ·

Item, quod Galli in peditatu existimantur superiores Hispanis, sed equitatu inferiores.

Rex mutavit propositum propter casum regine, et non ibit longe amplius illas septem leucticas, sed tantummodo usque ad unam leucticam.

Nova sunt quod prorogatio diete Helvetiorum durat usque ad xxiii^{am} presentis. Si vera sunt, serenitas vestra sciet verius aliunde quam a me. Datum Blesis, die xiii aprilis 1512.

P. S. — Item, nova sunt quod senatus venetus obtinuit ab civitate Venetiarum unum maximum subsidium pro bello continuando, et quod dissensiones istorum magnorum principum nunc venit (*sic*) bona fortuna ipsorum Venetorum.

Dicitur dietam Helvetiorum esse prorogatam usque ad diem vigesimam quartam aprilis, et interea Galli laborant facere facta sua contra hostes.

Aliqui sunt opinionis quod Hispani et papaliste bene poterunt se salvare in Faventia aliquot dies, et quod habent certam promissionem a papa de ruptura Anglorum et Hispanorum contra Franciam, et Helvetiorum contra ducatum Mediolani, et certam etiam spem de majestate imperiali. Item, quod Hispani expectabant auxilia per mare a rege Aragonum. Et Galli dicunt ista facilius scribi et dici quam fiant. Datum Blesis, die xiiii aprilis 1512.

E. S. V.

Minimus servus,

Andreas Burgensis.

CLI.

ANDRÉ DE BURGO À MARGUERITE D'AUTRICHE.

Défaite de l'avant-garde espagnole. Premiers détails sur la bataille de Ravenne. (*Orig.*)

17 avril, à Blois.

Serenissima, etc..... Hac hora secunda post meridiem venit ad me dominus Robertetus, et vix valens loqui, dixit mihi in illo puncto venisse postam ex Italia cum novis quod Hispanus exercitus fuerit ruptus a Gallis, et quod prima acies, videlicet vangarda Hispanorum, fuerit totaliter profligata, et quod dux Ferrarie manu sua cepit Fabricium Colomnam, et quod particularia alia non sciebat, quia littere ad regem erant clause et mittebant ei, et quod postea scirem omnia, et etiam per proximam postam habebuntur magis particularia.

Item, dixit quod Veneti erant jam prope Padum ut irent se uniendum aliis. Pro rei importantia volui subito monere S. V., sed antequam cursor recedat, tenebo postam per duas aut tres horas, et laborabo scire magis particulariter rem quomodo hoc evenerit, et, si potero habere, faciam unum post scriptum. Commendo me, etc.... Blesis, die xvii aprilis 1512.

Cras mane ibo ad regem ut intelligam magis cum fundamento rem et quid sit facturus, et deinde expediam aliam postam, et instabo ut, postquam Deus dedit victoriam contra Hispanos, convertant vires ad finiendum bellum Venetum.

Post Scriptum.— Cancellarius dixit uni homini, qui mihi retulit particulariter, fuisse rem tali modo quod unus qui fuit primus in prelio, antequam esset finitum prelium, incurrit Bononiam, nunciaturus Bentivolis illa que facta erant usque in illam horam; et Bentivoli subito expediverunt postam, et rem fuisse tali modo quod Hispani, dubitantes Ravennam non esse bene munitam cum illo presidio quod duxerat Marcus Antonius Columna, centum lancearum et mille peditum, voluerunt movere se cum majoribus viribus ad succurrendum Ravenne contra Gallos. Et quod Galli, moniti de illo, aggressi fuerant vangardam Hispanorum, cujus caput erat Fabricius Columna, et Galli illam ruperant, et captus fuerat Fabricius Columna a duce Ferrarie, et occisa et destructa tota societas peditum Ramazot, qui erant circa tria millia, et quod Galli continuo sequebantur victoriam[1]. Dicens cancellarius istam esse causam quare dominus de Foys nec aliquis ex exercitu scripsit, sed hac nocte expectantur littere. Datum Blesis, die ipsa, hora quarta post meridiem.

E. S. V.   Minimus servus, A. DA BURGO.

CLII.

ANDRÉ DE BURGO À MARGUERITE D'AUTRICHE.

Il l'invite à adresser au roi une lettre de félicitation sur la victoire de Ravenne, et de condoléance sur la mort de M. de Nemours. Bruit de la prise du vice-roi de Naples.

(*Original.*)

18 et 19 avril, à Blois.

Madame, à la requeste de messieurs du conseil du roy, je despesche ceste poste pour envoyer aucunes lettres qu'ilz escripvent aux ambassadeurs dudit roy estans devers l'empereur vostre pere, auquel j'escript aussi aucunes choses que m'a dit ledit conseil avec autres choses qui me occurrent sur ces nouvelles de la bataille. Et de cela que surviendra je vous en advertiray. Et contenterez le maistre des postes, si l'on le travaille plus que l'on a accoustumé, car les afferes de present le pourtent.

Madame, il me semble que vous devez escripre une bonne lettre de vostre main au roy sur ces nouvelles, ainsi que bon vous sem-

---

[1] Une lettre écrite de Rome le 19 avril, par F. de Carondelet, raconte les principales circonstances de la bataille, et donne une liste des morts et des prisonniers. (*Lettres de Louis XII*, III, 228.)

blera, et vous condoler de la mort de monsieur de Nemours; car il est impossible que le roy en peust demonstrer et demener plus de douleur de ce qu'il fait, et aussi de tant de gens de bien qui sont mors. Mais la victoire qu'il a heue de son cousté le console.

Madame, par plusieurs autres lettres particulieres que j'ay veues toutes conformes, il ne fut fait de bataille de si grant courage d'un cousté ni d'autre que ceste icy ne si cruelle.

Madame, je prie Notre-Seigneur, etc.... A Bloys, ce xviiie jour d'avril.

Madame, j'avoye commancé vous escripre ce qu'avoye fait avec le roy touchant vous afferes, et par ceste poste ne vous puis encoires escripre pour non detenir cettedite poste. Mais, pour l'autre, serez du tout advertye.   Vostre, etc.   Andrea da Borgo.

P. S. — Madame, le roy est venu ce matin. Je suis esté devers sa majesté pour le condoler et congratuler, et le prier que, après ceste grande victoire, il vuille entendre à l'execucion de l'emprinse de Venise. Il m'a respondu bonnes paroles, et que tout yra bien si l'empereur vostre pere veult, duquel il actend sa resolucion sur les choses qui luy a envoyées par ses ambassadeurs, desquelles depend le tout.

Ledit seigneur roy est fort dolant et marry de la mort de monseigneur de Nemours; mais, pour la bonne victoire, il se console de ce et d'autres choses.

Le frere du tresorier Robertet a heu une lettre privée de Millan, par laquelle l'on luy escript que le vice-roy de Naples est prins, et tous les gens estans avec luy tués. Touteffois le roy m'a dit n'en avoir autre advertissement, et qu'il actendoit ce jourd'huy la poste de son camp, par laquelle il en entendroit la verité, et qu'il m'en feroit sçavoir ce qu'il en viendroit, dont je vous advertiray.

A Bloys, ce xixe jour d'avril.

Vostre, etc.   Andreas Burgensis.

CLIII.

ANDRÉ DE BURGO À MARGUERITE D'AUTRICHE.

Entretien avec le roi au sujet des aides d'Artois. Le roi se plaint de ce qu'on a laissé
passer par la Flandre trois mille Allemands pour le service de l'Angleterre, et qu'on
y levait des munitions de guerre contre la France. Justification de ces faits par André
de Burgo. Entretien avec le chancelier. (*Original.*)

18 avril, à Blois.

Madame, hier, incontinant après que vous eus expediée la poste
pour vous advertir des nouvelles survenues, survint la poste venant
de vous avec deux vos lectres du xiiie et xiiie de ce mois. Ce jour-
d'huy suis esté devers le roy, qui, jà sont aucuns jours, est aux
champs, à la chasse, et luy ay parlé substancialement de voz affaires,
suyvant que m'escripvez contre les difficultez et delays que m'avoient
interposés ces jours passez les gens de son conseil, et luy ay prié
que osté lesdites difficultez et delays contre toute raison, le traité
de Cambray fust observé. Il m'a respondu qu'il n'entendoit point ces
matieres, et qu'il s'en rapportoit à son chancellier, et, en ma presence, donna charge à ung sien varlet de chambre aler devers ledit
chancellier, afin que favorablement il entendit à vosdites affaires, en
observant ledit traicté de Cambray.

Madame, quant à l'octroy que demandez pour lever les aydes extraordinaires dernierement accordées par ceulx d'Artois, j'en ay aussi
parlé au roy de la meilleure sorte et maniere qu'il m'a esté possible,
et m'a respondu, premierement luy avoir monstré et declaré l'acte
de l'accord fait par ceulx des trois estas dudit Artois, qu'il creoit
bien ledit acte estre veritable, mais qu'il sçavoit que tous ceulx du
pays n'en estoient point contans, et n'estoit de leur consentement.
A quoy je luy respondis qu'il apparissoit du contraire par ledit acte;
et si aucuns estoient non consentans audit accord fait par lesdits des
trois estas, ce povoient estre quelque malvaise gens, et que pour ce ne
devoit reffuser ledit octroy; car il y estoit tenu par le traicté de Cam-

bray. Il me dit estre bien vray, mais que aussi, du cousté de delà, se devroit faire ainsi qu'il appartient envers luy; et me parla comme il estoit adverty que aviez laissé passer par votre pays trois mille Alemans pour aller au service du roy d'Angleterre, et, avec ce, tous les jours souffriez bailler et lever, au pays de monsieur vostre nepveu, artillerye, pouldre, arnoys et toutes autres choses servans à la guerre, et pour aler à l'encontre de luy; ce qu'il ne povoit entendre, qu'il sçavoit non estre du consentement de l'empereur vostre pere; me disant après que, si à ce vuilliez persister, et que par delà l'on voulsist aler en ceste sorte de luy vouloir faire mal et estre contraire, comme ces choses le demonstrent, que l'argent levé du pays deppendant de sa couronne seroit bien mal employé, et que vrayment laisser passer gens et faire les choses dessusdites est un cas à quoy, madame, devez bien pourveoir, suyvant la confederacion et bonne amytié qu'est entre l'empereur vostredit pere, luy, vous et mondit seigneur vostre nepveu. A quoy, madame, je luy respondis, ainsi qu'il appartenoit, plusieurs choses et, entre autres, qu'il n'estoit point guerre ouverte entre luy et ledit roy d'Angleterre, et que ledit roy d'Angleterre se pourroit lamanter que estant en confederation, aliance et parentelle à vostre maison, l'on luy deffendit les choses dessusdites pour munition et garde de son pays, et pourroit estre contre les Escoussois, selon qu'en estoit le bruit. Item, que l'on sçavoit bien que le pays de Flandres est de telle qualité qu'il est force que il vive de marchandise, et que, si le roy en veult avoir, il en aura semblablement. Et, quant aux pietons, je luy respondis ce que vous m'avez respondu, et que, plus au long, m'a escript maistre Loys vostre secretaire, sur la lamentacion que m'en avoit faicte monsieur le tresorier Robertet, et luy remonstris que sa majesté estoit mal informée du nombre de trois mille, car ilz n'estoient plus de quatre cent. Il me respondit que tout estoient excuses, et que l'on sçavoit bien que tout l'apareil que fait le roy d'Angleterre n'est que pour luy faire la guerre. Et, quant auxdits pietons, qu'il sçavoit bien que une partye estoit au service du duc de Gueldres, mais que une autre grant partie estoient

prins aillieurs, comme il en estoit bien informé particulierement, et
que ung serviteur de monsieur de Bergues, nommé Guyot, estoit
celluy qui les avoit conduit. Et quant oires ne fussent que quatre,
les faveurs qui se donnent au roy d'Angleterre avec declaration indirecte n'estoit pas petite chose[1]. Je luy respondis à tout, ainsi qu'il
appartenoit, et, en particulier, que plus grande declaration estoit
faicte en faveur de sa majesté, ayant messire Robert de la Marche
conduit mil et cinq cens Alemans par le pays de mondit sieur vostre
nepveu de la façon que vous m'avez escript. Il me respondit que ledit messire Robert l'avoit fait de sa teste, et non point par commission de sa majesté, et qu'il soit vray, il vous certiffie qu'il ne leur
donnera point d'argent, et est bien contant que vous n'en laissiez
passer aucuns. Je luy remonstris aussi que encoires plus grande declaration et faveur luy estoit faicte par l'empereur en Ytalye, de avoir
permis que soient alez à son service cinq mille lanskuenecz, qui sont
esté cause du recouvremant de Bresse et de la victoire de ceste bataille; et combien soit esté à sa soulde, touteffois n'est petit service
qu'a fait l'empereur pour luy; de quoy tous les autres s'en sont bien
plainctz contre l'empereur. Il me respondit estre vray, et qu'il en est
tenu à l'empereur, combien son imperiale majesté, par le traicté de
Bloys, soit obligée non-seulement à cela, mais de faire à sa propre
despence, à l'encontre du pape, au temporel et spirituel par moyen
du concille, s'il ne retournoit au traictié de Cambray ou vray, s'il ne
constraignoit les Venissiens à faire une paix satisfactive à l'empereur
vostredit pere et à luy. Et, après aucunes devises sur ces matieres,
lui repplicquant qu'il devoit commander l'expedicion dudit octroy,
il me dit que j'en parlisse à monsieur le chancellier; mais qu'il m'a-
voit bien voulu dire franchemant les choses dessusdites, comme il a

---

[1] Déjà, le 17 février, Jean le Veau écrivait de Blois : « La nouvelle de la descente
des Anglois continue toujours icy, qui es-
pouvente beaucoup ceulx de par-deçà, et
a l'on tout plain de mauvaise suspicion
des Flamengs et autres pays de monsieur
vostre nepveu, voisins desdits Anglois, que
l'on dit estre consentans de ladite descente,
et que, sans avoir quelque pratique, ils
ne l'oseroient entreprendre. »

accoustumé de faire et comme il appartient entre bons freres et alliez, et que semblablement je devoye parler audit chancellier de voz
autres affaires. J'en ay parlé par deux fois audit chancellier, lequel
m'a prié non voulloir prandre à mal qu'il m'a delayé jusques à ceste
heure pour les grans affaires qu'il a de present entre les mains, me
promectant que, sans faute aujourd'uy ou demain, nous serions ensamble et verroit le tout; je solliciteray tousjours, tant qu'il me sera
possible; et parcillement pour avoir l'octroy de l'ayde ordinaire dont
m'escripvez.

Quant au fait d'Arras, l'homme de monsieur l'esleu, qui est party
d'icy, me dit qu'il feroit entendre à l'empereur, et à vous particulierement, en quel estat estoit la chose; pour quoy je ne vous en ay ne
escrips riens; mais je vous promectz, madame, que j'en ay fait tout
mon possible et austant comme s'il y fut alé tout le patrimoine de
l'empereur.

Monsieur le chancellier n'est encoires party à cause de ses grosses
nouvelles qui sont survenues, je luy ay parlé derechief ce que m'escripvez de l'affaire de Nevers; il m'a respondu ce que par autres
vous ay escript; et autres choses je n'en puis avoir. Et, puisque monsieur de Nevers estoit delivré hors de prison sans constraindre luy
et sa mere à faire le consentement dont m'escripvez, je n'ay pas
grant espoir à l'advenir; mais monsieur le chancellier se parforce plus
à me voulloir persuader que la surceance sera en effect comme elle
a esté promise à monsieur de Gurce; mais je luy respondis que je
ne la sçay entendre, car l'euvre est au contraire.

Madame, il vous plaira, etc. A Bloys, ce xviiiᵉ jour d'avril. Madame, combien ceste lettre soit du xviii, ne l'ay peu expedier ne
faire plus tost pour ces affaires et nouvelles survenues. J'ay monstré
l'article contenuz en voz lettres à monsieur le tresorier Robertet. Il
m'a dit que le diable emporte l'obstination de madame de Nevers et
des autres, et en est aussi mal contant que vous.

Vostre, etc. Andrea da Borgo.

CLIV.

ANDRÉ DE BURGO À MARGUERITE D'AUTRICHE.

Mandement d'octroi pour les aides d'Artois. Le chancelier se montre sévère pour les
affaires de la princesse. André de Burgo est en grande nécessité d'argent. Il a reçu
ordre de l'empereur de se rendre sans délai auprès de l'évêque de Gurce, soit à
Trente, soit à Inspruck, ce qui augmente ses embarras pécuniaires et lui cause un
véritable désespoir. Le roi est étonné du départ subit de cet ambassadeur. Il craint
qu'on n'en conclue une rupture entre les deux couronnes. (*Original.*)

15 et 16 mai, à Blois.

Madame, j'ay reçu voz lectres du xiie de ce mois, et veu le contenu, suyvant lesquelles j'ay derechief sollicité monsieur le chancellier si pourroyt avoir aucune bonne expedition touchant voz affaires;
mais, quelque chose que j'ay peu faire, n'ay peu avoir aultres expe-
dictions que celles que vous envoye par ceste poste, que sont les
mandemens d'octroy, tant des aydes ordinaires que extraordinaires
d'Artois, le don des mille livres viennoises, le fait du sel et la commission pour examiner les lettres de la chambre des comptes à
Dijon, et une lettre adressant ausdits des comptes, pour informer et
advertyr le roy de la reddicion des comptes des grenetiers de Charrelois; et m'a dit ledit chancellier qu'il ne me soit autre expediction faire pour le present mesmement quant à ladite reddicion des
comptes desdits grenetiers, à quoy l'on ne seroit donner provision
sans que premierement le roy soit adverty de la verité. Quant aux
mandemens de garde et debitis, en cas de nouvelleté, qu'il n'en sçauroit faire aultre chose, et que le deusse tenir de ce en paix; car vous
n'aviez cause de vous plaindre de riens. Et vela ce, madame, que
j'ay peu obtenir de toutes les poursuites que j'ay sceu ou peu faire;
et m'a dit oultre ledit chancellier que, en ces petites choses, l'on
ne vuille faire semblant de les y constraindre, ainsi que l'on fait [1].

---

[1] La mort du chancelier Jean de Gan-
nay, arrivée à Blois le 27 de ce même mois
de mai, mit un nouvel obstacle à l'expédition des affaires dont il est ici ques-

Madame, vous sçavez ce que vous ay escript par cy-devant de ma nécessité, et que la provision que l'on m'a faicte n'est pas pour satisfaire mes crediteurs, ne me povoir entretenir. Par quoy, madame, je vous supplie derechief faire que soye payé et satisfait du demeurant des six mois dont l'empereur m'avoit ordonné la provizion. Et du demeurant que oultre m'est deu, que monte, madame, à plus de quatre mille et cinq cent livres, que soye assigné sur ses aydes d'Artois, dont vous envoye lesdites expedicions; ce que, madame, facillement pourrez faire et n'auray cause de si souvent vous ennoyer, fastidier ne rompre la teste, et aussi ne feray si grande despence à envoyer poursuyr madite provision, comme il m'est force de jour en jour, ne demeurer en la honte où je suis, comme plus à plain vous dira mon homme estant par delà.

Madame, vous verrez les nouvelles occurrantes par ce que j'escrips à vostre secretaire, maistre Loys. A tant, je prie, etc. A Bloys, ce xve jour de may.

Madame, despuis cestes escriptes, j'ay receu lectres de l'empereur par lesquelles il m'escript me partir soubdain d'icy, et me tirer incontinant devers monsieur de Gurce ou à Trante ou à Hisprouc, pour aller avec luy à Rome pour faire, si Dieu plait, une bonne paix universelle. A quoy mectray toute la peine qu'il me sera possible; mais vous povez penser, madame, en quel estat à ceste heure je me treuve, sans argent, sans provision; et si suis constrainct partir sans povoir satisfaire mes crediteurs qui me redonde à ung grant honte, et non-seulement cela, mais qu'il me fault faire ung emprunt d'un cinq cens escuz pour povoir faire mon voiage, et pour ce, mectre le demeurant de mes meubles en gaige; et suis esbay, madame, que jà a si long temps mon homme est poursuyvant par delà, et que l'on ne m'ayt peu faire la provision pour les six mois, comme l'em-

---

tion. Paul de Laude annonça cette mort dans les termes suivants : « Hodie circa horam sextam et dimidiam post meridiem, D. Cancellarius vitam cum morte commu-

tavit. Laboravit febri continua pestilentiali quatuor aut quinque dies et non magis : sed pressura laborum et negociorum ipsum interfecit; de quo multi sunt molesti. »

pereur vostre pere l'a escript; qui m'est donner couraige, madame, de quasi me desesperer, parce qu'il me convient journellement vendre muletz et chevaulx (s'il me convient vivre) voué à mespris, et encoires cela m'est bien petite chose. Pour quoy, madame, je vous supplie si très-humblement que faire puis y vouloir avoir regard, et combien il me soit impossible d'actendre ma provision, car, comme dit est, l'empereur me mande partir sans delay, il vous plaise faire et ordonner tellement que quelque bonne provision me soit faicte incontinant jusques à ladite somme de cinq cens escuz, pour povoir rendre et restituer à icelluy de qui je feray l'emprunt, comme mondit homme plus à plain vous parlera, auquel j'escripray ce que feray par-deçà. Vous supplie derechief, madame, le vouloir briefvemant expedier.

Madame, je suis esté ce vespre devers le roy pour luy faire entendre ce que l'empereur vostre pere m'a escript pour mon partemant, et a esté bien desplaisant d'estre si soubdain, disant qu'il ne savoit que penser, et que je devoye actendre jusques à la venue de l'autre ambassadeur que l'empereur a escript qu'il envoyeroit icy pour y demeurer jusques à mon retour. Toutesfois je l'ay tiellement remonstré les bonnes raisons que l'empereur vostre pere m'a escriptes, que l'ay reduict par bonnes paroles, et est demeuré satisfaict, et m'a prié que vuille laisser icy mon secretaire jusques que le nouveau ambassadeur soit venu pour escripre cependant, et afin qu'il ne samble que mon partement soit à cause de rupture[1]. Et ainsi je le faiz, combien il me desplaise, car j'en avoye necessairement affaire. Madame, je suis deliberé de me partyr après-demain, et avant vous despescheray une autre poste.

Madame, il vous plaira, etc. A Bloys, ce xvi⁰ jour de may.

Vostre, etc.

ANDREA DA BURGO.

---

[1] Le 19 mai, A. de Burgo insistait encore sur le mauvais effet que produisait à la cour de France son départ inopiné. (*Lettres de Louis XII*, III, 252.)

CLV.

RÉPONSE DE L'EMPEREUR

AUX AMBASSADEURS DE FRANCE, QUI SE PLAIGNAIENT DE CE QU'IL AVAIT LIVRÉ
PASSAGE AUX SUISSES SUR LES TERRES DE L'EMPEREUR, POUR ALLER EN ITALIE.

(Copie du temps.)

Mai ou juin.

Sur ce que les ambassadeurs de France ont dit à l'empereur de la part du roy leur maistre, leur a esté respondu, par ledit seigneur empereur, ce qui s'ensuit :

Premier, quant à ce qu'ilz ont dit que l'empereur avoit donné le passaige aux Suyches[1], ledit seigneur empereur leur a sur ce donné responce que, par l'alliance qu'il a avec les Suyches, il a esté à ce constrainct, et que par icelle il est tenu de les favoriser contre leurs ennemys ; aussi que ce n'est point contre le traictié de Cambray et de Bloys, veu que audit traictié les anciennes alliances sont reservées, et que ledit traictié n'est fait seullement que contre les Venissiens et leurs adherens qui les vouldroient favoriser contre icellui traictié. de Cambray.

En oultre que lesdits Suyches avoient sommé l'empereur du passaige de leurs gens qu'ilz envoyent au secours du pape, et pour le recouvrement de Boulongne et autres pays appartenant à l'Eglise, et pour aussi leurs propres querelles et celles pour lesquelles ilz sont allé la premiere fois ou vouaige de Come.

Et de ce que le roy leur maistre dit que l'empereur luy a fait

---

[1] L'empereur avait laissé passer les Suisses par le Trentin. Une lettre de Paul de Laude, du 5 juin, informe Marguerite du mécontentement de Louis XII au sujet de cette faveur accordée à ses ennemis : « Hic reputant *Dulcis* (l'empereur) declaratum contra *Dubius* (Louis XII) ob tran- situm *Pessimorum* (les Suisses) per Tridentum, et non confidunt amplius de eo. » A la même époque, les Suisses passaient par le comté de Bourgogne pour entrer en France. Voir *Correspond de Maximilien*, II, 3.

dire, par messire André de Burgo, beaucoup d'autres choses et bonnes parolles qui servent à la bonne amitié de entre eulx deux tout
au contraire de cest affaire.

Sur ce respond ledit seigneur empereur qu'il ne peut sçavoir que
ledit messire André a peu dire audit roy leur maistre ; mais sa majesté ouffre de monstrer l'article sur ce point de l'instruction dudit
messire André, lequel en substance et au plus près est tel, que ledit
seigneur empereur se complainct au roy mesme du grant tort qu'il
semble à sadite majesté que ledit roy luy fait, de tant assister messire Charles d'Egmond, et qu'il luy pleust de asceurer icellui seigneur empereur qu'il ne feroit plus d'assistence directement ou indirectement audit messire Charles, car en faisant autrement l'empereur
auroit cause de non tant le favoriser ès Ytales, veu que pour ce il
y avoit assez d'apparance que, quant ledit roy auroit tout son desir
et la fin ès Ytales, il courroit après sus audit seigneur empereur et
monsieur l'archiduc son filz, et assisteroit ledit messire Charles.

Item, que quant le roy leur maistre a entendu que ledit seigneur
empereur avoit esté fort mal content de la subite retraicte du sieur
de la Palisse, par laquelle retraicte sa majesté avoit perdu tout ce
qu'il avoit gangnyé sur les Veniciens, et par avant par deuz armées
l'une après l'autre, par la faulte à sçavoir, la premiere armée, du gouverneur feu monsieur le grant maistre, et l'autre, dudit sieur de la
Palice devant Padoue, ou èsdites trois faultes, ledit seigneur empereur a adez reperdu ce qu'il avoit gaingnyé sur iceulx Venissiens,
ensemble son argent et despence, qui, pour entretenir et continuer
ladite guerre et armer desdites trois armées, a monté, tant en or,
argent que autrement, à ung inextimable tresor.

Ledit roy a envoyé devers l'empereur en poste ledit messire André,
luy presentant par luy de faire et contenter ledit seigneur empereur,
de tout ce qu'il luy vouldroit demander, moyennant qu'il voulsist
tenir bonne amytié avec luy contre la ligue, et qu'il le voulsist toujours assister des gens de guerre à pied. . . . . (*La suite*
manque.)

CLVI.

J. DE MONTRICHARD À MARGUERITE D'AUTRICHE.

Conspiration pour mettre le château de Joux au pouvoir du marquis de Rothelin. Procès et aveux des conspirateurs. Dangers continuels que court cette place. Montrichard demande que la princesse lui laisse les biens confisqués sur Guillemin Barillet, le chef des conjurés. (*Original.*)

27 juin, à Joulx.

Souverainne dame, plaise vous savoir que environ la karesme dernierement passé, Guillemin Barillet, de Pontarlié, receveur de monsieur le marquis[1] en sa seignorie du Syr, conspira et induysit Jehan Arbeaul, du villaige d'Oyes, en vostre seignorie de Joulx, de vouloir antreprandre de trouver des compaignons pour, par moyens indirectz, me surprandre et les autres compaignons qu'il vous a pleu ordonner estre en vostredite forte maison de Joulx, pour icelle maison mectre ès mains dudit marquis, promectant ledit Barillet fornir jusques à la somme de mil escuz pour donner audit Jehan Arbeaul et aux compaignons qu'ilz trouveroient pour avec luy mectre à fin ladite entreprinse. Lequel Jehan Arbeaul, pour mectre icelle à execucion, en parla à Jehan Crestin dit Petit et Huguenin Prenel dudit Oyes, qu'ilz baillarent leurs consentemens et deliberarent accompaigner ledit Jehan Arbeaul à parfaire ladite entreprinse. Semblablement ledit Arbeaul declaira icelle entreprinse à Jehan Prenel, Claude Crestin, Jehan Nycolet, tous dudit Oyes, et à Claude Faton, des verrieres de Neufchastel, lesquelz surent bien ladite entreprinse par la declaracion que leur en fit particulierement ledit Arbeaul, et

---

[1] Louis d'Orléans, duc de Longueville, marquis de Rothelin, comte de Dunois et de Neufchâtel, avait des prétentions sur le château de Joux. En 1508, il fut statué par le traité de Cambray qu'en attendant la décision par juges compétents, la forte-resse de Joux resterait entre les mains des officiers de l'empereur; mais que durant le même temps le marquis de Rothelin jouirait du château de Noyers en Bourgogne, avec les revenus.

pour ce que par ledit Jehan Crestin dit Petit fut requis Anthoine
Benoit de Joigne, votre subgect, d'estre de ladite entreprinse; comme
à vous loyal subgect vint à moy et me declaira ladite entreprinse.
Pourquoy de ce advertir me retiray devers voz officiers, en vostre
bailliage d'Aval; lesquelz, après avoir oy ledit Anthoine Benoit, me
ordonnarent prendre et saisir aux corps tous les dessusdits et les
mectre en voz prisons : ce que j'ayt fait.

Souveraine dame, lesdits officiers, en fesant leur debvoir, ont
procedé à fere les procès criminelz des dessusditz, et pour l'enor-
mité du cas ont consorté vostre court souveraine, laquelle, en fesant
le debvoir, a commis maistres Jehan Prevost et Adryen de Salins,
conseilliers en vostredite court, pour vehoir et recourrir ce que esdits
procès avoit esté fait par lesdits officiers dudit baillage d'Aval, et
donné puissance esdits conseilliers avec maistre Loys de Cise, vostre
lieutenent general oudit baillage d'Aval, de proceder à la judicacion
des sentences diffinitives à l'encontre desdits criminelz, selon l'exi-
gence des cas par eulx commis. Et, souveraine dame, lesdits criminelz sont attaintz, confés et convincuz des cas dessusdits, et ont confessé que à certain jour qu'ilz devoient adviser, par moyens indirectz,
ung gentil homme demourant en la conté de Neufchastel, et du
maistre d'hostel dudit marquis, nommé Jehan Buffart, soubz umbre
de vouloir acheter de moy quelque cheval, me devoient tirer ou bas
du chasteau, esperant que portion des compaignons estans à la
garde de vostredit chastel descendroient en bas avec moy, et à ce
jour et heure ledit Arbeaul et ses complices, que devoient estre en
nombre de dix à douze, devoient admener oudit chastel douze chars
de bois, comme ils font souvent, à cause qu'ilz sont de vostredite seignorie de Joulx, et lesquelz chars de bois ilz devoient mener jusques
à la porte du donjon et illec descharger leur bois, et après le porter
deans ledit donjon, comme ils font journellement. En quoy fesant,
ilz devoient saisir les batons des compaignons que journellement
sont apoyez en la court dudit donjon, et corrir sus aux gardes des
portes dudit donjon, les ouctrager et mectre à mort, et au surplus

invahir les autres compaignons qu'ilz trouveroient audit donjon, puis crier *chastel gaigné!* pour le feré savoir à ung homme que seroit apposter et cacher près votredit chasteaul, lequel, à tout ung cors devoit fere signe de ce que dessus audit gentil homme me ayant attraict ou bas de vostredit chastel, et aussi à trois ou quatre cens hommes que devoient estre en trois ambuches près ledit chastel deans les bois pour secorrir les dessusdits, et entrer deans vostredit chastel pour ledit marquis. A quoy, par le vouloir de Dieu, j'ay prevenu en sorte que lesdits antrepreneurs ne sont venuz à leurs oblats.

Souveraine dame, journellement vostre place dudit Joulx, qu'il est garde et frontiere en ce quartier de vostre conté de Bourgogne, est desirée, et fait l'on entreprinses pour me surprendre. J'ay vouloir d'y obvier et vous en rendre bon compte, comme j'ay fait par cy-devant à grans fraiz, et à ceste occasion suis contrainct de gaigner gens que vous soient feables et à moy amys. Pourquoy me convient frayer de grans deniers et supporter de grans charges oultre mes gaiges, et ayt faicte grosse despence pour parvenir à la verifficacion du cas dessusdit et d'autres que me sont survenuz et surviennent journellement pour la garde de vostredite forte maison de Joulx. Pourquoy, très-humblement vous supplie de votre benine grace me vouloir donner la confiscation et droit de commise à vous appartenant ès biens dudit Guillemin Barrillet, l'ung des conspirateurs et entrepreneurs dudit cas, pour ledit cas par lui commis et confessé par son procès sur ce fait, concernant crime de leze-majesté; et en ce fesant auray de vous plus grande pourvoyance de biens pour la garde et seurté de vostredite forte maison de Joulx, et me fere expedier voz lettres patentes en forme addressant à vosdits officiers dudit baillage d'Aval pour me fere delivrance et joyssance de tous les biens dudit Guillemin Barrillet, à vous declairez commis et confisquez par vostre justice, dois maintenant pour lors icelle declaracion estre faicte.

Souveraine dame, à tant, etc.

Vostre, etc

CLVII.

PAUL DE LAUDE À MARGUERITE D'AUTRICHE.

Explications sur les retards qu'éprouve l'expédition des affaires. Nouvelles d'Italie. Combinaisons secrètes pour une ligue contre la France. Les confédérés se partagent d'a-
vance les terres qui seront conquises. Trêve de l'empereur avec les Vénitiens. Évaluation des troupes que Louis XII pourra opposer à la confédération. (*Original.*)

10 juillet, à Blois.

Serenissima, etc. . . . . . Vidi ea que S. V. mihi scripsit per litteras
suas datas die xxvi preteriti, de quibus S. V. humillime gracias ago,
certiorem eam reddens quod enitar pro viribus satisfacere ejus desiderio debitoque meo erga eam.

Quoad particularia S. V. de quibus ipsa diebus proxime preteritis
procuratori suo et mihi scripsit, nescirem pro nunc aliud facere nisi
ut S. V. scribit, propter absentiam prefati procuratoris. Bene dixi aliqua verba de illis dom. Parisiensi, ut communicarem ei nova que
habebam a S. V. Respondit mihi se mirari quod procurator recesserit
hinc sine conclusione rerum, et quod ipse ex latere suo non defuisset
dicto procuratori. Dixi prefatum procuratorem recessisse ob difficultatem quam videbat in expeditione sua propter temporum conditio-
nem, et maxime quia ob nova que veniebant de progressibus Helvetiorum in statu Mediolani (cujus rei attribuitur hic per Gallos indebite
culpa imp. majestati), advocatus S. V. et procurator substitutus hic
dicti procuratoris vestri non audebant loqui pro ea ; de quo remansit
multum molestus dictus procurator, et recessit, nolens conterere
tempus et expendere pecunias suas sine fructu. Conclusit sibi hoc
displicere, et quod quando revertetur huc, quod ipse D. Parisiensis
et alii de consilio facient debitum suum in dictis causis S. V. Repli-
cavi quod, si voluissent, jam imposuissent finem dictis causis, sed
quod nimis frigide procedunt in expeditione negociorum et causarum
S. V.; de qua re S. V. conquerebatur multum. Replicavit ipsos sem-

per fecisse debitum suum pro ea, et quod, si conqueritur de ipsis, conqueritur indebite et sine causa. Respondi ut conveniebat, et nolui magis cum eo contendere; ceperant enim dulcia fieri amara.

« Die vigesima octava preteriti scripsi *Benigno*[1] nova que hic erant; deinde supervenerunt infrascripta, videlicet :

« Quod D. Jacobus Trivultius erat adhuc in Vilanova cum aliquibus gentibus. Item, quod D. de la Palisa habuerat mandatum a rege remanendi in Italia. Deinde, habitis novis de Genua, rex mandavit ei venire in *Ampla*.

« Quod *Pessimus* petunt multas pecunias a statu Mediolani.

« Item, quod Genua et Savona die vigesima tertia se dederunt Fregosiis.

« Quod Hispani et *Fortis* magis intendunt contra regem Navarre quam contra Baionam.

« Item, quod mittantur per aquam multe munitiones artelarie versus Picardiam et Normandiam.

« Item, quod Galli sperant componere cum *Pessimos*, quod *Timet* timent multum de *Dulci* in ducatu Burgundie.

« Nescitur quando rex recedet hinc.

« Quod marchio Montisferrati est pro liga que ita partita est ducatum *Patria*, videlicet quod *Fortis* habeat Parmam et Placentiam; *Dulcis* Brisiam, Cremonam, Bergomum et Cremam; *Pessimus* Novaram et Comum; princeps Maximilianus *Patria*, Papia, Dertona et Laut; marchio montisferrati Astam et Alexandriam.

« *Beatus* ducis Sabaudie dixit michi iterum venire ad excusandum ducem suum, si non fecit pro *Dubio* contra *Pessimos* ne provocaret

---

[1] Dans le langage énigmatique adopté par Paul de Laude, *Benignus* signifie Marguerite d'Autriche; *Ampla*   ; *Pessimus*, les Suisses; *Fortis*, le pape; *Timet*, les Français; *Dulcis*, l'empereur; *Beatus*, l'ambassadeur; *Dubius*, Louis XII; *Perditio*, la Gueldre; *Patria*, le duché de Milan; *Irati*, les Espagnols; *Amans*, Vicence; *Versutus*, Vérone; *Potens*, l'Angleterre; *Cupidus*, le duc de Bourbon; *Magnus*, Rome; *Virtus*, l'évêque de Gurce; *Dignus*, les cardinaux; *Valpes*, les Vénitiens; *Spes*, le roi d'Aragon; *Sperans*, François, comte d'Angoulême; *Velint*, le duc d'Urbin; *Voluntas*, le conseil; *Fundamentum*, André de Burgo.

ipsos contra se. Pro debito meo moneo de omnibus *Benignum.* Data Blesis, prima Julii. »

P. S.— Supervenit mihi posta cum litteris longis magnif. D. mei de iis que retulerat rev. D. Gurcensi, nomine regis et regine, pro intertenemento amicitie inter ambas majestates et super disputationes inter eos habitas, cum resolutione omnium declaranda per me regi et regine ac consilio, una cum justificationibus imp. majestatis circa transitum datum Helvetiis et revocationem gentium ex castris et treguam factam cum Venetis. Et pro intertenenda amicitia petunt *Perditio;* aliter non erunt contenti. Super que nullum adhuc bonum responsum habui a rege nec a consilio, et *Timet* nolent michi ad hoc respondere; et propterea deduxerunt me usque in hodiernum sine responso; de qua re sum desperatus propter postam quam distuli tantum.

Rex se facit fortem, dicens se habere quinque milia lancearum et quadraginta milia peditum *Timet,* et decem et octo milia Germanorum. Regina vellet componere.

Nova sunt quod *Irati* combusserunt multa vilagia prope Fontarabiam.

Huc venit per postas D. de la Tramolia iturus in Burgundiam contra *Dulcem* et *Pessimum.*

Supplico humillime S. V. dignetur mihi ignoscere si non potui citius expedire postam, ob dilationes Gallorum et multa impedimenta. De cetero enim S. V. habebit sepe nova a me, dum hic ero saltem.

Egeo pecuniis. Commendo me, etc. Datum Blesis, die x julii 1512.

E. S. V.

Minimus servus,

PAULUS DE LAUDE.

P. S. — Timet *timent.*

CLVIII.

L'ÉVÊQUE DE GURCE À MARGUERITE D'AUTRICHE.

Traité entre le pape et l'empereur. Excommunication et interdit fulminés contre les Vénitiens et le duc de Gueldre. La ville de Brescia va être remise aux mains de l'empereur. Le pape accorde la levée de la décime en Allemagne. L'empereur adhère au concile de Latran et ne donnera plus assistance au duc de Ferrare. Le roi d'Aragon se déclarera aussi contre les Vénitiens. (*Original.*)

23 novembre, à Rome.

Madame, j'ay puis v jours en çà fait et conclud certein traittié et accord ou nom de l'empereur vostre pere avec nostre saint-pere le pape, par lequel est dit que doresenavant sera entre eulx une sincere union, vraye intelligence et perpetuelle amitié, et que l'ung sera tenu assister l'aultre contre cui que ce soit, à la defension et conservacion de leurs personnes, estaz, pays et province.

Et pour vous avertir plus avant des choses capitulées, il est convenu, actendu que Veneciens n'ont voulu entendre à la paix jà pieçà pourparlée et mise en avant par nostredit saint-pere et le roy catholicque, que sa saincteté se declarera contre eulx et fera assistence audit seigneur empereur de ses gens d'armes, et remettra sur eulx excommunicacion et interdit en la maniere qu'il a esté fait par la lighe de Cambray, et ne le pourra lever ne faire paix avec eulx sans le consentement de sa magesté imperiale.

Nostredit saint-pere mettera aussi l'interdict par censures apostoliques sur messire Charles de Gheldres, ses places, subgets et adherens.

La ville de Bresse, que a le vice-roy de Naples en main, comme capitaine general de la sanctissime lighe, se rendera incontinent ès mains d'icelle sa majesté imperiale; laquelle ville est de grande importance et meilleur de revenuz et plus fort que Veronne.

Nostredit saint-pere accorde à ladite magesté imperiale lever en

Allemaigne, du consentement des electeurs, une decime sur le clergié dudit pays.

Ledit seigneur empereur adherera au concille de Saint-Jehan de Lateran, en Romme, indict et encommencié par nostredit saint-pere.

Ledit seigneur empereur ne fera assistence au duc de Ferrar, ou fait de Ferrar, contre nostredit saint-pere.

Sadite majesté est aincores en sa liberté de povoir entrer en ladite sanctissime lighe; mais, par le dessusdit traittié, nostredit saint-pere est obligié que, toutesfoiz qu'il plaira à sadite magesté imperiale entrer en icelle lighe, qu'il sera tenu luy accepter. J'en ay ainsi fait pour ce que n'ay trouvé tant de fondement en cestedite lighe que pensoie[1].

Madame, ce sont en effect les principaulx chapitres dudit traittié; je suis aincores en communication avec nostredit saint-pere pour traitter et accorder sur quelques autres matieres et affaires dont, s'ilz viennent à effect, vous avertiray plus à plain.

Le roy catholicque se declairera aussi contre lesdits Veniciens, et avec l'armée qu'il a de present en Lombardie, ou pour le moins de plus grand partie d'icelle, assistera ledit seigneur empereur, en sorte que j'espere que ceste foys se pourra avoir une bonne fin de la guerre contre iceulx Veneciens.

Madame, des affaires que m'avez commis par pluisieurs voz lettres pour parler avec nostredit saint-pere, j'en feray mon extreme devoir et dilligence avant que partiray d'ici; et de ce que y auray peu faire serez advertie, ensemble des nouvelles qui plus avant m'occurreront. Ce scet Dieu, etc. Escript à Romme, le XXIIIe de novembre XV^c XII.

Vostre, etc.

GURGENSIS.

---

[1] Par ce traité, le pape obtenait deux résultats auxquels il attachait une égale importance, savoir: la reconnaissance du concile de Latran par l'empereur, et l'adhésion de ce prince à la sainte union conclue en 1511 contre la France. Voyez, pour plus de détails, *Histoire de la ligue de Cambray*, livre III, *ad finem*..

CLIX.

JEHAN HANNART À MARGUERITE D'AUTRICHE.

Le pape n'aime pas à traiter avec l'empereur, qui est vieux et colérique. L'évêque de Gurce refuse le chapeau de cardinal. Les grands seigneurs romains voudraient que Maximilien fût maître de toute l'Italie. Du reste, le traité qui vient d'être conclu ne contient rien d'hostile contre les Français. (*Original.*)

23 novembre, à Rome.

Madame, par les lettres que vous escript presentement monsieur de Gurce, verrez et particulierement entendrez le traittié et accord fait entre nostre saint-pere le pape et l'empereur vostre pere, pourquoy me deporte en faire recitation.

Madame, mondit sieur de Gurce m'a dit que le pape est assez bien disposé pour ledit seigneur empereur, mais qu'il le trouve vieulx et colorique, et que avec luy l'on ne parvient à si facillement traittier que avecques autres princes, et euist icelui seigneur de Gurce vouluntiers besongnié et traittié de beacop d'autres grandes matieres; mais il a veu que le temps et les matieres, pour le present, n'ont esté à ce bien disposées.

Nostredit saint-pere a voulu creer cardinal mondit sieur de Gurce, lequel ne l'a voulu accepter, s'excusant et disant qu'il est et veult demeurer perpetuellement fidel serviteur de ladite majesté imperiale, et que, sans l'exprez commandement d'icelle sa magesté, il ne vouldroit jamais accepter ledit cardinalat, dont nostredit saint-pere a esté fort esmerveillé et irrité contre iceluy seigneur de Gurce.

Madame, nostredit saint-pere a tousjours fait grand honneur et demonstracion à icelui seigneur de Gurce, pareillement tout le collegie des cardinaulx, et semblablement tous les grandz barons et nobles de Rome et des terres de l'Eglise; et chacun a voulu honnourer ledit sieur de Gurce pour la grande devotion et affection qu'ilz portent audit seigneur empereur vostredit pere, et ne cryent tous que aprez sa venue, et que lui seul presentement luy apartient feusist dominateur de toute l'Italie.

Madame, comme saurez mieulx congnoistre que moy, par le traittié dessusdit n'est riens fait ou innové contre les François.

Madame, le pape fera demain chanter une messe du Saint-Esperit en l'eglise Sancta-Maria de Populo, et illec se publiera, comme grand feste et seremonie, ledit traitié.

Je tiens que mondit seigneur de Gurce partira avant VIII jours et se tirera en Lombardie.

L'on dit que nostre saint-pere veult tenir, avant le partement d'icelui seigneur, le IIIIᵉ cession dudit concille de Saint-Jehan de Lateran.

Madame, les deputez de tous les cantons des Suyches sont ici venuz puis VI jours, et besongne l'on avec eulx pour veoir s'ilz se veullent mettre en ladite sanctissime lighe.

Madame, il vous plaira, etc. Escript à Rome, le XXIIIᵉ jour de novembre XVᶜ XII.

Vostre, etc.

Jehan Hannart.

CLX.

MEMOIRE A MAISTRE THOMAS LE WASSEUR,

CONSEILLER ET ADVOCAT DE MONSIEUR L'ARCHIDUC MON NEPVEUR, EN SA COMTÉ D'ARTOIS, DE CE QU'IL EXPOSERA ET REMONSTRERA À MONSIEUR LE ROY TRÈS CHRESTIEN DE NOSTRE PART.

18 décembre, à Malines.

Après qu'il aura presenté noz lettres à mondit seigneur roy, et à icelluy fait nos très-humbles recommandations, luy dira pour credence

Que, combien que de tout nostre cueur aions tousjours desiré vivre

en paix et amityé avec ledit seigneur roy, ses païs et subjets, et en
tous points observé le traicté de Cambray, comme encoires desirons
faire; et mesmes que ayons denyé et reffusé vouloir prendre party
quelconque, ny adherer à prince, quel qu'il soit, à l'encontre de luy;
et quant le cas y est advenu, avons fait traicter ses subjets en tous
leurs affaires ès pays de par deçà en toute douceur, amytié et bien-
vueillance, comment est notoire.

Et pour plus demonstrer que ne desirons que vivre en paix et
bonne amytié avec ledit seigneur roy et sesdits païs et subjects, avons
mesmes fait passer et conclut avec luy et ses commis la neutralité
de nostre povre païs et conté de Bourgongne et aultres terres que tenons, cuydant que ledit seigneur roy et ses officiers nous dussent
traicter au semblable, et favoriser et assister nos petits affaires en
droit, equité et raison, comme le cas et mutuelle amytié le requiert.
Et que mesme, se il ne l'eust voulu faire par bonne amytié et affinité,
qu'il l'eust fait pour l'honneur de viduité, veu que d'entreprendre
une dame veufve l'on n'y seroit acquerir honneur.

Ce neantmoins, sumes adverty que, en contrevenant directement
audit traicté de Cambray, ses commis à la chambre des comptes à
Dijon ont fait adjourner les grenetiers à sel du conté de Charollois
et terres y adjacens que tenons, que sont offices dont la nomination
et emolumens d'iceulx, par commission dudit seigneur roy, nous appartiennent et l'institution à luy [1], pour aller rendre leurs comptes à
cause de l'entremise desdits offices en leurs mains; et, par ce moyen,
les aussi abstraindre de faire leurs estats envers eulx, et nous soustraire entierement le maniement desdits grenetiers dont messieurs
nos predecesseurs, mesmes le feu roy don Philippe, nostre bon seigneur et frere, que Dieu absoille, et nous avons joy jusqu'à present,
assavoir de faire lesdits estats commectre la redition de leursdits
comptes et prendre le clair et reliqua, si aucuns en y a, sans que
ceulx desdits comptes à Dijon se soient meslés desdits comptes.

---

[1] Voyez ci-dessus, page 231, ce qui a été stipulé à cet égard par le traité de Cambray
du 10 décembre 1508.

Et combien que l'un de nos conseillers et advocats se soit de par nous tiré audit Dijon pour sur ce faire ausdit des comptes les remonstrances necessaires, ce neantmoins n'y ont voulu aucunement pourveoir, ayns, perseverant à leur emprinse, ont mis en deffaut lesdits grenetiers et baillé readjournement à paine.

Qu'est directement nous vouloir spolier de nostre droit et aussy de l'effect du traicté de Cambray, que ne croyons proceder de l'intention et vouloir dudit seigneur roy. Par quoy le requerra de nostre part y vouleoir pourveoir et donner tel ordre, soit par lettres patentes ou closes, que demourons en nostre joyssance.

Sommes aussy advertye que nos povres terres du conté de Charolois et Chastel Chignon sont grandement foullées, pillées et mangées pour le continuel logement des gens d'armes que y ont longuement demouré à la charge du povre homme; ce que du temps de messieurs nos predecesseurs ne se souloit faire, ayns estoient leurs subjects solagés et supportés de telles charges. Par quoy nous semble que, si l'on leur faisoit cest honneur, que à nous qui sumes une dame vefve, desirant paix et tranquillité, par bonne raison ne s'en devroit moings faire.

En outre, l'on nous a semblablement advertye que, pour cause et à l'occasion que maistre Gillebert Saulnier, nostre procureur general de Charolois, est puys nagueres pour aucuns nos affaires venu devers nous, et aussi l'empereur mon très-redoubté seigneur et pere, que aucuns officiers dudit seigneur roy et grans personnaiges ont deu dire que, s'il retornoit au pays, l'on luy mectroit la teste à ses pieds, au moyen desquelles menaces n'y est osé retorné[1]. Que nous semble chose bien etrange, veu qu'il n'a fait ny traicté chose concernant

---

[1] La gouvernante fait ici allusion aux dangers que Paul de Laude et Gilbert Saulnier disaient avoir courus, étant à Blois, au mois de juin précédent. Voici dans quels termes Paul de Laude exprimait ses alarmes : « Nova undique veniunt mala Dubio (à Louis XII) de quibus sunt omnes male contenti, precipue de novis Dulcis (de l'empereur). Quare D. procurator et ego sumus in aperto periculo vitæ; supplicamus igitur Benigno (Marguerite) dignetur cogitare ad aliquod bonum expediens ut personas nostras salvemus; et nobis subito illud dignetur scribere ut

le domaige ny deshonneur dudit seigneur roy. Par quoy le suppliera aussi accorder ses lettres audit procureur, que à l'occasion susdite l'on ne luy puisse riens demander, de maniere qu'il puisse retorner paisiblement à l'exercice de son office, comme la raison veult, et aussy en court et aillieurs poursuivir nos affaires.

Et au demeurant, supplyera ledit seigneur roy nous vouloir tousjours avoir en sa bonne grace et recommandation, et nous tenir pour sa très-humble cousine. Et pleust à Dieu que eussions le moien, pouvoir et auctorité de conduire une bonne et universelle paix en la chretienté, à l'honneur et louange de Dieu et contentement des princes chrestiens; car nous le desirons plus que personne qui vive en ce monde, quoy qu'on vueille dire au contraire, comme la conduite et demonstration des affaires en peullent respondre pour nous. Fait à Malines, ce xviiie jour de decembre anno xv^c et xii.

Signé MARGUERITE.

possimus recedere hinc procurator et ego, qui sumus in aperto periculo. Notet Be-

nignus verbum : *Benignus* est prudens; non possum pro nunc aliud scribere. »

1513.

Cette année a commencé à Pâques, 27 mars.

CLXI.

LOUIS XII À MARGUERITE D'AUTRICHE.

Si Charles d'Autriche était majeur, le roi le sommerait de venir le servir comme son vassal, dans la guerre que le roi d'Angleterre veut lui faire. Il prie en outre Marguerite de déclarer si elle est ou non résolue de prêter secours aux Anglais. (*Copie.*)

26 mai, à Étampes.

Ma cousine, j'ay receu les lettres que m'avez escriptes par le sieur de Genly, mon conseillier et chambellan ordinaire, et sceu l'expedition et despesche que luy avez faite; et tant par icelle que par ce que j'ay depuis entendu, on demeure par delà en volenté de bailler ayde et faveur aux Anglois, anciens ennemys de la couronne de France, tant en gens de cheval des pays de Haynnau et Brabant que de navires, pour leur passage des pays de Hollande et Zellande, qui est ouvertement contrevenu au bien de paix et amitié quy, de tout temps, a esté entre moy et la maison de Flandres. Par quoy, si mon cousin le prince de Castille, vostre nepveu, estoit en eage, je le sommeroie à me venir servir contre lesdits Anglois, tant pour ce qu'il est yssu de laditte couronne, que pour ce qu'il est per de France et mon vassal, comme savez; mais, à cause de son jeune eage, je ne l'ay voulu ny ne veul faire. Et pour ceste heure, me souffit à vous, ma cousine, qui avez la totale charge de ses affaires et de ses pays, en escripre encores un cop, en vous priant, pour le bien de mondit cousin et de ses pays et subjets, me faire savoir vostre vouloir et intention sur ce et comme vous entendez que vous et lesdits pays de mondit cousin et ses subjets, vivrés doresenavant avec moy et les miens; car le temps porte et requiert qu'il est besoing de savoir maintenant quy sera amy ou ennemy, afin que selon cela et que vous m'en escriprez, je y pourvoie comme je verray que faire se devra par la raison[1].

Pareillement, ma cousine, j'escrips aux villes de Flandres[2] et d'Artois, subjettes à laditte couronne, pour semblablement entendre leur intention et vouloir. Et à tant, ma cousine, etc. Escript à Estampes, le xxvie jour de mai.

Signé Loys. *Et plus bas :* Robertet.

CLXII.

JACQUES DE BANNISSIS À MARGUERITE D'AUTRICHE.

Bataille de Novare. Soulèvement des Milanais. MM. de la Trémouille et Trivulce ont été faits prisonniers. Le fils de ce dernier a été tué par un capitaine suisse dont il détenait l'héritage. Belles promesses du vice-roi. Les Suisses annoncent leurs succès à l'empereur, et le prient de les aider à terminer cette guerre. (*Original.*)

21 juin, à Worms.

Serenissima madama, etc...... Nudiustertius scripsi S. V. de victoria quam omnipotens Deus dederat illustrissimo duci Mediolani et Helvetiis contra Gallos, et misi litteras D. Georgii Gadii, ut eo certior esset S. V.

Postea supervenerunt littere ejusdem ducis de vi et domini Andræ de vii ex Como. Dux scribit quod, ipso existente in Novara cum vi[m] Helvetiis, pridie illius diei que fuit v presentis, circa noctem supervenerunt alia xii[m] Helvetiorum; et tunc consilio facto, deliberaverant eadem nocte aggredi hostes; sed propter lassitudinem militum,

---

[1] Marguerite répondit au roi que c'était contre son gré que divers particuliers des Pays-Bas avaient pris du service pour le roi d'Angleterre et lui avaient vendu des bateaux. (*Lettres de Louis XII*, IV, 154.) Mais cette déclaration n'était pas sincère, comme on peut s'en convaincre en jetant les yeux sur deux lettres que nous avons insérées dans la Correspondance de Maximilien et de Marguerite, II, 133 et 141.

[2] La lettre adressée à cet effet aux Gantois est du 20 mai. (*Lettres de Louis XII*, IV, 120.)

distulerunt usque ad mane. Et die viᵃ valde mane irruerunt in hostes, qui non plus quam duo miliaria Italica aberant a Novara, inter
Trechate et Novariam, et cepta etiam res primo cum bombardis. Postea conseruerunt manus, et pugnatum est circiter unam horam, non
plus. Profligarunt hostes, lucrati fuerant artellariam et omnia ten-
toria, et quasi totum peditatum interfecerant, et jam prosecuti fuerant alios ultra locum ubi pugnatum est ad unum miliare italicum, et
continue prosequebantur victoriam, et data litterarum erat hora xiiii,
more Italico, que potest esse hora circiter nona ante meridiem.

Scribit autem D. Andreas quod nuntius qui ex castris portavit litteras ad Comum, tribus horis post datam litterarum, discesserat, quod
viderat occisos, ad punctum recessus sui, ultra sexcentos homines
gravis armature. Venerat postea fama quod Tramugla [1] et Triultius [2]
fugerant in Trechate, quod distat a Novara v miliaribus italicis, et
erat oppidum ipsius Triultii, et quod jam erant circumdati ab Helvetiis nec poterunt evadere. In Mediolano, audita clade Gallorum, populus ad arma cucurrerat, et existimabantur in armis esse ultra xiᵐ hominum, et jam depredati fuerant quinque domos illorum qui secuti
fuerant partes gallicas; et dominus de Concorsal, qui tenebat vete-
rem curiam cum cc peditibus, volens fugere in arcem, fuit trucida-
tus a populo cum suis cc peditibus. Imo gubernatores Mediolani
scribebant domino Andree ut celerrime advolaret Mediolanum ad
sedandum tumultum populi. Et sic dominus Andreas cum aliis nobilibus Mediolani conscenderat equum et ibat Mediolanum. Dux vero
continuo prosequebatur victoriam.

Ex Mantua de viiii presentis habetur certificatio istius victorie, et
quod ibi fama erat quod Tramugla et Triultius erant capti, et etiam
Sacramoro Vicecomes, et quod Veneti maxime fugiebant; hec sunt
que hactenus habita sunt. Singulis autem momentis expectamus nova
de ulteriori successu et particularibus, qui cum venerit, quantum
notitiam meam pervenerit scribam serenitati V.

---

[1] Louis de la Trémouille, tué à la bataille de Pavie.

[2] Jean-Jacques Trivulce, depuis maréchal de France.

Scribit D. Georgius de Alto-Saxo[1], capitanus Helvetiorum, se manu sua confecisse filium Triultii, qui erat comes de Musoch, quum ad ipsum D. Georgium legitime et hereditate spectabat ille comitatus, et Triultius eum indebite occupaverat.

Mitto serenitati V. cum hiis successum rerum Janue qui secutus est ante victoriam istam, sed credo quod ad hanc diem dux reintravit. Illustrissimus dominus vice-rex scripsit cesaree majestati antequam esset parta ista victoria, de II presentis et castris prope Trebia, excusans se quare voluerit retrocedere, et dicit quod jam construxerat pontem supra Padum et nolebat progredi contra hostes, et policetur quod brevi cesarea majestas audiet felicia nova de destructione Gallorum et Venetorum[2]. Jam de Gallis auditum est; spero cito audiemus et de Venetis. Que ulterius contingent, prout ego intellexero, scribam serenitati V., cujus benignitati me humillime comendo. Vormatie, die XVI mensis junii, anno Domini M D XIII.

Scriptis hiis, venerunt littere cesaree majestati ab XI cantonibus Helvetiorum, quibus nunciant sibi hanc victoriam, et dicunt cesos ex hostibus ad VIII^m hominum, et quod ceperant XXIIII magnas petias artellarie, et de parvis, videlicet de archibutis 1220, cum pulveribus et balotis, et habuerant castra eorum et omnia impedimenta et quidquid habebant, et quod idem cantones deliberaverant mittere alia VIII^m hominum ad terminandum totaliter istud bellum, et rogant majestatem serenissimam ut itidem ipse incumbat huic expeditioni.

E. S. V.   Humillimus servitor, JACOBUS DE BANNISSIS.

---

[1] Le baron George d'Alt-Sax.

[2] Raymond de Cardone, vice-roi de Naples, faisait toujours de brillantes promesses, mais n'agissait pas. Jean le Veau écrivait, à la date du 2 juin : « Le vice-roy de Naples est encoires près de Plaisance, amassant son camp pour le mettre ensemble. Il escript tout plein de bonnes paroles au duc, le confortant et promettant de l'ayder; mais on ne se fie pas en luy, car l'on sait trop à present de quel bois il se chauffe : et feit-il le mieux qu'il pourra, si ne sauroit-il reparer le dommage et grant injure qu'il a fait au duc, à l'empereur et à tous ses serviteurs estans ici. » Par suite de la trêve d'entre la France et le roi d'Aragon, le vice-roi évitait de prêter secours au duc de Milan.

CLXIII.

JACQUES DE BANNISSIS À MARGUERITE D'AUTRICHE.

Événements et mouvements militaires qui ont suivi la bataille de Novare. Assaut donné
à Vérone. Pertes essuyées de part et d'autre. On dit que l'Alviane est mort ou grièvement blessé. (*Original.*)

25 juin, à Worms.

Serenissima madama, etc..... Pridie scriptis litteris meis ad serenitatem vestram, accepi suas datas xviiii presentis, quibus admonet me de receptione mearum. Scripsi serenitati V. ea que contingunt libentius, semper scribo felicia. Qualia tamen contingunt opportet nunciare; sed sicuti ceperunt, ita spero feliciter omnia succedent.

Mitto in hiis particularia conflictus. Dux nullum equitatum habuit; quod si habuisset aliquem equitatum, nullus ex Gallis evasisset. Visi sunt Galli quod vellent se firmare in Alexandria, videlicet equitatus qui evaserat ex pugna; sed per litteras de xv ex Mediolano scribunt quomodo per Taurinum ibant versus montes transituri in Franciam; Helvetii ibant versus montes, et jam erant in Trin prope Taurinum ad tria miliaria italica. Vice-rex, qui misit partem exercitus sui ad reducendum Janum Fregosium [1] ducem Januanum, ipse vero ibat versus Alexandriam conjuncturus se cum Helvetiis; sed, audita fuga Gallorum, subsisterat (*sic*) prope Schiateza, que est inter Stratellam et Vogeram, ibi expectaturus exitum rerum Janue, et, illis perfectis, dicit se velle vertere contra Venetos.

Veneti, audita clade Gallorum, cum etiam idem sibi timerent, fugiebant versus Athesim, divisa magna parte artellarie in Cremona,

---

[1] Janus Frégose avait été proclamé doge de Gênes en 1512. Chassé par les armes de Louis XII, qui voulait donner aux Adornes le gouvernement de la république, il se mit, après l'affaire de Novare, en mesure de revenir à Gênes et d'y ressaisir le pouvoir.

que nunc est in obedientia ducis Mediolani. Postquam nemo eos prosequebatur, transiverunt cum commodo suo Athesim, transeuntes prope Veronam, nemine eis resistente. Quatuor ictus bombarde projecerunt in civitatem, et iverunt ad Athesim in Alberado. Postea, XVIII presentis, cum magno impetu venerunt ad Veronam, et sine aliquo repagulo, positis artellariis, proviserunt (*sic*) v horis turrim que est supra portam Sancti Maximi; et facta magna apertura, cum peditibus et rusticis dedit insultum; et jam tria vexilla erant supra menia civitatis[1]. Nostri viriliter eos rejecerunt. Tunc Alvianus jussit artellaria magis foramen aperire; et postea cum toto peditatu et armigeris gravis ac levis armature et stradiotis ac rusticis denuo dedit acerrimum insultum. Nostri ad foramen, ad unum latus foraminis, posuerant unam aciem peditum, et ad aliud latus aliam; in medio statuerant equites. Ante has acies erant 40 vel 50 pedites sine aliquo ordine. Pugnatum est acriter ad duas horas lapidibus, igne et lanceis. Tandem nostri repulerunt hostes cum magna eorum jactura. Scribunt quod credunt quod ex hostibus ceciderint inter 400 et 500 homines; ex nostris non plus quam 4 mortui sunt. Hostes levarunt se cum magno impetu, et retrocesserunt. Et venerat fama quod Alvianus vel mortuus[2] vel vulneratus erat graviter; nescitur tamen pro certo, quia, facto prelio, scripte fuerant littere antequam concedissent. Que ulterius contingent scribam serenitati V., cujus bone gratie, etc..... Vormacie, die XXV junii anno Domini MDXIII.

Perperam Sepulveda egit quod non monstravit omnia serenitati V. que deferebat, sicuti sibi injunctum fuerat, sicuti fecit secretarius.

---

[1] Dans une lettre de Jean le Veau, écrite à Milan le 26 juin, on lit : « Et a l'on nouvelle que desjà par trois fois lesdits Venitiens ont donné l'assault audit Veronne, mais par trois fois avoient esté par les lanskenets estans dedans ledit Veronne et ceux de laditte ville vaillamment reboutez; et avoient perdu lesdits Veniciens à ces assaults quatre de leurs bannieres, avec grande multitude de gens que l'on estimoit à deux ou trois mille hommes, et cuyde l'on que lesdits Veniciens se soient retirez. »

[2] Il ne mourut qu'en 1515.

De cetero, si contigerit eo modo, quempiam expedire curabo, quod
non in me erit ut recipiat expeditionem e manibus serenitatis V.

E. S. V.

Humillimus servitor,

JACOBUS DE BANNISSIS.

CLXIV.

FERRY DE CROY À MARGUERITE D'AUTRICHE.

Descente du roi d'Angleterre à Calais. Ses troupes sont déjà devant Térouane, où elles
causent quelque dégât. Les Français se fortifient du côté d'Hesdin. Pertes qu'ils font
essuyer à Ferry de Croy. (*Original.*)

2 juillet, à Saint-Omer.

Madame, monsieur de Fiennes est arrivé en ceste ville, pour quoy
suis deliberé moy retirer à Hesdin; car la ville sera assés seure plus
qu'il y est. Des nouvelles, le roy d'Engleterre descendit hier à Kalès,
et sont une grande partie de ses gens devant Theroane, où ilz n'ont
fait aincores batterie, sinon qu'ilz ont tiré dedens la ville et romppu
quelques maisons. Les Franchois se font très-fors en notre quartier
auprès de Hesdin, et me ont desjà fait perdre ung deux cens florins
de rentte par avoir coppé et hosté une riviere qui passoit par aulcuns
mes vilaiges entre Amiens et Abbeville, là où avoie quelque droit
de passage et plusieurs molins, lesquelz n'ont plus de eaue et demeurent abolis. Et dient que c'est pour cause que ledite eaue leur
empeschoit à mener leurs artilleries, monitions et vivres de ladite
ville d'Amyens, là où est leur assamblée, pour resister à l'entreprinse
des Anglois. Et pour ce ne me vœulx mouvoir de ryens, et ay pas-
cience, esperant que, sy la guerre se mouvoit contre lesdits Franchois, que me doneriés quelque rescompensse pour cela, et aultre
plus grand chose que perderoye.

Madame, je ne vous sçauroie aultre choze escripre pour le present, sinon qu'il vous plaise moy commander, etc. De Saint-Omer, ce second jour de juillet 1513.

Vostre, etc.

FERRY DE CROY [1].

CLXV.

FERRY DE CROY À MARGUERITE D'AUTRICHE.

Dispositions des Français en Picardie et au quartier d'Hesdin. Ils seraient bien aises de s'emparer de cette ville pour s'y réfugier au besoin. Ils voudraient surtout recouvrer l'amitié de l'empereur. Situation de l'armée anglaise. (*Original.*)

21 juillet, à Hesdin.

Madame, pour vous adviser des nouvelles de ce quartier, les Franchois se font très-fors de gens de cheval; mais, de gens de piet, il me samble qu'ilz n'en ont point beaucop. Touteffois ilz dient que monsieur de Gheldres leur en amaine huit mille. Ne sçay où il les a prins, mais sy ai-je entendu par aulcuns qui leur ont oy dire qu'ilz ne donrront point la bataille; ilz dient que monsieur d'Angoulemme et monsieur de Bourbon sont arrivés à Amyens, avoeucq eulx les penssionneres du roy et deux cens des archiers de corps. Et en y a aulcuns des plus grans de leur camp qui dient que nous des païs de monseigneur debvons bien prier que les Anglois n'aient contre eulx, et que s'ilz l'avoient, que aussy aurions-nous bientost après, et principalement ès païs de Haynau. Et suis bien averty qu'ilz auroient volontiers ceste ville pour eulx povoir retirer si quelque fortune leur venoit. De quoy, madame, vous vœulx bien advertir pour ma des-

[1] Seigneur de Rœux et d'Hangest-sur-Somme, chevalier de la Toison d'or, gouverneur et capitaine-général du comté d'Artois, mort le 27 juin 1524.

cherge, pour cause qu'il y a peu de gens pour la guarder; touteffoys je ne craingtz point qu'ilz le ayent d'emblée; mais, quelque choze qu'ilz dient, sy ay-je bien entendu qu'ilz recouvreroient volontiers l'amittié de l'empereur, et pour leur couster quelque chose de bon et che que on vouldroit.

Madame, je reguarde tousjours les entretenir au mains mal que je puis, en guardant mon honneur; et ay receu ung buletin qui me a esté envoyet de aulcuns de eux, par lequel ay veu que monsieur du Pont-de-Remy, qui est chief en Theroane, leur escripvoit qu'ilz avoient trouvé deux des mines des Anglois, et avoient boutté le feu dedens l'une, et l'autre est tombée. Et samble à les oyr qu'ilz ne craindent de riens lesdits Anglois, lesquelz dient bien qu'il les auront, quoy qu'il leur couste. Et à ce que puis veoir, ilz doibvent avoir necessité de quelques vivres dedens la ville; car ilz les ont cuidiet ravitailler trois ou quatre fois : ce qu'ilz n'ont su fere. Touteffois ilz sont allés ce jourd'hui logier à une lieue près de leur camp, et sont xvᶜ hommes d'armes, et ne sçay quel nombre de pietons. Quelle choze ilz feront, je ne le puis sçavoir; quant le sçauray, vous en adviseray à diligence : et me samble bien que ainssy qu'ils logent, on leur feroit bien une bonne venue. Au surplus, madame, il me fust hier dist que le roy d'Engleterre estoit à Ardre[1], et qu'il avoit bien fait sçavoir sa venue, adfin que, sy les Franchois le voloient trouver en chemin, qu'ilz le allesent veoir; ce de quoy me samble n'ont eu trop grant envie, et vient, comme on dit, pour soy mettre en son camp.

Madame, je vous merchie très-humblement de ce qu'il vous a pleu moy escripre que, sy la fortune venoit, que Dieu ne veulle, que les Franchois nous feissent la guerre, que me feriés milleures rescompensses que ne perderoie, et pour recongnoissance des bons services que ay faitz à l'empereur monseigneur vostre pere, au roy vostre frere, cui Dieu absoille, à vous et à monsieur, èsquelz suis bien

---

[1] Place du comté de Guines. Ce fut entre Ardres et Guines qu'eut lieu, en 1520, la célèbre entrevue dite *le camp du drap d'or*.

deliberé perseverer, vous suppliant, madame, qu'il vous plaise tousjours, etc. Du chasteau de Hesdin, ce xxie de jullet xv^cxiii.

Votre, etc.

FERRY DE CROY.

CLXVI.

FERRY DE CROY À MARGUERITE D'AUTRICHE.

Arrivée du roi d'Angleterre auprès de Saint-Omer. Escarmouche entre son arrière-garde
et les Français. Henri VIII, qui ne désire que le combat, se dirige sur Térouane.

(*Copie.*)

27 juillet, à Saint-Omer.

Madame, sy très-humblement que faire puis, etc., et vous plaise
savoir, madame, que, decpuis que vous escripy dernierement, ne
m'est riens survenu de nouveaul, fors que à ceste heure me sont
bonne nouvelles que le roy d'Angleterre est à deux lieues de ceste
ville, où fais mon compte de demain l'aler veoir pour luy fere la reverence et luy recommander les pays et poures subjectz de monseigneur.

Madame, ce jourd'huy matin, après que ledit seigneur roy avoit
marché environ demy-lieue, les François se sont monstrez wydans
d'un bois en nombre, comme l'on dit, de quinze cens hommes d'armes
et douze mille pietons, lesquelz ont fait une escarmuche sur l'arriere-
garde, en faisant semblant de vouloir ruer sur icelle, dont ledit seigneur roy estoit très-joyeux; car, à ce qu'il a dit à aucuns que en-
voya-ge hier vers luy, c'est la chose qu'il desire plus au monde, et,
s'ilz ne le chargent, est deliberé de luy-mesmes les chasser; mais
quant lesdits François veyrent leur ordre et bonne myne que ledit
seigneur roy et ses gens, ilz se retirerent sans riens fere.

Et croy, madame, puisqu'ilz ont laisser marcher le roy si avant,
sans luy fere quelque venue, qu'il se joindra avec son ost, estant
devant Therouenne sans aucun danger.

Je vous envoye avec cestes les lettres que l'escuier Bresilles estant devers le roy vous escrit; et, quant au surplus aucune chose me surviendra, je ne plaindray ma peine de vous en adverty à l'ayde de Dieu, etc. Escript à Saint-Omer, le xxviie de juillet.

CLXVII.

FERRY DE CROY À MARGUERITE D'AUTRICHE.

Engagement partiel entre les troupes françaises et les Anglais. Nouvelles du roi Louis XII et des princes. (*Original.*)

29 juillet, au château de Hesdin.

Madame, j'escrips à l'empereur monseigneur votre pere des nouvelles que ay peu sçavoir puis les desrenieres lettres que vous escripvis, qui sont tielles que les Franchois furent joeudy aux champs à l'encontre du roy d'Angleterre, toulte leur puissance qui est de dix-sept à xviiie hommes, parmy les gentilz hommes de la maison du roy et les archiers de corps, et environ de xii mille pietons, et se reguarderent, à ce que on me a dit, longtamps l'ung l'autre l'armée du roy d'Engleterre qu'il amenoit auveucq luy et eux, en sorte que des Franchois fut tué ung homme et dix ou xii archiers tués que blechiés de l'artillerie des Anglois, mais jamais ne mordirent l'ung sur l'autre, et eux estans en cette sorte l'ung devant l'autre viendrent les bandes de monsieur de Lignes[1], monsieur de Walain[2] et le bastard de Hemeries[3], en très-bon ordre à l'encontre dudit roy, et les Franchois, les voyans venir, si commencerent à retirer et le roy d'Engleterre à marchier vers son ost, et demoura une grosse piece d'artillerie de

---

[1] Antoine, baron de Ligne, comte de l'auquembergue, à qui Henri VIII donna, en 1513, la ville de Mortagne, avec titre de principauté.

[2] Jean, sire de Berghes et de Walhain,

chevalier de la Toison d'or, mort le 20 janvier 1531.

[3] Fils de Louis Rolin, seigneur d'Aymeries. Il fut tué près de Denain, en 1521. Voyez R. Maquériau, I, 159; II, 169.

celle du roy derriere en ung fossé, là où on laissa quelques pion-
niers et aultrez gens pour ayder à la tirer hors, sur lesquelz vinrent
donner une bande de Franchois et en tuerent XXXIIII ou XXXVI : de
quoy les nouvelles vindrent au roy, et incontinent les Hennuyers com-
mencherent à retourner vers lesdits Franchois, lesquels commen-
cherent à eux retirer bien tost, et leur donnerent la chasse lesdits
Hennuyers bien longhe, et en prindrent VI ou VII. Et velà ce que on
me a dit que les Franchois firent au roy ny à sa bande.

Madame, je suis bien adverty que le roy de France est encoires au
bois de la Vincenne, et monsieur d'Angoulemme et monsieur de
Bourbon à Beauvais. Et dit-on que monsieur d'Angoulemme s'en
va sur la frontiere de Lion, et monsieur de Bourbon en Guienne;
et m'a esté dit, par ung qui venoit de Paris, que on y disoit que le
roy y avoit perdu IIIIᶜ hommes d'armes tout à plat : ce qui en est je
ne sçay.

Madame, je vous supplie tenir la main envers l'empereur monseigneur vostre pere, que des trois mille florins d'or qu'il me a baillier
d'assignation sur ces païs d'em bas, pour les services que luy ay faitz
ès Ytales, il commande à messieurs des finances bien à certes que
j'en soye drechier; car aultrement je craingtz qu'ilz ne me donnent
de la longue.

Madame, il vous plaira, etc.

Votre, etc.   FERRY DE CROY.

CLXVIII.

HENRI VIII À MARGUERITE D'AUTRICHE.

Récit de la bataille de Guinegate. (*Original.*)

17 août, au camp près Guinegate.

Très-haute, etc. Vous plaise savoir que hier au matin, ainsi que
nostre très-honneuré frere et cousin l'empereur vostre pere et nous

avions passé la riviere du Lys, qui passe devant Therouenne, en partant de nostre camp, qui estoit delà ladite riviere, tirans vers Gine-
gate, nouvelles nous vindrent que toute la bande des gens de cheval
des François, qui estoient logés à Blangy et aux environs, tiroient,
partye vers ledit lieu de Gynegate, une autre vers le lieu où nostre
grand maistre d'ostel, le sieur de Talbot, tient le siege devant ladite
ville de Therouenne, pour l'empescher qu'il ne les destourbast de
ravitailler ladite ville de Therouenne, avec lesquels nostre grand
maistre escarmoucha tellement qu'il en fust prins de sa part 40 personnes et 4 hommes d'armes et 22 blessés. Et pensoient lesdits
François que nous fussions encore delà ladite riviere du Liz, et que
ne viendrions assez à temps pour les destourber qu'ils ne ravitail-
lassent icelle ville. Toutefois tous nos hommes d'armes et gens à cheval estoient tout prest en armes, et s'en allerent costoyant la ville de
Gynegate, et adviserent lesdits François, quy estoient en ung très-
grant et puissant nombre, beaucoup plus que les nostres, assavoir
trois pour ung. Neantmoins aucuns de nos gens à cheval chocquerent
ensemble, et en eurent aulcuns de blessés aussi bien de l'une part
que d'autre.

Après ce, nous nous meismes en armes, en la compaignie de nostredit très-honneuré frere et cousin l'empereur, avec nosdits gens de
cheval et gens de pied, en bon ordre, en laissant nostre camp fourni
pour la garde d'icelui, marchasmes en avant droit auxdits François,
et leur fismes tirer certaines pieces d'artillerie, et incontinent ils se
commencerent à retirer. Ce voyant ledit seigneur empereur et nous,
ordonnasmes nosdits gens de cheval d'aller escarmoucher avec eulx;
et fust la chose si bien exploitée que, graces à Dieu, nos gens leur
donnerent la chasse plus de dix grosses lieues, et en desconfirent
beaucoup d'eulx, sans grande perte des nostres, et prendrent nosdits gens de guerre de ix à dix enseignes, estendars, penons et guyc-
tons, et nous admenerent prisonnier, devant ledit empereur vostre
pere et nous, le duc de Longueville, marquis de Rothelin, comte de
Dunois, messire René de Cleremont, vis-admiral de France, le maistre

d'ostel dudit duc, plusieurs gentilshommes de la maison du roi françois, archers de sa garde et hommes d'armes des ordonnances, avec
plusieurs autres archiers desdites ordonnances, les noms desquels
vous envoions ci-dedenz enclos en un billet, et nous a esté rapporté
que le sieur de Fiennes a esté tué; car le cheval sur quoi il estoit est
en notre camp, et sa trompette pareillement. Il y a aussi icy prisonnier un gentilhomme qui portoit l'estendart du grant escuyer de
France, le conte Galeace de Saint-Severin. L'on dict aussi que le sieur
de la Palice est blessé ou tué : nous n'en sçavons pas encore la verité ; mais, dès que nous aurons la congnoissance et certenneté de
toutes choses, vous en advertirons.

Et, pour ce que nous suismes certain que vous prendrez plaisir
d'entendre de nos bonnes nouvelles, nous vous avons bien voulu
advertir de la bonne fortune que Dieu nous a dounée, en vous advisant, très-haute, etc., que nous suismes grandement tenu et obligé
audit seigneur empereur vostre pere ; car il ne nous a pas seulement
donné son bon advis, saige, vertueux, discret, prudent conseil et
bonne conduite, mais nous a, en sa propre personne, avec ses gens,
donné assistance en armes, prest de vivre et mourir avec nous à la
bataille, si le cas fust advenu. Et quant il eust esté notre propre
pere charnel, il ne nous eust sceu plus faire. Et vous asseurons que
à jamais le tiendrons pour nostre bon, loyal, cordial frere et bon
pere, aimant et desirant l'augmentation et accroissement de son
honneur et estat autant que le nostre mesmes, et luy fere tout honneur, plaisir et service à l'advenir; et de ce se peult asseurement confier, priant au surplus nostre Createur qu'il vous ait, très-haulte et
excellente princesse, nostre très-chere et très-amée cousine et bonne
commere, en sa très-sainte et digne garde. Escrit à nostre camp lez
Gynegate devant Therouenne, le xvii jour d'aout, l'an xv°xiii.

Vostre loyal cousin et bon compere,

HENRY. *Et plus bas :* MEAUTIS.

CLXIX.

LAURENT DE CORREVOD[1] À MARGUERITE D'AUTRICHE.

Dîner avec l'empereur. Audience du roi d'Angleterre. Première sommation à la garnison de Térouane. Dispositions pour l'assaut. Si l'on prend cette ville, elle sera rasée. M. de Longueville prisonnier. Henri VIII se rapproche de Térouane pour donner l'assaut. Arrivée de MM. d'Angoulême et de Bourbon au camp français. Le roi de France est à Auxy. L'empereur lui dépêche M. de Rœux. (*Original.*)

19 août, au camp devant Térouane.

Madame, hyer au matin, je vins trouver l'empereur à ung petit chastelet près de l'ost, luy presentay vos lettres, lesquelles il ouvrit incontinant, combien qu'il fust à table au digné; et, après les avoir leutes, me demanda de vouz et demonstra estre bien joyeulx des lettres que vous luy aurez escrites, et me feit fort bonne chiere, et volut incontinant ouyr ma creance; et, après, me demanda si j'avoye digné; je luy dis que non. Lors il me dit : « Vous estes ambassadeur de ma fille, je vueilz que vous dignez avec moy. » Je m'en excusay, et luy diz qu'il ne falloit point d'ambassadeurs entre sa magesté et vous, et que voz serviteurs estoient les syens. Ce nonobstant il m'ordonna de me seoir à sa table, dont je vous mercie, madame, très-humblement de l'honneur qu'il m'a fait pour l'amour de vous. Après le digné, il m'eust bien longues divises, lesquelles je vous conteray à mon retour devers vous, car elles sont tout à votre avantaige, et se declaire tant d'estre bon pere, que je desire plus tost le vous dire de bouche que le vous escripre.

Madame, après le digné, je vins trouver le roy d'Angleterre en sa tente, auquel je presentay voz lettres, en luy faisant voz recommandations, et luy diz ce qu'il vous avoit pleu me charger, et vous assheure, madame, qu'il mostra estre fort joyeulx de sçavoir de voz

[1] Baron de Marnay et de Montanay, comte de Pont-de-Vaux, gouverneur de Bresse, envoyé par Marguerite auprès de l'empereur son père.

nouvelles et me feit fort bonne chiere. Et, entre autres choses, me
dit qu'il desiroit fort de vos povoir veoir, et que il n'y avoit prince ne
princesse en chrestienté pour qui il voulsist fere plus que pour vous;
et plusieurs autres bonnes parolles demonstrant qu'il avoit grande
affection de vous fere plesir.

Madame, je pensoyes m'en retourner devers vous; mais l'empereur m'a ordonné de demeurer encoires icy quelquez jours, et me
vueïlt deputer pour estre avec les gens du roy d'Angleterre, avec
aultres, pour conclure l'affere dudit seigneur roy et du roy catholique.

Madame, l'on a fait dire à ceulx qui sont deans Therouenne
comme leurs gens ont esté rué jus, mais ils ne le vueillent croyre, ny
pareillement ne vueillent croyre que l'empereur soit icy, et ne font
nul semblant de se vouloir rendre. Et, à ceste cause, l'empereur
doit venir aujourd'huy à trois heures en ce camp, et se trouver avec
le roy et son conseil, pour conclure d'assaillir Therouenne, et d'ordonner la maniere de l'assault, et ont bon espoir de la prendre; et
dit l'on que, si l'on la prend, que l'on la fera raser et que l'on en fera
ung villaige, qui sera ung grand bien pour monsieur votre nepveu
et pour les pays [1].

Madame, je ne vous escriptz nulles nouvelles, pour ce que l'empereur et le roy vous ont escript et vous ont envoyé les noms des
principaulx prisonniers; mais je vous advertiz qu'il s'en trouve beaucoup plus largement que l'on ne pensoit, comme serez advertye par
le billiet que l'on recouvrera des commissaires qui ont charge, de la
part de l'empereur et du roy, de recouvrer de tous les cappitaines
les noms de leurs prisonniers.

Madame, mais que ceste ville soit prinse, je vous porteray les
nouvelles de ceulx qui se seront monstrez les plus genthilz galans.
Et, entre cy et là, je me remectray du tout sur Me Loys Maroton,
qui vous escripra toutes nouvelles, et ne feray que visiter les camps

---

[1] Sur ce siége de Térouane, voyez Let-
tres de Louis XII, IV, 189 et suivantes; Correspondance de Maximilien et de Marguerite, II, 195 et suiv.

et veoir la façon de la conduicte de ceste armée, pour mieux vous en dire la verité à mon retour.

Madame, le roy m'a fait saluer le duc de Longueville, son prisonnier, en sa presence, lequel est ung très-honneste personnaige, et, après les devises de sa fortune, il m'a prié de vous fere ses très-humbles recommandations, et qu'il vous plaise l'avoir pour recommandé.

Madame, à ce que je puis entendre, le roy a deliberé d'envôyer ledit duc de Longueville en Angleterre, et dit qu'il le vueilt envoyer à la roynne, et qu'il le fera bien traicter.

Madame, je vous supplie qu'il vous plaise me commander, etc. Escript au camp devant Therouenne, ce vendredi XIXᵉ d'aost.

Madame, le roy m'a dit qu'il s'esbahit de la longue demeure de monsieur d'Ilsestain[1], et luy ferez grand plesir de le fere haster de venir, ensuyvant ce qu'il a promis.

Madame, touchant ce qu'il vous a pleu me commander de dire à l'empereur de l'affaire de Gueldres par monsieur de Ravestain, l'empereur le treuve très-bon, et est content d'y entendre, et m'a dit qu'il vous en escripra par moy, et vous en fera dire son intencion, et aussi qu'il en escripra à monsieur de Ravestain par moy.

Vostre, etc.

LAURENS DE GORREVOD.

Post Scriptum, 20 aout. — Madame, le roy desloge à ce matin son camp pour l'aller asseoir plus près de la ville et en lieu plus commode, tant pour l'assault que pour l'attendue des François à la bataille. J'espere que on donnera ledit assault deans ung jour ou deux. Madame, s'il survient quelque nouvelle d'importance, je vous en advertiray incontinant, et autremant, madame, me remettray sur Mᵉ Loys Maraton à vous escripre ce qu'il entendra. . . . .

---

[1] Floris d'Egmond, seigneur d'Isselstain, comte de Buren.

... Madame, il vint au soir nouvelle en le camp, comme M. d'Angoulesme et M. de Bourbon sont arrivez au camp des Français avec quatre cens lances. Je ne sçay s'ilz s'approcheront d'icy, mais l'on est bien deliberé de les bien recepvoir.......................

... Madame, l'empereur a eu nouvelles comme le roy de France vient lougé à Aussy[1], qu'est au filz de Fiennes, et a dit à M. de Reulx[2] qu'il veult qu'il voyse devers ledit roy de France, de vostre part, pour luy recommander les pays de monsieur votre nepveu. Je crois que l'empereur vous a escript que deviez escripre lettres de creance audit roi de France sur M. du Reulx......................

... Du Reux m'a dit que je vous escripve qu'il vous plaise mander au roy de France que ses gens ont fait plusieurs grans dommaiges et pilleries ès pays de monseigneur.

Vostre, etc.

LAURENS DE GORREVOD.

CLXX.

LAURENT DE GORREVOD À MARGUERITE D'AUTRICHE.

La garnison de Térouane demande à parlementer. L'approche de l'armée française met fin aux pourparlers. L'arrivée de l'empereur a fait presser l'assaut. Il va trouver le roi d'Angleterre. (*Original.*)

21 août, à l'abbaye de Saint-Jean.

Madame, hyer l'empereur se partit du chastellet où il estoit logé du costé d'Ayre, et vint prendre son logis à l'abbaye Sainct-Jehan[3], qu'est au plus près de la ville. Le roy d'Angleterre leva aussi son

---

[1] Sans doute Auxy-le-Château. Jacques de Luxembourg, seigneur de Fiennes, était seigneur d'Auxy, du chef de sa femme, Marguerite de Bruges, dite *de la Gruthuyse*. Voyez *Rech. sur Louis de Bruges*, par M. Van Praet, 76, qui donne mal à

propos à Jacques de Luxembourg le titre de seigneur de *Siennes* ou *Piennes*.

[2] Ferry de Croy, dont on vient de voir plusieurs lettres.

[3] Saint-Jean au Mont, ordre de Saint-Benoît, transféré plus tard à Ypres.

camp, et le vint asseoir de l'autre cousté de la ville, par où les François peuent le plus licitement venir pour assister ou revitailler Therouenne, tellement que cejourd'huy ceux de ladite ville, eulx veans
ainsi pressez, ont requis de parlementer. Pourquoy l'empereur a envoyé devers eulx messire Robert Wieffing[1] et monsieur de Vertain et
autres, afin d'ouyr ce qu'ilz voudroient dire. Ils ont presenté de
rendre ladite ville, moyennant que les gens d'armes estans en icelle
s'en pourront retirer leurs biens et baghes et corps saulves, et pareillement les habitans de ladite ville. Durant ce parlement, sont
venues nouvelles comme les François approuchoient d'icy, et mar-
choient à puissance pour venir courir sus au camp dudit roy d'Angleterre; par quoy a convenu fyner ledit parlement pour aler actendre
et combatre lesdits François. De ce qu'il en surviendra, madame, je
vous advertiray incontinant. Et feray fin à tant, priant Dieu, madame,
vous donner bonne vie et longue, et, à ceste belle armée, victoire.
Escript astivement, ce xxie d'aoust, à 11 heures après midi, à l'abbaye
Sainct-Jehan, où est logé l'empereur, et ay bon espoir que deans
demain la ville se rendra.

Ledit seigneur empereur, estant arrivé en ladite abbaye, a bien
fait presser la bapterie de ladite ville autrement qu'elle n'avoit esté
cy-devant, et à fere tranchées et autres choses necessaires qui a esté
cause fere parlementer ceux de la ville.

Madame, en escripvant ceste, l'empereur s'en va monter à cheval
et s'est volu armer pour s'aler trouver avec le roy d'Angleterre, pour
luy aider à combactre lesdits François, et ay bon espoir que tout ainsi
que une fois ilz ont esté baptu, et encoires ce cop on les frotera
bien. Je m'en vas avec ledit seigneur votre pere, et le serviray de
conseillier, et de ce qui nous surviendra vous advertiray, moyennant
l'ayde de Dieu.

Vostre très-humble, etc.

LAURENS DE GORREVOD.

---

[1] Robert Wingfeld, ambassadeur d'Angleterre auprès de l'empereur et de Marguerite.

CLXXI.

LAURENT DE GORREVOD À MARGUERITE D'AUTRICHE.

Capitulation de Térouane. Sortie de la garnison. Mesures prises pour empêcher le pillage. Faste du roi d'Angleterre et de sa suite. L'empereur et Henri VIII vont décider du sort de la ville conquise. (*Original.*)

23 août, à l'abbaye de Saint-Jean.

Madame, à neuf heures du matin, a esté conclud le traicté avec les François estans deans Therouenne, en la maniere qui s'ensuyt : ce a esté que environ le midi, lesdits Franchois sont sortiz hors la ville pour eux en aler, moyennant leur saulfconduyt qu'il leur a esté baillé, et sont partiz eulx et leurs baghes saulves, montez et armez ; la lance sur la cuysse, les enseignes ployées deans les fourreaux, et les gens de pied sont partiz en ordre, armez et embastonnez, leurs enseignes ployées, et en ont emmené toutes leurs baghes; ceulx de la ville demeurent leurs corps et leurs biens saulves, et ceulx qui s'en sont voulu aler avec les François s'en sont alez par saufconduyt avec leurs biens. Les autres habitans qui sont demeurez en la ville feront le serment au roy d'Angleterre, et les traictera comme ses subjectz.

Madame, l'empereur et le roy d'Angleterre ont esté en armes, et la pluspart de leur armée, tant de cheval que de pied, et se sont mis en deux rencs : les gens de cheval d'ung cousté et les gens de pied d'ung autre. Et a l'on fait passer les François par le millieu, deux à deux, lesquelz, à leur sortir, ont mis tout leur bagaige devant eulx, et après leurs gens de pied françois, qui estoient environ le nombre de III^m hommes, et après les lanskenetz, qui estoient au nombre de II^c hommes d'armes, bien montez et bien armez, qui s'en aloient tous bien honteulx. Et vous asseheure, madame, que cest appoinctement a esté bon, car ceux qui se cognoissent mieulx que moy en telz choses et qui ont visité la ville, disent que si les François eussent eu le cueur pour la deffendre, que on ne l'eust point prinse d'assault.

Madame, l'empereur et le roy ont ordonné le conte Tallebot, qui est entré deans la ville avec II^m Anglois à pied, pour la garde d'icelle et pour garder mesmement que nul, ny Anglois ni Bourguignons, ny entrent à celle fin qu'ilz n'y facent nulle pillerie; et a fait ledit conte Tallebot fermer les portes, et n'y a nul laisser entrer. L'empereur est revenu souppé, et couchera en l'abaye Sainct-Jehan, en son logis, et le roy s'en est retourné en son camp avec son armée. Demain au matin l'empereur et le roy se doybvent trouver à la messe, en la grand eglise de Therouenne.

Madame, j'ay sollicité aujourd'huy deux fois l'empereur qu'il luy pleust de vous escripre pour sçavoir ce qu'il luy plaist que les seigneurs qui sont auprès de vous facent; mais il m'a respondu que, pour aujourd'huy, on ne luy parlat de riens, et que demain il vous escripra sa volunté.

Madame, vous ne veistes oncques gens si gorgias que le roy d'Angleterre et son armée ont esté aujourd'huy; car ce n'estoit tout que drap d'or et campanes d'argent dorées à plusieurs.

Madame, demain l'empereur et le roy prendront conclusion de ce qui se debvra faire de ceste ville, dont je vous advertiray ensamble des autres nouvelles qui surviendront.

Madame, je desireroye bien maintenant m'en retourner devers vous, comme il vous a pleu m'ordonner; mais il ne m'est possible jusques à ce que l'affaire du roy catholique soit conclud, ensuyvant la charge qu'il a pleu à l'empereur me donner avec autres.

Madame, l'empereur et le roy d'Angleterre ont demeuré à cheval depuis neuf heures jusques à ceste heure, et moi avec eulx.

Madame, etc. Escript en ladite abaye Sainct-Jehan, ce mardi XXIIIe d'aost, environ VI heures après midi.

Vostre, etc.

LAURENS DE GORREVOD.

CLXXII.

LAURENT DE GORREVOD À MARGUERITE D'AUTRICHE.

Entrée de l'empereur et du roi d'Angleterre à Térouane. L'empereur vient ensuite à
Saint-Omer. Les Français se sont retirés vers Montreuil, et ne paraissent plus décidés
à livrer bataille. (*Original.*)

25 août, à Saint-Omer.

Madame, selon ce qui avoit esté conclud par l'empereur et le roy
touchant leur entrée à Therouenne, comme vous ay dernierement
escript hyer, à heure de vespres lesdit seigneurs empereur et roy se
trouveirent ensemble, et firent leur entrée audit Therouenne; et en
leur compaignie, je vous promectz, madame, qu'il avoit des seigneurs
gorgias à merveilles, et tout de drap d'or et beau accoustrement que
c'estoit ung triumphe. Madame, lesdits empereurs et roy vindrent
descendre devant la grand eglise dudit Therouenne, et entrairent
deans icelle, où par les chantres dudit seigneur roy fut chanté ung
Te Deum laudamus bien melodieusement. Ce fait, madame, et qu'ilz
eurent eu visiter ladite ville, ledit seigneur empereur se partit pour
venir en ceste ville de Saint-Omer, et ledit seigneur roy s'en retourna
en son camp.

Madame, icellui seigneur empereur arriva au soir en cestedite
ville à henvirron dix heures de la nuyt, et certes, madame, les gens
habitants en icelle demenoient la plus grand joye du monde de son
entrée, crians *Autriche, Bourgongne!* et faisans grosse chiere à merveilles. Ledit seigneur vint coucher à l'abaye Sainct-Bertin; et aujourd'huy le matin est venu ouyr la grand messe en l'esglise Sainct-
Omer de ceste ville, et après l'avoir ouye est retourné digner en
sondit logis.

Madame, ledit jourd'huy j'ay receu les lettres qu'il vous a pleu
m'escripre du xxiiiie de ce mois, et vous asseure, madame, que je
fais tout debvoir de solliciter ma depesche devers ledit seigneur em-

pereur; lequel m'a encoires aujourd'huy dit qu'il avoit envoyé maistre Hans Renner devers ledit seigneur roy pour le fait de madite
depesche, et que, incontinant qu'il seroit retourné, qui sera deans
demain, je seray expedié; ce que je desire bien, madame, afin de
m'en retourner devers vous, suyvant votre bon plesir, puis que
avons trouvé une fin en ceste ville de Therouenne.

Madame, l'on a nouvelle que les François sont deslogez, et sont
aler loger auprès de Monstreul, et, à ce que l'on a entendu par prisonniers, il n'ont pas deliberé de toute ceste année donner point
de bataille.

Madame, j'espere estre demain depesché, et m'en retourneray à
toute diligence devers vous, pour vous dire plusieurs choses que ne
vous puis vous escripre. Aidant Dieu, etc. Escript à Sainct-Omer, ce
jeudi xxvᵉ d'aost.

Madame, à mon retour, je vous feray la reponce à vous autres
lettres.

Vostre, etc.

LAURENS DE GORREVOD.

CLXXIII.

LAURENT DE GORREVOD À MARGUERITE D'AUTRICHE.

Mécontentement de l'empereur, qui a un long entretien avec l'aumônier du roi d'Angleterre. Il y a des choses que Gorrevod ne peut écrire. Dépêche de M. de Ravestain.

(Original.)

25 août, à Saint-Omer.

Madame, l'empereur m'avoit dit qu'il me depescheroit en ceste
ville; mais, à cause de quelque nouvelles que luy sont parvenues, il a
envoyé maistre Hans Renner devers le roy d'Angleterre; et m'a dit ledit seigneur empereur que je ne puis estre depesché que ledit maistre
Hans ne soit de retour devers luy.

Madame, l'empereur se partit yer de Therouenne pour venir en ceste ville ung peu mal contant, pour la raison que je vous diray, quant je seray devers vous. Mais à cest après-digné le roy d'Angleterre a envoyé icy son ausmonier[1], qui est principal gouverneur dudit roy, et a esté longuement avec l'empereur qu'il n'y avoit que eulx deux, et après s'en est retourné devers son maistre, et depuis le partement dudit ausmonnier, l'empereur a conclud de retourner demain à Therouenne, et m'a dit que je retourne avec luy pour avoir mon depesche, ce que je feray et solliciteray d'estre le plus tôt qui me sera possible, car je desire bien d'estre devers vous dire aucune chose que ne vous puis escripre.

Madame, monsieur de Ravestain[2] vint mercredi après-digné trouver l'empereur en l'abaye Sainct-Jehan auprès de Therouenne, et incontinant qu'il eust parlé à l'empereur, il fut depesché pour s'en retourner devers vous, et croy que demain il sera à Lille[3]. Touteffois depuis qu'il eust son congé, il salua le roy d'Angleterre, et visita la ville de Therouenne, dont il vous pourra deviser à la verité, comme cellui qui s'y cognoist.

Madame, vous me manderez et commanderez voz bons plesirs, et je mectray peine vous obeyr, etc. Escript à Sainct-Omer, ce jeudi xxve d'aost à xi heures de la nuyt.

Vostre, etc.

LAURENS DE GORREVOD.

[1] Thomas Wolsey, depuis évêque de Lincoln, archevêque d'York et cardinal.

[2] Philippe de Clèves et de la Marck, seigneur de Rovestein, mort le 28 janvier 1527 à Winendale. Voyez Robert Macquériau, édition de M. Barrois, 44.

[3] La princesse se tint à Lille durant cette courte expédition de l'empereur et de Henri VIII auprès de Térouane.

CLXXIV.

LAURENT DE GORREVOD À MARGUERITE D'AUTRICHE.

Entrevue de l'empereur et du roi d'Angleterre. L'empereur vient à Aire. On débat
dans le conseil la question de la démolition de Térouane. Cette démolition est réso-
lue comme avantageuse aux intérêts de Charles d'Autriche. Démarches au sujet de
Pedro Navarro. MM. de Longueville et de Clermont sont envoyés en Angleterre.
Henri VIII aurait bien voulu avoir aussi les prisonniers faits par les Bourguignons.
Les Français sont retirés à Crécy près de Montreuil. (*Original.*)

27 août, à Aire.

Madame, l'empereur partit yer après-disné de Sainct-Omer et
vint passer par Therouenne; et le roy partit de son camp et vint
trouver ledit seigneur empereur à Therouenne, et parleirent eulx
deux bien longuement ensemble. Et, à ce que l'empereur m'a dit
après leurs divises, le roy d'Angleterre luy dit qu'il parleroit de tout
à son conseil, et après luy feroit la responce. J'ay sollicité l'empereur de ma depesche, mais il m'a dit qu'il fault que j'actende qu'il
ait la resolution du roy d'Angleterre et aussi m'a ordonné de retourner aujourd'huy au camp, et de mener avec moy l'archidiacre de
Besançon [1] et Banissys [2] pour nous trouver avec monsieur de Vin-
cester [3] et autres du conseil du roy d'Angleterre, et aussi avec les
ambassadeurs du roy catholique, pour fere une bonne conclusion
en leur different; et de tout ce qui se conclura je vous en advertiray ou le vous yray dire moy-mesmes, mais que je puisse estre
depesché de l'empereur.

Madame, l'empereur vint au soir soupper et coucher en ceste ville
d'Ayre; et est logé au chasteau; et après souppé bien tard il tint le
conseil où estoient monsieur de Ravestain, monsieur de Fyennes,

---

[1] Ferry de Carondelet.

[2] Jacques de Bannissis, secrétaire de
l'empereur.

[3] Richard Fox, parrain d'Henri VIII.

évêque de Winchester en 1502, mort en
1528. Il a fondé à Oxford le collége *Cor-
poris Christi.*

monsieur de Lalain et autres, et me commanda d'y demourer : ce que je feis. Ledit seigneur empereur proposa comme le roy d'Angleterre estoit content de fere de la ville de Therouenne ce qu'il plairoit à l'empereur, et mit en avant lequel seroit le meilleur, ou de garder ladite ville de Therouenne et la revitailler ou de la demolir. La chose fut longuement debattue, et pour resolution il fut conclud que l'on la fera demolir. Et à ceste cause le roy d'Angleterre ne bougera encoires son camp d'auprès dudit Therouenne pour quelque jours, pour tant myeulx povoir faire demolir ladite ville, qui sera ung grand bien pour les pays de monsieur votre nepveur. Monsieur de Ravestain est party ce matin et va passer par Bethune, lequel vous contera le tout.

Madame, en ensuyvant ce qu'il vous a pleu m'escripre de Petro de Navarre, j'en parlay à l'empereur devant que en parler ailleurs. Il treuve la chose difficile, et neantmoins me dit que je le povoye mectre en avant comme de moy-mesmes, ce que j'ay fait; et de la responce que j'en auray, je vous en advertiray.

Madame, j'ay aussi parlé de la carrake et ay fait monstrer la lettre qu'il vous en a pleu m'escripre à monsieur de Wincester par maistre Loys. Ledit seigneur, avoir veu la lettre, dit que ladite lettre estoit bien saige et qu'il mectroit la matiere en conseil, et après feroit la responce. Maistre Loys et moy solliciterons ladite responce, et après en serez advertie.

Madame, le roy d'Angleterre a envoyé le duc de Longueville en Angleterre, et aussi monsieur de Cleremont, vis-amiral, et tous les autres prisonniers qui estoient entre les mains des Anglois. Le roy eust bien volu avoir tous les prisonniers qui sont entre les mains des Bourguignons, mais il ne se sont voulsu accordé de les bailler; à quoy le roy a eu quelque regret.

Madame, l'on a nouvelles que les François se sont retirez à Cressy [1]

---

[1] Crécy, bourg de Picardie, sur le ruisseau de Maye, entre la Somme et l'Authie, fameux par la bataille qu'y perdit la France le 26 août 1346.

qui est auprès de Monstureul, et par deçà ledit Monstureul, et croy bien que ceste année il ne mangeront point de la bataille.

Madame, l'empereur ne bougera aujourd'huy de tout le jour de ceste ville; de ce qui surviendra je vous en advertiray à diligence, en vous suppliant, madame, qu'il vous plaise me mander, etc. Escript à Ayre, ce samedi xxviie d'aost, à huit heures du matin.

Vostre, etc.

LAURENS DE GORREVOD.

CLXXV.

LAURENT DE GORREVOD À MARGUERITE D'AUTRICHE.

Arrivée de M. de Berghes. Avantages qu'on en espère. Le conseil du roi d'Angleterre n'a pas voulu encore s'occuper de l'affaire du roi d'Espagne. Ordres donnés pour la démolition de Térouane. Déjà on abat la porte de Saint-Esprit. On fait courir le bruit de la mort du roi de France. (*Original.*)

27 août, à Aire.

Madame, j'ay receu la lettre qu'il vous a pleu m'escripre du xxvie d'aost à xi heures de nuyt, responsives aux myennes, et suis bien joyeulx, madame, de la venue de monsieur de Berghes, car il pourra grandement servir aux affaires qui sont presentement en train. Il est arrivé ce soir à Sainct-Omer, et a mandé icy son secretaire, pour sçavoir où il pourroit trouver l'empereur. J'ay trouvé ledit secretaire qui ne savoit à cuy s'adresser, pour ce qu'il n'avoit peu trouver maistre Loys Maraton, et suis alé tout exprès devers l'empereur, luy dire la venue dudit seigneur de Berghes, et savoir où il luy plairoit qu'il le vint trouver. Ledit seigneur empereur m'a dit que je mandasse à monsieur de Berghes qu'il le vint icy trouver demain au digné; ce que je luy ay escript par son secretaire, et, luy estre venu,

luy communiqueray toutes choses sans luy riens céler, et ay espoir
que sa venue pourra prouffiter.

Madame, le conseil du roy d'Angleterre n'a point aujourd'huy
volu entendre à l'affere du roy catholique, à cause d'autres afferes
qu'ilz avoient à depescher en leur conseil, mais nous ont remis à
demain matin, et ont dit qu'il n'y auroit point de faulte qu'ilz n'entendent à besoingner oudit affere avec nous, et de ce qui s'en fera
vous serez advertie.

Madame, l'empereur a depesché à tous coustez à ceulx de Flandres et d'Artois, voisins de Therouenne, pour fere venir force maçons et paysans pour demolir ladite ville de Therouenne; et croy
qu'il y viendront de bon cueur, et que l'on en fera ung beau villaige.

Madame, il court icy quelque nouvelle que le roy de France est
mort, mais on ne le tient pas pour veritable; si vous en avez quelque nouvelle de vostre cousté, vous feriez bien d'en adverty l'empereur.

Madame, j'ay envoyé maistre Loys Maraton devers monsieur de
Vincestre, pour solliciter la responce de la lettre que m'aviez escript,
touchant le patron de la carrake; et combien qu'il dit l'autre jour,
quant il vit la lettre, qu'elle estoit bonne et saige, ce non obstant,
aujourd'hui pour toute responce il n'a dit autre chose synon que
messire Thomas Spinelly avoit charge de l'affere de ladite karraque,
et que jusques à ce qu'ilz eussent responce de luy, ilz n'y feroit autre
chose; et ainsi le vous doit escripre ledit maistre Loys.

Madame, dez aujourd'hui l'on a commencé à demolir là ville de
Therouenne, et il y a eu iiii^c pyonniers anglois qui ont commencé
à abattre la porte du Saint-Esperit, et tiens que demain s'i trouvera
grand nombre de maçons et paysans pour parachever le reste.

Madame, l'on m'a dit que demain les principaux du conseil du
roy d'Angleterre devoient venir en ceste ville, pour luy apporter la
responce des divises que l'empereur et le roy eurent yer ensemble.
Et aucuns disent que ledit seigneur roy y viendra en parsonne; de ce
qui s'en fera vous en serez advertie.

Madame, etc. Escript à Ayre, ce samedi xxviie d'aoust, à x heures de nuyt.

Vostre, etc.

LAURENS DE GORREVOD.

CLXXVI.

FERRY DE CROY À MARGUERITE D'AUTRICHE.

Il demande du secours pour la ville de Hesdin, qui est en danger. Pertes qu'il y essuie pour son propre compte. (*Original.*)

27 août, à Saint-Omer.

Madame, j'ay receu ce matin lettres de mayeur et eschevins de la ville de Hesdin, lesquelles ay envoyées à l'empereur pour veoir la substance d'icelles, qui est que la ville est en très-grand dangier, sy remede ne se y mest; et de moy je me pars à ceste heure pour y aller là où, sy elle se pert, seray perdu avoeucq; car possible n'est la tenir contre puissance, aux provisions qui y sont de gens et d'aultres chozes necessaires, comme desjà par plusieurs fois le vous ay escript en me en deschergant.

Madame, vous en ferés vostre plaisir, et me ferés sçavoir, s'il vous plaist, ce que auray à fere. Je y avoie mis, à mon partement pour venir yssy, quelques compaignons, esperant que provision se y metteroit et que monsieur de Fiennes les feroit payer; ce qu'il me a dit ne povoir fere; pour quoy leur ay fait donner congiet.

Madame, je feray à tant fin, priant Dieu vous donner, etc. De Saint-Omer, ce xxviie d'aoust xv^c xiii.

Madame, je vous advertis que les Franchois me ont logé tous mes villaiges et y sont aincores, et sy la guerre fut esté, je n'eusse tant perdu que j'ay.

Vostre, etc.

FERRY DE CROY.

CLXXVII.

LAURENT DE GORREVOD À MARGUERITE D'AUTRICHE.

Arrivée des troupes suisses et de celles du duc de Wirtemberg. L'empereur et le roi d'Angleterre sont en bonne intelligence. M. de Berghes se rend auprès du roi d'Angleterre. (*Original.*)

30 août, à Aire.

Madame, je vous escripviz hier comme les affaires de l'empereur et du roy sont en bon trayn, et ont prins une bonne resolution en leursdites affaires, ainsi que je l'espere vous dire demain de bouche; car l'empereur m'a dit que je seroye aujourd'huy depesché pour retourner devers vous.

Madame, l'empereur ne bougea hier de tout le jour de son logis de ceste ville, et croy qu'il n'en bougera encoires aujourd'huy; car il est après à fere des depesches pour Italie et pour Allemaigne.

Madame, monsieur de Berghes est party à ce matin pour aller fere la reverence au roy d'Angleterre, et pour visiter la ville de Therouenne, et sera icy de retour au soir et vous escripra.

Madame, l'empereur a eu nouvelles comme les Suysses sont marchez, et au lieu qu'il n'avoit demandé que seze mille, il en vient bien VI^m daventaige, sans gaiges; et aussi le duc de Wirtemberg s'est mis avec eulx, qui vient de gayeté de cueur à ses despens.

Madame, je ne vous escripray point la reste des bonnes nouvelles; mais les garderay pour les vous dire demain, moyennant l'aide de Dieu, auquel je prie, madame, etc. Escript à Ayre, ce mardi penultime d'aoust, à VIII heures du matin.

Vostre, etc.

LAURENS DE GORREVOD.

P. S. — Madame, j'ay baillé à monsieur de Berghes la lettre que luy escripviez, laquelle il a monstré à l'empereur en ma presence, et après que l'empereur a veu ladite lettre, il a dit : « Ma fille a eu peur que noz affaires fussent mal dressez, mais tout est bien; le roy mon bon frere et moy nous entendons bien; » et plusieurs autres divises, lesquelles j'espere vous compter brief, car l'empereur a dit qu'il me depescheroit aujourd'huy.

Madame, monsieur de Berghes m'a prié vous fere ses excuses qu'il ne vous escript point, car à ce matin il s'en va visiter la ville de Therouenne, et fera la reverence au roy d'Angleterre et visiter son camp, et m'a dit que par moy il vous escripra.

Madame, pour ce que j'espere demain estre devers vous, je ne vous feray plus longue lettre, fors de vous supplier qu'il vous plaise me mander, etc. Escript à Ayre, ce mardi penultime d'aoust.

Vostre, etc.

LAURENS DE GORREVOD.

CLXXVIII.

LE SEIGNEUR DE BEERSELE [1] À MARGUERITE D'AUTRICHE.

L'empereur veut que l'archiduc Charles vienne le trouver à Lille, ce qui réjouit fort le jeune prince. Justification de son caractère, sur lequel on a fait de faux rapports.

(*Original.*)

16 septembre, à Malines.

Madame, par Colin le veneur et autres venus freschement de devers l'empereur, monseigneur vostre neveu a esté averty que l'empereur doit estre d'intencion et resolu de mander mondit seigneur à venir fere ung tour devers vous à Lille, et que à ceste fin et pour le conduire oudit voyage doyent icy estre envoyez aucuns seigneurs, comme monsieur le prince de Chimay, monsieur de Chievres et autres.

---

[1] Henri de Witthem, seigneur de Beersele, chevalier de la Toison d'or, conseiller et second chambellan de l'archiduc Charles. Voir l'excellent recueil intitulé : *Messager des sciences historiques de Belgique,* année 1839, 386.

Desquelles nouvelles ledit seigneur a esté fort resjoy, et croy qu'elles lui ont esté plaisantes le possible ; car, ainsi que souvent le declaire, tout le plus grant plaisir que lui sauroit estre seroit d'estre en la compaignie de l'empereur et de vous, madame, et tant plus au temps de maintenant pour entrer en congnoissance et accointance avec le roy son beau-frere. Pourquoy, madame, je vous avertis en humilité, ou nom et au desir de mondit seigneur votre neveu, qu'il vous plaise tenir la main que le propos de l'empereur en ceste partie sortisse et proviengne selon que lui en a esté rapporté.

Madame, après les devantdites nouvelles qui ont ainsi resjoy mondit seigneur vostre neveu mon maistre, il est venu quelque chose à ma congnoissance qui m'a esté autant à deplaisir ; touteffois non si très-grant comme il seroit, se je ne congneusse bien au certain le vray du cas. Madame, j'ay entendu que, par moyen de quelque rapport ou devises, vous devez estre informée que mondit seigneur vostre neveu seroit si maistrieux et plain de ses voulentez qu'il n'est à gouverner ne conduire, ou tel autre rapport de semblable substance. Madame, je ne say autrement au vray se vous avez en telle sorte esté advertye, mais je ose bien presumer et dire que, si mondit seigneur vostre neveu feust de telle sorte ou affere, j'en auroye la congnoissance et experience autant que nul autre ; mais je vous afferme, madame, en bonne verité, que à tort et mauvaise cause l'on auroit en telle maniere de luy rapporté ; car il n'est nul qui ait oncques veu ne apperceu au contraire, que en toute heure et à tous propos, ledit seigneur ne soit du tout enclin, prest et appareillé d'acomplir et satisfaire à ce qu'il entend estre au plaisir et vouloir de l'empereur et de vous, madame. Et quant à son gouvernement autrement, je n'ay jusques à ores veu ne apperceu, ne n'a aussi autre, comme je croy, qu'il n'entende et acquiesce debonnairement à tous bons propos et avertissemens que lui sont faiz. Et certes, madame, le tout bien consideré, je ne say si raisonnablement l'on deust plus demander en luy qu'il y a. Pourquoy, madame, vous supplie en humilité que ne vueillez croire ne vous arrester à telz propos ; car j'espoir qu'en

l'effect vous aurez experience du contraire. Au plaisir Dieu, etc.
Escript à Malines, le xvie jour de septembre.

Vostre, etc.   BERSSELLE.

CLXXIX.

JACQUES DE BANNISSIS À L'ARCHIDUC CHARLES D'AUTRICHE.

Victoire sur les Vénitiens. Divers combats sur le territoire de Venise et dans le Padouan.
Retraite vers Bassano. Alviane a plus fait pour la ruine des Vénitiens que n'ont pu
faire l'empereur et ses alliés ; aussi devrait-on lui ériger une statue avec cette ins-
cription : *Destructori patriæ.* (*Original.*)

17 octobre, à Lonstayn près Coblentz.

Serenissime princeps, etc. . . . . . Quod felix faustumque sit serenitati vestre et cesarec majestati suo sanctissimo parenti. VII presentis,
illustrissimus et excellentissimus dominus vicerex cum gentibus Ger-
manis et Hispanis apud Vincentiam profligavit Venetos cum magna
gloria sua et incremento rerum serenitatis vestre, que, ut rem plane
intelligat, altius exordiar. Idem illustrissimus vicerex XXIII preteriti
discedens ex Alberado, pago agri Veronensis, perrexit versus Mon-
tagnanam et Este, oppida agri Paduani. Inde discedens ad Plebem-
Sacci[1], quod etiam est oppidum agri Patavini versus paludes venetas, dives ubi est maxima pars possessionum Venetorum, venit et
abegit maximam predam et, expugnato oppido, incendit illud. Inde
discedens, trajecta Brenta, combussit Lizafusinam[2], et dirrupto curru
quo limbi[3] ex Brenta in mare seu lacunas Venetas trajiciebantur, et

---

[1] *Pieve di Sacco,* dans une sorte d'île
formée par le Bachaion et la Brenta
Nuova.

[2] *Liza Fusina,* près du golfe de Venise,
à l'endroit où le Bocenigo se jette dans la
Brenta.

[3] Je ne suis pas très-sûr d'avoir bien
lu ce mot, qui est sous forme d'abrévia-
tion dans l'original. Du reste, Isidore de
Séville donne ainsi la signification du mot
limbus : « Navicula brevis quæ alia appel-
latione dicitur et cymba et caupolus, sicut
et lintris, id est carabus, quo in Pado
paludibusque utuntur. » XIX, 1.

destructo aggere quo prohibebatur comisceri Brenta cum mari ; in quo magnum detrimentum Venetis illatum est, et precipue ipsi civitati Venetie. Profectus est ad Mestre, oppidum agri Veneti, quod diripuit et incendit, et mox propius Venetias accesserunt ad Mergariam, qui locus propinquior est ipsis Venetiis, nec per diametrum plus quam duobus milibus passuum a Venetiis distans, quem Veneti munierant et presidio firmaverant : quem nostri vi expugnarunt et incenderunt, et, injectis bombardis ad litus maris, cum eis in Venetias sagittarunt ; eo signo nunciantes Venetis ibidem esse felicia signa Cesaris et serenitatis vestre. Qua re Veneti permoti, jusserunt Bartholomeo d'Alviano, eorum capitaneo, ut quiquid posset contra nostros moliretur et sumeret vindictam. Igitur, redeuntibus nostris cum magna preda et transeuntibus per oppida agri Paduani, Campi sancti Petri[1] et Citadelle que tamen tenebantur per hostes, ad duo milia passuum prope Citadellam trajecerunt denuo Brentam, ituri Vincentiam et deinde Veronam cum preda. In transitu fluminis fuit eis obvius Bartholomeus d'Alviano cum exercitu hostium. Compulsi igitur fuerunt nostri pernoctare in campis, quum oppidum tenebatur ab hostibus ; sed quoniam Bartholomeo nondum advenerant gentes ex Tarvisio et rustici quos prestolabatur, non potuit impedire transitum nostris. Nihilominus hostes, veluti congressuri cum nostris, accedebant ad nostros, et, quum nostri prelium offerrent, hostes recusarunt retrahentes se. Nostri igitur continuantes iter suum versus Vincentiam, in medio itineris in uno parvo pagulo castrametati sunt. Altera die continuantes iter suum versus Veronam, cum appropinquassent Vincentie ad duo milia passuum, invenerunt hostes occupasse passus et munisse illos fossa, gentibus et artellaria. Rustici autem obsederant omnia montana : et itinera erant omnia rupta et opleta gentibus quo non nostri pervenissent. Repererunt hostes stare acie instructa ; quibus cum nostri offerrent pugnam, recusarunt eam, et se intra munitiones continebant. Rati igitur nostri hostes non ad apertum certamen descensuros, sed, si possent, tracturi nostros

---

[1] *Campo S. Piero,* au nord-ouest de Padoue.

ad locum iniquum ubi eos artellaria, iniquitate loci et fossis superarent; quod nostri conspicati substiterunt, nec unquam hostes extra-
here potuerunt ex munitione. Jam autem nox imminebat : ideo,
commissis aliquibus levibus preliis et projecta hinc et inde multa
artellaria, nostri ea nocte compulsi fuerunt castrametari ibidem, et
manserunt ea nocte sine pane et vino ac pabulo equorum. Videntes
igitur nostri ipsis omnino esse obclusum transitum, nec posse aliquo
modo eo transire, statuerunt retrocedere ad Bassanum et ibidem se
firmare, et resistere hostibus ac inferre eis quantum possent incom-
modi; si autem gravior casus urgeret, retrahere se intra montes et
per vallem Asugii et Tridentum, Veronam regrederentur; que fuisset
in magno discrimine, si illud iter quod statuerant nostri cepissent.
Igitur VII^a presentis cum illuxisset, nostri versus Bassanum regredi
ceperunt; quos confestim hostes secuti sunt cum VII^m peditibus elec-
tis et assuetis militie, mile et centum armigeris gravis armature et
quingentis levis armature, XVIIII petiis artellarie; et plus quam X^m rus-
ticorum semper muniti multa artellaria tenebant montana, infestan-
tes nostros; et cum loca essent valde angusta, hostesque superarent
nostros multitudine, nostrique predam et impedimenta multa trahe-
rent quibus opus fuisset alio exercitu ad conducendum, et, quod
gravius erat, cruciabantur fame, tamen conabantur omnia conservare. Interim hostes vehementer urgebant nostros a tergo, et equites
levis armature a dextris, a sinistris vero rustici. Ad impedimenta
autem nostra continue erant Stradiote; et sic nostri cum magna difi-
cultate et molestia progrediebantur usque ad locum nuncupatum
Motta, ubi visum est illustrissimo viceregi consistere et opponere se
hostibus et cum eis confligere; et sic instruxerunt aciem. Marchio
Pischerie, cui ea die sorte prima acies obvenerat quam antiguardiam
vocant, cum peditatu in hostes magno impetu irruit; itidem illustrissimus Prosper de Columna cum equitibus gravis armature, et, sicuti
omnipotenti Deo placuit, qui nunquam in se sperantes et justam causam prosequentes deserit, nostri potiti sunt insigni victoria, et hostes fusi et profligati, quos nostri insecuti sunt usque in Vincentiam,

quam nostri receperunt, et posuerunt se in eam. Dicunt in prelio oc-
cubuisse Bartholomeum d'Alviano, sed de eo non habetur pro certo;
item provisor Venetus, dominus Hermes Bentivolus et comes Guido de
Rangonibus, filius domini Pauli de Manfro, Mercurius et multi alii
qui nondum fuerant recogniti, et circiter septingenti armigeri gravis
armature, peditatus multum. Scribunt ultra quinque milia cecidisse
in loco conflictus, preter illos qui in fuga et in fossis occubuerunt.
Capti autem dicuntur circiter CL homines gravis armature, inter
quos Jo. Paulus Baglonus[1], primus apud Venetos post Alvianum, Sa-
cramorus Vicecomes, dominus Malatesta de Sogliano et multi alii,
tota artellaria et omnia impedimenta. Nostri progressi fuissent versus Paduam, sed ob deffectum comeatus, et quia non habebant gros-
siorem artellariam nec munitiones et incipiebat pluvia, cum usque
tunc habuerint maximam serenitatem, substiterant in Vincentia. Hec
ita cesaree majestati perscripta sunt que ego serenitati vestre, pro
debito servitutis mee, renunciare volui, ut ipsa, sicuti merito debet,
letetur de tali victoria et congratuletur cum utroque suo serenissimo
parente, qui omnia pro incremento glorie et statu serenitatis vestre
faciunt. Non dubito quod si nostri urgebunt, nedum Paduam et Tar-
visium ac Forum-Julii recuperabunt, sed ipsas Venetias in extremum
discrimen conjicient. Que autem ulterius renunciabunt scribam serenitati vestre, que dignabitur hec communicare magnificis dominis
oratoribus catholice majestatis, quibus non potui scribere. Serenissime autem domine, scribit ad longum rem hanc cesarea majestas.
Dicunt captivi Bartholomeum d'Alviano contra expressam commissionem et consilium omnium capitaneorum Venetorum confligere voluisse. Et sic, quod hactenus neque cesarea majestas neque reliqui
confederati efficere potuerunt in ruinam Venetorum, capitaneus eorum confecit, et jam secunda et extrema vice ad interniciem reduxit

---

[1] Jean-Paul Baglioni, tyran de Pérouse, fut en effet au nombre des prisonniers que firent les Espagnols le 7 octobre 1513. Rendu ensuite à la liberté, il revint à Pé- rouse et s'y empara de nouveau du souve- rain pouvoir. Il eut la tête tranchée à Rome, en 1520.

eos. Ob quod merito Veneti, sive vivat, sive occubuerit, Alviano sta-
tuam erigere debent cum inscriptione: *Destructori patrie.* Commendo
me, etc..... Ex Lonstayn supra Rhenum prope Confluentiam, die
XVII octobris MDXIII.

E. S. V. humillimus servitor,

JACOBUS DE BANNISSIS.

CLXXX.

AMBROSINE DE POLIGNAC À MARGUERITE D'AUTRICHE.

Elle réclame les bons offices de la princesse pour faire modérer la rançon exigée de
M. de Bussy d'Amboise, prisonnier à la bataille de Guinegate. (*Original.*)

21 novembre, à Varax.

Madame, dernierement au ravitailler Terrouenne fust prins le filz
de M. de Bussi d'Amboyse [1], et suys esté advertie qu'il est ès pays de
mes très-redouptez et souverains seigneurs messeigneurs voz nepveux, et que l'on luy demande si grand somme d'argent pour sa ren-
son qui ne luy est possible en fasson du monde la finer; car, comme
j'escripts à mon filz, M. le gouverneur de Bresse, il n'a pas tant de
biens que l'on pourroit bien pancer, et, si vous plaist, par luy pourrez estre advertye de son estat; car je luy en escript bien au long,
vous suppliant, madame, tant et si très-humblement que fere puys,
vostre plaisir soit fere qui soit mis à raenson raisonnable; et, celon
sa puissance et à l'ayde de ses amys, la payera le plus brief que fere
ce pourra.

Madame, je vous supplie moy pardonner la presumcion que ce
m'est vous escripre de ce propoz, mais la pitié que je vous cognois
avec mon debvoir, comme pour le mary de la fille de ma fille, me
contraignent de ce fere; aussi que aultre fois vous a pleu moy commander me retirer devers vostre bonne grace, si aulcung affere me

---

[1] Jacques d'Amboise, seigneur de Bussy, tué en 1515, à la bataille de Marignan.

survenoit, ne me sçay encoyres tenir vous supplier estre cause que ce poure gentilhomme ne soit destruyt, et qui vous plaise, etc. A Varax, ce xxie jour de novembre.

Vostre très-humble et très-obeissante subjecte et servante,

AMBROSYNE DE POLIGNAC.

CLXXXI.

HENRI VIII, ROI D'ANGLETERRE, À MARGUERITE D'AUTRICHE.

Il la prie d'envoyer des troupes à Térouane pour la brûler et détruire, afin que les Français n'en fassent plus leur repaire. (*Original.*)

28 novembre, à Windsor.

Très-haulte, etc. Nous entendons que les François sont deliberez de, en toute dilligence, faire refortiffier et mettre en estat nostre ville et cité de Therouenne [1], qui pourra faire grant destourbier en l'advenir aux subjects de nostre cousin et beau-frere le prince de Castille vostre neveu, ainsi que bien l'entendez. Et pour ce que les gens qui sont du tout mis à vostre ordonnance et commandement pour estre aux gaiges et soulde de nostre très-honnouré frere et cousin l'empereur vostre pere et de nous, ont esté et sont ordonnez et appoinctez, non pas seulement pour preserver, garder et deffendre les pays et subgectz de nostredit cousin et beau-frere le prince, mais de faire tout l'ennuy et desplaisir à eux possibles, à noz ennemys et

---

[1] Dans une lettre datée du 30 août, le même Henri VIII, écrivant à Marguerite, s'exprimait ainsi au sujet de Térouane : « Laquelle ville et cité nous pouvions, à bonne et juste cause et tiltre, retenir entre nos mains, et d'icelle faire, ordonner et disposer à nostre bon plaisir et vouloir. Neantmoins, pour le très-singulier desir, amour, zelle et très-grande affection que nous portons à nostre très-honnouré frere et cousin l'empereur, et à nostredit cousin le prince de Castille, etc., avons esté et summes très-contents...... que les murailles, tours et boulleverts de ladite ville........ soient du tout et entierement demolis, rasés, desemparés, et les fossés remplis en maniere qu'il n'y ait jamais ville fermée. »

adverssaires les François, vous prions très-cordialement, très-haulte et excellente princesse, nostre très-chere et très-amée seur, cousine et bonne commere, d'envoyer audit lieu de Therouenne, lesdits gens de guerre, affin de les destourber de leur propos. Et si vous advisez que besoing soit, pour plus grande sceurté en l'advenir, de faire iceulx gens de guerre mectre le feu et bruler entierement ladite ville[1], affin que lesdits François n'y facent plus leur repaire ne demeure, ainsi qu'ilz ont fait et font encoires journellement dempuis notre departement, en remectant le surplus de ceste matiere à vostre bonne discrection. Escript en notre chasteau de Wyndesore, le xxviii[e] jour de novembre l'an xv[c]xiii.

> Vostre très-cordial frere, cousin et compere,
>
> HENRY.

CLXXXII.

MERCURIN DE GATTINARE À MARGUERITE D'AUTRICHE.

Résolution des états de Bourgogne concernant la neutralité de ce comté. Mainlevée des terres de Charolais, Châtel-Chinon, Chaucin et la Périerre. Assemblée des Suisses sans résultat. Entreprise sur le château de Joux. Arrestation du coupable. Passage de divers courriers. Incertitude de la paix ou de la guerre. Apparition de trois soleils et de trois lunes. Conjectures à ce sujet. Bruit d'un accommodement avec les Vénitiens. Instances du pape pour la délivrance du président de Dijon, retenu comme otage par les Suisses. Haine des Milanais pour le duc. Défaite de la flotte française. Délivrance du bailli de Dijon. Assemblée de gens d'armes au duché de Bourgogne. (*Original.*)

12 février, à Dôle.

Madame, despuys mes dernieres lettres ay receu deux des vostres, l'une escripte à Malines, du viie de janvier, et l'aultre de Bruxelles,

---

[1] Marguerite avait prévenu les désirs du roi d'Angleterre; dès le 22 elle écrivait à Laurent de Gorrevod : « Pour ce qu'on murmure fort que les François se vantent de fortifier Therouane, il semble à aucuns qu'il scroit bon de parbruler ce qui est demeuré de ladite ville; et si cest advis vous semble bon, le pourrez faire executer. »

le xxiiiᵉ, par lesquelles ay cogneu que n'aviez encoures receu les aultres lettres que vous avoye escriptes, tant par monsieur le tresorier Glannet que par Hans, vostre messagier. Et certes je cuydoie que ledit Glannet, celon qu'il m'havoit promis, deust partir incontinent quant luy delivray mes lettres ; car sans cela j'eusse envoyé homme exprès, et ay esté bien marry du long retardement qu'il a faict à Besançon sans m'en advertir, et encoures plus de ce qu'il ha retenu Hans, qui apportoit mes dernieres lettres pour vous advertir du besogner de Salins ; car, si j'eusse pensé dudit retardement, j'eusse baillé mes lettres à l'homme du capitaine Beauregard. Toutteffois de ceste heure je tiendz qu'estes adverty de toutes chosses.

Madame, par voz lettres du vii, me faictes responce touchant mon voaagie, lequel ne vous est aggreable ; et combien que en mon veut, n'y ait eu aulcune condicion de le remettre soubz vostre bon plaisir, touteffoys ne tendz à icelluy contrarier ny fere chosses que vous doie desplaisire ; et puys que les afferes sont tielz que desirés ma demeure pour ceste heure, je suys prest obeyr à vous commandemants, esperant touteffoys que en aultre temps plus propice me pourrés accorder ledit congié pour accomplir personnellement ce que j'ay promis, celon que je desire. Et neantmeyns, pour obvier à toutz dangiers, puys qu'il vous plet d'escripre pour la dispence, me semble, madame, qu'il souffira que vous en escripvez à monsieur de Gurce ou à monsieur le conte de Carpy, pour fere despechier ladite dispence, celon la memoire et supplicacion que j'envoye cy enclouse. Et faisant tenir icelle dispence ès mains de quelque banquier par dezà, soit à Lyon ou à Geneve, je poyeray ce qu'ilz escripront qu'elle soit coustée, ou que ce soit simple dispence ou commutacion ou suspension.

Madame, en ensuyvant les lettres communes qu'il vous pleust escripre à madame la princesse[1], monsieur le mareschal[2] et moy,

---

[1] Philiberte de Luxembourg, princesse douairière d'Orange, veuve de Jean de Châlon, morte en mai 1539.

[2] Guillaume de Vergy, maréchal du comté de Bourgogne, seigneur de Saint-Dizier, Champlite, Autrey, etc., mort en 1520.

icelle dame princesse, puys qu'elle eust vehu vosdites lettres, m'escripvit que je me deusse trouver au lieu de Salins le ve de ce moys,
où seroit monsieur le mareschal, ensemble les deputez de troys estas, et qu'elle s'i troveroit, s'il estoit possible, pour adviser sur le contenu en vozdites lettres et y fere le mieulx pour le bien du pays. Et
combien que toute l'assemblée se trovist cedit jour audit lieu de Salins, neantmoyns icelle dame princesse, pour estre mal disposée
d'unne grosse rume et doleur de dentz, ne s'i trouva, ayns s'envoya
excuser et envoya aulcun de sa part pour y estre, priant la compagnie
vouloir adviser et pourveoir le tout non obstant son absence, et
qu'elle auroit agreable tout ce que seroit advisé. Touteffoys nous ad-
visasmes que, pour la schurté des afferes et pour le bien du pays,
il estoit mieulx aller devers elle à Noseroy[1], pour illeques en sa presence conclure toutes choses necessaires; ce que fismes par ung très-
maulvays temps de negies, de bise et de froydure. Et avons esté cons-
trainctz illec demeurer depuys le mardy dernier jusques au vendredy,
tant par l'indisposicion du temps et habondance de grosses negies, que
aussy pour bien despechier toutes choses, tiellemant que seulement
hier au soir fusmes de retour en ceste ville. Et pour ce que moy, estre
icy arrivé, ay entendu que monsieur le prieur des Jacopins de Polli-
gny, maistre Estienne Marionis, present pourteur, s'en venoit pardelà
pour preschier devant vous ceste quaresme, et que le congnoys
homme de bien, m'a semblé vous escripre par luy, en attendant le
partement de monsieur le lieutenant d'Amont.

Madame, pour resolution, ha esté conclud, audit Noseroy, d'envoyer devers messeigneurs de Bourbon[2] et de la Trimoille[3], monsieur de Rye[4], maistre Anthoine Saline[5] et le tresorier de Salins, tant
pour leur presenter voz lettres, sçavoir leur intencion touchant la

[1] Petite ville de Franche-Comté, résidence ordinaire de la princesse d'Orange.

[2] Charles, duc de Bourbon, depuis connétable, transfuge du service de France,
tué au siége de Rome, en 1527.

[3] Louis de la Trémouille, tué à la bataille de Pavie.

[4] Simon de Rye, chevalier d'honneur
du parlement de Dôle.

[5] Conseiller au parlement de Dôle.

neultralité, que pour poursuyvir la mainlevée de voz terres et segneu-
ries de Charreloys, Chastel-Chinon, Chaulcin et la Perriere, et aussy
des deniers des greniers à sel, et leur ay faict despechier leurs instructions en bonne forme; desquelles le lieutenant d'Amont, qui
viendra bientost devers vous, ayant aussy chargie des afferes du pays,
vous appourtera le double avec les memoires de toutes aultres chosses
que seront à fere, tant devers l'empereur que de vostre cousté, pour
la preservation du pays. Et avec ce ha esté despechié un gentilhomme
qui, ensemble maistre Jehan Botechou, s'en vont aussy devers l'empereur avec semblables memoires et instructions que vous appourtera ledit lieutenant d'Amont, afin que sa majesté soit plus encline
à preserver ce pays en paix. Et pour ce de toutz ces afferes, à fin
d'eviter redicte et prolixité, me remetz à la venue dudit lieutenant,
par lequel aussy vous advertiray de ce que surviendra cependant.

Madame, pour vous advertir des novelles occurantes, je vous advise que, touchant les Suizes, il n'y ha encoures nulle conclusion de
ce qu'ilz entendent fere; et despuys le partement de monsieur de Rye
et de maistre Anthoine Saline ont tout jour procedé par continuacion
de journée en journée sans rien conclure, et est remise icelle journée
à la Sainct-Valentin prouchain pour lors adviser et conclure sur tout.
Et y ha des grosses practiques de toutz coustez; et de ce qu'en pourray sçavoir vous advertiray per homme feable, vous advertissant qu'il
y ha ung noveau prisonier à Joulx, que j'ay faict prendre pour luy
fere deschiffrer quelques lettres qu'il envoyoit par pays; car c'est
le pere d'ung qui ha esté mis à execucion pour l'entreprise de Joux,
et vous advertiray de tout.

Madame, le xxviii jour de janvier passa icy ung aultre courrier
du roy d'Aragon alant devers l'empereur, et estoit passé par Bloys
et esté en court du roy de France, et disoit s'en aller avec lettres
adressantes au secretaire Quintana; et luy demanday si du cousté
d'Espagne estoit novelles de guerre ou de paix. Il me dict qu'il estoit plus apparance de paix que de guerre, et que le roy son maistre
ne tendoit à aultre chosse. Le jour de la Purificacion de Nostre

Dame, arriva icy un aultre courier venant semblablement d'Espagne et allant devers l'empereur, et avoit faict le chemin que l'autre, et en parlant à luy, me dict de mesme comme le procedant. Deux jours après, qu'estoit quatriesme de ce moys, bien matin, arriva icy Quintana accompagné de deulx aultres courriers et d'ung serviteur de domp Pedro d'Urrea, qui me vindrent requerir de leur fere delivrer des chevaulx, ce que je fiz; et en devisant audit Quintana, qui me dict avoir laissé l'empereur à Yspruch, luy dis que puys qu'il s'en retournoit, j'esperoye qu'il auroit dressé quelque bon moyen de paix, et me dict que aulcuns la desiroient bien, mais que les matieres n'estoient pas disposées pour ce fere et qu'il avoit plus preparatives pour la guerre que pour la paix. Et à son parler j'entendiz bien qu'il ne s'en retournoit pas fort joyeux et qu'il n'avoit pas faict tout ce pour quoy il estoit allé. Et combien que je tiens que vous entendez assés tout ce que l'hon traicte, neantmeyns, pour mon debvoir, vous advertiz volontiers de tout, sans avoir esgard que ce vous soient nouvelles de bouquan.

Mais, madame, il y ha bien des novelles plus estranges, que sont toutes veritables; car mon beau-filz m'ha escript et envoyé homme exprès qui ha vehu que en Piedmont, au lieu de Thurin et aultres lieux circumvoisins, le mardy dixieme jour du mois de janvier, ung petit après midy fusrent vehus troys soleils[1] : assçavoir le soleil naturel bien replandissant et deux aultres : l'ung d'un cousté et l'aultre d'aultre cousté en assez bonne distance, non pas si reluisans, et y avoit troys doubles arcz tournantz les doz l'ung contre l'aultre, dont le plus grand arc partoit des deux soleils, et durerent en tiel estat

[1] Cette description d'un parhélie et d'une parasélène concorde bien avec la définition scientifique de ces deux phénomènes. Le parhélie consiste dans l'apparition simultanée de plusieurs soleils ; la parasélène dans l'apparition simultanée de plusieurs lunes. Ces images, unies par un cercle blanc horizontal, sont toujours à la même hauteur que l'astre lui-même. Les faces de chaque image tournées vers l'astre présentent les couleurs de l'arc-en-ciel, tandis que les faces opposées et les cercles sur lesquels reposent les images restent blancs. (*Note de M. le professeur Delezenne, notre confrère à la Société royale des sciences de Lille.*)

jusques au soleil couchant; et sur le soir, à l'heure acoustumée, se
leva la lune, à son heure, avec une grande croix traversant ladite
lune et ung rondeau de couleur estrange qui environoit ladite lune
et croix. Et y avoit de deux coustés deux aultres lunes rendant
grande clarté, et durerent tant que la croix, environ troys heures,
sans changier, et après ladite croix et rondeau avec lesdites deux
lunes se perdirent, et demeura la lune naturelle merevilleusement
rouge. Dont tout le monde ha esté fort esbahi, et pour ce que l'hon
treuve assés par escript que aultres foys ont esté vehuz troys soleils
et troys lunes en semblable forme avec la croix, si voulez sçavoir
la signification d'iceulx, y pourrés fere estudier maistre Loys de
Marrillan et maistre Pierre Piquot [1] pour vous en dire la verité; tant
y ha que en Piedmont ilz en sont fort estonnez, et hy en ha aulcuns qui disent que signifie discension et scisme, tant en l'election
du pape que de l'empereur, et grosse guerre et grande effusion de
sang et mutacion de seigneuries, et que finablement le tout reviendra
à une monarchie, comme fu faict du temps de Julius Cesar. Je vous
escrips volontiers cecy, car l'hon m'en ha adverty pour verité.

Madame, l'hon dict que l'appoinctement de l'empereur et des Veniciens est faict; mais je n'en sçay riens à la verité et tiens que vous
le debvés mieulx sçavoir. L'hon dict aussy qu'il doibt passer pardezà
les montz une bande des Espagnolz qui sont en Italie pour se joindre
avec les Suizes; ce que ne puys croire, et mesmes que l'hon murmure
de la continuacion de la treuve, combien qu'il n'y ha riens certain,
et ne sçay penser comant se pourroit bien fere au contentement de
toutz et sans se trop declairer pour me fere jugier prophete.

Vous me manderés, etc. Escript à Dole, ce XIIe de feuvrier 1514.

Despuys mes lettres escriptes, ay entendu par ung homme venant
de Suizes que le pape ha escript ung brief auxdits Suizes, les admo-
nestant de rendre le president du duchié [2] et d'apoincter et fere paix

---

[1] Louis de Marliano et Pierre Picot
étaient les deux médecins principaux du
prince Charles et de sa tante Marguerite.

[2] Le président du parlement de Dijon
était retenu en otage par les Suisses pour
la garantie du traité qu'ils avaient conclu

aux Françoys, leur ouffrant de fere entretenir le traictié faict devant
Dijon ; et est à doubter, actendu les grandes prolongacions de leur
conclusion, qu'il n'y ayt de la fringhe. L'hon dict que le duc de
Milan est fort hay de ses subjectz et qu'il s'est retiré dedans la roque
de Milan. L'hon ha aussy cuydé ravitailler le chasteau neuf de
Gennes; mais les navires des François ont esté ruez juz par les Gene-
noys. Le capitaine de Chastillon sur Marchie ha delivré le bailly de
Dijon à ranson de IIII^m escuz, et dict havoir congié pour ce fere tant
de l'empereur que des Suizes. Dieu veulle que ainsy soit et que nous
n'en ayons point d'aultre inconveniant. L'hon garnist fort les frontieres du duchié de gens d'armes; je ne sçay que ce sera.

Vostre, etc.   MERCURIN DE GATTINARE.

CLXXXIII.

MARGUERITE D'AUTRICHE À L'EMPEREUR MAXIMILIEN.

Elle essaye de détourner son père du traité de paix avec la France, que négociait auprès de lui Quintana, ambassadeur du roi d'Aragon à la cour de Louis XII et auprès
de l'empereur. (*Copie.*)

14 février.

Monseigneur, il me semble par la lettre que m'avés desnierement
escripte, toute de la main de maistre Hans Renner, que desirés savoir
mon advis et de ceulx de vostre privé conseil et leaulx serviteurs
sur le besoigne de Quintana. Et pour ce que à present ceulx à quy
desirés que especialement je communique cest affere (ne sont pas
ici); aussy que ne sçay encoires bien comprendre la matiere, suis
deliberée actendre la venue du commandeur Loys Gillabert [1]; mais,

avec Louis XII, le 13 septembre précédent.

[1] Envoyé de l'empereur vers Marguerite
d'Autriche.

monseigneur, cependant ne me seroie abstenir vous escripre mon petit advis en cest affere, non pas par forme d'advis ny de conseil, mais
de quelque petite remonstrance pour rendre mon devoir comme j'ay
tousjours fait, ainsi que très-humble fille doit fere.

C'est, monseigneur, que le party que vous dictes que l'on met en
avant me semble si sommeire, tant à ce qui vous touche et à monsieur votre filz[1], qu'il me semble n'estre que chose faincte en intencion de vous amuzer tous trois à l'occasion de cest appointement,
affin de gaigner temps et tant fere que l'un ou les deux de vous trois[2]
delaisse de fere ses apprestes, comme vous estes tenuz par les traictés, sur espoir d'appoinctement, et vous fere perdre temps comme
il a fet l'année passé à cause de la treve.

D'autre part, monseigneur, quant il[3] offriroit bien ung appoinctement qui fust tout raisonable et à l'aventaige de vous trois, je ne
sçay si, après l'avoir conclut pour eschapper de ceste fortune, se tiendroit bien ce qu'il avoit juré ou promis, comme l'on est asseuré qui
se feroit de notre cousté, comme freschement par le traicté de Cambray[4] et touchant le fet de Gheldres, et en plussieurs autres traictés
par cy-devant faiz entre vous et luy, avés peu veoir et experimenter.
Par quoy povés mieulx juger de la foy et leaulté des François que
nul autre.

Monseigneur, je suis seure que le sçavés mieulx que moy, parquoy
est folie à moy de le vous escripre; mais les autres princes sont plus
loings de leurs ennemys que nous, et y a montaignes et mer entre
deux; avec ce, ilz sont plus riches pour resister à leur ennemy que
ceste poure maison de Bourgoigne. Par quoy fait ceste affere ung peu
plus à noter de nostre part que des autres; car, quant maintenant
l'on nous rendroit bien ce qui nous appartient, si est-il à craindre
que dedans deux ou trois ans, quant l'on verroit son point, qu'on ne

---

[1] Charles d'Autriche, petit-fils de Maximilien.

[2] L'empereur, le roi d'Aragon et le roi
d'Angleterre.

[3] Il, le roi Louis XII.

[4] De 1508.

le nous ostat et reprint, veu que aujord'uy prendre et demein re-
perdre ce seroit plus grant honte et deshonneur que auparavant.

Vous savez, monseigneur, qu'ilz ont en leur main la loy salique et
aultres points de ceste souveraineté [1] qu'ilz pretendent, par lesquelz
ilz trouveront tousjours occasion, quant ilz verront leur point, de
reprendre sur nous ce que bon leur semblera.

Monseigneur, si le roy catolique est celluy de vous trois qui plus
facilement s'encline à ceste paix et y vouldroit induire les autres, ce
n'est pas merveille; car il a ce qu'il demande; mais vous ny le roy
d'Angleterre ne l'avés pas. Touteffois, par le traicté, il est abstrainct
de vous aydier à tous deux et vous à luy; et s'il vous conseille la
paix et vous la voulés, il fauldroit que, la faisant par son moien, il
vous aidat à garder et deffendre voz pays qui sont les plus dangereux,
s'il advenoit que cy-après les choses retumbassent à leur premier
estre; car puisque chescun veoit et est apparent que maintenant est
l'heure ou jamais que vous, monseigneur, et ceste maison, à l'ayde
de voz amys et alliez, pourrés venir au-dessus de voz communs ennemys; par quoy pourrons tous avoir, avec l'ayde de Dieu, ce qui
nous appartient, que seroit notre grant honneur et prouffit. Et si, par
l'advis dudit seigneur roy catolique, les choses prenoit ung aultre
chemin et qu'il ne nous en advint si bien comme de executer notre
premiere entreprinse, ne fauldroit laisser ledit seigneur roy sans
grande obligation.

Et s'il venoit à traicter, monseigneur, avec le duché de Bourgogne
ne fauldroit obmetre les contés d'Auxerrois, Masconnois et Bar-sur-
Saine, et aussy d'oster ceste souveraineté, au meins pour ung temps,
comme fust fait du temps de monsieur le duc Charles; car cella est
tousjours une ouverture pour rompre; et aussy de mectre en seurté
le fait de Gheldres, autrement, monseigneur, ce seroit tousjours à
recommancer.

Quant au fait qui touche le roy d'Angleterre, je tiens, monseigneur,

---

[1] Souveraineté sur la Flandre, qui était une pairie du royaume.

qu'il n'a nul pansemant de faire appoinctement; et que jusques icy ne l'a eu, et j'en suis seure[1]; mais je croy trop bien que, s'il s'aperçoit ou il puisse soupeçonner que l'on vueille echanger aucune conclusion de ce que a esté traicté avec luy, que cella le pourra faire penser ce que jamais n'a pensé; et est la chose bien dangereuse, car il peult tousjours avoir ung bon appoinctement et grant; et s'il le veult faire seul, il est apparent que le peult faire meilleur que l'on ne le luy sçaura fere.

D'aultre part en le desjoindant de nous, est à craindre que qui en auroit affere l'on ne le pourroit recouvrer si aysement; par quoy, monseigneur, penserés sur le tout.

De moy, monseigneur, je desire austant la paix que personne vivant, moyennant qu'elle puisse estre bonne et seure; mais, autrement, ce sera la perdition et destruction de ceste maison pour l'advenir, que Dieu ne veuille.

Monseigneur, je vous supplie prendre de bonne part ceste petite remonstrance et comme de celle qui le dit de bonne affection.

CLXXXIV.

HENRI VIII À MARGUERITE.

Il la prie de faire saisir toutes les lettres adressées d'Écosse en France qui passeront par les Pays-Bas, « afin, dit-il, que l'on puisse congnoistre et entendre les conspirations et imaginations tant à l'encontre de nous que de leurs malicieux propos à l'encontre de nostre royaume. » (*Original.*)

20 février, au palais de Westminster.

Très-haulte et excellente princesse, nostre très-chere et très-amée seur, cousine et bonne commere, à vous nous recommandons très-

---

[1] Marguerite pouvait parler de la sorte, puisque, dans l'entrevue qu'elle avait eue récemment avec Henri VIII, elle lui avait fait souscrire un engagement ainsi conçu, d'après une minute écrite de sa main :

« Ma bonne sœur et cousine, je vous promets, en parole de roy, de non jamais traitter ni conclure paix ne treve avec nos

affectueusement et de bon cueur, et vous plaise savoir que, par lettres que notre très-cher et feal serviteur, conseiller et chevalier, messire Thomas Spinelly nous a naguaires escriptes, entendons de bien en mieulx la cordialité de vostre amour et benyvolence envers nous, et, comme vous avez tous jours à cueur noz matieres et affaires, et que, en ensuyvant vostre accoustumée bonne voulenté envers nous, estes contente et avez accordé et condescendu à nostre contemplacion, que telles lettres et escriptures, qui seront envoyées hors d'Escoce en France, venans et passans parmy les païs et obeissances de nostre cousin et beau-frere le prince de Castille vostre nepveu, soient prinses et à vous presentées, affin que l'on puisse cougnoistre et entendre leur conspirations et imaginacions, tant à l'encontre de nous que de leurs malitieux propos à l'encontre de nostre royaulme, dont le plus cordiallement que faire povons nous mercyons; et, combien qu'il ne nous soit aucun besoin de vous instanter ni requerre de vostre bonne contynuacion en ce, ne en toutes noz autres matieres et affaires, toutesfoiz nous vous prions, très-haulte, etc., y voulloir perseverer et contynuer, et de ce qu'entendrez et percevrez par telles lettres et escriptures qui vous seront presentées venans dudit païs d'Escoce, nous vueillez faire cest honneur et plaisir de nous en advertir de temps en autre, soit par voz lettres ou par nostredit conseillier Spinelly. Et vous nous obligerez de plus en plus à vous porter tout honneur, reverence, amour et gratuité; ce qu'avons intencion faire tant que vivrons, comme sçayt Nostre-Seigneur, auquel nous supplions vous donner, très-haulte et excellente princesse, etc., bonne vie et longue. Escript en nostre palais de Westmoustier, le xxᵉ jour de fevrier, l'an xvᶜxiii.

> Vostre très-cordial frere, cousin et compere,

> HENRY. *Et plus bas :* MEAUTIS.

communs ennemis, les François, sans vostre sceu et voulenté, à condition que vous, de vostre costé, ferez le semblable, en cas que, par iceux ennemis ou autre que qui que ce soit fussés requise faire quelque appointement ou treve; et de se pour vous mieux assurer, j'escris cestes de ma main et sinée de mon sine manuel. »

CLXXXV.

MARGUERITE D'AUTRICHE À L'EMPEREUR MAXIMILIEN.

Marguerite fait de nouveaux efforts pour dissuader son père de faire la paix avec le roi de France. (*Minute.*)

24 février.

Monseigneur, j'ay jusques à icy tousjours actendu de savoir ce que par Loys Gilabert me deviés mander; touteffois, je voy qu'il n'est nouvelle de sa venue; par quoi me semble pour mon devoir tousjours escripre mon petit advis. Et pour ce, monseigneur, qu'il ne m'a esté possible de povoir encoires assembler ceulx à cuy je doy parler de ceste matere, comme par votre lettre me mandés, ne vous puis encoires mander leur opinion; mais j'espere de bref me trouver à Malines, là où je pourrey fere ce qu'il vous a pleu me ordonner.

Et cependant, monseigneur, je vous supplie me pardonner si de ma seule fantasie je vous advise pour toujours non perdre de temps.

Monseigneur, deux courriers sont venuz d'Espaigne icy, lesquelz se sont adressés à l'ambassadeur icy estant, et, comme j'entens, c'est pour la mesme charge que Quintana a eu devers vous, faisant mencion de l'affaire qui tant seulement lui touche : assavoir comme le roy de France offre au roy catolique le mariage de sa fille madame Renée [1] et l'infante don Fernando [2], avec la quictance de Naples et du chasteau de Gennes, aussy de la duché de Millan, et que semblablement il offre pour seurté luy delivrer la fille en ses mains avec plusieurs bonnes et grandes parolles; ce que je tiens, monseigneur, avés desjà sceu par ledit Quintana. De ce qui vous touche, ny à mon-

---

[1] Renée de France, seconde fille du roi Louis XII, épousa, le 28 juin 1528, Hercule II, duc de Ferrare.

[2] Ferdinand d'Autriche, deuxième fils de Philippe le Beau. Marguerite avait été informée des intrigues du roi d'Aragon pour ce mariage, par une lettre de Jean le Veau, où le pape est nommé Ba, l'empereur Be, Louis XII Bi, et le roi d'Aragon Bo.

sieur mon nepveuz ny ès pays de par deçà, il n'en est nouvelle ny aussy du roy d'Angleterre, autmeins par ce que j'ai peu entendre par ledit ambassadeur, lequel m'en a bien au long parlé; et me semble qu'il avoit charge me solliciter que je tinsse la main en cest affaire devers vous, et que desjà vous aviés fait très-bonne responce audit Quintana sur sadite charge, et que je ne vous destournasse de vostre bon propoz.

Monseigneur, ce que j'ay pansé sur cest affaire est que le roy catolique parle très-bien pour luy seul; et me semble qu'il ne pourroit fere meilleur marché pour ceste heure que la paix; car il ne demande plus riens, fors à garder ce qu'il a conquis; mais, monseigneur, vous et nous par deçà demeurrions au blanc et à la fortune.

Car, si le roy d'Angleterre veoit qu'il soit delaissé de vous, il en fera son proffit trop mieulx que ne saurions fere; ce que je suis seure jamès ne fera, se vous ne luy rompés vostre promesse.

Pour Dieu, monseigneur, ne vous laissés abuser, et qu'il vous souvienne que l'année passée vous consentistes legerement au roy catolique fere la treve qui despuis vous fust tant dommageable et à voz amys, dont plusieurs fois vous vous plaindistes à moy.

Par quoy, monseigneur, maintenant en cest affere de Quintana ne lachés si tost la main que premiers ne soyés bien advisé et conseillé sur cest affere, pour mieulx savoir et comprendre à quelle fin le tout pourroit tumber.

Monseigneur, entre le roy catolique et France il y a de grandes montaignes, entre France et Angleterre est la mer; mais entre ces pays et France n'y a point de seperacion; et vous sçavés la grande et inveterée ynimitié que les François portent à ceste maison.

D'aultre part, monseigneur, il fait à craindre que ces beaux offres de France ne soient tant seulement mys en avant pour eschapper la tempeste qu'estoit apparente de tomber sur eulx, si chescun eust esté disposé à fere un devoir comme le roy d'Angleterre est, qui fait de si grandes préparatives pour continuer la guerre qu'il n'est à croire; et quant les choses seront refroidies que nous n'ayons ès pays de par deçà toute la descharge, que fait bien à doubter, pour austant que notre peuple n'est point enclin à guerre et est mal porveu des choses necessaires à la guerre.

Monseigneur, je croy bien que le roy d'Arragon desire demeurer en paix pour austant qu'il a ce qu'il demande, et qu'il est desjà vieulx et cassé; mais je ne sçay ymaginer si ce sera le bien de Monsieur[1] et de ses pays, veu que peult-estre n'y aura jamais pour luy telle commodité.

Monseigneur, vous sçavés que le roy catolique est le prince en la crestienté, après vous et monsieur votre nepveur, à cuy j'ay desiré plus de bien et d'onneur; et je n'en prens en tesmoing autre que Dieu et vous, qui sçavés le travail que j'ay prins pour vous mectre ensemble comme deux vrais peres d'ung seul filz doibvent estre pour le bien de leurs communs enffans. Mais, monseigneur, là où je penseray que vostre honneur et bien touchent et celluy de ceste maison, il n'y a prince au monde qui me sceut faire dire ny vous conseillier fors ce que je congnoistrey qui sera votre bien, honneur et avantaige. Par quoy, monseigneur, si ainsy est que ayés donné à Quintane meillieure responce ou que luy ayés fait meillieur depeche à sa charge que par voz lettres ne m'avertissés[2], je ne sçay que dire, sinon que je ne le puis croire. Mais, si ainsy estoit, il est besoing que en faictes votre honneur et prouffit, et que, en ce faisant, vous conduysés de sorte que les amytiés et promesses que avés faictes et traictées avec ce josne roy (duquel, monseigneur, povés estre asseuré que si vous ne luy donnés occasion du contraire, vous aydera et de sa personne et de son argent sans nulle faintise), ne soient corrompues ny enfrainctes; car je vous asseure, monseigneur, que en luy n'a nulle faintize: par quoy en ce qui luy touche l'on doit aller de semblable maniere et ne luy rompre nulle promesse.

Monseigneur, je sçay qu'il y a beaucoup de gens qui ne desire riens tant que de rompre ceste amytié d'Angleterre; et pour ce fere,

[1] Charles d'Autriche.

[2] Marguerite soupçonnait que l'empereur ne lui avait pas mandé tout ce qui se passait; et en cela elle avait raison.

non saichant aultre moien, contreuvent aulcunes invencions de maul-vaises parolles et langaiges qui touchent à mon honneur pour mectre ceste picque entre vous, ledit seigneur roy et moy[1]. Mais, monsei-gneur, soyés asseuré que ce sont toutes menteries et que aymeroie mieulx mourir mille fois, s'il estoit possible, que d'y avoir pensé; et ne se mect en avant que pour occasion d'esmouvoir ladite picque et d'estre quicte de vous et de moy de par deçà.

Monseigneur, vous povés par votre sens et prudence à tout reme-dier, ce que j'espere ferés; et le surplus sera en la main de Dieu pour conduire toutes choses à son bon plesir.

Monseigneur, je suis encoire contraincte vous supplier, si desirés avoir mon plus ample advis, qu'il vous plaise m'avertir de votre vraye intencion et voulenté; car sans cella, monseigneur, vous vous trom-periés et moy aussy.

CLXXXVI.

MARGUERITE D'AUTRICHE À L'EMPEREUR MAXIMILIEN.

Nouveaux arguments contre la paix projetée avec la France, et conseils pour le cas où elle se ferait. Importance de recouvrer la Bourgogne. (*Minute.*)

6 mars, à Malines.

Mon très-redoubté seigneur et pere, très-humblement à vostre bonne grace me recommande.

Monseigneur, j'ai receu voz lettres en date du XXIX de janvier, par lesquelles me avertissés de l'arrivée de Quintana, secretaire du roy d'Aragon, devers vous, et de la cause de sa venue. Sur quoy desi-rés savoir mon advis et d'aucuns voz feables conseilliers estant lès moy, en me advertissant de certaine ouverture par vous conçue.

---

[1] Marguerite était persuadée que M. de Chièvres (Guillaume de Croy) et quelques autres courtisans voulaient la brouiller avec l'empereur, pour lui ôter tout crédit et même le gouvernement des Pays-Bas.

Monseigneur, le contenu en vosdites lettres a esté par moy communiqué aux sieurs de Nassou[1], Chievres[2], Berges[3], Ysselstain[4], gouverneur de Bresse[5] et president de la Roche[6]; et me a semblé et à eulx que la matiere estoit de très-grande importance; et combien que vous soyés averty de plussieurs pratiques qui se dressent en plussieurs lieux, ce que moy ne eulx ne sommes point et que entendés mieulx l'affaire et le sçaurés mieulx adresser que ne vous seroie conseillier, touteffois, pour vous obeir et soubz votre correction, me semble, et à eulx aussy, que le bien commun de vous et de monsieur votre nepveur et des rois d'Arragon et d'Angleterre est de demeurer unis et conjoinctz en amytié, tellement que, soit que la guerre se continue, en vertu des choses promises et traictées à Tournay[7], ou que paix se tienne, que ce soit du consentement du roy d'Angleterre, lequel fait les plus grandes préparatives pour la guerre que roy ou prince ait fait de memoire d'homme; et est apparent que, consideré la poureté qu'est au royaulme de France, en faisant par le roy d'Arragon de son cousté ce qui a esté traicté et que les armées marchent, ilz pourront et vous aussy avoir plus seure, plus durable, plus honnourable et prouffitable paix que à present. Et puisque il peult sembler que le roy d'Arragon conduyroit voulentiers l'appoinctement et qu'il en a esté requis, il me semble que ferés bien de non avertir le roy d'Angleterre de quelque ouverture jusques à ce que il vous demande vostre advis, ayns laisser manier la chose au roy d'Arragon; et quant le roy d'Angleterre vous demandera vostre advis, vous le luy baillierés selon ce que bon vous semblera.

[1] Henri, comte de Nassau.

[2] Guillaume de Croy, seigneur de Chièvres.

[3] Jean, seigneur de Berghes.

[4] Floris d'Egmond, seigneur d'Iselstein.

[5] Laurent de Gorrevod, gouverneur de Bresse.

[6] Gérard de Plaine, seigneur de la Roche, président du conseil privé des Pays-Bas.

[7] Quand l'empereur Maximilien eut appris que Henri VIII était entré à Tournay (septembre 1513), il vint l'y trouver avec Marguerite sa fille, et le jeune prince Charles son petit-fils. Durant cette entrevue, on se concerta sur plusieurs points importants de la politique européenne.

Et se le fait de la paix se povoit dresser au contentement de chescun, et ne restat que à vostre consentement pour vostre interestz et celluy de mondit sieur et nepveur, il nous semble que avés bien advisé de retirer vostre duché de Bourgogne. A quoy vous supplie avoir singulier regard, et tant fere que à ceste fin elle soit remise en voz mains, que sera à vous et à voz amys ung grant honneur. Et par le contraire, se appoinctement se faisoit, et qu'elle ne fust recovrée, le deshonneur et desextime, tant de vous que de iceulx seigneurs roy d'Arragon et d'Angleterre, en seroit grant envers tous princes crestiens.

Monseigneur, s'il est question de venir à ce et recovrer la duché de Bourgogne, sera bien fait de non oublier fere expresse mencion des contés de Masconnois, Auxerrois et Bar-sur-Sayne et les recovrer; lesquelles parties le roy de France a usurpé de fait, et luy et ses predecesseurs ne y ont pretendu aucun droit. Aussi, pour ce que le procès de Nevers est de perillieuse consequence pour monsieur mon nepveur, et pourrat cy-après estre cause d'esmocion de guerre et couster III ou IIII^c mil escuz, vous supplie, ou cas dessusdit, tenir la main à ce que le roy de France le prende à sa charge; ce que il peult bien fere, car il fera avec les parties adverses de monsieur tout ce qu'il vouldra, et les contentera, s'il veult, de peu ou de riens.

Mon très-redoubté seigneur, je prie à tant, etc. Escript à Malines, le VI de mars, anno XIII.

Vostre très-humble et très-obeissante fille,

MARGUERITE [1].

---

[1] Cette lettre, ainsi que la précédente et celle du 14 février, ont déjà été publiées par moi dans la Correspondance de l'empereur Maximilien et Marguerite sa fille, II, 221, 225, 229. Seulement elles sont ici reproduites d'après les minutes originales.

CLXXXVII.

JEHENNE DE COURRAUDEN À MARGUERITE D'AUTRICHE.

Remercîments pour les soins donnés à la délivrance de René de Clermont, vice-amiral de France. (*Original.*)

13 mars, à Ussé.

Ma très-redoubtée dame, il vous a pleu m'escripre derechef unes lettres, par lesquelles me faictes tant d'onneur de me mander ce que avez fait pour monsieur de Clermont, cousin de monsieur de Segré, et comme par vostre moyen a esté mys hors de Londres, allant par la ville là où il veult.

Ma très-redoubtée dame, je ne saroye assez très-humblement vous mercyer de l'onneur qu'il vous a pleu me faire de vous employer pour mes amys, et crains beaucoup vous ennuyer de trop de lettres; mais, ma très-redoubtée dame, je vous supplie très-humblement qu'il vous plaise me pardonner si je prans la hardiesse encores ceste foiz de vous en faire le remercyement si très-humblement comme je puys; car, nonobstant que de longtemps suys tant tenue et obligée à vous, me donnez à cognoissance, ma très-redoubtée dame, que voullez que je y sois tousjours de plus en plus tenue, et puysque de vostre grace, ma très-redoubtée dame, il vous a pleu mectre l'affaire dudit sieur de Clermont si avant, ma très-redoubtée dame, je vous supplie très-humblement qu'il vous playse avoir souvenance de luy et luy estre aydante comme il est bien en vostre puissance de ce faire[1].

Ma très-redoubtée dame, etc. Escript à Ussé, ce XIIIe de mars.

Vostre, etc.

JEHENNE DE COURRAUDEN.

---

[1] Dans un mémoire remis par ordre du roi d'Angleterre à ses ambassadeurs auprès de Marguerite, on lit : « Item, luy dire que, à sa contemplation, le roy a ordonné aucuns de son conseil pour concorder de la rançon du vis-admiral de France. » (*Lettres de Louis XII*, IV, 259.)

CLXXXVIII.

MÉMOIRE DES GRIEFS IMPUTÉS A LA FRANCE,

À L'OCCASION DE LA DESCENTE DES ANGLAIS ET DU SECOURS QU'ILS AURAIENT REÇU DANS LES PAYS-BAS.

(*Minute.*)

Pour demonstrer et faire entendre à ung chescun de quel sorte le roy de France et son armée a vescu avec monseigneur le prince de Castille, ses pays et subjectz qui cuydent estre en paix avec luy et neutralité, pour austant que l'empereur, en qualité de mainbour, ne s'est jamès declairé contre luy, ayns expressement proteste de, en ladite qualité, demeurer neutre et aux traictez de paix, laissant et permectant par cestedite declaration tous marchans et subjectz françois hanter et converser paisiblement de par deçà en toutes négociations, et que tous vivres et marchandises soient traffiquées en France sans aucun destourbier ou empeschement aucunement qui procede du sceu de madame, comme regente et gouvernante de la personne et pays de mondit seigneur le prince.

C'est assavoir que, si tost qu'il a esté bruyt de la guerre et descente des Anglois, que lesdits François ont interdit et deffendu toutes manieres de leurs marchandises ès marches de par deçà, comme vin et sel, et mesmes en aucuns lieux et quartiers de la liziere de la mer arresté et detenu les biens des marchans de par deçà jusques en la valeur de xx^m escuz et plus.

En après se sont venuz loger sur le pays et conté d'Artois, et sur icelluy vescu comme en pays d'ennemys, piglant, mangeant et degastant tout ce qu'ilz ont peu, jà çoit que lesdits pays et conté appartenissent nuement à mondit sieur le prince.

Non contens de ce, y ont mys et envoyé des stradiots et chevaulxligiers, qui journellement ont couru et courent encoires jusques aux portes des bonnes villes dudit pays d'Artois, comme Sainct-Omer,

Arras, Ayre et Bethune, et sont ès fourbourgs desdites villes venus prendre marchans et païsans prisonniers, iceulx amené et ransonné comme ennemys, sans laisser tout le bestial qu'ilz ont pu emmener avec eulx.

Et combien qu'ilz aient proposé la neutralité et allegué, et par notables gens, avec les lettres de madite dame, fait alleguer qu'ilz n'avoient nulle guerre aux François, ayns les traictoit l'on comme amys, leur faisant ouverture en nombre competant èsdites bonnes villes, et leur fournissant de vivres convenables, ce n'y a de riens servy, fors que de empirer leur affere.

Car, après ce, ilz sont derechief venuz et entrés le pays et conté de Haynau, qu'est pays sans aucun ressort, et avec certain nombre de gens de guerre ont piglé et couru sept ou huyt villaiges oudit pays de Haynau, emmené des subjectz et païsans dudit pays, en grant nombre prisonniers, fait pendre et morir aucuns d'iceulx, et les autres composés et ransonnés comme ennemis, et tellement que, en guerre ouverte, pys n'en seroient fere.

Oultre ce, sont encoires lesdits François venuz ès fourbourgs de Hayre, et trouvant ilhec Jehan de Habart, capitaine dudit Hayre et domestique ordinaire de la maison de mondit sieur le prince, sur une petite mule, l'ont abatu de ladite mule, et icelluy bien rigoureusement prins et emmené prisonnier, où il a demeuré aucuns jours, et y est encoires de present, sans povoir avoir aucun elargissement, quelque porsuyte que l'on en ait fait.

Et que pys est, et pour plus se declairer ennemys des pays de par deçà et de mondit sieur le prince, tout ainsi que les marchans de son pays de Zellande s'estoient assemblés avec grant nombre de navyres à voyle, chargés de herens et autres poissons et marchandises en leur maniere accoustumée, pour icelles marchandises mener et conduyre en France, comme en pays seur et neutre, et ramener en leursdites navires vins et autres marchandises en eschanges, lesdits François leur ont donné bon espoir de ce fere, les laissant paisiblement entrer en leurs portz, et en iceulx vendre et descharger leur

marchandise, acheter vins et autres denrées à eulx utiles et necessaires en eschange; lesquelles ilz ont chargé en leursdits navyres,
après avoir payé les droiz accoustumés, que sont signes de seurté. Et
si tost qu'ilz ont eu affreté leurs navires avec lesdits biens pour leur
retour, lesdits François se sont assemblez sur la mer, et ilhec piglié,
ravy et emblé auxdits poures marchans zellandois leursdites navires,
en nombre de lx^{te} et plus, ensemble leur biens et marchandises y
estans, comme dit est, de la valeur de ii^c mil escuz, sans que d'iceulx
ilz vueillent fere aucune restitucion, quelque porsuite que lesdits
poures marchans en sachent fere, ayns ont prins lesdits marchans prisonniers ransonnez, et donné saufconduit comme à ennemys declairez.

Derechief, lesdits François avec aucuns stradiotz sont venuz audit pays d'Artois brûler maisons, ravir et enforcer femmes grosses
et autres, tuer et murdrir leurs maris, emmener les aucuns prisoniers
avec tout leur bestial, et, au surplus, les traicter plus inhumaine-
ment que leurs ennemys.

Par lesquelles choses semble bien que ledit seigneur roy de France
n'a nulle voulenté de vivre en paix avec mondit seigneur le prince;
ayns, par les gestes susdits, s'est assez declairé ennemy de mondit
sieur, rompant contre luy, ses pays et subgectz, ladite neutralité.

Et encoires, despuis l'on a fait deffence aux bailliages d'Amyens,
à l'entour des frontieres de Picardie, de par ledit roy de France, que
nulz marchans françois ne doisent plus conmercer ni marchander ès
pays de monsieur le prince, sur grosses paines, ny y apporter aucuns vivres ou marchandises, qui seroit ouvertement ouvrir la guerre.

Quant aux François, ilz ne se seroient douloir aucunement des pays
et subgectz de mondit sieur le prince par raison; mais ilz vuellent
bien inferer qu'ilz ont aydé, favorisé et assisté les Anglois, ce que ne
fait à nyer; car, par les anciens traictiés et entrecours, ilz y estoient
tenuz et obligés; mais aussi ont-ilz ensemble favorisé et survenu les
François quant ilz sont venuz en leur pays, et iceux assisté de vivres
et autres choses necessaires, vivant en ce comme pays neutre. Et
n'estoit en leur povoir fere resistence à la puissance des Anglois;
car, s'ilz ne l'eussent eu par amour, ilz l'eussent prins par force.

· 1514.

Cette année a commencé à Pâques, 16 avril.

CLXXXIX.

JEAN CAULIER À MARGUERITE D'AUTRICHE.

Réclamations au sujet de la trêve d'Orléans et pour diverses seigneuries situées en Bourgogne. Réponses présumées du roi sur ces divers points. Conférence touchant les mêmes matières avec le trésorier Robertet. (*Original double.*)

12 août, à Paris.

Madame, hier au matin je recheu par ce porteur vos lettres ecrites à Bruxelles le dernier jour de juillet, par lesquelles me ordonnés aler vers le roy très-chrestien pour sçavoir de luy son intention touchant la communication de marchandise, attendu que la treve faite de par l'empereur et le roy d'Arragon s'entretient[1].

Et si me ordonnés aussi par vosdites lettres luy requerir avoir main levée de vos comté, terres et seigneuries de Charolois, Chastel-Chinon, Noyers, Chaucin et la Perriere, sur lesquelles l'on a mis la main d'iceluy seigneur roy pour aucunes causes contenues en vostre memoire que m'avez envoyé, en moy ordonnant au surplus luy parler d'aucunes autres matieres declarées en vosdites lettres.

Madame, incontinent vos lettres recheues, et pour obeir à icelles comme tenu y suis, deliberay de me partir et aler vers ledit seigneur roy, et pour ce faire baillay incontinent charge de acheter du

---

[1] Le 13 mars 1513 (1514) une trêve avait été conclue à Orléans entre Louis XII, qui se portait fort pour le roi d'Écosse, et Ferdinand le Catholique, qui se portait fort pour l'empereur et pour l'archiduc Charles. Voyez *Corps diplom.* de Dumont, IV, 1re part. 179.

drap noir pour faire une robe, parce que ledit seigneur roy voeult
que tous ceux qui parlent à luy soient vestus de noir[1].

Et pour ce que, en communicant avecq reverend pere en Dieu
monsieur l'eveque de Trinopoly[2], ambassadeur du roy catholique,
lequel se recommande très-humblement à votre bonne grace, et
s'offre à vous faire tous services à luy possibles, de la matiere de
Nevers, demanda se aviés aucunes terres en Bourgongne, et entre
autres denomma Charolois, Chastel-Chynon et Chaulcin, après avoir
veu vosdites lettres, je me suis advisé aler vers iceluy seigneur, auquel j'ay parlé des charges par vous à moy baillié contenues en vosdites lettres; sur quoy il me dit que, en tant qu'il touchoit la communication de marchandise, que le roy me respondroit que la treve
n'est point acceptée par l'empereur, et qu'il n'a fait son devoir d'envoier l'acceptation desdites treves en dedens le temps en dedens lequel il le devoit faire, et si n'estoit ladite treve publié ès pays de
monsieur. Et quant à la main levée de vos terres et seigneuries, il
me dit qu'il en avoit parlé audit seigneur roy, lequel luy avoit respondu, quant aux greniers au sel, que s'estoient ses droits reaulx et
qu'il les avoit accoustumé donner chacun an aux seigneurs et princes
de son sang ayant seigneuries esquelles y a greniers au sel, quant
ils les demandent, et de ce leur fait expedier lettres; ce qu'il n'a esté
requis de vostre part. Et quant au traité de Cambray, il luy dit qu'il
avoit esté rompu en plusieurs manieres. Quant à Charolois et Chastel-Chinon, luy dit que, puisqu'il ne povoit avoir raison et justice de
ce que l'empereur avoit fait prendre des terres de ses vassaux et
gens, qu'il a peu faire saisir vos terres jusques à ce que ayez fait
rendre lesdites terres et plusieurs autres choses. Et pour ce que je
fus adverty que monsieur le tresorier Robertet estoit en cette ville,

---

[1] La cour portait encore le deuil de la
reine Anne de Bretagne, décédée le 9 janvier précédent, à Blois.

[2] Nous ne connaissons aucune ville épiscopale du nom de *Trinopoli*; il faut lire
sans doute *Tripoli*. Bernardo de Mesa, de
l'ordre des Frères Prêcheurs, évêque de
Tripoli, fut tour à tour ambassadeur du
roi catholique en France et en Angleterre.
Il fut promu, en 1517, à l'évêché d'Elne,
et mourut en 1524.

je me deliberay, par le conseil dudit sieur ambassadeur, aler vers luy;
ce que j'ay fait, et luy ai presenté les lettres que luy escripvés, et luy
exposé en brief les charges que m'aviés bailliés; lequel me dit et
respondit qu'il n'entendoit rien en notre fait, car la treve est faite
et conclute dès le xiiie jour de mars dernier, en la ville et cité d'Orleans, sans ce que depuis il soit apparu au roy que l'empereur ait
acchepté (accepté) ladite treve ne qu'il l'ait promis entretenir, aussy
que lesdites treves n'avoient esté publiés ès pays de monsieur, et que
l'on en vouloit faire desdites treves comme l'on avoit fait des treves
de l'année passée. Et quant à la main levée de vos terres et seigneuries, il me dit qu'il n'y avoit apparence de lever les mains de vos
terres, et monsieur de Longueville n'auroit main levée des siennes
que l'empereur a fait prendre. A quoy je respondis, puisque l'empereur l'avoit fait prendre et que n'en estiés en cause, l'on ne devoit
adreschier à vos terres. Et lors il me dit que l'empereur avoit deux
qualités, l'une comme empereur, et l'autre comme manbourg, desquelles il use à son plaisir. Et voyant que, en alant vers ledit seigneur roy, je ne auroie autre response, mesmement touchant la communication de marchandise, affin de gaigner temps et aussy que je
n'eusse repulse quil eust peu tourner à esclandre, je me suis advisé
vous renvoyer ce pourteur et advertir de ce que dessus, affin que
par luy il vous plaise sur ce m'escrire vostre bon plaisir, et ce que
j'auray à faire et comment je me debvray conduire sur lesdites responses; ce que je feray sans quelque sejour.

J'ay entendu, entre autres devises dudit Robertet, que la paix est
entre les roys de France et d'Angleterre[1].

Lundy dernier, fut monsieur le comte de Fauquenberghe appellé
en la cour de parlement sur le quatrieme deffault; mais Bochart demanda induce de trois sepmaines pour en advertir; ce qu'il luy fut accordé. Et le lendemain il demanda au procureur general qu'il le mouvoit d'avoir fait appeler ledit sieur comte, attendu que la paix estoit

---

[1] En effet, cette paix avait été conclue à
Londres le 7 du même mois d'août, et l'on
y avait arrêté le mariage de Louis XII avec
Marie d'Angleterre, sœur de Henri VIII.

faite. A quoy respondit que jà soit qu'elle fut faite, il ne ses semblables n'y estoient comprins; et aujourd'huy ledit procureur luy a dit qu'il ne poursievra plus ledit sieur comte, et que luy et ses semblables sont comprins en la paix. Madame, etc. De Paris, le xiie d'aoust.

Vostre très-humble et très-obeissant serviteur,

J. Caulier.

CXC.

MERCURIN DE GATTINARE À MARGUERITE D'AUTRICHE.

Gattinare visite le cardinal de Gurce. Explications. Les soupçons conçus contre la princesse sont dissipés. On parle à Rome de paix et de mariage entre la France et l'Angleterre; ce qui rendra les Vénitiens moins disposés à un appointement. (*Original.*)

24 août, à Augsbourg.

Madame, despuys mon partement de Bruxelles suys venu en xv jours en ceste cité d'Ausbourg; et ayant ici trouvé monsieur le cardinal de Gurce, y allay fere la reverence et presenter vous lettres, et luy dis ma credence au meyns mal que me fust possible, sans riens oblier de ce que j'avoye en chargie, et luy communiquay aussy les afferes que je debvoye poursuyvir devers l'empereur, tant de monsieur que vostres. Et semblablement l'informay bien au long de mon cas, luy suppliant me vouloir ayder, dresser et assister en toutz lesdits afferes pour en avoir briefve despechie, et aussy me dresser le chemin où je pourray plus tost trover l'empereur.

Madame, il me fist pour l'honneur de vous très-bon recueil. Et après qu'il se fust un peu deschargié des frivoles souspicions passées, dict qu'il n'havoit jamays laissé pour icelles de vous fere toutz services, et vous dresser toutes les chosses à vostre intencion, et mesmes de fere ratiffier le traictié que aviez faict avec le roy d'Angleterre, celon qu'il avoit aussy dict à maistre Loys Maraton, qu'il y avoit aussy apporté lettres de vous et parlé de vostre part. Et puys qu'il n'estoit plus novelles de souspecions, que vous le treuveriés tiel qu'il avoit esté du commencement, et que aux afferes que j'avoye en chargie, tant de monsieur que de vous, et aussy ès miens pour l'honneur de vous, il s'y emploieroit. Et pour ce qu'il avoit lors receu lettres du tresourier Willingher que debvoit icy venir, il me conseilla de sejourner jusques à sa venue pour mieulx entendre quel chemin l'empereur tiendroit, et aussy pour sçavoir toutes novelles afin de vous en advertir, en me disant que, ledit Willingher venu, il pourroit despechier une poste pour advertir de toutes choses et vous fere responce sur les lettres que je luy avoye appourté de vostre part. Et pour ce, considerant qu'il estoit bon soy reculer pour mieulx saillir, et que, en m'en allant à l'adventure par ses montagnes, je l'eusse peu chierchier d'ung cousté et il fust allé d'ung aultre, que m'eust esté ung grand reculement avec le travail de ma personne et de mes chivaulx, et aussy que, en sejournant icy, je ne perdoye poinct temps, et que je povoye bien incorporer mondit seigneur le cardinal de toutz les affaires que j'avoye en chargie, pour en estre plus tost despechié quant il se trouvera devers l'empereur, pour ces causes, ay esté content d'ensuyvir son conseil et sejourner icy, où ay desjà sejourné six jours.

Cependant est venu ledit tresourier Wellingher, lequel me donne assés à entendre que l'empereur doie plustost venir en ceste ville que aultrement; et estoient d'opinion mondit sieur de Gurce et luy que je deusse encoures y sejourner. Mays, pour non estre reprins de longue negligence, après que luy ay faict escripre pour despechier ceste poste, me suys resolu de partir demain, et ay prins le chemin par escript qu'il doibt fere, et m'en iray à le rencontrer en Baviere, là où il peult fourcher son chemin, ou de venir icy ou d'entrer les montagnes pour tirer à Ispruck. Et s'il vient icy, j'en seray tant plus tost despechié; mais s'il prend le chemin de Ispruck, mondit sieur de Gurce ne s'i trouvera jusques au xiiiie de septembre. Touteffoys il a plus de espoir qu'il viendra icy.

Madame, vous pourrez cogneistre de quelle sorte j'ay disposé mondit sieur de Gurce par les lettres qu'il vous escript, par lesquelles aussy entendrés de ces novelles. Et me semble, madame, que le debvez entretenir; car, à ce que j'entendz, toutz les gros afferes du monde passeront par ses mains, et par son moyen en pourrés avoir participacion. Et tiens que l'empereur le despechiera bien tost pour retourner en Italie; et pour ce, si vous escripvez sovent quelque bonnes lettres, il n'y aura que bien. Et tant que je seray par dezà, je mettray poine à l'entretenir, de sorte qu'il vous escripra sovent de ses novelles, et par luy serés adverty à la verité.

Madame, vous me manderés et comanderés toutjours vous bons plaisirs, etc. Escript à Ausborg, ce xxiiii[e] jour de aoust xv[c] et xiiii[e].

Madame, despuys mes lettres escriptes, mondit sieur le cardinal m'ha dict que, par les lettres qu'il vous escripvoit, il se rapportoit sur les myennes, et me ha ordonné vous escripre que vous le trouverés entierement enclin à vous fere tout honneur et service, et si bien disposé envers vous qu'il a esté du commencement. Et quant aux novelles, il m'ha dict qu'il avoit eu nouvelles du pape, comant les articles que luy avoient esté envoyés pour la paix de Veniciens luy plaisoient; mays, pour ce qu'il estoit bruyt à Romme de la paix et mariage entre les François et Anglois[1], qu'estoit prest à conclure, si cela se faisoit, les Veniciens seroient plus durs et ne

---

[1] Ce mariage de Louis XII avec Marie d'Angleterre, sœur de Henri VIII, ne fut conclu que le 14 septembre 1514; mais le traité de paix entre les deux rois avait été signé dès le 7 août. (V. Dumont, IV, 1re part. 183.) Marguerite d'Autriche, qui redoutait cette alliance, s'était efforcée d'y mettre obstacle, en députant vers le roi d'Angleterre Jacques de Thiennes, souverain bailli de Flandre, avec des instructions pour rappeler que la princesse était accordée à Charles d'Autriche, et que d'ailleurs Henri avait écrit de sa propre main la promesse de ne jamais traiter avec la France sans le consentement de la gouvernante des Pays-Bas. Le 11 septembre le roi d'Angleterre chargea Richard Wingfeld, débitis de Calais, d'expliquer et de justifier le traité qu'il avait conclu avec Louis XII. (V. Lettres de Louis XII, IV, 349, 355.) Du reste, l'empereur, par un acte daté du 1er octobre suivant, donna son adhésion audit traité, en consentant que Charles d'Autriche y fût compris. (Dumont, ibid. 196.)

condescenderoient à nul appoinctement, esperantz le retour des
François en Italie, par moyen duquel ilz esperoient non-seulement
garder ce qu'ilz ont, mais recouvrer ce qu'ils ont perdu. Et dict que
les Suizes avoient pourjecté quelque intelligence avec le pape et aul-
res seigneuries d'Italie; que n'estoit pas au propos de l'empereur.
Touteffois il tient que ce ne sera riens. Des aultres afferes publiques
et de ce que luy semble estre à fere, il dict que par moy à mon retour il vous advertira de toutes choses bien au long, et vous declairera entierement son avis sur toutz les afferes du monde, afin que
semblablement vous luy renvoyés après votre advis, et que maintenant il ne vous sçauroit advertir de chosse que ayt fondement sinon
en l'air; mays, estre devers l'empereur, celon les resolutions que se
feront, il vous advertira, et me fera despechier bientost pour vous
venir dire le tout. Et certes, madame, je le treuve le mieulx disposé
du monde envers vous.

Vostre très-humble et très-obeissant subject et serviteur,

MERCURIN DE GATTINARA.

CXCI.

EDWARD PONYNGS à MARGUERITE D'AUTRICHE.

Complot pour rendre la ville de Tournay aux Français et faire ensuite des courses dans
le Hainaut. Marguerite est priée d'ordonner l'arrestation du principal conspirateur,
qui est à Lille. (*Original.*)

11 septembre, à Tournay.

Très-haulte et très-excellente princesse, plaise vous sçavoir que
j'ay prins aulcuns manans de ceste ville qui avoient entreprins de
rendre en la main des François ceste ville de Tournay, et ont confessé que, incontinent que cestedite ville eust esté prins, ilz eussent
faict ung grosse course et entreprinse en Haynau et aultres païs de
monseigneur l'archiduc. Et, pour ce que aulcuns manans de cestedite

ville, chiefz et principaulx conducteurs de ceste affaire, sont presentement ès païs dudit seigneur archiduc, dont le principal et chief
de tous est à Lille, vous prie très-affectueusement, très-haulte et
très-excellente princesse, qu'il vous plaise adresser voz lettres à voz
officiers des villes de Lille et Mons en Haynau, leur mandant de livrer iceulx manans à telz personnages que à ceste cause devers eulx
envoyeray. Et en ce faisant ferez très-grant honneur et plaisir au roy
mon maistre, et pareillement audit seigneur archiduc et ses païs.

Au surplus, vous plaise, etc. De Tournay, ce xie jour de septembre xvc xiiii.

Vostre, etc.

Edward Ponyngs [1].

CXCII.

MERCURIN DE GATTINARE À MARGUERITE D'AUTRICHE.

L'empereur s'occupe de régler ·les différends qui existent entre ses neveux les princes
de Bavière, qui sont à Inspruck. Il doit également statuer sur la querelle du maréchal de Vergy avec Gattinare. Prochaine tenue d'une diète impériale à Fribourg en
Brisgau. La déroute des Vénitiens n'est pas telle qu'on l'a cru. (*Original.*)

12 octobre, à Inspruck.

Madame, despuys mes dernieres lettre escriptes du v de ce moys,
ay receu les vostres datées du mesme jour, ensemble celles que vous
escripviés à monsieur de Gurce et à monsieur le tresourier Willingher. Et incontinent sommes allez, maistre Loys Maraton et moy,
devers ledit tresourier, lui presenter voz lettres et luy dire nostre
charge, lequel vous remercie très-humblement de l'honeur que vous
luy faictes, et c'est tant offert à vous fere service que riens plus, et

---

[1] Edward Ponyngs, que Poutrain, historien de Tournay, nomme mal à propos
Povin, avait été chargé par Henri VIII du
gouvernement de cette ville et du Tour-
nésis. Comme Gonzalve de Cordoue, on
l'appelait *le grand capitaine*.

nous ha dict que la fortune ne luy avoit pas esté en ce bien propice, car sa femme estoit delivrée d'unne fille qu'estoit incontinant allée à Dieu, mays qu'il esperoit qu'elle seroit tantost ensaincte de filz ou fille, et que lors, puisque vostre plaisir estoit de luy fere cestuy honneur, il vous en feroit advertyr, et se tiendroit perpetuellement obligié à vous.

Madame, j'ay aussy incontinent presenté vos lettres à monsieur le cardinal. Mays pour les gens qui estoient et les empeschemantz qu'il avoit, ne luy ay parlé plus avant, si non de le supplier qu'il tint main devers l'empereur à ma despechie. Il m'ha dict que l'empereur despechieroit toutz mes afferes deans troys ou quatre jours; et maistre Hans Renner m'en ha dict autant. Dieu veulle que ainsi soit, et me souffira bien si je suys despeché deans huict, combien que l'empereur m'ha dict ce jourd'huy que je sollicite maistre Hans Renner, et qu'il ha la charge de toute ma despeche. Je ne sçay encoures que c'est; mais je ne m'en yray pas sur courroies de perles.

Madame, despuys son allée à Stenack, dont vous adverty par mes dernieres lettres, sa majesté n'est revenu en ceste ville jusques hier. Et les ducs de Baviere, ses nepveurs, que l'hon disoit estre allez avec la duchesse leur mere, s'en retournerent avec l'empereur et sont encoures icy; car il y avoit encoures entre eulx quelque petite difficulté que se vuydera aujourd'huy et demain[1]. Et ce pendant monsieur de Viry et Montrichard n'ont eu aulcune audience jusques aujourd'huy après disner, et n'ont parlé que des matieres dont vous ay adverty. Et tiens que ce ne soit de la pratique dont avez esté advertye d'aillieurs, et s'ilz en parlent, je l'entendray bien et y pourvoiray par bon moyen. Mais il me semble que, par maistre Guillaume de Boisset[2] qui doibt estre à present devers vous, en pourrez

[1] Albert le Sage, duc de Bavière, mort en 1508, avait établi le droit de primogéniture dans sa maison. Cette disposition ayant causé de la mésintelligence entre Guillaume, fils aîné d'Albert, et Louis son frère, le différend fut remis à l'arbitrage de l'empereur, qui était en effet leur oncle maternel.

[2] Greffier des états et du parlement de Dôle. V. *Correspondance de Maximilien*, I, 173; II, 60.

estre informée à la verité, et sçay qu'il ne vous mentira poinct; car il est homme de bien et loyal, et vostre bon suject et serviteur. Lesdits de Viry et Montrichard ont bien parlé à l'empereur de par ceulx du pays pour le different qu'estre entre monsieur le mareschal et moy, suppliant, actendu que nous sommes les deux chiefs du pays, que son plaisir soit pour le bien des subjectz appointer ceste matiere et y fere bonne fin; car, pour ce que nous sommes toutz deux absentz du pays, les afferes ne s'en portent pas si bien. L'empereur les ha remis à demain XIIIᵉ de ce mois à trois heures après midy, et m'a mandé que je m'y treuve pour ouyr ce qu'ilz diront, touchant ceste affere, et leur respondre; et après sa majesté advisera ce qu'il sera à fere. J'espere de leur respondre, en sorte que je ne laisray riens couler de votre auctorité ny de mon honneur.

Madame, le commandeur partit d'icy vendredy dernier VIᵉ de ce mois, et vient par delà où il actendra ses instructions. Vous le pourrés enfoncer et entendre de sa chargie, et à ma venue entendrés le surplus et cogneistrez comment les chosses s'accordent. Le comte de Cariati [1] ha esté depeschié à Stenack, et s'en est retourné au gouvernement de Veronne. La diete imperiale ha esté remise à Fribourg en Briscot à la Sainct-Sebastien. Les nouvelles de la destrousse de gens des Veniciens ne sont si amples que l'hon les avoit escriptes premier; bien ont-ylz esté rompuz et mis en fuyte et plusieurs mortz.

Madame, vous me manderés et comanderés tousjours, etc. Escript à Yspruck, ce XII jour d'octobre 1514.

---

[1] Le comte de Cariati était, en 1512 et 1513, ambassadeur du roi d'Aragon à Venise.

CXCIII.

MERCURIN DE GATTINARE À MARGUERITE D'AUTRICHE.

Il n'est pas vrai que la princesse d'Orange, de concert avec les sieurs de Viry et Montrichard, agisse pour mettre le pays de Bourgogne hors des mains de Marguerite. L'empereur veut que Gattinare se trouve à la journée de Fribourg en Brisgau pour le règlement des affaires de l'archiduchesse en Bourgogne. Nouvelles d'Italie. Bergame s'est déclarée pour les Vénitiens. Barth. d'Alviano fait des courses sur les terres de l'empereur. Le vice-roi s'est retiré dans Vérone, etc. Victoire du Sophi sur le Grand-Turc. Le seigneur Constantin se dispose à recouvrer sa principauté d'Achaïe.

(*Original.*)

22 octobre, à Inspruck.

Madame, despuys mes dernieres lettres du xiie de ce moys, me suys enquis par toutz moyens pour sçavoir et entendre la verité de l'advertissement que l'hon vous avoit baillé, touchant la charge de monsieur de Viry et Montrichard, pour mettre le pays dehors de voz mains, et treuve qu'ilz n'en ont en riens parlé, et de moy-mesme, sans monstrer qu'il vient de vous, ay parlé audit Montrichard, luy disant que j'estoye esbahy qu'il poursuyvit tielle matiere à l'encontre de vous, et plus esbahy que madame la princesse luy eust consenty. Il me dict que ceulx qui m'avoyent de ce adverty avoient fally à dire verité, et que c'estoient gens qui tachoient de mectre en mal madame la princesse envers vous, laquelle ne desiroit que de demeurer vostre très-humble servante, et que je sçavoye bien que elle-mesme, moy estant en Bourgogne, m'avoit adverty des practiques que aulcuns en avoient voulsu fere, et comant elle les avoit rompuez et n'y avoit voulsu consentir, et que icelle dame princesse avoit chargié ledit Montrichard de me communiquer toutes ses chargies, et de m'en dire aultant que à l'empereur; ce qu'elle n'eust faict si elle eust eu aulcun maulvays courage à l'encontre de vous, car elle entendoit que la communicacion qu'il m'en feroit seroit pour vous en advertir, et que ladite dame avoit plus tachié de porter et soustenir vostre auctorité que aultrement, mays qu'il sembloit que l'hon la voulsist piquer et lui fere perdre son bon vouloir; que seroit à son très-grand regret. Et pour me saouler, afin que je cogneusse la verité ou menterie de ce que l'hon m'avoit donné à entendre, il me monstra les instructions comunes de monsieur de Viry et de luy signéez par maistre Guillaume de Boisset, disant que madame la princesse luy en avoit faict bailler ung double signé, affin que, si monsieur de Viry disoit plus avant que la chargie ne portoit, que ledit Montrichard puissit après le remonstrer à part à l'empereur. Et ne contenoient lesdites instructions austre chosse que les poinctz dont vous ay desjà adverty conformes à la chargie de maistre Guillaume de Boisset. Et aussy me monstra les instructions particulieres, touchant les saulneries signéez du clerc des rolles du puys du bourg desoubz conformes à la chargie de monsieur de Flamerans et de maistre Bernard Vaulchier, fors que la conclusion est de supplier l'empereur pour vous escripre bonnes lettres, afin que vous depourissiez de construyre novelles salines, en laissant les chosses en tiel estat que vous predecesseurs les ont laissiez. Et quant aux aultres deux poinctz secretz dont vous ay faict advertir, il en a pourté les instructions seulement en sa teste; et pour ce, madame, je tiens que ledit advertissement que l'hon vous avoit fet est procedé d'aulcuns de malcontens qui vouldroient bien les chosses estre en trouble.

Madame, cependant j'ay receu deux aultres voz lettres; l'une du xᵉ et l'aultre du xvᵉ de ce moys, et ne cesse de solliciter la despechie des afferes de Bourgogne et la main levée des terres du marquis, mays je n'en puys venir à bout. Quelque remonstrance que j'aye sceu fere, il vouloit remettre le tout à la journée de Fribourg en Briscot, tant de ladite main levée que des differendz de monsieur le mareschal et ceulx de la court de parlement, et aussy du faict des saulneries, en veullant prendre la cogneissance pour en fere appoinctement; et persevere que je me doie trouver à icelle journée de Fribourg, qu'il ha remise au premier jour de fevrier, et que lors vous y envoyez ung bon personnagie de vostre part pour avec luy appoincter toutes chosses. Je luy ay faict les troys ouvertures desquelles vous ay pieçà escript; il n'en treuve nulle à son appetit. Je sollicite, s'il ne veult fere main levée, que du moingz il vous baille recompense ou qu'il quitte les aydes de Bourgongne; et de ce ay baillé memoire à monsieur de Gurce pour le dresser: je ne sçay que ce sera. Et quant à ladite journée, il m'havoit unne foys accordé que je m'y trouvasse tout seul à la journée, et qu'il ne se mesleroit que de l'appoinctement, et que, s'il ne povoit appoincter, il vous renvoyeroit les parties pour les pourveoir de remede convenable de justice. Mays, après que les despechies ont esté toutes prestes à signer, il ha tout changié et retourné à son premier propoz; et quant au faict des saulneries, je luy ay remonstré que d'en vouloir prendre la cogneissance, et de travaillier les parties de venir à icelle journée, c'estoit fere plus qu'ilz ne demandoient; car il ne requeroient que unne lettre missive adressante à vous. Je soliciteray aujourd'huy et demain, à l'ayde de monsieur de Gurce, de fere rabbillier, si je puys, les chosses en mellieur estat; aultrement je seray constrainct de m'en venir à tielle despechie que je pourray avoir, et laisray maistre Loys Maraton pour solliciter le surplus.

Madame, monsieur de Savoye a icy envoyé Laurentz Rabbuz, son maistre d'hostel, pour aulcuns differendz qu'il ha contre le marquis de Montferrat, à cause d'Ancise, et tiendray main que l'empereur luy parlera de vous afferes avant qu'il despechie; et desjà ay pourjecté unne bonne minute de lettres que l'empereur escripra à mondit seigneur de Savoye; car il est maintenant sur sa despeche, et semble qu'il ne desire aultre chosse que d'havoir congié de l'empereur pour fere la guerre audit marquis; et à ceste cause s'en est allé en Piedmont, et espere ledit Rabbuz que le mariage de mademoiselle de Savoye se fera.

Madame, quant aux nouvelles de par dezà, il est vray que Bergame a tourné du cousté des Veniciens. Touteffoys l'on en fet extime; car le chasteau se tient pour l'empereur, et ce sera ung moyen pour avoir de l'argent à payer les gens d'armes. Bertholomi d'Alviano estoit venu à Vicence avec les gens de guerre des Veniciens, et ha faict aulcunes courses sur les terres de l'empereur, et de là s'en est tourné contre Frivoly, et tient l'hon qu'il vouldra là yverner ses gens. Le vice-roy ha retiré ses gens dedans Veronne, dont les Veronoys sont malcontentz. Touteffoys je tiens que, pour ceste novelleté de Bergame, ilz se joindront avec les gens du seigneur Prospere Collompna; et l'empereur envoye des Allemans de renfort pour garder Veronne. Du pape, il n'y ha aultre chosse que ce que desjà vous ay escript, fors que l'hon actend la resolucion que feront les Suizes, à ceste journée à laquelle l'empereur ha envoyé : et illeques se resouldra ce que debvra estre de ceste ligue. L'hon a novelles que le Turc a eu unne terrible secousse du Souphy, et ha perdu unne grande multitude de gens[1], tiellement que, pour ranforcer son armée, il ha laissé Constantinople du tout despourveu et abandonné; et le seigneur Constantin qu'est à Rome se apreste pour aller recouvrer sa duchié ou principaulté de Aquaye[2], et le pape lui baille aulcuns navires pour ce fere.

Madame, vous me manderez et commanderez tout jour voz bons plaisirs pour iceulx acomplir de tout mon povoir, aydant Nostre Seigneur, qui, ma très-redoubtée et souveraine dame, vous doint l'entier accomplissement de vous très-haultz et très-vertueulx desirs. Escript à Yspruck, ce XXIIe jour de octobre 1514.

Vostre très-humble et très-obeissant subjet et serviteur,

MERCURIN DE GATTINARA.

[1] C'est précisément le contraire qui arriva. Le 26 août 1514, Sélim Ier livra bataille à Ismaël, sophi de Perse, dans la plaine de Chalderon, le battit complétement et lui enleva Tauris, capitale de l'Aberbidgiane.

[2] Le seigneur Constantin, dont il a déjà été question dans cette correspondance, appartenait à l'illustre famille des Comnènes, qui avait occupé le trône impérial d'Orient dès le XIe siècle. David Comnène, qui régnait à Trébisonde en 1462, lorsque Mahomet II s'en empara, fut emmené à Constantinople et mis à mort peu de temps après.

CXCIV.

PHILIPPE DALLES À MARGUERITE D'AUTRICHE.

Mort du roi Louis XII. Philippe Dalles est présenté au nouveau roi. Plaintes au sujet de Robert de la Marche. Le roi se montre aigre en ses discours. Inclination du prince Charles pour la France. (*Copie du temps.*)

3 janvier, à Paris.

Madame, plaise vous sçavoir que, au passé à Peronne, j'ai parlé à M. de Melun et à messieurs les autres deputez ; et, à ce qu'il me semble, n'avoient pas encoires fait grant chose. Je parlay à M. de Piennes, qui me dit en devise que le roy estoit bien empesché de messire Robert. Je luy remonstray ce qu'il me sembloit d'estre remonstré, et me parla fort de M. de Bussy : sur quoy je fiz beaucoup d'estatz.

Moy estre arrivé à Paris, quatre jours avant, nulz ne parloit au roy et n'entroit devers luy que ses familiers, medecin et cireurgien. Je fus parler à Robertet et luy baillay mes lectres. Il me dict que je ne bougasse de mon logis, et, quant il verroit que seroit temps, qu'il m'envoira querre. Le lendemain le roy trespassa, le jour du nouvel an, entre dix et onze heures du matin. Le lendemain je vins en court, où toute la court estoit tant plain de gens que c'estoit merveilles. Je trouvay monsieur de Paris et luy baillay les lectres de monseigneur et de vous, et fiz les salutations ; et assez de gens quy me cognoissoient se devisoient avec moy. Tost après le nouveau roy ala à la messe, et vint disné. Je trouvay M. de Pivault, qui me fit gros receul et fit faire place, et dit au roy : « Sire, vecy le maistre d'ostel de monsieur le prince de Castille, Philippe Dallas, qui vous fait la reverence. » Il mist la main à son bonnet et dit : « Je le cognois bien. » Je luy fiz les recommandacions de monseigneur et de vous. Il me demanda comme se pourtoit monsieur le prince de Castille : je lui diz ce qu'il m'en sembloit, et autres seigneurs qui en demanderent, et fut là ung peu de devises de luy.

Après disné, madame, je me tiray auprès de luy, et luy diz : « Sire, vecy deux lectres de credence que j'apportoye au feu roy, et à present, sire, la cognoissance vous appartient. » Il les print et les lit. Je luy diz : « Sire, si vous plaist, je vous diray la credence ou à qui vous plaira. » Il me dict : « A moy-mesmes; mais actendez que j'aye parlé à ceulx-là, » quatre ou cinq qui vouloient parler à luy. Après qu'il eust parlé à ses quatre ou cinq, il m'appela : « Philippe Dallas, venez sà. » Je luy commençay à dire comme, passé ung an, messire Robert de la Marche ne faisoit que piller en la duchié de Luxembourg, et maltraicté les subgectz de monseigneur au reaulme de France, et luy contay la trayson que l'on vouloit fere à Tionville [1], au moyen du capitaine de Florange, et les offres que l'on luy offroit de luy fere raison en justice. A peine me vouloit-il laisser parler, et me dit : « Je croy bien; si vous faisoit la guerre, il le fait pour sauver son parent et alyé, monsieur de Bussy. » Je luy respondyz que monseigneur ne l'avoit point et qu'il ne l'avoit jamais veu, et qu'il ne s'en estoit en riens meslé; et luy diz que c'estoient gens qui l'avoient prins qui estoient à la souldée du roy d'Engleterre. Il me dict que c'estoient de ses subgectz qui l'avoient prins. Je luy diz que c'estoient gens de l'empire qui l'avoient prins, et que je creoye qu'il ne fut pas ès pays de monseigneur. Il me dit qu'il avoit esté mené premierement en une place en Flandres, et, après, en une autre place en la subgection de *mon cousin*. Je luy diz : « Sire, s'il vous plaist, vous escriprez à M. de Sedan qu'il cesse toutes ses courses et pilleries. » Il me respondit que je m'adressasse à Robertet pour mon expedicion. J'ay parlé à Robertet : il y a tant d'affaires à present en ceste court, et m'a dit Robertet que j'eusse encoires un peu de pacience : veslà comme j'en suis. Il me

---

[1] Robert de la Marck avait en Lorraine une seigneurie nommée *Floranges* ou *Fleuranges,* qui dépendait de Thionville. Pour se soustraire aux devoirs de vassalité qui, à cause de cette terre, l'attachaient à l'empire, il essaya de livrer Thionville à la France. Poincelet, châtelain ou capitaine de Fleuranges, était chargé de ce coup de main, qui échoua. Voyez *Histoire de Thionville,* par M. Teissier, 77; *Correspondance de Maximilien,* II, 268.

fauli estre aucuneffois une heure en une poesle. Je ne sçaye aler n'a-
vant, ni arriere, ne beaucop d'autres grans maistres. J'ay trouvé le
roy assez aygre en ses devises. Je luy diz que monsieur l'archiduc
estoit josne, et croy que l'on le recevra bref, assavoir en ses pays,
qu'il estoit bien deliberé de vivre en amytié avec luy et ses pays aussi,
ou il ne tiendroit que à luy. Il me dit qu'il ne tiendroit pas à luy,
et qu'il luy seroit bon parant et ami et bon seigneur, à cause qu'il est
mon vassal, mais qu'il ne vouloit point estre mené de luy, comme
l'empereur et le roy d'Aragon avoient mené le feu roy; et, tant que à
ses voisins, s'ilz luy vouloient faire ses tours, qu'il laisseroit toutes
autres choses pour s'en venger. Assez de gens nous oyrent bien
parlé. Quant je l'ouyz parlé si aigrement, je luy diz aussi assez hault :
« Sire, il ne tiendra que à vous que monsieur le prince de Castille ne
vivra bien avec vous comme fit le roy son pere, et veulx bien que
vous sçaichez, sire, que vous n'aurez jamès ny amy ni vassalx qui vous
peult plus nuyre. »

Quant je luy euz dit, il fut ung peu moderé, et dit qu'il ne tiendroit pas à luy qu'il ne luy fut bon parent et amy.

Je fuz longuement en devise avec luy près de demy-heure, et luy
diz encoires une foys que monseigneur estoit plus enclin à la nature
de France que ailleurs ; car ung jour un tas de jeunes gens ses mi-
gnons se devisoient avec luy, et luy disoient qu'il estoit coqu, et qu'il
avoit perdu sa femme ; qu'il luy falloit une autre, et luy myrent en
avant madame Renée, la fille de Portugal[1] ou la fille d'Ongrye[2]. Je
respondis à ses josnes gentilzhommes qu'il aymeroit mieulx madame
Renée. Il respondit soubit : « Il n'a pas tort, car c'est plus grant chose
de la fille d'ung roy de France, et si ma femme moroit d'aventure,
je seroie duc de Bretagne. »

Je n'ay point veu nulle des deux roynnes ; j'ay parlé à madame de

---

[1] Probablement Élisabeth, fille d'Emmanuel le Fortuné, roi de Portugal, et de
Marie de Castille sa seconde femme. Cette
princesse épousa Charles-Quint en 1526.

[2] Il s'agit sans doute d'Anne de Hongrie, fille du roi Ladislas VI, mariée en
1521 à Ferdinand d'Autriche, depuis empereur.

Bourbon, à cuy j'ay fait les recommandacions de monseigneur et de vous.

Madame, en tout ce que m'avez escript, je feray tout le mieulx que je pourray. De vous faict de Charolès j'en ay parlé à Robertet, quil m'a dict qu'il en parleroit et m'en diroit la raison, et ce que j'en diroye au roy.

Madame, mandez-moy vostre bon plesir, pour l'accomplir à l'ayde de Nostre-Seigneur, auquel je prie qui vous doint l'accomplissèment de voz desirs. Escript à Paris, le iiie jour de janvier.

Vous très-humble et très-obeissant serviteur,

PHILIPPE DALLES.

FIN DU PREMIER VOLUME.

TABLE CHRONOLOGIQUE

DES

DOCUMENTS CONTENUS DANS CE VOLUME.

FIN DE LA TABLE CHRONOLOGIQUE.